U0578348

# 湖北发展研究报告

武汉大学经济与管理学院　组编

# 湖北发展研究报告 2024

**报告统筹人：** 李　光

**报告撰写人：**（以姓氏笔画为序）

丁宏鹏　马　颖　王才玮　王书珍　王成祥　王守文　王君华
王君泽　王薇薇　云昭洁　邓尚昆　邓韵琪　龙　彧　申　适
吕　游　乔亚兰　乔　治　向菲娅　向　福　危怀安　刘介明
刘汉成　刘远翔　刘　亮　刘　勇　刘　萌　刘　婕　江佳慧
祁　伟　李　光　李　好　李星莹　李　恒　李燕萍　杨刚强
杨芷晴　杨　柳　肖邦明　肖　尧　肖　珺　肖紫璇　吴海涛
何伟军　何　峰　余　振　余　瑞　余熙然　邹思琦　邹　蔚
宋安然　宋勇刚　宋维玮　张三保　张天保　张心路　张　宁
张志学　张　拓　张宗一　张　娜　张欲晓　张　磊　张　毅
陆　洋　陈　云　陈向军　陈　勇　陈海俊　陈淑琴　邵小彧
范如国　范欲晓　范　斐　虎佳琦　尚斌斌　罗佳欣　周　阳
周　茜　郑　卫　郑海驰　赵可心　赵　迪　赵荣凯　赵海涛
赵　晗　柳　婷　皇甫元青　侯佳莹　姚云龙　秦　俊　秦尊文
秦黎明　袁　亮　徐浩东　翁宗元　高品文　郭晓东　黄　涛
黄敏学　盛三化　盛建新　崔　洁　彭华涛　彭婵娟　董　元
董实忠　程时雄　曾　光　谢科范　谢浩杰　廖梓雯　谭吉均
谭明镜　樊志宏　黎苑楚　鞠京芮

《湖北发展研究报告2024》由武汉大学经济与管理学院组织编辑和出版，并获武汉大学经济与管理学院“双一流”建设基金支持。

# 目　录

湖北发展研究报告

# 推进湖北省关键核心技术创新体制机制改革研究

范如国　杨　柳

党的二十大报告提出，“教育、科技、人才是全面建设社会主义现代化国家的基础性、战略性支撑。必须坚持科技是第一生产力、人才是第一资源、创新是第一动力，深入实施科教兴国战略、人才强国战略、创新驱动发展战略，开辟发展新领域新赛道，不断塑造发展新动能新优势”。当前，随着科技创新日益成为推动经济社会发展的重要引擎，中国在发展过程中在一些关键技术重点领域存在被人“卡脖子”问题，急需通过加强系统性体制机制与技术创新来突破这一对中国经济和社会发展的严重制约。

湖北省作为中国中部地区的重要省份，必须坚决贯彻科技是第一生产力、人才是第一资源、创新是第一动力的要求，迫切需要提升科技创新能力和核心竞争力，通过加大创新解决重点领域关键领域技术“卡脖子”问题，以保持经济安全、稳定、可持续健康发展。加强体制机制改革创新是湖北省实施创新驱动发展战略的核心要求之一，对于促进科技创新、推动关键核心技术创新具有重要作用。同时，核心技术是支撑产业发展和提高竞争力的基础，关键核心技术创新是提升湖北省产业竞争力的关键，对于推动湖北省相关产业的升级和转型起到至关重要的作用。

“加强体制机制改革创新，推进关键核心技术创新”不仅有利于推动湖北省科技创新体系的建设，提升科技创新能力，而且对于优化产业结构，提升经济竞争力和综合国力也具有重要意义。体制机制的改革创新，将有效激发企业、高校、科研机构等各类创新主体的活力，促进科技资源的有效整合，从而形成具有湖北特色的科技创新体系；关键核心技术是支撑现代产业发展的重要基础，通过持续强化关键领域核心技术的攻关，持续强化湖北系统性、自主性、独立性、安全性创新能力，将有助于湖北省在关键领域实现技术突破，提升科技创新能力，形成湖北的新技术、新体系、新产业、新优势，推动湖北省的产业结构升级和经济转型，提高经济增长质量和效益。

## 一、湖北省关键核心技术创新现状分析

### （一）湖北省关键核心技术创新研究基本情况

湖北省在核心技术创新方面展现出了强劲的研究动力和明显的成效，特别是在高端科技人才集聚、高校院所的集聚效应、科技创新平台建设以及科技成果转化等方面。

首先，湖北省拥有丰富的高端科技人才资源，其中院士人才数量在中部地区位居首位，特别在地学、土木工程、水利与建筑工程、机械与运载工程等领域具有突出优势。这一优势为湖北省在进行核心技术创新研究方面提供了坚实的人才支撑。其次，高校 R&D 人员的数量和质量均呈现出稳定增长的趋势，特别是在博士学历人员的比例和基础研究人员的占比方面，展现了湖北省高等教育和科研机构在人才培养和基础研究领域的强大实力。其次，湖北省的高校院所集聚效应逐步显现，尤其是在“双一流”建设高校和学科方面取得了显著成果。高水平高校和学科的协调发展，以及科研院所创新综合实力的不断增强，为湖北省的核心技术创新研究提供了良好的学术环境和科研基础。例如，湖北省拥有国家重点实验室和国家工程技术研究中心等多个高水平科研平台，涵盖了材料、环境、农业、生物学等多个重要领域，为进行跨学科的核心技术创新提供了有力的支撑。

此外，在科技创新平台的建设方面，湖北省建有数量众多的国家重点实验室、工程技术研究中心以及高新技术产业开发区，形成了覆盖各

个关键领域的科研和创新网络。这些平台不仅为科研人员提供了先进的研究设施和丰富的科研资源，也为企业和科研机构之间的合作提供了便利条件，促进了科技成果的快速转化和产业化应用。得益于科技创新平台建设的不断进步，湖北省在科技成果转化方面取得了显著成就，尤其在重大科技奖励、科研论文发表以及专利产出等方面均表现优异。这些成绩不仅展示了湖北省在核心技术创新方面的研究能力，也反映了其在促进科技成果产业化、加快科技创新成果转化方面的有效举措。特别是在“嫦娥五号”月面国旗、“珞珈一号”遥感卫星等高科技领域的突破，展现了湖北省在核心技术创新上的重大突破和创新成就。科技创新平台的量质齐升，为湖北省的核心技术创新提供了坚实基础。国家重点实验室、工程技术研究中心等创新平台的建设和优化，不仅加深了科学研究和技术开发的深度，也拓宽了创新成果的应用范围。特别是在新材料、生物医药、智能制造等关键技术领域，这些平台已经成为推动行业技术进步和产业升级的重要力量。

综上所述，湖北省在核心技术创新研究方面表现出了良好的综合实力和显著的成效，这得益于其深厚的科教资源、高水平的科研平台建设，以及高效的成果转化机制。随着科技创新载体的聚集和创新创业氛围的营造，湖北省已经形成了一系列具有显著特色和竞争优势的创新高地。

### (二)湖北省关键核心技术创新存在的主要问题

湖北省在核心技术创新研究方面表现出良好的综合实力和显著的成效，但同样存在许多不足和问题，主要表现为以下一些方面。

1. 湖北省基础研究支持不足

基础研究不足对区域的科技发展和经济增长具有长远影响。首先，它会限制新技术、新材料和新方法的创新，影响产业升级和经济结构的优化调整。基础研究是应用研究和技术开发的源头，缺乏对基础科学的深入探索，将导致创新链条的前端缺乏支撑，减缓技术创新的步伐，降低产业竞争力。其次，基础研究的不足会影响高层次人才的培养和吸引。基础研究是培养创新思维和科研能力的重要途径，缺乏足够的基础研究机会，会难以吸引和保留优秀科研人才，进而影响整个社会的创新氛围和科技进步速度。因此，加强基础研究，对于提升区域创新能力和维护国家经济安全具有至关重要的意义。

(1)湖北省基础研究资金来源不足

湖北省的基础研究资金主要依赖于地方政府的财政拨款，其中湖北省自然科学基金、关键实验室的建立和基础研究专项计划是主要的资助途径。由于地区发展和文化因素的限制，资金来源较为单一，尚未形成包括企业、个人和行业在内的多元化资助体系。自2022年起，湖北省尝试通过建立联合创新项目来吸引更多社会资本参与，提供资金配比以促进基础研究。① 然而，目前参与的社会方主体数量有限，主要是国有企业和单位，民间资本的加入还相对缺乏。尽管湖北拥有许多高科技企业，对基础研究的需求和贡献潜力大，但现行政策对企业的激励不足，企业参与联合资助的积极性不高。这部分缘于企业面临的高风险和研究成果归属的不确定性，以及短期内难以利用研究成果。在管理方面，尽管湖北省自然科学基金允许接受社会捐赠，但由于未被认定为慈善组织，使得接受捐赠的法律身份和资格受限，捐赠者也无法享受税收优惠，进一步限制了资金来源的多样性。

从企业的角度看，企业可以采取多种方式支持基础研究活动，除了通过湖北省自然科学基金外，还可以向高校的发展基金捐赠，直接创建基础研究资金或成立科技慈善基金。目前，国内部分科技企业已经通过这些途径对基础研究作出了贡献。例如，小米向国家自然科学基金捐赠1亿元用于支持国家基础研究，阿里巴巴启动了面向科技前沿的“创新研究计划”，腾讯推出了支持数学、物理、生命科学等领域研究的“新基石研究员项目”，而拼多多创始人则通过“繁星公益基金”及与浙江大

① 苏振锋，翟淑君．加快推进科技自立自强的系统策略研究——对习近平总书记《论科技自立自强》核心要义的探析[J]．武汉科技大学学报(社会科学版)，2024，26(4)：1-10.

学合作成立的“繁星科学基金”，对基础研究进行了高额捐助。然而，湖北省内的科技企业虽多，对基础研究的直接资助及通过成立科技慈善基金的方式参与还不够广泛，同样地，向本地高校的教育基金会捐赠以支持基础研究的案例也相对少见。这种情况与湖北的科技企业发展阶段及普遍缺乏科技慈善环境有较大关系

对于大学发展基金会等慈善机构，此类公益机构具有接受社会捐赠的相关资质，为增加基础研究的资金来源提供了一条重要路径。例如，北京大学、清华大学、浙江大学、南京大学和南开大学等顶尖大学的发展基金会已经启动了旨在支持基础研究的专项资助计划。湖北省拥有丰富的教育和科研资源，本地高校主要依靠申请国家和地方的科研项目资金来开展基础研究。这些高校的发展基金会过去主要集中在支持校园建设、奖学金和引进人才等传统项目，很少设立专门针对学校基础研究的资金和筹款活动。

(2)湖北省基础研究财政资助规模较小

地方政府在基础研究领域的财政支持对于确保地区科研活动的持续进行、培育科研人才以及提升地区科研实力至关重要。最近几年，各地政府对基础研究的投资显著增长，不仅在总投资额上有所增加，其在全国基础研究投资中的比例也有明显提升。从国家视角来看，2016 年至 2020 年，地方基础研究的资金从 51.56 亿元增加至 255.19 亿元，其在全国基础研究投资中的占比从 9.05%提升到了 28.98%。不过，受限于各地经济和科技发展的不同，地方政府在基础研究上的投入相差甚远。以 2022 年的数据为例，上海、广东等地政府在基础研究上的投入超过 18 亿元，尤其是上海，投入高达 48.3 亿元，远超其他地区。相比之下，四川、贵州和甘肃等西部省份的基础研究投入不足 3 亿元，显示出地区投入的差异明显。

湖北省以其雄厚的科教资源和科技创新能力，在全国科研竞争中占据有利地位。在基础研究综合竞争力上，湖北位列全国第六，科技创新能力则位于中部地区之首，全国第八。面对这样的优势，湖北省有责任进一步强化其科技创新及基础研究的能力，为科技进步提供更充分的资

金支持，保持并扩大在全国的科研领先地位。然而，观察湖北省近年来在基础研究资助方面的实际情况，发现尚存在不小的差距。以2022年为例，湖北省的基础研究经费仅有8.03亿元，预计位于全国中游水平，这与其科研竞争力的地位不匹配，显著低于北京、江苏、广东等省市的投入。①

(3)湖北省自然科学基金管理行政色彩浓厚

目前，我国除贵州省未设立自然科学基金等资助平台外，其他30个省市自治区均设立了自然科学基金或同类型的资助平台。这些资助机制通常按照三种主要的管理模式运行：第一种模式涉及由科技部门的基础研究和发展规划等相关科室直接管理自然科学基金，这不仅包括基金的日常管理工作，还包括制定科研规划和政策等职责。像天津、辽宁、吉林和上海等14个地区的自然科学基金就是这样管理的。第二种模式是由科技部门成立专门的自然科学基金委员会，作为内部机构独立负责基金的组织和管理，其中自然科学基金委员会的办公室通常和科技部门内的其他相关科室共用办公空间。湖北以及山西、内蒙古、黑龙江等12个省份采用的是这一模式。第三种模式是科技部门成立具有独立法人资格的自然科学基金委员会，直接归属于省级科技厅管理，如北京、河北、浙江和广东四省市所采用的模式。

湖北省采取的是第二种管理模式，即通过科技厅下设的自然科学基金办公室来管理，该办公室与基础研究部门合并办公。该部门不仅负责规划和执行湖北省自然科学基金项目，还负责省级重点实验室的建设、基础研究发展规划的拟订和实施等工作。尽管湖北省自然科学基金在成立时参考了国家自然科学基金的模式，但其在实际操作中并未完全遵循科学基金制度的运作方式，导致基金在一定程度上依赖行政管理，缺乏独立和明确的特色。

---

① 国家统计局科学技术部．2022年全国科技经费投入统计公报[EB/OL].(2023-09-18)[2024-07-18]. https：//www. stats. gov. cn/sj/zxfb/202309/t20230918_1942920. html.

2. 湖北省科教优势潜力挖掘不够，科技创新成果转化不足

湖北省作为中部地区的科教大省，拥有丰富的科教资源和高水平的科研机构，但在科技创新成果转化方面仍面临一些挑战。

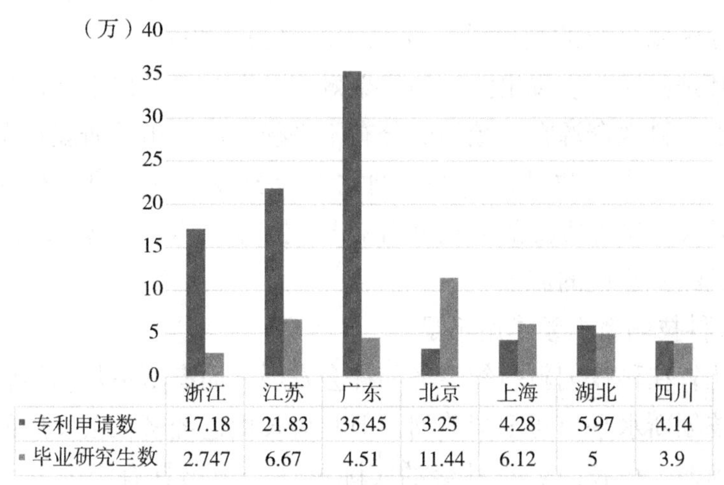


| | 浙江 | 江苏 | 广东 | 北京 | 上海 | 湖北 | 四川 |
|---|---|---|---|---|---|---|---|
| 专利申请数 | 17.18 | 21.83 | 35.45 | 3.25 | 4.28 | 5.97 | 4.14 |
| 毕业研究生数 | 2.747 | 6.67 | 4.51 | 11.44 | 6.12 | 5 | 3.9 |

图 1　2022 年各省市毕业研究生数与申请专利数

资料来源：根据各省市自治区统计局网站公布的 2023 年统计年鉴整理。

(1)科技资源分布不平衡

在湖北省，科技资源的分布显示出显著的不平衡性，主要体现在行业间、人才层次以及地域上的分布差异。从行业的角度看，在湖北省，科技资源在工业企业中主要集中于汽车制造及计算机、通信和其他电子设备制造业。具体而言，汽车制造业的研发人员、研发经费以及有效发明专利在工业企业中所占的比例分别为 16.4%、19.27%和 12.61%；而计算机及相关行业的相应比例为 11.29%、16.57%和 19.72%。在非工业领域，科技资源主要投向土木工程建筑业，占非工业企业研发人员的 48.28%，研发经费的 57.32%，以及 18.58%的有效发明专利；商务服务业则是科技产出的主要领域，占有效发明专利的 34.07%。从人才的角度看，尽管湖北省的人才总量居于全国前列，但缺乏世界一流水平的顶尖人才和团队。2022 年，湖北省共有科技工作者(包括研发人员)

35.36万人，这一数据比2018年增长37.4%，位居全国第七。[①]

总的来看，虽然研发人员众多，但高层次人才稀缺；研究型人才众多，但创业型人才不足；高等院校和科研机构人才众多，但企业中的人才较少。这种“人才高原”现象中缺少“人才高峰”的问题十分明显。从科教资源区域分布的角度看，湖北省的科技资源主要集中在大中型城市，尤其是武汉，表现出强烈的集聚效应。而县级及以下地区科技资源相对匮乏，科教资源在区域间的分布不平衡。武汉市的研发经费占湖北省的54%，地方财政科技支出占湖北省的55%，所有国家重点实验室都设在武汉。这种资源的不均衡分布导致了县域发展的科技支撑不足，难以满足经济建设的需求。

(2)科技创新引领作用不足

湖北省在科技创新引领经济和社会发展方面有所不足。尽管该省的综合科技创新水平位居全国前列，但其科技促进经济社会发展的能力并未达到预期，科技对经济社会的实际推动作用仍具有潜力。主要问题在于：

其一，科技对经济社会发展贡献有限。根据《中国区域科技创新评价报告2020》，湖北省的科技促进经济社会发展指数为69.57，低于全国平均水平74.39，排名全国第11位。这一数据与湖北省在全国科技创新综合排名第8位的地位形成鲜明对比，说明湖北省的科教资源优势并未充分转化为经济优势，科技对经济社会的推动作用不明显。

其二，创新源头对经济社会发展的支撑不足。

①高校的研究方向与经济社会发展需求衔接不紧密。虽然湖北省的基础研究主要集中在高校，但高校研发经费中只有三分之一来自企业。缺乏针对湖北省科技、经济和社会发展需求的科学规划和系统引导，导致高校的基础研究难以有效支撑地方经济发展。

---

① 湖北省科学技术协会.【学思想 强党性 重实践 建新功】五年增长37.4% 居全国第七 我省科技工作者达35.36万人[EB/OL].(2023-09-22)[2024-07-18]. http://hbkx.org.cn/news/info?newsid=639f7d2ccca44001b3cece804be8fcc1.

②高校学科设置与产业需求对接不紧密。湖北省高校在理工科专业设置与地方主导产业的发展需求之间存在协调不足的问题。尽管湖北省部分学科在全国具有竞争优势，但这些优势学科与地方关键产业的连接仍有待加强，特别是在支持集成电路、数字经济、航空航天、新能源、新材料、生物科技等战略性新兴产业、未来产业方面。

③高校科技成果与产业技术需求对接不足。湖北省高校在科技论文数量和质量上虽有所表现，但这些成果转化为产业技术支撑的能力仍显不足，尤其是在新材料、信息技术等关键领域，与地方产业技术升级的需求还存在较大差距。

(3)产业承接转化创新成果能力不足

湖北省在促进产业承接和转化科技创新成果方面有待提升，这主要体现在三个方面。首先，尽管湖北省的高新技术产业化在全国排名相对靠前，但从劳动生产率和利润率等关键指标来看，其产业化效益远未达到理想状态，显示出高新技术产业的创新效益有待大幅提升。其次，技术成果流出现象仍然显著，2023 年技术合同成交额达到 4802. 24 亿元，比上年增长 57. 93%。[①] 尽管湖北省在技术产出方面表现突出，但本地产业吸纳和应用这些技术成果的能力不足，导致大量创新成果流向外地。最后，产学研协同创新的机制尚未充分发挥，高企中只有极少数委托外部单位进行科技活动，反映出企业主要依赖内部资源进行技术创新，而对与外部科研机构和高等院校的合作开展科研项目的参与度不高，这限制了创新资源的有效整合和科技成果的快速转化。

(4)创新主体培育亟待加强

湖北省在培育创新主体，特别是高新技术企业和科技型中小企业方面存在不足，需要进一步加强。虽然 2023 年湖北省高新技术企业的数量已超过 2. 5 万家，显示了一定的增长势头，但与广东、江苏、北京、

---

① 湖北省科技厅. 湖北省技术合同成交额达到 4802. 24 亿元 科技成果省内转化率超六成[EB/OL]. (2024-04-18)[2024-07-17]. https://www. most. gov. cn/dfkj/hub/zxdt/202404/t20240418_190342. html.

上海等科技发达省市相比，无论是在总量还是在增速上，差距都比较显著。例如，广东的高新技术企业数量达到5.4万家，江苏则超过3.2万家，远超湖北省。① 此外，湖北省的科技型中小企业数量也远低于江苏和河南等省份，这反映出湖北在促进中小企业科技创新能力和转型升级方面的努力尚未充分发挥效果。这种创新主体培育的不足，限制了湖北省科技创新体系的整体活力和创新能力的提升，急需通过更有效的政策支持和激励机制来加强创新主体的培育和发展。

(5)高端创新合作平台建设力度不够

在创新合作平台建设方面，湖北省的进展相对缓慢，特别是在国家级高端平台和新型研发机构的建设上。与北京、上海等科技先进省市相比，湖北省在重大科技基础设施和国家重点实验室的数量及建设速度上明显落后，重大科技基础设施有限，且科学设施分布不均，难以满足多学科、多领域高水平研究需求。同时，虽然近年来开始建设产业创新联合体和专业性研究所，但与广东、江苏等省份相比，新型研发机构建设的数量和力度不足，这限制了湖北省在科技创新体系中的整体竞争力，急需加快高端平台和新型研发机构的建设步伐，以促进科技创新和产业发展。

3. 湖北省民营企业科技创新活力亟待提升

民营企业在技术创新问题上遇到的最大障碍之一是研发资金的匮乏。多数科技型民营企业属于轻资产模式，而现有的知识产权评估、质押及交易服务体系不完善，使得以专利技术作为质押资产获取贷款变得困难。② 此外，相对较少的天使和风险投资机构，以及政府产业引导基金偏好于资助大型项目和企业，使得地方企业初创及中小型民营企业获得资金支持成为一大挑战。此外，公共创新资源对于民营企业的开放程

① 国家统计局．2022年全国科技经费投入统计公报[N]．湖北日报，2023-09-18(005).

② 国务院发展研究中心企业研究所．民营企业创新现状分析[EB/OL]．(2023-10-16)[2024-07-17]．https：//www. drc. gov. cn/DocView. aspx？ chnid = 379&leafid = 1338&docid = 2907294.

度也不足，绝大多数高水平创新平台服务于高校、科研院所及大型国企，民营企业难以利用这些平台的研究设备和工具，通常只能获得孵化器或众创空间等基础服务，而缺乏足够的支持以进行概念验证、二次开发和中试熟化。与此同时，湖北省特别是武汉市面临人才流失问题严重，本地缺少能够支持民营企业发展的创新型领军人才。职业教育的滞后发展导致存在“看似有用，实则不足”的人才现象，关键领域缺乏足够的创新型、应用型、技能型高级人才，企业倾向于从经济更发达的城市引进所需人才。

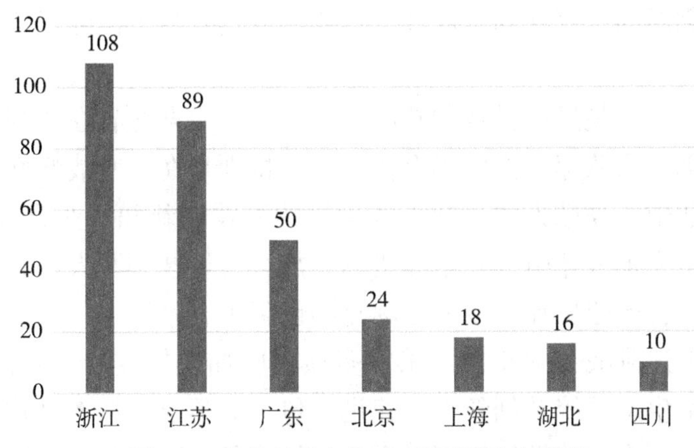


图 2　2022 年民营企业 500 强区域分布情况

资料来源：全国工商联“2023 中国民营企业 500 强”榜单。

4. 湖北省缺乏建设支持核心技术创新的机制

湖北省在构建科技创新平台方面虽有一定成就，但在面对日益激烈的国内外科技竞争和产业升级的新要求时，仍面临多重挑战。在面对“卡脖子”技术难题的背景之下，湖北省缺乏集中优化高质量资源、顶尖人才和先进技术，形成一个协同创新、高效运转的技术研发和成果转化体系。

尽管湖北省已布局了一定数量的产业技术基础公共服务平台，并参与了教育部与工业和信息化部联合开展的“千校万企”协同创新伙伴行动，旨在聚焦国家重大战略需求和产业发展共性问题，但在关键核心技术的集成攻关和系统解决方面，湖北省仍缺乏足够的大型综合性科技创新平台。现有平台虽多，但在攻克产业共性技术难题、形成系统解决方案的能力上还不够强，难以支撑湖北省在某些关键领域和高技术产业的领先地位。

虽然湖北省拥有一定数量的国家级和省级科技创新平台，但在针对“卡脖子”技术的攻关方面，仍然面临资源整合不够、创新链与产业链深度融合不足的问题。尤其是在高新技术产业和未来产业的关键技术研发、成果转化和产业化方面，需要进一步优化和加强科技资源的配置，提升科技创新的系统性和集成性，加快形成具有强大国际竞争力的科技创新集群。

此外，人才是推动科技创新的关键因素，而湖北省在高层次人才集聚和科技创新团队建设方面仍有待加强。特别是在一些战略性新兴产业和未来产业中，高端人才的缺乏成为制约科技创新和产业升级的瓶颈。需要进一步完善人才引进和培养机制，加大对科技领军人才和创新团队的支持力度，构建更加开放和国际化的创新生态系统。

面对上述挑战，湖北省需采取多项措施加快构建“卡脖子”关键核心技术创新生态系统及创新平台建设。包括但不限于加大财政投入和政策支持力度，推动产学研用深度融合，优化科技资源配置，搭建更多跨学科、跨行业、跨区域的协同创新平台；同时，加强对人才的引进和培养，特别是在关键技术领域集聚一批世界级科学家和创新团队，形成具有国际影响力的科技创新高地。通过这些措施，湖北省将在核心技术创新和创新平台建设上取得更大突破，为湖北省乃至全国的科技创新和产业升级提供有力支撑。

湖北省在构建支持“卡脖子”关键核心技术创新的生态系统及创新平台建设中面临的机遇与挑战是复杂且多维的，这不仅关乎其科技创新能力的提升，也直接影响到区域经济的结构优化和高质量发展的实现。在这一过程中，湖北省可以借助其雄厚的科教资源、较为完善的产业基础以及政府的政策支持等优势，有效集聚国内外优质科技资源，提高基础研究和技术创新的水平，促进科技成果的转化和产业化，从而在全国乃至全球的科技创新竞争中占据有利地位。然而，面对全球科技创新格局的深刻变化和国内外经济发展环境的新挑战，湖北省的科技创新体系急需进一步优化和提升。虽然湖北省拥有丰富的科教资源和较强的科研实力，但基础研究的支持不足、科技资源分布的不平衡、科技创新成果转化的效率不高以及创新主体培育的不足等问题依然存在，这些问题的存在在一定程度上制约了湖北省科技创新的整体效能和产业发展的内生动力。

综上所述，湖北省在构建支持“卡脖子”关键核心技术创新的生态系统及创新平台建设的道路上，既面临着丰富的科教资源、强大的产业基础以及政府政策支持等优势，也面临着基础研究不足、科技创新成果转化效率低下、创新主体培育不足等一系列挑战。只有通过不断优化科技创新体系、深化科技体制改革、加大科技创新投入、提升创新主体能力等措施，湖北省才能有效转化其科教优势，加快“卡脖子”关键核心技术的攻关，构建高效、协同、开放的科技创新生态系统，进而促进区域经济的高质量发展，实现在全国乃至全球科技创新竞争中的新突破。湖北省应充分利用其在某些领域和产业的特定优势，通过精准的政策引导和资金支持，促进产业技术研究院、创新中心和技术转移服务机构等平台建设，强化科技创新链与产业链的深度融合，促进科技成果在地方经济中的有效转化和应用，从而推动形成区域经济发展的新动能。

## 二、束缚湖北省关键核心技术创新突破的机制体制障碍分析

### (一)湖北省核心技术创新基础研究投入不足

湖北省在近年来对于重点产业领域的核心技术创新表现出了鲜明的向基础研究能力延伸以及向创新链各环节全面覆盖的特征。然而，在这一过程中，基础研究能力投入不足的问题逐渐凸显，成为了制约湖北省

核心技术创新全面突破的根本性因素。具体而言，湖北省在电子信息、生物医药、新材料等重点产业领域均加大了核心技术创新的力度，并取得了一系列重要成果。然而，这些成果的取得往往依赖于外部技术引进和消化吸收，而缺乏自主创新的基础研究支撑。这种依赖性导致了湖北省在核心技术创新方面缺乏持续性和稳定性，难以形成真正的技术竞争优势。

湖北省在基础研究方面的投入与发达省份相比仍存在较大差距。基础研究的投入不足，不仅影响了湖北省在核心技术创新方面的深度和广度，也制约了其在创新链各环节的全面覆盖。由于缺乏足够的基础研究能力支撑，湖北省在技术创新、产品开发、市场推广等方面都面临着较大的挑战。此外，基础研究能力投入不足还导致了湖北省在人才队伍建设、科研基础设施建设等方面存在短板；缺乏高水平的研究团队和先进的科研设施，使得湖北省在核心技术创新方面难以取得重大突破。为了解决这些问题，湖北省需要加大对基础研究的投入力度，提升基础研究能力水平。应通过加强科研队伍建设、优化科研资源配置、推动产学研深度融合等方式，推动湖北省在核心技术创新方面实现全面突破。同时，湖北省还需要加强创新链各环节的协同配合，形成合力攻关的良好局面。通过加强产业链上下游企业之间的合作与交流、推动产学研用一体化发展等方式，实现技术创新与产业发展的深度融合。

### (二)湖北省企业自主创新能力提升面临外部环境与市场挑战双重制约

湖北省在推动各种所有制形式的企业通过自主创新能力实现重点产业领域关键核心技术创新突破方面，尽管取得了一定进展，但尚未形成完善的外部制度环境来激励和促进这些企业获取市场竞争优势和合理利润。

目前，湖北省的企业在自主创新能力上与其他发达省份相比仍有差距，综合科技创新能力略低于全国综合水平。除此之外，湖北省创新能力呈现出不同行业、不同企业参差不齐的情况。国有大型企业通常拥有较为雄厚的研发实力和资金支持，能够深入开展核心技术创新。然而，众多中小型企业，特别是民营企业，由于资金、技术、人才等方面的限制，往往面临着创新难度大、风险高的困境。

从制度环境层面来看，湖北省尚未建立起完善的科技创新政策体系，尤其是针对中小企业的创新支持政策还不够具体和有力。尽管政府出台了一系列支持科技创新的政策措施，但在执行过程中往往存在落实不到位、政策碎片化等问题，导致企业难以充分享受政策红利。

此外，湖北省的市场环境也对企业的自主创新能力构成了一定挑战。在一些重点产业领域，市场竞争激烈，企业面临着来自国内外同行的强大压力。由于缺乏有效的知识产权保护和市场监管机制，一些企业担心技术创新成果被侵权或难以转化为实际利润，从而影响了其开展自主创新的积极性。

湖北省在激励和促进企业自主创新，实现重点产业领域关键核心技术创新突破的投入和产出方面与一些发达省份相比仍存在一定差距。例如，在研发投入占 GDP 比重、高新技术企业数量、发明专利授权量等指标上，湖北省还有较大的提升空间。为了解决这些问题，湖北省需要进一步完善科技创新政策体系，加强政策协同和系统集成，确保政策能够真正落地生效。同时，还需要加强知识产权保护和市场监管力度，为企业创新创造良好的市场环境。此外，还应加大对中小企业的创新支持力度，通过税收优惠、资金扶持等方式，激发其创新活力。

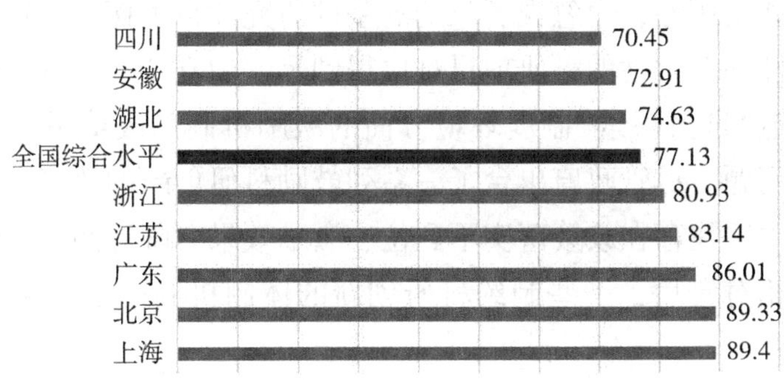


图 3　2023 年中国部分省市综合科技创新水平指数

资料来源：根据中国科学技术发展战略研究院公布的《中国区域科技创新评价报告 2023》整理。

### （三）湖北省科研创新存在制度束缚与利益藩篱

湖北省在推进以高等院校、政府附属的专业化科研机构和国有企业为主要平台的应用基础研究方面，尽管付出了努力，但仍然存在制度束缚和利益藩篱的问题，这导致在营造“自由探索”制度环境方面的激励机制和改革举措动力不足，改革进程相对滞后。①

具体来说，湖北省的高等院校作为科研的主力军，其科研活动往往受到较为严格的课题申请、经费管理和成果评价等制度的制约。这种制度束缚使得科研人员在选择研究方向和开展创新研究时受到一定的限制，难以充分发挥其创新潜力和探索精神。根据相关数据，湖北省高等院校的科研项目数量虽然庞大，但真正具有原创性和突破性的成果相对较少，这表明制度束缚对科研创新的影响不容忽视。同时，政府附属的专业化科研机构也面临着类似的困境。这些机构往往承担着重要的科研任务，但由于受到体制机制的制约，其科研活动的自由度受到一定限制。例如，一些科研机构在经费使用、人员调配和成果转化等方面缺乏足够的自主权，这影响了科研人员的积极性和创新动力。国有企业作为湖北省经济发展的重要支柱，其科研实力也相对较强。然而，由于企业内部的利益藩篱和决策机制的问题，国有企业的科研活动往往更加注重短期效益和实用性，而忽视了长期的基础研究和自由探索。这导致一些具有前瞻性和探索性的科研项目难以得到足够的支持和推进。此外，湖北省在营造“自由探索”制度环境方面的激励机制和改革举措也存在动力不足的问题。尽管政府出台了一系列鼓励科研创新的政策，但在实际执行过程中往往存在政策落实不到位、激励效果有限等问题。同时，改革进程也相对滞后，一些制约科研创新的体制机制问题尚未得到根本解决。

---

① 湖北省科学技术厅．省科技厅关于印发《省科技厅关于加快建设高水平新型研发机构的若干意见》的通知［EB/OL］.（2020-10-13）［2024-07-17］. https：//kjt. hubei. gov. cn/kjdt/ztzl/zdxxgk/hnhqhm/202210/t20221017_4354121. shtml.

为了解决这些问题，湖北省需要加大改革力度，打破制度束缚和利益藩篱。首先，要优化科研项目管理和经费使用制度，给予科研人员更多的自主权和决策权。其次，要加强科研人员的激励机制建设，提高其创新积极性和成果转化率。此外，还应加强产学研合作，推动科研成果的转化和应用，为经济社会发展提供有力支撑。

### (四)湖北省科研人才发展与创新团队稳定激励机制缺乏

现有的人才培育体系、人才选拔评价体制以及人才激励机制在湖北省的实践中，表现出了一定的局限性，这些局限性不利于各种前沿探索研究人才和高端创新人才专心于基础性的科学研究，同时也不利于高端研发人员核心能力的积累以及研发团队的稳定。长期以来，湖北省以其丰富的高等教育资源而闻名，是中国高等教育人才的重要输出地。然而，尽管湖北在人才培养方面具有显著优势，但在实际的产业应用中，这种优势似乎并未完全转化为创新动力。数据显示，2022 年湖北省参与规模以上工业企业研发(R&D)的人员数量达到 16. 87 万人。[①] 与经济较发达的沿海省份如广东、江苏和浙江相比，湖北的 R&D 人员规模显著较小，甚至还低于其邻近的中部省份安徽。

湖北省人民政府重视全方位培养、用好人才。以创新价值、能力、贡献为指向，全面推进国家科技人才综合评价改革试点，推动职务科技成果赋权改革实现省属高校科研院所全覆盖。统筹实施战略科技人才引领、青年拔尖人才成长、卓越工程师集聚、工匠培育“四大专项计划”，引进培育 50 名战略科学家、500 名科技领军人才、2500 名卓越工程师、10000 名优秀青年科技人才、200 个高水平科技创新团队。[②]

---

① 湖北省科学技术厅．湖北发展“科技经济”加快推动转型升级研究与建议[EB/OL]．(2023-03-28)[2024-07-18]．https：//kjt. hubei. gov. cn/kjdt/ztzl/srkxcg/2022/202303/t20230328_4604200. shtml.

② 湖北省人民政府办公厅．省人民政府办公厅关于加快培育新质生产力推动高质量发展的实施意见[EB/OL]．(2024-04-28)[2024-07-18]．https：//sjj. hubei. gov. cn/bmdt/sjjyw/sj/202404/t20240428_5173702. shtml.

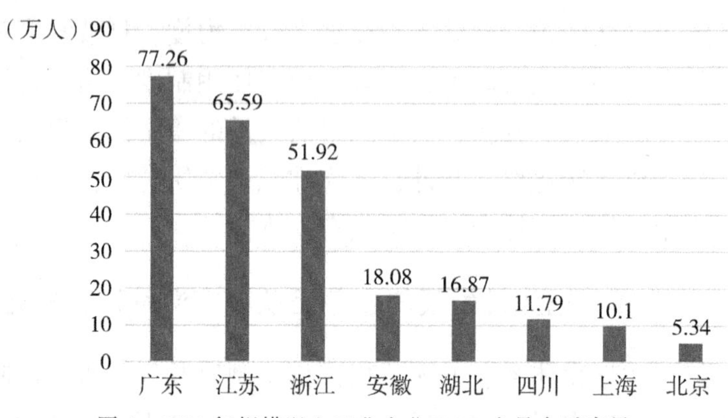


图 4　2022 年规模以上工业企业 R&D 人员全时当量

资料来源：根据各省市自治区统计局网站公布的 2023 年统计年鉴整理。

首先，从人才培育体系来看，湖北省虽然拥有众多高等院校和科研机构，但在培养基础性科学研究人才方面，现行的教育体系仍过于注重应用性和短期效益，对基础学科和前沿领域的投入相对不足。这导致许多优秀的科研人才在早期阶段就偏离了基础研究的轨道，转向更容易出成果的应用研究领域。数据显示，湖北省在基础科学领域的博士和硕士研究生比例相对较低，与一些发达省份相比存在明显差距。其次，人才选拔评价体制也存在一定问题。在湖北省，科研人员的评价和晋升往往过分依赖论文数量、项目经费等量化指标，而忽视了科研质量、创新性和实际贡献。这种评价方式容易导致科研人员追求短期效益，忽视长期的基础性研究。同时，对于前沿探索研究人才和高端创新人才来说，他们的研究成果往往具有高风险性和不确定性，很难在短时间内得到认可和评价，这进一步挫伤了他们从事基础研究的积极性。最后，人才激励机制的不完善也是制约湖北省科研创新的重要因素。目前，湖北省在科研人员的薪酬、福利待遇和职业发展等方面仍有待提高。一些高端研发人员因为缺乏足够的激励和保障，难以长期专注于基础性科学研究。同时，研发团队的稳定性也受到影响，人才流失现象较为严重。

综上所述，湖北省在核心技术创新、企业自主创新、科研机制改革和科研人才发展等方面面临诸多挑战。核心技术创新则因基础研究投入不足，难以形成持续创新；企业自主创新受制于市场竞争和制度环境的不完善，难以充分发挥潜力；科研机制方面，制度束缚和利益藩篱限制了科研人员的自由探索；在人才发展上，现有的培育体系、选拔评价体制及激励机制难以满足高端人才的需求。湖北省需通过政策引导、科技创新投入、制度改革及人才激励等多方面努力，解决这些挑战，推动科技创新和产业升级。

## 三、湖北省核心技术创新体制机制改革的思路与方向

### （一）强化“卡脖子”关键核心技术来源与识别的体制机制建设

1. 新质生产力引领下的湖北战略性与未来产业关键技术识别与布局

2023年中央经济工作会议强调，“以颠覆性技术和前沿技术催生新产业、新模式、新动能，发展新质生产力”，要求“开辟量子、生命科学等未来产业新赛道”。新质生产力具有“新产业载体”特征。技术密集度更高、发展潜力更大的未来产业是新质生产力发展的集中体现，这意味着新质生产力从更多依靠原有支柱产业的持续扩张转向更多依靠新兴支柱产业的培育壮大，通过一体推进“科技—产业—金融”良性循环，优化以新产品、新产业、新业态为代表的供给体系明显，建立完整性、先进性、安全性的现代化产业体系构成新质生产力最鲜明的产业载体。

2024年湖北省人民政府提出，发展五大优势产业，引领“51020”现代产业集群加速崛起。[①] 加快光电子、汽车等领域重大项目建设，更大力度推进医养结合和中医药现代化，推动“光芯屏端网”、汽车制造与服务、生命健康产业加速突破万亿元；以工业母机、绿色智能船舶和商业航天为重点，推动高端装备制造产业加速迈向万亿级；巩固升级

① 湖北省人民政府．构建现代化体系 五大优势产业“点亮”湖北制造［EB/OL］．（2024-04-25）［2024-07-18］．https：//www.hubei.gov.cn/zwgk/hbyw/hbywqb/202304/t20230425_4639033.shtml.

“芯、星、端、网、用”全产业链，推动北斗产业加快突破千亿元。深入实施“人工智能+”行动，以智能芯片为引领、以大模型为驱动、以先进算力为支撑，统筹推进通用大模型和垂直大模型研发应用，拓展人工智能在智能制造、无人驾驶、公共服务、城市治理、农业等领域应用场景，加快建设国家人工智能创新核心区和应用先导区。加快软件和信息服务、智能终端、节能环保、数字创意、新材料等新兴特色产业上量提质、聚链成群，打造一批五千亿级产业集群。

2021 年，湖北省发改委发布了《湖北省战略性新兴产业发展“十四五”规划》，破解产业发展“卡脖子”问题，大力发展新一代信息技术、大健康、高端装备、先进材料、新能源、新能源与智能网联汽车、节能环保、数字创意及科技服务 8 个重点领域 37 个细分行业，超前布局未来产业，全面提升产业基础高级化、产业链现代化水平，加快形成接续有力、相互支撑、融合互动的产业梯队。2023 年 9 月，习近平总书记在黑龙江考察调研期间首次提到“新质生产力”，并写入 2024 年政府工作报告。“新质生产力”对产业的要求不同于 2021 年时的社会发展和区域发展。现阶段，新质生产力下的产业发展是要及时将科技创新成果应用到具体产业和产业链上改造提升传统产业，培育壮大新兴产业，布局建设未来产业，完善现代化产业体系。同时，要围绕发展新质生产力布局产业链，提升产业链、供应链韧性和安全水平，保证产业体系自主可控、安全可靠。①

因此，建议按照新质生产力对产业发展的标准，整合有关部门、行业专家、智库等力量，开展未来产业发展战略研究，研判未来产业发展趋势。在深入研究未来产业的内涵、发展特征、生成育成机制，比较分析国内外未来产业布局的基础上，根据湖北科技创新和产业发展基础，聚焦湖北科技创新和产业创新优势领域，明确符合“新质生产力”发展的战略新兴产业、未来产业重点方向和相关细分领域为发展方向。紧盯

① 王蕴. 深学笃行阐释习近平经济思想研讨会[C]. 习近平经济思想研究中心，2023-12-20.

未来产业发展新趋势新特点，立足湖北学科特色、创新优势和产业基础，前瞻布局建设一批未来产业创新平台。

2. 整合政府、市场、社会力量，科学统筹、集中力量、优化机制、协同攻关

湖北省要加强战略谋划和系统布局，坚持国家战略目标导向，瞄准事关省市产业和经济的若干重点领域及重大任务，明确主攻方向和核心技术突破口，重点研发具有先发优势的关键技术和引领未来发展的基础前沿技术。要构建协同攻关的组织运行机制，高效配置科技力量和创新资源，强化跨领域跨学科协同攻关，形成关键核心技术创新强大合力。要推动有效市场和有为政府更好结合，强化企业技术创新主体地位，加快转变政府科技管理职能，营造良好创新生态，激发创新主体活力。

3. 发挥湖北省在《国家标准化发展纲要》中的角色地位作用，推动一批"卡脖子"关键技术评价等级和标准研制

湖北省应加快制定《国家标准化发展纲要》的一些"卡脖子"关键技术标准，形成一套科学适用、标准规范的关键技术标准体系构建方法，包括主要特征指标、国内外技术发展情况、技术发展差距等，全面反映技术发展状况，形成关键技术清单。按照技术成熟度和制造业成熟度设置不同等级，全面反映产业链关键技术的发展水平、基础共性程度、差距和赶超难度(依据技术成熟度，将关键技术又分为无自主能力的技术、需产业化的技术和成熟的可大面积推广的技术 3 类)。建立涵盖各门类重点产业典型产品的关键技术体系，分类分级建立短板技术攻关库、长板技术储备库及先进适用技术推广库。通过有效应用，技术体系效能初步显现，产业科技攻关更加全面和精准，科技成果产业化和新技术推广更有成效，标准、质量、关键软件等产业基础能力建设显著增强；在指导地方开展产业链强链补链、区域产业集群发展等方面成效显著；引导企业供应链风险管理水平不断提升，企业技术研发体系持续优化。

4. 建立"卡脖子"关键技术信息监测和动态更新平台支撑，制定科技攻关项目指南，精准确定攻关项目

湖北省人民政府牵头，科学技术厅、工业和信息化厅主管，由第三

方机构建立“卡脖子”关键技术信息监测服务平台，对技术体系进行动态监测，根据技术发展、产品迭代与行业应用情况，及时更新技术体系。同时，动态调整短板技术攻关库、长板技术储备库及先进适用技术推广库，定期编制技术体系诊断分析报告，根据监测结果，对技术体系建设成效进行验证。制定科技攻关项目指南，精准确定攻关项目。依据技术体系中的短板弱项，按照技术评估等级，围绕典型产品涉及的核心技术、制造装备、质量及关键软件等，梳理关键技术问题，建立关键核心技术创新目录，做到全面准确，防止漏项和重复立项。与科技创新重点研发计划、重大科技专项等衔接，有效支撑产业基础再造工程和重大技术装备攻关工程。

5. 加强统筹协调，强化基础保障，推进开放合作的机制

建议由湖北省人民政府统筹，厅级主管部门加强对“卡脖子”关键技术工作的组织领导，强化技术体系与产业政策法规的衔接，统筹行业协会、产业联盟、高校、科研院所、专业智库等力量，形成工作合力，推进创新链与产业链、资金链、人才链深度融合。加强产业技术基础服务平台、重点实验室、标准化技术机构等支撑能力，充分发挥技术优势，有效支撑技术体系建设与应用。面向行业、地方和企业，开展多层次的技术体系构建方法和应用培训。依托技术体系信息监测服务平台，为技术体系构建、评估、更新、拓展和应用提供支撑和服务。

强化跨地区、跨行业、跨部门技术体系共建共享与交流合作，促进产业链上下游深度协作、创新资源优势互补。充分发挥技术体系作用，加强国际技术交流合作，开展精准对接，持续加强市场、规则等方面软联通，稳步扩大标准等方面的制度性开放，支撑新发展格局构建。

### (二)加强“卡脖子”关键核心技术创新的激励与保障机制建设

1. 湖北省在“卡脖子”关键核心技术的激励现状分析

近年来湖北大力实施创新驱动发展战略，着力提升产业基础高级化和产业链现代化水平，推动制造业加快转型升级，开展关键核心技术创

新，支持产业链龙头企业、科研机构组建联合体，开展协同攻关创新。自2021年，湖北聚焦“光芯屏端网”、生物医药、人工智能、高端装备等重点领域，发布关键共性技术发展指南，实施“揭榜挂帅”攻关项目29个，重点突破了一批关键核心技术。聚焦光电科学、空天科技、生物安全、生物育种等优势领域，湖北组建的10家湖北实验室已产出三维直连量子点红外探测、线粒体酶复合体组装分子机制等一批原创成果，还解决了一批事关产业创新发展的重大科技问题。2024年4月，湖北省人民政府提出升级实施科技孵化服务“沃壤行动”，加快建设一批中试平台、概念验证中心、检验检测中心。出台湖北省首台(套)装备、首批次材料、首版次软件、首轮次工程流片芯片“四首”激励政策，给予省内研制单位和示范应用单位双边合计最高1000万元奖补。更好地发挥4000亿元政府主导的投资基金群作用，设立总规模500亿元、首期200亿元的技术创新专项贷，单列100亿元再贷款再贴现额度，引导金融机构全面推广“企业创新积分贷”等科技信贷业务。①

表1　湖北省出台的“卡脖子”关键核心技术的相关支持政策

| 日期 | 政策文件 | 关键词 | 激励措施 |
| --- | --- | --- | --- |
| 2023年9月22日 | 《加快“世界光谷”建设行动计划》 | 原创性引领性技术攻关 | 深入实施“尖刀”技术攻关工程，深入探索关键核心技术创新新型举国体制“光谷方案”。创新“产学研用一体化”机制，以企业为主体，联合高校院所、产业基金、公共平台、行业协会等资源协同攻关。聚焦高端芯片、关键设备、基础原材料、基础软件等领域，突破存储芯片、超高速光收发模块专用芯片、功率半导体芯片、传感芯片、光纤传感网络用特种光芯片与器件、OLED有机发光材料、超快激光器种子源、工业基础软件等一批产业关键核心技术 |

① 湖北省科学技术厅．省科技厅关于发布2024年度揭榜制科技项目需求的通知[EB/OL].(2024-05-22)[2024-07-18]. https://kjt.hubei.gov.cn/zfxxgk_GK2020/zc2020/qtzdgk/gsgg/202405/t20240522_5199597.shtml.

续表

| 日期 | 政策文件 | 关键词 | 激励措施 |
| --- | --- | --- | --- |
| | 《湖北省科学技术奖励办法》 | | 设立省青年科技创新奖、省自然科学奖、省技术发明奖、省科学技术进步奖、省科技型中小企业创新奖由省人民政府颁发证书和奖金 |
| 2023年5月5日 | 湖北省数字经济高质量发展若干政策措施 | 关键技术创新及应用 | 探索建立动态调整的湖北省数字经济核心领域首台(套)装备、首批次新材料、首版次软件(以下简称"三首")奖补目录，对湖北省内注册经评定的首台(套)、首批次产品省内研制单位和示范应用单位，分别按照单价的15%给予省内研制单位和示范应用单位一次性奖补，双边奖补合计最高1000万元 |
| 2023年3月10日 | 《湖北省人民政府关于进一步加强科技激励若干措施的通知》 | 关键核心技术攻关 | 支持企业开展关键核心技术创新，企业牵头或参与的湖北省技术创新计划比例不低于70% |
| | | 研发投入 | 支持高新技术企业增加研发投入，对其研发投入增量每年按分段定额方式给予最高100万元补助 |
| | | 科技平台 | 支持创建国家科技创新平台，对新获批的全国重点实验室、国家技术创新中心、国家产业创新中心、国家制造业创新中心、国家临床医学研究中心、国家基础学科研究中心、国家工程研究中心等，按现行政策一次性给予配套支持 |
| | | 科研人员 | 实施"青年科技人才服务企业专项"，支持青年科技人才服务企业科技创新 |
| 2023年 | 襄阳市《关于加快推进关键核心技术创新的通知》《关键核心技术创新专项实施细则(试行)》《关于完善科技激励机制的若干措施》 | 关键核心技术攻关 | 聚焦襄阳"144"现代产业集群发展需求，全面收集关键核心技术创新专项项目技术需求，预计首批立项10个，支持金额2000余万元。对在襄来襄承担国家重大科技专项、湖北省关键核心技术创新项目的科研团队，比照上级分别给予不超过2000万元、1000万元等额配套资金支持 |

2. 湖北省对"卡脖子"关键核心技术创新激励存在的问题

(1)湖北省内在资金和人才的激励政策不够明晰

目前湖北省已出台《加快"世界光谷"建设行动计划》《湖北省科学技

术奖励办法》《湖北省数字经济高质量发展若干政策措施》《湖北省人民政府关于进一步加强科技激励若干措施的通知》。政策条文都仅仅提到支持关键核心技术创新，但未明确重大项目范围、立项条件、申请步骤、奖补资助力度等。建议借鉴浙江省由省人民政府及主管省厅出台《加快推进关键核心技术攻坚突破的若干意见》，更好地引导高校、科研院所和核心企业加强关键核心技术攻坚突破。

湖北省人才激励政策不够清晰造成了两个问题：一是国际化高层次人才引进难度大。究其原因，一方面湖北国际化人才工作与生活配套“软环境”建设不足。工作层面，对人才引进后的环境适应、与本土人才的融合共生以及发展环境优化等缺乏全盘考虑，导致人才发展遭遇瓶颈、成果转化困难等现实问题。生活层面，政府服务难以满足日趋多元化、个性化、高端化的服务需求。另一方面在政策上未出台国际化高层次人才医疗保健、教育、配偶就业等配套实施细则，无法落地实施，且未建立与国外有效衔接的社保体系，在养老保险、医疗保险等方面对外籍人才的保障不足。二是高层次人才企业引进激励不足。面对越发激烈的国内外“抢人大战”与财政补贴压力，湖北缺乏根据自身特定优势和不足之处制定的高层次人才政策，难以促进人才链与创新链产业链精准对接，产生同质化和恶性竞争，政策上企业对高层次人才引进的激励不足，难以真正实现尊重市场经济规律和高层次人才成长规律相统一。

(2)湖北省内基础研究资助来源较为单一

长期以来，湖北省基础研究资助来源以湖北省财政拨款为主，政府主要通过湖北省自然科学基金、重点实验室建设、基础研究专项计划等渠道来向省内基础研究活动提供资助。由于社会经济发展水平与阶段的限制，以及科技慈善文化的欠缺，湖北省如同全国大多数省份一样，基础研究资助来源较为单一，缺少来自行业、企业及个人等社会力量的参与，尚未形成多元化的基础研究资助来源结构。

全社会科技投入覆盖面不广泛。县级以上人民政府及其有关部门还未建立财政拨款、企业投入、金融贷款、社会资金等相结合的多元化、多渠道科学技术投入体系。未来需要加大财政性资金投入，落实国家产业、金融、税收、政府采购等政策，制定和实施与区域经济建设、社会发展相适应的产业政策，鼓励和引导社会资金投入，推动湖北省科学技术研究开发经费持续稳定增长，逐步提高湖北省科学技术投入的总体水平。

财政科技投入有待提升。县级以上人民政府应当将用于科学技术的经费纳入预算管理，增长幅度应当高于本级财政经常性收入的增长幅度。创新科学技术投入机制，发挥财政性科学技术资金的引导、示范、放大效应，通过风险补偿、贷款贴息、企业技术创新后补助等多种投入方式，引导社会资金投向企业技术创新和高新技术产业。

暂未设立基础研究专项基金。鼓励有条件的县级以上人民政府根据科学技术发展规划和需要，设立有关基金，资助科学技术人员开展基础研究和应用基础研究，资助中小企业开展技术创新，推动科技成果转化与应用，资助科学技术进步活动。

缺少金融支持渠道。省人民政府应当加强区域性股权交易市场建设，拓宽科技型中小微企业融资渠道。县级以上人民政府应当支持高新技术企业、科技型中小企业利用资本市场融资，加强上市后备资源的筛选、培育、辅导，支持企业上市、发行债券。

(3)湖北省基础研究财政资助规模较小

2022年，全国共投入研究与试验发展(R&D)经费30782.9亿元，比上年增加2826.6亿元，增长10.1%；研究与试验发展(R&D)经费投入强度为2.54%，比上年提高0.11个百分点。研究与试验发展(R&D)经费投入超过千亿元的省(市)有12个，分别为广东(4411.9亿元)、江苏(3835.4亿元)、北京(2843.3亿元)、浙江(2416.8亿元)、山东(2180.4亿元)、上海(1981.6亿元)、湖北(1254.7亿元)、四川(1215亿元)、湖南(1175.3亿元)、安徽(1152.5亿元)、河南(1143.3亿元)和福建(1082.1亿元)。研究与试验发展(R&D)经费投入强度超过全国平均水平的省(市)有7个，依次为北京(6.83%)、上海(4.44%)、天津(3.49%)、广东(3.42%)、江苏(3.12%)、浙江(3.11%)和安徽(2.56%)。湖北省未列入其中，说明研究与试验发展(R&D)经费投入强度有待提升。①

基础研究投入机制有待完善。省人民政府应当建立完善财政稳定投入引导、社会力量参与的基础研究投入机制，落实金融、税收等政策，逐步提高基础研究经费占全社会科学技术研究开发投入的比重。省人民政府需要设立省自然科学基金，资助基础研究，支持人才培养和团队建设，重点支持青年科技人才建设，增强原始创新能力和关键核心技术供给能力。省自然科学基金资助项目应当坚持目标导向和自由探索，遵循宏观引导、自主申请、平等竞争、同行评审、择优支持的原则。支持设区的市、州和有条件的高等学校、科学技术研究开发机构、企业事业单位、社会组织等出资与省自然科学基金共同设立联合基金，扩大支持覆盖面，开展相关领域的基础研究和应用基础研究。

重大科技基础设施支持力度不够。省人民政府面向国家和湖北省重大战略需求，加强规划布局，统筹建设重大科技基础设施，支撑重大科技创新突破；促进重大科技基础设施开放共享与服务，提升设施建设水平与运行效能。重大科技基础设施所在地人民政府应当在建设用地、建设资金和运行服务等方面予以保障。

3. *加强湖北关键核心技术创新激励与保障机制建设的措施*

(1)完善设施建设和管理人才创新激励机制

依托设施吸引和凝聚国内外高层次创新人才团队，鼓励设施依托单位完善建设、运行管理人才的晋升评定和薪酬绩效评价机制，形成以设施建设运维能力、工作实绩为导向的评价标准，设施依托单位应向设施建设和运行人才提供专门编制和职称评定名额。支持将设施依托单位纳入人才引进重点机构推荐范围。符合条件的设施科研人员和高层次人才可申请省市级相关创新人才计划，并享受相应的省市人才保障政策支持。

(2)探索建立设施市场化收费和企业用户补贴机制

① 国家统计局科学技术部．2022年全国科技经费投入统计公报[EB/OL]．(2023-09-18)[2024-07-18]．https：//www. stats. gov. cn/sj/zxfb/202309/t20230918_1942920. html.

建立健全社会资本参与设施运行的长效机制，合理引导和带动全社会加大对设施的投入，支持设施按照“补偿成本、合理回报”原则制定市场化收费标准。加大企业用户使用设施的补贴力度，鼓励科技型中小企业用户通过“科技创新券”降低设施使用成本，研究进一步提高支持力度。

(3)建立设施分类评价和奖励制度

根据主要功能和服务对象进行分类评价管理，评价内容主要包括支撑国家战略科技力量、服务重大技术攻关和企业科技研发、设施人才保障水平等方面。按年度分类开展设施运行情况评价考核，对于使用效率、企业用户比例等指标达到一定标准，对湖北省科学研究和企业技术攻关起到重要支撑作用的设施，原则上分梯度给予奖励。

## 四、加大湖北多层次科技创新网络建设的对策分析

加大湖北多层次科技创新网络建设投入力度，应重点建设高质量实验室体系、构建重大科技基础设施集群、持续打造高水平研究型大学，创建高能级技术创新平台。需要建立起多层网络协同机制，这意味着对网络结构进行优化，以实现更高效的信息传递和知识整合。依据复杂网络理论，在多层次科技创新网络中，不同节点代表着不同的研究机构、产业界和政府部门。复杂网络理论使我们能够更好地理解这些节点之间的动态协同关系，从而更好地促进科技创新。通过分析节点之间的相互依存关系，可以揭示创新过程中的关键节点，有助于实现科技创新系统的整体性优化。科技创新往往需要跨越不同领域的知识传播和整合。湖北省加大对科技创新网络的投入，将有助于促进跨学科的合作，从而实现知识在不同领域的流动，推动创新的跨领域整合。加大多层次科技创新网络建设投入力度，将引导创新网络的动态演变，从而形成更为复杂、有机的结构。这有助于理解网络中各种组织形式的崛起和演变，为未来的创新提供更为灵活和适应性的网络结构，更好地理解科技创新网络中知识转化和技术应用的机制。该理论框架有助于揭示知识从理论到

实际应用的传播路径，以及技术创新如何在不同层次的网络节点中得以传播、吸收和应用。加大多层次科技创新网络建设投入力度不仅关注局部网络结构，还需要深入探讨湖北省与全球科技创新体系的相互联系。

## (一)构建自上而下的高效资助支持网络

基础研究在创新驱动发展战略中具有关键地位，鉴于基础研究在科技创新中的引领性地位，有必要进一步提升湖北省基础研究资助水平，为加快科技强省建设、增强原始创新能力、打造原始创新策源高地、实现高水平科技自立自强创造基本条件。基础研究在科技创新中扮演着不可或缺的角色，对基础研究进行大力资助可以促进科技水平的提升。强化基础研究资助是湖北省响应产业结构调整的重要手段之一，通过培育高科技产业，可以提高地区经济的竞争力。此外，强化基础研究资助对于吸引和培养杰出科研人才具有重要意义，这将为湖北省提供更为丰富的专业技术支持，推动地区的学术发展。通过加大对基础研究的资助，能够培育更为健康的科研生态。这种生态的形成有望激发研究者的创新热情，提升整个研究层面的协同效应。

在湖北省加大科技创新网络建设投入力度的语境下，深入应用复杂网络理论来分析资金支持网络的构建显得尤为迫切与关键。资金支持网络作为科技创新系统的核心组成部分，其合理构建对于推动科研机构、企业和政府间的协同创新至关重要。通过复杂网络理论，湖北省可以考虑构建具有动态适应性的资金流动结构，使得多层次的创新投资体系形成，通过对度分布和社区结构的分析，实现资金在网络中更为均衡的流动，以推动科技创新的平衡发展。同时，湖北省可通过设立有针对性的创新基金、多层次的科技项目资助机制，促使不同层次之间的资金流动，提高系统整体的适应性与创新性。另外，湖北省应重视国际合作，构建支持国际合作的资金网络，通过与国际科研机构、企业及政府建立紧密资金流动联系，实现全球科技创新资源的高效整合。最后，湖北省在构建资金支持网络时需考虑系统的动态性，及时调整资金流向以适应科技创新系统的不断演变，从而推动整个网络的效率和创新水平的提升。这一学术化的分析为湖北省科技创新网络建设提供了全面而可行的落实方案，有望在推动科技创新与全球竞争时走在前沿。

## （二）搭建基于多层网络的层间、层内沟通合作网络

在湖北省科技创新网络建设中，深入运用社会学与复杂网络理论，构建具有高度沟通合作特性的网络体系显得至关重要。首先，通过社会学视角深刻理解各参与方的社会网络结构，加之复杂网络理论的支持，全面考察网络中节点的互动与依赖关系，有助于识别关键节点与通信路径，为构建高效沟通合作网络提供理论指导。其次，应采取措施构建多层次的沟通平台，包括在线社交平台和专业研讨机制，以促进各方之间的信息流通和合作。推动信息透明度和双向沟通，通过技术手段确保信息的及时传递，以降低交流成本，提高沟通效率。此外，倡导双向沟通，建立相互学习和反馈的合作关系，通过开放式讨论平台实现经验和见解的分享，促进科技创新网络的不断优化。这一学术性构建思路和措施的重要性在于推动科技创新体系的高效运作，促进知识共享，优化资源配置，提高整体创新适应性。通过在实践中贯彻这些理论原则，湖北省能够构建更具韧性和效率的科技创新网络，为科技创新的跨越式发展提供有力支持。

此外，通过构建多层次的沟通平台，如在线社交平台、专业研讨机制等，促进不同层次网络之间的信息流通，有助于打破层级壁垒，提升整体合作效率。在推动信息透明度和双向沟通的同时，要强调在不同层次网络之间建立更为紧密的联系，使信息更顺畅地在各个层次传递。另外，要注意多层网络与同层网络之间的社群结构和动态变化。通过倡导双向沟通和在开放式平台上分享经验，不仅促进同层网络内部的协同创新，还有助于不同层次网络之间的经验共享，推动整个科技创新生态系统的不断优化。这种以社会学视角为主导，强调多层网络与同层网络之间相互联系的构建思路，有助于在科技创新网络中打破孤岛效应，促进全局合作，实现不同网络之间的有机衔接，为湖北省科技创新的跨越式发展提供更有深度的支持。

### (三)强化自下而上的科技创新反馈响应网络

首先，自下而上的反馈响应网络机制有助于激发基层科技创新活力，通过建立直接的信息传递和反馈机制，促使基层科研机构、创业者与地方政府更紧密地合作，推动更具实际意义的创新。其次，这一机制可以优化资源配置，通过深入了解基层科技创新的需求和资源情况，实现科技创新资源的精准配置。同时，自下而上的反馈响应网络机制有助于建立更为灵活和实用的合作关系，推动不同层次的科研机构、企业和政府更灵活地合作，形成更贴近实际需求的科技创新合作模式。为了切实实施这一机制，湖北省可采取的措施包括构建基层沟通平台、推动双向沟通机制，并强化地方政府对基层的支持。为了更进一步贯彻自下而上的机制，湖北省可考虑设立基层科技创新基金、启动基层技术服务团队，以及建立基层科技创新数据平台等方案。通过这一强调自下而上机制的全面方案，湖北省将更为有效地建立灵活且高效的科技创新网络，促使基层创新实践蓬勃发展，为科技创新的可持续发展提供全方位支持。

在湖北省科技创新网络建设中，强化自下而上的科技创新反馈响应网络具有深远的学术和实践意义。通过运用社会学的理论视角，重点关注多层网络与同层网络之间的相互关系，可以深入理解和分析这一网络的建设。这种强调自下而上的科技创新反馈网络对湖北省的意义在于促进基层创新活力，通过建立更为直接的信息传递和反馈机制，激发基层科研机构、创业者和地方政府之间的实质性合作，推动更具现实意义的创新。此外，这一网络可以优化资源配置，通过更精准地了解基层科技创新的需求和资源状况，实现科技创新资源的优化配置。同时，强化自下而上的反馈响应网络有助于建立更为灵活和实用的合作关系，促进不同层次的科研机构、企业和政府更加灵活地合作，形成更符合实际需求的科技创新合作模式。为实现这一构建思路，湖北省可采取的具体措施包括构建基层沟通平台，推动双向沟通机制，以及强化地方政府的支持。为进一步实践，湖北省可设立基层科技创新基金，启动基层技术服务团队，以及建立基层科技创新数据平台。通过这些方案，湖北省能够建立更加灵活和高效的科技创新生态系统，促进基层创新实践的蓬勃发展，为科技创新的可持续发展提供全方位的支持。

### （四）网络社团结构下的精细化结构与动态策略的融合

在湖北省科技创新网络建设中，网络社团作为重要的组织形式，发挥着促进信息流通、搭建合作平台以及推动创新活力的关键作用。从学术角度看，复杂网络社团理论关注网络内节点之间的多层次关系和动态性，强调社团成员之间的相互作用对于整个社团结构的影响。网络社团通过复杂的网络视角，不仅能够更全面地了解社团内部成员之间的联系，还能更准确地把握不同社团之间的交叉关系，实现多社团之间的协同与融合。这为科技创新网络的构建提供了更为全面、深层次的理论基础。在实践中，湖北省可以采取更加系统和动态的方法来建设网络社团。首先，借鉴复杂网络社团理论，建立更加精细化的社团分类与划分，考虑不同社团之间的层次关系和相互影响。其次，通过数据分析和模型构建，深入挖掘社团内外节点的互动模式，以更科学的手段推动社团成员之间的协同创新。落实方案可以包括使用复杂网络分析工具，对湖北省科技创新网络进行深入的拓扑结构分析，识别关键节点和子社团，为决策者提供科学的依据。同时，引入动态模型，模拟社团内外节点的信息传递和合作变化，以更好地应对科技创新环境的变化。

通过将复杂网络社团理论融入湖北省科技创新网络建设，不仅能够更好地理解网络结构的动态演化，还能为科技创新网络的发展提供更为精准的战略指导。这一整体策略旨在更好地应对湖北省科技创新的挑战，促进社团内外的交流与合作，推动科技创新网络的高效运作。从学术角度来看，网络社团通过聚焦特定领域或行业，形成紧密的社团网络结构，为科技创新提供了独特的合作机制。社团内部的定期活动、在线社交平台和专业委员会等机制，有助于成员间的深入交流，推动信息共享，形成更为灵活和实用的科技创新合作模式。在实践层面，成立行业主导的科技创新社团，针对湖北省的特定行业或领域，成立专业的科技创新社团，汇聚行业内的科研机构、企业和政府代表，推动整个行业的科技创新。制定相关政策，为科技组织活动提供支持，包括经费支持、场地提供等，鼓励社团成员参与并组织各类科技创新活动。建设数字化平台，为网络社团提供在线协作工具和资源共享平台，促进社团成员在虚拟空间中更加便捷地展开合作。

### (五)多层科技创新网络中拓扑结构与核心节点策略实践

湖北省在构建科技创新网络时，借助复杂网络理论的拓扑结构和核心节点理论，能够更全面、深入地分析网络内部的关系与节点地位，为网络优化提供深刻的理论基础与实践指导。

首先，拓扑结构分析是深入了解科技创新网络内部节点连接模式与层次结构的重要工具。湖北省可通过这一分析揭示网络内的社群结构、节点间的相互依赖关系以及信息传递的路径。利用复杂网络理论的拓扑分析，湖北省有望发现网络中潜在的合作机会，同时识别可能存在的信息流动阻滞点，这为科技创新网络的优化提供了理论基础。其次，核心节点理论强调网络中的关键节点，这些节点在信息传播和合作中起着关键作用。湖北省可以通过核心节点理论精准识别出在科技创新网络中扮演核心角色的科研机构、企业或政府部门。理论上，这些核心节点在整个网络中拥有更多的联系，能够更有效地传播信息、推动合作，为整个网络注入更大的创新动力。湖北省可通过这一理论视角，提供相应的政策支持，激发核心节点的积极性，加强它们在科技创新网络中的引领作用。

具体而言，通过分析拓扑结构，湖北省可调整网络节点之间的连接方式，促进更密切的合作关系。实际操作中，可以通过设立跨领域的交叉合作平台、鼓励共享资源等方式，拓宽信息传递路径，提高网络的整体效率。根据核心节点理论，湖北省可制定相关政策，为核心节点提供更为有力的支持。这包括资源投入、科研资金倾斜、税收优惠等政策手段，以增强核心节点的创新能力，进一步推动整个网络的创新活动。湖北省可利用拓扑结构分析结果，识别弱连接节点，并通过有针对性的培训、资源支持等方式，强化这些弱连接，提高其在信息传递和合作中的贡献度。这有助于扩大信息传递的广度，促进更广泛的创新合作。

**撰稿人：**范如国　武汉大学经济与管理学院二级教授、博士生导师，武汉大学国家治理与经济体系现代化研究中心主任

杨　柳　武汉大学经济与管理学院博士研究生

# 湖北省强化教育人才服务科技创新的基础性、战略性支撑路径研究

柳 婷 等

党的二十大报告立足于党在新时代、新征程的使命任务，首次将教育、科技、人才进行“三位一体”统筹安排部署，强调“教育、科技、人才是全面建设社会主义现代化国家的基础性、战略性支撑”。2022 年 6 月 28 日，习近平总书记在湖北省考察时指出，要把科技的命脉牢牢掌握在自己手中，在科技自立自强上取得更大进展。中共湖北省委、湖北省政府坚决贯彻落实习近平总书记关于科技创新工作的重要讲话和重要指示批示精神，在省第十二次党代会上首次明确湖北省“加快建设全国构建新发展格局先行区”战略定位，把打造全国科技创新高地作为“三高地、两基地”的首要任务进行部署，出台《关于加快建设全国构建新发展格局先行区的实施意见》，对未来一个时期统筹教育、科技、人才进行一体化布局。

在此背景下，本研究在全面分析湖北省教育人才对科技创新支撑成效的基础上，剖析教育人才及其一体化服务科技创新的内生困境，探索强化教育、人才服务科技创新的基础性、战略性支撑路径，推动提升湖北省科技创新能级，打造全国科技创新高地和加快建成全国构建新发展格局先行区。

## 一、湖北省教育人才对科技创新支撑的成效

根据湖北省“十四五”时期科技创新的预期性指标，结合教育、人

才对科技创新支撑的现实情况，主要从以下三方面分析湖北省当前教育、人才对科技创新支撑的成效(见表1)。

表1　　教育、人才支撑科技创新成效的评价指标

| 成　　效 | 具体指标 |
|---|---|
| 科技创新环境持续优化 | 研究与实验发展(R&D)经费投入强度 |
| | 基础研究经费占全社会研发经费的比例 |
| | 规模以上企业办研发机构数 |
| | 孵化器和众创空间情况 |
| 科技创新成果不断涌现 | 每万人发表科技论文数 |
| | 万人专利授权数 |
| | 核准注册商标数 |
| 科技创新效益显著提升 | 高技术产品营业收入 |
| | 技术市场成交额 |
| | 公民具备科学素质的比例 |

### (一)教育人才支撑科技创新的环境持续优化

教育、人才通过教育体系、人才培育等机制，对科技创新环境产生影响。数据显示，“十三五”时期以来，湖北省科技创新环境持续优化。

1. 研究与试验发展(R&D)经费投入强度

研究与试验发展(R&D)经费投入强度指地区R&D经费与地区生产总值之比，是衡量一个地区自主创新投入规模及水平的重要指标。“十三五”时期以来，湖北省R&D经费投入呈快速增长态势，投入强度持续提升。湖北省R&D经费投入强度由2016年的1.8%，增长为2022年的2.33%，如图1所示。虽然和北京、上海、江苏、浙江、广东相比，湖北R&D经费投入强度较低，但2016—2022年，湖北省R&D经费投入强度的增长幅度高于江苏。

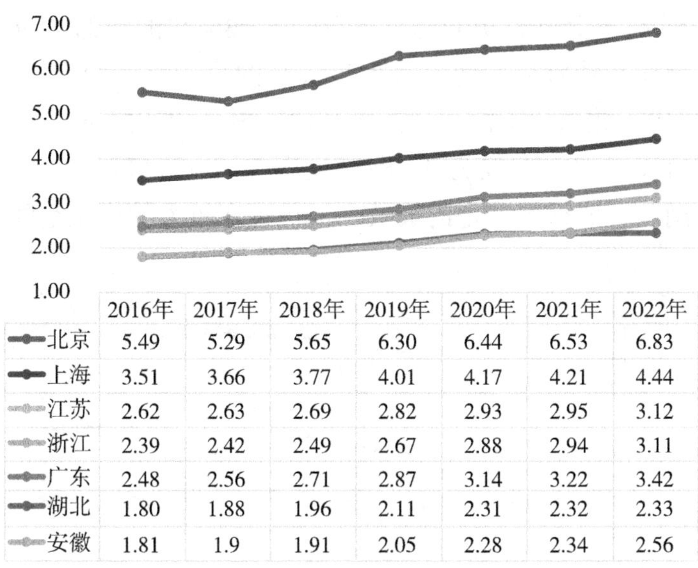


| | 2016年 | 2017年 | 2018年 | 2019年 | 2020年 | 2021年 | 2022年 |
|---|---|---|---|---|---|---|---|
| 北京 | 5.49 | 5.29 | 5.65 | 6.30 | 6.44 | 6.53 | 6.83 |
| 上海 | 3.51 | 3.66 | 3.77 | 4.01 | 4.17 | 4.21 | 4.44 |
| 江苏 | 2.62 | 2.63 | 2.69 | 2.82 | 2.93 | 2.95 | 3.12 |
| 浙江 | 2.39 | 2.42 | 2.49 | 2.67 | 2.88 | 2.94 | 3.11 |
| 广东 | 2.48 | 2.56 | 2.71 | 2.87 | 3.14 | 3.22 | 3.42 |
| 湖北 | 1.80 | 1.88 | 1.96 | 2.11 | 2.31 | 2.32 | 2.33 |
| 安徽 | 1.81 | 1.9 | 1.91 | 2.05 | 2.28 | 2.34 | 2.56 |

图 1　研究与试验发展(R&D)经费投入强度(单位:%)

资料来源：根据历年《中国科技统计年鉴》计算、整理而成。

2. 基础研究、应用研究经费占全社会经费的比例

基础研究经费占全社会研发经费的比例体现了一个地区对于基础科学研究的重视程度和投入水平。较高的比例可能表明该地区更加注重长期的基础科学研究和知识创新。2016—2022 年，湖北省基础研究经费投入从 258642 万元增加为 561436 万元，基础研究经费占全社会研发经费之比处于波动增长状态。同时，《湖北省科技创新“十四五”规划的通知》中显示，湖北省基础研究竞争力位居全国第 6 位。这反映了过去几年，湖北省在优化基础研究环境方面已经取得了一些进展。2023 年，湖北省科学技术厅发布《关于加强基础研究夯实科技自立自强根基的若干措施》，指出要完善基础研究多元投入机制，稳步增加基础研究财政投入，进一步提高基础研究投入占全社会研发投入的比重。

尽管如此，也需认识到在基础研究经费投入上，湖北省与北京、上海、广东、安徽仍存在一些差距。北京在基础研究方面的重视程度最高，2016—2022 年基础研究经费占比长期在 15%左右，2022 年达到了

16.55%，远高于上海的9.11%、广东的5.43%和浙江的4.56%。除此之外，安徽在基础研究方面也表现出较高的投入，2022年其经费占比达9%，仅次于北京、上海，远高于其他省份。相比之下，湖北省2022年的基础研究经费占比仅为4.48%(见图2)。在基础研究经费投入方面，尽管湖北省取得了一定的成效，但仍存在较大的优化空间。

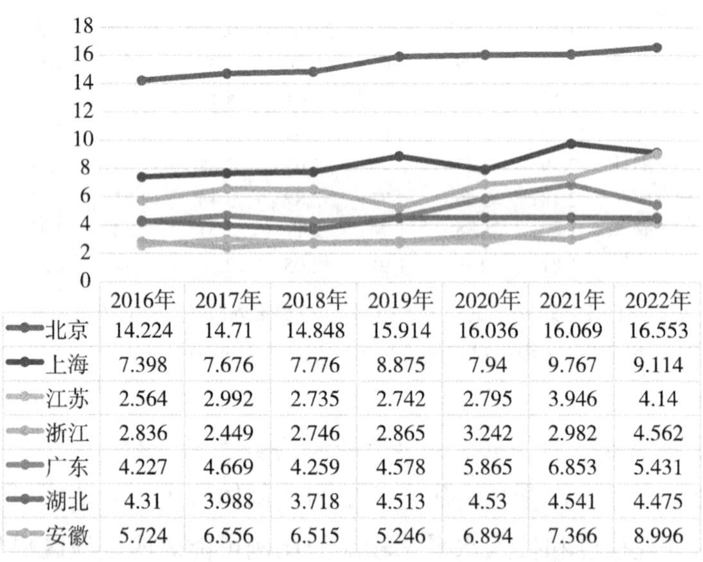


| | 2016年 | 2017年 | 2018年 | 2019年 | 2020年 | 2021年 | 2022年 |
|---|---|---|---|---|---|---|---|
| 北京 | 14.224 | 14.71 | 14.848 | 15.914 | 16.036 | 16.069 | 16.553 |
| 上海 | 7.398 | 7.676 | 7.776 | 8.875 | 7.94 | 9.767 | 9.114 |
| 江苏 | 2.564 | 2.992 | 2.735 | 2.742 | 2.795 | 3.946 | 4.14 |
| 浙江 | 2.836 | 2.449 | 2.746 | 2.865 | 3.242 | 2.982 | 4.562 |
| 广东 | 4.227 | 4.669 | 4.259 | 4.578 | 5.865 | 6.853 | 5.431 |
| 湖北 | 4.31 | 3.988 | 3.718 | 4.513 | 4.53 | 4.541 | 4.475 |
| 安徽 | 5.724 | 6.556 | 6.515 | 5.246 | 6.894 | 7.366 | 8.996 |

图2　湖北省基础研究经费占全社会研发经费的比例(单位:%)

资料来源：根据历年《中国科技统计年鉴》计算、整理而成。

从基础研究经费占比看，湖北省应用研究经费投入表现突出。2022年，应用研究经费达1727646万元，占比13.77%，高于上海(10.161%)、广东(9.423%)、浙江(7.047%)、江苏(5.121%)，但是与北京(25.713%)尚有一段距离(见图3)。

3. 规模以上企业办研发机构数量

强化企业创新主体地位、鼓励企业加强自主创新是把科技研发能力转化为经济发展实力的关键。规模以上工业企业创办研发机构能为科技人才提供科研和实践的平台，使他们能将理论知识应用到实际项目中，提升实际操作和创新能力。优秀企业的研发环境和创新场景还有利于吸引国内外优秀技术人才，留住高端技术人才。同时企业研发机构与高校和科研院所进行产学研合作，能够有效提升人才的科研水平和创新能力。

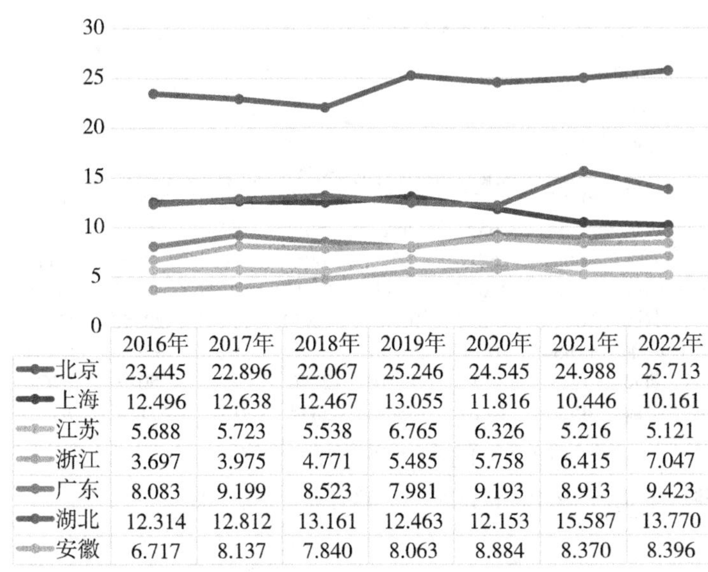

| | 2016年 | 2017年 | 2018年 | 2019年 | 2020年 | 2021年 | 2022年 |
|---|---|---|---|---|---|---|---|
| 北京 | 23.445 | 22.896 | 22.067 | 25.246 | 24.545 | 24.988 | 25.713 |
| 上海 | 12.496 | 12.638 | 12.467 | 13.055 | 11.816 | 10.446 | 10.161 |
| 江苏 | 5.688 | 5.723 | 5.538 | 6.765 | 6.326 | 5.216 | 5.121 |
| 浙江 | 3.697 | 3.975 | 4.771 | 5.485 | 5.758 | 6.415 | 7.047 |
| 广东 | 8.083 | 9.199 | 8.523 | 7.981 | 9.193 | 8.913 | 9.423 |
| 湖北 | 12.314 | 12.812 | 13.161 | 12.463 | 12.153 | 15.587 | 13.770 |
| 安徽 | 6.717 | 8.137 | 7.840 | 8.063 | 8.884 | 8.370 | 8.396 |

图 3　应用研究经费占全社会研发经费的比例(单位:%)

资料来源：根据历年《中国科技统计年鉴》计算、整理而成。

湖北省高度重视发挥企业创新主体作用，激发创新动能，提升创新能力，增强企业核心竞争力。正式印发《推进全省规上工业企业研发机构建设的若干措施》中明确提出将规上工业企业研发机构建设纳入省制造业高质量发展专项支持范围。数据显示，湖北省规上企业办研发机构数量从 2016 年 1212 个增长到 2022 年的 5763 个，翻了 3.7 倍，增幅显著高于其他科技强省、强市(见图 4)。

4. 孵化器和众创空间情况

孵化器是围绕科技企业的成长需求，集聚各类要素资源，推动科技型创新创业的重要工具，对于区域科技创新发展具有重要作用。众创空间是有效满足网络时代大众创新创业需求的新型创业服务平台，其数量变化对于评估创业生态系统的健康程度和政策支持效度具有重要作用。

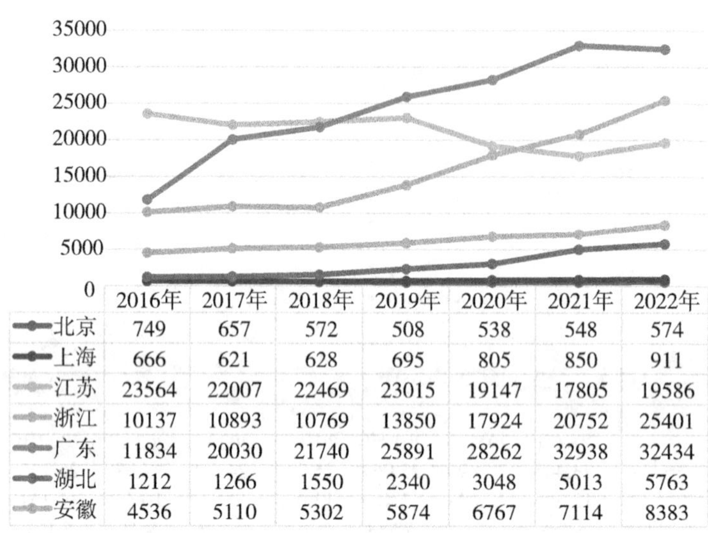

| | 2016年 | 2017年 | 2018年 | 2019年 | 2020年 | 2021年 | 2022年 |
|---|---|---|---|---|---|---|---|
| 北京 | 749 | 657 | 572 | 508 | 538 | 548 | 574 |
| 上海 | 666 | 621 | 628 | 695 | 805 | 850 | 911 |
| 江苏 | 23564 | 22007 | 22469 | 23015 | 19147 | 17805 | 19586 |
| 浙江 | 10137 | 10893 | 10769 | 13850 | 17924 | 20752 | 25401 |
| 广东 | 11834 | 20030 | 21740 | 25891 | 28262 | 32938 | 32434 |
| 湖北 | 1212 | 1266 | 1550 | 2340 | 3048 | 5013 | 5763 |
| 安徽 | 4536 | 5110 | 5302 | 5874 | 6767 | 7114 | 8383 |



图 4　规上企业办研发机构数(单位：个)

资料来源：根据历年《中国科技统计年鉴》计算、整理而成。

如图 5 所示，从总体上看，北京、上海、湖北等各省份在统孵化器数量整体呈上升趋势，这反映各地创业生态系统的活跃和创新环境的改善。分省份来看，广东和江苏的孵化器数量遥遥领先于其他省份，2022 年的数量分别为 1066 个和 1150 个，浙江虽然 2022 年的孵化器数量仅为 580 个，数量虽不及广东和江苏，但其在增速方面处于领先地位。湖北省的孵化器数量和增长速度虽然高于北京、上海、安徽，2022 年孵化器数量达到了 338 个，但与江苏、广东、浙江还存在显著差距。

样本诸省的众创空间数量总体上都呈稳定增长的趋势，这意味着创业生态环境的改善和创新创业活动的增加。在数量方面，广东、江苏、浙江处于领头羊位置，2022 年的数量分别达到了 1034 个、1057 个和 851 个，湖北、安徽、北京、上海的众创空间数量分别为 429 个、311 个、233 个和 170 个。在增速方面，浙江一直保持着较高增速，湖北省在 2021 年后也呈现出一定的增长势头(见图 6)。

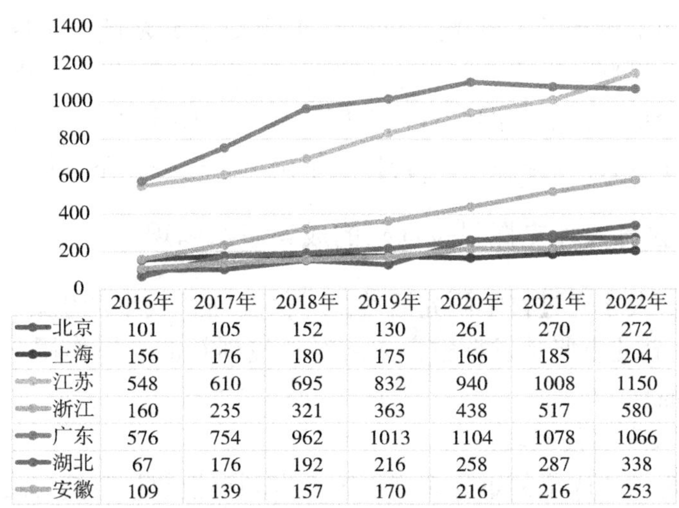


| | 2016年 | 2017年 | 2018年 | 2019年 | 2020年 | 2021年 | 2022年 |
|---|---|---|---|---|---|---|---|
| 北京 | 101 | 105 | 152 | 130 | 261 | 270 | 272 |
| 上海 | 156 | 176 | 180 | 175 | 166 | 185 | 204 |
| 江苏 | 548 | 610 | 695 | 832 | 940 | 1008 | 1150 |
| 浙江 | 160 | 235 | 321 | 363 | 438 | 517 | 580 |
| 广东 | 576 | 754 | 962 | 1013 | 1104 | 1078 | 1066 |
| 湖北 | 67 | 176 | 192 | 216 | 258 | 287 | 338 |
| 安徽 | 109 | 139 | 157 | 170 | 216 | 216 | 253 |

图 5 在统孵化器数量(单位：个)

资料来源：根据历年《中国科技统计年鉴》计算、整理而成。

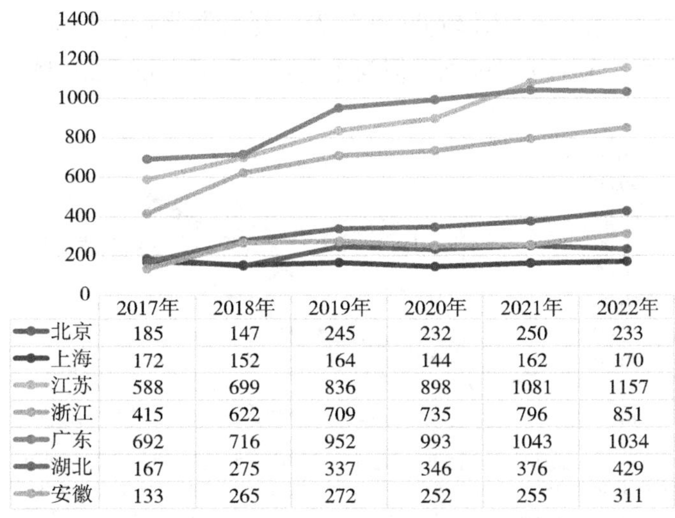


| | 2017年 | 2018年 | 2019年 | 2020年 | 2021年 | 2022年 |
|---|---|---|---|---|---|---|
| 北京 | 185 | 147 | 245 | 232 | 250 | 233 |
| 上海 | 172 | 152 | 164 | 144 | 162 | 170 |
| 江苏 | 588 | 699 | 836 | 898 | 1081 | 1157 |
| 浙江 | 415 | 622 | 709 | 735 | 796 | 851 |
| 广东 | 692 | 716 | 952 | 993 | 1043 | 1034 |
| 湖北 | 167 | 275 | 337 | 346 | 376 | 429 |
| 安徽 | 133 | 265 | 272 | 252 | 255 | 311 |

图 6 众创空间数量(单位：个)

资料来源：根据历年《中国科技统计年鉴》计算、整理而成。

### 5. 实验室等科研平台情况

湖北省聚焦国家重大战略需求和省内产业创新发展需要，结合优势学科领域和重点产业，在光电科学、生物安全等领域，布局建设了光谷、珞珈、江夏、洪山、江城、东湖、九峰山、隆中、三峡、时珍 10 家湖北实验室。目前，湖北省拥有国家重点实验室 30 个，湖北省重点实验室 180 多家，这些科研平台构成了湖北省核心战略科技力量。

### (二) 教育人才支撑科技创新的成果不断涌现

教育、人才通过科学研究活动，对科技创新成果产生影响。“十三五”期间，湖北省坚持发挥教育人才对科技创新的支撑作用，科技创新成果不断涌现。

1. 万人专利授权数

专利是科技成果的重要表现形式，专利授权数量直接反映了一个地区的技术创新能力和研发成果转化水平。万人专利授权数是一个评估科技创新水平和科学发展实力的重要指标。

2016—2022 年，湖北省万人专利授权数量增长幅度较小，与北京、上海、江苏、浙江和广东相比较低(见图 7)。尽管湖北省在专利授权量方面取得了一些成效，全国排名前列，但与主要科技强省市的差距仍然存在。

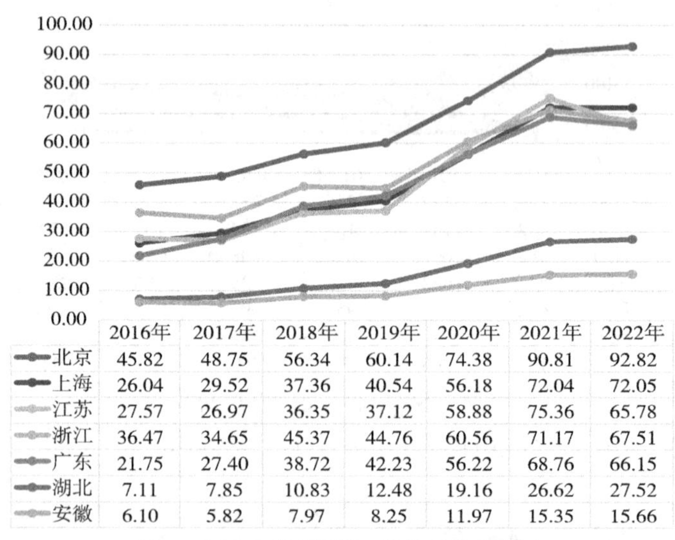


| | 2016年 | 2017年 | 2018年 | 2019年 | 2020年 | 2021年 | 2022年 |
|---|---|---|---|---|---|---|---|
| 北京 | 45.82 | 48.75 | 56.34 | 60.14 | 74.38 | 90.81 | 92.82 |
| 上海 | 26.04 | 29.52 | 37.36 | 40.54 | 56.18 | 72.04 | 72.05 |
| 江苏 | 27.57 | 26.97 | 36.35 | 37.12 | 58.88 | 75.36 | 65.78 |
| 浙江 | 36.47 | 34.65 | 45.37 | 44.76 | 60.56 | 71.17 | 67.51 |
| 广东 | 21.75 | 27.40 | 38.72 | 42.23 | 56.22 | 68.76 | 66.15 |
| 湖北 | 7.11 | 7.85 | 10.83 | 12.48 | 19.16 | 26.62 | 27.52 |
| 安徽 | 6.10 | 5.82 | 7.97 | 8.25 | 11.97 | 15.35 | 15.66 |

图 7 万人专利授权数(单位：件/万人)

资料来源：根据历年《中国科技统计年鉴》计算、整理而成。

2. 每万人发表科技论文数

根据《湖北省科技创新“十四五”规划的通知》，2016—2020 年，湖北省创造脉冲平顶磁场新的世界纪录，建成世界首个民用极低频大功率电磁波发射台，成功研发“北斗心脏”星载铷原子钟、“珞珈一号”全球首颗专业夜光遥感卫星、超大容量超长距离超高速率光通信系统、等一批重大科技成果。除了这些重大科技成果，湖北省在科技论文、发明专利、商标等方面也取得了一些成效。如图 8 所示，2016—2021 年，湖北省内发表科技论文数由 31048 篇增加为 48576 篇，每万人发表科技论文数处于上升状态，多于浙江、广东、安徽，且不断靠近江苏。整体看来，湖北省每万人发表科技论文数已与主要科技创新强省大致相当。

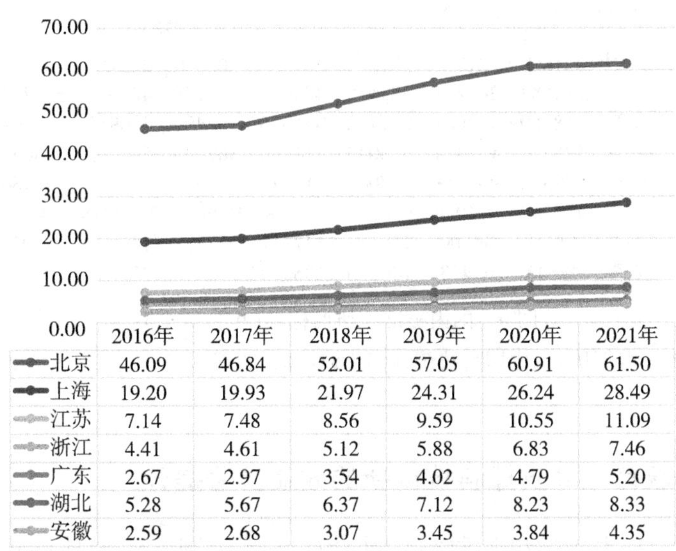


| | 2016年 | 2017年 | 2018年 | 2019年 | 2020年 | 2021年 |
|---|---|---|---|---|---|---|
| 北京 | 46.09 | 46.84 | 52.01 | 57.05 | 60.91 | 61.50 |
| 上海 | 19.20 | 19.93 | 21.97 | 24.31 | 26.24 | 28.49 |
| 江苏 | 7.14 | 7.48 | 8.56 | 9.59 | 10.55 | 11.09 |
| 浙江 | 4.41 | 4.61 | 5.12 | 5.88 | 6.83 | 7.46 |
| 广东 | 2.67 | 2.97 | 3.54 | 4.02 | 4.79 | 5.20 |
| 湖北 | 5.28 | 5.67 | 6.37 | 7.12 | 8.23 | 8.33 |
| 安徽 | 2.59 | 2.68 | 3.07 | 3.45 | 3.84 | 4.35 |

图 8　每万人发表科技论文数（单位：篇/万人）

注：科技论文指的是国外主要检索工具收录的 SCI、EI、CPCI-S。

资料来源：根据历年《中国科技统计年鉴》计算、整理而成。

3. 核准注册商标数

商标数也是衡量科技创新成果的重要指标之一，反映了教育、人才对科技创新产生的经济效益。数据显示，湖北省国内商标申请数已由

2016 年的 87800 件增加为 2022 年的 193549 件。如图 9 所示，2016—2022 年，湖北省核准注册商标数处于快速增长状态，增幅达到 215.82%，高于北京、上海、浙江、广东，低于广东的 218.11%。但从绝对数量上看，湖北省仍与其他科技创新强省、强市存在较大差距。

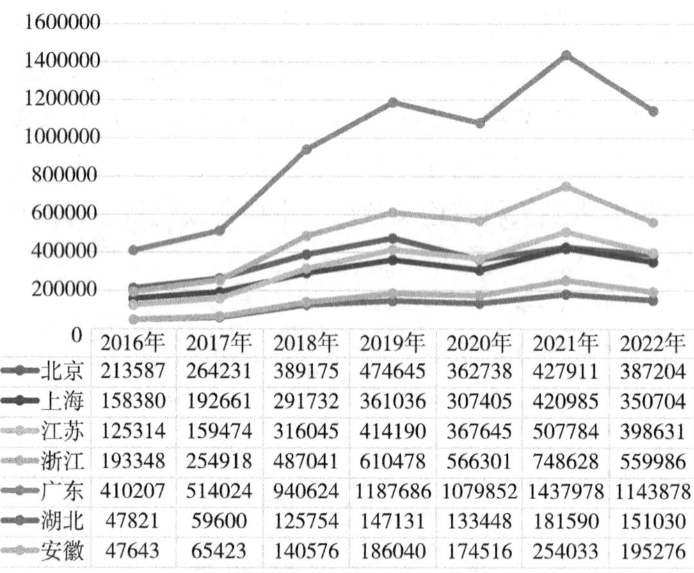


| | 2016年 | 2017年 | 2018年 | 2019年 | 2020年 | 2021年 | 2022年 |
|---|---|---|---|---|---|---|---|
| 北京 | 213587 | 264231 | 389175 | 474645 | 362738 | 427911 | 387204 |
| 上海 | 158380 | 192661 | 291732 | 361036 | 307405 | 420985 | 350704 |
| 江苏 | 125314 | 159474 | 316045 | 414190 | 367645 | 507784 | 398631 |
| 浙江 | 193348 | 254918 | 487041 | 610478 | 566301 | 748628 | 559986 |
| 广东 | 410207 | 514024 | 940624 | 1187686 | 1079852 | 1437978 | 1143878 |
| 湖北 | 47821 | 59600 | 125754 | 147131 | 133448 | 181590 | 151030 |
| 安徽 | 47643 | 65423 | 140576 | 186040 | 174516 | 254033 | 195276 |

图 9　国内核准注册商标数(单位：个)

资料来源：根据历年《中国科技统计年鉴》计算、整理而成。

## (三)教育人才支撑科技创新的效益显著提升

教育、人才通过科学研究、社会服务等机制，对科技创新效益产生影响。“十三五”时期以来，湖北省科技创新的经济效益与社会效益显著提升。

1. 高技术产品营业收入

高校通过科学研究产生的创新成果经由服务平台转移转化，将产生巨大的经济效益。湖北省历来重视科技创新的社会经济效益，先后印发了《促进高校、院所科技成果转化暂行办法》《促进科技成果转化实施细则》《湖北省促进科技成果转移转化行动方案的通知》。这些政策强调要组织实施科技成果转移转化公共服务平台效能提升、技术转移中介服务机构发展壮大、高校院所研发平台重大科技成果转移转化、产学研金合作助力科技成果转移转化、科技成果转移转化助推创新创业、科技成果转移转化知识产权维权服务等“六大专项行动”。

高技术产品营业收入能够反映科技创新的经济效益。如图 10 所示，2016—2022 年，省内高技术产品营业收入从 4212 亿元增加为 6903 亿元，增幅达 63.89%。这些数据表明，湖北省在利用教育、人才支撑科技创新成果转移转化上已取得了一些成效。但也应注意，湖北省的高技术产品营业收入远低于江苏、广东，尤其是与广东的差距显著。这也意味着在科技成果转移转化方面，湖北省还存在上升空间。

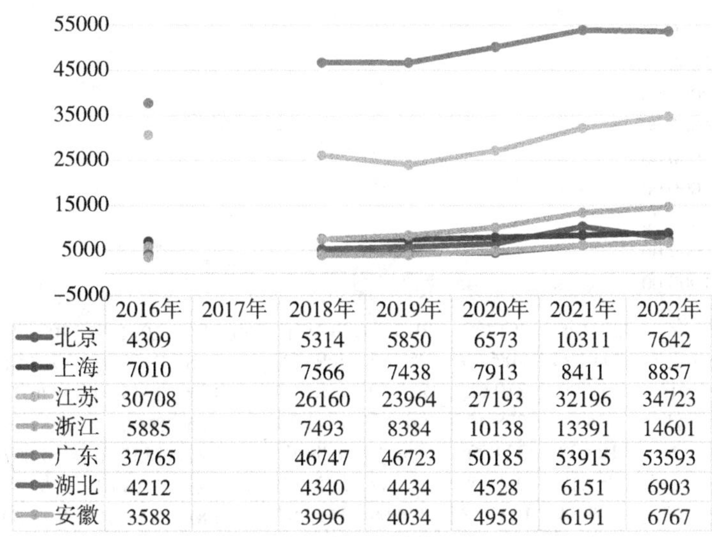


| | 2016年 | 2017年 | 2018年 | 2019年 | 2020年 | 2021年 | 2022年 |
|---|---|---|---|---|---|---|---|
| 北京 | 4309 | | 5314 | 5850 | 6573 | 10311 | 7642 |
| 上海 | 7010 | | 7566 | 7438 | 7913 | 8411 | 8857 |
| 江苏 | 30708 | | 26160 | 23964 | 27193 | 32196 | 34723 |
| 浙江 | 5885 | | 7493 | 8384 | 10138 | 13391 | 14601 |
| 广东 | 37765 | | 46747 | 46723 | 50185 | 53915 | 53593 |
| 湖北 | 4212 | | 4340 | 4434 | 4528 | 6151 | 6903 |
| 安徽 | 3588 | | 3996 | 4034 | 4958 | 6191 | 6767 |

图 10　高技术产品营业收入(单位：亿元)

注：2017 年数据未统计。

资料来源：根据历年《中国科技统计年鉴》计算、整理而成。

2. 技术市场成交额

技术市场成交额是反映技术创新活跃度和科技产业发展水平的重要

指标。如图 11 所示，2022 年湖北省技术市场成交额为 3010 亿元，登记技术合同 76719 项。光电子信息产业、新能源和智能网联汽车产业、生命健康产业、高端装备制造业、北斗产业五大优势产业技术合同成交额达到 1492.40 亿元，同比增长 63.72%，占湖北省技术合同成交额比重达 49.45%，比上年提高 6.28 个百分点。光谷科技创新大走廊区域技术扩散和承接能力领先于其他地区，武汉、鄂州、黄石、黄冈、咸宁等 5 地输出技术合同成交额合计 1800.01 亿元，同比增长 30.98%，占湖北省总额的 59.65%。其中，武汉市技术市场交易成交额 1357.41 亿元，位居湖北省第一，同比增长 20.36%，占湖北省技术合同成交总额的 44.98%。但也应当注意，和北京、上海、江苏、浙江、广东相比，湖北省增长幅度较小，仍存在提升空间。

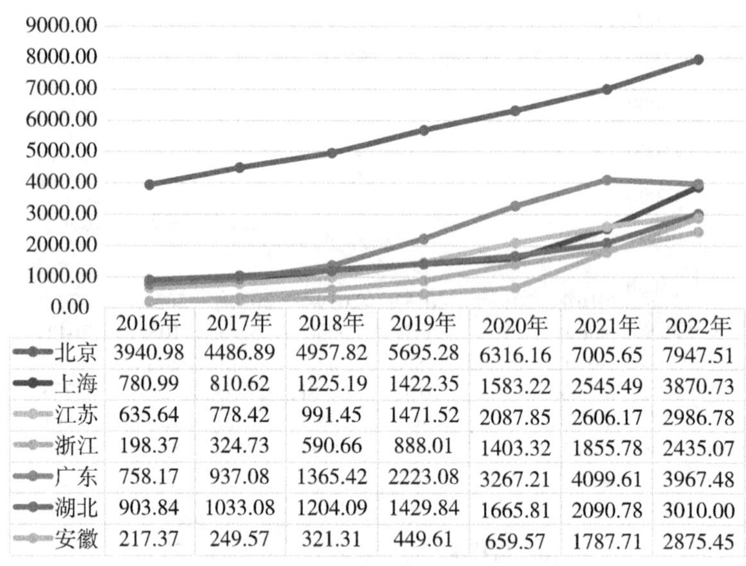


| | 2016年 | 2017年 | 2018年 | 2019年 | 2020年 | 2021年 | 2022年 |
|---|---|---|---|---|---|---|---|
| 北京 | 3940.98 | 4486.89 | 4957.82 | 5695.28 | 6316.16 | 7005.65 | 7947.51 |
| 上海 | 780.99 | 810.62 | 1225.19 | 1422.35 | 1583.22 | 2545.49 | 3870.73 |
| 江苏 | 635.64 | 778.42 | 991.45 | 1471.52 | 2087.85 | 2606.17 | 2986.78 |
| 浙江 | 198.37 | 324.73 | 590.66 | 888.01 | 1403.32 | 1855.78 | 2435.07 |
| 广东 | 758.17 | 937.08 | 1365.42 | 2223.08 | 3267.21 | 4099.61 | 3967.48 |
| 湖北 | 903.84 | 1033.08 | 1204.09 | 1429.84 | 1665.81 | 2090.78 | 3010.00 |
| 安徽 | 217.37 | 249.57 | 321.31 | 449.61 | 659.57 | 1787.71 | 2875.45 |

图 11　技术市场成交额(单位：亿元)

资料来源：根据历年《中国科技统计年鉴》计算、整理而成。

3. 公民具备科学素质的比例

第十二次中国公民科学素质抽样调查结果显示，2022 年我国公民具备科学素质的比例达12.93%，和2020年的10.56%相比提高2.37%。公民科学素质水平持续快速提升，为我国向创新型国家前列迈进提供坚实人才支撑。湖北省科协公布《全民科学素质工作情况报告》显示，湖北省公民具备科学素质比例从2020年的10.95%上升到2022年的12.90%，略低于全国水平，排名全国第9位，但居中部地区第1位。

## 二、湖北省教育人才及其一体化对科技创新支撑的困境

### (一)湖北省教育对科技创新支撑的困境

1. 教育体系结构性建设有待加强，需完善符合市场需求的教育体系

(1)高等教育与科技创新需求不匹配，人才培养精准性需提升

作为科教大省，湖北省的高等教育发展与湖北人民对优质高等教育资源需求、湖北省经济文化社会发展需求、科技创新需求还不匹配。首先是学科设置不合理。一些难以适应科技创新发展的传统学科领域占据主导地位，其招生比例和科研投入均远高于新兴学科。其次是高校科研投入呈现两极分化趋势，虽然湖北省政府对高等教育的投入逐年增加，但由于省内拥有庞大的高校群体，较多的资源投入集中在几所综合实力较强的头部高校。

(2)职业教育吸引力不足，边缘化问题较为严重

作为培养生产一线和创新前沿技能型人才的重要途径，职业教育在科技创新中扮演着不可或缺的角色。但是，目前湖北省的专科院校和在校专科生数量仍然明显少于江苏、广东两省。湖北省职业教育依然面临吸引力不足、与湖北省产业需求和人民期盼不适应、自身可持续性发展受限、边缘化等困境。主要原因是社会认可度低、部分职业院校师资队伍学历不高的现象、师资力量薄弱，这导致培养出来的毕业生缺乏科研经验与创新能力。

2. 高等教育课程体系与科技创新实践脱节，需深化改革提升适应性

(1)课程设置重理论轻实践，科技创新实践教育不足

根据对湖北省多所高校的调查显示，本科阶段理论课程学时数普遍占比较高，实践课程的学时数相对较少。在科技创新的过程中，不仅需要深厚的理论知识作为基础，更需要具备将理论知识应用于实践、解决实际问题的能力。因此，这种课程设置模式不利于培养学生的创新能力和实践能力，也难以满足科技创新的需求。

(2)高校学科交叉融合课程设置与跨学科机制探索不足

跨学科整合是科技创新的重要趋势，然而在跨学科课程设置方面，湖北省高校普遍存在不足。武汉轻工大学相关部门人员指出，当前课程设置中学科交叉融合力度不足，难以适应科技创新的跨学科需求。此外，湖北省高校跨学科课程的师资力量也相对薄弱，缺乏具有跨学科背景和多元能力的教师。这就导致学生缺乏跨学科的知识和能力。因此，湖北省急需鼓励和支持高校探索跨院系、跨学科、跨专业交叉培养创新创业人才机制。

3. 教育模式受传统体系约束，需创新产教融合人才培养

(1)教育模式单一，需完善科技创新实践评价机制

目前，湖北省部分高校在教育模式上相对传统，课程更新不够及时，教育体系不够灵活，教育评价方式仍以书面考试为主的局面尚未根本改变，诸多学生被高压的期末考试、单一的教育评价体系约束，教育生态环境氛围单一、僵化。这种缺乏更加开放、包容、多元的教育氛围，在一定程度上限制了创新思维和批判能力的生成。根据《上海市高等教育发展“十四五”规划》，上海市着力推动高校将劳动教育、体育、美育纳入人才培养方案和专业教育体系，开展公共课程体系建设，逐步推进教学模式改革，支持加强实践基地建设，并开展创造性实践活动。这一做法有利于促进传统教育评价体制的转型升级，值得湖北省借鉴。

(2)校企合作深度不足，需大力发展产教融合模式

产教融合有利于促进教育资源优势互补，优化需求导向的人才培养

模式，提升人才培养质量，是推动教育、人才、科技三位一体发展的重要环节。2021年教育部公布的首批现代产业学院名单，湖北省有湖北工业大学芯片产业学院和湖北汽车工业学院东风HUAT智能汽车产业学院两个学院入选，对推动湖北省教育、人才、科技三位一体发展具有示范引领作用。但当前湖北省高校与职业院校在校企合作方面依然存在深度不足、产教融合不够紧密的问题。头部高校武汉大学和华中科技大学等现代产业学院建设成效略不明显，难以有效发挥高水平教育引领科技创新、产业创新的优势。此外，产教融合的资源配置不合理，这主要表现为湖北省职业院校实训基地和企业实践平台建设滞后，工业企业参与职业教育的积极性不高；高校与企业的校企合作则存在合作领域狭窄，主要集中在少数热门专业和领域，同时高校和企业的科研资源、设备和平台难以实现有效共享，导致合作效率低下。

4. 教育资源配置不均衡不充分，需完善支持体系激发创新活力

(1)教育经费不足，政策资源持续性弱

湖北省省属高校的经费预算水平普遍偏低，与江苏、浙江和广东的高校投入存在较大的差距。2023年公布的湖北省地方高校年度经费预算显示，江汉大学以24亿元排名第一，但是第二名乃至之后的高校预算水平普遍偏低，均是15亿元以下的水平。预算不足会导致高校资源十分有限，无法集中发展优势学科，影响高校在教育教学、科研设备、实验室建设、科研项目等方面的投入，从而限制了科技创新能力的提升。湖北省多所高校和科技领军企业负责人指出，湖北省的科技奖励政策并不完善，政府提供的奖励资助不足，难以满足高校和企业科技发展的需求。他们希望进一步加大奖励力度和奖项数量的设置。

(2)人才资源不稳定，需大力引进高水平师资力量

目前，湖北省人才资源主要集中在武汉等大城市，在2011—2021年的两院院士增选中，武汉大学和华中科技大学表现出色，分别排名全国高校第7位和第11位。然而，部分省属高校存在师资力量不足、师资队伍流动性大、优秀教师和研究人员频繁流失、教学资源匮乏等问题，影响了教学科研的连续性和稳定性。此外，教师专业素质和科研能

力有待提升。相对于其他教育领先的兄弟省市，湖北省现有的高水平师资力量不足。为吸引高水平师资，需政府方面进行统一引导，进行“一盘棋”布局，制定专项政策，设立专项基金来支持高水平教师的引进和培养工作，实现“技能型—应用型—科研型—教学型”多领域、多方面教师人才队伍建设。

### （二）湖北省人才对科技创新支撑的困境

1. 人才团队建设有待加强，需完善全面系统的人才引进策略

（1）高层次科研团队建设和人才发展体系建设有待加强

湖北省目前高层次科研团队数量较少，很多科研团队存在人才资源聚集能力差、团队小散弱、团队老中青搭配不合理、技能型人才、缺乏等问题。企业人才的研发能力与高校和科研院所相比也较为薄弱，急需加强以企业为主体的产学研合作或组建创新联合体来提高产业创新能力。例如，武汉科技大学认为，湖北省科技创新人才存在总量不足的问题，湖北省自主培养的国家级、省级人才占师资队伍总量不足10%。青年人才力量薄弱，青年拔尖人才数量偏少，青年科技人才队伍创新能力相对薄弱，冲击国家“四青”人才的后备力量不足。基础研究力量相对薄弱，在数学、化学、物理、生物等基础学科方面汇聚的人才还不多。武汉工程大学认为人才引进政策执行效率不高、部门协同合力不够、资源整合力度不足。

（2）“高精尖缺”专家引进政策吸引力不足，难以集聚全球顶尖科技人才

湖北省在国际人才竞争中存在一些短板，导致高层次领军人才、世界级大师较为匮乏，世界一流科学家占比偏低。同时缺少世界领先的研究机构或研究平台，世界公认的一流学术刊物更是偏少，“高精尖缺”、海外顶尖专家的引进政策吸引力不足。例如，湖北工业大学认为，由于办学条件、资金等方面限制，学校引育国家级高层次人才面临困境。武汉科技大学认为，在人才引进工作中，战略科技人才、领军人才等有重要影响力的标杆人物极度稀缺。

2. 任务导向的人才培养力度不足，需优化评估机制

(1)关键核心技术攻关筛选机制有待完善，重大任务中培养人才力度不足

2022年8月教育部印发《关于加强高校有组织科研推动高水平自立自强的若干意见》，鼓励将原有松散自由的科研模式，改变为组织化、建制化的新型举国机制。关键核心技术项目承担单位的筛选成为整合科研资源要素的第一环。目前湖北省的筛选机制存在缺乏权威评估机构、评估指标不够客观、动态调整机制缺乏、过程监管缺失、评估缺乏国际视野等问题。例如，锐科激光认为，当前科技项目和重点项目的规划、指南编写以高校、研究所的专家为主，大部分设立的项目偏重学术前沿或基础原理研究，贴合市场实际需要的核心技术、核心器件和产业化项目不足。仅依靠高校和研究所的专家来制定规划和编写指南，容易导致项目设置过于偏重基础研究和前沿科学，而没有充分考虑产业发展实际需求。这些仅注重原理性研究的项目，产业化转化价值有限。

(2)人才培养与产业需求匹配度不高，学科专业动态调整机制有待完善

湖北省优质人才培养供给与多元化产业发展需求之间存在矛盾，产业发展速度显著快于人才培养体系的响应。人才培养单位与产业之间的信息交流不足，虽然湖北省已经建立校企合作、产学研协同等模式，但部分学科专业与企业的合作不够深入、紧密，影响学科建设与经济社会发展。例如，三峡大学认为，企业参与产教融合积极性不高，在产教融合联合培养研究生的过程中，对企业的约束性不强。武汉纺织大学认为存在学科专业调整周期长、学科专业老化问题。部分学科专业设置与经济社会发展需求脱节，但由于种种原因难以及时调整或退出。湖北工业大学认为，高水平科技创新成果的产出需要高水平科研平台配套支持，在现有科研平台基础上，急需建立更多高水平科研平台为高水平科技创新工作的开展和落地提供有力支撑。

3. 激励强度与效果不足，需强化贡献导向的人才激励

(1)高端人才评价体系不完善，重大贡献激励强度不够

在湖北省高端人才评价中，论文数量仍然是衡量成果的重要标准，

这忽视了成果的创新性和发明性等更为重要的指标，不能真正评价各类成果的技术含量和创新价值。无论在高校还是科研院所，科技人才不得不把很多精力投入项目申报、职称评审等方面，基于“好奇心”的研究明显不够。湖北省人民政府出台的《关于在中国(湖北)自由贸易试验区试行进一步激发人才创新创业活力措施的意见》中，对重点企业高端人才给予专项奖励，但目前尚未建立起湖北省高端人才的贡献评价标准、内部评价机制和外部评价体系，实际贡献评价不够精准、不够客观，从而难以提供有力的激励和奖励。

(2)科技创新人才面临多重困境，现有激励成效不强

科技人才目前面临成长通道狭窄、竞争异常激烈、薪酬待遇不高、生活压力大等共性难题，无法真正做到安身、安心、安业。例如，武汉纺织大学认为，目前湖北省相关政策对人才支持的方式简单化，支持对象产出不明显的问题。湖北工业大学认为人才激励存在投入产出效益不高的问题。目前学校代表人才实力的项目承担数量不够，反映人才科技创新水平的标志性成果产出不够，学术团队建设未迈入良性发展轨道，人才生态环境和工作理念还需进一步改善。人福医药指出湖北顶尖人才及配套政策存在缺失问题。尽管湖北科教资源优势突出，但对人才的吸引能力有限，顶尖科学家和具有原创能力的人才匮乏，研究成果影响力落后于发达地区。

(3)创新风险高，重大任务对科技人才的导向性不够

从发达国家的经验来看，基础研究投入不足，技术突破就是无源之水、无本之木。科创企业发展存在长周期、高成长、高风险、高收益的特征，相对应的，其轻资产、规模小、信用偏低的融资劣势也非常明显，金融机构“惜贷、恐贷、拒贷”现象明显。重大任务研发通常带有很大的不确定性，往往需要数万次试错。尽管很多企业有创新意识，但创新需要持续投入经费，能否出成果，成果能否顺利产业化落地等有很强不确定性，因而有些企业不敢创新。民营企业和高校科研院所、国有企业竞争财政科技项目经费时，困难更大、成功率低。例如，华中数控表示在卡脖子领域，我国技术水平上与国外差距大，需要的资金投入巨

大，大多数企业无法负担巨额研发费用。

4. 高层次人才外流严重，需畅通省内人才流动机制

(1)科技创新人才向省外流失严重，科技创新人才储备不足

根据近年来湖北省的人才流动数据，部分高层次人才选择离开湖北，前往北京、上海、深圳等一线城市或国外发展。这些流失的人才中，不乏在科技创新领域具有重要影响力和贡献的专家学者。人才流失会导致湖北省在科技创新领域的人才储备减少、重要科研成果和技术流失，削弱其科技创新实力。例如，湖北工业大学认为，高水平人才“稳定”压力较大。学校现有的人才引进优惠政策核心竞争力有待提升(包括：特聘待遇、住房保障、安家费、科研启动金、子女入学等配套支持)，进一步落实好人才安家落户、家属安置、子女上学等相关事宜，才能真正留住高水平人才。人才引进和动态退出机制尚不完善。现有事业单位人员的身份限制了高校实施动态人才退出机制，难以完全实现人才“能上能下，能进能出”的目标，不利于激发人才创新活力。

(2)人才在区域产业间流动不均衡，科技创新资源配置有待优化

湖北省内部的人才流动存在地区间、行业间不平衡的现象。一些地区或行业由于经济发展滞后、产业结构不合理等原因，难以吸引和留住人才；而一些发达地区或行业则存在人才过剩的问题。人才内部流动不畅会导致湖北省的科技创新资源无法得到有效配置，人才难以在湖北省内找到适合自己发展的岗位和平台，一些急需人才支持的地区或行业却难以获得足够的人才支持。此外，湖北省在人才流动机制方面还存在一些不足，如人才流动的政策支持不够、人才流动的信息平台不完善等。缺乏政策支持会导致人才在流动过程中缺乏保障和激励，不完善的信息平台会导致人才在寻找岗位和机会时面临信息不对称的问题。

### (三)湖北省教育、科技、人才一体化的困境

1. 政策支持体系缺乏针对性，政策宣传与普及不足

(1)科技创新资金管理制度不够完善，专项指导文件缺乏

湖北省人民政府办公厅印发《关于进一步加强科技激励若干措施的

通知》等文件中对科技项目资金支持政策进行了说明，但缺乏关于科技创新资金管理的政策体系，省内部分高校如武汉纺织大学、武汉工程大学以及科研机构，如湖北省实验室认为应进一步规范科技创新资金管理，通过政策引导，优化科技创新资金配置，确保资金投向具有创新性和市场前景的科技项目，建立科学的资金管理制度，提高科技创新资金的使用效益，降低资金浪费和无效投入。

(2)创新政策宣传渠道不畅，企业对政策的知晓度不及时

当前，湖北省在创新政策的宣传中存在以下问题：一是政策信息发布渠道不畅通。政府发布创新政策信息往往通过政府公告、政策文件、官方网站等渠道，在对企业、个人等创新主体的信息传播过程存在信息延误、失真等情况，无法及时有效地传达政策信息。有些文件，特别是涉及军民融合的文件，因保密限制无法传递到中小企业，特别是民营企业。很多中小微企业反映对政策知晓度不高、了解不及时；二是政策信息内容复杂、烦琐。过于烦琐复杂的政策信息，给企业带来了巨大的信息获取难题，往往使企业无法在第一时间正确地理解政策内容并及时进行决策调试。如光迅科技提到，海外制造面临政策、法规、运营、租房、招人等方面问题，如果政府提供便捷的政策咨询服务则可以帮助企业最大限度地规避风险。

2. 多主体联动机制不健全，顶层规划不清晰

(1)教育、科技、产业协同创新机制不健全，成果转化供需对接不畅

高校科研机构持有技术，企业有需求，但由于信息不对称、科技成果转化服务机构和专业服务人员数量不足，导致供需双方不能及时有效对接。据调查，41.98%的企业认为缺少有效成果对接转化渠道是制约企业开展战略科技创新、产学研合作的最大堵点。如三峡大学反映校企合作深度不够，如校企双方在共同制订人才培养方案，共同参与人才培养过程等方面不深入；合作企业专家参与教育教学过程的机制不够完善；校企共同开发课程、编写教材偏少。人福医药认为，湖北省高校、科研院所、企业等人员、信息、资金要素的流动性不强，开放式创新尚

未成为行业惯例。企业家与科学家各成一派，高校、科研院所的成果没有体现出临床价值；企业无法获取高校、科研院所的最新成果信息，导致部分成果在省外转化。湖北省农业农村厅反映，“卡脖子”技术协同攻关机制不健全。湖北省涉农高校、科研院所和涉农研究人员众多，但各科研单位和科研团队间的协同作用未得以有效发挥。

(2)科技战略力量统筹不够，优势产业顶层设计有待加强

企业、高校和研究机构等创新主体之间的创新资源未能得到充分整合和共享，导致创新资源分散，难以形成合力，限制了战略科技力量和优势产业的竞争力和创新能力。烽火通信、武理光科等湖北省内科技领军企业指出，当前湖北省的战略科技力量和优势产业规划缺乏整体性，尚未形成完整的体系，这导致在实施过程中出现诸多不协调、不衔接的问题，影响了战略科技力量的有效整合和优势产业的协同发展。

3. 领军企业参与科技创新不足，企业主导的创新平台有待加强

在目前的科技创新过程中，政府在未来技术发展方向的规划、决策等方面拥有较高的主导地位，领军企业参与度不足，缺乏自主决策权，科研成果企业牵头或参与少，可产业化率低，以领军企业为主体的创新体系建设还未系统化。问题主要体现在以下几个方面：一是项目设立阶段，缺乏企业充分参与项目标定和评审的机制，导致一些项目脱离企业需求。二是项目执行阶段，企业主要作为支持单位，无法深入参与技术路线制定、研发进程监控等过程。三是成果转化阶段，企业无法快速获取项目研发成果，资源配置与产业链不匹配。四是政产学研之间缺乏常态化协作机制，企业需求无法及时转化为研发供给。五是评价体系缺乏产业价值和贡献度相关指标，难以凸显企业主体地位。例如，武汉联影医疗科技认为，国家实验室、国家重大科技设施等前沿科技创新布局少有企业参与的机会，企业尚未真正成为国家战略科技力量的组成部分，创新主体作用尚未被充分发挥。又如，华中数控认为，湖北省虽科教资源众多，但主要集中在高校、科研院所创新平台，以企业为主体有影响力的国家创新平台欠缺。

4. 科技创新评价体系不够科学，难以有效激励原创性研究

科学的科技创新评价在引导教育改革方向、优化教育资源配置、促进产学研深度融合以及激发人才创新活力、优化人才培养模式、促进人才流动与交流等方面具有重要作用。目前，湖北省科技创新相关单位研发投入强度偏低，企业参与重大项目创新机会偏少，一些单位出现“不会创新、不敢创新、不想创新、不能创新”的情况，主要原因如下，一是过于追求量化指标。许多高校把承担国家级的科学基金作为科研人员的重要考核指标，间接导致高校科研人员与企业进行科学研究合作的意愿不强。现行评价体系多采用定量评价方法，忽视了技术的综合性和复杂性，过于追求指标数据，容易出现评价盲目与结果不客观的问题。二是评价侧重阶段性成果，缺乏整体性和系统性。大多数科技创新项目由于历经多个阶段，评价指标体系往往着重评估阶段简单实现的技术成果，而忽略了整个技术攻关过程中技术难点和风险控制的全面考量。三是缺乏权威和科学的评价模式。目前，评价标准制定由省市官方主导，缺乏权威评价机构的参与，难以提供合理的判断体系，导致评价结果缺少科学性。四是评价偏重于产业化和经济效益，忽视社会效益。现行评价指标体系过于强调产业化和经济效益，忽视了技术对社会和行业的影响力与贡献度。例如，华中数控认为，高校院所人才团队关注重心在实验室论文、专利等试验数据指标，但缺乏在生产实践中验证和迭代提升。

## 三、湖北省强化教育人才对科技创新的基础性、战略性支撑路径

### （一）构建高质量教育体系，夯实科技创新基础性支撑

1. 建构拔尖创新人才大中小学贯通式培养体系

全面规划各教育阶段的衔接和过渡，确保从小学到中学再到大学阶段培养的连贯性和系统性。根据不同年龄段学生的认知发展特点和学习

需求，有针对性地设置创新和拔尖人才培养的课程和教学内容。注重创新思维、问题解决能力、团队合作精神等软实力的培养，强调跨学科的知识和技能培养，鼓励学生在不同学科领域进行探索和实践，培养他们的综合能力。推行项目驱动的学习模式，让学生通过实际项目的参与和实践经验来培养创新能力和解决问题的能力。组织跨年级、跨学科的项目团队，让学生在实际操作中学习合作、沟通和领导能力。

2. 优化高等教育学科领域布局

建设"未来技术学院""现代产业学院"等特色学院，提升关键领域、紧缺领域拔尖创新人才自主培养能力。紧密结合我国当前产业发展战略和科技创新需求，推动构建与我省"一主引领、两翼驱动、全域协同"区域发展布局相适应的高等教育学科领域发展布局。构建学科专业动态调整机制，制定科学合理的学科专业评估标准和方法，定期对高校学科专业进行评估，依此调整对学科专业的支持力度。密切关注国内外学科专业发展趋势和市场需求变化，引导高校合理调整招生计划和专业设置。根据评估结果和预警信息，结合经济社会发展需求和科技创新趋势，推动高校学科专业进行动态调整。鼓励高校增设新兴交叉学科和急需紧缺专业，及时淘汰不适应市场需求的旧有专业，提高学科专业与经济社会发展的契合度。紧扣前瞻重大战略和湖北省产业发展方向，加强跨学科协同攻关，设立专门的师生交流跨学科研究中心或平台；鼓励教师开发跨学科课程，结合不同学科的知识和方法设置特色课程；重视跨学科研究项目；完善跨学科评价体系；加强校企合作，共同开展跨学科研究和技术创新。

3. 加强职业教育数字化顶层设计

加强职业教育数字化政策制定与区域发展战略的有机结合，强化行业人才需求预测及紧缺人才信息发布机制，紧密结合区域经济发展和产业结构调整，科学动态调整职业院校专业设置，满足市场对高层次、复合型技术技能人才的需求。注重职业教育与产业需求的深度融合。结合"51020"现代产业体系建设目标，全面统筹实施具有湖北省产业特色的高水平职业教育专业建设计划，推进省级高水平高职院校和高水平专业群建设。

4. 推进产教融合协同育人改革

推进应用型人才培养体系建设，构建和完善体现应用型人才知识、能力和素养培养需求的课程体系。深化专业学位人才培养模式改革，推动企业深入参与高校学科建设和人才培养，在联合招生、联合培养、联合建设实验平台和实习基地等方面投入资源共同建设，促进高校和产业联动发展。建设一批产教融合研究生联合培养基地，打造若干所产教融合型示范高校。优化高校资源配置，畅通高校科研资源平台共享机制。深化区域高等教育协作与共享，推动高教资源共享合作机制创新，建立健全高水平、高质量的一体化合作制度。依托湖北光谷实验室、洪山实验室等多种科研平台，在学科建设、科技创新、师资培训交流、教研共同体等重点领域共同发力。协同开展区域内高等教育质量评估监测，建立优质教育资源信息化共享平台。

5. 全面推行科学素养教育

建设湖北特色科普基地。利用省内丰富的自然和科技资源，如武汉光谷、生物谷等，建设一批具有湖北特色的科普教育基地。发展长江流域生态科普教育、三峡工程科普基地等，增强公众对本地科技成就的认知。选择武汉、宜昌等科技基础较好的城市，建设科普示范区，结合地方特色开展科普教育活动，推动全省科普教育发展。支持全省中小学建设先进的科学实验室，特别是农村和边远地区。加强与华中科技大学、武汉大学等高校的合作，借用其资源和设施，提升中小学科学实验条件，激发青少年的科技创新热情。

### (二)优化人才发展环境，强化科技创新战略性支撑

1. 提升高层次人才引进政策吸引力

坚持问题导向，在“博聚楚天”“才聚荆楚”“技兴荆楚”工程基础上，搭建市场化引才平台，完善政策性引才机制，提升人才引进政策吸引力。加大高层次人才引进力度，进一步优化海外人才引进体系，支持企业和高校院所引进掌握核心技术的世界级科技领军人才和团队，对取

得突破性创新成果的专业技术人才和团队给予专项奖励。制定“高精尖缺”重点人才引进清单，纳入全省高层次人才引进计划，全球范围寻觅并吸引这些关键人才。

2. 实施多层次人才队伍培育机制

依托湖北省众多高校，加大未来产业重点领域人才培养力度。实施“青年拔尖人才培养计划”，全省选拔有潜力的青年科技人才进行重点培养。紧密对接产业需求，注重传统专业的升级改造，进一步加强专业调整优化与教研教改联动。依托现代产业学院和专精特新产业学院等平台，精准对接，量身定制人才培养模式。充分发挥产学研用一体化平台在技术人员、工程师人才队伍培养中的重要作用，支持高能级科创平台与省部属高校共建科教融合学院、现代产业学院等，实行学术和产业双导师制，加快培养卓越工程师。实施多层次人才队伍的培育机制，高校培养能产出原始创新的研发人员，实验室培养能协助进行样机开发的工程师队伍。

3. 完善人才梯队分层分类评价机制

通过建立完善科学、标准相对统一的人才评价、选拔和使用制度，合理规范人才的待遇标准，建立有利于激励人才发扬科学奉献精神的制度。不断完善岗位聘任与考核，通过转退机制的建立，进一步优化人才队伍结构。积极探索“破五唯、立新规”，使各类人才评价更为科学合理。完善企业科技人才职称评聘办法，纠正唯学历、唯论文、唯职称、唯奖项的“四唯”现象，赋予企业更大自主权，支持民营企业专家参加职称评聘，推动人才体制内外职称互认。建立高层次人才职称评审的绿色通道，完善行业专业技术人员职称评聘办法，对取得标志性创新成果的专业技术人员，经评审应直接认定高级职称。建立长期且规范的人才调薪制度，同时需要平衡校招人员工资与老员工工资，避免同级别内薪资倒挂问题；建立多元股权激励、分红激励制度，给予核心骨干、核心团队奖励；建立人才安居保障机制。

4. 建立任务和贡献导向的人才激励机制

加大科技重大贡献政策倾斜，对作出突出贡献的科研人员，在绩效考核、职称评聘、薪酬奖励等方面予以倾斜。取消较低水平成果的奖励，提高高水平成果激励。适当增加部分领域省级科技奖励数量，重点奖励关键核心技术攻关项目成果。建立高层次人才个人所得税优惠政策，对于行业龙头企业的核心骨干人才、高端研发人才、紧缺人才等的薪金收入实行个人所得税优惠政策，优先推荐入选人才计划，在项目申报中，增加企业人才入选比例。加大创新成果转化政策倾斜，落实成果转化机制，赋予科技成果人 10 年以上专利权，建立转化收益实施细则。开通科研成果优先登记、优先审定和优先评价认定绿色通道，对由省内企业首次实现转化的科研成果，符合条件的纳入高新技术成果转化项目库支持。支持企业通过股权、期权和分红等激励手段，保障科技人员权益。建立利益分配和风险共担机制，探索利用成果权益分享等方式合理分配创新成果，同时完善风险评估体系和风险共担机制，有效应对成果转化和创新失败风险，提高创新容错率。

5. 畅通人才兼职与流动机制

建设“湖北人才蓄水池”，推动湖北省内政府、科研院所、企业人才柔性流动，构建“三位一体”的人才流动机制。打造辐射全省的科技孵化器、人才高地和公共服务平台，努力建成服务全省的创新创业驱动引擎。鼓励人才体制内外有序流动，完善人才柔性流动政策，给体制内专业技术人才松绑，畅通高校院所人才到企业兼职的路径。鼓励我省科技人才兼职和流动，支持在湖北高校选派科技人才到企业（农村）从事科技创新和成果产业化研究。建立相关专业教师、创新创业教育专职教师到行业企业挂职锻炼制度。在高校院所设立一定数量的流动岗，鼓励支持科研人员按规定保留人事关系离岗创业创新。探索“企业引才、高校留编、校企共享、政策叠加”等机制。支持企业、社会组织人才到高校院所兼职授课、担任导师。完善社保、医保转移接续政策，降低人才流动的制度性成本，在编制、工资总量、岗位结构比例、绩效考核等方面向用人单位适当倾斜，调动人才和用人单位两个方面的积极性。

6. 健全完善高层次人才“一站式”服务体系

完善人才服务体系，提高人才服务质量。提供住房、医疗、子女入园入学、配偶就业、创业扶持等服务保障。加强人才公寓供给、提供更加便利的子女入学服务；对于外籍人才和海外高层次人才，提供更加便捷的签证、居留等政策支持。建立高层次人才医疗教育保障体系。在公立三甲医院建立高层次人才医疗绿色通道和子女入学绿色通道。为人才及其直系亲属提供专人陪诊、专家诊疗，健康体检，国际医疗保险结算等服务；对各类人才义务教育阶段子女就学的需求在政策范围内优先安排相应公办学校就读；就读区内非公办学校的，应优先协调入学名额，对于无法协调入学名额的应给予一定比例的学费补贴。

### （三）强化“三位一体”协同，提升科技创新体系化能力

1. 构建精准高效的科技创新服务政策体系

强化创新与产业的融合，加强知识产权保护综合性立法。进一步加强与法院、检察院、司法行政、市场监管等部门协作建立知识产权保护体系。逐步实现知识产权案件处理专门化、管辖集中化、程序集约化和人员专业化；将知识产权融入科技成果转化与科技创新创业活动中；加强知识产权侵权纠纷检验鉴定工作；全面加强知识产权保护教育。出台湖北省科技计划专项资金管理办法。针对科技型企业，特别是中小微科技型企业融资难、融资贵等问题，可灵活采取续贷、贷款展期、调整还款安排等方式提供资金解决方案。加快构建多元化资本市场，引导银行等金融机构充分利用数字化技术建立银企对接平台、提供科技专项贷款、加大普惠金融对中小科技企业的支持力度等。提高直接融资比重为科创企业“开源”。

2. 强化以“用”为导向的政产学研用协同攻关机制

支持领军企业组建创新联合体，构筑产业领先优势；构建企业主导的产学研深度融合创新体系，解决好“由谁来创新”“动力在哪里”“成果如何用”等问题，支持企业联合高校等组建联合体，加快科技成果向现实生产力转化，打通从科技强到产业强、经济强、国家强的通道。打造核心技术的“朋友圈”，塑造大中小企业协同的创新格局，推动大企业积极开放供应链，以大企业为龙头，结合中小企业，培育创新平台和基

地，促进产业链上中下游企业合作对接；支持领军企业参与国家实验室、科技大设施、重大科技计划(如脑计划)等战略科技创新平台建设，以新型举国体制推动“政产学研用”五位一体协同攻关，强化国家战略科技力量。

3. 突出领军企业科技创新主体地位

加大企业在创新资源配置中的主导权，充分发挥企业在技术创新决策、研发投入、科研组织和成果转化应用方面的主体作用，如：以企业为主体，结合科技资源的配置情况、科技和产业需求，引进或共建一批新型研发机构、技术转移机构、技术服务机构；以企业为主体，以引进团队式人才和核心技术为关键，与国内外大院名校共建各类创新载体，集聚科技创新资源；鼓励企业与大学科研机构建立多种形式的合作关系，构建产学研协作新模式；统筹规划国家工程(技术)研究中心、国家制造业创新中心、国家重点实验室、国家产业技术创新战略联盟等各类创新平台；实施跨区域协同创新合作，真正实现开放创新、开放合作、开放共赢。

在重大科技创新攻关中应采用以龙头企业为牵引的联合攻关模式。企业作为设备、材料的应用平台，对上游设备和材料厂商具备更强的统筹和协调能力；以工艺需求为牵引，全程参与设备材料的设计、开发、测试、验证等流程，共同解决技术难题；并通过对国产厂商系统化的培训和质量稽核，提升国产供应商的质量管控能力，提升产品的稳定性和可靠性。

通过企业牵头开展科技计划研究和申报科学技术奖，不断完善高校、科研院所与企业的协作机制，以企业为核心构建科技和产业之间互融互通的桥梁纽带，促进不同创新主体在合作中各展其长、各尽所能，全面提升产学研协同创新效率，促进科技成果更好为企业所用，形成领军企业牵头、高校和科研院所协同推进的新局面；行业龙头企业应积极构建技术创新生态，依托自身技术能力，瞄准重大设备、重要材料、关键工艺、核心软件等共性关键技术，整合各类创新资源和载体，带动中小企业融入大企业产业链，在大企业的支持和辅导下实现技术创新，统等行业上下游创新资源，形成体系化、任务型协同创新模式，集中力量突破核心基础零部件、先进基础工艺、关键基础材料等一批“卡脖子”技术，提升产业竞争优势。

4. 完善科研项目承担单位的筛选机制

针对项目特点采取不同的组织模式。对于目标任务清晰的产品、工程类项目，可选择领军企业牵头，签下“军令状”，压实总责任。对于前瞻性、探索性较强的攻关项目，可以由湖北实验室等战略科技力量牵头，选择多主体平行攻关，逐级压实责任，实行“赛马制”，分阶段淘汰、滚动实施。

在重点科技计划规划制定、实施方案论证、指南编制前，要形成与产业代表性企业的对话机制，在重大、重点科技项目的规划、指南编写上企业专家要占一定的比例。此外，要支持企业牵头组建联合科研团队，承担重大科技项目，支持企业参与项目提出与需求征集；支持企业专家成为战略咨询与综合评审评价委员会专家组成员，参与科技项目的实施方案、项目指南论证，赋予企业专家在项目形成论证中的更多话语权甚至是主导权。针对湖北省内产业发展的关键核心技术、“卡脖子”难题，加大由企业出题“发榜”、高校和科研院所“揭榜”的联合创新模式，企校联合研发，加速高校、科研院所的科技成果向现实生产力转化。

5. 构建多元责任体系，健全以“用”为导向的评价体系

健全主管部门向省政府负责、牵头单位向主管部门负责、参与单位向牵头单位负责的责任体系。改革高校、科研院所对科技人员的评价指标，鼓励科技人员把论文写在车间、田野。调整各类创新平台、工程中心和新型研发机构的评价指标体系，突出企业科技创新主体地位。吸纳企业领军人才充实专家库，在项目选题征集、评审及验收中，提高企业专家占比，健全以“用”为导向的评价体系，推动产学研用深度融合。

（本报告为湖北省软科学计划研究项目（2023EDA088）和教育部人文社会科学研究青年基金项目（21YJCZH094）研究成果之一）

**课题负责人及撰稿人：**

柳　婷　华中科技大学公共管理学院副教授、博士、硕士生导师

**课题成员及撰稿人：**

危怀安　华中科技大学公共管理学院副院长、教授、博士生导师

李星莹　华中科技大学公共管理学院博士生

肖　珺　华中科技大学公共管理学院硕士生

徐浩东　华中科技大学公共管理学院硕士生

张心路　华中科技大学公共管理学院硕士生

# 湖北省建成中部地区崛起重要战略支点取得的成效、问题及建议

杨刚强　江佳慧　侯佳莹

中部地区是我国重要粮食生产基地、能源原材料基地、现代装备制造及高技术产业基地和综合交通运输枢纽，促进中部地区加快崛起，是我国全面深化改革、推进中国式现代化的重点任务。湖北是中部地区的重要省份，在"在更高起点上扎实推动中部地区崛起"中发挥着重要作用。党的十八大以来，习近平总书记五次考察湖北。2013 年 7 月，习近平总书记考察湖北时强调，要"努力把湖北建设成为中部地区崛起重要战略支点，争取在转变经济发展方式上走在全国前列"，为湖北省高质量发展指明了方向，提供了根本遵循。

党的十八大以来，中共湖北省委、省政府牢记习近平总书记赋予湖北建成中部地区崛起重要战略支点的殷殷嘱托，完整、准确、全面贯彻新发展理念，将支点建设的目标定位具体细化为"五个功能定位"①，以"五个以"②推动湖北更加深度融入国家战略，把新时代推动中部地区崛起的决策转化为湖北建成支点的具体行动，湖北发展相继站上了新台阶、站到了更高起点上，在促进我国区域协调发展和保障国家安全方面

① "五个功能定位"：加快建设国内大循环重要节点和国内国际双循环重要枢纽、国家科技创新与制造业基地、国土安全保障服务基地、国家水安全战略保障区、国家优质农产品生产区。

② "五个以"：以流域综合治理为基础统筹推进高水平保护和高质量发展，以供应链体系建设为抓手构建现代化产业体系，以城镇和产业"双集中"发展为切入点推动新型城镇化，以信息化赋能推进四化同步发展，以美好环境与幸福生活共同缔造为载体推进社会治理体系和治理能力现代化。

发挥了重要支撑作用。同时也要看到，湖北省高质量发展仍面临不少困难和挑战，要切实研究解决。

## 一、湖北省建成中部地区崛起重要战略支点取得成效

湖北省锚定“加快建成中部地区崛起重要战略支点”的目标定位，加快建设全国构建新发展格局先行区，发展活力和可持续发展能力不断增强，关键领域和重点区域发展取得了新突破，高质量发展根基进一步夯实，经济社会发展取得了显著成效。

### (一)支撑中部经济发展新动能不断提升

湖北省聚焦高质量发展的主题，加快发展新质生产力，经济实现质的有效提升和量的合理增长。2019 年地区生产总值首破 4 万亿元大关，2021 年首破 5 万亿元大关。2004 年以来，湖北地区生产总值突破万亿元新台阶的年限逐渐缩短，如在 1 万亿元新台阶上，突破 2 万亿元用了 4 年，此后每上一个新台阶仅用 3 年。湖北省地区生产总值从 2004 年的 0.55 万亿元，增长到 2023 年的 5.58 万亿元，在全国位次由第 12 位

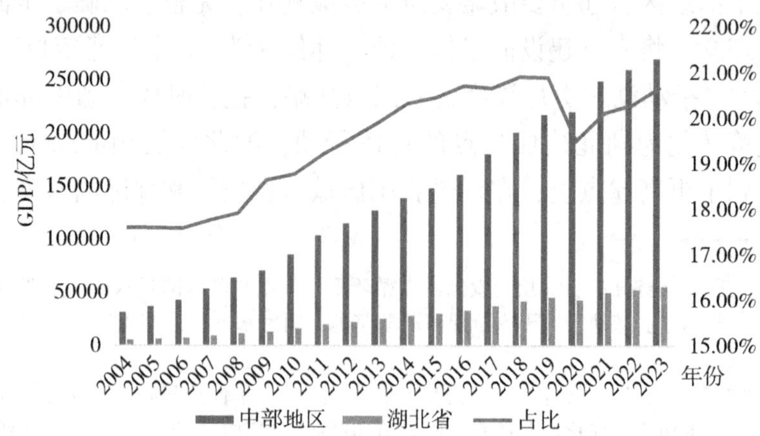


图 1 2004—2023 年湖北省和中部地区 GDP 及湖北占中部比重

资料来源：根据历年国家统计年鉴、各省统计年鉴数据编制而成。

跃升至第 7 位，经济总量居中部地区第 2 位，占中部比重为 20.68%；人均地区生产总值从 9746 元增加到 95538 元，大幅高于中部地区的平均水平，是中部地区平均水平的 1.26 倍，在全国位次由第 17 位升至第 9 位，位列中部地区第 1 位。2023 年湖北经济增速为 6%，居中部之首，带动中部地区经济发展的动力不断增强。

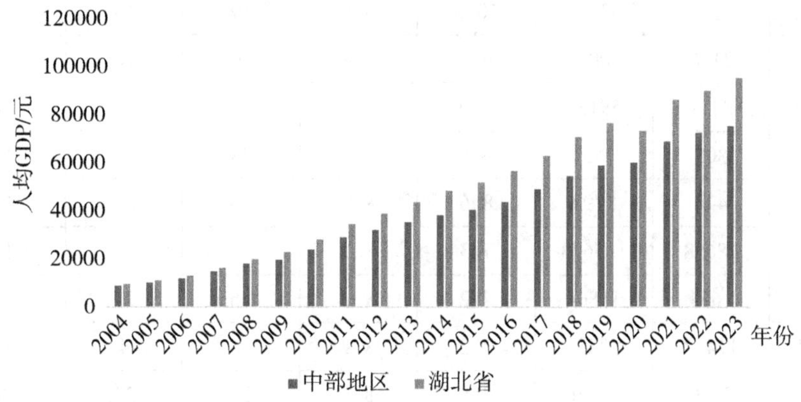


图 2　2004—2023 年中部地区和湖北省人均 GDP

资料来源：根据历年国家统计年鉴、各省统计年鉴数据编制而成。

表 1　**2004 年、2023 年各省经济总量(亿元)及年均增速(%)**

| 地区 | 2004 年 | 2023 年 | 2023 年/2004 年 | 年均增速 | 2004 年 GDP 排名 | 2023 年 GDP 排名 | 年均增速排名 |
|---|---|---|---|---|---|---|---|
| 重庆 | 3060 | 30146 | 9.9 | 10.9 | 21 | 17 | 1 |
| 内蒙古 | 2942 | 24627 | 8.4 | 10.4 | 22 | 21 | 2 |
| 西藏 | 218 | 2393 | 11.0 | 10.4 | 31 | 31 | 3 |
| 贵州 | 1649 | 20913 | 12.7 | 10.3 | 27 | 22 | 4 |
| 江西 | 3398 | 32200 | 9.5 | 10.0 | 17 | 15 | 5 |
| 四川 | 6304 | 60133 | 9.5 | 9.9 | 9 | 5 | 6 |
| 福建 | 5712 | 54355 | 9.5 | 9.9 | 11 | 8 | 7 |
| 湖南 | 5543 | 50013 | 9.0 | 9.9 | 13 | 9 | 8 |

续表

| 地区 | 2004 年 | 2023 年 | 2023 年/2004 年 | 年均增速 | 2004 年 GDP 排名 | 2023 年 GDP 排名 | 年均增速排名 |
|---|---|---|---|---|---|---|---|
| 安徽 | 5129 | 47051 | 9.2 | 9.8 | 14 | 11 | 9 |
| 湖北 | 5547 | 55804 | 10.1 | 9.7 | 12 | 7 | 10 |
| 江苏 | 14823 | 128222 | 8.7 | 9.7 | 2 | 2 | 11 |
| 陕西 | 3142 | 33786 | 10.8 | 9.6 | 19 | 14 | 12 |
| 云南 | 3136 | 30021 | 9.6 | 9.4 | 20 | 18 | 13 |
| 河南 | 8411 | 59132 | 7.0 | 9.2 | 5 | 6 | 14 |
| 海南 | 803 | 7551 | 9.4 | 9.1 | 28 | 28 | 15 |
| 青海 | 444 | 3799 | 8.6 | 8.9 | 30 | 30 | 16 |
| 广东 | 18658 | 135673 | 7.3 | 8.9 | 1 | 1 | 17 |
| 甘肃 | 1654 | 11864 | 7.2 | 8.9 | 26 | 27 | 18 |
| 浙江 | 11482 | 82553 | 7.2 | 8.9 | 4 | 4 | 19 |
| 新疆 | 2170 | 19126 | 8.8 | 8.8 | 25 | 23 | 20 |
| 宁夏 | 520 | 5315 | 10.2 | 8.8 | 29 | 29 | 21 |
| 山东 | 13308 | 92069 | 6.9 | 8.7 | 3 | 3 | 22 |
| 天津 | 2621 | 16737 | 6.4 | 8.6 | 23 | 24 | 23 |
| 广西 | 3305 | 27202 | 8.2 | 8.6 | 18 | 19 | 24 |
| 北京 | 6253 | 43761 | 7.0 | 8.1 | 10 | 13 | 25 |
| 上海 | 8102 | 47219 | 5.8 | 8.0 | 6 | 10 | 26 |
| 山西 | 3496 | 25698 | 7.4 | 7.6 | 16 | 20 | 27 |
| 河北 | 7589 | 43944 | 5.8 | 7.6 | 7 | 12 | 28 |
| 吉林 | 2455 | 13531 | 5.5 | 7.3 | 24 | 26 | 29 |
| 黑龙江 | 4135 | 15884 | 3.8 | 7.1 | 15 | 25 | 30 |
| 辽宁 | 6470 | 30209 | 4.7 | 7.1 | 8 | 16 | 31 |

资料来源：中经统计数据库。

湖北省加快推进以武汉、襄阳、宜昌为中心的三大都市圈建设。

2023 年武汉成为中部首个经济总量迈上 2 万亿台阶的城市，襄阳、宜昌经济总量分别位居中部非省会城市第 1 位、第 2 位。[①] 湖北省地区生产总值过 1 千亿的市州有 14 个，2 千亿的市州 9 个，过 500 亿的县市区增至 37 个，区域发展的整体性和协调性不断增强。

## (二)支撑中部产业现代化基础不断夯实

湖北省坚持以科技创新引领产业创新，以数智赋能产业向“新”，传统产业改造升级步伐加快，战略性新兴产业加快发展，积极部署未来产业新赛道，现代化产业体系加快构建。三次产业结构由 2004 年的 18. 2∶41∶40. 8 调整为 2023 年的 9. 1∶36. 2∶54. 7，第三产业比重高于全国平均水平(54. 6%)和中部地区平均水平(52%)。

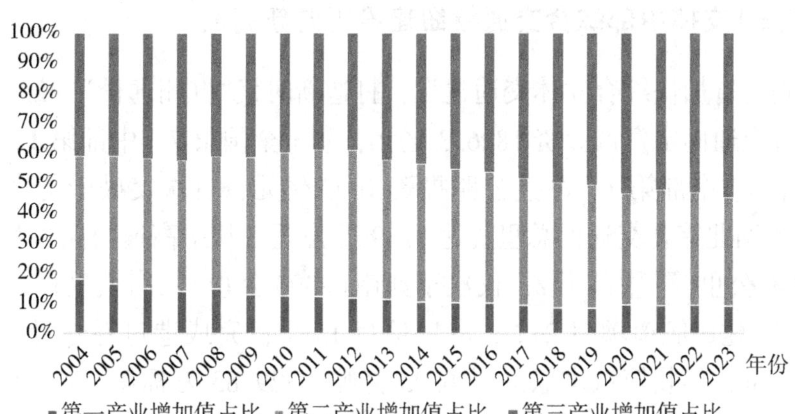


图 3　2004—2023 年湖北省三次产业占比

资料来源：根据历年国家统计年鉴、湖北省统计年鉴数据编制而成。

湖北省加快构建以光电子信息、新能源与智能网联汽车、高端装备制造、生命健康、北斗等为代表的“51020”现代产业集群。[②] 2023 年，

① 《2023 年湖北省政府工作报告》(2024 年 1 月 30 日)。

② “51020”现代产业集群：5 个万亿级支柱产业、10 个五千亿级优势产业、20 个千亿级特色产业集群。

湖北省规上工业增加值增长 5.6%，增速高于全国 1 个百分点，位列中部第 2 位；其中，高技术制造业增加值比上年增长 5.7%，占规模以上工业增加值的比重达 12.8%。其中，计算机、通信和其他电子设备制造业增长 5.1%。① 2023 年湖北省数字经济增加值达 2.4 万亿元，占 GDP 比重提高到 44.7%。② 2023 年湖北省软件业务收入 3049.93 亿元，同比增长 19.3%，在全国软件业务收入前十省市中增速排名第 1 位，产业规模位居全国第 10 位，占中部六省之和的 43.8%，位列中部第 1 位。③ 国家创新型产业集群 16 家，位列中部第 1 位；国家级专精特新企业 678 家，居中部首位。④ 2023 年，湖北省光电子信息、新能源与智能网联汽车、生命健康、高端装备、北斗五大优势产业营收突破 3 万亿元，占规上工业营收 60%以上。⑤

### （三）支撑中部综合交通枢纽建设迈向新高度

湖北省加快综合立体交通建设，打造新时代“九州通衢”。2023 年，湖北省交通固定资产投资 1826.3 亿元，总量全国第 7、中部第 1，增速全国第 3、中部第 1；高速公路投资 1009 亿元，首次突破千亿大关。⑥ 2023 年湖北综合交通网总里程达 32.9 万公里，其中高速公路里程增加至 7849 公里，⑦ 中部第 2，仅次于河南（8300 公里），高铁里程达 2064 公里。⑧ 建成航道项目 2 个、港口项目 15 个；完成港口吞吐量、集装箱吞吐量、集装箱铁水联运量 6.93 亿吨、329.83 万标箱、17.55 万标

---

① 《湖北省 2023 年国民经济和社会发展统计公报》（2024 年 3 月 27 日）。

② 湖北数字经济占 GDP 比重提升至 44.7%[N]. 中国电子报，2023-12-25.

③ 湖北省经济和信息化厅：《2023 年湖北省软件业运行情况》（2024 年 2 月 1 日）。

④ 《2023 年湖北省政府工作报告》（2024 年 1 月 30 日）。

⑤ 湖北省经济和信息化工作会议，2024 年 1 月 27 日。

⑥ 湖北去年完成交通固定资产投资 1826.3 亿元[N]. 湖北日报，2024-03-07.

⑦ 湖北高速公路扩容加速 投资首破千亿元大关[EB/OL].[2024-03-06].https://www.chinanews.com.cn/cj/2024/03-06/10175489.shtml.

⑧ 被高铁强省“包围”，湖北何以再上位[EB/OL].[2024-01-06].https://www.sohu.com/a/750607872_121769699.

箱，分别同比增长 22.8%、5.5%、107.2%，集装箱铁水联运量占整个长江干线的 1/3，各项指标位居长江中上游第 1 位。① 截至 2024 年 6 月底，鄂州花湖机场(全国首个对外开放的专业性货运枢纽机场)已累计开通 22 条国际货运航线，覆盖北美、欧洲、非洲、中东、南亚和东南亚等。

### (四)支撑中部绿色低碳发展迈出新步伐

湖北省坚持走生态优先、绿色发展之路，深入实施长江大保护“双十行动”等，生态环境质量持续改善。坚决落实“十年禁渔”。长江干流湖北段水质连续 5 年保持在Ⅱ类，丹江口水库水质长期保持在Ⅱ类以上;② 城镇生活污水直排口实现动态清零，主要河流、湖泊、水库断面水质优良率保持在 90%以上。武汉成为全球唯一人口超千万的湿地城市。湖北省加快推进产业绿色化、数字化、智能化发展。组建三峡实验室、碳中和技术成效研究院、碳交易协同创新中心，建成运行全国碳交易注册登记系统,③ 积极探索碳金融创新，在全国率先打通“电—碳—金融”三大市场。截至 2024 年 6 月 21 日，湖北省碳市场累计成交量 4.03 亿吨、成交额 98.06 亿元，分别占各地方碳市场成交总量和成交总额的 42.9%和 41.7%，居全国试点碳市场首位。④ 湖北省还通过“中碳登”吸引了大量国内外企业落户，打造节能降碳产业集群，充分发挥出低碳经济优势。近 10 年来，湖北省单位 GDP 能耗、碳排放累计分别下降 33%、38.3%,⑤ 正全面向绿色低碳新型工业化转型。

---

① 我省港航投资居全国内河第三[N]. 湖北日报，2024-03-12.

② 《2023 年湖北省政府工作报告》(2024 年 1 月 30 日)。

③ 王忠林. 深入贯彻落实党的二十大精神 奋力谱写长江经济带高质量发展荆楚篇章[J]. 习近平经济思想研究，2023 年增刊.

④ 湖北碳市场交易领跑全国：累计成交额突破 98 亿元[EB/OL].[2024-07-09].https：www.ctdsb.net/c1666_202407/2193763.html.

⑤ 美丽湖北 绿色崛起：以年均 3.1%的能耗增速支撑 7.3%的经济增长[N]. 湖北日报，2023-09-07.

## (五)支撑中部高水平对外开放不断深化

湖北省加速打造内陆开放新高地，不断提升开放型经济水平。2023年，湖北省进出口总额达6449.7亿元，同比增长5.8%，增速高于全国平均水平。其中，进口2116.4亿元，增长7.9%；出口4333.3亿元，增长4.7%；① 实际使用外资190.43亿元，增长11.39%，规模位居中部首位。② 此外，湖北省与“一带一路”国家贸易持续保持增长，2023年进出口额达3090.2亿元，增长12.3%。③

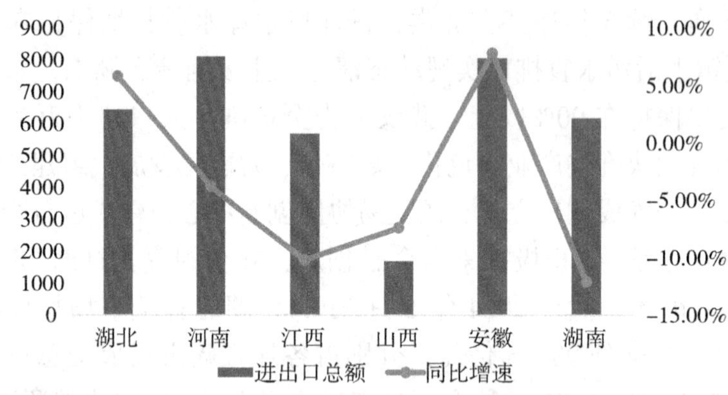


图4 2023年中部六省进出口总额及同比增速

资料来源：根据各省2023年国民经济与社会发展统计公报数据编制而成。

湖北省积极拓展口岸功能。目前，湖北省拥有对外开放口岸8个，综合保税区6个、保税物流中心5个，特殊商品进境指定监管场地15个。④ 中欧班列(武汉)拥有52条运输线路，辐射亚欧大陆40个国家、

① 中华人民共和国武汉海关：《2023年湖北省外贸进出口情况》(2024年1月23日)。

② 2023年我省实际使用外资规模中部第一[N]. 湖北日报，2024-02-05.

③ 湖北省人民政府：2023年湖北省外贸进出口情况新闻发布会，2024年1月22日。

④ 湖北省人民政府：2022年湖北省外贸进出口情况新闻发布会，2023年1月17日。

115个城市。2023年共开行848列，较上年增长57%。① 2023年鄂州花湖机场累计进出境航班1022架次，进出境货物42040.76吨，累计开通航线70条，其中货运航线55条，完成货邮吞吐量24.53万吨(其中国际4.63万吨)，② 为中部地区深度融入国际循环提供了重要的“空中出海口”。

### (六)支撑中部改善民生新成效不断显现

湖北省坚持以人民为中心，推进城乡融合发展，加快实现基本公共服务均等化。常住人口城镇化率从2004年的42.6%提高到2023年的65.47%，提高了22.87个百分点，居中部首位。

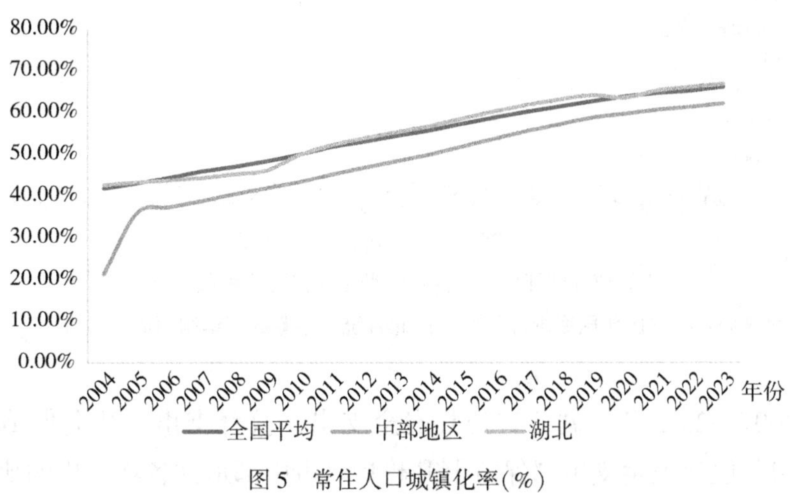


图5　常住人口城镇化率(%)

资料来源：根据历年国家统计年鉴、湖北省统计年鉴数据编制而成。

湖北省居民人均可支配收入稳步提高，2023年达到35146元，比上年增长6.8%，是2004年的6.8倍，居中部六省第2位。其中，城镇

① 2024年首趟中欧班列(武汉)启程[N]. 湖北日报，2024-01-06.

② 花湖机场，稳居全国前四[N]. 长江日报，2024-02-27.

居民人均可支配收入 44990 元，增长 5.5%；农村居民人均可支配收入 21293 元，增长 8.0%。城乡居民人均可支配收入差距不断缩小，由 2004 年的 2.65 缩小至 2023 年的 2.11，农村居民可支配收入/城镇居民可支配收入比高于全国和中部地区平均水平。① 全省居民人均消费支出 27106 元，增长 9.2%。其中，城镇居民人均消费支出 31500 元，增长 8.2%；农村居民人均消费支出 20922 元，增长 10.2%。

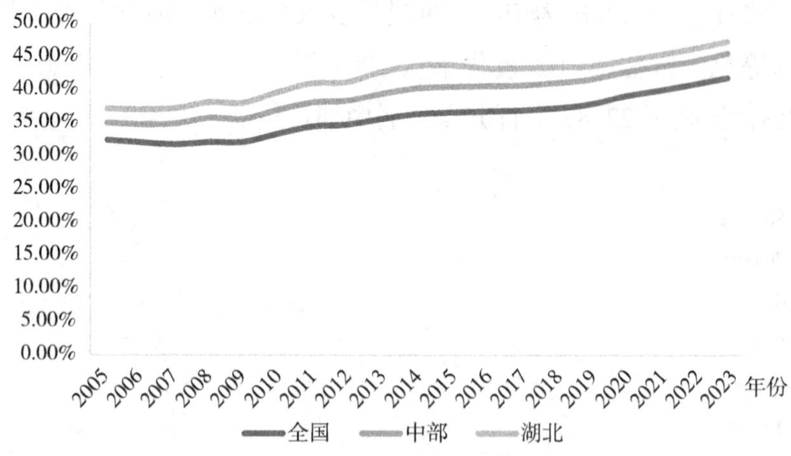


图 6　农村居民可支配收入/城镇居民可支配收入(%)

资料来源：根据历年国家统计年鉴、湖北省统计年鉴数据编制而成。

2007—2022 年，湖北省公共安全支出、教育支出、社会保障和就业支出与医疗卫生支出都保持上升趋势，占中部地区各项支出的比重在 15%~20%。2023 年，湖北省 66%的中小学纳入教联体，72%的县有了三级医院，城市 12 分钟急救圈、农村 15 分钟医疗圈基本形成。② 最低

① 《湖北省 2004 年国民经济和社会发展统计公报》和《湖北省 2023 年国民经济和社会发展统计公报》。

② 跑出加速度！“数”写湖北高质量成绩单[EB/OL].[2023-05-07].https://daijahao.baidu.com/s? id=1798361046144037344&wfr=spider&for=pc.

工资标准进至全国第7位,[①] 养老、医保、低保、工伤等保障标准稳步提高。

## 二、湖北省建成中部地区崛起重要战略支点面临的困难和挑战

### (一)综合实力与战略支点目标定位还有差距

一是科技创新能力不强。湖北省的研发经费投入不足，与东部省份创新能力还有较大差距。2023年，湖北省全省研发经费占地区生产总值低于2.64%的全国平均水平。根据中国科学技术发展战略研究院发布的《中国区域科技创新评价报告2023》，湖北省综合科技创新水平指数得分为74.63，排名全国第7、中部第1，但却低于全国平均水平(77.13)，与上海(89.40)、北京(89.33)、广东(86.01)、天津(83.29)、江苏(83.14)和浙江(80.93)6省市存在更大差距。创新基础相对薄弱，关键核心技术，如高端AI芯片、智能数控机床、高端医疗装备等面临“卡脖子”风险。科技攻关的体制优势发挥不充分，科技体制机制不活，成果转化“墙内开花墙外香”。

二是产业现代化高端化任重道远。湖北省制造业结构性矛盾较重，总体上大而不强，高新产业发展分散，产业集群竞争力不强，大多处于产业链的中低端，缺乏自主可控的产业链和供应链体系，高新产业的总体规模和竞争力与东部沿海地区相比仍有较大差距。2023年，湖北省制造业增加值1.47万亿元，占地区生产总值比重为26.34%，与东部的江苏4.66万亿元(占GDP比重36.3%)相比，还有较大的差距；湖北省高技术制造业增加值比上年增长5.7%，占规模以上工业增加值的比重达12.8%,[②] 但低于全国15.7%的水平，高新技术制造业支撑能力与建

① 《2023年湖北省政府工作报告》(2024年1月30日)。

② 《湖北省2023年国民经济和社会发展统计公报》(2024年3月27日)。

成战略支点目标定位还有较大差距。

三是城乡融合发展不足。湖北省 2023 年城镇化率为 65.47%，低于全国 66.16%的平均水平。[①] 湖北省的城镇居民和农村居民可支配收入均低于全国平均水平，2023 年分别为全国平均水平的 86%和 97%左右。城乡区域间在基本公共服务方面差距依然较大，教育、医疗、养老等公共资源主要集中于武汉，其他市州发展不足；城乡间、省际交界地区与中心城区间公共资源配置的结构性矛盾更为突出。

### (二)枢纽功能与战略支点目标要求还有差距

一是综合交通运输体系有待健全。2023 年，湖北省高铁里程位列中部六省第 5 位，路网密度低于安徽、湖南、江西。就中部 6 个省会城市与全国 31 个重点城市间的高铁通达度，以及 3 小时、5 小时内可通达的重点城市数量而言，武汉和郑州可通达重点城市数均为 26 个，处于领先地位，但武汉 3 小时、5 小时内可通达的重点城市数量少于郑州。

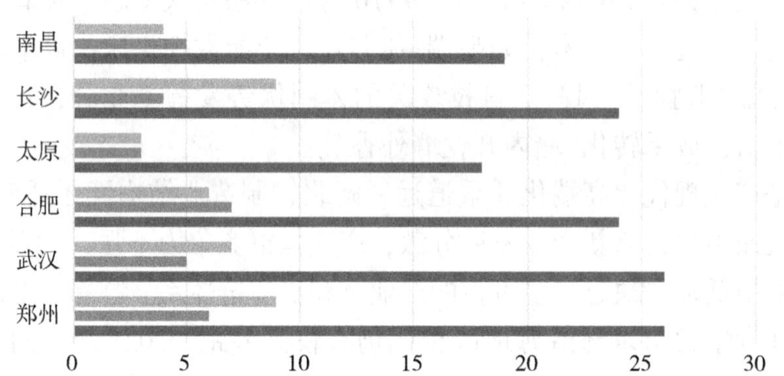


图 7　中部省会城市高铁通达重点城市数量(单位：个)

资料来源：根据 12306 应用软件数据整理得出。

在水运方面，湖北省水运货运量仅相当于安徽的 1/3，江苏的 1/2。

① 王蒙徽同志在全省奋力推进中国式现代化湖北实践大会上的讲话，2024年2月19日。

出海出境通道建设滞后，稳定运行的铁海联运通道仅 7 条。2023 年中欧班列(武汉)开行列次仅为成渝的 16%、西安的 16.5%。多式联运发展不充分，公路运输仍为物流运输的主要方式。2022 年湖北省公路、水路、铁路货运量占总货运量的比重分别为 69.2%、27.8%、3.0%。① 综合物流成本偏高，2023 年湖北省每百元社会物流总额所花费的社会物流总费用为 5.2 元，高于全国平均水平 0.04 元。

二是外向型经济发展不足。湖北省进出口总额位列中部地区第 3 位，低于安徽和河南；湖北省进出口总额占全国比重比安徽和河南分别低 0.38 个百分点和 0.4 个百分点，占中部比重比安徽和河南分别低 4.4 个百分点和 4.6 个百分点。湖北省开放平台效能发挥不够，与湖北省的经济体量不相称。10 年来，湖北省进出口总额占全国和中部比重，仅提高了 0.54 个百分点和 0.39 个百分点。

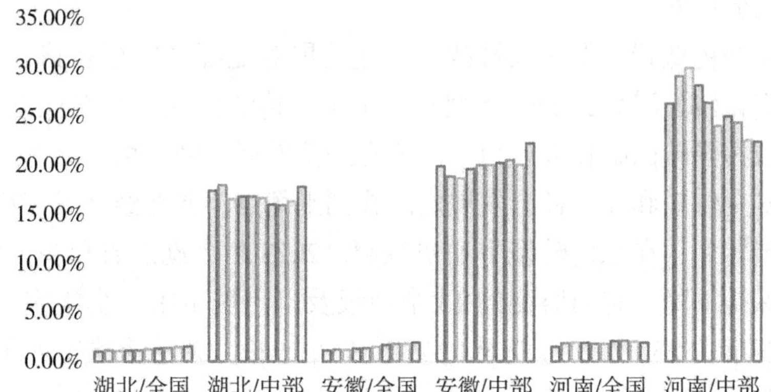


图 8　中部省份进出口总额占比(%)

资料来源：根据历年国家统计年鉴、湖北省统计年鉴数据编制而成。

## (三)安全保障与战略支点功能定位还有差距

一是产业链供应链韧性不强。关键设备、零部件“卡脖子”风险突

① 湖北区位优势加速转为物流优势[N]. 湖北日报，2023-07-06.

出。湖北省支柱产业链条存在缺链、短链，未形成完整、衔接有力的产业体系，汽车零部件本地配套率仅35%左右，集成电路产业上游材料设备、下游封装测试等环节缺失。同时产业链供应链信息共享机制不健全，导致交易成本上升、效率下降。部分产业链向上延伸发展受阻，产业链供应链安全风险加剧，掌握关键环节或重点领域核心技术的紧迫性日益突出。

二是流域安全基础不牢。目前，长江、汉江中下游水资源保障压力增大，湖北省部分堤段存在薄弱环节。防洪排涝体系存在薄弱环节，长江、汉江干流分别约有300公里需提高防洪标准，水环境安全压力较大。全省近7000余公里的中小河流未开展系统治理，农业面源污染较为严重，全省规模以下畜禽养殖场超1.7万个，粪污乱堆乱排现象较多。流域内存在的生态环境问题，如水质恶化、水生态退化等，也将进一步影响流域安全。

三是绿色低碳发展面临挑战。产业发展对能源供给存在路径依赖，产业数字化转型滞后，低碳转型动力不足。传统模式增长惯性也很大，短期内减污降碳面临较大压力。需要在经济发展与减排增汇之间、在保障能源安全供应和经济社会发展之间找到平衡点，要在经济发展中促进绿色低碳转型，在绿色转型中加快崛起。2023年，湖北省单位GDP能耗继续保持下降，省内监测的13个地级及以上城市中，全年空气质量达标的城市占23.1%，未达标的城市占76.9%，绿色低碳发展仍有很大的提升空间。①

四是粮食安全存在隐忧。近年来，湖北省粮食产量占全国和中部的比重逐渐下降，由2004年的4.47%和14.38%，下降到2023年的3.99%和13.68%。粮食单产高于全国平均水平，但与河南、湖南等省份有较大差距，仍存在区域性不均衡、结构性短缺问题。截至2023年10月底，湖北省高标准农田建设仅完成64.8%，② 承包地细碎化问题突

① 《湖北省2023年国民经济和社会发展统计公报》(2024年3月27日)。

② 我省累计建成高标准农田超4600万亩[N]. 湖北日报，2023-11-27.

出，抵御自然灾害能力较弱，对粮食安全有着间接影响。

## 三、湖北省加快建成中部地区崛起重要战略支点的建议

在高质量发展的新时期，湖北省发展也站到了更高起点上。湖北省建成中部地区崛起重要战略支点的发展基础迈上新台阶，区域经济发展格局呈现出新变化，面对新一轮科技革命和产业变革，湖北省必须自觉把改革摆在更加突出位置，增强其重要战略支点功能，进一步开拓新思路、新路径，形成推动高质量发展的合力，把新时代推动中部地区崛起的决策转化为湖北省建成支点的具体行动，加快建设成为全国构建新发展格局先行区，为在更高起点上扎实推动中部地区崛起，更好发挥引领、支撑和撬动的支点作用。

### (一)提升综合实力，增强战略支点的支撑力

#### 1. 以科技创新为引领，加快发展新质生产力

提高科技创新水平，将科技创新优势转变为经济优势。牢牢扭住自主创新这个“牛鼻子”，充分发挥企业作为研发应用新型生产工具主力军的作用，加强创新要素集成和科技成果转化。争取国家支持建设东湖综合性国家科学中心和重大科技基础设施，加快把武汉建设成为具有全国影响力的科技创新中心，推进以东湖科学城为核心区域的光谷科创大走廊建设，着力把武汉打造成国际性新质生产力配置中心。加强技术创新，提高科技进步对经济增长的贡献率，提高湖北全要素生产率，为区域的可持续发展注入新动力。

更加重视科技创新和产业创新的深度融合，加快推动与发展新质生产力相适应的经济体制改革。更好参与全国统一大市场建设，进一步完善市场经济基础制度，提高资源配置效率和市场经济活力。高度重视基础研究，加大基础研究投入，探索建立重大科技基础设施建设运营多元投入机制。此外，企业作为科技创新的重要一环，需进一步强化企业科

技创新主体地位，推动创新资源向优质企业集聚，培育更多具有自主知识产权和核心竞争力的创新型企业，[①] 提高区域经济的竞争力。

2. *以新兴产业为引领，打造高新技术制造业基地*

推动科技创新与产业创新、数字技术与实体经济深度融合，推进数字产业化和产业数字化协同发展。加快战略性新兴产业融合集群发展，重点发展五大优势产业，做强做优"51020"现代产业集群，打造一批具有国际先进水平的优势制造业集群和先进制造业集群。超前布局未来产业，实施人形机器人突破、6G创新发展等八大重点工程，力争在国家未来产业发展中占据主导地位。构建以先进制造业为支撑的现代产业体系，增强产业链供应链韧性，提升经济安全水平。

3. *以都市圈为核心，强化经济增长动力源*

持续推进以武汉、襄阳、宜昌为中心的三大都市圈建设，加强对周边地区的辐射带动作用。加快推进武鄂黄黄一体化和武汉新城高标准高水平建设进程，进一步优化城市和产业发展布局，不断提升城市吸引力和产业集聚力。加强与京津冀、长三角、粤港澳大湾区深度对接，有序承接产业梯度转移，推进区域联动发展。促进城乡融合发展，加快城乡智能化综合性数字信息基础设施一体化建设，推动数字化公共服务更加普惠均等，提高农村地区的公共服务水平。此外，高度重视"数字鸿沟"可能导致的区域差距扩大，采取有效措施强化风险治理。不断壮大湖北经济增长区域动力源，推动经济质的有效提升和量的合理增长。

4. *坚持城乡融合发展，促进城乡共同繁荣发展*

统筹新型工业化、新型城镇化和乡村全面振兴，促进城乡要素流动，推动城乡之间公共资源均衡配置。推动新型城镇化与产业支撑、人口集聚有机融合，形成重要战略支撑区，缩小城乡差别，促进城乡共同繁荣发展。加快推进公共服务的标准化和数字化，提高公共服务资源数字化供给和网络化服务水平。统筹推进智慧城市和数字乡村融合发展，

① 湖北省人民政府：《省人民政府关于印发湖北省科技创新"十四五"规划的通知》（2021年10月20日）。

加快远程教育、远程医疗等远程服务基础设施建设，推动城市基础设施和公共服务向农村延伸。加快实现城乡公共服务标准统一、制度并轨，制定城乡公共服务资源配置事项清单，进一步细化实施标准。加大对革命老区和欠发达地区的支持力度，补齐公共服务短板，激发内生发展活力。①

### （二）优化枢纽功能，增强战略支点的投送力

1. 优化综合交通体系，打造新时代“九州通衢”

加强现代化交通基础设施体系建设，打通“大动脉”，畅通“微循环”。打造“通道+枢纽+网络”的国家重要交通运行体系战略支点。加快建设以武汉为核心的“超米字”型铁路枢纽网，推动形成以襄阳、宜昌为中心的多向辐射格局。② 加快建设“十三纵九横四环”的高速公路骨架网，加强与京津冀、长三角、粤港澳大湾区、成渝之间的高速衔接联通，积极推进沿江高铁、山峡水运新通道、花湖国际自由贸易航空港等重大项目建设。积极谋划荆汉运河建设，解决“九曲荆江”航运“梗阻”，提高内河航运的效率。此外，湖北省应适度超前部署数字基础设施建设，加强工业互联网新型基础设施建设。

2. 优化供应链物流体系，打造综合物流枢纽

充分释放区位与交通优势叠加效应，依托航空港（空中丝绸之路）、高铁网、中欧班列等，积极发展现代化立体化大物流。强化花湖国际机场、长江中游航运中心、中欧班列等开放通道建设，推动湖北自由贸易试验区建设，进一步融入国际贸易大市场。大力发展多式联运，打造自动化码头、无人场站、智慧物流园区、数字仓库等，降低物流成本，提高物流效率。加快推进供应链物流公共信息服务平台建设，提高信息透明度。打造国际贸易数字化平台，培育具有全球影响力的供应链平台，

---

① 习近平总书记在新时代推动中部地区崛起座谈会上发表重要讲话，2024 年 3 月 20 日。

② 湖北省交通运输厅：《省交通运输厅关于印发湖北省综合运输服务发展“十四五”规划的通知》（2022 年 2 月 23 日）。

深化国际贸易“单一窗口”建设，提高湖北在全球贸易中的重要地位。

3. 优化外向型经济体系，打造内陆开放型高地

充分发挥国内国际双循环重要节点优势，依托湖北自由贸易试验区，主动对接新亚欧大陆桥、西部陆海新通道，打造更多高能级对外开放合作平台。稳步扩大制度型开放，构建高水平开放型经济新体制，多措并举持续打造内陆开放新高地。深度融入“一带一路”建设，加快高质量共建“数字丝绸之路”进程，创建“丝路电商”国际合作先行区，推动对外经贸合作加快发展。① 同时，推动中法、中德等国际产业园提档升级，打造与欧洲经贸合作示范“窗口”，提高湖北在国际上的影响力。全面改善省内营商环境，增强外资引进等政策支持，积极引导外资更多投向先进制造业、节能环保、数字经济等领域。

### (三)强化战略任务，增强战略支点的保障力

1. 提升战略物资保障能力，建设产业链安全备份基地

加快打造重点产业链供应链备份基地，在武汉、襄阳、宜昌、十堰等地布局和建设若干国家产业备份基地，提升产业链供应链韧性和安全水平，为中部地区以及全国的经济社会稳定打好坚实基础。加强灾害应急物资产业链供应链体系建设，推动一批供应链企业纳入国家安全应急物资保障平台，加快创建国家重要战略物资的备份基地，提升自主可控能力。加速建设大宗商品保障基地，提高能源和原材料的应急保障能力。同时，加快在湖北建设华中地区关键物资保障储配基地，打造全国能源通道汇集中心和中部能源资源集散中心。全面推进供给侧结构性改革，大力增强资源生产保障能力，并推动能源技术革命，加快建设新型能源体系。②

---

① 推进高质量共建“一带一路”行稳致远[N]. 湖北日报，2023-10-11.

② 中共国家能源局党组. 加快建设新型能源体系 提高能源资源安全保障能力[N]. 中国电子报-2024-06-03.

2. 提升生态安全保障能级，促进经济社会绿色低碳转型

以流域综合治理为基础统筹推进高水平保护和高质量发展。[①] 科学谋划建设“荆楚安澜”现代水网，加快完善长江流域防洪体系。加强长江、汉江、清江流域的上下游、干支流、左右岸协同治理，深入实施流域综合治理。加强水生态修复，完善防洪减灾体系，确保三峡工程和南水北调工程供水安全、水质安全、工程安全。继续实施长江大保护 10 大提质增效行动，巩固深化长江“十年禁渔”成果。加强重点地区农业面源污染治理，加强“三磷”污染防治，加强重金属和固体废弃物、新污染物治理。

加快推进绿色低碳转型。争取国家支持建设三峡库区绿色低碳发展示范区和丹江口库区绿色可持续发展先行区。推动新一代信息技术与制造业深度融合，推动制造业数智化改造、绿色化转型。对于钢铁、化工等重点行业，应实施“一业一策”的节能降碳改造。推进绿色低碳科技创新，加强关键核心技术攻关，提高绿色科技创新成果转化应用能力。[②] 构建循环经济等 10 大绿色发展体系，实施新能源倍增计划，健全绿色金融、生态补偿、生态价值实现机制等，加快建立横向利益补偿机制，推动出台生态保护补偿条例，鼓励生态保护地和受益地、流域上下游合作发展，开展市场化、多元化生态补偿，实现生态保护和经济增长的协同发展，建设美丽湖北。

3. 推进农业适度规模经营，切实守牢粮食安全根基

严格土地用途管控和耕地保护，推进高标准农田建设和改造升级，积极提升粮食单产，但同时必须守好耕地红线，把耕地保护、建设、利用放在更加突出的位置上。持续深化数字、生态和生物技术的创新及运用，提高农业生产效率。深入实施种业行动，培育高产、抗逆、优质专用水稻、玉米、小麦等作物新品种，孕育和发展农业“新质生产力”，

---

① 王蒙徽同志在全省奋力推进中国式现代化湖北实践大会上的讲话，2024 年 2 月 19 日。

② 孙金龙，黄润秋. 培育发展绿色生产力 全面推进美丽中国建设[J]. 求是，2024(12).

提高作物的抗灾能力和产量。此外，湖北省还需加快补齐农机装备短板，提高农业机械化水平。① 加快发展新型集体经济组织，加快建设区域性农业产业链综合服务平台，提高农业生产社会化服务能力。有效提升粮食产量，加快推进华中地区粮食储备基地建设。

**撰稿人：** 杨刚强　武汉大学经济与管理学院副教授、博士生导师，武汉大学中国中部发展研究院副院长、武汉大学长江经济带发展研究中心主任

江佳慧　武汉大学经济与管理学院硕士研究生

侯佳莹　武汉大学经济与管理学院硕士研究生

① 加快补齐农机装备短板 加强关键核心技术攻关 湖北以农业机械现代化助力乡村振兴[N]. 湖北日报，2024-03-28.

# 湖北省人力资源服务高质量发展研究：现状、测度与启示*

李燕萍 邹思琦 张天保

人力资源是推动经济社会发展的第一资源。作为生产性服务业的重要门类，人力资源服务业是促进高质量充分就业、加强人力资源开发利用、构建现代化产业体系、促进我国经济高质量发展的重要力量。我国政府高度重视人力资源服务业发展，并出台《人力资源服务业发展行动计划(人社部发〔2017〕74号)》《人力资源市场暂行条例》《关于实施人力资源服务业创新发展行动计划(2023—2025年)的通知(人社部发〔2022〕83号)》等系列政策，召开第一届①和第二届②全国人力资源服务业发展大会，进一步激发人力资源动能；汇聚强国建设力量，强调围绕就业优先战略、人才强国战略和乡村振兴战略，培育壮大市场主体，强化服务发展作用，夯实行业发展基础，营造良好发展环境。

湖北作为经济大省、科教大省、产业大省，在落实国家战略方面取得显著进展，人力资源服务业被纳入全省“十四五”规划和2035年远景

* 本研究为国家社会科学重点项目(21AGL018)阶段性成果。

① 第一届全国人力资源服务业发展大会[EB/OL].[2021-07-27].https://www.mohrss.gov.cn/wap/xw/rsxw/202107/t20210727_419400.html.

② 激发人力资源动能 汇聚强国建设力量——第二届全国人力资源服务业发展大会[EB/OL].[2023-11-22].https://www.mohrss.gov.cn/SYrlzyhshbzb/dongtaixinwen/buneiyaowen/rsxw/202311/t20231120_509277.html.

目标纲要，[①] 提出要不断培育壮大市场化服务力量，提升服务水平，使湖北人力资源服务业驶上高质量发展的快车道。近年来，湖北省通过实施就业优先战略、新时代人才强省战略和乡村振兴战略，不断完善市场管理体制，推动人力资源市场的健康发展，使人力资源服务业成为千亿级的产业规模。

当前，湖北省正抢抓历史机遇，“奋力推进中国式现代化湖北实践”[②]、系统谋划布局新质生产力发展。3 月 26 日在全省市厅主要领导干部专业培训班上，王蒙徽书记强调要推动新质生产力加快发展，为奋力推进中国式现代化湖北实践、加快建成中部地区崛起重要战略支点提供强劲动力。[③] 这给湖北省人力资源服务业高质量发展提出了新任务和新要求，人力资源服务业要进一步提高专业化、标准化、规范化、智慧化、便民化水平，为畅通教育、科技、人才的良性循环，激发全社会的创新创造活力，切实为湖北把科教优势转化为创新优势、产业优势、发展优势提供支撑。

本研究从人力资源服务行业规模、人力资源服务能力、人力资源服务业发展水平三方面系统分析湖北省人力资源服务业发展现状，通过人力资源服务业高质量发展指标体系测度湖北省人力资源服务业发展水平，并分析湖北人力资源服务业高质量发展的五维度，最后提出实践启示和建议，为湖北省人力资源服务业的高质量发展提供理论支持和实践指导。

---

① 湖北省国民经济和社会发展第十四个五年规划和二〇三五年远景目标纲要［EB/OL］.［2021-04-13］. https：//fgw. hubei. gov. cn/fgjj/ztzl/zl/2021/hbssswgh/ghqw/202104/t20210413_3467299. shtml.

② 王蒙徽同志在全省奋力推进中国式现代化湖北实践大会上的讲话［EB/OL］.［2024-04-02］. https：//www. hubei. gov. cn/zwgk/hbyw/hbywqb/202404/t20240402_5146176. shtml.

③ 全省市厅级主要领导干部专题培训班举行专题辅导［EB/OL］.［2024-04-02］. https：//www. hubei. gov. cn/zwgk/hbyw/hbywqb/202403/t20240327_5135517. shtm.

## 一、湖北省人力资源服务业发展现状

### (一)人力资源服务行业规模

1. 人力资源服务行业发展迅速但规模量级还有待提升

湖北省人力资源服务业机构、营收等自2016①年以来均有大幅度增长。

(1)人力资源服务业规模显著增长。如表1-1所示，湖北人力资源服务行业规模呈显著增长。2016年，全省有1025家人力资源服务机构，到2023年增长到5000家，年均增长率达28.3%。人力资源服务业全年营业收入至2023年增长至1200亿元，成为湖北省新的千亿产业，是2016年的3.3倍，年均增长率为18.6%。人力资源服务机构和从业人员规模增长也说明湖北人力资源市场自由度和开放度不断提升，在促进人力资源合理流动和优化配置方面市场机制发挥了越来越重要的作用，人力资源服务在湖北省现代产业体系中的重要性进一步彰显。尽管2022年人力资源服务从业人员规模比2016年略小，究其原因，可能是人力资源服务业务模式的转变，如在线招聘、远程培训和人力资源咨询等业务的增加，使人力资源服务机构对人力的需求减少，同时由于数字化、智能化技术的使用，提高了人力资源服务的质量，获得了更多客户和更高的营收。

---

① 从2016年起，湖北省委、省政府进一步高度重视人力资源服务业的发展，湖北省委常委会工作要点、省深化改革工作要点、省政府工作报告都明确提出要"加快人力资源服务业发展，并出台第一部推进人力资源服务业发展的省级文件《湖北省人民政府关于加快人力资源服务业发展的实施意见》，推进人力资源服务业发展。

表 1-1　　湖北省人力资源服务业机构数量、营收情况、从业人员数量

| 年　　份 | 2016 年 | 2017 年 | 2018 年 | 2019 年 | 2020 年 | 2021 年 | 2022 年 | 2023 年 |
|---|---|---|---|---|---|---|---|---|
| 人力资源服务机构数量(家) | 1025 | 1190 | 1479 | 1930 | 2462 | 3141 | 4206 | 5000 |
| 人力资源服务业全年营业收入(亿元) | 360 | 454 | 521 | 670 | 729 | 900 | 1080 | 1200 |
| 人力资源服务业从业人员(万) | 4.53 | | | | 4 | 3.9 | 4.4 | |

资料来源：湖北省人力资源和社会保障厅网站，2016—2022 年数据源自《湖北人力资和社会保障事业统计公报》，2023 年数据源自《中国劳动保障报：提升管理效能 激活澎湃动能——湖北省人力资源市场管理工作纪实》。

(2)人力资源服务业发展量级与发达省份仍有差距。从全国来看，湖北省人力资源服务的营收与发达省份存在较大差距(见图 1-1)。四川、广东、江苏、浙江、上海等地的人力资源服务业营收均高于湖北。其中，上海与浙江的人力资源服务业营收在全国遥遥领先。2022 年，上海市和浙江省人力资源服务行业营业总收入分别达 4719 亿元、4217 亿元，并占全国的近五分之一和六分之一，分别是湖北省人力资源服务业全年营业收入的 4.4 倍和 3.9 倍。

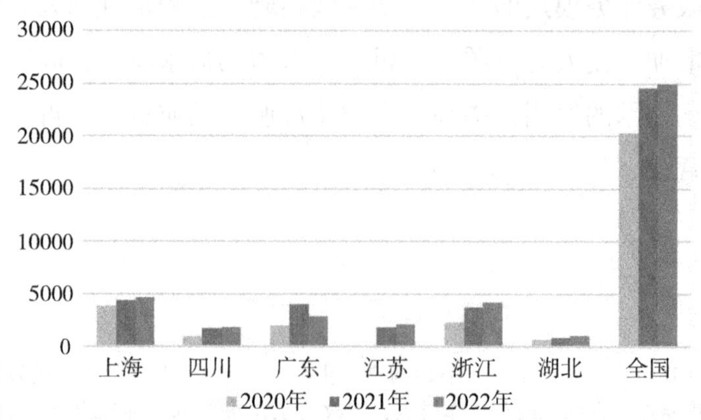


图 1-1　2020—2022 年部分省市人力资源服务业全年营业收入(亿元)

资料来源：政府网站、各省人力资和社会保障事业统计公报。

(3)人力资源服务机构规模小但增速领先。总体上看，2019—2022年湖北省人力资源服务机构数量与经济发达省份有不小差距(见表1-2)，如上海、江苏和浙江等。2022年，浙江省人力资源服务机构数达8112家，占全国人力资源服务机构数的12.88%，湖北省人力资源服务机构数量仅为浙江省的1/2。但是，从增长速度上看，湖北省人力资源服务机构数增幅较大，年均增长率(28.3%)显著高于全国平均水平(16.5%)，连续三年高于25%，处于全国领先地位。上海和浙江人力资源服务机构年均增长率分别为25.20%和24.90%，表现出较强的增长态势，但仍低于湖北省，这表明湖北省在人力资源服务业发展速度较快、潜力较大。与之相对，广东和江苏尽管则出现了负增长，分别为-29.20%和-18.40%，究其原因有可能是人力资源服务机构整合或市场调整所致。

表1-2　　**2019—2022年部分省份人力资源服务机构数量(家)**①

| 地区<br>年份 | 2019年 | | 2020年 | | 2021年 | | 2022年 | | 年均增长率(%) |
|---|---|---|---|---|---|---|---|---|---|
| | 数量(家) | 占比(%) | 数量(家) | 占比(%) | 数量(家) | 占比(%) | 数量(家) | 占比(%) | |
| 上海 | 1800 | 4.55 | 2278 | 4.97 | 3082 | 5.21 | 3609 | 5.73 | 25.20 |
| 广东 | | | 11614 | 32.10 | 14700 | 24.87 | 5845 | 9.28 | -29.20 |
| 江苏 | 9825 | 24.81 | 4600 | 10.04 | 5175 | 8.76 | 5369 | 8.52 | -18.40 |
| 浙江 | 4133 | 10.44 | 5085 | 11.10 | 6221 | 10.53 | 8112 | 12.88 | 24.90 |
| 湖北 | 1930 | 4.87 | 2462 | 5.38 | 3141 | 5.31 | 4206 | 6.68 | 28.30 |
| 全国 | 39600 | | 45800 | | 59100 | | 63000 | | 16.50 |

资料来源：政府网站、各省人力资源和社会保障事业统计公报。

① 我国2018年年底实施的《人力资源市场暂行条例》是系统规范在我国境内通过人力资源市场求职、招聘和开展人力资源服务活动的第一部行政法规，对人力资源服务市场的发展产生了重大影响，因此本研究统计2019—2022年数据，分析人力资源服务机构发展情况。

2. 人力资源服务产业集聚效果显著

人力资源服务产业园区的建设和发展为人力资源服务业的产业聚集提供了良好的发展环境，有利于通过市场化机制来推动产业结构的调整和升级，对推动行业集聚、融合、创新发展至关重要。同样，也有利于完善宏观经济中的产业服务链条，更好发挥出政府的引导作用，在特定区域内集聚形成一批有实力的人力资源服务企业，以加快人力资源服务业的高质量发展。

(1)人力资源服务产业园多级联动发展格局初显。近年来，湖北省充分发挥人力资源服务产业园"集聚、培育、孵化、拓展"功能，辐射带动区域人力资源服务业不断创新发展，在地区发展和人才集聚中不断释放着服务价值。湖北省分层分级推进人力资源服务产业园建设，对认定的国家级和省级产业园分别给予 200 万元和 100 万元补贴，构建国家、省、市三级产业园体系；目前，全省已建成和在建产业园 12 家，多级产业园联动发展格局初步建立。① 人力资源服务产业园的建设为湖北加快建设全国构建新发展格局先行区、加快建成中部地区崛起重要战略支点提供了有力的人力资源支撑。

(2)国家级人力资源服务产业园建设成效显著。截至 2023 年底，全国共有国家级人力资源服务产业园 26 家(见表 1-3)。② 中国武汉人力资源服务产业园（以下简称"武汉产业园"）于 2019 年 8 月 20 日经人力资源和社会保障部批准，成为第 18 个获批的国家级人力资源服务产业园；2022 年 3 月又被人力资源社会保障部、商务部认定为首批国家人力资源服务领域特色服务出口基地。武汉产业园总建筑面积达 9 万平方米，开园以来累计营业收入达到 350 亿元，服务各类人员约 400 万人(次)，新培育全省人力资源领军人才 6 人，高级经济师 4 人。2022 年入驻机构数量 88 家，营业收入达 255. 34 亿元，年度纳税额达 4. 8 亿元

① 多措并举 统筹推进 推动湖北人力资源服务业高质量发展[EB/OL]. [2023-09-12]. http: //rst. hubei. gov. cn/bmdt/dtyw/tpxw/202309/t20230912_4835278. shtml.

② 人力资源服务业 跑出发展加速度[EB/OL]. [2023-12-14]. https: //www. mohrss. gov. cn/wap/xw/rsxw/202312/t20231214_510531. html.

（见表1-4）。产业园目前吸引了锐仕方达、中智湖北等高端、创新型人力资源机构，上海外服、北京外企和中智等知名人力资源企业入驻。这些企业为湖北汽车、新能源、新材料三大产业集群，及智能家居、通用航空、生命健康等战略性新兴产业提供优质的服务。入驻企业涵盖了招聘求职、人事代理、猎头、管理咨询、派遣外包、“互联网+人力资源”等多种业务，还涉及档案整理、档案数字化和档案寄存等服务，形成了中高端人才寻访、招聘、培训、薪酬及人力资源外包、人才测评和人力资源信息软件等多位一体的综合人力资源服务产业链。通过武汉产业园的建设，湖北省不仅吸引了国内外知名的人力资源服务企业，还建立了一个集高端人力资源服务于一体的生态系统。这种集群效应为湖北省各产业的发展提供了强有力的人才支持和服务保障，有助于推动区域经济的高质量发展。

表1-3　**2010年以来我国国家级人力资源服务产业园一览表**

| 序号 | 名　称 | 获批时间 | 所在地 |
|---|---|---|---|
| 1 | 中国上海人力资源服务产业园 | 2010年5月 | 上海 |
| 2 | 中国重庆人力资源服务产业园 | 2011年7月 | 江苏 |
| 3 | 中国中原人力资源服务产业园 | 2012年7月 | 广东 |
| 4 | 中国苏州人力资源服务产业园 | 2013年12月 | 浙江 |
| 5 | 中国杭州人力资源服务产业园 | 2014年12月 | 四川 |
| 6 | 中国海峡人力资源服务产业园 | 2014年12月 | 福建 |
| 7 | 中国成都人力资源服务产业园 | 2016年5月 | 山东 |
| 8 | 中国烟台人力资源服务产业园 | 2016年5月 | 重庆 |
| 9 | 中国长春人力资源服务产业园 | 2017年5月 | 陕西 |
| 10 | 中国南昌人力资源服务产业园 | 2017年5月 | 江西 |
| 11 | 中国西安人力资源服务产业园 | 2017年5月 | 吉林 |
| 12 | 中国北京人力资源服务产业园 | 2018年10月 | 河南 |
| 13 | 中国天津人力资源服务产业园 | 2018年10月 | 北京 |

续表

| 序号 | 名　　称 | 获批时间 | 所在地 |
|---|---|---|---|
| 14 | 中国广州人力资源服务产业园 | 2018 年 10 月 | 天津 |
| 15 | 中国深圳人力资源服务产业园 | 2018 年 10 月 | 广东 |
| 16 | 中国长沙人力资源服务产业园 | 2019 年 8 月 | 湖南 |
| 17 | 中国合肥人力资源服务产业园 | 2019 年 8 月 | 安徽 |
| 18 | 中国武汉人力资源服务产业园 | 2019 年 8 月 | 湖北 |
| 19 | 中国宁波人力资源服务产业园 | 2019 年 8 月 | 浙江 |
| 20 | 中国石家庄人力资源服务产业园 | 2021 年 1 月 | 河北 |
| 21 | 中国沈阳人力资源服务产业园 | 2021 年 1 月 | 辽宁 |
| 22 | 中国济南人力资源服务产业园 | 2021 年 1 月 | 山东 |
| 23 | 中国贵阳人力资源服务产业园 | 2021 年 8 月 | 贵州 |
| 24 | 中国海南人力资源服务产业园 | 2021 年 9 月 | 海南 |
| 25 | 青岛国际人力资源服务产业园 | 2023 年 4 月 | 山东 |
| 26 | 广西(柳州)人力资源服务产业园 | 2023 年 4 月 | 广西 |

资料来源：序号 1—24 号数据来源于《中国人力资源服务产业园发展报告(2023)》。25 号数据来源于：国家级青岛人力资源服务产业园，开园六周年[EB/OL].[2023-11-19]. https://mp.weixin.qq.com/s?__biz=MzA4MzIzMDkzNQ==&mid=2652132462&idx=1&sn=6bc6e1d897cd073d5584c48405af0e01&chksm=84195dd6b36ed4c037062039a6ab7565ad6d301b67479e879e8ea34c9c0f9996824eb4c82204&scene=27。26 号数据来源于：广西首个国家级！广西(柳州)人力资源服务产业园获批[EB/OL].[2023-05-13]. http://lz.gxnews.com.cn/staticpages/20230513/newgx645f25b5-21157044.shtml。

表 1-4　　**2022 年中国武汉市人力资源服务产业园经营情况**

| 名　　称 | 中央商务区园区 | 光谷园区 | 车谷园区 | 合计 |
|---|---|---|---|---|
| 开园运营时间 | 2017 年 5 月 | 2021 年 11 月 | 2022 年 3 月 | — |
| 建筑面积(万平方米) | 2 | 4.8 | 2.2 | 9 |
| 入驻机构数量(家) | 58 | 15 | 15 | 88 |

续表

| 名　　称 | | 中央商务区园区 | 光谷园区 | 车谷园区 | 合计 |
|---|---|---|---|---|---|
| 营业收入(含代收代付)(亿元) | | 161. 1 | 58. 02 | 36. 22 | 255. 34 |
| 纳税额(亿元) | | 3. 5 | 0. 92 | 0. 38 | 4. 8 |
| 服务人次 | 总量(万人次) | 170 | 26. 98 | 13. 5 | 210. 48 |
| | 平均每机构(万人次) | 2. 9 | 1. 8 | 0. 9 | |
| 服务用人单位 | 总量(万案次) | 4 | 2. 46 | 0. 53 | 6. 99 |
| | 平均每机构(万案次) | 0. 069 | 0. 164 | 0. 035 | |
| 提供就业岗位 | 总量(万个) | 40 | 15. 69 | 4. 21 | 59. 9 |
| | 平均每机构(万人次) | 0. 69 | 1. 05 | 0. 28 | |
| 引进高层次人才(万人) | 总量(万人) | 0. 8 | 0. 06 | 0. 05 | 0. 91 |
| | 平均每机构(万人) | 0. 014 | 0. 004 | 0. 003 | |
| 帮扶就业和流动人数(万人次) | 总量(万人次) | 45 | 18. 65 | 6. 36 | 70. 01 |
| | 平均每机构(万人次) | 0. 776 | 1. 243 | 0. 424 | |

资料来源:《中国人力资源服务产业园发展报告(2023)》。

(3)“一园多区”发挥不同特色和优势。中国武汉人力资源服务产业园根据武汉的区域地理特点，因地制宜，从产业发展格局、资源分布条件出发，遵循“精准引入、系统培育、加快融合、协同发展”的总体思路，实行“一园多区”布局，目前共有三个园区(见表 1-4)。一是中央商务区园区运营经验丰富，经济效益领先，入驻机构数量达到 58 家，是三大园区中最多的；2022 年创造 161. 1 亿元的营业收入，占总收入的 63%；在服务人次、提供就业岗位和引进高层次人才方面也表现出色，服务总量达 170 万人次，提供了 40 万个就业岗位，并引进了 0. 8 万人次的高层次人才，充分展现其在资源整合和服务能力上的优势。二是光谷园区尽管开园时间较短，但在单位服务效率上表现出色，平均每机构服务用人单位数量、提供就业岗位数量、帮扶就业和流动人数均高于其他两个园区，在提升单位服务效率和促进就业方面具有显著优势。光谷园区的建筑面积最大，达到4.8万平方米，这也为其提供了更多的空间和设施来支持其高效的服务运作。三是车谷园区运营时间最短，虽然在许多指标上相对较低，但其发展潜力不容忽视，该园区在引进高层次人才和帮扶就业方面仍有不错的表现，特别是引进了0.05万人次的高层次人才，并为6.36万人次提供了就业和流动服务，展示了其在特定领域内的服务能力和发展潜力。

(4)以人力资源市场建设促进集聚效应。湖北省积极推进各类人力资源市场建设，通过推进各类人才、劳动力和零工市场建设以进一步发挥集聚效应，推动人力资源在产业间、地区间顺畅有序流动。通过中国武汉人才市场、中国江汉平原(荆州)农村人才市场等建设，发挥服务人才、服务“三农”的作用；立足地方特色产业发展需求，开展特色化、专业化人才市场建设，积极争创国家级光电人才市场，促进高端人才加快集聚；聚焦“临时、零散、灵活”用工特点，大力推进“零工驿站”民生实事项目建设，打造“放心用工、安心就业、方便群众”用工务工平台，至2022年底已建成956家，初步实现全省县市区全覆盖，累计发布零工信息152.4万条，服务灵活就业人员和用工主体477.63万人次。①

3. 人力资源服务企业实力稳步提升

从全国范围看，湖北省人力资源服务企业发展虽然起步晚，但凭借政策支持和人力资源服务企业自身的努力，已经逐步形成了具有一定影响力的人力资源服务业“湖北军团”②，在未来的发展中将继续发挥重要作用。

(1)人力资源服务企业规模增幅大。从全国各省人力资源服务企业

① 多措并举 统筹推进 推动湖北人力资源服务业高质量发展[EB/OL].[2023-09-12].http://rst.hubei.gov.cn/bmdt/dtyw/tpxw/202309/t20230912_4835278.shtml.

② 激发创新活力提升发展质量——湖北人力资源服务业发展驶入快车道[EB/OL].[2021-07-27].https://www.mohrss.gov.cn/wap/xw/rsxw/202107/t20210727_419380.html.

数量上看(见表1-5)，湖北省人力资源服务企业数量排名全国前十，居中部上游。如图1-2、图1-3所示，2017—2021年全国人力资源服务企业数量增长稳定且有显著上升趋势，年均增长率最高的为重庆(49.91%)。湖北省人力资源服务企业从2017年的4333家增长到2021年的13685家，年均增长率为37.72%，在全国排名17位，处于全国居中水平，然而经济发达省份如广东、江苏等虽然人力资源服务企业规模大，但其年均增长率分别为32.36%、31.31%，低于湖北省，这充分表明湖北省人力资源服务行业快速发展的潜力和实际成效。

表1-5　**2017—2021年各省人力资源服务企业数量(家)①**

| 年份<br>省份 | 2017 | 2018 | 2019 | 2020 | 2021 | 年均<br>增长率 |
|---|---|---|---|---|---|---|
| 江苏省 | 7645 | 10370 | 14215 | 19992 | 28207 | 31.31% |
| 山东省 | 6256 | 9283 | 13909 | 19408 | 27879 | 33.60% |
| 广东省 | 5817 | 8533 | 12234 | 17462 | 23675 | 32.36% |
| 四川省 | 3313 | 4442 | 5854 | 10427 | 22214 | 42.98% |
| 安徽省 | 4633 | 6894 | 10509 | 14328 | 19001 | 40.51% |
| 江西省 | 2304 | 3769 | 6178 | 9098 | 15552 | 49.00% |
| 河北省 | 4512 | 6616 | 9212 | 12023 | 15084 | 36.22% |
| 浙江省 | 2945 | 4211 | 6044 | 9224 | 13946 | 43.61% |
| 河南省 | 2922 | 4638 | 7717 | 10326 | 13926 | 45.14% |
| 湖北省 | 4333 | 5605 | 7684 | 10011 | 13685 | 37.72% |

① 党的十九大报告提出，“推动经济发展质量变革、效率变革、动力变革，提高全要素生产率，着力加快建设实体经济、科技创新、现代金融、人力资源协同发展的产业体系”，对人力资源服务企业发展提出新要求。因此本研究统计各省在十九大期间人力资源服务业企业数量进行对比分析。

续表

| 省份＼年份 | 2017 | 2018 | 2019 | 2020 | 2021 | 年均增长率 |
|---|---|---|---|---|---|---|
| 重庆市 | 2159 | 3456 | 5479 | 8409 | 11803 | 49.91% |
| 上海市 | 4368 | 5665 | 7094 | 8849 | 11554 | 26.44% |
| 湖南省 | 3293 | 4614 | 6327 | 8259 | 10563 | 36.21% |
| 辽宁省 | 2382 | 3234 | 4774 | 7088 | 10460 | 42.21% |
| 贵州省 | 2787 | 3881 | 5362 | 7678 | 9841 | 37.60% |
| 山西省 | 3314 | 4624 | 5845 | 7234 | 8891 | 27.87% |
| 吉林省 | 1711 | 2634 | 4139 | 6136 | 8668 | 49.51% |
| 甘肃省 | 1664 | 2437 | 3574 | 5369 | 8085 | 47.57% |
| 福建省 | 2405 | 3581 | 4731 | 5976 | 7797 | 34.55% |
| 陕西省 | 1729 | 2664 | 3965 | 5274 | 7711 | 46.71% |
| 广西壮族自治区 | 1616 | 2542 | 3603 | 4848 | 6879 | 43.14% |
| 云南省 | 1717 | 2583 | 3650 | 5266 | 6824 | 40.85% |
| 天津市 | 1529 | 2105 | 3182 | 4652 | 6336 | 41.23% |
| 内蒙古自治区 | 1415 | 2045 | 2979 | 4100 | 5380 | 38.17% |
| 黑龙江省 | 1697 | 2202 | 2993 | 3976 | 5296 | 33.07% |
| 北京市 | 2477 | 2867 | 3325 | 3954 | 4781 | 17.06% |
| 新疆维吾尔自治区 | 1046 | 1238 | 1575 | 2120 | 2893 | 34.92% |
| 海南省 | 718 | 987 | 1436 | 2053 | 2891 | 48.96% |
| 宁夏回族自治区 | 928 | 1175 | 1517 | 1842 | 2252 | 23.90% |
| 青海省 | 768 | 1016 | 1363 | 1796 | 2247 | 31.16% |
| 西藏自治区 | 208 | 323 | 742 | 853 | 960 | 47.63% |

资料来源：国家社会科学重点项目(21AGL018)课题组通过企查查统计。

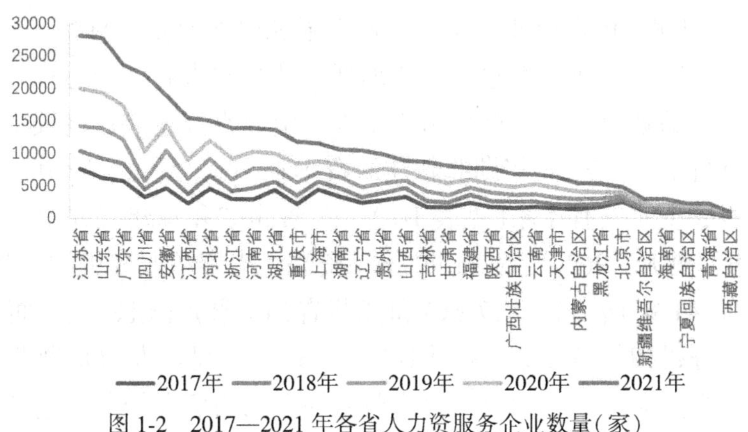


图 1-2　2017—2021 年各省人力资服务企业数量(家)

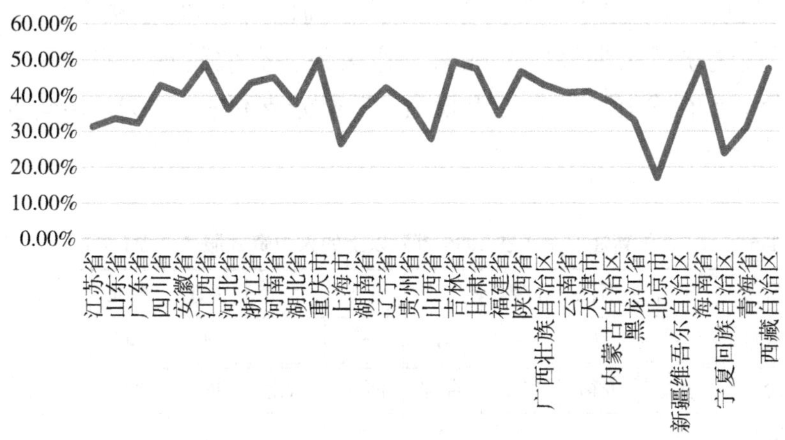


图 1-3　2017—2021 年各省人力资服务企业数量年均增长率

资料来源：国家社会科学重点项目(21AGL018)课题组通过企查查统计。

(2)人力资源服务企业质量提升但品牌建设有待加强。一是湖北人力资源服务企业质量不断提升。通过引进先进的管理理念和技术手段，湖北省人力资源服务企业不断提升服务质量和水平，提供了人才中介服务、劳务派遣、职业介绍和职业指导、人力资源供求信息收集等全链条人力资源服务，涌现出了一批具有区域影响力的骨干机构、领军企业。截至目前，全省营收过亿的人力资源服务企业近 150 家，30 家企业和 30 名个人获评省级领军企业和领军人才，12 家企业入选全省服务业

“五个一百工程”重点企业、民营企业百强和服务业企业百强。[1] 二是湖北人力资源服务企业品牌建设有待加强。从全国来看，湖北省人力资源服务业的头部企业发展较慢，高资本人力资源服务企业数量较少，品牌化程度有待加强。2023 年湖北新注册资本在 1000 万元人民币以上的人力资源服务企业仅有 4 家(见表 1-6)，与贵州省和福建省并列居全国第 6 位。第一资源[2] 2023 年发布的“第一资源人力资源服务机构 100 强”显示，上海(41 家)、北京(17 家)和江苏省(13 家)遥遥领先，而湖北人力资源服务机构仅有 2 家(见图 1-4)。[3] 其中，起点人力是湖北人力资源服务领军企业之一，自成立以来就专注于人力资源服务外包和业务外包，旗下拥有“招聘与灵活用工”“劳务派遣”“岗位外包”“嵌入式外包”“起点灵创”“社保通”六大核心产品，目前已与 1000 多家企事业单位、政府机关建立了长期稳定的战略合作关系，有效管理、服务平台用户 15 万余个。在全国 21 个省市设有 75 家分支机构，2022 年营业收入 42.99 亿元。

表 1-6　**2023 年新注册资本在 1000 万元以上的人力资源服务企业(家)**

| 省份 | 四川 | 浙江 | 广西 | 辽宁 | 江苏 | 贵州 | 福建 | 湖北 | 山东 | 河南 |
|---|---|---|---|---|---|---|---|---|---|---|
| 企业数量 | 8 | 7 | 6 | 6 | 5 | 4 | 4 | 4 | 3 | 3 |
| 省份 | 上海 | 安徽 | 广东 | 吉林 | 河北 | 云南 | 重庆 | 湖南 | 西藏 | 山西 |
| 企业数量 | 3 | 3 | 2 | 2 | 2 | 1 | 1 | 1 | 1 | 1 |

资料来源：《中国人力资源服务业发展研究报告(2023)》。

---

① 多措并举 统筹推进 推动湖北人力资源服务业高质量发展[EB/OL]. https：//www.mohrss.gov.cn/wap/xw/rsxw/202107/t20210727_419380.html.

② 该企业是 2007 年成立的、独立的人力资源媒体，通过多媒体传播平台即第一资源网站、杂志、会展和 HR 精英汇为需要人士和机构提供服务。

③ 第一资源 2023 人力资源服务行业报告[EB/OL].[2023-03-24]. https：//mp.weixin.qq.com/s/nXhsm39UxAjY8XQNqDbW2A? v_p = 90&WBAPIAnalysisOriUICodes = 10001344_10000003_10000198_10000003_10000002&launchid = default&wm = 3333_2001&aid = 01A-MiLqjeTZheiVVvjyESZC1VybJO2KRpISN5m0tabJ6XX48.&from = 10C9593010.

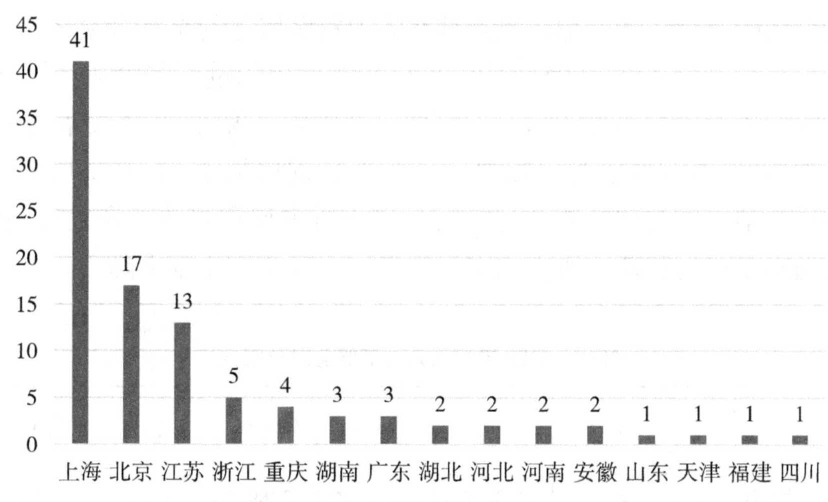


图 1-4　第一资源 2023 人力资源服务机构 100 强地区分布

资料来源：第一资源 2023 人力资源服务行业报告[EB/OL].[2023-03-24]. https://mp.weixin.qq.com/s/nXhsm39UxAjY8XQNqDbW2A? v_p=90&WBAPIAnalysisOriUICodes=10001344_10000003_10000198_10000003_10000002&launchid=default&wm=3333_2001&aid=01A-MiLqjeTZheiVVvjyESZC1VybJO2KRpISN5m0tabJ6XX48.&from=10C9593010.

综上，湖北省人力资源服务企业的实力不断增强，不仅满足了湖北省经济发展的需要，也为全国人力资源服务业的发展提供了经验和借鉴。

### (二)人力资源服务能力

1. 人力资源服务对象规模扩大

人力资源服务业一头连着亿万劳动者，另一头连着广大用人单位，是实施就业优先战略和人才强国战略的重要抓手，对促进市场化社会化就业有重要意义。湖北省作为人力资源大省和科教大省，拥有丰富的劳动力资源和人才资源，就业市场广阔，对人力资源服务有着极大的需求，人力资源服务的服务对象规模较大(见表 1-7)。一是湖北省劳动力和就业人员总量稳定。2017—2022 年劳动力在 2400 万上下浮动，就业人员为 3300 万左右。二是高校毕业生总量增加。高校毕业生是湖北高质量发展的宝贵人才资源，也是湖北人力资源服务的重点对象之一。从高校毕业生总量来看，2017 年到 2022 年毕业生总量不断增加，与 2017 年相比，毕业生总量增加了 33.55%，其中硕士毕业生增长幅度最大(59.74%)，本专科毕业生和博士毕业生分别增加了 31.3%和 25.3%。从各层次学生所占比重的变化来看，硕士所占比重整体呈现上升趋势，而普通本专科生和博士所占比重较为稳定，且均有小幅下降。

表 1-7　**2017—2022 年湖北人力资服务对象规模**

| 类别＼年份 | | 2017 | 2018 | 2019 | 2020 | 2021 | 2022 |
|---|---|---|---|---|---|---|---|
| 劳动力(万人) | | 2404.6 | 2434.6 | 2505.52 | 2289.7 | 2302.3 | 2428 |
| 就业人员(万人) | | 3379 | 3377 | 3375 | 3261 | 3286 | 3243 |
| 毕业生 | 总量(人) | 394423 | 374796 | 383037 | 400960 | 415535 | 526740 |
| | 本专科 | 359020 | 337594 | 343597 | 355702 | 371398 | 471600 |
| | 占比(%) | 91.02 | 90.07 | 89.7 | 88.71 | 89.38 | 89.53 |
| | 硕士(人) | 31301 | 32709 | 35258 | 40681 | 39198 | 50000 |
| | 占比(%) | 7.94 | 8.73 | 9.2 | 10.15 | 9.43 | 9.49 |
| | 博士(人) | 4102 | 4493 | 4182 | 4577 | 4939 | 5140 |
| | 占比(%) | 1.04 | 1.2 | 1.09 | 1.14 | 1.19 | 0.98% |

资料来源：湖北省统计局. 湖北统计年鉴 2023[M]. 中国统计出版社，2023.

2. 人力资源服务供需匹配效能提升

人力资源服务业是现代服务业中最重要的一个细分领域，兼具着经济效益和社会服务化双重属性。湖北始终将提升人力资源服务供需匹配效能，以助力人力资源合理流动和高质量充分就业作为人力资源服务业发展的出发点和落脚点，并取得了显著的成效。

(1)助力人力资源合理流动进展显著。如表 1-8 所示，2016—2022 年，湖北省人力资源服务业帮助实现就业和流动人数整体呈快上升趋势，尤其是在 2017 年和 2018 年出现显著增长。2020 年因疫情影响，帮助实现就业和流动人数急剧下降，但在 2021 年迅速反弹，同比增长了 56. 4%，到 2022 年达 1033 万人次，是 2016 年人数的 3. 5 倍，年均增长率达到 21. 7%。提供人力资源服务支持单位数量在 2018 年出现急剧增长，在 2019 年有所下降，但在 2020 年和 2022 年也恢复了增长。

表 1-8　　2016—2022 年湖北人力资服务成果(部分)

| 服务成果＼年份 | 2016 年 | 2017 年 | 2018 年 | 2019 年 | 2020 年 | 2021 年 | 2022 年 | 年均增长率(%) |
|---|---|---|---|---|---|---|---|---|
| 帮助实现就业和流动(万人) | 293. 8 | 532 | 1278 | 1347 | 585 | 914 | 1033 | 21. 60 |
| 提供人力资源服务支持(万家) | 52 | 33 | 140 | 53 | 89 | 50. 5 | 110 | 12. 80 |
| 共举办现场招聘会(交流会)(万场) | 1. 07 | 1. 1 | | | 0. 93 | 1. 6 | | 6. 80 |
| 春风行动举办招聘会(场) | | | | 1642 | 2235 | 2997 | 3481 | 28. 10 |
| 城镇失业人员再就业(万人) | 30. 91 | 31. 37 | | 32. 65 | 26. 12 | 46. 8 | 46. 03 | 8. 40 |
| 就业困难人员就业人数(万人) | 16 | 16. 23 | | 18. 03 | 17. 35 | 28. 9 | 30. 01 | 13. 60 |

资料来源：湖北省统计局. 湖北统计年鉴 2023[M]. 中国统计出版社，2023；湖北省政府网站。

(2)支持高质量充分就业效果良好。湖北省城镇失业人员再就业和就业困难人员就业人数在 2016 年至 2022 年间整体都呈现上升趋势，年均增长率分别为 8. 4%和 11. 8%；仅 2020 年因疫情影响略有下降，但 2021 年迅速回升，分别增长了 79. 2%和 66. 6%(见表 1-8)，这表明湖北人力资源服务业对高质量充分就业起到了良好的支撑作用。

(3)人力资源服务项目活动大量开展。一是帮扶重点群体。湖北省大力帮扶高校毕业生、农名工等重点群体，通过一系列项目、活动为其提供优质高效的人力资源服务。为高校毕业生就业支持深入实施“才聚荆楚”工程，启动“才聚荆楚·百县进百校”就业促进专项行动，通过推动市县结对省内高校开展招聘活动，引导机构深度参与“百县进百校”就业促进专项行动，近5000家用人单位提供了超过11万个就业岗位，实现了高校毕业生向基层一线流动和县市区引进人才的双赢局面。持续实施“宏志助航计划”，通过线下集中培训和线上网络培训和专项就业帮扶，为困难毕业生精准推送就业岗位，提供个性化、便利化服务。“切实推进就业创业”被列入2024年十大民生项目，助力大学生提升就业技能。2024年以来，湖北省已组织在校大学生开展高质量见习实践超过10万人次，新增高校毕业生留鄂来鄂就业创业超过40万人。① 农村劳动力就业支持围绕“三大都市圈”发展，建立人力资源服务产业园合作机制，打造都市圈用工招聘联盟，推动省际、省内劳务协作，实现人力资源共享，特别是帮助农村劳动力和脱贫劳动力实现转移就业，并支持外出务工人员返乡创业。二是助力重点产业。湖北人力资源服务企业支持“三高地、两基地”建设，围绕湖北重点产业(光电子信息、新能源与智能网联汽车、生命健康、高端装备制造等)，搭建人力资源服务业与这些产业的供需对接平台，为劳动者提供高质量就业岗位。举办“春暖荆楚，助鄂企航”保用工促发展活动，机构主动对接每季度全省重点项目集中开工活动，同步开展现场招聘，为重点项目企业提供用工保障。

### (三)人力资源服务业发展环境

产业发展离不开外界环境因素的影响和干预。② 人力资源服务业发展环境是人力资源服务业培育、成长的土壤。我国政府一直重视人力资源服务业发展的环境优化，并将其作为推动人力资源服务业产业升级和发展创新的重要抓手，通过加强政策支持和监管机制引导人力资源服务

① 湖北今年组织开展高质量见习实践10万人次以上[EB/OL].[2024-03-25]. http://rst.hubei.gov.cn/bmdt/dtyw/mtjj/202403/t20240325_5131905.shtml.

② 罗茜，等. 中国集成电路产业政策焦点变迁与演进规律[J]. 科学学研究，2023，41(3)：413-423，463.

优化产业结构，提升创新绩效、推动产业转型升级、促进经济高质量增长。

1. 人力资源服务发展的政策支持力度加强但仍有提升空间

政策支持是发展环境优化的重要部分。湖北近年来陆续出台相关政策法规支持人力资源服务发展(见表1-9)。其中，关键性政策有2016年《湖北省人民政府关于加快人力资源服务业发展的实施意见》，这是第一台推进人力资源服务业发展的省级政策，为后续政策制定打下基础；2021年出台的《湖北省人力资源市场条例》提升了湖北省人力资源市场法制化、规范化水平，进一步规范了人力资源市场管理，优化人力资源流动配置；2023年制定的《湖北省人民政府办公厅关于加快建设高质量人力资源市场体系的实施意见》夯实了统一开放、竞争有序、诚信守法、监管有力的人力资源市场格局；2023年发布的《关于推进新时代湖北人力资源服务业高质量发展的实施意见》，强化产业引导、政策扶持、环境营造，通过加大财税政策支持、拓宽投融资渠道、完善政府购买服务等保障措施激励新时代人力资源服务业的高质量发展；2024年出台的《人力资源管理专业人员职称评价办法(试行)》首次确立了人力资源管理专业职称评价的基本制度规则。湖北省通过一系列政策措施，逐步构建了高质量的人力资源市场体系，提升了人力资源服务业的发展质量，激发了人力资源创新创业的活力。

从全国范围看，湖北省地方规范性文件增幅明显但总量不足(见表1-10)。从2022年、2023年全国“人力资源服务”相关地方规范性文件数量看，湖北省2023年地方规范性文件与上年相比增幅明显，由5件增加到了18件，排名上升到了第8名。浙江、山东、广东连续两年出台文件超过10件，其中，浙江、山东2022年出台文件超过20件，是湖北省出台文件数量的4倍，湖北省“人力资源服务”相关地方规范性文件数量总体存在不足，这说明湖北省委、省政府在对人力资源服务业发展的政策支持力度方面还需进一步加强。

表 1-9 **2016—2022 年湖北人力资源服务政策一览表**

| 编号 | 文 件 名 称 | 制定机关 | 发文字号 | 公布日期 |
| --- | --- | --- | --- | --- |
| 1 | 湖北省人民政府办公厅关于鼓励和扶持台湾青年创业就业的意见 | 湖北省人民政府 | 鄂政办函〔2016〕83 号 | 2016. 08. 27 |
| 2 | 湖北省人民政府关于加快人力资源服务业发展的实施意见 | 湖北省人民政府 | 鄂政发〔2016〕73 号 | 2016. 12. 25 |
| 3 | 中共湖北省委、湖北省人民政府关于深化人才引进人才评价机制改革推动创新驱动发展的若干意见 | 湖北省人民政府 | 鄂政发〔2017〕5 号 | 2017. 03. 12 |
| 4 | 湖北省人民政府关于新形势下进一步加大招商引资力度的若干意见 | 湖北省人民政府 | 鄂政发〔2017〕14 号 | 2017. 03. 31 |
| 5 | 湖北省人力资源和社会保障厅关于印发《湖北省省级人力资源服务产业园评估认定暂行办法》的通知 | 湖北省人力资源和社会保障厅 | 鄂人社函〔2017〕302 号 | 2017. 05. 15 |
| 6 | 湖北省人民政府关于做好当前和今后一段时期就业创业工作的实施意见 | 湖北省人民政府 | 鄂政发〔2017〕46 号 | 2017. 09. 30 |
| 7 | 湖北省人民政府关于印发湖北省激发重点群体活力带动城乡居民增收实施方案的通知 | 湖北省人民政府 | 鄂政发〔2017〕48 号 | 2017. 10. 20 |
| 8 | 湖北省人民政府关于印发湖北省"十三五"推进基本公共服务均等化规划的通知 | 湖北省人民政府 | 鄂政发〔2017〕61 号 | 2017. 12. 20 |
| 9 | 湖北省人民政府关于进一步加快服务业发展的若干意见 | 湖北省人民政府 | 鄂政发〔2018〕10 号 | 2018. 02. 27 |
| 10 | 湖北省人民政府办公厅关于印发湖北省就业提升计划实施方案和社保共享计划实施方案的通知 | 湖北省人民政府 | 鄂政办发〔2018〕29 号 | 2018. 06. 15 |
| 11 | 湖北省人力资源和社会保障厅关于印发《湖北省人力资源社会保障公共信用信息管理暂行办法》的通知 | 湖北省人力资源和社会保障厅 | 鄂人社发〔2018〕38 号 | 2018. 09. 03 |

续表

| 编号 | 文件名称 | 制定机关 | 发文字号 | 公布日期 |
|---|---|---|---|---|
| 12 | 湖北省人力资源和社会保障厅、湖北省发展和改革委员会、湖北省财政厅关于印发《关于提升人力资源服务业发展质量的若干意见》的通知 | 湖北省财政厅 | 鄂人社发〔2018〕65号 | 2018. 12. 28 |
| 13 | 湖北省人力资源和社会保障厅关于进一步规范人力资源服务行政许可及备案有关工作的通知 | 湖北省人力资源和社会保障厅 | 鄂人社发〔2019〕21号 | 2019. 06. 06 |
| 14 | 湖北省人民政府办公厅印发关于应对新冠肺炎疫情影响全力以赴做好稳就业工作若干措施的通知 | 湖北省人民政府 | 鄂政办发〔2020〕10号 | 2020. 03. 27 |
| 15 | 湖北省人民政府办公厅关于印发应对新冠肺炎疫情影响促进普通高校毕业生就业创业工作若干措施的通知 | 湖北省人民政府 | 鄂政办发〔2020〕11号 | 2020. 03. 28 |
| 16 | 湖北省优化营商环境办法 | 湖北省人民政府 | 湖北省人民政府令第412号 | 2020. 08. 24 |
| 17 | 湖北省人力资源市场条例 | 湖北省人大（含常委会） | 湖北省人民代表大会常务委员会公告第281号 | 2020. 11. 27 |
| 18 | 中共湖北省委关于制定全省国民经济和社会发展第十四个五年规划和二〇三五年远景目标的建议 | 中共湖北省委 | — | 2020. 12. 02 |
| 19 | 湖北省人民政府办公厅关于鼓励和支持多渠道灵活就业的实施意见 | 湖北省人民政府 | 鄂政办发〔2020〕65号 | 2020. 12. 28 |
| 20 | 湖北省发展和改革委员会、湖北省教育厅、湖北省科学技术厅等关于印发湖北省加快推动制造服务业高质量发展实施意见的通知 | 中国银行保险监督管理委员会湖北监管局 | 鄂发改服务〔2021〕352号 | 2021. 12. 03 |

续表

| 编号 | 文件名称 | 制定机关 | 发文字号 | 公布日期 |
| --- | --- | --- | --- | --- |
| 21 | 湖北省人力资源和社会保障厅、湖北省发展和改革委员会、湖北省交通运输厅等关于印发《关于切实维护新就业形态劳动者劳动保障权益的若干措施》的通知 | 湖北省邮政管理局 | 鄂人社发〔2022〕11号 | 2022. 03. 11 |
| 22 | 湖北省人力资源和社会保障厅、湖北省发展和改革委员会、湖北省交通运输厅、湖北省应急管理厅、湖北省市场监督管理局、湖北省医疗保障局、湖北省高级人民法院、湖北省总工会、湖北省邮政管理局关于印发《关于切实维护新就业形态劳动者劳动保障权益的若干措施》的通知 | 湖北省邮政管理局 | 鄂人社发〔2022〕11号 | 2022. 03. 11 |
| 23 | 湖北省人力资源和社会保障厅关于进一步加强企业招聘用工服务的通知 | 湖北省人力资源和社会保障厅 | 鄂人社函〔2022〕85号 | 2022. 05. 09 |
| 24 | 湖北省人民政府关于贯彻落实《国家标准化发展纲要》的实施意见 | 湖北省人民政府 | 鄂政发〔2022〕21号 | 2022. 09. 07 |
| 25 | 湖北省人力资源和社会保障厅、湖北省发展和改革委员会、湖北省财政厅、湖北省农业农村厅、湖北省乡村振兴局关于进一步支持农民工就业创业的通知 | 湖北省乡村振兴局 | 鄂人社发〔2023〕6号 | 2023. 02. 23 |
| 26 | 湖北省人力资源和社会保障厅、湖北省发展和改革委员会、湖北省财政厅、湖北省商务厅、湖北省市场监督管理局、湖北省地方金融监督管理局关于推进新时代湖北人力资源服务业高质量发展的实施意见 | 湖北省地方金融监督管理局 | 鄂人社发〔2023〕8号 | 2023. 02. 28 |
| 27 | 湖北省人力资源和社会保障厅关于印发《湖北省人力资源市场专项整顿规范行动实施方案》的通知 | 湖北省人力资源和社会保障厅 | 鄂人社函〔2023〕33号 | 2023. 03. 08 |

续表

| 编号 | 文件名称 | 制定机关 | 发文字号 | 公布日期 |
|---|---|---|---|---|
| 28 | 湖北省人民政府办公厅印发关于更好服务市场主体推动经济稳健发展接续政策的通知 | 湖北省人民政府 | 鄂政办发〔2023〕6号 | 2023.04.03 |
| 29 | 湖北省退役军人事务厅等10部门关于印发《关于加强就业困难退役军人帮扶工作实施办法》的通知 | 中国人民银行武汉分行 | 鄂退役军人发〔2023〕14号 | 2023.04.17 |
| 30 | 湖北省人民政府办公厅关于加快建设高质量人力资源市场体系的实施意见 | 湖北省人民政府 | 鄂政办发〔2023〕15号 | 2023.05.17 |
| 31 | 湖北省发展和改革委员会关于进一步降低企业成本若干措施的通知 | 湖北省发展和改革委员会 | 鄂政办发〔2023〕20号 | 2023.06.13 |
| 32 | 湖北省人民政府办公厅印发关于优化调整稳就业政策惠企利民促发展若干措施的通知 | 湖北省人民政府 | 鄂政办发〔2023〕22号 | 2023.07.08 |
| 33 | 湖北省人民政府办公厅关于加快完善高校毕业生等青年就业创业工作体系的实施意见 | 湖北省人民政府 | 鄂政办发〔2023〕23号 | 2023 |
| 34 | 湖北省人力资源和社会保障厅办公室、湖北省司法厅办公室关于转发《人力资源社会保障部办公厅司法部办公厅关于开展“薪暖农民工”服务行动的通知》的通知 | 湖北省司法厅 | 鄂人社办函〔2023〕32号 | 2023.07.13 |
| 35 | 湖北省人力资源和社会保障厅、湖北省市场监督管理局关于切实做好人力资源市场“双随机”监管工作的通知 | 湖北省市场监督管理局 | 鄂人社函〔2023〕165号 | 2023.10.07 |

数据来源：北大法宝统计。

表 1-10　　**2022—2023 年“人力资源服务”相关地方规范性文件**

| 省份＼年份 | 2022 年数量 | 2022 年排名 | 2023 年数量 | 2023 年排名 | 排名变化 |
|---|---|---|---|---|---|
| 浙江省 | 24 | 1 | 20 | 2 | -1 |
| 山东省 | 23 | 2 | 14 | 4 | -2 |
| 广东省 | 18 | 3 | 17 | 3 | 0 |
| 四川省 | 17 | 4 | 9 | 12 | -8 |
| 河南省 | 13 | 5 | 10 | 9 | -4 |
| 云南省 | 13 | 6 | 6 | 18 | -12 |
| 内蒙古自治区 | 11 | 7 | 11 | 5 | 2 |
| 甘肃省 | 11 | 8 | 8 | 13 | -5 |
| 安徽省 | 9 | 9 | 7 | 15 | -6 |
| 广西壮族自治区 | 8 | 10 | 11 | 6 | 4 |
| 辽宁省 | 8 | 11 | 11 | 7 | 4 |
| 北京市 | 8 | 12 | 10 | 10 | 2 |
| 福建省 | 6 | 13 | 3 | 28 | -15 |
| 河北省 | 6 | 14 | 10 | 11 | 3 |
| 新疆维吾尔自治区 | 6 | 15 | 1 | 29 | -14 |
| 湖北省 | 5 | 16 | 11 | 8 | 8 |
| 上海市 | 5 | 17 | 7 | 16 | 1 |
| 贵州省 | 5 | 18 | 5 | 21 | -3 |
| 江苏省 | 4 | 19 | 22 | 1 | 18 |
| 江西省 | 4 | 20 | 7 | 17 | 3 |
| 青海省 | 4 | 21 | 4 | 24 | -3 |
| 黑龙江省 | 4 | 22 | 8 | 14 | 8 |
| 湖南省 | 3 | 23 | 6 | 19 | 4 |
| 海南省 | 3 | 24 | 1 | 30 | -6 |
| 宁夏回族自治区 | 4 | 25 | 5 | 22 | 3 |

续表

| 省份＼年份 | 2022 年数量 | 2022 年排名 | 2023 年数量 | 2023 年排名 | 排名变化 |
|---|---|---|---|---|---|
| 重庆市 | 2 | 26 | 5 | 23 | 3 |
| 吉林省 | 2 | 27 | 4 | 25 | 2 |
| 天津市 | 1 | 28 | 4 | 26 | 2 |
| 陕西省 | 1 | 29 | 6 | 20 | 9 |
| 山西省 | 1 | 30 | 4 | 27 | 3 |

资料来源：萧鸣政：《中国人力资源服务业发展研究报告(2023)》，人民出版社 2024 年版。

2. 湖北省人力资源服务的监管机制不断完善

得益于不断健全和完善的监管机制，湖北省在规范人力资源市场秩序、营造健康的人力资源服务行业发展环境方面取得了显著进展。湖北省的监管机制以“双随机、一公开”监管和“互联网+监管”为基本手段，以随机抽查和信息公开为基本方式，辅以信用监管和重点监管。这一综合性监管体系加强了对人力资源服务机构的事中事后监督管理，主要包括以下具体举措：

(1)“双随机、一公开”。[①] 通过随机抽查和公开透明的执法检查，湖北省有效减少了监管过程中的随意性和选择性，提高了监管的公正性和透明度。

(2)互联网+监管：[②] 利用互联网技术，实现了监管信息的实时共享和有效利用，增强了监管的精准性和效率。

(3)信用监管。[③] 建立人力资源服务机构诚信等级评价办法，将用人单位、个人和人力资源服务机构的信用情况纳入省社会信用信息服务

① 湖北省人力资源社会保障领域“双随机、一公开”执法检查实施细则[EB/OL]. [2021-09-18]. http://rsj.xiangyang.gov.cn/zwgk/gkml/qtzdgk/ssjygk/ccsx/202109/t20210918_2583331.shtml.

② 《湖北省“互联网+监管”工作推进方案》。

③ 《湖北省人力资源市场条例》。

平台，作为有关主管部门实施守信激励和失信惩戒的依据，提升企业的自律意识和诚信经营水平。

(4)强化专项行动。[①] 湖北省定期开展人力资源市场秩序清理整顿专项行动，严厉打击恶意低价竞争、发布虚假招聘信息、行业垄断等违法违规行为，加强职业中介机构监管。这些专项行动不仅净化了市场环境，还有效保护了劳动者的合法权益。

(5)信息安全与就业公平。[②] 湖北省高度重视人力资源市场领域的信息安全保护，努力消除影响平等就业的不合理限制和就业歧视，严厉打击违法违规和侵害劳动者权益的行为，有效保障了劳动者的合法权益，推动了人力资源市场的公平和健康发展。

(6)诚信体系与行业自律。[③] 开展诚信服务主题创建活动，认定省级诚信示范机构，营造诚信经营良好氛围；支持行业协会发挥自律作用，促进行业自律与规范发展。

(7)警示约谈制度。[④] 湖北省建立了警示约谈制度，对服务不规范、违法违规风险较高、投诉举报比较集中、发生违规失信行为的人力资源服务机构相关负责人进行警示约谈，督促其及时整改。这一制度有效预防了违规行为的发生，提高了监管的前瞻性和有效性。

## 二、湖北省人力资源服务高质量发展测度及评价

### (一)人力资源服务业高质量发展指标体系

根据本课题组[⑤]关于人力资源服务业高质量发展内涵，即“以创新

---

① 规范人力资源市场秩序！湖北3部门联合开展专项行动[EB/OL].[2024-05-17].http://www.hubei.gov.cn/zhuanti/2019/2019rsfw/202405/t20240517_5194423.shtml.

② 《湖北省人力资源市场条例》。

③ 多措并举 统筹推进 推动湖北人力资源服务业高质量发展[EB/OL].[2023-09-12].http://rst.hubei.gov.cn/bmdt/dtyw/tpxw/202309/t20230912_4835278.shtml.

④ 《湖北省人力资源市场条例》。

⑤ 国家社会科学重点项目(21AGL018)课题组。

性、协调性、开放性的发展理念作为指导，以优化人力资源配置效率、完善人力资源市场体系、提升人力资源业开放水平等作为发展方向，依靠现代技术为主要支撑，推动人力资源服务业的质量变革、效率变革、动力变革，最终实现行业规模、结 构、效益等各方面全面升级与发展"，以及测量人力资源服务业高质量发展的五个一级指标和十个二级指标的指标体系。① 本研究针对湖北省实际调整了个别指标的测量方法，并根据2017—2022年公开统计数据测度湖北省人力资源服务业高质量发展水平。人力资源服务业高质量发展评价指标体系包括规模增长、结构优化、创新驱动、协调发展与对外开放五个维度，以及人力资源服务业高质量发展评价指标体系的一级指标包括如下方面(见表2-1)。

表2-1　**人力资源服务业高质量发展评价指标体系**

| 一级指标 | 二级指标 | 测 量 方 法 | 属性 |
| --- | --- | --- | --- |
| 规模增长 | 行业规模 | 人力资源服务机构数量(家) | 正向 |
| | | 人力资源服务业从业人员(万) | 正向 |
| | 服务对象规模 | 就业人员(万人) | 正向 |
| | | 劳动力(万人) | 正向 |
| 结构优化 | 行业结构 | 人力资源服务业从业人员/第三产业就业人员(%) | 正向 |
| | | 人力资源服务业全年营业收入/GDP(%) | 正向 |
| | 就业结构 | 城镇失业人员再就业/全年城镇就业人员(%) | 正向 |
| | | 就业困难人员就业人数/就业人员(%) | 正向 |
| | | 年末城镇登记失业率(%) | 正向 |

① 李燕萍，李乐. 人力资源服务业高质量发展评价指标体系及测度研究——基于2012—2020年中国数据的实证[J]. 宏观质量研究，2022，10(5)：1-14.

续表

| 一级指标 | 二级指标 | 测量方法 | 属性 |
|---|---|---|---|
| 创新驱动 | 创新投入① | 职业培训补贴 | 正向 |
| | | 共举办现场招聘会(交流会)(万场) | 正向 |
| | 创新产出 | 人力资源服务业全年营业收入(亿元) | 正向 |
| | | 帮助实现就业和流动(万人) | 正向 |
| | | 提供人力资源服务支持(万家) | 正向 |
| 协调发展 | 收入分配 | 平均工资(元) | 正向 |
| | 社会保障体系 | 城镇养老保险参保率 | 正向 |
| | | 城镇医疗保险参保率 | 正向 |
| 对外开放 | 对外劳务合作 | 对外劳务合作派出各类劳务人员(人次) | 正向 |
| | 利用外资 | 租赁和商务服务业实际利用外商直接投资金额(万美元) | 正向 |

### (二)湖北省人力资源服务高质量发展水平测度

根据湖北省2017—2022年相关统计数据，采用熵权Topsis法测量湖北省人力资源服务业高质量发展水平，其结果(见图2-1)显示，党的十九大以来，湖北省人力资源服务业高质量发展取得了突破性进展。

图2-1　2017—2022年湖北人力资源服务高质量发展指数

① 考虑到省级数据的可获得性，将创新投入维度的测量由人力资源管理咨询服务、举办培训班、人力资源外包服务、共举办现场招聘会(交流会)改为职业培训补贴、共举办现场招聘会(交流会)。

由图2-1可以看出，2017—2022年湖北省人力资源服务业高质量发展指数呈现出整体增长的趋势，由0.251增长至0.746，增长幅度为197.2%，平均增长速度为23.14%。从曲线走势看，不同时期的人力资源服务业高质量发展水平不同，具体包括以下几个方面：

（1）2017—2019年，湖北省人力资源服务业高质量发展指数的增长速度相对较缓。2017—2018年和2018—2019年人力资源服务业高质量发展指数增长速度分别为23.5%和13.2%。这可能是因湖北省在此期间处于经济调整期，经济增长速度放缓对人力资源服务业的需求增长相对有限。

（2）2019—2022年，湖北省人力资源服务业高质量发展指数呈较陡的增长趋势。尤其是2021年和2022年，湖北人力资源服务业高质量发展指数增长速度分别为53.5%和47.7%，显著高于历年平均增长速度。这主要得益于湖北省政府对人力资源服务业的长期重视和政策支持。特别是在疫情影响下，政府出台了一系列支持人力资源服务业发展的政策措施，推动了行业的快速发展和质量提升。

（3）2020年受新冠疫情影响，湖北省人力资源服务业高质量发展指数出现短暂回落后反弹。2020年湖北人力资源服务高质量发展指数下降幅度为6.3%，但2021年迅速反弹，湖北人力资源服务显示出较强的恢复力。这一期间，湖北省政府积极出台了多项应对疫情的就业和人力资源服务政策，保障了人力资源服务业的稳定发展，并推动了其高质量发展指数的快速恢复和提升。湖北省人力资源服务业在政府政策支持和市场需求推动下，取得了显著进展。未来，随着更多政策措施的实施和市场环境的优化，湖北省人力资源服务业高质量发展的前景将更加广阔。

### （三）湖北省人力资源服务业高质量发展的分类测度分析

为探究我国人力资源服务业高质量发展的具体原因，本研究进一步测度人力资源服务业高质量发展的规模增长、结构优化、创新驱动、协调发展及对外开放五大维度（见表2-2、图2-2）。从人力资源服务业高质量发展的各维度指数看，规模增长、结构优化、创新驱动、协调发展及对外开放五大维度在2017—2022年整体都呈现出增长趋势。其中，创新驱动指数增幅最大，这显示出湖北省在创新投入与产出方面取得了巨大进展；结构优化指数显著提升，反映出湖北省在提升人力资源服务业结构和质量方面取得了显著成效；协调发展指数稳步上升；规模增长在疫情后逐步恢复；对外开放指数虽然波动较大，但总体呈现上升趋势。

表2-2　**2017—2022年湖北人力资源服务业高质量发展五维度测度**

| 维度＼年份 | 2017 | 2018 | 2019 | 2020 | 2021 | 2022 |
|---|---|---|---|---|---|---|
| 规模增长 | 0.098 | 0.101 | 0.115 | 0.034 | 0.049 | 0.115 |
| 结构优化 | 0.046 | 0.045 | 0.047 | 0.060 | 0.160 | 0.349 |
| 创新驱动 | 0.011 | 0.108 | 0.090 | 0.084 | 0.140 | 0.228 |
| 协调发展 | 0.016 | 0.021 | 0.027 | 0.083 | 0.101 | 0.103 |
| 对外开放 | 0.020 | 0.008 | 0.067 | 0.059 | 0.085 | 0.044 |

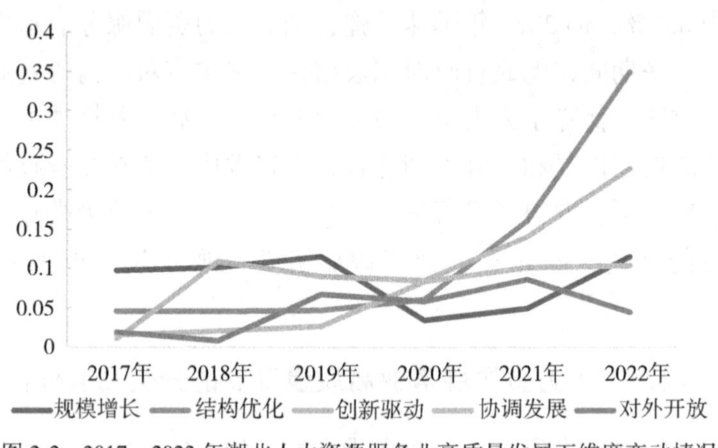


图2-2　2017—2022年湖北人力资源服务业高质量发展五维度变动情况

具体分析湖北省人力资源服务业高质量发展指数结构如下：

(1)规模增长。湖北省人力资源服务业的规模增长指数从2017年的0.098增长到2022年的0.115，增幅为17.35%，年平均增长速度为3.25%。虽然在2020年出现了明显的下降(0.034)，但随后在2021年和2022年逐步恢复，显示出湖北省在人力资源服务业规模扩展方面的持续努力。规模增长的稳定回升表明湖北省对人力资源行业的重视和投入不断增加，人力资源行业规模不断扩大。

(2)结构优化。湖北省人力资源服务业的结构优化指数从2017年的0.046增长到2022年的0.349，增幅为658.70%，年平均增长速度为53.69%。特别是在2021年和2022年，结构优化指数快速上升。这一显著增长反映出湖北省在优化人力资源服务业结构和提升服务质量方面取得了显著进展。结构优化强调从量变到质变的过程，这一过程在湖北省得到了迅速推进。

(3)创新驱动。湖北省人力资源服务业的创新驱动指数的增幅最大，从2017年的0.011增长到2022年的0.228，增幅超过1980%，年平均增长速度为66.00%。尽管在2020年有小幅波动，但总体上呈现出显著增长趋势。这说明湖北省人力资源服务业在创新投入与产出方面取得了较大进展，创新驱动已经成为推动行业高质量发展的重要因素。

(4)协调发展。湖北省人力资源服务业的协调发展指数从2017年的0.016增长到2022年的0.103，增幅为543.75%，年平均增长速度为45.63%。特别是在2020年后，协调发展指数显著提升，显示出疫情期间较强的恢复力。协调发展增幅较小可能是因为湖北省长期重视人才发展事业，对于劳动者的保障投入已经取得了较大进展，因此，指数变化幅度相对较小。

(5)对外开放。湖北省人力资源服务业的对外开放指数从2017年的0.020增长到2022年的0.044，增幅为120.00%，年平均增长速度为20.00%。尽管在2018年出现下降，但在2019年和2021年达到高峰，显示出湖北省在人力资源服务业国际化和开放方面的积极探索。对外开放指数增幅较大表明人力资源服务业越来越国际化，对外开放合作领域不断扩展，营商环境得到进一步优化。

## 三、湖北省人力资源服务高质量发展的启示

结合前文对人力资源服务业现状及人力资源服务业高质量发展指数的研究，本研究对更快、更有效地推动湖北省人力资源服务业高质量发展提出如下启示：

### (一)进一步加强政府对人力资源服务发展的支持

(1)加大对人力资源服务业发展的政策扶持力度。虽然湖北省出台了一系列政策支持人力资源服务业发展，但与浙江、广东、江苏等发达省份相比，政策数量和力度仍显不足。这导致企业在政策获取和利用上存在困难，影响了行业的整体发展。湖北省应进一步借鉴发达省份的成功经验，通过出台更多地方规范性文件，完善人力资源服务业的法规和政策，提升政策的覆盖面和执行力，确保政策能够真正落地实施。

(2)加大人力资源服务发展的资金投入。尽管湖北省人力资源服务企业数量与质量已经有极大发展，但与经济发达省份相比仍有差距。政府可以进一步加大资金投入，通过税收减免、财政补贴等方式鼓励现有企业扩展业务规模和提升服务质量，支持企业进行技术升级和管理创新，提高企业的竞争力和市场份额；可以对符合条件的企业提供融资支持，帮助企业渡过初创和成长阶段的难关。

(3)建立健全行业统计体系。湖北省可尝试建立健全科学、全面的人力资源服务行业统计调查制度。一是健全行业统计标准，根据湖北人力资源服务业态发展情况完善行业统计口径，定期开展各类业态统计，如人力资源管理咨询、人力资源外包、网络招聘、高级人才寻访、人才测评、人力资源培训、人力资源软件开发等，为企业制定发展战略、政府出台行业政策提供基础可靠的数据。二是对湖北人力资源供给状况和流动趋势进行研判，完善市场信息发布制度。

### (二)推进技术创新，实现数字赋能

湖北省人力资源服务企业存在品牌化程度不足，高资本人力资源服

务企业数量较少的问题，服务质量和创新能力仍有较大提升空间，特别是在高端服务产品和新技术应用方面。当前数字技术快速迭代的背景下，数字赋能成为推动人力资源服务业发展的关键驱动引擎。为了推进人力资源服务业数字赋能，实现人力资源服务业高质量发展，本研究提出如下启示：

(1)加强数字基础设施及平台建设。一是进一步强化信息化基础设施建设，升级网络设施，推进高速宽带和5G网络的普及，提升信息传输速度和稳定性，为数字化技术的创新发展及数字化人力资源服务提供可靠保障。二是推进数字平台建设，包括建设现代化数据中心，提供安全、高效的数据存储和处理服务；建立省级统一的人力资源服务数字化平台，完善数据归集、数字开发环节，搭建招才引智、交流展示的平台整合数据资源，实现信息共享；搭建人力资源综合服务云平台，将包括人力资源服务网站、人才地图、微信公众号、外籍人才服务小程序、线上培训教室等载体，以及人力资源服务、企业服务、国际国内人才服务及就业服务等信息和资源统一整合起来。三是确保数据安全和隐私保护，制定并实施数据安全标准，建立健全人力资源数据安全管理制度，保障人力资源数据的安全性；建立严格的数据管理和审查机制，防止数据泄露和滥用。

(2)促进数字技术与人力资源服务业态融合。一是鼓励人力资源服务企业进行数字化长期布局，融合人工智能、云计算、5G等技术，开拓人力资源服务应用场景，推广应用人力资源管理软件、在线招聘平台、电子劳动合同、数字画像系统等人力资源服务数字化工具。二是鼓励人力资源服务企业建立数字服务平台，如互联网+大数据一站式就业服务平台、智能招聘平台、就业信息宣传站等，利用数字化赋能，为企业发展插上“数智”化翅膀，以数字化、智能化推进人力资源服务业态模式创新，提升数字化服务和响应能力，助力人力资源服务业发展提档升级。

### (三)推进人力资源服务全产业链优化升级

(1)推进人力资源服务专业化发展。湖北目前许多人力资源服务企业服务项目集中于产业链的低端产品，可复制性和可替代性比较强，如劳务派遣等，中高端服务产品比较缺乏，专业化程度还需进一步提升。提升专业化程度，人力资源服务企业需更加注重高端服务或产品的供给，满足更加个性化服务的需求，如高端人才猎头、海外人才引进等优质的人才服务；通过大数据资源库和平台，挖掘和分析创新所需的资源和信息，实现服务产品创新、管理创新和流程创新，打造人力资源服务产品的核心竞争力和不可替代性；把握新赛道、新领域、新业态，新优势、新空间的要求，结合自身优势，在细分领域“精耕细作”，提升人力资源服务的含金量，逐渐向高知识含量的专业化方向发展。

(2)打造人力资源服务全产业链人才培养体系。湖北省人力资源服务业从业人员数量增长缓慢，从业人员素质有待进一步提升。人才是支撑高质量发展的第一资源，湖北省人力资源服务业应打造全产业链人才培养体系，实现全方位的人才培养支持人力资源服务业高质量发展。一是完善人力资源服务人才的培养机制，强化政策在人力资源服务专业能力提升中的作用，加强跟踪指导。二是鼓励高校设立人力资源服务的相关学科、专业，完善现有开设人力资源服务专业院校的学科设置、培养模式。三是支持人力资源服务机构与高校、职业院校、知名培训机构合作建立培训基地和实训基地、开展行业精英人才培养计划，共同培养人力资源服务的专业人才，输出创新型、行业领军骨干人才。

(3)开展跨领域合作，推进协同创新。湖北省人力资源服务企业应加强与其他行业企业的跨领域合作、跨行业联合研发，实现跨领域人力资源服务数据共享、跨界服务模式创新，以进一步加强人力资源服务与相关产业的协调融合发展。湖北省人力资源服务业需加强与战略性新兴产业、未来产业融合，重点聚焦人才链、创新链、产业链协同，更好地发挥人力资源服务供需匹配作用。

(4)加强人力资源服务对外开放程度。加强对外开放程度，湖北省人力资源服务业一是需要“引进来”，鼓励和引进外资，通过优化外资引进政策，如制定和实施鼓励外资进入人力资源服务业的政策，简化审批流程，提供税收优惠和政策支持等，吸引更多国际资本投资湖北省人力资源服务业；建立健全的行业准入制度，确保引进的企业和机构符合高标准要求，为行业健康发展提供保障；建立外资企业服务机制，提供全方位的支持和服务，确保外资企业在湖北省顺利运营和发展，促进外资企业落地。二是需要“走出去”，发挥武汉人力资源服务产业园的优势，利用武汉人力资源服务产业园作为国家人力资源服务领域特色服务出口基地的优势，积极参与国际交流合作，推广湖北省人力资源服务品牌；组织和参与国际人力资源服务交流活动，学习国际先进经验，提升自身服务能力和水平；进一步打造具有国际竞争力的人力资源服务机构，支持湖北企业国际化，并积极参与国际市场竞争，提升企业的国际竞争力。同时，建立全球人才服务网络，提供跨国人才招聘、培训、管理等服务，积极融入全球人才链，引进国际高端人才，满足本地企业对高素质人才的需求，提升湖北省人力资源服务的国际化水平。

**撰稿人：** 李燕萍　武汉大学经济与管理学院二级教授、博士生导师、武汉大学中国产学研合作问题研究中心主任

邹思琦　武汉大学经济与管理学院人力资源管理博士研究生

张天保　湖北省人才发展集团党委书记、董事长

# 湖北省经营主体高质量发展研究

肖邦明　陈　勇　黄敏学

经营主体是市场经济的力量载体，是高质量发展的根基所在。为呈现湖北省经营主体高质量发展全景画像，实现巩固当前优势并完善发展短板，湖北省市场监督管理局与武汉大学经管学院组成联合课题组，对湖北省各市州和重点行业的经营主体高质量发展情况进行了全面评估分析。

此次研究报告包括四大部分：第一部分，对高质量发展相关政策概念进行梳理，为构建经营主体高质量发展评估指标体系提供参照；第二部分，结合相关政策阐释和研究文献，构建经营主体高质量发展结果指标体系、经营主体高质量发展动力指标体系；第三部分，根据相关数据，分省、市州、行业对湖北省经营主体高质量发展结果“质的有效提升”+“量的合理增长”进行评估分析，然后从“创新、协调、绿色、开放、共享”五大维度探究驱动高质量发展结果指标的具体影响因素；第四部分，根据数据分析结果，提出兼具针对性和可行性的政策建议，助力湖北省经营主体高质量发展更上层楼。

## 一、高质量发展相关政策概念梳理

### （一）高质量发展是什么

发展是党执政兴国的第一要务。“十四五”规划纲要①指出，高质量

① 参见《中华人民共和国国民经济和社会发展第十四个五年规划和 2035 年远景目标纲要》，https：//www. gov. cn/xinwen/2021-03/13/content_5592681. htm。

发展是能够满足人民日益增长的美好生活需要的发展，是体现新发展理念的发展。习近平总书记在党的二十大报告中强调，“高质量发展是全面建设社会主义现代化国家的首要任务”，“推动经济实现质的有效提升和量的合理增长”。这些重要论述为加快构建新发展格局、实现高质量发展指明了方向、提供了遵循。

推动经济实现质的有效提升和量的合理增长是高质量发展的内在要求。质通常是指经济发展的结构、效益，量通常是指经济发展的规模、速度。经济发展是质和量的有机统一，质的提升为量的增长提供持续动力，量的增长为质的提升提供重要基础，二者相辅相成。从中长期看，经济没有“质”就不会有“量”，离开了“量”也谈不上“质”。高质量发展要坚持“质的有效提升”和“量的合理增长”相统一。

### (二)高质量发展怎么办

推动经济高质量发展，把质和量有机统一起来、实现协同并进，关键在于完整、准确、全面贯彻新发展理念，让创新成为第一动力、协调成为内生特点、绿色成为普遍形态、开放成为必由之路、共享成为根本目的。根据“十四五”规划纲要，我们总结高质量发展各项动力的内涵和目标如下：

1. 创新发展的内涵和目标

推动创新成为发展的第一动力，实现高水平科技自立自强。世情国情发生深刻变化，坚持创新发展是我们应对发展环境变化、增强发展动力、把握发展主动权的根本之策。要强化国家战略科技力量，健全社会主义市场经济条件下的新型举国体制，以关键共性技术、前沿引领技术、颠覆性技术创新为突破口，形成更多非对称竞争优势。要强化企业科技创新主体地位，促进各类创新要素向企业集聚，发挥科技型骨干企业引领支撑作用，营造有利于科技型中小微企业成长的良好环境。落实好“揭榜挂帅”等机制，赋予科学家更大技术路线决定权、经费支配权、资源调度权。加快建设世界重要人才中心和创新高地，更加主动融入全球创新网络。

推动协调成为发展的内生特点，构建优势互补、高质量发展的区域经济布局和国土空间体系。协调发展蕴含着高质量发展的巨大潜能。要促进城乡融合发展。推进以人为核心的新型城镇化，使广大人民享受高品质生活。加快农业转移人口市民化，深化户籍制度改革，推进城镇基本公共服务常住人口全覆盖。全面推进乡村振兴，拓展农民增收致富渠道，巩固拓展脱贫攻坚成果，建设宜居宜业和美乡村。要深入实施区域协调发展战略、区域重大战略、主体功能区战略，认真落实国土空间规划，推动各地区根据各自条件，走合理分工、优化发展的路子，推动西部开发、东北振兴、中部崛起、东部率先发展呈现新气象，推动京津冀协同发展、长江经济带发展、粤港澳大湾区建设、长三角一体化发展、黄河流域生态保护和高质量发展等区域重大战略走深走实，不断提高我国发展的平衡性、协调性、可持续性。

2. 绿色发展的内涵和目标

推动绿色成为发展的普遍形态，走生产发展、生活富裕、生态良好的文明发展道路。绿色是高质量发展的底色，不仅满足人民日益增长的优美生态环境需要，还能够积聚新的发展动能。要坚持“绿水青山就是金山银山”的理念，深入推进山水林田湖草沙一体化保护和系统治理，加快实施重要生态系统保护和修复重大工程，持续改善生态环境。坚持全国统筹、节约优先、双轮驱动、内外畅通、防范风险的原则，立足富煤贫油少气的基本国情，坚持先立后破，有计划分步骤实施碳达峰行动。完善绿色低碳政策和市场体系。加快形成节约资源和保护环境的产业结构、生产方式、生活方式、空间格局，加快节能降碳先进技术研发和推广应用。积极参与气候变化全球治理。

3. 开放发展的内涵和目标

发展的必由之路，提升国际循环质量和水平。经济全球化虽遇到逆流，但基本趋势不可阻挡。我们要坚定不移推动高水平对外开放，在国际竞争中锻造高质量经营主体，在开放合作中实现经济质升量增。要稳步扩大规则、规制、管理、标准等制度型开放，合理缩减外资准入负面清单，落实准入后国民待遇。加快建设海南自由贸易港，支持浦东新区高水平改革开放，实施自由贸易试验区提升战略。推动共建“一带一路”高质量发展。坚持真正的多边主义，反对保护主义，积极参与全球治理体系改革和建设，积极推动加入《全面与进步跨太平洋伙伴关系协定》(CPTPP)等高水平自贸协定，扩大面向全球的高标准自由贸易区网络。加强抗疫国际合作，共同维护全球产业链供应链稳定畅通。

4. 共享发展的内涵和目标

推动共享成为发展的根本目的，推动全体人民共同富裕取得更为明显的实质性进展。让广大人民共享改革发展成果，有助于提升人力资本水平，有利于扩大有效需求，畅通经济循环。要正确处理效率与公平的关系，构建初次分配、再分配、第三次分配协调配套的制度体系，推动居民收入增长和经济增长基本同步、劳动报酬提高与劳动生产率提高基本同步。要坚持尽力而为、量力而行，不掉入“福利主义”养懒汉的陷阱。要促进基本公共服务均等化，健全社会保障体系，完善基本养老保险全国统筹制度，建立生育支持政策体系，降低生育、养育、教育成本。以高校毕业生、技能型劳动者、农民工等为重点，推动扩大中等收入群体，形成中间大、两头小的橄榄型收入分配结构。

## 二、经营主体高质量发展指标体系构建

### (一)经营主体高质量发展结果指标体系

推进经营主体高质量发展，就要让经营主体兼具“质”的有效提升和“量”的合理增长，其中“质”主要指经营主体活得好、活得稳、活得

久，“量”主要指经营主体做得多、做得大。① 具体指标体系如表 1 所示。

表 1　经营主体高质量发展结果指标体系

| 维度 | 一级指标 | 二级指标 | 三级指标 |
| --- | --- | --- | --- |
| 高质量发展结果指标 | “质”的有效提升 | 效益性 | 户均 GDP |
| | | | 户均 GDP 变化率 |
| | | 稳定性 | 户均就业人数 |
| | | | 户均就业人数变化率 |
| | | 持续性 | 户均平均存活时间 |
| | | | 平均存活时间变化率 |
| | “量”的合理增长 | 主体规模 | 万人主体数 |
| | | | 万人主体数变化率 |
| | | 资本规模 | 户均注册资本 |
| | | | 户均注册资本变化率 |

## (二)经营主体高质量发展驱动指标体系

基于“创新、协调、绿色、开放、共享”的新发展理念，参照本报告第一部分梳理的经济高质量发展评估指标，并结合科学研究领域对经营主体高质量发展的研究基础，在考虑数据可得性的前提下，本课题组构建了包含创新、协调、绿色、开放、共享五大维度的经营主体高质量发展动力评估指标体系。该指标体系阐释政策(源于中央的权威文件构建指标体系)、基于科学(基于研究文献和理论基础构建测量体系)、忠于事实(采用客观数据)、可行易用(可执行、可重复)。指标体系如表

① 人民日报评论部．更好统筹经济质的有效提升和量的合理增长[N]．人民日报，2022-12-29(005)．

2 所示。

表 2　　经营主体高质量发展动力指标体系

<table>
<tr><th>维度</th><th>一级指标</th><th>二级指标</th><th>三级指标</th></tr>
<tr><td rowspan="14">高质量发展驱动指标</td><td rowspan="2">创新</td><td>创新主体</td><td>有专利的企业数量占比</td></tr>
<tr><td>创新绩效</td><td>企业专利数量</td></tr>
<tr><td rowspan="3">协调</td><td rowspan="3">市场结构</td><td>权属集中度</td></tr>
<tr><td>行业集中度</td></tr>
<tr><td>行业内规模集中度</td></tr>
<tr><td rowspan="2">绿色</td><td>绿色经营</td><td>绿色经营企业数量与占比</td></tr>
<tr><td>能源消耗(-)</td><td>消耗型企业数量与占比</td></tr>
<tr><td rowspan="5">开放</td><td rowspan="2">利用外资</td><td>外资企业数量</td></tr>
<tr><td>外方户均注册资本</td></tr>
<tr><td>对外贸易</td><td>经营范围涉及外贸的企业数量与占比</td></tr>
<tr><td rowspan="2">区域开放</td><td>本地迁出外地企业数量</td></tr>
<tr><td>外地迁入本地企业数量</td></tr>
<tr><td>共享</td><td>社会保障</td><td>社保缴纳人数</td></tr>
</table>

## 三、数据分析和结论

### (一) 湖北省经营主体高质量发展现状

1. 湖北省经营主体综合评估

本报告采用熵值法①计算各省市经营主体分别在“质”和“量”指标上的综合得分。以 2022 年数据为依据，以六省经营主体在“质”和“量”

① 徐延利，林广维．基于熵值法的三大城市群之间金融集聚测度横向比较研究[J]．中国软科学，2021(S1)：333-338.

指标上的平均值为区分线，将经营主体状态划分为：综合发展(高质量高数量)、规模发展(高数量低质量)、质量发展(高质量低数量)、欠缺发展(低质量低数量)，各省市分布情况如下图。湖北省经营主体在八省中属于综合发展类型，与标杆省份广东省相比较，湖北省在质量指标得分上总体低于广东省，在数量指标得分上明显高于广东省，总体呈现经营主体多而不强的状态。从2020—2022年来看，湖北省在质量和数量上虽然仍未能恢复到2019年水平，但是呈现稳定上升趋势，相较于其他五省市恢复态势更为明显，体现了湖北省市场经营主体具有较强的韧性。

2. 湖北省经营主体高质量发展结果之“质”

(1)经营主体效益性：提升空间大，增长韧性强

本报告使用经营主体户均GDP来衡量经营主体的效益性。在效益水平上，按照2022年统计数据，湖北省经营主体户均GDP为56.66万元，在抽选的八省中排名第六，在中部六省中排名第五，且低于全国平均水平71.61万元，湖北省GDP为537349200万元，在抽选八省中排名第三，在中部六省中排名第二，与标杆省份广东省仍存在较大差距，还有很大的提升空间。

在三大产业效益水平上看，根据2022年统计数据，湖北省第一产业户均GDP为50.07万元，在抽选八省中排名第六，在中部六省中排名第四。湖北省第一产业GDP为49867200万元，在抽选八省中排名第三，在中部六省中排名第二；湖北省第二产业户均GDP为119.81万元，在抽选八省中排名末位。湖北省第二产业GDP为212406100万元，在抽选八省中排名第三，在中部六省中排名第二；湖北省第三产业户均GDP为41.06万元，在抽选八省中排名末位。湖北省第三产业GDP为275075900万元，在抽选八省中排名第三，在中部六省中排名第二。

在效益水平增长上，2022年各省均由于疫情冲击而出现负增长，其中湖北省户均GDP增速为-2.07%，在抽选八省中排名第一。从

2020—2022 年来看，湖北省经营主体户均 GDP 的增长率虽然逐步放缓，但完成了从尾部落后(2020 年)到头部领先(2021—2022 年)的转换，显示出效益增长的强劲韧性。

(2)经营主体稳定性：对标头部有差距，下滑态势在收缩

本报告使用户均就业人数来衡量经营主体的稳定性。在稳定水平上，按照 2022 年统计数据，湖北省经营主体户均就业人数为 5.66 人，高于全国平均水平 4.34 人，在八省中排名第五，在中部六省中排名第四，与头部省市还有一定差距。从 2019—2022 年来看，湖北省经营主体户均就业人数呈现逐年下降的趋势，与其余省份基本一致。

在稳定水平恢复上，2022 年各省差异较大，其中头部省份已经开始企稳恢复，而尾部省份仍然在恶化，湖北省 2022 年户均就业人数增长率为-4.39%，在八省中排名第三。不过，从 2020—2022 年来看，湖北省经营主体户均就业人数的负增长率在逐年降低，下滑态势在逐渐扭转。

(3)经营主体持续性：前排领先，平稳持续

本报告使用经营主体平均存活时间来衡量经营主体的持续性。在持续水平上，按照 2022 年统计数据，湖北省经营主体平均存活时间为约 6.31 年，在抽选的八省中排名第一，高于全国平均水平 5.40 年，显示出良好的持续性。从长寿企业存活时间和短寿企业存活时间来看，湖北省长寿企业居于首位，为 9.60 年，短寿企业居于第二位，为 1.76 年。从 2019—2022 年来看，湖北省经营主体平均存活时间呈现稳步上升趋势，在 2022 年有少许回落，但仍超过 2019 年的水平。

在持续水平提升上，2022 年湖北省经营主体平均存活时间增长率为 1.04%，在抽选的八省中排名第四。而且从 2020—2022 年来看，湖北省经营主体平均存活时间的增长率呈现逐年下降趋势。

3. 湖北省经营主体高质量发展结果之“量”：既多又小，极端发展

(1)经营主体数量规模：头部领先，加快恢复

本报告使用每万人拥有经营主体数(简称万人经营主体数)来衡量经营主体的数量规模。在数量规模水平上，2022 年湖北省万人经营主体数为 1622.87 户，在抽选的八省中排名第一，也高于全国平均水平 1197 户。从经营主体数来看，2022 年湖北省经营主体数为 9484042 户，在抽选八省中排名第三。

在三大产业经营主体数量规模上，按照 2022 年统计数据，湖北省第一产业万人经营主体数为 170.74 户/万人，在抽选八省中排名第一。从经营主体数来看，湖北省第一产业经营主体数为 997820 户，在抽选八省中排名第二，仅次于河南省；湖北省第二产业万人经营主体数为 303.74 户/万人，在抽选八省中排名第二，仅次于广东省。从经营主体数来看，湖北省第二产业经营主体数为 1775080 户，在抽选八省中排名第四，在中部六省中排名第二；湖北省第三产业万人经营主体数为 1148.38 户/万人，在抽选八省中遥遥领先。从经营主体数来看，湖北省排名第三。

在数量规模恢复上，2022 年湖北省万人经营主体数增长率为 9.47%，在抽选的八省中排名第六，在中部六省中排名第五。从 2020—2022 年来看，各省万人经营主体数增长率基本实现逐年增大且由负转正，呈现加快恢复的良好态势。

(2)经营主体资本规模：尾部落后，加快下滑

本报告使用经营主体户均注册资本来衡量经营主体的资本规模。在资本规模上，2022 年湖北省经营主体户均注册资本为 334.91 万/户，在抽选的八省中排名第七，中部六省中排名第五，低于八省平均水平 555.97 万/户。此外，从 2019—2022 年来看，湖北省经营主体户均注册资本呈现逐年下降趋势。

在资本规模增长上，2022 年各省经营主体户均注册资本均出现不同程度的负增长，其中湖北省的增长率为-13.46%，在抽选八省中排名末位。从 2020—2022 年来看，湖北省经营主体资本规模下降趋势在不

断恶化，尤其在2022年出现了较大幅度负增长。

### (二)湖北省各市州经营主体高质量发展现状

1. 湖北省市州发展现状综合评估：头部优先，中部不足，尾部乏力

以2022年数据为依据，总体来看，武汉发展较为均衡，“质”与“量”均远超过12个地级市的平均水平，表现为综合发展；除武汉外的其他地级市，仅宜昌在“质”和“量”上均高于平均水平；武汉、鄂州、黄冈、荆州在“质”指标上发展水平相对较高，尤其是黄冈市令人瞩目，在12个地级市中处于领先位置，表现出明显的质量优势；襄阳、鄂州在“量”指标上，发展水平虽在12个地级市中分别居于第三、第四位，但都处于平均线以下；孝感在“量”指标表现上居于末尾，但“质”指标得分上居于中间水平；荆门、黄石、随州、咸宁、十堰不论在“质”还是“量”指标得分上都处于相对不利的位置。

2. 湖北省市州发展之“质”

(1)市州经营主体效益性：一产稳中转弱，二产稳健，三产下滑

在效益水平上，2022年湖北省12个地级市中，武汉户均GDP居于首位，为92.79万元，鄂州、襄阳、宜昌分别排名第二、第三、第四位，黄冈户均GDP为29.61万元，排名末位。从GDP贡献来看，武汉GDP贡献约为188664300万元，居于首位，襄阳、宜昌、荆州分别排名第二、第三、第四位，鄂州GDP贡献为12645500万元，排名末位。从户均GDP来看，武汉户均GDP同样居于首位，为92.64万元，鄂州、襄阳、宜昌分别排名第二、第三、第四位，黄冈户均GDP为29.6万元，排名末位。

(2)市州经营主体稳定性：尾部城市较多，下滑趋势明显

在稳定水平上，2022年湖北省12个地级市中，黄冈户均就业人数为11.54人/户，居于首位，恩施、武汉、荆州居于第二、第三、第四

位，其余城市都在省均值 4.8 人/户以下，其中咸宁仅 2.41 人/户，居于末位。

(3) 市州经营主体持续性：二三产业全面向好，一产参差不齐

在持续水平上，2022 年湖北省各市州经营主体的户均存活时间都在 5.66 年以上，其中黄冈经营主体的户均存活时间居于首位为 7.36 年，荆州、宜昌、鄂州、省直辖县、孝感分别排名为第二至第六位，超过了省均值 6.31 年，其余州市都在均值线以下，武汉、黄石、咸宁排名靠后分别居于第 12 至第 14 位。从长寿企业存活时间来看，湖北省所有市州存活时间都在 8.8 年以上，其中黄冈长寿企业存活时间为 10.52 年，居于首位，荆州、鄂州、宜昌、孝感紧随其后分别排在第二至第五位，咸宁为 8.85 年，居于末位。从短寿企业存活时间来看，黄冈短寿企业存活时间最长为 3.09 年，其次是随州、省直辖县、荆州、恩施，分别排名第二至第五位，短寿企业存活时间都在 2 年以上，其余城市均在 1 年以下。

3. 湖北省市州发展之“量”

(1) 市州经营主体数量规模：规模发展，快速增长

在数量规模上，2022 年湖北省 12 个地级市中，宜昌万人主体数居于首位，为 2369.83 户/万人，黄石、十堰、随州分别居于第二至第四位，孝感 1238.08 户/万人居于末位。从经营主体数来看，武汉市经营主体数居于湖北省首位，为 1516192 户，黄冈、宜昌、襄阳、荆州分别排名第二至第五位，鄂州为 12294 户，居于末位。

(2) 市州经营主体资本规模：尾部体量不足，下滑态势明显

在资本规模上，2022 年湖北省 12 个地级市中，武汉户均注册资本为 734.30 万/户，居于首位，远超其他市州，鄂州、襄阳、省直辖县、恩施分别居于第二至第五位，除鄂州外其余市州均未超过省均值 265.39 万/户，十堰居于末位，为 201.08 万/户。

## 四、政策建议

### (一)“三化建设”打造超一流营商环境，筑牢高质量发展基础

一是以市场化建设为引领，释放市场潜力提升发展活力。①扎实推进“高效办成一件事”。开展“清减降”专项行动，加快清理不一致或不合理的政府规章和规范性文件，积极推进“一网通办”、深化“一窗通办”、推行“一事联办”,[①] 进一步减少涉企收费项目，降低收费标准，取消不合理收费，严格规范政府收费和罚款；优化税费优惠政策精准推送机制，深化“免申即享”改革，加强数据赋能、平台支撑、业务协同，促进惠企政策精准推送、智能匹配。②全面推动要素“降本减负”。在金融要素上，进一步优化信贷结构，鼓励证券、基金、担保等机构进一步降低服务收费，推动金融基础设施合理降低交易、托管、登记、清算等费用；在能源要素上，加强水、电、气、热、通信、有线电视等市政公用服务价格监管，对实行政府定价、政府指导价的服务和收费项目一律实行清单管理，有效降低企业用能成本；在物流要素上，推动降低物流服务收费，强化口岸、货场、专用线等货运领域收费监管，依法规范船公司、船代公司、货代公司等收费行为。③常态化开展企业帮扶活动。研究推出一批针对中小微工业和服务业企业帮扶政策，切实解决企业生产经营中遇到的困难，从供需两端发力、细化实化助企纾困政策，做到应延尽延、应免尽免；推动企业家参与涉企政策制定，建立营商环境问题投诉、处置、回应机制。

二是以法制化建设为支撑，改善市场预期提振发展信心。①加快完善市场主体合法权益保障机制。健全更加开放透明、规范高效的市场主

---

① 范国升.“三化赋能”激发市场活力 河北沧州市全力推进市场监管治理体系和治理能力现代化建设[J]. 中国质量监管，2022(12)：48-49.

体准入和退出机制，拓展企业开办“一网通办”业务范围，探索建立市场主体除名制度，进一步完善破产管理人选任制度；破除区域分割和地方保护等不合理限制，开展“一照多址”改革，清除招投标和政府采购领域对外地企业设置的隐性门槛和壁垒；全面落实公平竞争审查制度，组织开展制止滥用行政权力排除、限制竞争执法专项行动，细化垄断行为和不正当竞争行为认定标准，加强和改进反垄断与反不正当竞争执法；持续加强知识产权保护，完善集体商标、证明商标管理制度，规范地理标志集体商标注册及使用，坚决遏制恶意诉讼或变相收取“会员费”“加盟费”等行为，切实保护小微商户合法权益，健全大数据、人工智能、基因技术等新领域、新业态知识产权保护制度，加强对企业海外知识产权纠纷应对的指导。②全力构建一体化信用监管体系。建立健全市场主体全生命周期监管链，在部分重点领域建立事前事中事后全流程监管机制；推进监管数据共享，推动湖北省监管数据交换共享，为各地各部门风险预警、精准监管、综合分析、领导决策提供数据支撑服务；夯实“照单监管”基础，按照国家“互联网+监管”事项标准，梳理湖北省监管事项“一张清单”，逐步实现清单之外无监管；开展市场主体信用培育，推动适用“容缺”“容错”受理等措施，推广柔性执法，针对消费行业小微企业和个体工商户集中反映的事项，推动城市管理、社会治理领域健全完善轻微违法行为依法免予处罚制度。

三是以国际化建设为标准，优化服务吸引“八方来客”。①更加主动对接高标准国际经贸规则。稳步扩大规则、规制、管理、标准等制度型开放，在多式联运、中欧班列、空中丝路、跨境电商等方面加快形成与国际通行规则相衔接的制度体系和监管模式。②进一步放宽市场准入。全面落实外商投资准入前国民待遇加负面清单管理制度，推出涉外“一件事”集成服务，提供企业设立、项目许可、人员入境、工作生活等服务事项“一网受理”，不断优化外商投资企业发展环境。③持续提升跨境贸易便利化水平。完善自贸协定综合服务平台功能，支持有关地区搭建跨境电商一站式服务平台，为企业提供优惠政策申报、物流信息跟踪、争端解决等服务；探索解决跨境电商退换货难问题，优化跨境电商零售进口工作流程，在国内主要口岸实现进出口通关业务网上办理，推动便捷快速通关；与海关、商务、税务等部门深度衔接，推动系统联通和信息共享，实现一点接入、一次提交、一次查验、一键跟踪、一键办理，提高服务便捷度和业务承载能力，助力外贸企业减单证、优流程、提时效、降成本。

## （二）“三产共进”建设现代化产业体系，立稳高质量发展架构

一是坚持以工业之进强化湖北省经济之骨。①打造优势制造产业集群。狠抓强链补链延链稳链，按照产业集群发展理念，建立每个产业集群“一张产业地图、一个实施方案、一位省领导领衔、一个专家团队跟进、一套工作专班服务”的“五个一”工作机制，推动“51020”现代产业集群迅速壮大；打造世界一流的“光芯屏端网”等新一代信息技术产业，建成全国领先的汽车制造、现代化工、大健康、航空航天产业基地和现代农产品加工新高地。②实施战略性新兴产业倍增行动。完善“链长+链主+链创”推进机制，突破性发展光电子信息、新能源与智能网联汽车、生命健康、高端装备、北斗五大优势产业，超前布局量子信息、类脑科学、元宇宙等未来产业，抢占产业制高点、塑造竞争新优势；支持武汉东湖新技术开发区打造“世界光谷”，支持华星光电 t5、国药集团中国生物医药科技创新和成果转化中心、国家地球空间信息产业基地等重大项目加快建设；支持东风猛士、上汽通用奥特能、小鹏汽车、集度汽车等加快发展，加速形成“下一代”汽车产业生态圈。

二是坚持以服务业之进丰富湖北省经济之体。①推动一二三产业融合。[①] 继续实施服务业“五个一百”工程，扎实推进“技改提能、制造焕新”三年行动，推动现代服务业与先进制造业、现代农业深度融合。②把握试点建设机会。持续推进武汉市国家服务业综合改革试点、服务贸易创新试点示范。③补齐技术短板。瞄准产业转型升级关键环节和突出短板，有针对性地加强工业设计、软件信息、检验检测等高技术服务业发展；鼓励模式创新、跨业融合、多维拓展，促进现代物流、商务咨

① 何钰．华夏新供给经济学研究院创始院长贾康：乡村振兴“三产”融合，要因地制宜做好“定制化”文章［N］．新华日报，2023-10-30(011)．

询、研发设计等生产性服务业向高端化专业化升级。④大力发展生活服务业。大力发展健康、养老、育幼、家政、物业等“幸福产业”，推动生活性服务业向高品质和多样化升级。

三是坚持以农业之进夯实湖北省经济之底。①强化区域公共品牌。依托现有优势农业产业集群，强化恩施玉露、潜江龙虾、随州香菇、宜昌蜜桔、洪湖莲藕、蕲春蕲艾等区域公用品牌建设，支持老字号品牌开展线上旗舰店营销。②建设块状特色农业产业集群和重点产业链。坚持因地制宜、分类指导、区别评价的思路，立足各地资源环境综合承载能力，带动形成“一县一品”“一业一品”，打造更多农业高质量发展的增长极、增长点。③实施农业全产业链带动战略。推进农业产业化龙头企业“十百千万”工程，壮大十大优势农业产业集群、培育100家细分行业领军龙头企业、1000家成长型龙头企业、带动近1000万农户增收。

### (三)“四个聚焦”构建全链条创新机制，增强高质量发展动力

一是聚焦基础研究，着力增强原始创新策源支持能力。[①] ①加强区域创新体系建设。加快建设武汉具有全国影响力的科技创新中心，推进以东湖科学城为核心区域，以光电子信息、大健康等为特色的光谷科创大走廊建设；[②] 聚焦区域重点产业发展需求，加快推进以新材料、汽车、“双碳”为特色的襄阳汉江流域区域性科技创新中心，以绿色化工、清洁能源为特色的宜昌长江中上游区域性科技创新中心建设，联动推进创新型城市、创新型县(市、区)建设。[③] ②完善层级创新平台设置。高标准建设国家实验室和大科学装置，推进9家湖北实验室高效运行，争创光谷国家实验室；全力争创“两个中心”，加快光谷科创大走廊82个

---

① 石佑启．立足“四个聚焦”，探索新文科建设的“广外模式”[J]．新文科理论与实践，2022(4)：92-100，123.

② 任亚楠，杨世勇．新形势下城市产业高质量发展的政策导向和战略路径——以湖北随州专用汽车产业发展为例[J]．领导科学论坛，2022(3)：57-60.

③ 魏昊星，杨毅，高祎卿．光谷科创大走廊：打造区域性创新高地[N]．中国经济时报，2022-08-23(001).

重大项目与大科学装置集群建设；发挥高校和科研院所领军作用，加快建设世界一流科研机构，支持高校、科研院所承担国家重大科技基础设施建设。①

二是聚焦应用研究，着力突出企业科技创新主体地位。①加强研发机构建设。支持有条件的企业建设企业技术中心、工程研究中心、科技研发中心，推动专精特新中小企业研发机构和创新团队全覆盖；充分发挥武汉创新资源优势，支持各地在武汉建设离岸科创中心，优先吸引专精特新中小企业研发机构入驻；②鼓励研发经费投入。与企业共同设立省自然科学基金联合基金，鼓励企业加强应用基础研究；全面执行国家企业研发费用税前加计扣除政策，支持有条件的地方对专精特新中小企业研发活动给予奖励；加快研究制定湖北省首台套重大技术装备、首批次新材料、首版次新软件目录，对经评定的“三首”产品省内研制和示范应用单位，给予奖励支持。③创新研发组织体系。建立“产业出题、市场导向、企业主体、产学研用协同”攻关机制，支持行业领军企业牵头联合高校、科研院所组建产学研用创新联合体，开展关键核心技术、产业共性基础技术攻关；② 支持发展“四不像”新型研发机构，培育更多政产学研金服用“北斗七星式”创新共同体；强化科技成果转化服务对接平台建设，建好用好湖北·汉襄宜国家科技成果转移转化示范区、中部区域性技术交易市场和中国工程院院士专家成果展示与转化中心，面向高校、科研院所等征集一批技术成果转移目录，面向企业征集一批技术研发需求目录，促进校企对接和产学研协同创新；加强中试平台(基地)建设，结合本辖区产业实际，规划建设一批科技成果转化中试平台(基地)，面向社会和企业需求，提供概念验证、中试熟化、检验检测、商业化开发等服务，打通科技成果转化“最后一公里”。三是聚焦落地应用，着力完善科技企业成长培育体系。①构建梯度培育体系。组织中

① 魏昊星，杨毅，高祎卿．光谷科创大走廊：打造区域性创新高地[N]．中国经济时报，2022-08-23(001)．DOI：10.28427/n.cnki.njjsb.2022.001924.

② 于灵慧，徐紫腾，袁丰．长江经济带创新发展水平综合测度与空间异质性分析[J]．长江流域资源与环境，2023，32(9)：1783-1795.

小企业评价认定工作，建立创新型中小企业、专精特新中小企业、专精特新“小巨人”企业梯度培育体系，加大科技型中小企业培育力度，壮大湖北省入选国家科技型中小企业库群体，增加县域高新技术企业数量。②建设融通发展平台。鼓励龙头企业对上下游企业开放资源，开展供应链配套对接，与专精特新中小企业建立稳定合作关系，构建创新协同、产能共享、供应链互通的新型产业发展生态。③建立全生命周期要素支持体系。对于种子期科创企业，实施“育种计划”，支持高校科研人员、大学生开展科技创新创业与科技成果转化，吸引社会资本共同发起设立天使(创业)投资子基金，引导社会资本投早、投小、投“硬科技”；对于初创期科创企业，实施“蹲苗计划”，组织实施科技专员服务企业项目，促进省内高校、科研院所科技人才服务初创期科创企业，鼓励有条件的地方协同银行业金融机构共同建立一定规模的风险补偿资金池，引导银行为科技型中小企业、高新技术企业提供风险补偿资金数额的贷款；对于成长期科创企业，实施“成林计划”，通过“楚天英才计划”，加快集聚科技创新领军人才、青年科学家、海外高层次人才，实施科技金融“滴灌行动”升级版，引导社会资本进入创新链上游，加强对制造业、科技创新等领域的金融服务，探索形成“科技—产业—金融”良性循环的路径；对于成熟期的企业，实施“参天计划”，建立科创企业上市培育库，推荐优质科创企业进入省上市后备“金种子”“银种子”“科创板种子”等企业库。

四是聚焦成果保护，提升知识产权创造保护水平。①开设知识产权绿色通道。对符合条件的专精特新中小企业开通知识产权事务办理绿色通道，支持专利快速审查、快速确权。②助力知识产权风险防控。围绕区域重点产业领域开展专利导航，优化专利布局，做好专精特新等中小企业知识产权保护需求和案件线索信息收集，[①] 加大专利侵权纠纷行政裁决办案力度，提供知识产权快速协同保护；发挥知识产权制度在参与国际竞争的支撑和保障作用，引导企业有效降低或规避企业“出海”中

① 陈武元，蔡庆丰，程章继．高等学校集聚、知识溢出与专精特新“小巨人”企业培育[J]．教育研究，2022，43(9)：47-65.

知识产权潜在风险,[①] 提升企业参与“一带一路”和国际竞争的能力水平；组建中小企业知识产权服务专家团，提供公益性知识产权咨询和信息服务。

**撰稿人：** 肖邦明　华中农业大学经济管理学院副教授、硕士生导师、华中农业大学经济管理学院大数据管理与应用系主任

陈　勇　湖北省市场监督管理局登记注册处处长

黄敏学　武汉大学经济与管理学院副院长、二级教授、博士生导师

① 方杰炜，施炳展．知识产权保护“双轨制”与企业出口技术复杂度[J]．经济理论与经济管理，2022，42(12)：77-93.

# 湖北省营商环境：量化评估与优化建议
## ——基于中国内地省份营商环境评估的探索

张三保　赵可心　张志学

运用2017—2021年公开数据，北京大学—武汉大学营商研究联合课题组基于所构建的“中国省份营商环境评价指标体系”(如文末附表)，量化评估了中国内地31个省份的营商环境。基于评估结果，本文重点分析了湖北省营商环境的发展状况和趋势，比较了其与相关省份的差距，并结合2023年5月生效的《湖北省优化营商环境条例》，提出了优化湖北省营商环境的政策建议。

## 一、湖北省营商环境概况

第一，湖北省营商环境整体水平位于全国上游。具体而言，湖北省营商环境五年平均录得51.68分，高于全国平均水平(48.79分，满分100分)，在内地31个省份中列第11位，处于全国上游水平(见表1)，稍逊于其人均GDP水平(第7位，见图1)。

表1　中国内地省份营商环境均值评价结果等级分类

| 水平 | 值域 | 省级行政区 |
|---|---|---|
| 标杆 | >64 | 上海、北京 |
| 领先 | 55~64 | 浙江、广东、四川、山东、江苏 |
| 上游 | 50~55 | 安徽、重庆、贵州、湖北(11) |

续表

| 水平 | 值域 | 省级行政区 |
|---|---|---|
| 中上 | 48~50 | 河南、吉林、云南 |
| 中下 | 44~48 | 天津、江西、福建、河北、宁夏、海南、新疆、广西、湖南 |
| 下游 | 35~44 | 内蒙古、山西、甘肃、陕西、辽宁、黑龙江 |
| 托底 | <35 | 青海、西藏 |

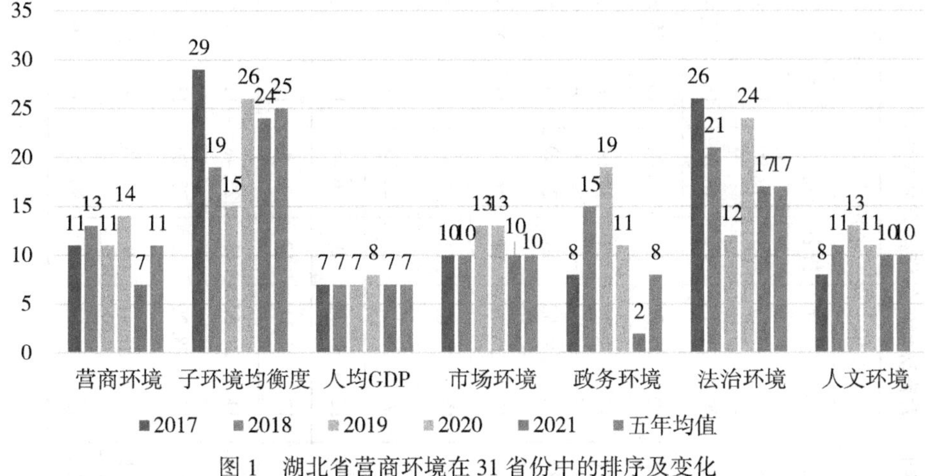


图 1　湖北省营商环境在 31 省份中的排序及变化

第二，湖北省营商环境近年优化成效显著。2017—2021 年，湖北省营商环境水平由全国前二分之一跃升至前三分之一：2017 年和 2019 年两年均列第 11 位；2018 年和 2020 年分别为第 13、第 14 位；到 2021 年则升至第 7 位(如表 2)。

第三，湖北省法治营商环境亟待优化。2017—2021 年，湖北省的政务环境(第 8 位)、市场环境(第 10 位)、人文环境(第 10 位)相对较好，法治环境(第 17 位)较为落后；子环境均衡度仅列第 25 位。未来应着力优化法治营商环境。

表 2　　**湖北省营商环境各级指标得分与排名**

| 各级评价指标 | 五年均值 | | 2017 年 | | 2018 年 | | 2019 年 | | 2020 年 | | 2021 年 | |
|---|---|---|---|---|---|---|---|---|---|---|---|---|
| | 排名 | 得分 | 排名 | 得分 | 排名 | 得分 | 排名 | 得分 | 排名 | 得分 | 排名 | 得分 |
| 整体营商环境 | 11 | 51.68 | 11 | 48.42 | 13 | 49.90 | 11 | 53.12 | 14 | 52.27 | 7 | 54.70 |
| 子环境均衡度 | 25 | 19.62 | 29 | 27.13 | 19 | 16.69 | 15 | 16.47 | 26 | 20.97 | 24 | 18.92 |
| 1. 市场环境 | 10 | 33.46 | 10 | 28.76 | 10 | 31.44 | 13 | 35.34 | 13 | 34.09 | 10 | 37.67 |
| 1a 融资(融资额度) | 23 | 33.11 | 17 | 9.78 | 20 | 22.66 | 26 | 42.45 | 22 | 43.87 | 22 | 46.78 |
| 1b 创新 | 12 | 22.83 | 15 | 24.53 | 13 | 22.59 | 11 | 21.58 | 13 | 24.24 | 9 | 21.20 |
| 1b1 高技术产业经营状况 | 18 | 21.34 | 17 | 25.78 | 17 | 26.81 | 18 | 22.98 | 22 | 17.36 | 16 | 13.78 |
| 1b2 专利数量 | 11 | 22.21 | 12 | 22.68 | 12 | 16.05 | 12 | 16.43 | 10 | 30.94 | 9 | 24.95 |
| 1b3 研发投入 | 9 | 24.93 | 7 | 25.13 | 7 | 24.91 | 9 | 25.32 | 10 | 24.41 | 9 | 24.87 |
| 1c 竞争公平 | 11 | 39.60 | 12 | 34.71 | 9 | 36.45 | 12 | 40.22 | 13 | 39.44 | 10 | 47.20 |
| 1c1 企业品牌设立 | 17 | 7.18 | 17 | 4.34 | 12 | 7.58 | 18 | 6.56 | 16 | 7.97 | 18 | 9.44 |
| 1c2 创业企业数量 | 11 | 25.52 | 11 | 21.52 | 11 | 23.48 | 11 | 24.63 | 11 | 18.78 | 10 | 39.17 |
| 1c3 非公有经济比重 | 11 | 86.12 | 11 | 78.29 | 11 | 78.29 | 13 | 89.47 | 11 | 91.56 | 9 | 92.98 |
| 1d 资源获取 | 10 | 54.72 | 5 | 57.47 | 9 | 55.46 | 10 | 52.73 | 14 | 50.04 | 8 | 57.92 |
| 1d1 水价 | 5 | 90.37 | 6 | 89.63 | 6 | 89.21 | 6 | 89.21 | 6 | 89.21 | 3 | 94.60 |

续表

| 各级评价指标 | 五年均值 | | 2017年 | | 2018年 | | 2019年 | | 2020年 | | 2021年 | |
|---|---|---|---|---|---|---|---|---|---|---|---|---|
| | 排名 | 得分 | 排名 | 得分 | 排名 | 得分 | 排名 | 得分 | 排名 | 得分 | 排名 | 得分 |
| 1d2 电力供应 | 22 | 11.55 | 22 | 12.27 | 22 | 11.89 | 22 | 12.15 | 22 | 10.66 | 22 | 10.77 |
| 1d3 地价 | 22 | 82.86 | 22 | 86.52 | 22 | 84.18 | 24 | 77.78 | 22 | 81.94 | 23 | 83.86 |
| 1d4 人力资本 | 6 | 61.75 | 5 | 71.40 | 8 | 63.27 | 9 | 53.90 | 9 | 46.22 | 6 | 73.98 |
| 1d5 网络 | 22 | 27.94 | 22 | 24.41 | 24 | 25.36 | 22 | 27.56 | 20 | 33.78 | 20 | 28.59 |
| 1d6 交通服务 | 9 | 53.88 | 9 | 60.58 | 8 | 58.83 | 9 | 55.80 | 14 | 38.43 | 9 | 55.75 |
| 1e 市场中介 | 15 | 15.27 | 20 | 11.28 | 15 | 16.09 | 12 | 19.77 | 13 | 15.99 | 16 | 13.23 |
| 1e1 注册会计师数量 | 15 | 21.30 | 16 | 18.30 | 16 | 20.99 | 14 | 27.55 | 15 | 18.61 | 15 | 21.05 |
| 1e2 租赁及商业服务业企业数量 | 10 | 9.24 | 20 | 4.26 | 10 | 11.18 | 10 | 11.99 | 10 | 13.38 | 17 | 5.41 |
| 2. 政务环境 | 8 | 61.52 | 8 | 64.10 | 15 | 55.59 | 19 | 59.39 | 11 | 64.66 | 2 | 63.89 |
| 2a 政府关怀 | 9 | 47.78 | 12 | 42.97 | 14 | 22.22 | 26 | 34.15 | 10 | 65.9 | 5 | 73.65 |
| 2b 政府效率 | 8 | 77.94 | 8 | 80.96 | 4 | 86.28 | 10 | 75.44 | 19 | 75.19 | 6 | 71.85 |
| 2b1 政府规模 | 6 | 94.52 | 6 | 94.75 | 6 | 95.85 | 6 | 95.25 | 8 | 92.76 | 6 | 94.01 |
| 2b2 电子政务水平 | 11 | 61.37 | 8 | 67.17 | 6 | 76.72 | 14 | 55.63 | 20 | 57.63 | 9 | 49.68 |
| 2c 政府廉洁(政府廉洁度) | 19 | 36.92 | 18 | 32.22 | 19 | 38.36 | 20 | 37.84 | 18 | 47.96 | 15 | 28.24 |
| 2d 政府透明(政府透明度) | 11 | 66.82 | 10 | 78.76 | 26 | 49.87 | 15 | 70.38 | 10 | 62.23 | 7 | 72.84 |

续表

| 各级评价指标 | 五年均值 | | 2017 年 | | 2018 年 | | 2019 年 | | 2020 年 | | 2021 年 | |
|---|---|---|---|---|---|---|---|---|---|---|---|---|
| | 排名 | 得分 | 排名 | 得分 | 排名 | 得分 | 排名 | 得分 | 排名 | 得分 | 排名 | 得分 |
| 3. 法治环境 | 17 | 38.72 | 26 | 22.00 | 21 | 44.80 | 12 | 49.73 | 24 | 34.16 | 17 | 42.93 |
| 3a 司法公正(司法质量) | 19 | 48.40 | 31 | 0.00 | 20 | 64.52 | 6 | 74.49 | 22 | 46.91 | 11 | 56.1 |
| 3b 产权保护(专利纠纷行政裁决) | 8 | 25.45 | 7 | 35.21 | 12 | 16.53 | 8 | 18.72 | 8 | 28.41 | 8 | 28.39 |
| 3c 社会治安(万人刑事案件) | 13 | 53.75 | 10 | 59.37 | 14 | 51.09 | 19 | 43.07 | 15 | 48.68 | 6 | 66.55 |
| 3d 司法服务(律师数量) | 26 | 9.63 | 25 | 10.19 | 22 | 9.28 | 23 | 15.90 | 23 | 8.73 | 28 | 4.06 |
| 3e 司法公开(司法信息公开度) | 19 | 35.57 | 9 | 54.31 | 7 | 51.66 | 22 | 31.32 | 26 | 12.05 | 25 | 28.51 |
| 4. 人文环境 | 10 | 75.33 | 8 | 78.05 | 11 | 70.85 | 13 | 74.50 | 11 | 74.79 | 10 | 78.48 |
| 4a 对外开放 | 26 | 7.70 | 26 | 5.67 | 28 | 5.15 | 26 | 6.46 | 24 | 6.23 | 21 | 15.01 |
| 4a1 贸易依存度 | 24 | 8.71 | 24 | 6.89 | 25 | 7.06 | 24 | 8.37 | 22 | 10.72 | 23 | 10.53 |
| 4a2 外资企业比 | 16 | 5.57 | 19 | 5.41 | 17 | 5.14 | 17 | 4.05 | 16 | 3.81 | 16 | 9.43 |
| 4a3 对外投资度 | 23 | 8.83 | 25 | 4.70 | 28 | 3.26 | 20 | 6.95 | 25 | 4.16 | 16 | 25.09 |
| 4b 社会信用(企业信用) | 6 | 92.24 | 5 | 96.15 | 8 | 87.28 | 9 | 91.51 | 9 | 91.93 | 6 | 94.35 |

## 二、湖北营商环境的优势与短板分析

中国内地省份营商环境评价指标体系除上述四个一级指标外，还涵盖了16项二级指标和29项三级指标。下面根据评估结果(见表2)，分别分析湖北省在二级和三级指标上的优势和劣势。

### (一)湖北省营商环境二级指标分析

在16项二级指标中，湖北省有五项居于全国上游水平，三项居于全国下游水平。其中，近七成的二级指标好于全国平均水平(见图2)。其中，湖北省的社会信用、产权保护、政府效率、政府关怀、资源获取等指标，宜保持领先优势，稳中求进。然而，融资、司法服务、对外开放等指标，拉低了湖北省营商环境和子环境的排名，应为补齐短板的主攻方向。

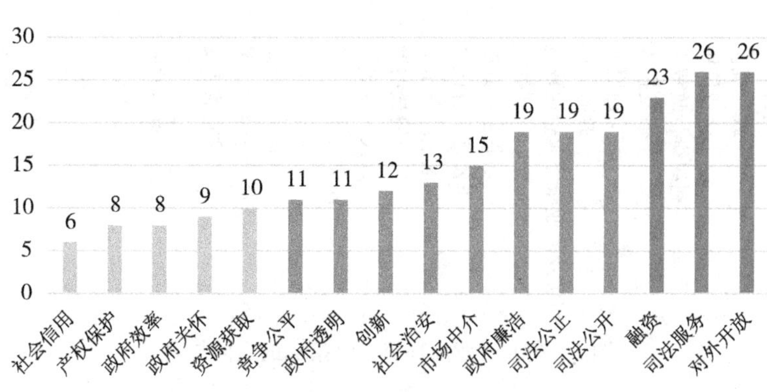

图2 湖北省营商环境二级指标排名

### (二)湖北省营商环境三级指标分析

在29项三级指标中，湖北省有九项居于全国上游水平，七项居于全国下游水平(见图3)。并且，三级指标分布较为均匀，没有垫底指标。当然，也缺乏一流指标。因此，未来可以借鉴先进地区的一流指标建设经验。

湖北省水价、人力资本、政府规模、企业信用、专利纠纷行政裁决、研发投入、交通服务、政府关怀、租赁及商业服务业企业等指标，位居全国前列，宜继续保持领先优势。

此外，电力供应、地价、网络、融资额度、对外投资度、贸易依存度、律师数量等指标，则是影响湖北省营商环境稳步前进的重要因素，应引起重视，并将其作为营商环境优化工作的主攻方向。

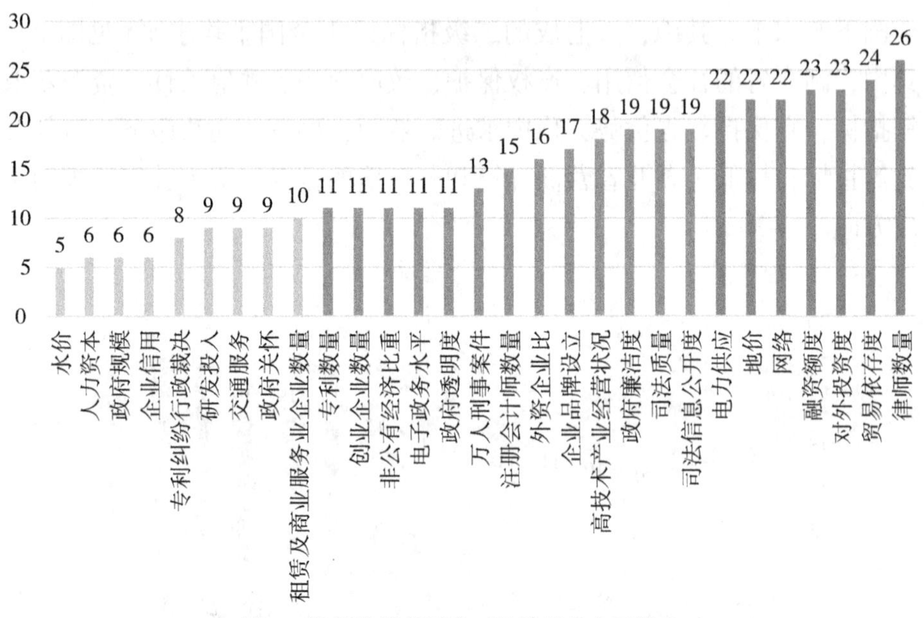

图 3　湖北省营商环境三级指标的全国排名

## 三、湖北省营商环境的优化建议

基于以上对量化结果的分析，湖北省营商环境优化工作应稳住优势指标，大力补齐短板，对标先进省份，确保稳中有进。

### (一)优化市场环境的政策建议

第一，稳步提高融资便利性。优化机制建设。进一步建设融资担保体系，完善政府性融资增信担保机构的资本金补充、风险补偿、保费补助和业务奖补等机制，强化服务意识、切实向中小微企业提供融资增信。鼓励私营部门参与。加强政策引导，鼓励金融机构、商业银行对民营企业、中小微企业进行信贷投放，适当降低融资门槛，增加中长期贷款，提高贷款审批效率，并给予一定优惠。

第二，优化资源获取途径。强化交通枢纽功能。作为第一批交通强国建设试点地区，湖北省的区位交通优势明显；建议强化交通枢纽功能，实现“增密、互通、提质”目标，加快建设内陆开放新高地。助力发挥网络功能。加强互联网基础设施建设，优化企业联网的便捷性、畅通性，促进信息共享。

第三，引导市场中介发展。吸引更多注册会计师等中介人员来鄂从业；鼓励租赁及商业服务业发展，推动市场环境再上新台阶。

### (二)提升政务环境的政策建议

其一，推进政务服务标准化建设。加强数据平台构建。加强线上全国一体化政务平台搭建、标准化政务服务事项清单、促进数据共享，实现政务信息系统整合共享，并与线下服务点对接。优化平台服务流程。通过一体化政务服务平台评价各级人民政府和有关部门办理的政务服务事项，建立差评办件反馈、整改、监督和复核、追评全流程闭环工作机制。

其二，提高政府公信力和信誉度。加强政策引导。建立、健全、完善营商环境问题的投诉处理、回应及追责机制。建立监督渠道。发挥新闻媒体的监督职能；设立投诉监督渠道；加强国家机关工作人员服务意识，依法履职、担当作为、勤政廉洁，提高办事效率和服务效能。

### （三）健全法治环境的政策建议

第一，建议完善立法工作。依据国务院《优化营商环境条例》，对照上海、北京等地的立法经验，结合《湖北省优化营商环境条例》执行情况，及时启动2.0版本修订工作。

第二，建议依法行政、保障权益。行政执法部门依法实施行政执法，并在行政强制执行过程中注重合法、适当，兼顾教育与强制原则，力求最大限度地减少对市场主体正常经营活动的影响。建立畅通的沟通机制和投诉维权机制，确保市场主体的诉求和反映得以充分表达，投诉举报及时处理并给予答复，同时提供相应的服务和协助。

第三，建议依法规范行政执法。依法建立守信联合激励和失信联合惩戒协同机制，推进"互联网+监管"执法工作机制，全面落实行政执法公示、执法全过程记录和重大执法决定法制审核制度，严格规范公正文明执法。

第四，建议提供更完善的司法服务。健全公共法律服务体系，创新公共法律服务模式，整合律师、公证、司法鉴定等公共法律服务资源，为优化营商环境提供全方位法律服务。

### （四）改善人文环境的政策建议

其一，建议加强政务诚信建设。建立健全政务失信责任追究制度和责任倒查机制，加大政务失信惩戒力度；保持政策措施的连续性和稳定性，不得随意改变依法做出的规划、行政决定。

其二，着力推进高水平对外开放。促进外商投资，保护外商投资合法权益，深化与共建"一带一路"国家在基础设施互联互通、经贸、金融、生态环保、知识产权及人文领域的合作，实现内引外联、双向开放、互利共赢；外商投资准入负面清单以外的领域，按照内外资一致的原则实施管理。

其三，大力拓宽对外开放渠道。深化与长江经济带其他城市的开放合作，积极参与境外经贸合作区建设，加强国际产能和装备制造合作；

加强外贸多元化市场开拓，优化出口产品结构，促进制造业产品和优势农产品出口，加强先进技术设备、关键零部件、资源型产品进口，扩大进口规模。将内外资一致性审查纳入公平竞争审查范围，在标准制定、资质许可、注册登记等方面保持内外资一致的政策措施，推进内外贸衔接联通、一体化发展；鼓励市场主体提前申报通关，提前办理通关手续。对于申报通关存在差错的，按照有关容错机制处理；鼓励企业利用自贸协定政策优惠，降低对外贸易成本，拓展外贸发展空间。

### (五)对标先进持续优化

湖北省地处华中地区，国家区域发展战略中涉及中部崛起和长江经济带。如表3所示，湖北省整体营商环境居于华中地区三省之首；在中部崛起六省中仅次于安徽省；在长江经济带11省中落后于上海、浙江、四川、江苏、安徽、重庆和贵州，仅好于云南、江西和湖南。因此，湖北省营商环境未来优化营商环境可短期锚定安徽，中期对标四川，长期对标上海。

表3 湖北省营商环境均值的区域比较(2017—2021年)

| 省份与区域 | | 营商环境 | | 均衡度 | | 市场环境 | | 政务环境 | | 法治环境 | | 人文环境 | |
|---|---|---|---|---|---|---|---|---|---|---|---|---|---|
| | | 排名 | 得分 | 排名 | 得分 | 排名 | 得分 | 排名 | 得分 | 排名 | 得分 | 排名 | 得分 |
| 华中 | 湖北 | 1 | 51.68 | 3 | 19.62 | 1 | 33.46 | 1 | 61.52 | 1 | 38.72 | 1 | 75.33 |
| | 河南 | 2 | 49.77 | 1 | 13.65 | 3 | 31.75 | 2 | 61.04 | 2 | 38.49 | 2 | 54.61 |
| | 湖南 | 3 | 44.22 | 2 | 16.66 | 2 | 32.52 | 3 | 56.78 | 3 | 21.96 | 3 | 53.22 |
| 中部崛起 | 安徽 | 1 | 53.29 | 2 | 16.37 | 2 | 32.62 | 1 | 64.28 | 1 | 43.02 | 4 | 66.06 |
| | 湖北 | 2 | 51.68 | 5 | 19.62 | 1 | 33.46 | 2 | 61.52 | 3 | 38.72 | 1 | 75.33 |
| | 河南 | 3 | 49.77 | 1 | 13.65 | 4 | 31.75 | 3 | 61.04 | 4 | 38.49 | 5 | 54.61 |
| | 江西 | 4 | 47.49 | 4 | 18.55 | 6 | 30.57 | 5 | 54.42 | 2 | 40.52 | 2 | 73.36 |
| | 湖南 | 5 | 44.22 | 3 | 16.66 | 3 | 32.52 | 4 | 56.78 | 6 | 21.96 | 6 | 53.22 |
| | 山西 | 6 | 42.14 | 6 | 20.26 | 5 | 30.81 | 6 | 50.66 | 5 | 25.55 | 3 | 69.95 |

续表

| 省份与区域 | | 营商环境 | | 均衡度 | | 市场环境 | | 政务环境 | | 法治环境 | | 人文环境 | |
|---|---|---|---|---|---|---|---|---|---|---|---|---|---|
| | | 排名 | 得分 | 排名 | 得分 | 排名 | 得分 | 排名 | 得分 | 排名 | 得分 | 排名 | 得分 |
| 长江经济带 | 上海 | 1 | 68.61 | 1 | 12.12 | 1 | 56.45 | 1 | 74.06 | 2 | 63.28 | 1 | 84.01 |
| | 浙江 | 2 | 62.01 | 2 | 12.81 | 2 | 53.24 | 7 | 60.84 | 1 | 67.38 | 2 | 83.35 |
| | 四川 | 3 | 60.33 | 5 | 15.22 | 4 | 37.87 | 3 | 70.00 | 3 | 61.71 | 11 | 42.93 |
| | 江苏 | 4 | 56.49 | 4 | 14.83 | 3 | 50.30 | 9 | 58.29 | 4 | 51.81 | 3 | 82.30 |
| | 安徽 | 5 | 53.29 | 6 | 16.37 | 7 | 32.62 | 4 | 64.28 | 6 | 43.02 | 7 | 66.06 |
| | 重庆 | 6 | 52.82 | 3 | 13.26 | 5 | 34.60 | 6 | 61.02 | 5 | 47.71 | 8 | 63.18 |
| | 贵州 | 7 | 52.29 | 11 | 20.63 | 11 | 26.84 | 2 | 71.38 | 10 | 30.64 | 10 | 51.71 |
| | 湖北 | 8 | 51.68 | 10 | 19.62 | 6 | 33.46 | 5 | 61.52 | 9 | 38.72 | 4 | 75.33 |
| | 云南 | 9 | 49.00 | 8 | 18.43 | 10 | 27.02 | 8 | 58.38 | 7 | 42.59 | 6 | 69.16 |
| | 江西 | 10 | 47.49 | 9 | 18.55 | 9 | 30.57 | 11 | 54.42 | 8 | 40.52 | 5 | 73.36 |
| | 湖南 | 11 | 44.22 | 7 | 16.66 | 8 | 32.52 | 10 | 56.78 | 11 | 21.96 | 9 | 53.22 |

子环境方面，湖北省人文环境和市场环境均为华中地区和中部崛起两个区域的标杆。但在长江经济带范围内，除人文环境仍具一定优势外(第4位)，其余子环境均落后于区域均值：政务环境第5位，市场环境第6位，法治环境第9位。因此，短期内市场环境和法治环境应对标四川和江苏，政务环境对标四川和安徽，人文环境对标江苏和浙江。

## 四、湖北省营商环境建设的未来展望

湖北省致力于加快“建成支点、走在前列、谱写新篇”，打造全国重要增长极，加快建设全国构建新发展格局先行区，建设美丽湖北、实现绿色崛起。在此定位下，中共湖北省委书记王蒙徽要求重点打造“七大环境”，将湖北省建设成为综合成本“洼地”和营商环境高地。

湖北省未来可进一步锚定营商环境整体水平居于全国上游的优势，按照主体功能定位，充分发挥政务环境、人文环境和市场环境的比较优势，着力采取切实措施补齐法治环境短板，积极融入和服务构建新发展格局，短期超越安徽、中期赶超四川、长期对标上海，持续建设市场化、法治化、国际化一流营商环境。

（本研究受国家自然科学基金面上项目（72072137）资助）

**撰稿人：** 张三保　武汉大学经济与管理学院教授、博士
赵可心　武汉大学经济与管理学院研究生
张志学　北京大学光华管理学院教授、博士生导师

附表：　　中国省份营商环境评价指标体系

| 一级指标及其权重 | 目标 | 二级指标及其权重 | 三级指标 | 测量方法 | 基础数据来源 |
|---|---|---|---|---|---|
| 市场环境 20.62% | 公平竞争 | 融资 2.06% | 融资水平 | 省份社会融资规模增量/GDP | 中国人民银行 |
| | | 创新 2.06% | 高技术产业产出 | 高技术产业利润总额/GDP | 中国科技统计年鉴 |
| | | | 专利数量 | 专利申请授权量/人口数 | 国家统计局 |
| | | | 研发投入 | R&D 投入(规模以上工业企业) | |
| | | 竞争公平 8.25% | 企业品牌设立 | 商标注册数/人口数 | 中国知识产权年鉴 |
| | | | 创业企业数量 | 新增企业数量 | 天眼查 |
| | | | 非公有经济比重 | 私营企业法人单位数/企业法人单位数 | 中国统计年鉴 |
| | | 资源获取 3.09% | 水价 | 非居民自来水单价 | 中国水网 |
| | | | 电力供应 | 各省电力消费量/人口数 | 国家统计局 |
| | | | 地价 | 商业营业用房平均销售价格 | |
| | | | 人力资本 | 高等院校在校生数量 | 中国统计年鉴 |
| | | | 网络 | 互联网宽带接入户数/人口数 | 国家统计局 |
| | | | 交通服务 | 货运量和客运量 | |
| | | 市场中介 5.15% | 注册会计师 | 注册会计师人数/企业数 | 中国注册会计师协会 |
| | | | 租赁及商业服务业 | 租赁及商业服务业从业人数/总人口 | 中国第三产业统计年鉴 |

续表

| 一级指标及其权重 | 目标 | 二级指标及其权重 | 三级指标 | 测量方法 | 基础数据来源 |
|---|---|---|---|---|---|
| 政务环境 52.58% | 高效廉洁 | 政府关怀 9.28% | 政府关怀度 | 政府关心指数 | 中国政商关系报告 |
| | | 政府效率 18.56% | 政府规模 | 一般预算支出/地区 GDP | EPS 数据库 |
| | | | 电子政务水平 | 电子服务能力指数 | 中国省市政府电子服务能力指数报告 |
| | | 政府廉洁 10.31% | 政府廉洁度 | 政府廉洁指数 | 中国政商关系报告 |
| | | 政府透明 14.43% | 政府透明度 | 政府透明度指数 | 中国政府透明度指数报告 |
| 法治环境 21.65% | 公正透明 | 司法公正 10.31% | 司法质量 | 司法文明指数 | 中国司法文明指数报告 |
| | | 产权保护 3.09% | 专利纠纷行政裁决 | 专利侵权纠纷行政裁决数/专利数 | 国家知识产权局 |
| | | 社会治安 2.06% | 万人刑事案件 | 刑事案件/人口数 | 中国裁判文书网 |
| | | 司法服务 2.06% | 律师 | 律师数量/企业数 | 各省统计年鉴 |
| | | 司法公开 4.12% | 司法信息公开度 | 司法信息公开度指数 | 中国司法透明度指数报告 |
| 人文环境 5.15% | 开放包容 | 对外开放 1.03% | 贸易依存度 | 海关进出口金额/GDP | 中国贸易外经统计年鉴 |
| | | | 外资企业比 | 外资直接投资企业数/企业数 | |
| | | | 对外投资度 | 对外非金融投资额/GDP | 中国对外直接投资统计公报 |
| | | 社会信用 4.12% | 企业信用 | 商业纠纷/企业数 | 中国裁判文书网 |

# 湖北省银发经济高质量发展研究

武汉大学课题组

我国正在快速进入老龄化社会，人口老龄化带来了巨大的市场需求，并给银发经济发展带来前所未有的机遇。银发产业与银发经济联系密切，但两者的主要内容及边界存在差异。从产业发展规律和发展趋势看，银发产业是以老龄群体为主要服务对象，专门提供各种产品及服务的经济活动。银发产业发展具有必然性、战略性、高成长性。综合相关预测分析，1999 年我国正式进入老龄化社会；2025 年我国 60 岁及以上老龄人口将超过 3 亿，银发产业规模将突破 12 万亿元；2030 年，我国银发产业规模将超过 20 万亿元；2050 年，我国老龄人口数量将达到 4.83 亿，银发产业规模将增长到百万亿级，大约占 GDP 的三分之一。不论是从现实迫切需要还是从未来发展需要分析，银发产业都是极具战略性的朝阳产业。从经济发展规律和发展趋势看，银发经济是围绕老龄群体开展的经济活动，是面向老龄群体提供产品或服务，以及为老龄阶段做准备等一系列经济活动的总和。银发经济主要包含老龄化社会“老年阶段的老龄经济”和“未老阶段的备老经济”两大部分。银发经济涉及面广、产业链长、业态多元、潜力巨大、影响深远。目前，我国银发经济规模在 7 万亿元左右。到 2035 年，我国银发经济规模将达到 30 万亿元，大约占 GDP 的 10%。如此庞大的经济规模，决定了我国银发经济举足轻重的重要地位。

人口老龄化是世界范围的普遍现象，也是我国今后相当长时期的基本国情。与发达国家相比，我国银发经济发展起步较晚。① 尽管我国有

① 黄鲁成，韩朝曦，苗红. 国外银发经济发展：现状、成因与科技创新[J]. 创新科技，2024，24(5).

巨大的老龄人口市场需求，但银发产业能够提供的产品和服务有明显差距，银发经济发展明显不够，迫切需要实施高质量发展。按照第七次全国人口普查，湖北省 60 岁以上老年人口 1179.50 万人，占全省人口比例 20.42%；65 岁以上老年人口 842.43 万人，占全省人口比例 14.59%。截至 2023 年年末，湖北省 60 岁及以上人口 1378 万人，占全省总人口的 23.6%；65 岁及以上人口 989 万，占全省总人口的 16.9%；80 岁及以上人口 148 万，占总人口的 2.5%。湖北省已进入中度老龄化社会，既面临着严峻挑战，也面临银发产业及银发经济发展契机。湖北省银发经济高质量发展，是践行科学发展观的创新发展、协调发展、开放发展、绿色发展、共享发展，也是实现质量变革、动力变革、效率变革的发展。

## 一、湖北省银发经济高质量发展的社会背景

根据国家统计局数据，截至 2023 年年末，我国 60 岁及以上人口超 2.9697 亿，占全国人口的 21.1%，其中 65 岁及以上人口超 2.167 亿，占全国人口的 15.4%。我国老龄人口基数大、分布广、结构复杂，蕴含着巨大的消费市场和发展机遇。

2024 年 5 月，以“银发经济的市场机遇与发展趋势”为主题的第二届老龄产业发展论坛在北京举行。在论坛会议期间，全球著名增长咨询公司弗若斯特·沙利文正式发布《中国银发经济发展报告》，从五个部分阐述了中国银发经济发展状况及趋势：第一个部分是银发经济总览；第二个部分是老有所衣；第三部分是老有所食；第四个部分是老有所学；第五个部分是老有所乐。这份报告认为，中国银发经济发展具有几个特征：一是人口基数大且老龄化速度快；二是养老需求逐步扩大化且多元化；三是未富先老推动政策扶持产业发展；四是空巢化导致家庭养老承担压力大。中国人口老龄化将带动银发经济的发展，老龄群体需求日益旺盛产生多元化动力，尤其是在衣、食、学、乐等方面促进银发产业发展，对服装、保健、教育、旅游等产业发展产生了多元化推动。从

中国银发产业链发展看，从产业链上游的原料及原件、技术支持、能源支持，到产业链中游的服装、食品、教育、娱乐、康养，再到产业链下游的老年人自身需求及老年人子女需求，整个银发产业链都逐渐趋于成熟，正在朝着标准化、规模化、品牌化、健康化发展。基于对银发经济市场规模数据统计及预测，《中国银发经济发展报告》认为：中国银发经济在2019—2023年实现13.2%的年复合增长率，在2023年银发经济规模达到7.1万亿元，在未来五年银发经济将以11.8%的年复合增长率增长。

我国银发经济发展最重要的社会背景，是国家正在实施积极应对人口老龄化战略规划及行动计划。2022年，党的二十大报告明确指出："实施积极应对人口老龄化国家战略，发展养老事业和养老产业。"这是第一次将实施积极应对人口老龄化上升为国家战略，并进行顶层设计。

我国正在加快推进银发经济及银发产业发展。2021年，《中共中央国务院关于加强新时代老龄工作的意见》提出"积极培育银发经济"；《"十四五"国家老龄事业发展和养老服务体系规划》明确提出"大力发展银发经济"。国务院办公厅2024年1月印发的《关于发展银发经济增进老年人福祉的意见》，在这份我国首次以银发经济命名的政策文件中明确提出："实施积极应对人口老龄化国家战略，坚持尽力而为、量力而行，推动有效市场和有为政府更好结合，促进事业产业协同，加快银发经济规模化、标准化、集群化、品牌化发展，培育高精尖产品和高品质服务模式。"基于我国银发经济发展现状，从增进老年人福祉目的出发，力图破解老龄群体"急难愁盼"问题、扩大供给规模、培育潜力产业、优化发展环境。银发经济涉及面广、产业链长、业态多元，涵盖与老龄群体需求相关的第一、第二、第三产业，不仅孕育着新机遇，而且必将催生新领域和新赛道。2024年《政府工作报告》进一步提出："加强老年用品和服务供给，大力发展银发经济。"在《关于发展银发经济增进老年人福祉的意见》中，根据老龄群体及备老群体的多元化、差异化、个性化需求特征，从老龄群体自身需要的老年用品、智慧健康养老产品和康复辅助器具，到抗衰老、养老金融和老年旅游等高品质服务，再到全社会适老化改造，重点谋划了银发经济发展的产业集群。2024 年 5 月，国务院人力资源社会保障部发出《关于强化支持举措助力银发经济发展壮大的通知》，旨在落实党中央、国务院决策部署，统筹用好人力资源社会保障各项政策措施，大力支持银发经济健康发展。其主要支持措施如下：一是加大银发经济技术技能人才培养；二是畅通银发经济领域人才发展空间；三是加强银发经济企业用工服务保障；四是落实银发经济企业吸纳就业政策；五是支持银发经济领域自主创业；六是强化银发经济领域岗位认同；七是拓展银发群体增收渠道；八是维护大龄劳动者劳动权益。

我国正在加快推进养老服务体系建设。近年来，我国在养老服务体系建设方面取得明显进展和初步成效。通过积极构建政府主导、市场参与、社会支持、家庭负责的养老服务供给格局及工作机制，为老龄群体提供基本保障服务、普通服务和高端选择服务。国家卫生健康委员会发布的数据表明，截至 2023 年我国已基本形成“9073”养老服务格局，即 90%左右的老年人居家养老，7%左右的老年人依托社区支持养老，3%的老年人入住社会机构养老。因此，我国为老年群体提供医养结合服务的着力点应是居家和社区。国家卫生健康委、全国老龄办印发的《关于开展示范性全国老年友好型社区创建工作的通知》明确，到 2025 年，将在全国建成 5000 个示范性城乡老年友好型社区；到 2035 年，全国城乡将实现老年友好型社区全覆盖。

我国正在加快推进数字技术适老化改造。伴随着新一代信息技术快速发展，我国政务服务、商业服务、公共交通服务、社区便民服务等数字化进程加快，但有相当一部分老年人因“数字鸿沟”成为“数字失能群体”，形成新的、不可回避的社会问题。近年来，国务院工信部印发并实施《互联网应用适老化和无障碍改造专项行动方案》《促进数字技术适老化高质量发展工作方案》，在全国组织开展一系列专项行动。根据中国互联网络信息中心（CNNIC）发布的第 53 次《中国互联网络发展状况统计报告》，截至 2023 年 12 月，我国 2577 个老年人、残疾人常用网站和手机 App 完成适老化及无障碍改造。我国组织制定移动终端、智能电视等产品的适老化标准，推动超过1.4亿台国产智能手机、智能电视完成适老化升级改造。在我国2024年积极倡导的智能家用电器以旧换新行动中，适老化智能家用电器是大力推进的重点之一，各省市都出台了相关优惠政策。

我国正在加快推进智慧健康养老及其试点示范。我国《智慧健康养老产业发展行动计划(2021—2025)》提出：通过强化信息技术支撑、推进平台提质升级、丰富智慧健康服务、拓展智慧养老场景、推动智能产品适老化设计、优化产业发展环境等方式，提升产品供给、数据应用、健康管理、老年人智能技术运用等能力。近年来，国务院民政部等有关部门协同，持续开展智慧健康养老应用试点示范遴选和动态管理。截至2023年，我国创建了199家示范企业，293个示范街道，80个示范基地，3个示范区。近年来，我国连续发布三版《智慧健康养老产品和服务推广目录》，共同遴选了228项智慧健康养老产品、204项智慧健康养老服务，产品及服务项目包含健康管理类、养老监护类、家庭服务机器人等类别，精准对接老龄群体多样化健康养老需求，旨在促进智慧健康养老产品及服务的普及应用，积极鼓励企业开发、推广适老产品和适老服务。《中国智慧健康养老产业发展报告(2023)》提出，作为现代科技与养老服务相结合的新模式，智慧健康养老正在为解决老龄化社会的养老难题提供创新方案。

我国正在加快推进优质老年用品和服务市场供给。截至2023年，工业和信息化部先后发布了两批老年用品产品推广目录，主要聚焦老年服装服饰、陪护机器人、智能监测仪、多功能护理床等631个优质产品。国家卫生健康委员会等多部门联合发布《智慧健康养老产品及服务推广目录(2022年版)》，遴选出54种智慧健康养老产品和25种智慧健康养老服务，积极推动典型智慧健康养老产品及服务推广应用。通过强化标准及技术规范，引领和指导老年用品提高质量。为加快构建并健全老年用品标准体系，我国先后发布了《适用于老年人的家用电器通用技术要求》《老年公寓家具通用技术要求》等多项国家标准和行业标准，以产品质量规范对生产企业提出明确要求。据统计，我国老年用品市场规模在2023年已达到5万亿元。为了满足我国老年用品市场不断增长的新需要，国务院相关部门对老年用品生产企业提出要求，不断提升老年用品的品种丰富度、品质满意度和品牌认可度，努力使老年群体买得放心、吃得安心、用得舒心。

从世界范围看，我国银发经济发展潜力巨大。目前，我国“50后”“60后”老年群体及“70后”准备进入老年阶段群体，对健康、养生、医疗保健等产品及服务的需求日益凸显。伴随着我国老龄化社会快速发展进程，老年群体的多元化、差异化、个性化需求将更加旺盛和更加迫切。尤其是越来越多会消费、懂科技、爱时尚、有活力、重品质的老年群体，助餐、助洁、助行、助浴、助购、助医、助用、助急等一系列刚性需求，将持续推动养老需求和消费结构更新迭代，无疑能为我国银发经济及科技、经济、社会发展不断注入新动能。

## 二、湖北省银发经济高质量发展存在的问题

从我国银发经济发展看，许多省市已高度重视并采取积极行动，目前已进入竞相发展新阶段。近年来，湖北省银发经济发展取得了明显成效，但仍存在发展不快、发展不够、发展不优等问题，应审时度势、砥砺奋进，牢牢把握银发经济高质量发展机遇。

对老龄化社会发展及银发经济认识滞后。弗若斯特·沙利文咨询公司《中国银发经济发展报告》指出，联合国把超过65岁的人口达到7%作为一个国家人口老龄化的标准。在全球主要国家人口老龄化进程中，欧美国家走在世界前列；在亚太国家人口老龄化进程中，日本、中国、新加坡、韩国走在前列，其中发展最快的是日本和中国。虽然欧美国家时间早于亚太国家，但是增长速度上，欧美国家平均50年时间达到了人口老龄化，亚太国家平均35年就达到了人口老龄化。半个多世纪以来，由于人口增长严格控制和健康水平不断提高，我国的人口出生率和死亡率越来越低，人口老龄化进程加快。1950年，我国60岁以上的人口比例仅3%；2023年，我国60岁以上人口比例已超过21%，65

以上人口比例已超过15%，人口出生率已低于和人口死亡率，人口老龄化趋势不可逆转。面对我国老龄化社会发展趋势及其深远影响，我们的思想认识严重不足，积极应对策略明显滞后，银发经济发展不尽如人意。目前，湖北省60岁及以上、65岁及以上人口比例超过全国平均水平，但对老龄化社会发展的严峻挑战缺乏足够认识，尤其是对银发经济发展重要战略意义的认识远远不够。

老年用品市场供给能力明显不足。目前，全球市场老年用品多达6万多种，但我国市场老年用品还不到1万种。不仅老年产品的种类不多，而且一些产品处于产业价值链的中低端，附加值不高，尤其是老年产品的人性化、精细化、智能化明显不足，不能满足日益增长的银发消费市场需求。与我国经济发达省市相比，湖北省老年用品市场有效供给能力有明显差距。迫切需要积极引导企业认识银发经济发展的巨大潜力，针对老年人不同应用场景以及对高品质养老生活的需求，积极开发优质的老年产品和老年服务，让老年用品市场供给尽快跃上一个新台阶。

老年服务市场供需矛盾十分突出。伴随着老龄化社会的发展，全球老年服务市场需求日益旺盛，老年服务产品种类不断增加，老年服务质量不断提高，老年服务场景创新加速。尤其是世界上的科技发达国家、经济发达国家和高福利国家，为适应老龄群体需求及老年服务市场需求而不断创新，取得有目共睹的成效。相比较而言，我国作为发展中国家，尽管GDP总量已多年位居世界第二，但2023年人均GDP仍低于世界平均水平。由于我国人口众多且老龄化社会发展快，老年服务市场需求巨大，与社会有效供给的矛盾十分尖锐。与我国经济发达省市相比，湖北省社会有效供给明显不适应老龄群体需求及老年服务市场发展需求，必须尽快改变这种状况。

老年用品及服务的科技支撑不够。在人类进入老龄化社会的背景下，养老科技在新科技革命与产业变革浪潮中应运而生，并受到世界上越来越多国家和地区的重视。客观而论，养老科技20世纪90年代在国际上逐渐兴起，[①] 但我国对世界养老科技发展态势的关注相对滞后，只是近十几年才逐渐开始重视，与发达国家差距明显。湖北省是一个科技大省，正在加快建设科技强省和创新强省，在全国科技创新版图中有重要地位。但是，湖北省对养老科技创新及其支撑银发经济发展仍缺乏足够重视，不论是思想认识、发展规划还是实际行动，都与我国发达省市有一定差距。[②]

针对这些迫切需要解决的问题，湖北省必须采取积极应对策略，加快推进银发经济高质量发展。

## 三、加快湖北省银发经济高质量发展的策略

为加快推进湖北省银发产业高质量发展，特提出以下策略：

### （一）高度重视银发经济高质量发展的战略价值

与银发经济及银发产业相关、相近、相似的称谓，还有银色经济（silver economy）、老年经济、银铃经济、养老产业、老龄产业、老年产业、适老产业、银龄产业等，尽管这些称谓的内涵及外延存在差异，但皆以老龄化人口为服务对象，都属于银发经济范畴。银发产业作为细分行业集成的产业体系，主要提供面向老龄化社会及老龄人口需求的产品和服务。在人类快速进入老龄化社会背景下，银发产业作为战略性朝阳产业方兴未艾，具有巨大的发展空间。银发经济发展关系到湖北省产业结构调整、社会稳定和谐、幸福指数感觉，具有极其重要的战略价值。湖北省迫切需要加快推进和实现银发经济高质量发展。

---

① 黄鲁成，李晓宇，苗红，等. 国外养老科技创新研究：趋势、主题与展望[J]. 科学学研究，2020，38(7)：1294-1303.

② 武汉大学发展研究院课题组. 湖北发展研究报告 2022[M]. 武汉：湖北人民出版社，2022：18.

### (二)以全球视野谋划和推进银发经济高质量发展

根据世界人口老龄化发展态势及银发产业发展趋势，借鉴发达国家发展银发产业的经验教训，紧密结合我国国情及湖北省情，坚持系统思维和科学决策，不断完善银发经济高质量发展的顶层设计。面向未来发展愿景，尽快制定湖北省银发经济高质量发展战略规划及行动计划，确定银发经济发展优先序、时间表、路线图、关键点、政策池。尤其要重视湖北省银发经济高质量发展政策的精确供给，尽可能提高政策的针对性、精准性、引导性、系统性、实效性和可评价性，努力提高银发经济政策的实施效用，加快实现银发经济高质量发展的新突破和可持续性。

### (三)以系统思维促进银发经济高质量发展

银发经济高质量发展是一个复杂的系统工程，必须始终坚持系统思维，努力处理好各种社会关系：一是银发经济及银发产业与银发事业发展的关系；二是政府促进银发经济发展与市场促进银发经济发展的关系；三是银发经济的社会性与银发经济的经济性之关系；四是国有企业促进银发经济与民营企业促进银发经济发展的关系；五是银发经济发展中老龄群体与混龄、跨龄群体消费(年轻人跨龄参与老年市场消费)的关系。通过积极处理这些关系和协同创新，形成促进银发经济发展合力，为湖北省银发经济发展创造更好的社会环境，不断提高银发经济发展效率和效益。

### (四)以养老科技创新赋能银发经济高质量发展

经济高质量发展需要科技支撑，银发经济高质量发展需要现代科技、尤其需要养老科技支撑。人口老龄化给养老科技创新带来机遇和挑战。养老科技是一个跨学科研究领域，涉及自然科学、技术科学、工程科学、人文社会科学、管理科学等，与银发经济发展联系特别紧密。湖北省应积极支持养老科技创新，坚定不移地以养老科技创新赋能银发经济发展。建议湖北省政府智力成果采购、科技创新计划、新型智库建设基金等，设立支持养老科技创新、促进银发经济高质量发展的研究专项及咨询专题，围绕养老科技赋能银发经济发展进行深入研究。充分发挥科技创新对银发经济发展的支撑作用，尤其是强化数字化赋能、人工智能赋能等应用场景创新，密切跟踪对人类老龄化社会影响深远的未来技术发展，以及未来技术对银发经济发展的影响。

### （五）促进银发产业与关联产业的深度融合

银发产业具有的融通性、渗透性、普适性、针对性、亲和性等特性，使其具有与关联产业深度融合的底层逻辑，通过与大健康产业、休闲娱乐产业、养老科技研发产业及细分行业融合，相互支撑、相互促进、相得益彰，创造更大的经济社会价值。当今世界，新一轮科技革命和产业变革突飞猛进，人工智能、大数据、万物互联、拟人机器人等技术面临新突破，为银发产业与关联产业深度融合提供了前所未有的技术条件。建议在湖北省“51020”现代产业体系集群框架下，确定银发产业与关联产业深度融合重点，尤其要大力推进银发产业高质量发展所涉及第一、第二、第三产业的深度融合，提高银发经济的整体效能。①

### （六）围绕健全完善银发产业链强化招商引资

根据人口老龄化社会的市场需求特点，湖北省必须注重银发产业制造业和银发产业服务业的有机联系，持续优化营商环境和高品质创新生态，不断创造银发产业新场景、新需求、新赛道、新动能。要按照湖北省银发产业链的技术结构图、应用领域图、产业布局图、发展路线图制定招商引资目标图，紧紧围绕银发产业链“建链、补链、延链、强链”招商引资，重点引进银发产业的国内外优秀企业、尤其是行业领军企业，以增量带动存量。在科技创新作为百年未有之大变局关键变量的时代背景下，重视科技赋能湖北省银发产业招商引资，发挥科技思想、科技方法、科技预测、科技评价、科技传播对银发产业招商引资的科技支

① 李光. 关于加快推进湖北银发产业发展的建议[J]. 咨询参考，2023(29)：4.

撑作用。

### （七）加快形成银发经济高质量发展的社会合力

基于加快湖北省银发经济高质量发展的社会共识，激发全社会共同推进银发产业快速发展的积极性、主动性和创造性，努力构建共识、共建、共创、共享的社会利益共同体，使政府更有为、市场更有效、社会更有活力、产业更有竞争力、民众更有幸福感和获得感。银发产业与银发事业联系紧密，两者具有互补性、融通性和协同性。银发事业高质量发展需要政府更有作为，银发产业高质量发展需要市场配置资源更加有效，要充分发挥银发事业与银发产业整体大于部分之和的协同效应，形成推动银发经济高质量发展的社会合力，更好地体现政府有为、市场有效、社会有序、公众参与。

### （八）努力培育银发经济高质量发展的人才队伍

加强湖北省普通高校、职业技术学院对银发经济专业人才的自主培育，尤其是解决银发产业细分行业对专业人才的迫切需要。通过采取综合性措施，强化银发产业领域岗位认同，不断提高银发产业及细分行业的职业吸引力。特别要努力创造更多就业机会和发展空间，提供可预期职业规划及持续激励机制，增强年轻人对银发产业就业的体验感和认同感，使年轻人愿意来、留得住、技能行、干得好，破除影响年轻人入职银发产业、尤其是从事银发服务行业的障碍。面向未来我国银发经济高质量发展需求，尽快将急需紧缺职业纳入职业培训目录，积极开展从业人员的科技、文化、技能特色培训，不断提高湖北省银发经济人才队伍的整体水平和系统效能，为银发经济高质量发展和可持续发展提供坚实支撑。

### （九）积极打造银发经济高质量发展的法治环境

市场经济是法治经济，银发经济也是法治经济。银发经济高质量发展，不仅需要更好地发挥政府的重要作用，而且需要更有效地发展市场配置资源的决定性作用。湖北省应尽快研究、制订促进银发经济高质量发展的相关法规，大力倡导社会诚信和行业自律，切实加强市场监管和媒体监督。针对老龄群体身体机能、心智机能不断衰弱的客观现实，尤其是部分老龄群体身体失能或半失能、数字失能乃至心智失能的生存状态，必须真正维护社会老龄群体的权利主张，尽可能避免出现“老年人经济”异化为“骗老年人经济”、“银发经济”异化为“骗银发经济”现象。

### (十) 发挥老专家对银发经济高质量发展的重要作用

2019 年 10 月 5 日，习近平总书记在对中国老科技工作者协会的重要批示中指出：“老科技工作者人数众多、经验丰富，是国家发展的宝贵财富和重要资源。”2023 年 6 月，中央八部委联合出台《关于加强新时代老科技工作者协会工作 更好发挥老科技工作者作用的意见》，明确提出：“老科技工作者是党的人才队伍的重要组成部分……需要用好用活老科技工作者这一重要人才资源。”老科技工作者既是老龄服务的需求者和体验者、也是养老科技的重要创新者，更是银发产业的积极推进者。湖北省应高度重视老专家承前启后的师承功能，积极支持着眼于银发产业高质量发展的“银发创新”“银发创业”，鼓励老专家积极为银发产业高质量发展发光发热。

（本报告为武汉大学老科技工作者协会 2023 年度公益性研究课题“湖北省银发经济研究”成果之一）

**课题负责人：** 李　光　湖北省人民政府咨询委员、武汉大学“珞珈杰出学者”、武汉大学老科技工作者协会会长、武汉大学经济与管理学院二级教授、博士生导师

**课题组成员：** 周　茜　武汉大学博士研究生

王才玮　武汉大学博士研究生

刘　亮　武汉大学博士研究生

# 湖北省流域综合治理与统筹发展研究

秦尊文　张　宁

2022年6月，湖北省第十二次党代会报告提出“建设全国构建新发展格局先行区”，努力探索“以流域综合治理为基础的四化同步发展”的湖北路径。2023年1月18日，省委、省政府印发《湖北省流域综合治理和统筹发展规划纲要》(以下简称《规划纲要》)。1月29日，全省加快建设全国构建新发展格局先行区会议召开，将《规划纲要》作为建设全国构建新发展格局先行区的行动纲领予以宣布。一年多来，湖北省流域综合治理与统筹发展稳步推进，取得了引人瞩目的成就。

## 一、划分流域片区和安全底线，统筹发展和安全

湖北省地处长江中游，位于我国第二阶梯向第三阶梯过渡转折地，在全国经济地理格局中，处于承东联西、南北交流的中心位置。全省包括长江、汉江、清江三条主要水系，呈现“三江千湖、四屏一山一平原”的自然地理格局。湖北优于水，也忧于水。“治荆楚必先治水”，不仅是对湖北省地理和政治特点的反映，也是对该地区社会经济发展和生态环境保护的必然要求。湖北省贯彻党的二十大精神，在流域综合治理中，划分出多级流域片区，同时对各片区划定管控底线，使国家统筹发展和安全的部署真正落到实处。

开展流域综合治理，湖北省旨在守住生态安全底线，解决流域资源生态环境问题，优化国土空间开发保护格局，推动长江经济带生态保护和绿色发展，持续改善生态环境，明显提升城乡人居环境质量，实现生

态保护和经济发展的良性互动，夯实先行区建设基础，筑牢安全发展屏障，奋力推进中国式现代化湖北实践。这是湖北的一大创举，也是对全国省域治理的新探索、新贡献。

## (一)划分多级流域片区

《规划纲要》将全省划分为长江干流、汉江和清江 3 个一级流域。其中，长江干流流域面积 9.38 万平方公里，汉江流域 6.24 万平方公里，清江流域 2.97 万平方公里。在 3 个一级流域基础上，结合水资源分区、重大区域战略、国家重大水利工程、行政区划管理等因素，将全省细分为 16 个二级流域片区(见表 1)。

表 1　　湖北省流域分区基本情况表

| 序号 | 一级流域 | 二级流域片区 | 面积(万平方公里) | 涉及市州、省直管县级市、林区 |
|---|---|---|---|---|
| 1 | 长江干流一级流域 | 三峡库区 | 0.777 | 宜昌市、恩施州、神农架林区 |
| 2 | | 黄柏河片区 | 0.319 | 宜昌市 |
| 3 | | 沮漳河片区 | 0.882 | 襄阳市、宜昌市、荆门市、荆州市 |
| 4 | | 四湖片区 | 1.177 | 荆州市、荆门市、潜江市 |
| 5 | | 荆南四河片区 | 0.587 | 荆州市、宜昌市 |
| 6 | | 府澴河片区 | 1.945 | 随州市(全域)、孝感市、荆门市、武汉市、黄冈市 |
| 7 | | 鄂东五河片区 | 1.834 | 武汉市、黄冈市、黄石市 |
| 8 | | 鄂东南片区 | 1.357 | 武汉市、鄂州市、咸宁市、黄石市 |
| 9 | | 富水片区 | 0.505 | 咸宁市、黄石市 |
| 10 | 汉江流域 | 汉江丹库以上片区 | 2.200 | 十堰市、神农架林区 |
| 11 | | 唐白河片区 | 0.735 | 襄阳市 |
| 12 | | 汉江中游片区 | 1.903 | 十堰市、神农架林区、襄阳市、荆门市 |
| 13 | | 汉江下游片区 | 1.398 | 荆门市、天门市、潜江市、仙桃市、孝感市、武汉市 |

续表

| 序号 | 一级流域 | 二级流域片区 | 面积（万平方公里） | 涉及市州、省直管县级市、林区 |
|---|---|---|---|---|
| 14 | 清江流域 | 清江片区 | 2.036 | 恩施州、宜昌市 |
| 15 | | 沅江澧水片区 | 0.532 | 恩施州 |
| 16 | | 乌江片区 | 0.403 | 恩施州 |
| 合计 | | | 18.59 | |

各市县的规划在二级流域的基础上，根据实际情况，再划分三级流域甚至四级流域。如黄冈市坚持统筹发展和安全，严格落实湖北省安全底线要求，细化省级二级流域片区，以7个三级流域单元为市级治理单元，明确并守住安全底线，统筹推动四化同步发展，分区分类建立安全管控负面清单和经济社会发展正面清单，科学引导国土空间合理布局，增强市域国土安全韧性，促进高质量发展和高水平安全良性互动。黄冈市黄梅县将境内的华阳河三级流域进一步划分为古角河片区、太白湖片区、沿江流域片区三个四级流域片区。

### (二)划定四条安全管控底线

1. 水安全底线

保障标准内洪水下，流域防洪安全。保障水库、堤防等重要水利工程防洪安全，蓄滞洪区安全有效运行。维护南水北调工程安全、供水安全、水质安全。保障供水和重要河湖生态流量。

长江总体防御1954年洪水，陆水防洪标准10~50年一遇，梁子湖总体防洪标准50年一遇，斧头湖总体防洪标准20年一遇，其他中小河流防洪标准10~20年一遇。3级及以上堤防565公里，遇标准内洪水不溃堤；大型水库3座，中型水库19座(中型病险水库7座)，小型水库708座(小型病险水库45座)，遇标准内洪水不垮坝。城乡供水保证率不低于95%、水稻区灌溉保证率不低于80%、旱作区灌溉保证率不低于75%。

2. 水环境安全底线

保障水质优良占比。361个省控水质监测点位(含国控204个)优良率不低于85.3%，基本消除劣V类点位，长江干流水质总体保持在II类或以上。确保饮用水水源地安全。全省县级及以上饮用水水源地水质优良率持续保持100%，丹江口库区水质长期保持在II类或以上。

3. 粮食安全底线

守住耕地保护红线。按照《全国国土空间规划纲要(2021—2035年)》下达的湖北省保护任务，到2035年湖北省耕地保有量不低于6925万亩，永久基本农田面积不低于5950万亩。对永久基本农田实施特殊保护，确保高标准农田数量不减少、质量不降低，坚决制止耕地“非农化”，防止耕地“非粮化”。确保粮食产量稳定。稳定提高粮食生产能力，确保粮食综合生产能力保持在500亿斤以上。

4. 生态安全底线

严控3.73万平方公里生态保护红线。整合优化后的自然保护地全部划入生态保护红线。

以上四条红线由省统一划定。有的市州在此基础上增添了底线种类。如荆州市是中国历史文化名城，地下楚文化遗迹众多，因此增加了“文物安全底线”；黄冈市山川秀美，但易发地质灾害，虽然没有明确增加“地质安全底线”，但在保障水安全、水环境安全、粮食安全和生态安全“四个安全”之后，单独加了一条“防范地质灾害风险”。

### (三)明确以流域综合治理为基础推动四化同步发展路径

流域综合治理，往往被人们认为是水利工程项目或者生态修复项目，与四化同步发展关系不大，尤其是与工业化不沾边、是“两张皮”。实际上，其重要性不只是体现在修复生态、建设生态、保护生态，也与新型工业化、信息化、城镇化、农业现代化密切相关。我们首先分析流域综合治理对新型工业化的推进机制和作用。

以流域综合治理为基础的四化同步发展，高度契合湖北自然资源禀赋，是解决流域资源生态环境问题的重要抓手，是实现区域高质量发展的必然选择。要走稳走好四化同步发展的湖北路径，一切从实际出发，构建四化同步发展示范区、绿色低碳发展示范区、城乡融合发展示范区、生态文明建设示范区、江汉平原高质量发展示范区、产业转型升级示范区、“两山”实践创新示范区，推动信息化和工业化深度融合、工业化和城镇化良性互动、城镇化和农业现代化相互协调。

四化同步发展是目标，流域综合治理是抓手。流域综合治理的精髓就是打破行政区划的限制，尽量保障流域的完整性，以流域为单元统筹推进治理、统一谋划发展。而“协同立法”，是最重要的手段。2023年12月1日，湖北省十四届人大常委会第六次会议表决批准了《荆州市长湖保护条例》《荆门市长湖保护条例》；2024年1月26日，潜江市人大常委会表决通过了《关于加强长湖协同保护的决定》；“两条例一决定”自2024年3月1日起同步施行。

小流域综合治理，是市县工作的突破口。在荆州、荆门、咸宁、十堰、恩施5个市州开展小流域综合治理试点。以水系为脉络，以问题为导向，统筹山水林田湖草及道路、村庄和城镇，推进上下游、左右岸、地表地下、城镇乡村系统治理，努力实现生产方式和生活方式绿色低碳转型，推动四化实现叠加融合“并联式”发展。目前，试点市州已经探索形成了一批可复制、可推广的工作模式和做法。

## 二、以流域综合治理推动新型工业化发展

工业化是一个国家(地区)由农业国(地区)向工业国(地区)转变的过程，其内涵不仅仅是工业或第二产业。工业化的特点是分工演进、商业化和贸易依存度的上升、新机器和新设备的出现、个人专业化水平提高、结构多样化、劳动市场发展等现象同时出现。新型工业化与传统工业化相比，更加注重绿色低碳、自主创新、数字经济与实体经济整合。

### (一)严格水污染防治措施，倒逼产业转型升级

根据流域水质目标、主体功能区划及生态红线区划的要求，分区域、分流域制定并实施差别化环境准入政策，加快推进沿江化工企业搬迁改造与技术、产品、工艺更新相结合，与智能制造、绿色制造相结合。目前，湖北省化工新材料、高端精细化工、生物农药、新型高效化肥等高档次化工产品比重在30%以上。同时，按照清洁生产的要求进行技术改造，支持企业入园集群发展、集中治污，提高水循环利用率，减少废水和水污染物排放量，对为减少水污染进行技术改造或者转产的企业，通过财政、金融、土地使用、能源供应、政府采购等措施予以鼓励和扶持。

2007年12月18日，山东晨鸣集团与黄冈市人民政府签订合作备忘录，投资160.3亿元建设林浆纸/纤一体化项目。项目按照当时比较先进的“人工造林+造纸”模式，规划在黄冈建设325万亩林地和129.8万吨造纸基地。该项目是黄冈有史以来最大的单体工业投资项目，历时10年报审，已完成国家和省、市报批、核准手续250多项，包括原国家林业局、原国家环保部、国家发改委分别于2011年、2012年、2013年对黄冈晨鸣林浆纸一体化项目作出相关批复。为践行习近平生态文明思想，贯彻落实习近平总书记关于长江经济带“共抓大保护、不搞大开发”重要指示精神，市委、市政府和项目投资方严格对标对表，积极主动适应最严环保要求，采取了四项严格措施。一是“砍纸”。由于废纸造纸涉及到脱墨浆生产线，根据新的环保要求，2016年，黄冈晨鸣项目停建了129.8万吨的以废纸为原料的造纸项目，每年1.8万吨脱墨浆废水排放降为零，项目改为生产生物质纤维——粘胶，再用粘胶抽丝，生产无纺布。二是“退林”。根据黄冈晨鸣一期项目原相关审批文件，黄冈市政府协助晨鸣集团在8县市收购、建设325万亩原料林基地，供黄冈晨鸣浆厂生产，山东晨鸣集团成立黄冈林业公司负责原料林项目投资建设。在2016年，为主动适应天然林的保护和绿色发展的要求，市政府协调山东晨鸣集团退回在黄冈收购的自营林和联营林325万亩，改

为原料全部进口，不砍黄冈一棵树。三是“分区”。按照当初计划，黄冈晨鸣林浆纸、林浆纤一体化项目落户黄州区南湖工业园，用地超过5000亩。如今，分南北区建设，将环保要求更高的粘胶及配套化学制品生产项目转到离长江22公里的黄冈化工园，南区只建设低排放的制浆、无纺布和码头等项目。四是“提标”。奉行绿色发展理念，全面升级制浆项目污水排放工艺技术，提高中水回用率，配套建设南湖工业园污水处理厂。黄冈晨鸣采取世界上最完善、最先进的污水处理工艺和设备，其回收水的标准（COD≤5mg/L）要远远高于国家标准（COD≤70mg/L）。“三废”实际排放控制标准全面优于原国家环保部环评批复标准。

### （二）打造以水能为主的清洁能源走廊，实现产业低碳发展

水电是重要的清洁可再生能源，其技术成熟、经济性好、可大规模开发，既能代替煤电提供稳定绿色的电力供应，又能发挥灵活调节和储能作用，保障电力系统安全稳定运行，并带动更大规模新能源开发利用。长江流域水力资源理论蕴藏量达3亿千瓦，约占全国总量的40%，是中国水电开发的主要基地。抽水蓄能是水电的深度开发，具有调峰、调频、调相、储能、系统备用和黑启动等“六大功能”，是当前技术最成熟、全生命周期碳减排效益最显著、经济性最优且最具大规模开发条件的电力系统灵活调节电源。湖北在继续发挥三峡、葛洲坝、隔河岩等水电站功能的同时，积极发展抽水蓄能电站。

2021年9月《抽水蓄能中长期发展规划（2021—2035年）》发布以来，长江流域抽水蓄能产业发展持续加快，成为能源转型发展、低碳发展的突破口。三峡集团响应国家号召，充分发挥大水电技术优势，在抽水蓄能超高水头机组、大容量机组、可变速机组、智能建造等方面持续开展科技攻关、技术创新，推动抽水蓄能技术进步，共促行业高质量发展。

长江流域各省市积极发展抽水蓄能发电，其中湖北是行动最早的省份之一。罗田白莲河和天堂2座抽水蓄能电站已建成投入商业运行，其

中白莲河抽水蓄能电站总装机容量达到120万千瓦，相当于隔河岩水电站规模；通山大幕山等38个抽水蓄能电站项目纳入国家抽水蓄能发展规划，总装机3900.5万千瓦(超过三峡水电站的2250万千瓦)。

抽水蓄能发电还能促进其他清洁能源发展。风电、太阳能发电具有随机性、波动性、间歇性等特点，抽水蓄能电站建设可有效减少风电、光伏等并网运行对电网造成的冲击，提高风电、光伏和电网运行的协调性及安全稳定性。抽水蓄能电站建设不仅可以保障大电网安全、促进新能源消纳、提升全系统性能、助力乡村振兴和经济社会发展，也是为现代能源体系量身打造的绿色巨型"充电宝"。充分发挥绿色能源资源优势，发展绿色铝、绿色硅等高载能产业。

总之，要充分发挥长江流域能源、资源优势，重点将可用水能"吃干榨尽"，积极推动能源结构低碳转型，打造水能为主的清洁能源走廊，支撑经济社会的低碳转型发展，为新型工业化发展持续增添强劲动力。

### (三)以航运系统治理充分发挥"黄金水道"功能，构筑物流优势

在长江经济带上，湖北拥有最长的长江干流。在流域综合治理中，湖北以航运系统治理为制造业构筑物流成本优势，让"黄金水道"发挥"黄金效益"，助力新型工业化发展。

加快干线航道系统治理，畅通物流通道。加快实施一批重大航道治理工程，加快推进航道整治工程建设，重点打通长江中游"肠梗阻"。在2022年3月完成安庆至武汉6米水深航道整治工程的基础上，加快推进武汉至宜昌段4.5米水深航道整治工程，全面建成"645工程"；积极推动实施三峡枢纽水运新通道和葛洲坝航运扩能工程，打通瓶颈制约。

健全多式联运服务体系，降低物流成本。加快发展内联外畅、干支结合的集装箱运输网络。着力提高多式联运发展水平。加快推进国家多式联运示范工程建设。着力发展现代物流。推进港口、航运企业融合发展。不断拓展物流服务功能，构建以物流信息系统为基础，以运输、仓

储为主要职能，服务职能不断完善的现代物流体系。重点推进国际海铁联运发展，推动中欧班列与江海直航无缝衔接，拓展“江海直航、铁海联运”辐射范围。

创新船舶绿色技术，提升航运绿色发展水平。推进船舶污染防治新技术应用，在重点水域、关键区域建设船舶防污染监管检测系统，推动重点船舶配置污染物排放在线监测设备。配备船舶污水、燃油硫含量等快速检测仪器。推广应用新能源和清洁能源动力船舶，推动延续新建、改建 LNG 单燃料动力船舶鼓励政策，积极支持纯电力、燃料电池等动力船舶研发与推广。严格执行船舶强制报废制度，加快淘汰能耗高、污染大、安全系数低的老旧船舶。加快推进长江水系船舶岸电系统船载装置改造，完善岸电使用相关法规政策，利用中央预算内资金支持政策，推动协调相关省市实现重点船舶受电改造全覆盖。

### （四）塑造引领型发展，打造五大世界级产业集群

2018 年 4 月 28 日，习近平总书记在听取湖北省委和省政府工作汇报后，对湖北省各项工作取得的成绩给予肯定，希望“塑造更多依靠创新驱动、更多发挥先发优势的引领型发展”。在流域综合治理中，湖北在全面建设现代化产业体系的基础上，聚焦打造五大世界级产业集群。

一是光电子信息产业集群。支持“中国光谷”加速升级为“世界光谷”，建成世界一流的光通信产业高地、全国顶尖的光电显示产业集群、具备全球竞争力的激光产业基地和存储器产业基地，进一步巩固和提升全国“独树一帜”的领先地位。2023 年 9 月 5 日，印发《加快“世界光谷”建设行动计划》，要求到 2025 年武汉光电子信息产业规模达到 7000 亿元，武鄂黄黄达到 1 万亿元。根据目前迅猛发展势头判断，武鄂黄黄有可能 2024 年提前达到 1 万亿元。

二是新能源与智能网联汽车产业集群。打造全国重要的新能源与网联汽车创新中心和产业基地，引领湖北新能源汽车跻身全国第一方阵，推动“汉孝随襄十”汽车产业走廊扩能增效，加快推动商用车、乘用车、专用车等产品系列化、高端化发展，促进全省汽车产值加快突破万亿

元。为抢占自动驾驶新赛道，武汉在全国率先发布全无人驾驶商业化运营试点政策，实现了跨区通行、跨江通行、机场高速通行等多个自动驾驶商业应用场景的全国创新突破。截至2023年底，武汉市累计开放测试道路里程已突破3378.73公里(单向里程)，覆盖武汉12个行政区，辐射面积约3000平方公里，触达人口超770万，开放里程和开放区域数量均保持全国乃至全球第一。作为美国最大的自动驾驶出行服务商，Waymo目前主要在美国凤凰城、旧金山、洛杉矶开展自动驾驶出行服务，总运营面积约867.64平方公里。2024年2月27日，“萝卜快跑”全无人自动驾驶车辆首次驶过武汉杨泗港长江大桥及武汉白沙洲大桥，也让武汉成为全国首个实现智能网联汽车横跨长江贯通运营的城市。“萝卜快跑”将进一步以武汉为范本，推动自动驾驶从“区域性示范”走向“城市级应用”的规模化落地。

三是生命健康产业集群。打造全国领先的生物医药及医疗器械产业集群、生命健康产业发展集聚区和健康消费全国性中心。武汉建设成为三大国家医学中心和国家生物经济先导区，围绕生物技术药物、高端仿制药、化学创新药、高性能医疗器械、医用防护物资和医疗服务等领域，着力补短板、挖潜力、增优势。2024年4月7日至10日，第六届世界大健康博览会在武汉国际博览中心举办。健博会自2019年开始，每年在湖北武汉举办，创新采用政府主办、商会承办、市场化专业化运作的办会模式，展示世界大健康领域前沿的新产品、新技术、新成果。通过博览会，吸引数千亿元投资，大大促进了生命健康产业发展。

四是高端装备产业集群。以武汉、襄阳、荆门、鄂州、孝感为依托，打造长江经济带航空产业集聚区和国家航天产业发展先行区；以武汉、荆州、宜昌为依托，打造具有全球影响力的高技术船舶与海洋工程装备研发建造中心；以武汉、襄阳、黄石为依托，打造全国领先的智能制造装备核心技术创新高地和高端数控装备先进制造业集群，中部重要的轨道交通装备产业基地。

五是北斗产业集群。以武汉为核心，保持在北斗卫星导航智能芯片、高精度定位智能终端产品、室内外无缝定位、精准定位、面向复杂环境的适应性智能导航等关键技术上的领先优势，加快北斗应用系统智能平台建设，扩大重点行业和领域应用，打造全国北斗产业创新发展高地。

## 三、以流域综合治理推动信息化发展

流域综合治理，不仅能推动新型工业化发展，也能促进信息化、数字化发展，为“数字湖北”“数字中国”助一臂之力。

### (一) 加强“数字孪生流域”建设，提升全社会数字感知能力

2023 年 4 月 28 日，在驻汉的水利部长江水利委员会组织实施下，我国首个数字孪生流域建设重大项目——长江流域全覆盖水监控系统建设项目开工建设。目前，长江水利委员会已启动推进数字孪生试点建设工作，项目总投资 5.97 亿元，工期 3 年。长江流域全覆盖水监控系统建设是列入国务院确定的 150 项重大水利工程和《“十四五”水安全保障规划》的智慧水利重点项目。项目建设围绕数字孪生流域建设的目标任务，通过新建改造水文站网，完善视频和遥感等监测手段，构建覆盖长江干流及主要支流等重点区域的水监测感知体系；同时加强监测数据汇集和处理分析，搭建监测、评估、告警、处置、总结全过程管控应用体系，提升预报、预警、预演、预案“四预”对流域治理管理决策的支持能力。项目实施后，将为长江流域水利决策管理提供前瞻性、科学性、精准性、安全性支持，对强化流域统一规划、统一治理、统一调度、统一管理，提升长江流域水安全保障能力具有重要作用，对全国加快推进数字孪生流域建设具有重要的示范意义。

基于数字孪生技术，构建集监控管理、大数据分析、智能应用为一体的长江流域水文水资源监测预报预警平台，提供水文测报、预报预警、分析评价一站式服务，凝聚“测、报、算”专业合力，提升水文业务的智能化水平。当前，长江委水文局正在探索利用新一代数字技术对水文业务、水文管理和水文服务开展更深层次的重塑，促进业务数据

化、数据资产化、应用场景化，提高工作效率，提升服务品质，推动水文数字化转型。同时，开展长江流域控制性水利工程综合调度系统建设，打造集流域情势分析、流域水模拟、防洪及水量调度等功能为一体的数字孪生平台，推进数字孪生流域建设，提升水利信息化水平。

## （二）加快“数字航道”建设，为促进“双循环”提供航运支撑

设在武汉交通运输部长江航道局，负责长江干线宜宾合江门至长江入海口全长2754公里主航道规划、建设、运行、维护等工作。同时还维护着副航道、支流河口航道、海轮航道、专用航道约1893公里，维护总里程约4647公里。近年来，长江航道局无论是在“深下游、畅中游”还是在“延上游、通支流”过程中，都十分注重数字航道建设。数字航道，是通过运用电脑网络、数字通信、卫星定位、GIS等现代信息技术，将航标、船舶、水深图通过数字化的方式进行整合，从而实现一套可操作、可查看、可追溯的软件系统。2016年12月，交通运输部批复长江干线数字航道综合服务平台建设工程可行性研究报告；2017年12月，交通运输部批复长江干线数字航道综合服务平台建设工程初步设计；2018年9月，工程正式实施；2020年12月，工程完成全部建设内容并试运行。2022年“长江数字航道一体化服务系统关键技术研究及应用”项目荣获中国水运建设行业协会科学技术奖特等奖。

长江航道局建设了长江干线数字航道综合服务平台，主要包括综合信息服务系统和综合业务服务系统2个应用系统，建设了长江航道数据中心，完善了主机及存储备份等硬件设备，配置了监控设备，配套建设了相应设施。整合了长江干线各区域数字航道资源，实现了长江干线全线电子航道图、航道维护尺度、水位、航标等信息的集中统一对外发布，以及门户网站、网络地图、手机应用等多种方式发布，实现了全线航道条件的集中统一在线监控，长江航道信息资源的集中管理，并与长江航运数据中心互联互通，能为沿线港航管理部门和长航局系统单位提供统一的数据交换服务，为长江航道局对内管理和对外服务水平的提升提供了有力保障。工程完工投入应用后，实现了航道要素感知全面化、

航道维护管理主动化、航道业务管理标准化、航道管理决策科学化，全面提升了综合管理品质和服务效能，进一步发挥了长江水运优势。进一步提升电子航道图生产能力，加快打造“水上智慧生态图”，构建以武汉为中心的长江干线电子航道图数据服务中心，引领长江水系建成“干支联动、水系联网”的水运服务架构，以电子航道图承载的航道智能化信息服务支撑及引领我国内河航道数字化、智能化建设与发展，为服务新发展格局增添新动能。①

为进一步扩大长江、汉江“干支联动”数据范围，发挥电子航道图建设成效，湖北省交通运输厅港航管理局继续委托长江航道测量中心，开展了汉江碾盘山到崔家营 110 公里 IV 级航道，崔家营到襄阳 33 公里 III 级航道的电子航道图建设工作，依照统一标准规范制作 143 公里电子航道图数据，实现了与已经上线的 375 公里汉江电子航道图数据的无缝衔接，实现了湖北省境内汉江干流电子航道图数据的全面覆盖，更好地提升了湖北省港航信息服务能力，推动了沿江经济高质量发展，进一步推动了全国内河电子航道图“一张图”的建设。

### （三）推进数字化建设，打造“东数西算中储”枢纽节点

大力推进“数字长江”建设。“数字长江”主要包含六大应用体系：一是电子政务体系，提供网上政务和政府信息公开服务；二是公众服务体系，提供网上公共信息搜索、查询服务；三是电子商务体系，提供电子化的船货交易、物流运输、设备购置、人才招聘等服务；四是数字装备体系，实现港口及船舶设备的数字化、自动化和智能化；五是内部业务应用体系，实现各单位内部管理、经营、决策等信息流的网络传输和计算机处理；六是长江航运数据中心和综合服务信息系统，实现各系统间的数据交换和应用互联。“数字长江”是对长江航运信息化、智能化的形象描述，其基本内涵是将信息化技术广泛应用于政务管理、公共服务和企业经营等长江航运领域，通过信息化应用系

---

① 秦尊文. 在流域综合治理中统筹推进四化同步发展[J]. 政策，2023(2).

统实现各类航运业务的流程优化、协同配合和辅助决策，最大限度地优化航运管理、提供公共服务，提升航行安全，提高运输效率，加强内部管理，降低运行成本，为促进沿江社会经济发展提供优质、高效、便捷的航运服务。

湖北积极开展全国算力与大数据创新发展核心区建设，发展大数据产业，融入国家“东数西算中储”布局。以武汉超算中心为龙头，以湖北算力与大数据产业联盟为依托，在流域综合治理中因地制宜、因“水”制宜发展大数据产业。武当云谷大数据中心是因“水”制宜的典型。央企汉江水利水电集团与大型国企十堰国投集团共同出资，利用稳定可靠的水电和丹江口水库丰富可持续的深层冷水优势建设大数据中心，建立全景式生态环境形势研判模式，进一步完善基于大数据算法、水网络拓扑关系模型、卫星遥感等应用技术，加强水资源、水环境等数据的关联分析和综合研判。湖北可以此为切入点，整合全省资源，积极争取成为全国算力与大数据创新发展核心区。

## 四、以流域综合治理推动城镇化发展

在湖北流域综合治理中，以习近平新时代中国特色社会主义思想为指导，落实“以水定城、以水定地、以水定人、以水定产”原则，通过治山理水，使人们看得见山、望得风水、记得住乡愁，助推新型城镇化发展。

### (一)打造理想空间结构，推进都市圈城市群战略

在良好生态本底基础上，实现以人为本的高质量发展，构筑三大都市圈引领、三大发展带支撑的空间结构。加快建设以武汉、襄阳、宜昌为中心的三大都市圈，提升沿江发展带、汉十发展带、襄荆宜发展带轴向联动互促，增强中心城市及城市群等经济发展优势区域的经济和人口承载能力，推进长江中游城市群协同发展。

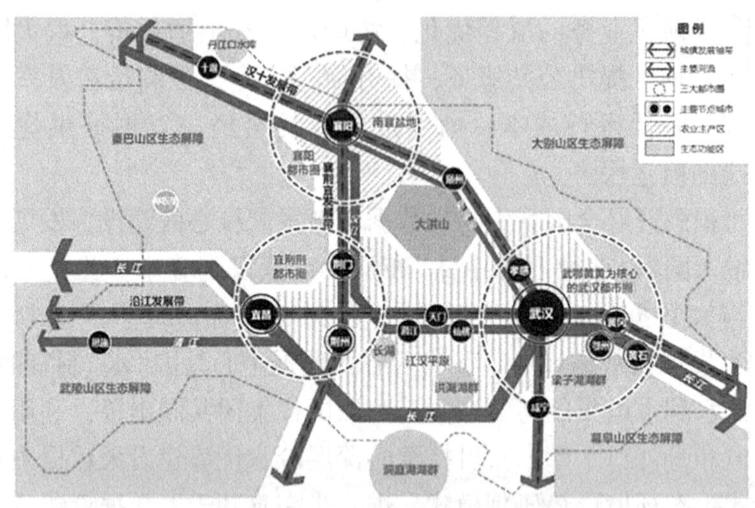


湖北省理想空间结构示意图

一是加快建设武汉都市圈。2022 年 2 月 6 日，国务院批复的《长江中游城市群发展“十四五”实施方案》首次从官方使用了“武汉都市圈”概念。6 月 18 日，湖北省第十二次党代会宣布“加快建设以武鄂黄黄为核心的武汉都市圈”。12 月 7 日，湖北省发改委宣布，国家发改委已批复《武汉都市圈发展规划》。12 月 30 日，湖北省推进三大都市圈发展工作领导小组办公室出台《武鄂黄黄规划建设纲要大纲》，文件明确规划多中心组团式城镇用地布局，沿江环湖构建武汉新城组团、武昌组团、汉口组团、汉阳组团、汤逊湖组团、鄂州主城组团、黄冈主城组团、黄石-大冶组团(含黄石新港)8 大城市组团。2023 年 2 月 7 日公布《武汉新城规划》，管控范围拓展至环梁子湖区域，规划面积约 1689 平方公里。发展定位：世界级科技创新策源高地、国家战略性新兴产业高地、全国科创金融中心、国际交往中心、中国式现代化宜居湿地城市样板。可以看出，武汉都市圈以武鄂黄黄为核心，武鄂黄黄又以武汉新城组团为引擎。但并不是武汉都市圈其他城市只能袖手旁观，省委、省政府积极推动武汉辐射带动周边城镇共同发展，支持孝感打造武汉都市圈重要节点城市，支持咸宁打造武汉都市圈自然生态公园城市，支持仙桃、天门、潜江建设四化同步发展示范区，将武汉都市圈打造成为引领湖北、支撑中部、辐射全国、融入世界的重要增长极。

二是加快建设襄阳都市圈。2023 年襄阳 GDP5842.91 亿元，超过洛阳，是中部地区 GDP 最高的非省会城市，并超过全国 11 个省会。听起来襄阳好像是“惊人的一跃”，并不是创造奇迹，只是恢复历史的荣光而已。襄阳曾经是中西部非省会首位城市，1995 年 GDP 为 337 亿元，排名居全国第 42 位(洛阳以 245 亿元排名第 60 位)，超过西安(以 330 亿元排名第 44 位)、长沙(以 320 亿元排名第 49 位)、南昌(以 240 亿元排名第 62 位)、合肥(以 168 亿元排名第 98 位)等全国 18 个省会和自治区首府。在中西部城市 GDP 排名中，仅次于重庆(742 亿元，第 9 位)、成都(713 亿元，第 10 位)、武汉(606 亿元，第 15 位)、郑州(389 亿元，第 33 位)，居第 5 位。[①] 1994 年及以前，随州归襄阳管辖，襄阳 GDP 在全国位次更高。2018 年 10 月国务院批复《汉江生态经济带发展规划》明确了襄阳“汉江流域中心城市”的地位，并要求打造“襄阳南阳城市圈”。要提升襄阳城市能级，增强襄阳都市圈承载力和辐射带动力，建设引领汉江流域、辐射南襄盆地的核心增长极。加快建设全国性综合交通与物流枢纽，国家级农产品交易中心，汉江流域综合服务中心，区域性科技创新中心，全国汽车、装备等先进制造业基地。构建“一体、两翼”的都市圈城镇空间格局，中部推动襄阳中心城区与宜城、南漳一体化发展；西翼打造丹河谷城市组群，东翼以枣阳为核心，联动周边小城镇协调发展。重点推进东津新区建设，打造区域综合服务新中心。强化枢纽和产业的互动发展，优化提升襄北公铁联运枢纽和小河港多式联运枢纽。

三是加快建设宜荆荆都市圈。强化面向渝东、湘西、鄂西北的区域辐射势能，将宜荆荆都市圈建设成为长江中上游的重要增长极。推进都市圈中心城市分工协作，支持宜昌建设长江大保护的典范城市、荆州建设江汉平原高质量发展示范区、荆门建设产业转型升级示范区。严守

---

① 秦尊文. 省域副中心城市的理论与实践[M]. 武汉：武汉大学出版社，2023：68-69.

“三江七水三屏”生态本底，围绕三角绿心形成山水城田有机共生、沿廊道组团串珠式发展的空间格局。宜昌高标准建设东部未来城-猇亭组合新城、高铁新城；荆州活化古城，高标准建设关沮新城、高铁新区、临港经济区；荆门重点建设荆门高新区、漳河新区(高铁新城)。依托客货运“十字通道”，优化枢纽分工、提升物流服务能级，建立完善“对外同辐射、对内成一体”的综合交通体系。

## (二)实施“点轴”开发模式，构建流域绿色城镇体系

点轴开发模式是增长极理论的延伸，最早由波兰经济学家萨伦巴和马利士提出。从区域经济发展的过程看，经济中心总是首先集中在少数条件较好的区位，成点状分布。随着经济的发展，点(经济中心)逐渐增加，点与点之间，由于生产要素交换需要交通线路以及动力供应线、水源供应线等，相互连接起来就形成轴线。点轴开发可以理解为从发达区域大大小小的经济中心(点)沿交通线路向不发达区域纵深地发展推移。

在流域经济中，“点”就是流域中心城市，“轴”就是依托河流形成的经济带。“点轴”开发，就是将中心城市发展与以河流为轴线开发相结合的模式。湖北省全境属长江流域，省委、省政府划分出3个一级流域：长江干流流域、汉江流域、清江流域。每一个一级流域都有一个中心城市，这就是点轴开发模式在湖北的实施。

湖北长江干流一级流域，以武汉为“点”，带动沿江48个县市区这根“轴”转动起来。这根“轴”长达1061公里，被武汉这一“点”重点带动的是鄂州、黄冈、黄石、咸宁、荆州、宜昌等市。通过对这些沿江城市“一线串珠”，既发挥武汉辐射带动作用，推动超大特大城市转变发展方式，又有利于进一步构建大中小城市和小城镇协调发展新格局，探索中西部地区跨区域发展、推进就近城镇化的新路子。

湖北汉江一级流域，以襄阳为“点”，带动“湖北汉江生态经济带”这根“轴”转动起来。2015年湖北省委、省政府明确襄阳为“汉江流域中心城市”；2018年国务院批复的《汉江生态经济带发展规划》再次确认了这一定位。发挥襄阳汉江流域中心城市的带动作用，积极探索襄十随神

城市群合作新路径。加强与安康、汉中、商洛的经济合作，探索汉江生态经济带区域间、流域间的生态补偿机制。依托二广高速、郑万高铁、焦柳铁路、浩吉铁路、呼南高铁等交通干线，探索与南阳、荆门等周边城市的区域合作机制，积极推动区域规划、基础设施、产业发展、生态环保等方面联动发展。襄十随神城市群限制开发区和禁止开发区比重高，为确保这些地区的发展，襄阳早就在市域范围内发展“飞地经济”。未来要逐步建立健全襄十随神城市群“飞地经济”财税利益分配机制，将“飞出地”和“飞入地”的经济捆绑发展，创新“飞地”产业园合作模式方法，实现互惠共赢。

清江一级流域，以恩施市为“点”，带动清江生态经济带这根“轴”转动起来。清江流域的 11 个县市，除宜都市以外，其他 10 个县市均为少数民族聚居地，属于山区，地形复杂多变，小气候多样，物种丰富，蕴藏着大量旅游资源；近来随着多条高速公路、宜万铁路的开通，加上清江水电和旅游的开发，城镇化进程得以提速；而南北方向明显偏低，空间异质性明显；垂直结构虽然呈“凹”形，但缺乏次主城市，可将利川城区、来凤县翔凤镇发展为次主城，利川紧邻重庆市，翔凤镇离湖南龙山县城仅一水之隔，有口岸和湖北的门户作用，在政策上有国家西部大开发、国家少数民族和武陵经济协作区等优惠和支持，机遇难得。总之要增加“凹”形中的凸起部分。整个流域城镇空间结构轴线性比较明显，要加大主城、次主城、卫星城的带动辐射作用，调整产业结构，加速偏远地区的城镇化的进程；结合旅游、水电等提高现有城镇的级别和培育一些新的城镇点，使点和轴协调发展。特别是主城恩施还不够发达，够不上国家中等城市的标准，应大力建设，以充分体现在流域经济中的核心、辐射、带动作用。①

在全省三大一级流域范围中划分的 16 个二级流域片区，可各确定一个城市作为极点，带动各流域片区经济社会发展。再通过一级流域与

① 马友平，刘永清，艾训儒，傅泽强，冯仲科. 清江流域城镇体系空间结构的 GIS 分析[J]. 测绘科学，2012(6).

二级流域片区的垂直互动和横向沟通，以山水林田湖草的自然联系为依托，建设流域生态环境治理新体系，统筹推进城乡基础设施和生态网络建设，促进“点”城市更新、“轴”的低碳化改造和美丽乡村建设，形成全流域绿色城镇体系。

### （三）推进城水和谐共生，提升城市韧性水平

水是生命之源、生产之要、生态之基，是经济社会发展的基础性、先导性、控制性要素，水的承载空间决定了经济社会的发展空间。以习近平生态文明思想为指导，坚决落实“以水定城、以水定地、以水定人、以水定产”，坚决落实水资源最大刚性约束作用，以水资源的集约节约安全利用支撑长江流域经济社会的高质量发展。要正确处理城与水的关系，努力提升城市韧性水平。

一方面，要以水定城。以水定城实际上派生出以水定地、以水定人、以水定产。长江流域城市发展应通过水资源总量测算与调配，确定合宜的人口和用地规模，优化城市产业类型及布局，并制定节水发展目标与模式，实现城市水资源集约节约利用。进一步说，就是要切实把水资源作为最大刚性约束，在规划编制、政策制定、生产力布局中坚持节水优先，加快开展长江流域水资源承载力综合评估，严守水资源开发利用上限。就是要精打细算用好水资源，深度实施农业节水增效、工业节水减排、城乡生活节水，广泛开展节水宣传教育，推动用水方式由粗放低效向节约集约的根本转变；要从严从细管好水资源，科学配置全流域水资源，实行水资源消耗总量和强度双控，建立覆盖全流域的取用水总量控制体系，健全用水强度控制指标体系，坚决抑制不合理用水需求，打好深度节水控水攻坚战，用强有力的约束提高发展质量效益。

另一方面，要以水兴城。如果说“以水定城”是约束，那么“以水兴城”是激励。湖北荆州拥有长江径流里程 483 公里，是长江中下游地区径流里程最长的城市。荆江“九曲回肠”，史称“万里长江，险在荆江”。开展流域综合治理以来，荆州全力以赴打造“美在荆江”。率先启动沙市洋码头项目，拆迁棚户 1658 户、工矿企业 63 家，园区绿化面积

73%，所有污水接入城区污水处理厂。眼下，这里已成为荆州文旅胜地和游客打卡地。文创园里展示的昔日沙市中山路记忆犹新，老天宝、老同震、老万年等老字号让人倍感亲切，新凤祥、好公道等品牌耳熟能详，毛家巷、觉楼街、巡司巷等老街巷勾起人们的深沉记忆。漫步文创园，满眼是历史，周遭是文化，沙市洋码头已成为爱国主义教育基地。"美在荆江"重在去污增绿，保持旧风貌，开辟新领域，本着修旧如旧的原则，荆江段沿岸的15.2万处历史建筑和工业遗址得以保留，集文化展示、创意工坊、旅游休闲、滨江观光等多业态于一体的园区正式亮相。及时修复活力28厂、打包厂、白云机电等老厂房，潮玩、美食、灯光秀、滨江露营、星光帐篷集市等新潮活动，吸引了众多年轻人和游客。

### （四）巩固港口航运跨区域整合成果，推动都市圈城市群融合发展

2021年5月，湖北全省港口资源整合运营平台——"湖北港口集团有限公司"成立，发起股东为武汉、鄂州、黄冈、黄石、咸宁5市国资委，这为以武鄂黄黄为核心的武汉都市圈发展创造了更好的交通物流条件。到2022年8月，湖北港口集团有限公司已初步形成全省港口"规划一体化、建设一体化、管理一体化、运营一体化"的发展模式。还应加大与襄阳、宜昌、荆州、荆门等港口的合作，进一步促进襄阳都市圈、宜荆荆都市圈的发展。

湖北还要与湖南、江西携手，以三省联合建立的长江中游航运中心港航联盟为基础，巩固和提升港口航运跨区域对接融合成果，进一步畅通武汉新港—岳阳港—九江港—南昌港之间物流通道，以港口群一体化促进城市群一体化。

## 五、以流域综合治理推动农业现代化发展

无论是长江干流还是支流，所流经的区域绝大部分是农村。流域综

合治理，对农业农村具有十分重大的影响。

### (一)统筹利用水资源

《中华人民共和国国民经济和社会发展第十四个五年规划2035年远景目标纲要》中提出，实施大型灌区续建配套和现代化改造。在人多地少水缺矛盾加剧、全球气候变化影响加大的形势下，尤其要下大力气开展大型灌区现代化建设与改造。

2023年，国家发改委、财政部、水利部共下达湖北省大中型灌区项目投资14.94亿元，其中大型灌区续建配套与现代化改造、蕲水灌区新建扩建工程为国家150项重大水利工程，下达投资11亿元；中型灌区续建配套与节水改造项目安排中央资金3.94亿元。据统计，全年大中型灌区共完成水源工程改造64处，干支渠整治727.58公里，渠系建筑物整治2653处，量测水设施717处，全年共新增恢复改善灌溉面积192.19万亩，新增节水能力1.5亿立方米，新增粮食产能1.56亿公斤。

湖北两手发力，加快推进鄂北地区水资源配置工程建设。鄂北地区水资源配置工程分两期建设，一期工程建设主干线工程，工程投资180亿元；二期工程建设分水建筑物至各用水对象之间的连接工程，工程投资94亿元，向襄阳、孝感和随州11个县(市、区)供水，惠及580余万群众，500余万亩耕地。一期工程由鄂北地区水资源配置工程建设与管理局历时8年，于2021年建设完成并初步发挥工程效益。2023年11月1日，成立湖北水利发展集团有限公司。2024年6月22日，鄂北地区水资源配置二期工程建设现场推进会在广水市召开。这项民生工程续建的接力棒正式交到了湖北水发集团。这是落实水利建设政府和市场“两手发力”要求的重要举措，标志着湖北水利项目建设管理进入市场化、专业化发展的新阶段。二期工程建成后，将有效解决鄂北岗地缺水问题，为当地农业农村发展打下坚实的“水基础”。

同时，提高用水效率，改善农业生产条件，为现代农业发展提供生态安全保障能力和高效发展支撑能力。要全面实施农村供水保障提升工程，进一步提高供水水质、保证率和集约化水平。推进农村供水老旧管网更新改造、环状管网建设、水源地达标建设、水质监测和监管能力建设。加快推进农村生态河道与生态清洁小流域建设，美化乡村环境。要坚持以水而定、量水而行、合理分水和管住用水同步发力，统筹推进农村水资源节约与经济社会高质量发展，积极推广滴灌、管灌等高效节水灌溉技术，初步建立与水资源状况相适应的高效节水型农业结构，形成合理用水、协调发展的现代农业发展新格局。

### (二)积极修复水生态

三峡库区水土保持生态功能区建设。2021 年宜昌市夷陵区、兴山县、秭归县、长阳土家族自治县、五峰土家族自治县五个县区生态环境状况指数(EI 值)分别为 79.45、85.16、75.56、82.80、85.94，评价等级均为优。五峰、秭归先后被命名为“国家生态文明建设示范区”，夷陵、兴山、长阳先后被命名为“湖北省生态文明建设示范区(县)”。丹江口库区生态功能区建设。丹江口市坚持一张“绿图”绘到底，划定 59.4%的生态保护红线，对库区临水 1 公里范围内实行永久性保护，实施官山河、浪河、安乐河、大柏河、沙沟河等“五河治理”。

加强湿地保护修复。通过湿地植被恢复和治理、科研监测基础设施等工程建设，大力营造水源涵养林和生态防护林，加大天然林保护和封山育林的力度，整体推进“山水林田湖生命共同体”建设，改善湿地生态，提升湿地功能，已初步建立以湿地自然保护区(小区)和湿地公园为主体、多种保护形式相结合的湿地保护管理体系。全省建立国际重要湿地 4 处、国家重要湿地 8 处、省级重要湿地 54 处，建立国家湿地公园 66 个、湿地保护小区 72 个；湿地面积 2167.5 万亩，占国土面积的 7.8%；湿地保护率提高到 52.62%。重点对洪湖、长湖、梁子湖、斧头湖、汈汊湖五大湖泊的 45 个圩垸实行永久退垸(田、渔)还湖。

### (三)坚决治理水污染

2023 年以来，湖北大力推进农村生活污水治理，公布《湖北省农村生活污水治理三年行动方案(2023—2025 年)》，并提出目标——到

2025年，全省农村生活污水治理率提升至50%以上。按照“分区、分类、分级、分期”思路，截至2023年底，湖北农村生活污水治理率已达42%。

聚焦农村黑臭水体治理，2023年4月，《湖北省农村黑臭水体治理三年行动方案》公布，其中明确，到“十四五”末，湖北全面完成纳入国家和省级监管的523条农村黑臭水体治理。省生态环境厅积极指导孝感市、荆门市、黄冈市成功申报国家2022年、2023年农村黑臭水体治理试点，并获得5亿元中央专项资金支持，有效推动我省探索建立健全农村生活污水、黑臭水体治理“投、建、管、运”一体化模式。2023年，湖北累计完成治理监管清单农村黑臭水体337条。

为推进受污染耕地安全利用，省生态环境厅配合农业农村部门推动实施131.53万亩安全利用类、13.69万亩严格管控类受污染耕地安全利用。2023年，全省受污染耕地安全利用率超过91%。

强化地下水污染防治。全省开展25个危险废物处置场和垃圾填埋场地下水环境状况调查评估，完成鄂中平原岗区、鄂西山区、鄂东丘陵山区地下水环境状况调查评估及污染防治分区划分项目，形成湖北地下水“双源”调查一张图和全省地下水污染防治重点区划定一张图。

### (四)科学发展水经济

长江十年禁渔之后，沿江省市怎么办？湖北各地积极探索打造优质涉水产品品牌，提高产品附加值和市场竞争力。

黄冈市白莲河流域涉及罗田、英山、浠水三个县，管理难度较大，曾经出现一些环境污染问题。黄冈市委、市政府决策成立生态保护和绿色发展示范区，将流域286.7平方公里的核心区划分为直管区域、托管区域和共管区域。直管区域：包括白莲河水库防洪高水位吴淞高程104.9米以下水域及原白莲河工程管理局拥有土地权属的陆域区域，由示范区管委会依照相关法律法规实行直接管理。托管区域：包括罗田县白莲河乡、浠水县白莲镇，经黄冈市人民政府决定，示范区管委会对罗田县白莲河乡、浠水县白莲镇实行整建制管理；共管区域：除示范区直管区城和托管区域以外的规划范围。该区域由示范区管委会与行政区划所在县人民政府依照管理权限实行共管共建。白莲河水库是周边几十万人的饮用水源，但过去人工投料养殖对水体产生一定污染。后禁止投放饲料，让鱼类自然生长。依托良好的水生态和丰富的水资源，大力推进与水关联的产业发展，以“白莲河黑背胖头鱼”品牌创建为核心，加快建设150万公斤的大型囤鱼基地，与北京鑫创数科有限公司合作，推进白莲河胖头鱼溯源赋码。同时加大对白莲河水库有机鱼系列产品研发，将产品推广至山姆、沃尔玛等高端市场。与福建鳗鱼养殖协会合作，扩大鳗鱼养殖规模，建设加工厂。推进淡水鱼养殖加工产业园项目建设，构建淡水鱼科研、孵化养殖、精深加工、品牌营销于一体的特色产业体系。

农业大省湖北充分利用沿江地区水资源丰富的优势，现已形成全国性的“三水”(水稻、水产、水禽)生产与加工基地，维护国家农产品与粮食安全。优质水稻重点建设江汉平原优质籼粳稻区，鄂东南丘陵低山名特优和高档优质稻区。优质水产品大力发展平原湖区规模养殖区与大水面生态增殖区，在鄂东南建设沿长江特色水产品养殖区。特色水禽养殖业重点建设江汉平原腹地水禽产区与湖北省种禽场；以荆江鸭为核心，在荆州建立水禽养殖和禽蛋加工基地；以阳新番鸭育种中心为龙头，建设番鸭养殖和加工基地。

**撰稿人：**秦尊文　湖北省人民政府咨询委员、湖北省社会科学院二级研究员
张　宁　湖北省社会科学院助理研究员

# 促进湖北省校友科技发展研究
## ——以武汉大学校友科技发展为例

李 光 虎佳琦

近年来，湖北省校友经济发展取得明显成效，受到全国各地的普遍关注。在我国加快实现高水平科技自立自强的背景下，湖北省面临大力推进校友科技发展的机遇，应审时度势，切实把握在全国先行先试、创造先发优势契机，加快推进科技强省、创新强省建设。本研究基于武汉大学校友科技发展实践，探讨校友科技发展的相关问题，提出促进湖北省校友科技发展的建议。

## 一、校友科技及其与校友经济的关系

“校友科技”主要指校友以捐赠及参与方式，对科研设施、科研工作、科技交流、科技奖励、科技人才引进及培育等科学活动提供支持，通过开展多方面科技合作及协同创新，对科技创新过程及科技创新成效产生积极影响。校友科技所涉及“科技”，既包括自然科学、技术科学、工程科学，也包括人文科学和社会科学。或者说，校友科技所言“科技”，既包括硬科学和软科学，也包括硬技术和软技术。校友科技与校友经济关系密切，既相互联系又有明显差异。尽管校友同是校友科技与校友经济的重要基础和载体，校友科技与校友经济之间有千丝万缕的联系，但校友科技偏重于科技活动，校友经济则偏重于经济活动，校友科技更是校友经济的底层逻辑和基础支撑。充分发挥湖北省高等院校校友的重要作用，不仅要进一步大力引导和推进校友经济的发展，而且更要积极引导和大力推进校友科技发展，夯实校友经济发展的坚实基础，实现校友科技与校友经济发展的相互支撑、相互促进、相得益彰、共同发展。

## 二、校友科技的主要功能及作用

从武汉大学校友科技发展历史考察和分析，校友科技有如下主要功能及作用：一是有效改善高等院校科研、教学及文化基础设施；二是有效改善高等院校科教人员工作环境及科研条件；三是有效促进高等院校重点学科建设、优秀领军人才培育及科技人才队伍发展；四是有效促进高等院校基础研究及应用基础研究、跨学科研究；五是有效促进高等院校科技创新、人才培养、社会服务、文化传承系统功能发挥；六是有效促进产教融合、科教融汇和政产学研等多方面协同创新；七是有效促进区域科技与经济的融合及科技成果产业化；八是有效促进校友科技创新创业；九是有效支撑和促进校友经济向纵深发展；十是有效促进国内外科技交流和科技合作；十一是有效促进地方支柱产业、优势产业、高新技术产业、新兴战略性产业与未来产业发展；十二是有效促进校友情结和校友文化发展。事实上，以全球视野观察和系统分析，校友科技的功能及有效促进作用还可以列举许多。

## 三、湖北省校友科技资源极其丰富

从湖北省校友科技发展基础看，高等院校、尤其是国家重点高校，拥有丰富、优质的校友资源。2023 年，湖北省普通高等教育本专科招生 58.27 万人，在校生 183.99 万人，毕业生 50.49 万人；研究生招生 7.46 万人，毕业生 5.89 万人。目前，仅武汉大学在全球的校友超过 70 万，其中包括事业有成、乐施好善、关注母校发展的众多优秀代表，如杰出校友陈东升、雷军、黄春华、阎志、毛振华、罗秋平、曾文涛等，甚至还有校友匿名捐赠 7800 万元设立“余先觉生命科学教育基金”。华中科技大学、武汉理工大学等高等院校，培养了许多创新创业事业有成的杰出校友。如我国 ICT 行业领军企业华为技术有限公司 2023 年产生的新一届董事会中，董事长梁华、轮值董事长胡厚崑和孟晚舟、常务董事李建国等，都是武汉理工大学、华中科技大学校友；新一届监事会郭平监事长也是华中科技大学校友。在华为员工、尤其是研发人员中，武汉理工大学、华中科技大学、武汉大学、湖北工业大学等高校校友占有较大比例。① 华中科技大学杰出校友张小龙是腾讯公司高级副总裁，他作为 Foxmail 创始人、微信创始人，被誉为“微信之父”。根据腾讯公司发布的 2023 年全年业绩公报，截至 2023 年 12 月，我国微信用户量达到 13.43 亿。毫无疑问，微信已在我国及全球范围内广泛使用，成为人们日常生活中不可或缺的通信工具，对人类社会生产、社会生活和社会治理产生深远影响。

## 四、湖北省校友科技发展成效显著

从校友科技的社会功能及作用看，不仅通过校友捐赠对湖北省高等院校科技教育发展产生重要影响，而且通过校友创新创业参与对区域科技发展产生重要影响。

从武汉大学校友的科技发展捐赠看，陈东升校友 2021 年捐赠 10 亿元人民币，主要用于医学院建设及医学研究。在 2023 年武汉大学 130 年校庆期间，雷军校友捐赠现金 13 亿元人民币，明确其使用主要聚焦三个方向：一是支持数理化文史哲六大学科基础研究；二是支持计算机领域科技创新；三是支持大学生培养。武汉大学 2024 年高层次人才专项招聘，得力于具有普惠性的“雷军专项津贴周期性支持”，定向支持武汉大学哲学学院、文学院、历史学院、数学与统计学院、物理科学与技术学院、化学与分子科学学院、计算机学院、国家网络安全学院引进的高层次人才，包括“弘毅特聘教授”“弘毅青年学者”“文科优青”“预

① 数据来源：华为技术有限公司官网-管理层信息。

聘-长聘教职”等优秀人才。艾路明校友捐赠 3000 万元人民币建设的“当代楼”、毛振华校友捐赠 5000 万元人民币建设的“振华楼”、罗秋平校友捐赠 5000 万港币建设的“蓝月亮尖端科技楼”、雷军校友捐赠 1 亿元人民币建设的武汉大学“雷军科技楼”已先后投入使用；还有捐赠 800 万美元的“于刚 · 宋晓楼”、捐赠 3000 万人民币的“喻鹏楼”等正在建设中。2021 年，出生在湖北省武汉市的黄春华校友，向武汉大学捐赠 4000 万美元，设立武汉大学黄春华基金项目，包括“柏嘉/英诺讲座教授”“柏嘉杰出学术成就奖”“英诺大学生创新成果奖”“英诺卓越奖学金”等，旨在为武汉大学引进高层次人才、培养拔尖型学生、提升基础学科和管理学科水平及科研创新能力、改善办学条件提供重要支持。① 2023 年 10 月，在武汉大学张蔚榛院士诞辰 100 周年之际，其弟子张焕春校友为“张蔚榛奖学金”捐赠 1000 万元，旨在激励水利学子勇攀科学高峰，助推水利人才培养。毫无疑问，这些校友科技捐赠将对武汉大学的科技创新、人才培养、学科建设等产生深远影响。

从武汉大学校友的科技创新创业看，李德仁教授年过八旬，他是中国科学院院士、中国工程院院士，从德国留学归来后始终致力于科技创新创业，为我国高分辨率对地观测系统建设作出了重大贡献。李德仁教授 2019 年荣休后，仍然坚持创新创业、发光发热，不仅继续奋战科研第一线，而且在地处“武汉 · 中国光谷”的立得空间信息技术股份有限公司担任首席科学家。2021 年，李德仁教授领衔的企业科技创新成果“天空地遥感数据高精度智能处理关键技术及应用”项目，荣获国家科学技术进步奖一等奖。同年，李德仁教授荣膺全国十大“最美科技工作者”称号，并获得“湖北省杰出人才奖”。2022 年，李德仁教授荣获国际摄影测量与遥感领域最高奖励布洛克金奖，以表彰他为摄影测量、遥感和地球空间信息科学发展作出的里程碑贡献，他也是获此国际摄影测量与遥感领域大奖的第一位中国科学家。2024 年，李德仁教授荣获国家

① 数据来源：武汉大学官网-武汉大学校友事务与发展联络处-综合信息。

最高科学技术奖。[①] 毫无疑问，这些校友科技创新创业不仅对武汉大学的科技创新、人才培养、学科建设等产生深远影响，而且对区域科技进步、经济发展等也产生了重要影响。

目前，湖北省众多高等院校受惠于校友科技的捐赠支持及积极参与，各地市也得力于校友科技的创新创业支持，已取得明显的科技创新及区域发展效益。

## 五、促进湖北省校友科技发展的对策建议

为切实促进湖北省校友科技发展，进一步发挥校友经济与校友科技协调发展的整体效能，特提出以下对策建议：

(1)深入研究湖北省校友科技发展相关的实践及理论问题，尽快完成湖北省校友科技发展的顶层设计，强化激励政策的精确供给及有效实施。建议通过湖北省政府智力成果采购项目、湖北省科技创新项目、湖北省科技创新智库项目等，积极谋划和组织校友科技相关问题深入研究，为相关决策及精准施策提供科学依据。[②]

(2)大力宣传、积极倡导校友科技价值取向，对湖北省校友科技先行先试并取得明显成效的典型，进行全媒体社会传播。建议尽快研究出台湖北省支持校友科技发展的激励措施，及时进行精神激励和物质奖励，不断强化湖北省校友情结、校友文化建设及校友科技发展的可持续性。

(3)不断提升校友科技在湖北省高等院校捐赠建设的科技创新平台及科研基础设施社会开源水平，尽可能实现器尽其能、物尽其用。建议将校友科技纳入湖北省科技创新体系及科技创新资源共享网络，通过探索科学、合理、有效的利益机制，努力提高科技创新资源利用效率及科

① 数据来源：武汉大学官网-综合信息。

② 李光. 关于积极推动湖北"校友科技"发展的建议[J]. 咨询参考，2024(17)：4.

技创新产出效益。

(4)努力推进湖北省校友科技与校友经济相向而行、融会贯通、相互促进，构建完整科技创新价值链。建议以系统思维加快校友科技场景创新，充分发挥校友科技与校友经济“1 加 1 大于 2”系统能力和整体效能，尽快形成湖北省独特的“校友科技创新及产业发展价值链”。以校友科技协同创新，厚植湖北省战略性新兴产业、未来产业发展基础，促进支柱产业、优势产业突破性发展。

(5)积极探索和拓展湖北省校友科技发展资金渠道，努力提高投入产出效率。建议鼓励校友以公益基金与政府引导基金共同设立创新项目，对湖北省高等院校校友科技项目进行稳定支持。2022 年，小米公益基金会向北京市自然科学基金捐赠 5 亿元人民币，设立“北京市自然科学基金-小米创新联合基金”(每年捐赠 5000 万元、连续捐赠支持 10 年)。2024 年，小米公益基金会向国家自然科学基金委员会捐赠 1 亿元人民币，用于资助青年学生基础研究项目。据悉，这是国家自然科学基金委员会历史上首次接受社会捐赠。①

(6)充分发挥湖北省老科技专家助推校友科技的积极性、主动性和创造性，鼓励他们在校友科技发展领域发光发热。老科技专家群体具有学科专长、学术积累、育人方略、科研经验、师承关系等巨大潜能，以及承前启后、薪火相传、言传身教的重要功能。建议高度重视发掘湖北省老科技专家促进校友科技发展的潜能，努力发挥著名老科技专家对科学共同体建设及学派传承的核心作用。

(7) 坚持以开拓创新促进校友科技高质量发展，积极推进校友科技发展的实践探索，不断提高湖北省校友科技发展的覆盖面、活跃度和影响力。建议努力将基于校友科技发展实践的“湖北经验”，升华为可学习、可借鉴、可复制、可辐射的“湖北模式”，有效提升湖北省校友科技在全国的彰显度和社会影响力，充分展示创新强省、科技强省建设取

① 数据来源：武汉大学官网-综合信息。

得的改革与发展成就。

撰稿人：李　光　湖北省人民政府咨询委员、武汉大学“珞珈杰出学者”、武汉大学经济与管理学院二级教授、博士生导师

虎佳琦　武汉大学博士研究生

# 湖北省高校科技成果转化的现状与优化策略研究

邹　蔚　宋维玮　佘熙然

近年来国家相继发布的《中华人民共和国国民经济和社会发展第十四个五年规划和2035年远景目标纲要》《知识产权强国建设纲要(2021-2035年)》《国家创新驱动发展战略纲要》等政策文件强调将创新作为第一动力，实现创新驱动发展。科技成果转化是增强国家科技创新实力的重要手段，对推动全国创新驱动发展进程具有至关重要的作用，只有将科技成果转化为现实生产力，才能有效提升全国产业体系的生产效率，形成科技创新与生产要素增质的良性循环，才能实现其科技效益、经济效益和社会效益，才能促进全国科技进步和经济社会持续健康发展。

高校作为国家战略科技力量的主要部分，为全国科技产出作出了重要贡献。高校是国家创新体系的重要力量，是基础研究的主力军和科技成果的主要拥有者，同时也是应用技术创新的源泉。2016年《关于加强高等学校科技成果转移转化工作的若干意见》、2020年《关于进一步推进高等学校专业化技术转移机构建设发展的实施意见》和2022年《中华人民共和国科学技术进步法》等政策文件相继发布，旨在增强高校科技成果转移转化能力，加快科技成果转化为现实生产力，提高科技成果转化转移成效。

湖北2019年7月第3次修正了《湖北省实施〈中华人民共和国促进科技成果转化法〉办法的决定》；2020年12月发布《湖北省高新技术成果转化项目认定与扶持暂行办法》；2023年11月印发《湖北省赋予科研人员职务科技成果所有权或长期使用权试点实施方案》的通知；2024年5月印发《湖北省促进科技成果转化行动方案(2024—2026年)》的通知，

旨在促进科技成果转化，加快形成新质生产力，推动湖北高质量发展，在全省组织实施促进科技成果转化行动；计划2024—2026年，每年挖掘企业有效技术需求1000项以上，发布成果应用场景机会清单1000条以上，举办科技成果转化对接活动200场以上，促成转化重点科技成果500项以上；到2026年，全省技术合同成交额达到7000亿元，技术合同成交省内落地转化率70%以上；方案中提出的15条措施中有10条涉及高校，可见湖北高校在地方科技成果转化过程中举足轻重的地位。

推动地方高校科技成果转化是助力湖北经济转型升级的必然要求，也是地方高校实现自身职能与发展的有效途径。因此，了解湖北高校科技成果转化现状，探寻与其他地区高校科技成果转化的差距，对优化湖北高校科技成果转化效率，推动湖北高校科技创新和服务湖北高质量发展具有重要意义。

## 一、湖北高校科技成果及转化现状研究

### （一）湖北高校科技成果投入现状

#### 1. 科技人力稳步提升，但稳定性有待加强

湖北高校教学与科研人员①从2015年的50173人逐年递增至2021年的67868人，增长率为35.72%；其中2016年增幅最大，为10.38%（见图1-1）。

① 教学与科研人员：指高等学校在册职工在统计年度内，从事大专以上教学、研究与发展、研究与发展成果应用及科技服务工作的人员以及直接为上述工作服务的人员，包括统计年度内从事科研活动累计工作时间一个月以上的外籍和高教系统以外的专家及访问学者。——《2022年高等学校科技统计资料汇编》

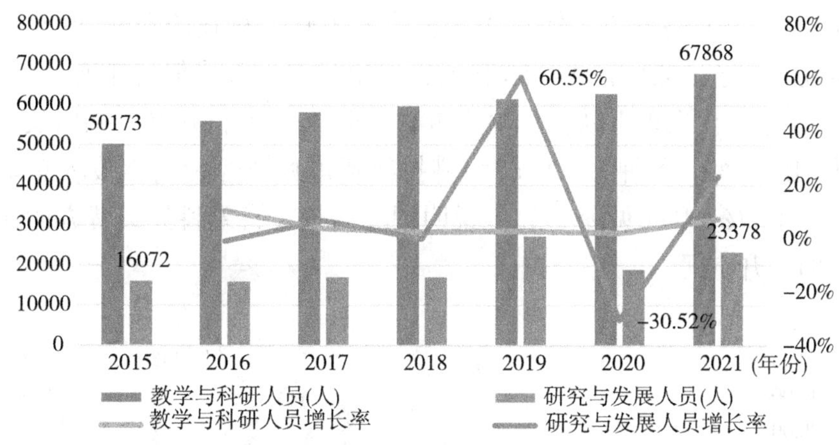


图 1-1　2015—2021 年湖北高校科技人力情况

资料来源：2016—2022 年《高等学校科技统计资料汇编》。

湖北高校研发人员[①]从 2015 年的 16072 人增至 2021 年的 23378 人，增幅为 45.46%，虽然增幅高于教学与科研人员，但研发人员的增长波动较大，增长最快的是在 2019 年，增至 60.55%；但在 2020 年出现下滑，2021 年增至 23.25%(见图 1-1)。可见湖北高校研发人员的稳定性有待提高。湖北研发人员占教学与科研人员比例除 2019 年达到 44.36% 外，其余年份均保持在 3 成左右。

2. 科技经费投入上升，自筹经费能力有限

科技经费包括拨入经费和支出经费，拨入经费包含科研事业费、主管部门专项费、其他政府部门专项费、企事业单位委托经费及各种收入中转为科技经费 5 种；其中高校各种收入中转为科技经费这一指标反映了高校自筹科技经费能力。

湖北高校当年拨入科技经费从 2015 年的 76.38 亿元递增至 2021 年的 148.87 亿元，增幅达 94.9%；其中 2016—2019 年增速较快，均超过

① 研发人员：指统计年度内，从事研究与发展工作时间占本人教学、科研总时间 10%以上的“教学与科研人员”。——《2022 年高等学校科技统计资料汇编》

15%；2020 年同比出现下降，降幅为 2.51%，2021 年恢复增长，增幅为 9.8%。湖北高校拨入经费中各种收入中转为科技经费从 2015 年的 3.04 亿元增至 2021 年的 4.53 亿元，增幅虽接近五成但每年变动较大。如 2018 年同比出现下跌，降幅达 20%，但 2019 年同比又大幅增长，增幅达 115.32%。各种收入中转为科技经费占科技经费当年拨入总量的比例处于 2%~4%(见图 1-2)。说明湖北高校在自筹科技经费方面还有很大的提升空间。

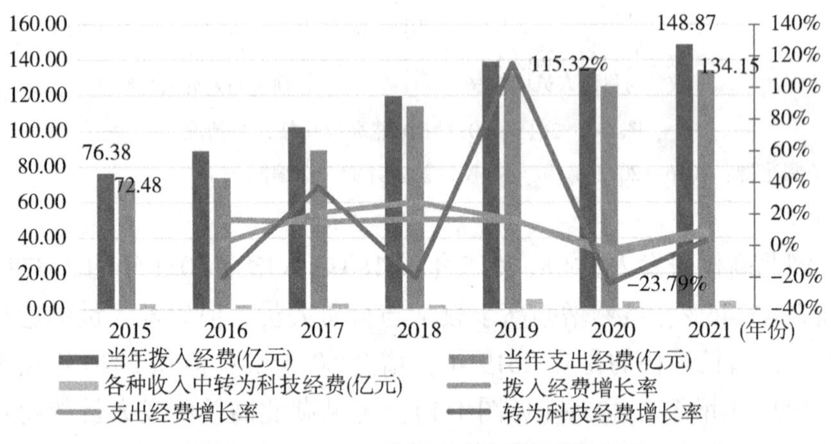


图 1-2　2015—2021 年湖北高校科技经费情况

资料来源：2016—2022 年《高等学校科技统计资料汇编》。

湖北高校当年支出科技经费从 2015 年的 72.48 亿元增至 2021 年的 134.15 亿元，增幅达 85.09%；其中 2017—2019 年增速较快，分别为 20.95%、27.78%、16.72%，在 2020 年同比出现下跌，降幅为 6.05%，2021 年恢复增长，增幅为 7.24%。湖北高校当年支出经费占当年拨入经费的比例除 2016 年和 2017 年外，均达到了 9 成以上(见图 1-2)。

3. 国际合作研究派遣与接受人次大幅下降

湖北高校国际合作研究派遣与接受总人次从 2015 年的 4321 人次跌至 2021 年的 1725 人次，降幅超六成；其中 2015—2018 年总人次呈逐年递增趋势，2019 年、2020 年出现大幅下跌，2021 年恢复上涨趋势且

增幅较大，但与前几年相比差距较大(见图 1-3)。

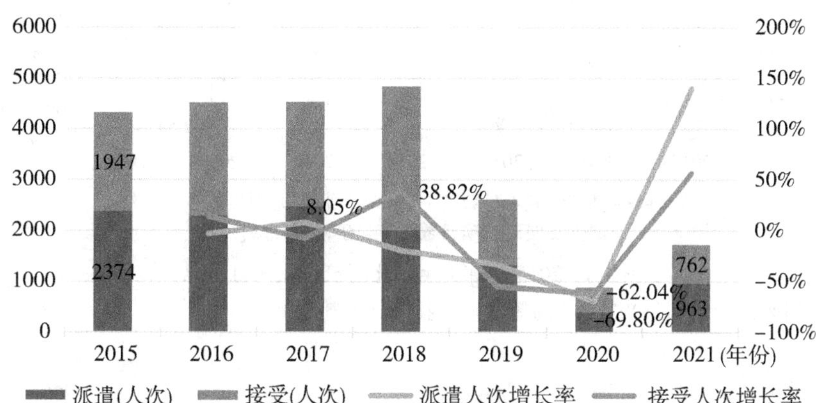


图 1-3　2015—2021 年湖北高校国际合作研究派遣与接受总人次

资料来源：2016—2022 年《高等学校科技统计资料汇编》。

## (二)湖北高校科技成果产出现状

1. 研发项目数量递增，基础研究过半

湖北高校研发项目数从 2015 年的 24050 项递增至 2021 年的 39397 项，增幅达 63.81%；其中 2018 年、2019 年、2021 年同比上年呈增长趋势，增幅最大的是 2021 年的 24%；2016 年、2017 年、2020 年同比上年小幅下跌，降幅最高不超过 3%。从图 1-4 中可见，应用研究项目数在总项目数中占比最多，年均过半，其次是基础研究，年均超过 3 成。

2. 科技著作、学术论文数量缓步提升

湖北高校出版科技著作从 2015 年的 729 部增至 2021 年的 997 部，增幅为 36.76%；除 2019 年、2020 年外，其余年份同比上年均呈上涨趋势，其中 2021 年增幅最大为 18.13%(见图 1-5)。

湖北高校发表学术论文数量从 2015 年的 52584 篇增至 2021 年的 67002 篇，增幅为 27.42%；除 2019 年外，其余年份同比上年均呈上升趋势，其中 2021 年增幅最大，为 7.65%(见图 1-6)。

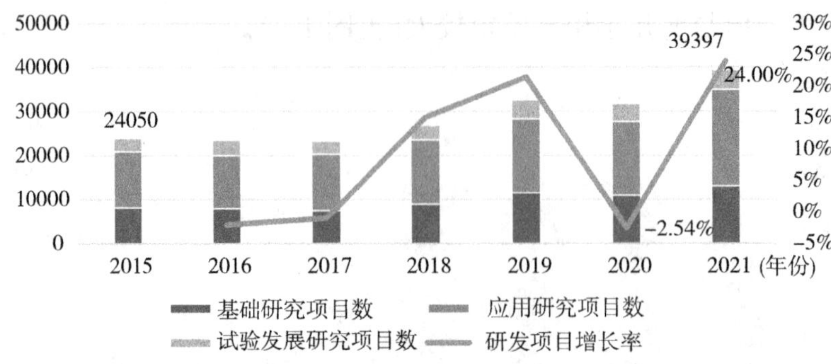


图 1-4 2015—2021 年湖北高校研发项目情况

资料来源：2016—2022 年《高等学校科技统计资料汇编》。

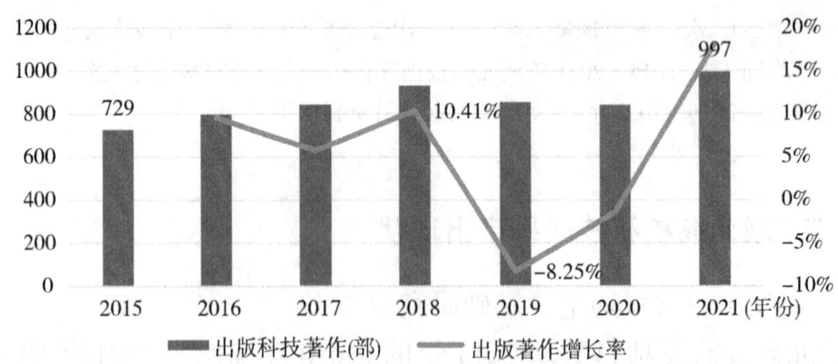


图 1-5 2015—2021 年湖北高校出版科技著作情况

资料来源：2016—2022 年《高等学校科技统计资料汇编》。

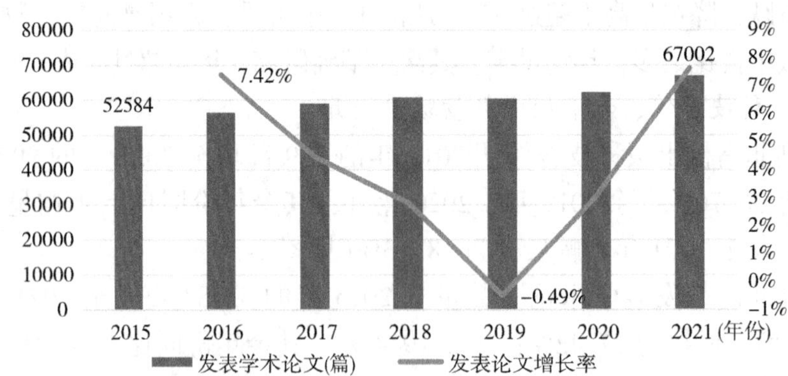


图 1-6 2015—2021 年湖北高校发表学术论文情况

资料来源：2016—2022 年《高等学校科技统计资料汇编》。

3. 专利的申请、授权、出售均呈上升趋势

(1)专利申请整体提升，发明专利占比过半。

湖北高校专利申请数量从2015年的9831项增至2021年的19955项，实现翻倍增长；除2020年同比出现下跌外，其余年份均增长，其中2016年、2017年、2021年增幅突破20%。可见，湖北高校专利申请中，发明专利占比超过半数，实用新型专利占比约3成，发明专利的增长趋势和专利申请总数的增长趋势基本相同(见图1-7)。

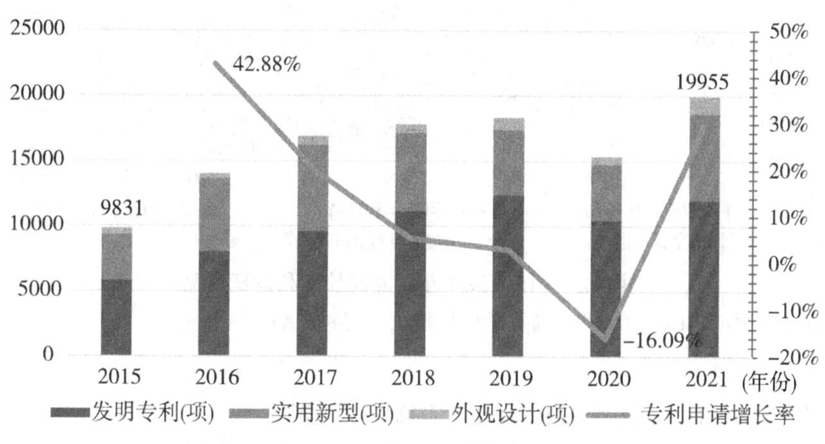


图1-7　2015—2021年湖北高校专利申请情况

资料来源：2016—2022年《高等学校科技统计资料汇编》。

(2)专利授权快速稳步提升。

湖北高校专利授权数量从2015年的6079项逐年增至2021年的17427项，增至近3倍，且每年都保持着两位数的增长，在2016年和2021年更是突破了30%。

专利从申请到授权存在一定滞后期，故将当年专利授权数量占上一年度专利申请数量比重来衡量专利成果质量。2016—2021年湖北高校专利授权数量占上一年专利申请数量比重分别为80.7%、63.27%、57.17%、63%、71.54%、113.26%，说明湖北高校专利成果质量整体较好，在2021年出现超过100%，可能是前几个年度的专利申请积累在

2021 年得到授权。从图 1-8 中可见，湖北高校的专利授权中，发明专利和实用新型专利占比在四五成，但从专利申请中发明专利占比较多而言，说明发明专利的授权比例没有实用新型的高。

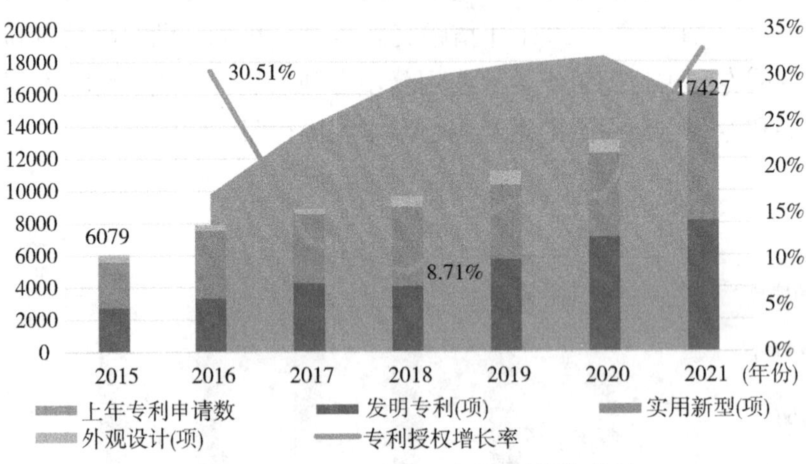


图 1-8 2015—2021 年湖北高校专利授权情况

资料来源：2016—2022 年《高等学校科技统计资料汇编》。

(3) 专利出售收入增长迅速，但波动较大。

湖北高校专利出售总金额从 2015 年的 4687 万元增至 2021 年的 29400 万元，增幅超过 5 倍；湖北高校专利出售当年实际收入从 2015 年的 2969 万元增至 2021 年的 22355 万元，增幅超过 6. 5 倍。但湖北高校专利出售的总金额和当年实际收入的涨降幅较大，说明专利出售收入情况不太稳定(见图 1-9)。

## (三) 湖北高校科技成果转化现状

技术转让合同总金额收入来源包括国有企业、外资企业、民营企业及其他。湖北高校技术转让合同总金额从 2015 年的 15162 万元增至 2021 年的 65050 万元，增幅超过 3 倍，2019 和 2021 年增速较快。湖北高校技术转让合同收入主要来源于民营企业，除 2015 年外，其他年份国有企业占比均为 7 成及以上，2018 年占比甚至高达 95%；而外资企业占比最少，均为10%以下，在2016年和2018年来自外资企业的合同金额甚至为0，说明湖北高校技术转让主要流向民营企业，对外资企业的吸引力较小(见图1-10)。

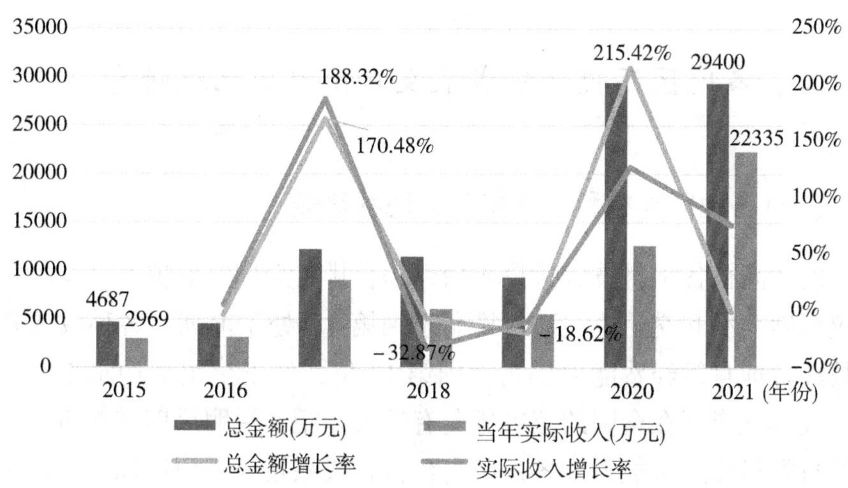


图1-9　2015—2021年湖北高校专利出售情况

资料来源：2016—2022年《高等学校科技统计资料汇编》。

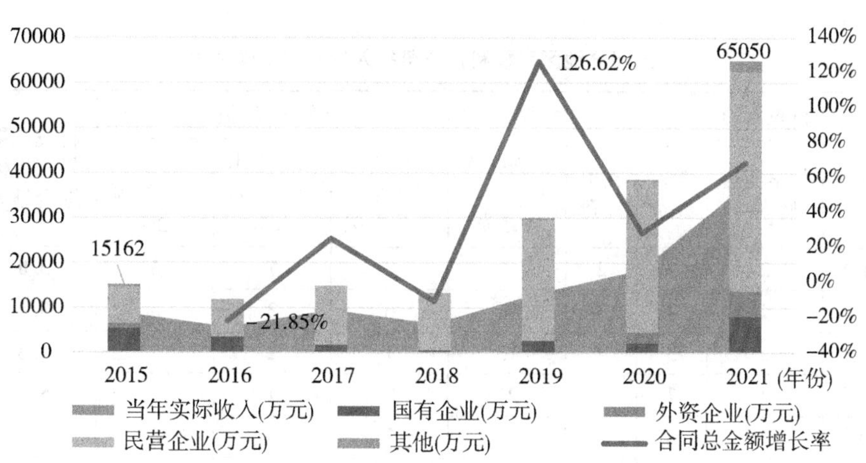


图1-10　2015—2021年湖北高校技术转让情况

资料来源：2016—2022年《高等学校科技统计资料汇编》。

湖北高校技术转让当年实际收入从 2015 年的 8862 万元增至 2021 年的 37650 万元，增幅超过 3 倍，与技术转让合同总金额趋势相当。技术转让当年实际收入占技术转让合同总金额比重在四至六成，与全国其他地区相比较为理想(见图 1-10)。

## 二、各地区高校科技成果及转化现状比较研究

### (一)各地区高校科技成果投入现状比较

湖北高校各项科技成果投入指标综合排名全国第 8 位，其国际学术会议出席人次和交流论文数量排名全国第 4，处于前列；各种收入转为科技经费即自筹经费能力排名全国第 18 位，低于全国平均水平，与湖北高校其他指标在全国的位置排名有较大差距，说明后期需要重点关注提升自筹科技经费能力。各地区高校科技成果投入 7 项指标中，北京高校有 4 项指标排名全国第 1，江苏各项指标加权平均后综合排名全国第 1，如表 2-1 所示。

表 2-1　**全国部分地区高校科技成果投入指标在全国位置**

| 地区 | 科技人力 | 科技经费 | | | 国际交流 | | | 科技成果投入指标综合排名 |
|---|---|---|---|---|---|---|---|---|
| | 教学与科研人员 | 拨入经费 | 支出经费 | 各种收入中转为科技经费 | 合作研究派遣与接受总人次 | 国际学术会议出席人次 | 国际学术会议交流论文 | |
| 江苏 | 2 | 2 | 2 | 3 | 2 | 7 | 3 | **3.0** |
| 广东 | **1** | 4 | 3 | **1** | 6 | 3 | 6 | 3.4 |
| 上海 | 5 | 3 | 4 | 13 | **1** | 2 | 2 | 4.3 |
| 北京 | 4 | **1** | **1** | 21 | 7 | **1** | **1** | 5.1 |
| 山东 | 3 | 8 | 7 | 7 | 3 | 9 | 8 | 6.4 |
| 浙江 | 8 | 5 | 5 | 2 | 12 | 11 | 7 | 7.1 |
| 四川 | 9 | 9 | 9 | 10 | 4 | 6 | 9 | 8.0 |
| 湖北 | **7** | **7** | **8** | **18** | **8** | **4** | **4** | **8.0** |

续表

| 地区 | 科技人力 | 科技经费 | | | 国际交流 | | | 科技成果投入指标综合排名 |
|---|---|---|---|---|---|---|---|---|
| | 教学与科研人员 | 拨入经费 | 支出经费 | 各种收入中转为科技经费 | 合作研究派遣与接受总人次 | 国际学术会议出席人次 | 国际学术会议交流论文 | |
| 陕西 | 10 | 6 | 6 | 11 | 11 | 8 | 5 | 8. 1 |
| 湖南 | 11 | 11 | 11 | 4 | 5 | 10 | 13 | 9. 3 |
| 安徽 | 12 | 10 | 10 | 8 | 9 | 18 | 16 | 11. 9 |
| 河南 | 6 | 17 | 17 | 5 | 17 | 15 | 14 | 13. 0 |
| 辽宁 | 14 | 12 | 12 | 15 | 15 | 13 | 11 | 13. 1 |
| 福建 | 16 | 15 | 14 | 12 | 13 | 12 | 12 | 13. 4 |
| 重庆 | 18 | 16 | 16 | 6 | 14 | 20 | 18 | 15. 4 |

资料来源：根据《2022 年高等学校科技统计资料汇编》整理得到。

1. 科技人力情况

2021 年全国高校教学与科研人员总计 1345872 人，其中广东高校最多达 112035 人，占全国高校的 8. 32%；湖北高校 67868 人，不足广东高校的 6 成，排名第 7；在江苏、山东、北京、上海、河南之后(见图 2-1)。

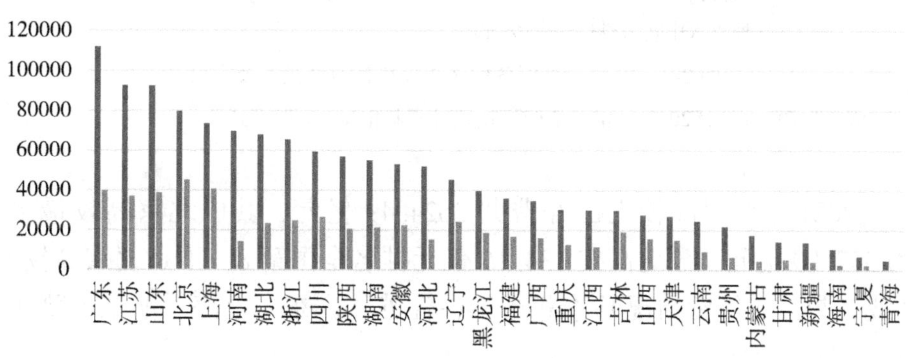


图 2-1　2021 年全国各地区高校科技人力情况

资料来源：根据《2022 年高等学校科技统计资料汇编》整理得到。

2. 科技经费情况

2021 年全国高校拨入科技经费共 2828. 57 亿元，其中北京高校为 380. 52 亿元，湖北高校 148. 87 亿元排名第 7，拨入经费不足北京高校的 4 成，在江苏、上海、广东、浙江、陕西之后。拨入经费中高校自身各种收入中转为科技经费的如图 2-2 中折线所示，这一指标反映了高校自筹科技经费能力，其中广东高校最高为 32. 35 亿元，湖北高校仅有 4. 53 亿元，排名第 18 位，仅为广东的 14%，低于全国平均水平，在浙江、江苏、湖南、河南、重庆和山东之后。

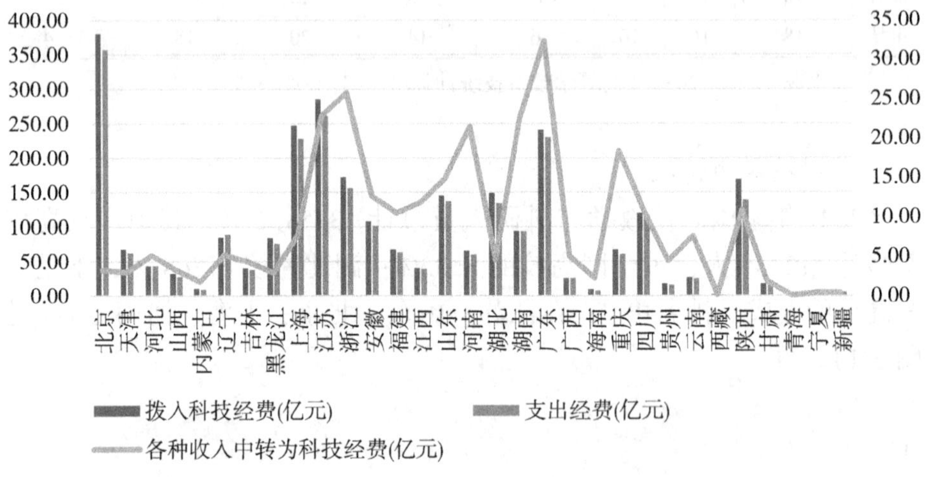


图 2-2　2021 年全国各地区高校科技经费投入及支出

资料来源：根据《2022 年高等学校科技统计资料汇编》整理得到。

2021 年全国高校支出经费共 2624. 49 亿元，其中北京高校最多，为 357. 09 亿元，湖北高校 134. 15 亿元排名全国第 8，不足北京高校的 4 成，与拨入经费情况基本相当，在江苏、广东、上海、浙江、陕西、山东之后(见图 2-2)。

3. 国际合作情况

2021 年全国高校国际合作研究派遣与接受总人次为 37333 人次，其中派遣 19064 人次，接受 18269 人次，派遣与接受人次相当。上海高校最多为4309人次，占全国的11.54%；湖北高校1725人，排名第8，占全国的4.62%，仅为上海的4成，在江苏、山东、四川、湖南、广东、北京之后。从图2-3中可见，湖北高校派遣人次多于接受人次，而上海、广东和北京高校的接收人次明显多于派遣人次。

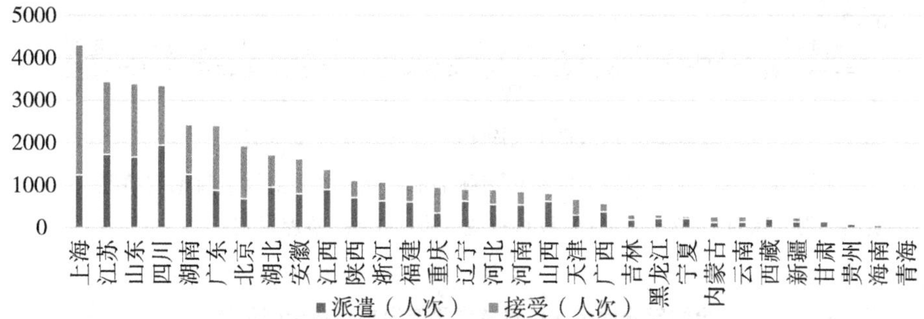


图2-3　2021年全国地区高校国际合作研究派遣与接受人次

资料来源：根据《2022年高等学校科技统计资料汇编》整理得到。

2021年全国高校国际学术会议出席人员总人次为202207人次，其中北京高校最多达77272人次，占全国比例高达38.2%，远超全国其他地区；湖北高校11052人次，仅为北京高校的14.3%，排名全国第4，在上海和广东之后。

2021年全国高校国际会议交流论文总计52397篇，其中北京高校最多达6738篇，占全国的12.86%；湖北高校4478篇，占全国高校的8.69%，排名全国第4，在上海和江苏之后(见图2-4)。

### (二)各地区高校科技成果产出现状比较

湖北高校各项科技成果产出指标综合排名第8位，其中出版国际著作排名第3，处于前列；其余指标分别位列全国第6—9位，处于中上游水平。各地区高校科技成果产出6项指标中，江苏高校有4项指标排名全国第1，且各项指标加权平均后综合排名也位列全国第1(见表2-2)。

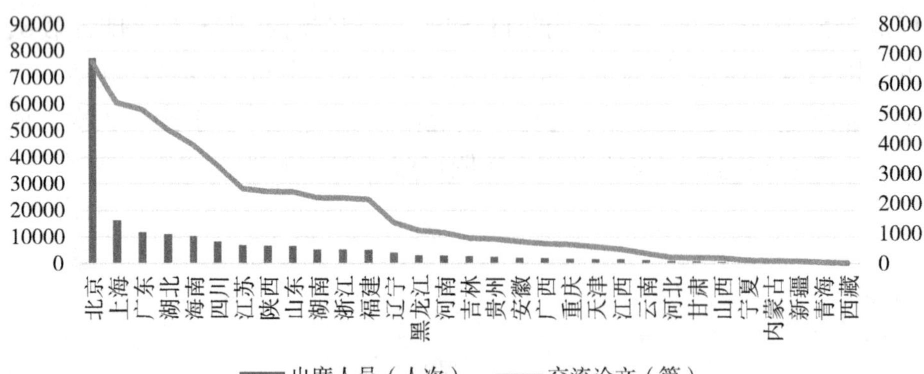


图 2-4　2021 年全国各地区高校国际学术会议出席人员及交流论文情况

资料来源：根据《2022 年高等学校科技统计资料汇编》整理得到。

表 2-2　　**全国部分地区高校科技成果产出指标在全国位置**

| 地区 | 研发项目数 | 科技成果 | | 专利情况 | | | 科技成果产出指标综合排名 |
|---|---|---|---|---|---|---|---|
| | | 出版科技著作 | 发表学术论文 | 专利申请 | 专利授权 | 专利出售总金额 | |
| 江苏 | 3 | **1** | **1** | **1** | **1** | 4 | **1.8** |
| 北京 | **1** | 2 | 3 | 4 | 4 | 2 | 2.7 |
| 广东 | 2 | 5 | 2 | 3 | 3 | 3 | 3.0 |
| 陕西 | 5 | 6 | 8 | 6 | 7 | 5 | 6.2 |
| 浙江 | 6 | 12 | 9 | 2 | 2 | 7 | 6.3 |
| 上海 | 4 | 11 | 4 | 8 | 11 | **1** | 6.5 |
| 山东 | 8 | 8 | 5 | 5 | 5 | 8 | 6.5 |
| 湖北 | **9** | **3** | **7** | **7** | **6** | **9** | **6.8** |
| 四川 | 7 | 9 | 6 | 10 | 8 | 11 | 8.5 |
| 湖南 | 11 | 10 | 11 | 11 | 10 | 6 | 9.8 |
| 河南 | 18 | 4 | 12 | 9 | 9 | 12 | 10.7 |
| 辽宁 | 13 | 7 | 10 | 13 | 12 | 10 | 10.8 |
| 安徽 | 10 | 15 | 13 | 12 | 13 | 17 | 13.3 |
| 重庆 | 17 | 14 | 16 | 15 | 14 | 14 | 15.0 |
| 黑龙江 | 14 | 13 | 14 | 16 | 15 | 19 | 15.2 |

资料来源：根据《2022 年高等学校科技统计资料汇编》整理得到。

1. 研发项目情况

2021年全国高校研发项目总数为795998项，其中北京高校最多，为76293项，占全国的9.58%；湖北高校39397项，排名全国第9，占全国的4.95%，在广东、江苏、上海、陕西、浙江、四川、山东之后(见图2-5)。

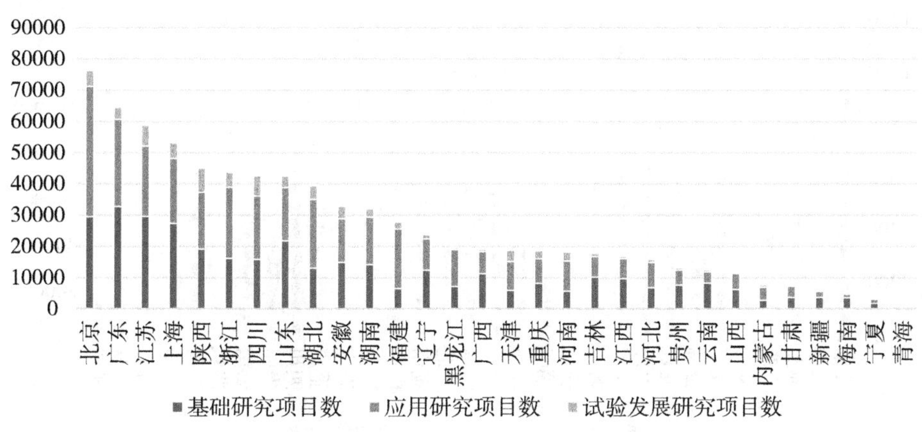


图2-5　2021年全国地区高校研发项目数

资料来源：根据《2022年高等学校科技统计资料汇编》整理得到。

就全国总体而言，基础研究项目数占研发项目总数的44.93%，应用研究项目数占项目总数的45.68%，试验发展研究项目数占项目总数的9.39%，可见基础研究和应用研究项目数占比在9成以上，且分布较为平均。湖北高校基础研究项目数占湖北项目总数的33.33%，应用研究项目数占湖北项目总数的55.43%，试验发展研究项目数占项目总数的11.24%，湖北高校应用研究项目数占项目总数一半以上，此项占比在全国排名第3，可见湖北高校对应用研究投入较大，但在基础研究方面稍显不足。

2. 出版科技著作及发表学术论文情况

2021年全国高校出版科技著作15148部，其中江苏高校数量最多，达1124部，占全国高校的7.42%；湖北高校997部，排名全国第3；

北京高校位列全国第 2 位。

2021 年全国高校发表学术论文总计 1203369 篇，其中江苏高校最多，达 122873 篇，占全国高校的 10. 21%；湖北高校 67002 篇，占全国高校的 5. 57%，排名全国第 7，在广东、北京、上海、山东、四川之后(见图 2-6)。

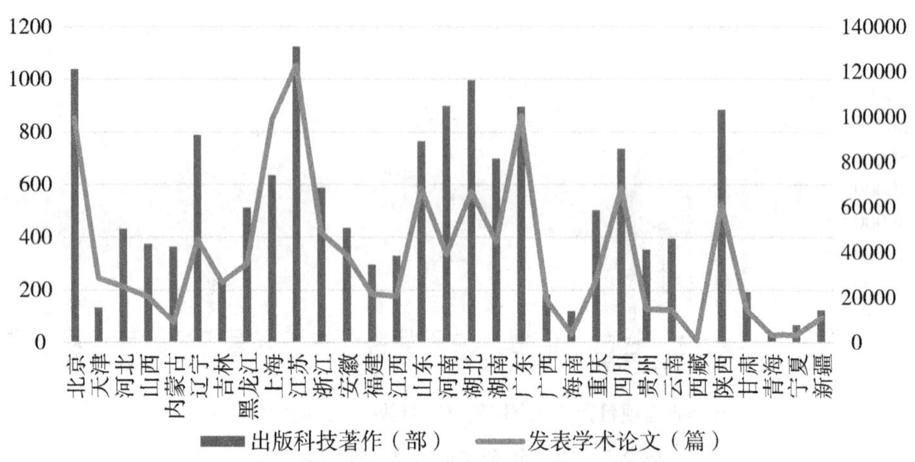


图 2-6　2021 年全国各地区高校出版科技著作及发表学术论文情况

资料来源：根据《2022 年高等学校科技统计资料汇编》整理得到。

3. 专利情况

(1) 专利申请。

2021 年全国高校专利申请总计 368170 项，其中发明专利 218860 项，实用新型专利 134082 项，外观设计专利 15228 项，发明专利占比达 59. 45%。江苏高校申请数量最多达 54031 项，占全国高校专利申请的 14. 68%；湖北高校申请 19955 项，不足江苏 4 成，排名全国第 7，其中发明专利占专利申请总数的 6 成，与全国平均水平相当，在浙江、广东、北京、山东、陕西之后(见图 2-7)。

(2) 专利授权。

2021 年全国高校专利授权总计 308548 项，其中发明专利 144429 项，实用新型专利 148193 项，外观设计专利 15926 项，发明专利占比达46.81%。江苏高校授权数量最多达41703项，占全国高校的13.52%；湖北高校授权17427项，占全国高校的5.65%，排名全国第6，其中发明专利占专利申请总数的46.81%，与全国平均水平相同，在浙江、广东、北京、山东之后(见图2-8)。

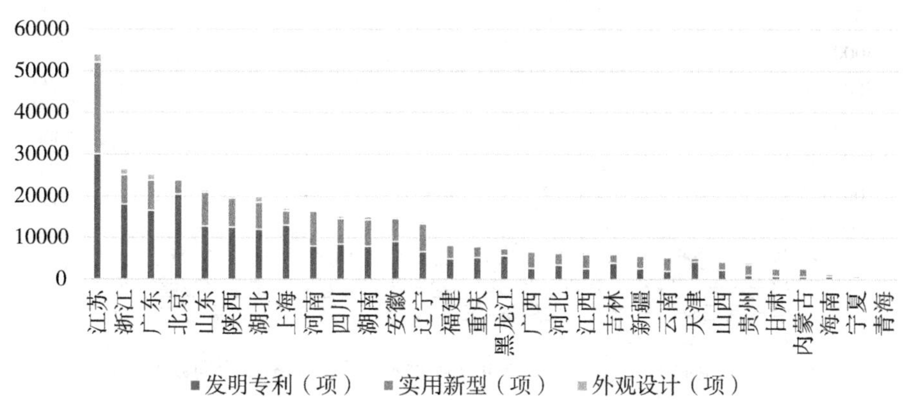


图2-7 2021年全国各地区高校专利申请情况

资料来源：根据《2022年高等学校科技统计资料汇编》整理得到。

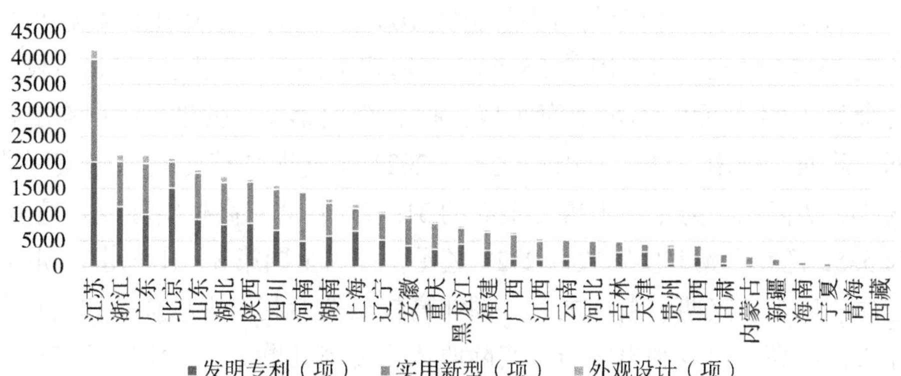


图2-8 2021年全国各地区高校专利授权情况

资料来源：根据《2022年高等学校科技统计资料汇编》整理得到。

(3)专利出售。

2021年全国高校专利出售合同数总计16015项，其中江苏高校出售合同数最多达3819项，占全国高校的23.85%；湖北高校出售730项，占全国高校的4.56%，排名全国第7，不足江苏的2成，在浙江、陕西、北京、山东、广东之后(见图2-9)。

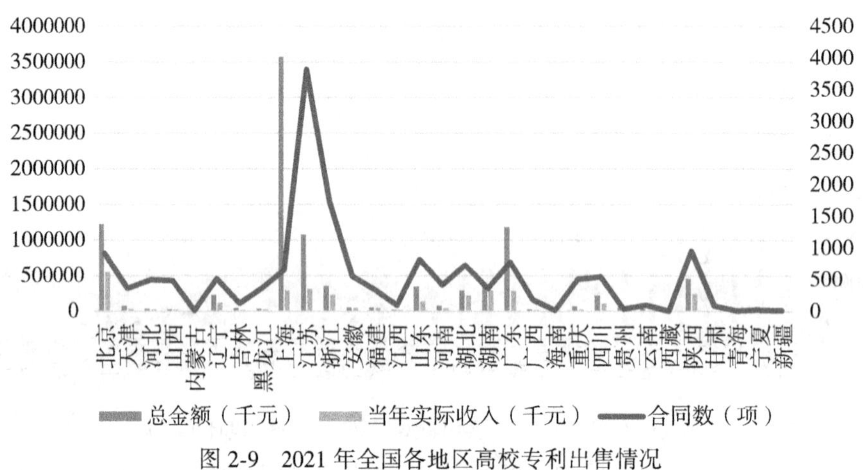


图2-9 2021年全国各地区高校专利出售情况

资料来源：根据《2022年高等学校科技统计资料汇编》整理得到。

2021年全国高校专利出售总金额100.15亿元，其中上海高校出售金额35.74亿元，占全国的35.69%，远超全国其他地区；湖北高校出售金额2.94亿元，不足上海1成，排名全国第9，在北京、广东、江苏、陕西、湖南、浙江、山东之后。2021年全国高校专利出售实际收入31.77亿元，为专利出售总金额的31.72%；北京高校实际收入最多，为5.52亿元；湖北实际收入2.23亿元，排名全国第8，在江苏、湖南、上海、广东、陕西、浙江之后。湖北高校虽然专利出售总金额和当年实际收入不高，但专利出售当年实际收入占专利出售总金额比例为76%，在专利出售总金额前十的地区高校中占比最高(见图2-9)。

### (三)各地区高校科技成果转化现状比较

湖北高校各项科技成果转化指标综合排名全国第6位，各项指标排名较为平均，处于第五至七位。江苏高校各项指标加权平均后综合排名全国第1(见表2-3)。结合表2-1、表2-2可见，江苏高校在科技成果投入、产出、转化三方面的综合排名都位列全国第1，处于全国领先位置。

表2-3　　全国部分地区高校科技成果转化指标在全国位置

| 地区 | 技术转让 | | | 科技成果转化指标综合排名 |
|---|---|---|---|---|
| | 技术转让合同数 | 技术转让合同金额 | 技术转让当年实际收入 | |
| 江苏 | **1** | 3 | 3 | **2.3** |
| 北京 | 6 | 2 | **1** | 3.0 |
| 四川 | 5 | 5 | 2 | 4.0 |
| 上海 | 10 | **1** | 4 | 5.0 |
| 广东 | 9 | 4 | 6 | 6.3 |
| 湖北 | **7** | **7** | **5** | **6.3** |
| 重庆 | 3 | 11 | 7 | 7.0 |
| 浙江 | 2 | 10 | 10 | 7.3 |
| 山东 | 4 | 8 | 11 | 7.7 |
| 陕西 | 8 | 9 | 9 | 8.7 |
| 湖南 | 14 | 6 | 8 | 9.3 |
| 辽宁 | 11 | 12 | 12 | 11.7 |
| 福建 | 17 | 14 | 13 | 14.7 |
| 安徽 | 12 | 18 | 16 | 15.3 |
| 吉林 | 20 | 13 | 14 | 15.7 |

资料来源：根据《2022年高等学校科技统计资料汇编》整理得到。

1. 技术转让合同数量

2021年全国高校技术转让合同数总计23416项，其中江苏高校最多达5056项，占全国的21.59%；湖北高校1429项，不足江苏3成，排名全国第7，在浙江、重庆、山东、四川、北京之后(见图2-10)。

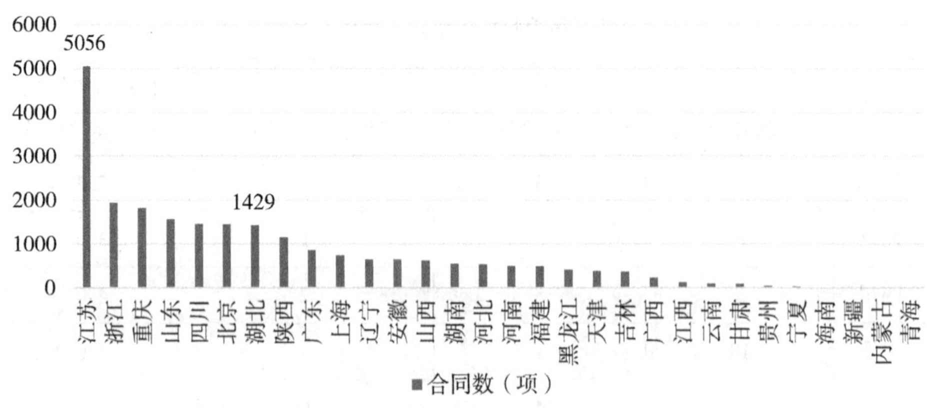


图2-10　2021年全国各地区高校技术转让合同数

资料来源：根据《2022年高等学校科技统计资料汇编》整理得到。

2. 技术转让合同金额

2021年全国高校技术转让合同总金额136.54亿元，其中上海高校40.37亿元，接近全国3成，远超其他地区；湖北高校6.5亿元，仅为上海高校的16.11%，排名全国第7；在北京、江苏、广东、四川、湖南之后。技术转让合同总金额包括国有企业、外资企业、民营企业及其他。从图2-11中可见，高校的技术转让合同收入大多来自于民营企业，其次是国有企业，外资企业的占比很少。

2021年全国高校技术转让实际收入50.18亿元，为技术转让合同总金额的36.75%；北京高校实际收入最多，为6.91亿元；湖北高校实际收入3.77亿元，排名全国第5，在四川、江苏、上海之后。湖北高校技术转让当年实际收入占技术转让合同总金额比例为57.88%，高于全国平均水平(见图2-11)。

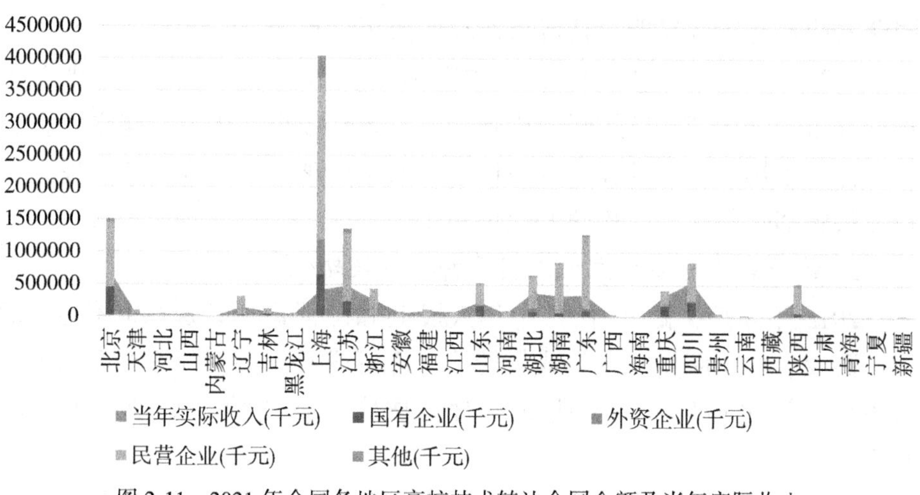


图 2-11　2021 年全国各地区高校技术转让合同金额及当年实际收入

资料来源：根据《2022 年高等学校科技统计资料汇编》整理得到。

## 三、全国高校科技成果转化政策研究

### (一) 国家有关高校科技成果转化政策

近年来，国家出台了一系列相关政策促进高校科技成果转化：

1. 从顶层设计多维度推动高校科技成果转化

2016 年 8 月，教育部、科技部发布《关于加强高等学校科技成果转移转化工作的若干意见》，提出了加强高校科技成果转移转化工作的具体要求，包括建立健全科技成果转化机制、优化成果转化政策环境、提升成果转化服务能力等。

2017 年 9 月，国务院发布《国家技术转移体系建设方案的通知》，强调了企业、高校、科研院所等创新主体在推动技术转移中的重要作用，加强高校、科研院所技术转移机构建设；支持和鼓励高校、科研院所设置专职从事技术转移工作的创新型岗位，吸引海外高层次技术转移人才和团队；在法律授权前提下开展高校、科研院所等单位与完成人或团队共同拥有职务发明科技成果产权的改革试点。

2021年3月，《中华人民共和国国民经济和社会发展第十四个五年规划和2035年远景目标纲要》中强调要完善科技创新体系，建立以企业为主体、市场为导向的技术创新体系，鼓励产学研用深度融合，提升科技成果转移转化成效，构建开放创新生态。

2. 赋予高校更多自主权以利于科技成果转化

2015年8月，修订后的《中华人民共和国促进科技成果转化法》赋予了高校、科研院所在科技成果转让、许可或者作价投资等方面的更大自主权，简化转化程序，明确了对科技成果转化给予奖励和报酬的制度。

2018年11月，科技部、教育部等六个部门印发《关于扩大高校和科研院所科研相关自主权的若干意见》，提出要扩大高校和科研院所在科研项目管理、经费使用、成果转化等方面自主权。

2017年3月，五部委出台意见推动高教领域“放管服”改革向纵深推进，教育部等五部门印发《关于深化高等教育领域简政放权放管结合优化服务改革的若干意见》，其中指出要减少行政干预，赋予高校更多自主权，以利于科技成果转化。

3. 提升高校科技成果质量促进成果转化效率

2020年2月，教育部、国家知识产权局、科技部发布《关于提升高校专利质量促进转化运用的若干意见》，其中强调要提高高校专利质量和转化效率，建立专利导航机制，加强知识产权管理和服务体系建设，推动专利技术向现实生产力转化。

2023年10月，国务院新闻办公室举行政策例行吹风会，介绍《专利转化运用专项行动方案(2023—2025年)》有关情况。教育部相关司局负责人表示，教育部结合高校实际，重点从“提升成果质量”和“加强政策激励”两大因素着手，加快推动高校科技成果向现实生产力转化。

4. 加强校企合作共建平台推动科技成果转化

2015年8月，修订后的《中华人民共和国促进科技成果转化法》鼓励高等院校与企业相结合，联合实施科技成果转化；鼓励高等院校通过转让、许可或者作价投资等方式向企业或其他组织转移科技成果；支持大学科技园等科技企业孵化机构发展等。

2017 年 12 月，国务院办公厅发布《关于深化产教融合的若干意见》，其中指出要以企业为主体推进协同创新和成果转化，加强企业技术中心和高校技术创新平台建设，鼓励企业和高校共建产业技术实验室、中试和工程化基地，利用产业投资基金支持高校创新成果和核心技术产业化。

5. 多渠道激励高校科研人员使成果高效转化

2016 年 11 月，中共中央办公厅、国务院办公厅印发《关于实行以增加知识价值为导向分配政策的若干意见》，其中鼓励高校和科研机构通过股权、期权、分红等方式激励科技人员开展成果转化，增加科技人员的收入来源，使科技成果得到高效转化。

2018 年 7 月，国务院发布《关于优化科研管理提升科研绩效若干措施的通知》，指出要简化项目申报和过程管理，赋予科研人员更大的人财物支配权，以提高科研绩效和成果转化效率。

2022 年 9 月，科技部印发《“十四五”技术要素市场专项规划》的通知，其中提到支持科技人员通过创业实施科技成果转化，允许高校院所科研人员按规定兼职离岗创新创业，畅通人才流动，增强众创空间等创新载体功能。

### （二）高校科技成果转化突出地区的相关政策

通过各地区高校科技成果及转化现状比较研究可见，虽然在国家层面积极推动了各项科技成果转化政策，但各地高校在科技成果转化实践中的表现呈现出显著的地域差异和不平衡性，部分指标存在较大差距。

通过对高校科技成果转化成效显著地区近年来发布的相关政策进行研究发现，其政策不仅结合当地高校实际，还具有较强的操作性，甚至明确责任部门，以保障政策顺利实施。如江苏积极探索本地转化模式，加强国际交流合作；广东加大激励力度，多方赋能鼓励国资投早投小投硬科技；上海提供专项扶持资金，推动高新技术成果转化等。

1. 江苏——综合排名第一，投入第一，产出第一，转化第一

2018 年 8 月，江苏省政府办公厅印发《关于促进科技与产业融合加快科技成果转化实施方案》的通知，实施方案指出要深化大院大所和高校的战略合作，推动国家科技重大专项、重点研发计划产出的创新成果在江苏省转移转化；搭建产学研合作信息服务平台，自主探索符合当地实际、有助于特色产业创新发展的科技成果转移转化模式，支持各地举办富有产业特色的产学研洽谈活动；建设一批国际技术转移服务中介机构，鼓励与国际知名技术转移机构开展高层次合作；扩大高校、科研院所科研自主权，下放科技成果使用权、处置权和收益权，提高科研人员科技成果转化收益，完善职务科技成果转化的奖励、报酬制度。实施方案中每项重点任务都明确了相关责任部门，保障了任务的实施执行。

2023 年 6 月，江苏省突出重点创新举措，积极推进高校科技成果转化落地。江苏省在政策保障、体制机制、应用模式等方面积极探索，充分调动高校科技人员科研工作的积极性、创造性，大力推进产学研合作和科技成果转移转化。在政策保障方面，明确将开展科技成果转化或承担企事业单位委托项目工作情况纳入省高水平大学建设年度绩效评价指标体系；鼓励高校对科技成果转移转化绩效突出人员，在晋升职称时予以支持，用好考核“指挥棒”，调动广大教师、科研人员参与产学研合作及成果转化的积极性；实施产业教授制度，选聘科技企业负责人到高校担任产业教授，引企入教、引企入研，推动高校与企业创新资源深度对接。在拓宽转化渠道方面，2022 年遴选省内高校 3366 项专利(成果)参与“专利(成果)拍卖季”，征集 550 条技术解决方案，促成技术交易 480 项、成交金额达 2.07 亿元；支持高校领军人才到企业建立工作站，高校科研人员将科技成果带入企业实施技术转移、创新创业。在深化政产学研合作方面，鼓励企业在高校建立技术中心，构建以企业为主体的技术创新平台；推动有关高校紧密围绕国家和区域重大战略需求，不断加强优势学科建设，努力促进学科链与产业链紧密衔接；鼓励高校与国内外知名高校、科研机构共建高端产学研平台，聚合优质资源，为科技成果转化提供成熟度高、应用程度高的成果来源，持续推动优质科

技成果转化落地等。

2. 北京——科技成果投入四项全国第一

2022年9月北京市科学技术委员会、中关村科技园区管理委员会等5部门印发《关于开展中关村国家自主创新示范区核心区高等院校、科研机构和医疗卫生机构职务科技成果转化管理改革试点实施方案》的通知，方案中提出了一种创新模式，即“先使用后付费”，意在解决科技成果交易定价难的问题，降低企业采用新技术的风险和成本，加速科技成果的应用和产业化进程。

2024年5月，北京市市场监督管理局发布50项计量技术规范，涉足科技成果转化等六方面，旨在为科技成果的概念验证提供技术支撑，特别是提升智能装备产业相关领域的成果转化效率。

3. 广东——投入、产出综合排名第二，自筹经费能力第一

2022年2月，广州市科学技术局关于印发《广州市促进科技成果转化实施办法》的通知，通知从科技成果的转化机制、激励机制、服务体系、转移路径、生态环境等方面提出了具体措施。如推动高校建立健全科技成果收益分配激励制度，科技成果转化净收入的70%以上，或者科技成果形成的股份、出资比例70%以上可以奖励给科技成果完成人(团队)；开展技术开发、技术咨询、技术服务等活动取得的净收入视同科技成果转化净收入，单位可留存自主使用等。建设重大技术产业创新平台，开展关键核心技术攻关，推动重大科技成果转化与产业化，推进粤港澳大湾区国家技术创新中心建设。

2024年4月，广州市人民政府办公厅关于印发《广州市进一步促进科技成果转移转化若干措施》的通知，包含强化市场需求牵引、提升成果供给水平、增强服务体系效能、强化组织保障4个方面共计13条措施。政策中的亮点，一是给予较大额度的资金支持，比如对于在穗企业承接国家重大科技项目、颠覆性技术重点项目、国家科技奖项目等落地转化和产业化的项目，将给予最高1000万元的支持；每年选取部分重点产业链重要方向，每条产业链遴选支持若干项目，每个项目给予最高200万元资助；每年评定一批优秀机构、团队或技术经理人，对促成重

大成果转化作出贡献的，给予最高50万元奖励。二是推动较大体制机制改革创新，比如提出可强制将符合条件的成果通过第三方实施转化，这针对科技成果转化中长期存在“僵尸专利”较多、专利实施率不高等痛点问题提供了突破口；提出在穗高校院所、医疗机构横向科研项目结余经费视为科技成果转化收入，横向科研项目结余经费出资科技成果转化视同科技成果投资入股，纳入职务科技成果单列管理，将有效提升科研人员更多参与成果转移转化活动的积极性。三是鼓励多方赋能成果转化，比如提出特定区域内高校、科研机构、国有企业建设众创空间、科技企业孵化器和加速器，符合条件的孵化服务收入可留归自主使用，将有效解决成果就地转化的载体空间供给不足等问题；提出组建广州天使母基金，吸引一批优质天使投资管理人合作设立子基金，建立可操作的尽职免责和容错机制，以及优化广州国有投资基金管理运作考核及容错机制，将解决金融赋能的“最初一公里”和“最后一公里”难点，鼓励国有资本更多“投早投小投硬科技投长远”。

4. 上海——国际交流综合第一，技术转让收入第一

2020年11月，上海市科学技术委员会、财政局、税务局发布关于印发《上海市高新技术成果转化专项扶持资金管理办法》的通知，管理办法旨在鼓励和支持企业将高新技术成果转化为实际生产力，由地方财政提供了专项扶持资金，以推动高新技术成果转化，可用于支持项目的研发、中试、产业化以及相关服务等环节。管理办法中规定了资金来源、扶持对象、管理部门、扶持政策、资金申请流程、资金的审核与拨付、监督管理、过渡期规定及施行日期等内容，具有很强的操作性，将政策落于实处。

2023年8月，上海市科学技术委员会等八部门联合发布关于印发《上海市科技成果转化创新改革试点实施方案》的通知，提出7项改革试点任务及1项保障任务，即赋予科研人员职务科技成果所有权、赋予科研人员职务科技成果长期使用权、建立职务科技成果单列管理制度、建立专业高效的科技成果运营机制、建立科技成果转化相关人员激励制度、建立科研人员创业企业发展通道、建立科技成果转化尽职免责制

度、建立科技成果市场化评价与合规交易保障机制。

2024年6月，上海交通大学建立成果转化“一门式”服务系统，通过多部门协同，形成全流程贯通的科技成果转化管理体系，提高了转化效率，解决了转化过程中的一些障碍。

## 四、优化湖北高校科技成果转化对策建议

### (一)加强政策引领，服务校企科技成果转化

政府在科技成果转化中扮演着引领者与协调者的角色，通过制定政策、提供资金支持、搭建合作平台、优化转化环境等措施，为科技成果从实验室到市场的跨越构建桥梁，加速技术创新体系的运转，引导和促进资源的有效配置。

1. 制定专项政策，完善法律法规

出台更为具体的科技成果转化扶持政策，明确产权界定、利益分配机制，简化成果转化流程。首先，设立科技成果转化引导基金，提供税收减免、财政补助等激励措施，降低转化成本。此外，还需明确产权归属、收益分配、转化流程等关键环节的具体规定，消除法律壁垒，确保创新者的合法权益得到充分保护。其次，建立成果转化绩效评价体系，激励高校与科研人员积极参与转化活动，与此同时强化知识产权保护，建立快速维权机制，降低成果转化中的法律风险。最后，借鉴相关试点经验，实施“一校一策”，根据各高校的特色和优势，制订差异化的政策支持方案，鼓励高校发挥自身优势推进成果转化。

2. 营造创新环境，激发创新精神

政府引导社会各界，营造鼓励创新、宽容失败的社会氛围。首先，政府可以通过举办科技论坛、成果展示会、产学研对接会等活动，提升公众对科技成果转化的认知与支持力度，形成全社会共同参与的创新环境。其次，建立创新案例库，广泛宣传成功转化的典型案例，形成示范

效应，激励更多科研人员投身成果转化事业。最后，将创新创业教育融入高校人才培养体系，政府牵头，开展创新文化节、创新竞赛、建立创业孵化器等实践活动，培养学生的创新思维、实践能力，激发师生的创新激情和创业精神。

3. 构建服务平台，增强资源匹配

推进高校与企业之间中介平台的建设，有利于增进两者沟通的效率。首先，政府应主导构建成果展示、技术交易、法律咨询等功能于一体的线上服务平台，并配合线下科技成果交流中心，实现信息共享、资源优化配置。其次，政府可以依托云计算、大数据等现代信息技术，构建覆盖全省乃至全国的科技成果数据库，降低成果转化门槛，实现成果信息的高效流通和精准匹配。最后，利用大数据平台对科技成果和市场需求进行智能分析，实现精准匹配，同时增设在线互动咨询功能，为用户提供即时解答，促进产学研深度结合。

### （二）加强人才激励，构建科技成果转化桥梁

高校是科技成果转化的创新引擎和人才摇篮，不仅产出前沿科技成果，还通过教育培养具有创新意识和实践能力的人才，促进科研产出与产业界需求的有效衔接，实现知识向现实生产力的转化。

1. 促进大院大所合作，加强国际交流

鼓励湖北高校与海外高水平大学、研究机构和跨国公司建立稳定的合作伙伴关系，加速科研成果的国际化转化进程。首先，加强国内外大院大所开放性合作。深化与清华大学、北京大学、全国科学院等大院大所和高校战略合作，推动国家科技重大专项、重点研发计划产出的创新成果在湖北转移转化。其次，建立海外成果转化基地，拓宽国际市场，建立国际联合实验室或研发中心，共同承担重大科研任务，实现科研设施与资源的国际共享。最后，深化与创新能力强的国内外高校及企业长期合作，构建产业创新全球合作伙伴关系网络，打造国际创新资源集聚区，鼓励跨国公司在湖北设立高水平研发机构，举办或参与国际科技交

流活动增强湖北高校在全球科技创新领域的知名度与影响力。

2. 保障科研人员稳定，培育业界精英

稳定的研发团队是科技成果转化的关键，确保核心科研人员的长期参与，可以提高转化效率与成功率，对于促进高校科技成果转化具有重要意义。首先，优化科研人员工作环境，改善科研硬件设施，为科研人员提供先进的实验 设备与充足的研究资源，鼓励自由探索与创新思维，减少行政干预，确保其身心健康，保持持久的创造力。其次，加强科研人员团队建设，鼓励跨学科学习和研究，消除单一学科局限，培养具有跨界能力的复合型人才，跨学科团队在技术创新与应对复杂问题中具有更显著的优势。最后，营造良好的学术氛围，提升团队负责人的人际沟通与项目管理能力，增强团队凝聚力与执行力，建立团队绩效评价体系，确保团队内部的和谐与稳定。

3. 提升自筹经费能力，拓展筹资渠道

自筹经费能力是高校科技成果转化的重要保障，通过多元化资金筹集，可以有效缓解科研资金短缺的问题，加速成果转化进程。首先，密切关注政府科研政策与基金项目，加强与各类科研基金会的联系，争取国家与地方政府的科研资助，拓宽科研资金来源。其次，建立校友基金会，举办校友返校日、科研成果展等活动，激发其捐赠意愿，用于支持特定科研项目或奖励优秀科研人员，形成校友捐赠与科研转化的良性互动。最后，建立科研成果展示与汇报机制，定期向资助方报告科研进展与转化成效，增强其信任与支持，确保资助的持续性与稳定性。

### (三)加强多方联动，协同创新转化融合体系

科技成果转化是一个复杂的系统工程，需要高校与政府、企业、及社会公众等多方力量的共同参与与协作，形成一个健康、高效的科技成果转化生态系统。

1. 政府高校交流，打造互补机制

政府是政策的制定方，高校是政策的受益方，两者加强沟通协作，有利于打造政策与科研优势互补。首先，政府应与高校建立常态化的沟通与合作机制，深入高校一线，及时了解高校科研动态与成果转化需求，掌握科研人员面临的实际困难与挑战，制定更具针对性与实效性的政策支持。其次，政府应支持高校建设高水平科研平台，提供科研基础设施与设备，确保高校科研人员能够在一流的科研环境中开展科学研究与技术开发，为高校科研人员提供更好的科研条件。最后，政府应引导高校科研方向与地方经济、社会发展需求紧密结合，促进科研成果的快速转化与应用，实现科研与经济的良性互动。

2. 深化校企联动，共建转化环境

高校与企业的良好联动更有利于提高科技成果转化效率。首先，鼓励高校与企业、研究机构深度合作，通过共建实验室、研发中心、技术创新中心等形式，实现资源共享、优势互补，促进科研成果的快速转化，确保科研方向紧贴市场需求。其次，实施“导师+企业家”双指导制，引导科研成果向产业应用转化，组织定期的技术交流会和项目对接活动，鼓励高校教师和研究人员在企业与学校之间流动，推动知识与技术的交互传播。最后，企业根据市场需求提出研发需求，高校有针对性地进行科研攻关，这样可以确保科研成果更贴近实际应用，从而提高转化效率。

3. 鼓励群众参与，支持转化监督

在科技成果转化的进程中，社会公众的角色不容忽视，他们不仅是科技成果转化的受益者，更是推动者与监督者。首先，高校应加强与社会公众的沟通与互动，通过各种科普活动让社会公众近距离接触科研成果，提高社会公众对科技成果转化的认知与支持。其次，高校应鼓励社会公众参与科技成果转化的过程，让社会公众成为科技成果转化的直接参与者与贡献者，将科研项目中的部分任务分解，让社会公众通过线上平台参与，实现科研资源的广泛动员与智慧汇聚。最后，高校应建立科技成果转化的社会监督机制，让社会公众对科技成果转化的过程与结果进行监督与评价，确保科技成果转化的公开、公平、公正。

**撰稿人：** 邹　蔚　武汉城市圈制造业发展研究中心主任、江汉大学商学院教授、硕士生导师

宋维玮　江汉大学商学院经济师、武汉城市圈制造业发展研究中心秘书

余熙然　江汉大学商学院硕士

# 湖北省产业投资基金发展现状及举措研究

长江产业投资集团课题组

《2024年国务院政府工作报告》提出："鼓励发展创业投资、股权投资，优化产业投资基金功能。"2024年4月30日召开的中共中央政治局会议强调："要积极发展风险投资，壮大耐心资本。"产业投资基金作为一项"耐心资本"，通常不受市场短期波动的干扰，能够长期为投资项目提供稳定的资金支持，发挥市场稳定器和产业发展助推器的作用，推动科技创新和关键核心技术攻关。湖北具备产业投资基金发展的良好沃土。近年来，湖北产业投资基金取得了长足发展，为产业高质量发展作出了重要贡献，但与沿海发达地区相比，仍有较大的发展潜力，需要从政策、市场机制、管理人培育等方向发力，全面促进产业基金发展迈向更高水平。

## 一、产业投资基金在现代化产业体系建设中的重要地位和作用

产业投资基金作为银行间接融资的重要补充，为企业提供多元化的融资渠道，在科技创新和产业升级中扮演着关键角色。产业投资基金的高质量发展，不仅能为产业、高校及科研机构带来创新资本和耐心资本，也能通过资源整合为产业发展提供全面的支持，进而促进产业资源深度整合，提升产业链供应链韧性和安全水平，最终推动构建具有国际竞争力的现代化产业体系。

### （一）产业投资基金是构建现代化产业体系的重要支撑

构建现代化产业体系，需融合创新资本的前瞻性和耐心资本的稳定性。

产业投资基金能够依托创新资本推动全产业链优化升级。产业投资基金能够为企业分担创新过程中的风险，帮助更多的企业投资引入先进的生产技术和智能化设备，全力投入到新技术、新工艺的研发和应用中，促进企业全要素生产率的提升和重大技术的改造，进而推动各类产业向高端化、智能化、绿色化转型升级。

产业投资基金能够依托耐心资本发展壮大战略性新兴产业和未来产业。战略性新兴产业和未来产业的培育和发展，依赖于能够承受长期投资周期和市场验证的耐心资本。产业投资基金能够紧密跟随国家产业政策导向，专注于对早期、小型企业，尤其是那些在硬科技领域深耕细作的创新企业进行投资，通过长期的资金支持和战略指导，帮助企业克服研发和市场培育中的挑战，为发展战略性新兴产业和未来产业提供坚实的支撑。

### （二）产业投资基金是促进产业资源整合的关键纽带

产业资源整合，既包含产业内部资源的整合，即产业链的纵向整合和横向拓展，也包含产业内外部资源的整合，即产学研资源的有效对接。

产业投资基金能够通过参与企业的并购、重组等资本运作，促进产业资源的优化配置。一方面通过并购上下游企业，增强产业链各环节之间的协同效应，促进产业链的纵向整合，提升整体竞争力。另一方面通过投资相关领域的企业，促进产业链的横向拓展，实现资源共享和优势互补，拓宽产业的发展空间。

打通科技成果转化以及产业市场化应用的“最后一公里”，其关键在于产学研资源的有效整合。产业投资基金能够以其强大的资源整合能力，致力于构建孵化器、加速器等创新创业平台，深化产业界与学术界、科研机构之间的紧密合作，促进学术研究成果与产业需求的有效对接，推动科技成果的商业化和产业化，最终有效地将这些科教资源转化为产业发展的动力。

### （三）产业投资基金是提升产业链供应链韧性的中坚力量

提升产业链供应链的韧性和安全水平，既需要强化产业链上下游企业的协同创新能力，也需要与全球伙伴建立更广泛的跨国技术联盟。

产业投资基金能够通过“建圈强链”增强产业链上下游企业的协同创新能力。通过“以投带招，以招促投，招投联动”的方式，产业投资基金能够有效推动具有核心竞争力和高成长潜力的重大项目落地，进而带动相关产业集群的发展和成长，有效促进产业链上下游的协同发展，提升产业链的整体竞争力和创新能力。同时，产业投资基金通过投资产业链的关键领域和薄弱环节，致力于“补齐短板、拉长长板、锻造新板”，提升产业链供应链的稳定性和安全性。

产业投资基金能够通过对接国际资本和市场建立更广泛的跨国技术联盟。产业投资基金不仅能够通过与国内外优秀企业以及投资机构建立合作关系，吸引更多的外部资源和项目落地，促进地方经济的多元化和国际化发展；还能够帮助本省企业迈向国际舞台，通过融入全球产业链，拓展国际合作网络，与全球行业领军者和创新机构建立深层次的跨国技术联盟，从而推动产业向价值链高端延伸，加速产业“迭代出新”，助力打造一个更加开放、更具韧性的产业生态系统。

## 二、湖北省产业投资基金的总体情况

近年来，湖北省产业投资基金行业快速发展，据中国证券投资基金业协会的统计，截至 2023 年年末，湖北省私募基金管理人数量为 393 家，占全国私募基金管理人总数的 1.82%；备案私募基金产品数量为 1291 只，占全国私募基金总数的 0.84%；管理基金净值规模 2479.80 亿元，全国排名第十三位、中部排名第二位，较 2022 年分别增长

7.23%和6.71%，增速均高于全国平均增速（全国平均增速为5.54%和2.73%）。

### （一）引导基金（国资母基金）放大产业投资基金群的作用进一步凸显

湖北省产业投资基金逐步构建起政府引导基金主导、国资基金引领及社会资本参与的产业基金群。国资母基金发挥国有资本的聚集放大效应，引导社会资本“脱虚入实”。2023年，湖北省政府以200亿元为首期规模设立湖北省政府投资引导基金，该基金不仅已促成长江产业集团牵头的100亿元楚天凤鸣科创天使基金实现投资见效，更有效带动了国家级基金、中央企业及国内优质投资机构等外部资本向湖北汇聚。在国资母基金的有力带动下，湖北省基金管理规模呈现出稳中有进的发展态势。2023年，创业投资基金数量同比增长26.72%、私募股权投资基金数量同比增长1.68%；在全国私募基金管理规模负增长背景下，湖北私募基金管理规模同比增长7.01%。

### （二）产业投资基金在推动技术创新中发挥了重要作用

湖北省产业投资基金为湖北省推动技术创新提供了强劲支撑。从基金募集类型分布情况看，湖北股权投资市场表现出了对特定基金类型的偏好，其中创业投资基金和成长基金成为新增基金的主力军，分别占比52.38%和42.86%（见图1）。早期投资基金共有3只新成立，这类基金专注于为初创企业提供种子或天使轮资金，虽然风险较高，但对于推动创新和科技发展具有重要作用。新增1只FOF基金，FOF基金通过投资于其他基金来实现资产配置的多元化，为投资者提供了更为稳健的投资途径。

从投资案例的行业分布来看，名列首位的信息技术服务领域共有389个投资标的，占比达12.48%，随后是半导体、电子设备、机械制造等行业。从在投本金来看，半导体行业以209.84亿元的金额领跑在前，占比达15.05%，电子设备、汽车与摩托车、其他金融服务等行业也获得了较大投资额，这些投资集中于湖北省重点发展领域，体现了湖北省私募基金对高技术产业和战略性新兴产业的重点支持，资本的注入有助于推动技术创新、产业结构优化和经济高质量发展。

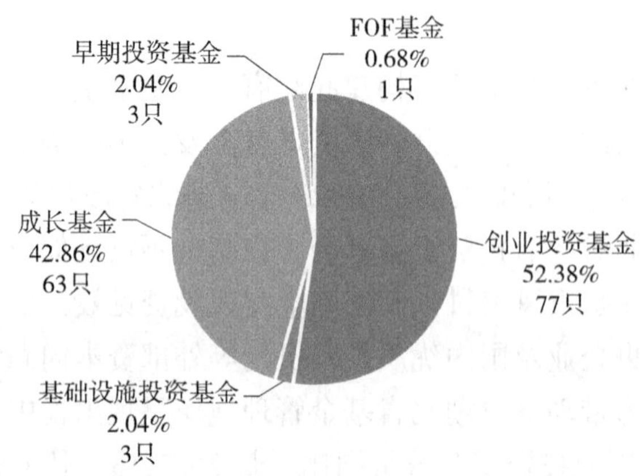


图 1　2023 年湖北新增私募股权、创业投资基金类型分布

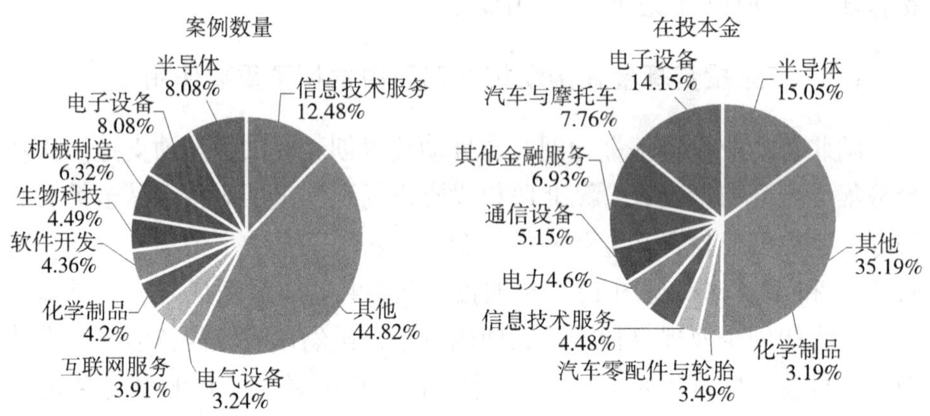


图 2　2023 年末湖北私募股权、创业投资基金投资案例行业分布情况

## （三）产业投资基金在市场主体培育中发挥了重要作用

湖北省产业投资基金作为重要的直接融资工具和资本形成渠道，已成为中小微企业、高新技术企业、初创科技型企业及专精特新企业的重

要“孵化器”和“助推器”。在湖北省的私募股权和创业投资基金投资案例中，中小企业是主要的投资对象，占比 65.6%。私募基金通过“投早、投小、投硬”，为创新型中小企业健康稳步发展保驾护航，使其快速成长为各个领域的“专精特新”企业。2023 年湖北省新增国家级专精特新企业 217 家，总数达到 678 家，跃居全国第 7、中部六省第 1。在此引领下，全省专精特新中小企业如雨后春笋般蓬勃发展，共 4157 家被评为省级专精特新企业。由科技部科学技术信息研究所发布的《国家创新型城市创新能力评价报告 2023》，湖北省会武汉在全国 101 个城市的评比中位列第六，体现其在原始创新力、技术创新力、成果转化力等方面拥有一定优势。

### (四)产业投资基金在促进重大产业项目落地方面发挥了重要作用

湖北省产业投资基金是湖北省“建圈强链”的主力军。截至 2023 年，创业投资引导基金、股权投资引导基金和产业投资引导基金先后投资引进亿元以上项目超 50 个，围绕湖北省五大优势产业领域，先后引进京东方第 10.5 代 TFT-LCD 显示面板、吉利路特斯、华星光电 T4、小米第二总部、诺德铜箔等重大产业项目落户。有力推动湖北省产业集群的提档升级，持续强化产业链上下游的互动合作，全面提升湖北省产业链的整体竞争力和创新能力。

### (五)产业投资基金在服务企业资本证券化中发挥了重要作用

湖北省产业投资基金是湖北省企业上市的重要推手和资本市场的主要支撑。累计投资我省上市企业 40 余家，覆盖了从 2016 年起我省新增上市企业的一半以上。湖北省 2023 年新增的 10 家上市公司中，VC/PE 支持的 IPO 企业数量为 7 家，IPO 企业 VC/PE 渗透率达到 70%。自 2021 年以来，湖北上市的 33 家企业中，湖北省创投(股权)基金管理人渗透率高达 60.61%，有 20 家上市公司获得了湖北省创投(股权)基金的支持，创投(股权)基金在大力支持省内企业发展和上市融资方面发挥着积极作用。

## 三、湖北省产业投资基金发展中存在的不足

总体来看，湖北省在政府引导基金、创新型基金管理上发挥了引领示范作用，提升了湖北省科技创新策源功能，培育了一批企业壮大，引进了一批重大项目落地，推动了一批企业上市，但在管理规模、管理能力、要素集聚、机制创新和政策环境上还存在明显“短板”。

### (一)基金管理规模与沿海省份存在较大差距

据中国基金业协会统计，2019 年至 2023 年湖北省私募基金管理规模分别为 1415 亿元、1752 亿元、2183.60 亿元、2318.57 亿元和 2481.13 亿元，占全省 GDP 的比重分别为 3.11%、4.07%、4.36%、4.40%和 4.45%。尽管基金规模增速远高于同期 GDP 增速，但湖北省基金管理规模与发达地区相比有进一步拉大的趋势。以 2023 年为例，湖北省基金管理规模占 GDP 的比值为 4.45%，远低于江苏省的 8.90%和邻近安徽省的 7.22%，仅略高于中部的湖南省(2.69%)和河南省(1.66%)，与经济发达地区的浙江省(21.29%)、深圳市(66.36%)、北京市(106.29%)和上海市(109.37%)相比存在较大的差距。

### (二)缺乏具备全国影响力的基金管理人

基金管理人是产业投资基金行业发展的市场主体，也是反映行业发展水平的主要指标。截至 2023 年末，湖北省在基金业协会备案的基金管理人有 393 家，虽然数量位居中部第一，但与发达地区相比差距明显，总量仅为上海市的 9.89%，北京市的 10.99%，江苏省的 30.92%。基金行业从业人数少、专业人才不多、募资能力弱、显示度不高。在清科创业发布的“2023 年中国创业投资机构 100 强”中，湖北省仅长江创投 1 家入围。基金业市场主体无论是数量还是发展质量、管理能力，都存在较大差距，还未出现具备全国影响力的头部基金管理人和专业化、

市场化团队。

## (三)省域各级基金集成效应尚未显现

国资母基金、政府引导基金是动员社会资本的有效手段和政策工具。一方面，各级政府、国资平台高度重视发挥引导基金、母基金的作用，纷纷设立了各自的引导基金和国资母基金，具有一定的规模总量；另一方面，这些资金普遍呈现“散、弱、小”特征。特别是，由于“条块分割”“各自为战”，各类国资、引导基金和社会资本更是难以集成。建立各级引导基金、国资母基金和各类社会资本的统筹机制，形成省市县(区)联动、对接国家基金、撬动社会资本参与的新格局十分紧迫。

## (四)基金运行管理体制机制有待激活

国有资金、国有投资机构、国有基金管理人在湖北省产业投资基金行业发展中占主导地位，与发达地区社会资本参与度高、市场化管理人占主导地位等呈现较大反差。在国有投资机构，“国有资本投资”和“基金管理”两大功能难以有效分离，现代基金管理模式尚未完全建立，致使国有投资机构功能定位不明、资本来源渠道单一、管理规模难以做大、投资决策制度障碍多、专业化市场化水平不高。

国资监管机构尚未全面建立起体现长期资本要求的绩效考核机制，以“一年为期限、以营业收入和营业利润为主要指标”的考核“指挥棒”体系，引导国有投资机构“重短期效应轻长期效应”，偏离战略定位、历史使命。针对国有基金管理人实施的员工持股、股权激励等计划难以落实，绩效考核难度大，投资团队市场化、专业化建设亟待加强。同时，还面临国有机构担当 GP 的法律障碍，难以适应基金业监管的新要求，加快机制体制创新迫在眉睫。

## (五)配套支持政策有待进一步完善

尽管湖北省对产业投资基金行业高度重视，并于近期出台了一系列推动产业投资基金高质量发展的办法，但尚未将“现代金融、投资基金”与科技创新、人才、产业链培育等置于同等重要的战略地位，纳入“科技强省”和全省产业发展的总体规划；基金业发展的推进机制尚未建立，没有形成科技、产业、金融主管部门与基金投资机构的互动机制，以及政府资金与创投资本联动机制；基金业发展中介服务体系尚不健全，基础服务缺失。

## 四、推动湖北省产业投资基金高质量发展的举措建议

产业投资基金作为创新财政投入方式，对撬动社会资本、激活民间投资具有显著效应，是政府资金高效、低风险投入的重要途径，也是地方政府扶持实体经济的关键突破口。山东、河南、安徽、重庆、深圳等多省市将基金投资作为推动高质量发展的核心策略，全国投资基金业呈现蓬勃发展态势，湖北省急需加快步伐。因此，建议湖北省将大力发展基金投资作为推进“三高地两基地”建设和“中国式现代化的湖北实践”的重要举措，强化省级基金平台功能，发挥母基金引领作用，突出基金管理人的关键作用，优化基金业发展环境，激发社会资本活力，扩大基金规模，深化投资与服务专业度，开创中部区域产业投资基金高质量发展新局面。

### （一）优化母基金结构，提升对社会资本的撬动作用

母基金作为撬动社会投资的有效手段和政策工具，在全省投资基金业发展中发挥重要引领作用。湖北省母基金体系当前展现出“政策性母基金初建、纯市场化母基金发展不足、S 基金处于萌芽阶段”的特征，进一步优化湖北省母基金结构、完善母基金体系、提升母基金功能对基金业发展意义重大。

第一，优化与调整母基金结构配置。一是按照湖北省委、省政府的决策部署，加速推进省级政府引导基金发挥引领作用，重点用于引导社会资本参与成果转化、天使阶段等早期投资，弥补天使投资、产业投资“市场失灵”；二是积极动员社会资本与金融资本，结合战略导向与市

场化运作，共享国资母基金资源，构建“政府引导基金+国资母基金+市场化母基金”的联动格局。建议精简结构，明确各基金角色与定位，强化协同效应，同时注重风险管理与政策支持，以提升整体运作效率与投资效益。

第二，创新国资母基金管理模式。坚持国资母基金“为创新驱动提供中长期资本”功能导向，以发挥母基金撬动放大功能为目标，建立有别于纯市场化产业资本的国资母基金管理和绩效考核办法。国资平台参与母基金出资的投资部分，具有产业金融资本属性。建议适应长期资本要求，拉长考核周期，参考金融资本的管理方式，制定绩效考核办法；学习国家开发投资公司等先进经验，建立国资母基金“市场化运营”“市场化激励”的新机制，完善母基金委托管理制度，探索建立骨干专业团队参股混合所有制的母基金管理人，实现国资母基金功能(政策)导向和市场运营的有效结合。

第三，提升母基金的资源集聚与投资效益。建议省财政厅、国资委主导，构建跨层级引导基金与国资母基金的统筹机制，实现省市县(区)与国家基金的联动对接。应充分利用市场机制，按行业与区域探索设立混合所有制、市场化的“高质量发展母基金(引导基金)”，扩大“耐心资本”蓄水池，增强母基金对社会资本的动员力与聚集力。同时，积极动员参股国家级母基金“返投”湖北，以撬动更多社会资本投资湖北。

第四，开辟多渠道资金来源。一是把握国资国企改革机遇，借助国务院国资委及各省市把发起设立“国有基金”作为国有资本运营和混合所有制改革重要抓手，以湖北省委、省政府重大战略为导向，统筹省内各级各类国资平台，发起设立一批重大产业投资基金，突出创新国资预算分配方式，变“切蛋糕”为“做大蛋糕”，实现国有资本向关键领域、战略行业的精准发力。二是积极深化与央企产业资本、中央金融机构的合作，动员和吸引在湖北设立一批投资基金，做大基金管理规模。三是把握 QFLP(境外合格出资人)试点和金融对外开放机遇，吸引外资落地、参与股权投资，将武汉建设成为中西部外资聚集高地。

### (二)加快基金管理人和投资团队建设，破除主体能力“短板”

基金管理人和投资团队是引领基金行业发展、激活投资市场的核心要素。建议从以下几个维度推动基金管理人和投资团队建设：

第一，重点吸引并招募一批市场化头部基金管理人落户湖北。借鉴安徽高投“选猎手”理念，坚持市场化、专业化的导向，通过公开招募的方式，选择与专业的投资管理机构合作设立各类投资基金，充分发挥市场和专业团队在基金管理和资源配置中的基础、核心作用，有效避免国有基金的“市场失效”。制定基金管理人落户湖北优惠政策，建设一批“基金小镇”和“创投管理人孵化基地”，优化基金管理人成长、发展环境。

第二，优化国有基金的管理体制机制，充分激发投资活力。积极推动省内国有创投机构机制体制改革，尽快建立“资本运营”和“基金管理”“两权”分离、联动运营的组织构架。凸显“基金管理人”的关键地位，坚持市场化、专业化的导向，以投资管理平台的混合所有制改革为重要抓手，引领国有投资机构实现创新发展。重点推进国有基金管理人体制改革，以骨干投资团队参股和分红权改革为突破口，建立投资管理团队、投资方、国有平台共同参与的混合所有制投资管理平台，健全多层次、系统化的正向激励体系，支持建立创投国资管理的“绿色通道”，释放基金管理人活力。

第三，实施“基金管理高端人才计划”，培育行业领军人物。加大对骨干投资管理人才的培育、吸引，支持高端投资管理人才在鄂设立备案基金管理公司，打造一批在国内外有重要影响的基金管理人品牌，打造基金投资行业的“金名片”。

### (三)打造在全国有重要影响力、中部领先的母基金创投管理平台

国有“基金投资平台”作为基金投资生态圈的核心、区域创新资本的“基础设施”以及“有为政府”的有效“市场抓手”，其重要性日益凸

显，各地均将设立母基金创投平台置于战略高度。鉴于此，提出以下优化建议：

一是对省市区各级政府引导基金、国资母基金资源平台进行深度整合与重构，实现由面状多点管理向线状单点统筹的转变。通过聚焦力量，打造政府基金的“蓄水池”，旨在培育并撬动社会资本的战略“支点”，为产业发展提供持续、稳定的资本支持，进一步发挥政府基金在引导社会资本、推动产业发展方面的积极作用；二是整合全省国资类金融牌照资源，搭建产业战略投资平台，并构建国企的“金融联盟”。通过引进和创立公募基金、基金销售等类金融牌照，以产品创新为突破口，推动产业与金融的深度融合，为全省产业发展提供更加多元化、专业化的金融服务；三是整合沪深证券交易所服务功能，开展沪深交易所企业“直通车”行动，加快建设已上市和拟上市企业“家门口”资本市场标准化服务体系建设，助力企业快速实现上市目标；四是整合企业成长需要的各类综合服务商，以空间载体为支撑，引导科技金融服务商、银行担保、专业中介等各类机构集聚，打造孵化服务体系、中介服务体系、融资服务体系，探索建立中部基金份额交易平台，形成面向企业成长全周期的创新网络生态圈。

### (四)建立健全基金运行管理体制机制，构建现代基金管理模式

第一，强化政策引导，提升社会资本的参与度。一是加大地方财政和国有企业出资力度，鼓励湖北省政府引导基金、国资基金联动出资，整合湖北省市区政府基金资源共同投资，发挥财政资金放大效应，与投资能力突出、产业资源丰富的湖北省内头部机构合作设立股权和创投基金，鼓励民营资本积极参与。鼓励保险资金、银行资金、上市公司等与省内股权投资机构合作，加大对湖北省优质项目企业的投资。

二是出台专项支持政策，培育本土私募机构。鼓励证券期货基金经营机构、行业骨干企业和投资专业人士等相关主体发起和参与设立私募机构，从注册登记、项目投资、人才引进、办公场所、税收优惠等方面出台一揽子支持政策和具有实操性的配套措施，引进专业的管理团队和

机构资金投资湖北，提升投资专业化市场化水平。

三是完善退出机制，促进资金循环。一方面，用好私募股权创投基金实物分配试点和武汉股权托管交易中心股权份额转让试点等多项创新机制，推进和完善基金"二手份额"、投资项目交易市场。积极拓宽退出渠道，促进"投资—退出—再投资"良性循环。另一方面，完善私募基金中介服务体系，搭建投融资对接服务平台，提升社会资本参与度，打通民间投资"通道"。

第二，建立科学、合理、全面的绩效考核机制，促进企业长期稳定地发展。一是建立长期绩效考核机制，设定多元化考核指标。通过长期考核机制鼓励企业进行战略性投资和创新，关注可持续发展和长期效益，设计以三年、五年甚至更长时间为周期的绩效考核机制；除了营业收入和营业利润，还可以引入创新能力、社会责任、环境保护、员工满意度等多元化的考核指标，以全面评估企业的综合绩效。

第三，对接湖北省战略性新兴产业发展目标，确保基金的发展方向符合湖北省的长期利益和战略需求。建立定期评估和调整机制，根据实际情况和发展需要对考核体系进行适时调整，确保基金的引导方向与湖北省重大项目、产业政策等战略相一致，突出对接国家集成电路基金、制造业转型升级基金、国家中小企业发展基金、国家军民融合基金、国家科技成果转化基金、国资改革母基金等国家级基金，集成省市资源，发起设立湖北省级子基金，服务国家和湖北省政府重大战略部署。

### (五)优化发展环境，建设湖北"中部资本特区"

第一，完善促进基金投资发展的政策体系。尽快在湖北省级层面出台加快促进VC/PE发展的地方性法规，推动落实支持基金业发展的税收优惠、风险补偿、人才引进等政策，激发投资内生动力，鼓励长期创新资本形成。

第二，聚焦特色产业。面向湖北省"五大"优势产业，选择若干特色产业链强链补链延链，依托"链长"单位，推进"1+1"行动(即：一条产业链设立一支投资基金)，形成优势产业链投资基金群，推动优势产业链上下游企业协同发展和整合重塑，推动优势向强势转变，实现万亿级产业发展目标。聚焦区域协同发展。围绕区域发展布局，以武汉都市圈和“光谷创新大走廊”“襄阳都市圈”“宜荆荆”都市群建设和县域经济发展为契机，深化省地合作，共同发起设立“区域产业协同投资基金”，服务支持中心城市龙头企业到周边地区投资设立生产基地，周边龙头企业到中心区设立“研发基地”，促进区域产业良性互动、共振发展。

第三，完善基金投资服务，培育投资生态圈。探索发展基金份额、投资项目份额交易市场。以北京股权交易中心、上海股权托管交易中心获批“私募股权创投基金份额转让试点”为契机，支持武汉股权交易中心申请中部地区首个扩大份额转让试点，建立市场化股权确权、定价和流转机制，推动基金份额的高效流转。鼓励国有资本参与设立 S 基金。完善私募股权投资中介服务体系，搭建投融资对接服务平台，打通民间投资“通道”。

**撰稿人：**黎苑楚　长江产业投资集团有限公司党委书记、董事长、研究员、博士
赵海涛　长江产业投资集团有限公司战略规划部部长，长江产业投资基金有限公司党委书记、董事长
廖梓雯　湖北省证券投资基金业协会秘书长、硕士
高品文　长江产业投资集团战略规划部，湖北长江高新产业研究院公司总经理、助理研究员
乔　治　长江产业投资集团战略规划部、博士

# 资本纽带促进产业要素创新资源集聚湖北省的路径研究

马　颖　郭晓东　陈淑琴

党的二十大报告强调创新驱动发展战略，建设现代化产业体系，推动经济高质量发展。资本作为现代经济体系的核心枢纽，在促进产业要素和创新资源集聚中发挥着关键的纽带作用。湖北省产业优势雄厚，科技创新资源富集，是中部地区崛起的重要战略支点。本研究旨在通过剖析湖北省产业要素和创新资源集聚的现状，总结当前存在的主要问题，为促进湖北省发挥资本纽带作用，推动更多产业要素和创新资源集聚提供创新路径和政策建议。

## 一、资本纽带促进产业要素和创新资源集聚湖北省的现状与问题

### （一）资本在产业要素和创新资源集聚中的作用

资本是经济社会发展的重要基础，也是现代经济的核心与“血脉”。资本通过投资、融资、资源配置等手段，引导各类生产要素和创新资源向具有发展潜力和竞争优势的领域和地区流动，促进产业链、供应链、创新链的优化升级和持续发展，培育国家战略科技力量，推动技术创新，是构建“双循环”新发展格局、促进社会经济高质量发展的重要驱动力。具体而言，资本在产业要素和创新资源集聚中的核心作用表现在以下五个方面。

1. 动员效应

资本纽带的动员效应体现在对政府、企业、金融机构、科研机构等社会创新主体的动员，以及对人才、技术、设备、土地、信息等生产要素的动员。

一方面，资本作为连接政府、企业、金融机构、科研机构等社会主体的桥梁，能够有效促进社会主体紧密联系，形成社会创新合力。其中，政府作为社会创新的重要推动者，通过制定政策、提供资金支持、建立创新平台等方式，动员社会资源参与创新活动；[①] 企业是创新活动的核心主体，借助各类资本激发创新活力，通过资本引入扩大研发团队，寻求技术突破和产业升级；银行、投资公司等金融机构通过提供贷款、风险投资等金融服务为创新活动提供资金保障；科研机构则可以为企业提供更加前沿的技术和知识支持，推动产学研的深度融合。

另一方面，资本通过动员人才、技术、设备、土地、信息等生产要素，扩大产业要素和创新资源的集聚规模。在资本的作用下，人才、技术等生产要素会更加倾向于流向具有创新潜力和市场前景的产业领域，从而推动这些领域的快速发展。同时，资本还可以促进生产要素的优化配置和组合，[②] 使得这些要素能够更好地服务于创新活动，提高创新的效率和成功率。

2. 杠杆效应

资本纽带的杠杆效应主要体现在对国有资本、政策性资金的高效利用上，有利于提升产业要素和创新资源的集聚效率。

具体而言，国有资本通过直接投资或设立基金引导社会资本流向，而政策性基金则通过市场化运作和政策引导降低投资风险，激发市场活

① 章贵桥，杨佳慧．企业金融化、政府行为与创新质量[J]．研究与发展管理，2023，35(5)：59-71.

② 王定祥，李伶俐，吴代红．金融资本深化、技术进步与产业结构升级[J]．西南大学学报(社会科学版)，2017，43(1)：38-53，190.

力。[①] 两者的结合有效撬动了其他资本主体的参与，形成了多元化的投资格局。这种多元化的投资不仅扩大了资本规模，还分散了投资风险，使得更多优质项目能够获得资金支持。同时，资本的有效流动也促进了产业要素和创新资源的集聚，加速了产业集聚区的形成，[②] 并推动整个行业的技术进步和产业升级。

3. 孵化效应

资本纽带的孵化效应体现在资本推动初创企业和创新项目实现从技术到产业、从实验室到市场的转化，激发产业要素和创新资源的集聚活力。

具体而言，资本可为初创企业和创新项目提供初始资金支持，为其实现从技术到产业、从实验室到市场的关键转化提供了可能。同时加速科技成果的商业化进程，使得创新不再仅仅停留在理论或实验阶段。[③] 此外，随着初创企业和创新项目的成长，社会创新活力被激发，吸引更多创新者和创业者投入创新事业中，这种正向的激励效应不仅增加了社会的创新供给，还推动了整个社会创新氛围和文化的发展。

4. 生态效应

资本纽带的生态效应体现在对产业链上下游资源的整合，共同构成完整的产业生态系统，形成产业集聚效应，加大产业要素和创新资源的集聚深度。

具体而言，在资本作用下，产业链上下游企业被紧密地连接在一起，通过上下游企业的协同发展，实现企业的优势互补以及资源的合理高效利用。[④] 一方面，企业可以更加专注于自身的核心业务，并通过与

---

① 赵杰，袁天荣．政府引导基金创新创业投资研究评述[J]．财会通讯，2021(10)：14-19.

② 张辽．要素流动、产业转移与地区产业空间集聚——理论模型与实证检验[J]．财经论丛，2016(6)：3-10.

③ 梁祺，张宏如．新业态下孵化器社会资本对创新孵化绩效的影响机制研究[J]．软科学，2019，33(11)：29-34.

④ 刘桃熊．多方合力探路科技产业金融深度融合[N]．经济参考报，2024-05-20(005).

其他企业的合作来弥补自身的不足。另一方面，企业可以更加便捷地获取创新资源和产业要素，加速技术创新和产品升级的步伐。更重要的是，资本纽带的生态效应会使更多的产业要素和创新资源被吸引到产业链中，不仅促进了产业的持续创新和发展，还为产业的转型升级提供了有力支撑。

5. 风险分散效应

资本纽带的风险分散效应是指通过多元化的投资组合和金融工具，允许企业和创新者承担更大的试验风险，增强投资者的信心，优化产业要素和创新资源的集聚环境，推动经济社会持续健康发展。

具体而言，一方面多元化的投资组合和多样化的金融工具使企业可以更灵活地调整其资本结构，有效对冲特定风险，同时为创新项目提供融资支持，增强其风险承受能力。[①] 另一方面，在资金的支持下，企业和创新者更加敢于尝试新技术、新模式，即使某些尝试失败，也不会对初创企业的财务状况造成毁灭性打击。这种环境极大地激发了创新活力，推动了科技创新企业的发展，促进了更多产业要素和创新资源集聚。

### (二)资本纽带促进产业要素和创新资源集聚湖北省的现状

1. 湖北省资本市场呈现蓬勃发展的态势

近年来，湖北省上市公司数量和规模不断增长，处于全国中上游水平。据相关数据显示，截至2023年末，湖北省境外上市公司30家；A股上市公司数量为146家，数量位列全国第10位，市值13934亿元，约占A股总市值的1.66%；新三板挂牌企业233家，位列全国第7位；区域股权市场(武汉股权托管交易中心)挂牌交易企业6603家；还有20家公司排队IPO。[②] 多层次资本市场体系不断完善，为不同发展阶段的

① 詹骞，李淑桃．创业风险资本多元化发展与运作思路——以中国(绵阳)科技城为例[J].西南科技大学学报(哲学社会科学版)，2008，25(6)：41-46，78.

② 数据来源：《湖北上市公司发展报告2024》。

企业提供了丰富的融资渠道。

由图1可知，与邻省相比，湖北省企业上市的速度呈现逐渐上升的态势。从上市公司增长数量来看，除了大幅度落后于江苏省和小幅度落后于安徽省之外，2022年已经超越湖南省，在邻省中位列第三，且从2019年开始，湖北省上市公司增加量已经连续5年稳定上升。

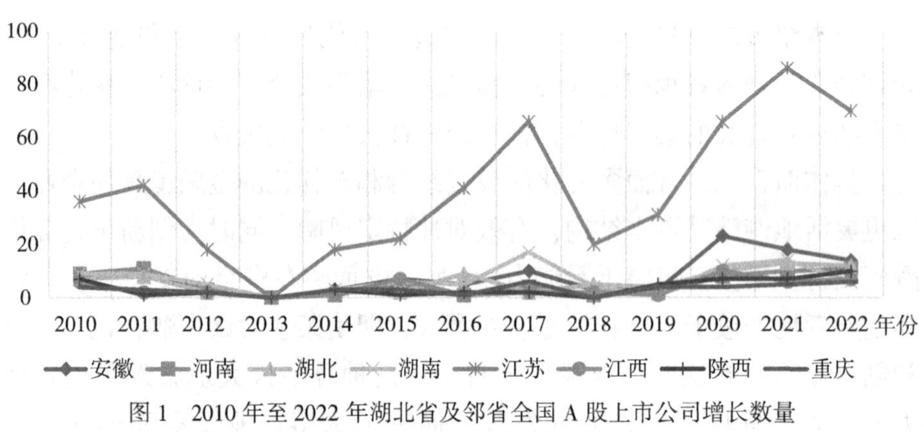


图1 2010年至2022年湖北省及邻省全国A股上市公司增长数量

资料来源：中国证券监督管理委员会。

湖北省政府债券的发行总额整体呈现上升态势，且发行结构以专项债券为主(专项债主要用于交通设施建设、民生服务和环保项目，促进经济社会发展)。由图2可知，发行总额自2017年开始不断上升，整体呈上升态势，且专项债发行额不断增大。湖北省2022年政府债券的发行结构以专项债券为主，专项债券发行额2164亿元，占比73.48%，主要用于支持重大项目建设，促进经济社会发展。一般债券发行额为781亿元，占比26.52%，主要用于偿还到期政府债券本金。

2. 湖北资本市场具有鲜明的科技产业倾向

从上市公司数据来看，在湖北省A股市值前10的公司中，6家从事医药、半导体及光电科技；2023年新增的8家公司中，6家来自医药生物、机械设备等优势产业；在涨幅排名前10位的公司中，均来自于计算机、通信和其他电子设备制造业。从金融服务角度来看，全国科技型企业的贷款连续多年保持20%以上较高增速，直接融资和跨境融资便利化程度持续提高①。

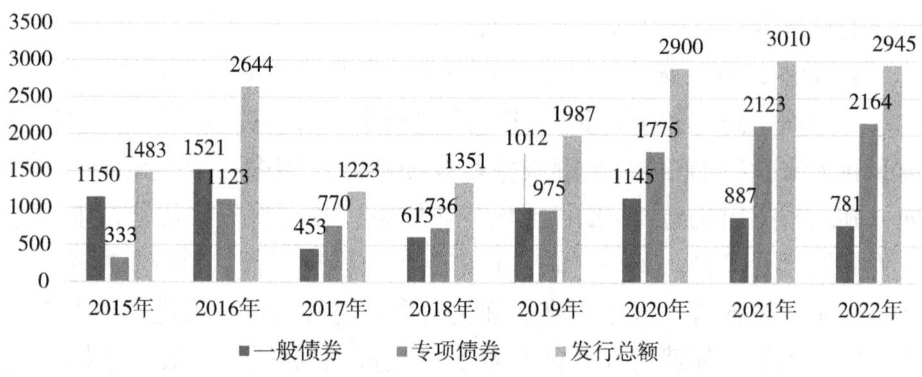


图 2　2015—2022 年湖北省政府债券发行情况

资料来源：中国地方政府债券信息公开平台。

从产业发展情况来看，湖北省形成多个产业集群，其中五大优势产业在2023年实现了营收的重大突破，总额超过3万亿元，占全省规模以上工业营收的60%以上。在光电子信息产业中，湖北省以武汉、襄阳、宜昌等城市为核心，构建了多个光电子信息技术产业集群，其中武汉光谷尤为突出，连续四年荣获五星级国家新型工业化产业示范基地称号，武汉光电子信息产业集群也已成功晋升为国家级先进制造业集群。在新能源与智能网联汽车产业中，2022年湖北省“武襄十随”汽车集群成功入选全国第三批先进制造业集群，成为全国仅有的三个国家级汽车产业集群之一，其产值稳居全国第一方阵。在生命健康产业中，截至2022年，湖北省的健康产业规模以上企业营业收入达到8100亿元，其中规模以上医药制造业的增加值增长了19.2%，展现出强劲的发展势头。在高端装备产业，截至2022年，湖北省装备制造业规模以上企业

① 聚焦两会丨对话全国人大代表、人民银行湖北省分行行长林建华：支持科技金融加快发展，做好湖北“五篇金融大文章”[EB/OL].[2024-03-10].https://www.21jingji.com/article/20240310/herald/8106f47772540c8d02000fe4cb8950a4.html.

数量达到5331家，实现营业收入19652亿元，位列全国第七，占全省工业比重为30.4%。关于北斗及应用产业，2023年1月至9月，湖北省北斗产业实现营收495亿元，同比增长29%，产业规模稳步提升，为产业的持续发展奠定了坚实的基础。

3. 资本纽带促进产业要素和创新资源集聚湖北的政策支持显著

一方面，湖北省金融业“十四五”规划中，将科技金融摆在做好“五篇金融大文章”的首位，金融服务科技创新的作用进一步凸显。另一方面，湖北省提出构建“51020”现代产业体系，着力将五大优势产业打造成世界级产业集群。此外，湖北省出台多项科技创新、制造业高质量发展、数字经济强省、人才引进、优化营商环境等政策，促进产业发展和创新资源集聚。如武汉经开区发布了“促进产业高质量发展8条措施”，明确规划每年将投入30亿元资金，专项用于支持新能源与智能网联汽车产业的快速发展。

## (三)资本纽带促进产业要素和创新资源集聚湖北省的不足

1. 湖北省资本市场影响力较弱

近年来，尽管湖北省资本市场呈现出蓬勃发展的态势，但不论其市场规模、区域影响力还是资本市场结构，均有待进一步提升和优化。

(1)湖北省上市公司数量和市值规模虽在中部六省中表现突出，但较北、上、广、深以及江浙地区仍存在较大差距。且湖北省73%的上市公司市值在百亿以下，更缺少千亿、万亿市值规模的大型企业，这意味着湖北省缺乏龙头企业的带动，这在一定程度上不利于地区形成大规模产业集聚，更限制了资本对地方经济的支持。

(2)武汉市作为全国第十、中部第一的区域金融中心，综合竞争力较强，能够为湖北省吸引汇集大量资本和其他生产要素服务实体。然而，相较于长江经济带的成都、重庆、南京、杭州等其他领先型区域金融中心城市，武汉金融产业绩效水平相对较低，资金吸附和辐射能力仍需加强。

(3)多层次资本市场建设发展是湖北省金融市场体系建设和武汉区

域金融中心建设的重要任务。湖北省资本市场结构尚需优化，特别是债券市场和衍生品市场的发展相对滞后，国有资本及政策性引导基金作用不突出，这影响了资本市场的深度和广度。

2. 湖北省产业发展竞争力不足

(1)虽然湖北省的五大优势产业规模庞大且在全国具有一定影响力，但缺乏相关产业的核心头部企业。如在光电子信息产业中，湖北省的三安光电和光迅科技与行业龙头欧菲光仍存在一定差距。在全球制药TOP50榜单中，仅有云南白药、中国生物制药、上海医药、恒瑞医药上榜，而湖北省的人福医药、九州通等并未上榜。此外，新能源与智能联网汽车等领域也未能确立起“独树一帜”的地位，且未能吸引本领域内全国前十的企业落户。

(2)湖北省五大优势产业集聚形成了较强的产业优势，但由于在产业布局、区域规划方面准备不足，导致了当前产业竞争激烈、区域间协调性欠佳的局面。如各地区现代农业产业在各区域间协调发展不够、光电子信息产业省内同质化竞争严重、对县域产业的支持与促进力度弱等。

(3)湖北省部分产业发展缓慢、缺乏竞争活力，甚至存在地方保护主义，突出表现在新能源与智能驾驶领域，相继错失蔚来、理想、小米等汽车工厂的落地机会。虽有东风集团为依托，但其新能源和智能驾驶的发展势头不仅落后于长城、吉利、奇瑞等老牌国产厂商，更难以赶超比亚迪及“蔚、小、理”等新势力企业。

3. 湖北省创新资源集聚水平相对较低

(1)通过对湖北省创新资源集聚水平进行测度可以发现，湖北省创新资源集聚水平呈现上升趋势，但创新人才、创新经费、创新机构、创新成果发展水平不均衡(见图3)。基于湖北省2011—2021年创新资源集聚水平综合指数与四个维度发展水平可得，创新经费下降趋势明显，且处于较低发展水平，与其他三个维度发展水平差距明显，湖北省创新经费投入水平需进一步加强。

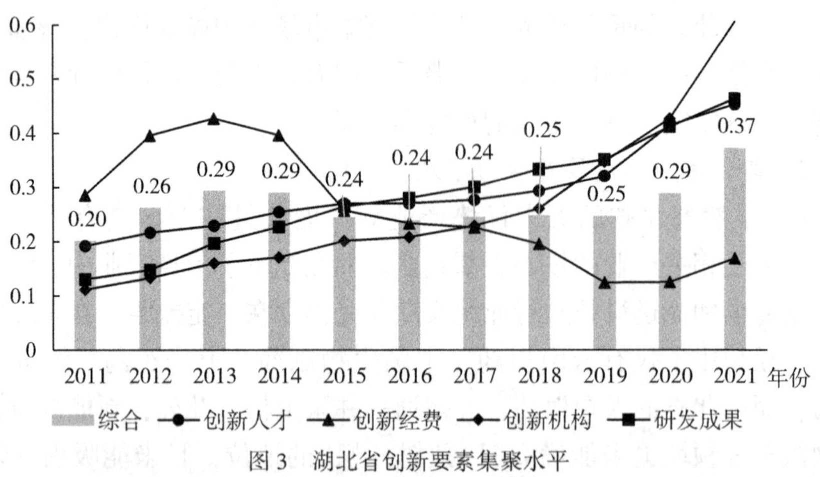

图 3 湖北省创新要素集聚水平

(2)横向对比来看，从创新经费、创新人才、创新机构、创新成果四个维度来看，当前湖北省创新资源集聚水平较北、上、广、浙存在较大差距，且差距在不断加大。

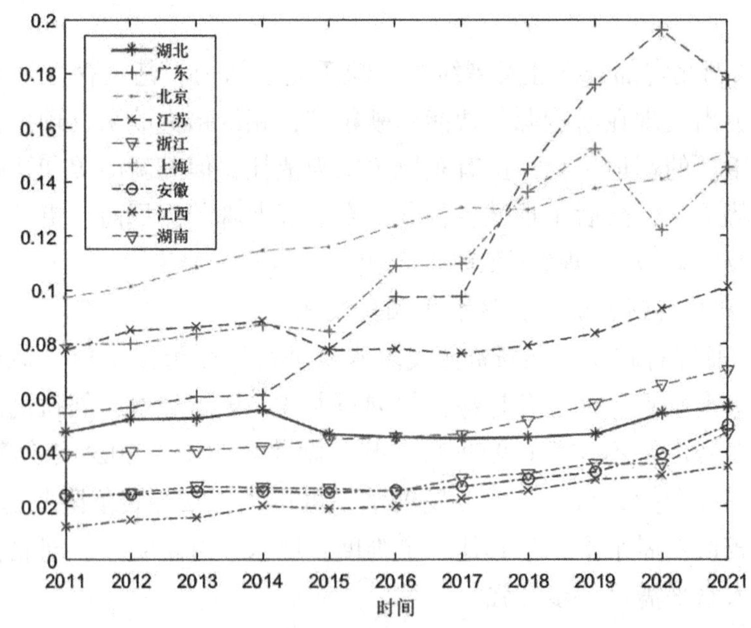

图 4 2011—2021 年九省市创新要素综合集聚水平

(3)此外，对于其他创新资源，如财经科技支出，湖北省存在“重分配、轻管理，重支出、轻绩效”的问题。在“筑巢引凤”人才引进政策中未能留住本地人才，浪费人才基地优势。在创新机构、创新成果研发与转化方面，高度依赖本地高校和企业，缺乏竞争，科技成果转化效率低。

## 二、促进产业要素和创新资源集聚湖北省的路径优化

为充分发挥资本纽带作用，弥补当前发展不足，促进湖北省创新资源高效流动与集聚，提升产业发展水平，本研究提出“两多、一联、一保的211”路径(见图5)。“两多”是指多元投资路径和多元金融产品创新路径，“一联”是指投贷联动路径，“一保”则是指保险补偿路径。

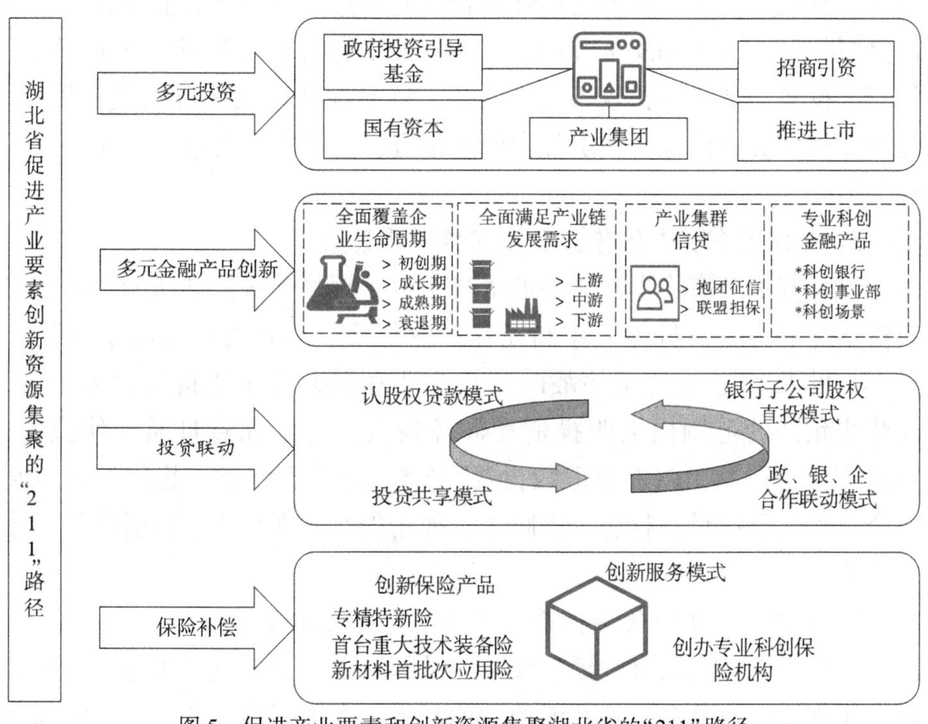


图5　促进产业要素和创新资源集聚湖北省的“211”路径

### (一)多元投资路径

投资作为资本市场中重要组成部分，是产业发展和创新资源集聚的直接动力。与其他因素相比，投资能够更直接、更快速地转化为生产力，促进产业的规模化、专业化和现代化。同时可降低创新、创业过程中的技术风险、市场风险以及政策风险，从而更好地应对各种挑战和不确定性。湖北省利用多元投资实现产业要素和创新资源集聚时，可从政府、国有资本、产业集团等方面入手。

1. 政府做风投，发挥政府投资基金优质导向作用

关于投资领域，主要围绕湖北省“51020”现代产业体系，围绕“卡脖子”技术和基础研发，围绕武汉都市圈、襄阳都市圈、宜荆荆都市圈和强县工程，助力湖北省产业链延链、补链、强链。关于投资方式，一是基金直投，由基金管理机构筛选企业或项目直接进行资金投放；二是设立“母子”基金(Fund of Fund，FOF)，政府投资引导基金为母基金，将资金投向子基金。相较于基金直投，FOF 模式不仅可分散投资风险，更可以放大资金杠杆，吸引社会资本跟进，撬动更多资金、人才、技术等集聚。

2. 发挥国有资本优势，引导创新资源集聚

国有资本具有稳定、雄厚的资金实力和较强的科技创新能力，有国有资本背书将吸引科创人才和配套产业集聚。国有资本要敢于“投早、投小、投未来”，重点关注战略新兴产业和湖北省主要科技优势企业，在法律允许的范围内大胆投资和循环投资，为湖北省打通天使投资、VC(风险投资)、PE(私募股权投资)及产业并购全链条，提供源源不断的资金和优质项目，打造一批瞪羚、独角兽、雏鹰企业，吸引科创人才和相关资源。

3. 发挥产业集团优势，推进产业投资基金建设

大型产业集团具有规模、技术、品牌以及产业链整合优势，湖北省要加快创建产业基金，如新能源产业基金、人工智能基金、生物医药基金、集成电路基金、光电子基金等，确定基金规模以及基金管理机构，

更好发挥产业协同效应，促进相关技术的攻克，有利于风险的分摊，打造地区产业品牌。

4. 积极招商引资，敢于打破地区保护

一方面，湖北省要吸引产业龙头落户湖北，提供土地、厂房、低息贷款等，形成竞争压力，促进省内供应链、产业链、技术链、人才链集聚。另一方面，湖北省要积极吸引社会资本，如天使投资、风投、银行、保险、信托等投资机构以及家族信托、高净值人群，通过政策吸引、产业吸引、环境吸引和情感吸引，促使其进行投资。

5. 推进高新科技企业上市，扩大资本市场融资

湖北省要积极支持、帮助本地优势企业在国内主板、创业板、科创板、新三板及境外资本市场上市，拓宽直接融资渠道，利用境内外资本市场力量推动企业壮大和技术创新。

### (二)多元金融产品创新路径

金融产品凭借其灵活多样的优势可以满足企业多元化的资金需求。为进一步提升金融产品的灵活性、全面性和适配性，湖北省创新多元化的金融产品势在必行。具体而言，可根据企业生命周期、企业供应链、产业优势等方面来实现。

1. 特色金融产品全面覆盖企业生命周期

根据企业生命周期的不同阶段，湖北省应匹配相应的金融产品以满足其融资需求。在初创阶段，针对房屋、土地、设备、新产品开发等资金需求量大且风险较高的特点，可设计类似入局贷、突破贷、知识产权质押等量大、快速且包含风险分担的金融产品及服务；在成长阶段，针对产品研发、关键技术突破、市场开发等资金需求，来自银行的长期贷款是主要来源，可提供成长贷、发展贷、技术升级贷等量大、稳定的金融产品；在企业成熟阶段，企业外部资金需求相对较少，金融机构可提供上市前贷款等产品；在企业衰退阶段，其融资需求主要用于转型或退出市场，因此可提供破立贷、转型贷等金融产品。

2. 供应链特色金融产品

针对供应链上中下游不同的资金需求，湖北省金融机构可制定有针对性的金融服务方案。在供应链上游，关键要解决原材料、新产品开发、技术突破和核心元器件问题，可提供研发类、技术类、知识产权类贷款或融资服务；在供应链中游，资金主要用于产品的设计与制造，可提供产品贷、订单贷等金融产品；在供应链下游，资金主要用于市场的开发，提供应收账款融资、存货融资等，解决资金占用问题。此外，还可借助供应链贷款，以供应链中的核心企业为贷款发起点，解决整条供应链中资金不足的问题。

3. 产业集群信贷

湖北省可充分利用特色产业集群的优势，通过加入产业联盟、企业抱团征信、联盟担保等方式，帮助产业集群内中小企业以及急需资金周转企业解决融资需求。同时金融机构可推出面向新一代电子信息、智能驾驶、人工智能、生物医疗等产业集群的定制化信贷产品或金融服务，以满足这些产业的特殊融资需求。

4. 专业科创金融产品

一方面，湖北省探索设立专注服务于科技创新和科技成果转化的科创专业银行，推动商业银行设立科技分支行、科技金融事业部等专业机构，更好地服务于科技创新企业。另一方面，金融机构可聚焦企业初创、取得订单、引入创投等多个场景，配套推出多种科技系列金融产品，如“科创积分贷”“科创激励贷”等特色产品。

## (三)投贷联动路径

投贷联动结合了投资和贷款两种金融活动，用投资收益抵补贷款风险，为企业创新提供持续资金支持。湖北省投贷联动可采用以下几种模式：

1. 认股权贷款模式

商业银行以“信贷投放”向企业发放贷款，同时银行集团子公司作为投资机构与企业签订认股选择权合同，约定在未来一定时期内通过增资扩股或购买原控股股东股份的方式认购一定数量或金额的公司股份或股权，分享企业未来成长带来的超额收益，抵补贷款风险。

2. 投贷共享模式

商业银行与投资机构采用债权和股权联动投放模式，向企业提供投贷资金。银行与投资机构共同筛选企业，进行名单制管理。名单内的企业可以采用先投后贷或者先贷后投的模式融资，借鉴彼此的专业能力和信息渠道对客户进行投贷叠加支持。

3. 银行子公司股权直投模式

银行通过境内或者境外股权投资子公司采用直接投资或者参与组建市场化基金的方式，对目标企业进行股权投资，进而带动表内信贷、表外融资及其他综合金融业务。

4. 政银企合作联动模式

银行可以与自创区、孵化园和政府搭建的科技金融服务平台建立长期战略关系，充分利用各方资源以及各自优势，形成以服务企业为宗旨的全面合作，通过便捷高效的沟通机制，共享数据和信息，为企业提供战略咨询、全生命周期财务顾问咨询和投融资渠道资源整合等智力服务，获得投贷联动业务机会。

### (四)保险补偿路径

保险补偿路径是指在企业研发阶段、科创企业初创期，保险公司通过合同条款约定的方式，对发生的特定风险事件给予经济补偿，鼓励更多的资本投入创新领域，进而推动创新资源的集聚。湖北省促进产业要素创新资源集聚的保险补偿路径可从以下几方面入手：

1. 创新保险产品

保险公司应不断推出适应新兴产业和技术创新需求的保险产品，如“专精特新险”，推动首台(套)重大技术装备保险、新材料首批次应用保险、知识产权保险等落地扩容，同时聚焦企业战略科技人才、科技领军人才等，为其提供人财险、职业责任险等。

### 2. 创新服务模式

保险公司可以通过建立与科研机构、产业园区等合作的服务平台，提供一站式的风险管理和融资解决方案，增强服务的针对性和有效性。同时，还可以与科技企业、研发机构进行跨界合作，探索科创保险的新模式。

### 3. 设置专业科创保险机构

支持有条件的保险机构探索设立公司级科创保险中心，以期全方位构建银行业保险业支持服务科技创新体制机制。

## 三、促进产业要素和创新资源集聚湖北省的政策建议

为保障资本纽带促进产业要素和创新资源集聚湖北省的路径得以实现，从省政府视角提出“4321”保障措施，即“四引”，引龙头、引机构、引人才，引外资；“三管”，营商环境管理、投资引导基金管理、金融监管；“两平台”，技术交流平台、投资引导平台；“一联动”县区域联动。

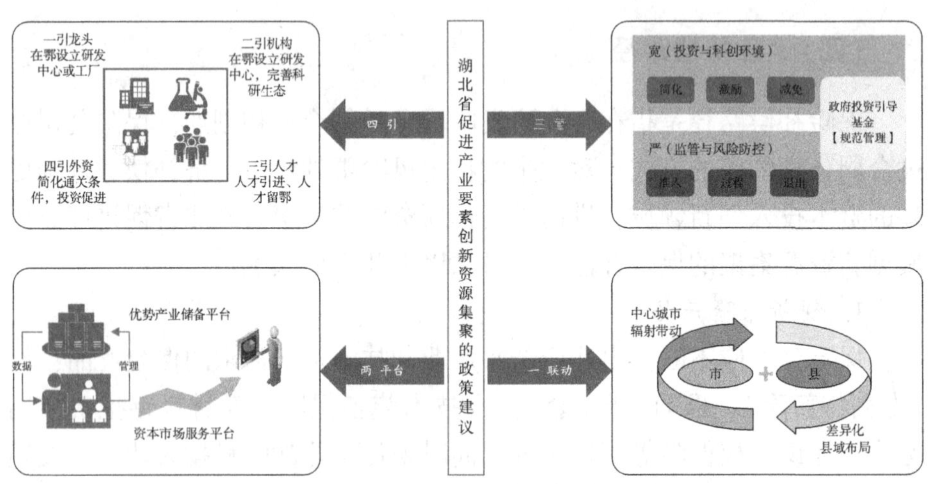


图 6　促进产业要素和创新资源集聚湖北省的政策建议

### （一）多措并举，做好“四引”

1. 引龙头

湖北省政府要给予一系列财政、税收、产业、土地等优惠政策，吸引龙头企业通过设立工厂、设立研发中心等方式驻鄂，提升产业链、供应链水平，激发省内企业竞争活力。

2. 引机构

湖北省政府要保持开放姿态，吸引双一流高校、海外高校设置研发中心，给予一定财政补贴和科研成果奖励政策，进而吸引一流人才，促进科研生态的形成和完善。

3. 引人才

湖北省政府要进一步落实人才引进政策，综合考虑不同层次、不同领域人才的需求，制定相应的激励政策，加大对优秀青年人才和海外留学人才的引进力度，提升税收减免、人才补贴、子女教育、人才保险等人才吸引力度。

4. 引外资

湖北省政府要加大外资引进的政策支持力度以及企业境外上市的政策扶持力度，通过简化通关条件、举办投资促进活动，充分利用外资。

### （二）宽严相济，做好“三管”

1. 优化营商环境管理

一方面，湖北省政府要优化投资环境，深化“放管服”改革，优化资本激励政策，简化投资流程、准入门槛以及审批流程，提供“一站式”“一日办结”等服务。另一方面，湖北省政府要持续维护良好的科创环境，对科创企业要有最大限度的包容，成立“新物种优秀企业”奖，对本地培育成长的“瞪羚”、“独角兽”、“驼鹿”等企业给予财政奖励。

2. 政府投资引导基金规范管理

一方面，湖北省政府要严格落实政府引导和市场运作，明确政府、基金管理机构等相关职责，不随意进行干预，同时重点关注重复投资建设项目，做好项目监管。另一方面，湖北省政府要优化引导基金绩效评价管理，甄别政策性引导基金和市场性引导基金，设定不同评价标准。此外，完善政府投资引导基金的退出机制，优化退出渠道，加强不同层次市场之间的衔接和协同，提高市场效率。

3. 加强金融监管

一方面，湖北省政府应加强对于投资主体的准入管理，对于不符合要求的投资主体进行限制或淘汰。另一方面，湖北省要设立专门的金融监管机构，负责对创新资本的投资进行监管和风险防控。此外，建立风险监测系统，及时监测市场风险和项目运营风险，并提供风险预警和管理建议。

### （三）搭桥建梁，打造“两平台”

1. 打造重点领域和优势产业储备项目平台

一方面，湖北省政府应建立完善的市场情报系统，加强对市场需求和技术趋势的研究，以及对优势产业的深入挖掘，确保项目库的精准性和前瞻性。另一方面，湖北省政府应加强与高校、科研机构和行业协会等合作，利用他们的科研成果和技术资源，不断丰富项目库的内容。此外，加强对项目库中优质项目的推广和宣传工作，以吸引更多的创新资本和投资者关注并参与其中。

2. 打造湖北省资本市场服务平台

湖北省政府要加快打造一个包含上市辅导与培育、科技孵化、融资对接、信息发布与咨询、企业展示与宣传、中介服务整合、风险管理与培训、政策解读、上市后持续服务等功能的综合平台，便于企业与资本市场顺利对接。

### （四）促进市、县域的“联动”

1. 打造差异化的特色县域产业集群

湖北省政府要做好产业布局，针对各县域产业特色和资源优势，打造具有区分的产业集群，避免重复建设和同质化竞争。

2. 发挥中心城市辐射作用促进资源的流动

湖北省政府要联动市、县级政府，通过政策引导、完善基础设施建设等，推动资本、技术、人才的交流与联动，由武汉市带动地级市，地级市辐射各区县。

3. 充分利用政府基金实现县域产业要素集聚

湖北省各市、县域要充分利用本地土地、政策优势，充分利用政府投资引导基金，要善于投资、敢于投资，实现产业要素和创新资源集聚。

（本文系湖北省软科学项目（2023EDA089）研究成果）

**撰稿人：** 马　颖　武汉理工大学管理学院副院长、教授、博士生导师

郭晓东　武汉理工大学管理学院博士研究生

陈淑琴　武汉理工大学管理学院博士研究生

# 湖北省城市数字公共基础设施建设研究

华中科技大学课题组

伴随着云计算、大数据、物联网、人工智能、区块链、大模型等新一代信息技术快速发展和广泛应用，人类社会全面迈进数字时代，数字化转型成为经济社会转型升级与创新发展的重要推动力量。

## 一、湖北城市数字公共基础设施建设背景

数字化转型是世界各国的战略选择。数字化转型既是国家综合实力的重要体现，又是国际竞争的主战场，各国高度重视数字化转型，纷纷利用新一代信息技术促进经济增长和增强国家竞争力。在网络基础设施建设方面，根据欧洲电信协会(ETNO)的报告，2022年，美国的5G覆盖率已达到96%，韩国达到95%，日本达到90%，中国达到86%，欧洲约为73%，目前5G网络已经覆盖全球45%的人口。在数字经济方面，《全球数字经济白皮书2024》显示，2023年美、中、德、日、韩等5个国家数字经济总量超33万亿美元，同比增长超8%，数字经济占GDP比重为60%。

近年来我国积极推动数字化转型，取得显著成效。我国已经建成了全球规模最大的网络基础设施，截至2024年5月，5G基站总数达383.7万个，5G用户普及率超过60%。同时，我国数字经济规模达到7.7万亿美元，位居全球第2(仅次于美国)，数字经济占GDP比重约为44%。

当前，我国已进入建设数字中国和网络强国的新阶段，全面推进数

字化转型、大力发展数字经济成为落实强国战略的关键举措。但是，数字化转型是一项复杂的系统工程，当前它仍然面临着数字孪生城市底座不牢、应用体系化标准化不足、数据要素鲜活性不够等系列问题。如何把握当前的形势和机遇，破解数字化转型发展的堵点和弱项等难题，成为我国数字化转型创新实践的重要课题。

湖北省委、省政府主动推进事关全局的系统性、深层次变革，将数字化转型作为全面深化改革的主攻方向，以信息化赋能推进工业化、城镇化、农业现代化同步发展，奋力推进中国式现代化湖北实践。2022年8月，湖北省委书记王蒙徽创新提出开展城市数字公共基础设施建设，以打造城市级、数字化、公共性的数字孪生城市底座为切入点，将城市信息模型(CIM)平台、软硬件基础设施和制度创新等纳入城市数字公共基础设施建设，作为湖北全面推进数字化转型的着力点。2023年12月，湖北省委、省政府出台《数化湖北行动计划》，持续推进城市数字公共基础设施建设，加快建设数字经济、数字社会、数字政府，作为以信息化赋能推进四化同步发展的具体实践路径。2024年4月，城市数字公共基础设施建设写入《中共湖北省委、湖北省人民政府关于奋力推进中国式现代化湖北实践 加快建成中部地区崛起重要战略支点的意见》，成为推动湖北经济社会高质量发展的重要举措。

## 二、国内经济发达地区数字基础设施建设启示

2023年2月，我国发布《数字中国建设整体布局规划》，按照“2522”的整体框架进行布局，着力夯实数字基础设施和数据资源体系“两大基础”。在此背景下，各省、自治区、直辖市坚持改革创新和系统推进，纷纷开展数字基础设施建设。特别是浙江省、北京市、广东省、江苏省、上海市、山东省等经济发达地区积累了较丰富的数字基础设施建设经验。

在认识层面上，经济发达地区对数字基础设施建设的认识高度一致。例如，北京市先后出台《北京市加快新型基础设施建设行动方案

(2020—2022年)》和《北京市算力基础设施建设实施方案(2024—2027年)》，明确指出数字基础设施具有网络基础稳固、数据智能融合、产业生态完善、平台创新活跃、应用智慧丰富、安全可信可控等特征，希望构建一个全面、稳定且具有高度可控性的数字基础设施体系，以支撑数字经济的快速发展。山东省在《山东省数字基础设施建设行动方案(2024—2025年)》中强调，数字基础设施应具备高速泛在、智能敏捷、算网融合、智慧便民等特征。其中，高速泛在强调网络的全面覆盖和高效传输，智能敏捷强调系统响应和处理能力的提升，算网融合强调算力和信息通信资源的有机结合，智慧便民强调数字基础设施在提升公共服务质量和便民利民方面的应用。这些特征不仅反映了山东省对数字基础设施本质的深刻理解，也贯穿在推动数字经济发展方面的具体策略中。

在实践层面，尽管上述地区在数字基础设施建设的推进路径和保障措施上各有特色和侧重点，但总体上具有共性特点。一方面，它们普遍重视数字基础设施建设的顶层设计和系统规划，通过出台系列政策文件，明确建设目标、任务分解和实施路径，确保了数字基础设施建设的系统性和连续性，避免建设过程中的碎片化问题。另一方面，各省市在保障措施上也有共通之处，如加强资金保障、优化人才引进和培养机制、提升技术创新能力和建立健全的安全保障体系等。通过综合施策，确保数字基础设施建设的顺利推进和可持续发展。

总体而言，国内经济发达地区数字基础设施建设经验为湖北推进城市数字公共基础设施建设提供了重要启示，主要体现在以下三方面。

### (一)正本清源：深刻理解数字基础设施建设

一是“知其然”，明晰建设对象的概念内涵。浙江省于2020年12月24日出台《浙江省数字经济促进条例》，不仅明确提出数字基础设施关键概念，而且明确规定了数字基础设施建设过程中各级主管部门的职责，避免建设过程中可能出现的各级政府部门理解不清、认识不明、推诿扯皮等问题。2021年6月16日出台的《浙江省数字基础设施发展“十四五”规划》同样体现了对全省建设对象统一认知的重视，对数字基础设施提供了详尽的名词解释，以确保各级政府和相关部门对数字基础设施建设内容有清晰、一致的理解。因此，湖北需强化各级各部门对城市数字公共基础设施建设的科学认识，相关指导文件要进一步明确城市数字公共基础设施与数字基础设施等概念之间的联系及差别。城市数字公共基础设施既不等同于数字基础设施，也不是数字基础设施的简单拓展。此外，需进一步厘清城市数字公共基础与数化湖北之间的关系，城市数字公共基础设施是数化湖北的基础，扮演着数化湖北唯一的公共数字底座角色。

二是"知其所以然"，明确建设对象的建设依据。《浙江省数字基础设施发展"十四五"规划》遵循"梳理现状—设定目标—拆分任务"的逻辑框架，不仅使得数字基础设施建设内容更加具体，而且帮助各级政府部门"知其然，更知其所以然"，充分发挥了发展规划对数字基础设施建设工作的引领作用。这种系统科学的方法为湖北制定和执行城市数字公共基础设施相关政策时提供了重要参考。一方面，需从全省发展战略角度思考城市数字公共基础设施建设的作用，明晰建设对象所面向的经济社会发展、科技创新和产业转型升级的重大需求，确立公共数字底座建设高质量供给、高速联运、高效调度和高水平应用的重要目标。另一方面，需坚持应用需求导向，持续迭代推动城市数字公共基础设施建设。城市数字公共基础设施作为一个崭新概念，应从"最小系统"起步，通过反复迭代和持续实践方式，循序渐进推进建设工作。对城市数字公共基础设施建设依据的深刻把握，有助于理清建设思路、明晰建设方向，精准发力开展资源配置和政策引导，帮助各级各部门跟上建设节奏，更好地开展城市数字公共基础设施建设工作。

### (二)举旗定向：统筹推进数字基础设施建设工作

一是"一盘棋"统筹顶层谋划。北京市、广东省、江苏省、上海市、浙江省、山东省的数字基础设施建设规划均强调组织领导和顶层设计的重要性。因此，湖北在推进城市数字公共基础设施建设过程中需加强顶层设计，健全完善城市数字公共基础设施建设的制度规范，推进建设工作的标准化、规范化，实现各层级各部门间建设标准的统一，对接省级平台。合理制定建设目标，以工程化思维对建设任务进行目标分解、任务协同、系统解耦，通过项目化管理和目标化落实逐项逐条抓落实，推动建设工作走深走实。

二是"一体化"推进协同落实。在城市数字公共基础设施建设领导小组的统一领导下，在财税、科技、资源配置等领域着力破解关键难题，构建良好的政策制度供给体系，支持地方在城市数字公共基础设施建设工作中先行先试、探索有效路径，协同推动城市数字公共基础设施建设。实现各层级、各部门高效协同开展工作，打造"横向到边、纵向到底、齐抓共建"的工作模式，加强省内各市县的建设协同，提高相关资源配置效率。建立完善年度监测、中期评估和总结评估机制，推动建设工作落实。

### （三）保驾护航：全面强化数字基础设施建设要素保障

一是强化机制保障。坚持"政府引导，市场主导"的原则，充分发挥市场在资源配置中的决定性作用。政府在宏观层面制定政策、提供方向性引导，支持各类市场主体积极参与城市数字公共基础设施的建设和运营。湖北需建立供需联动、开放竞争、布局合理的城市数字公共基础设施建设运营机制，推动市场主体之间的开放竞争，确保资源配置的合理性和高效性。建立科学全面、公开透明的监督评估机制，确保市场主体在追求自身利益的同时，兼顾社会公共利益，实现资源的优化配置。通过政企合作，推动城市数字公共基础设施建设的高质量发展，建立起国内领先的城市数字公共基础设施互联互通和运行服务平台。

二是强化资金保障。强化各类专项资金支持，充分发挥财政政策的导向作用，通过财政补贴、税收优惠、贷款贴息等多种形式引导鼓励市场化主体依托湖北城市数字公共基础设施体系打造社会化行业级标杆示范应用。吸引领军企业、行业节点在鄂落地，形成示范效应，培育城市数字公共基础设施创新发展生态。

三是强化安全保障。加强城市数字公共基础设施的安全监测和预警系统建设，实现对安全风险的实时监控和早期预警。做好城市数字公共基础设施备案和合规监管工作，确保各类数字基础设施建设和运营符合国家和地方的法律法规及技术标准。建立城市数字公共基础设施相关网络安全、数据安全管理体系和技术保障体系，确保网络空间的安全稳定运行，确保数据的完整性、机密性和可用性。定期评估重大应用场景建设成效，确保各环节的安全管理措施能够得到有效实施和持续优化，有效解决场景建设中出现的安全问题。

## 三、湖北省城市数字公共基础设施建设历程与成效

### (一)湖北省城市数字公共基础设施建设历程与现状

2022 年 8 月，中共湖北省委书记王蒙徽创新提出开展城市数字公共基础设施建设，系统阐述城市数字公共基础设施建设的概念、原理、路径及意义。城市数字公共基础设施是数字孪生城市公共性、集约性基础设施，它以城市信息模型(CIM)平台为核心，融合“一标三实”(标准地址、实有人口、实有房屋、实有单位)和编码赋码，集成数字基础设施，实现数据资源的共享和统一管理。全省上下统一认识，深刻理解城市数字公共基础设施是数字孪生城市的公共数字底座，是数化湖北的切入点，基本特征是城市级、数字化、公共性，核心内容是城市数字模型、“一标三实”、编码赋码、软硬件支撑和管理机制，建设路径是先试点、找切口、以点带面快速推进。

2022 年 9 月，以武汉、襄阳、宜昌 3 个中心城市为第一批试点，开始进行城市数字公共基础设施建设，在为本地提供基础性、公共性能力的同时，为都市圈辐射城市提供数据及应用服务。2023 年 12 月，城市数字公共基础设施建设进入试点扩面阶段，包括黄石、十堰、荆州、荆门、鄂州、孝感、黄冈、咸宁、随州、恩施 10 个地级市积极开展城市数字公共基础设施建设，推动本地基础数据汇聚共享及应用。随后，仙桃、潜江、天门、神农架林区等城市也开展相关建设工作。各地按照

《城市数字公共基础设施建设工作指南(第二版)》要求，紧紧围绕城市数字公共基础设施基础平台建设、统一标准地址数字化生产管理、数据治理上图、应用体系化标准化、标准与制度规范建设等重点任务，着力推进建设工作。

2024年6月底，全省城市数字公共基础设施建设取得初步成效。各市州城市信息模型(CIM)平台上线运行，数据治理上图基本实现，城市数字公共基础设施建设阶段性验收工作已经完成，开始进入市县一体化扩面建设阶段。

### (二)湖北省城市数字公共基础设施建设成效

在部省市协同共建、高位统筹协调、专班强力推进、要素支撑保障等一系列工作机制的推动下，湖北城市数字公共基础设施建设实现了阶段性目标，在平台搭建、数据治理上图、应用体系化标准化、标准规范建设、智能化示范应用、软硬件支撑、运行保障等方面取得应有成效。

1. 城市数字公共基础设施基础平台搭建完成

城市信息模型(CIM)平台是城市数字公共基础设施的基础平台，它以城市数字模型为基座，对建筑物构筑物进行编码赋码，集成“一标三实”数据，依托数字基础设施，打造数据统一管理、系统统一融合、服务统一发布的基础平台。目前，全省各市、州、直管市、神农架林区基本完成城市信息模型(CIM)平台建设并已上线运行。此外，所有市州还实现新增地址全流程数字化标准化生产，颁发含有统一标准地址的不动产权证书；各地生产上图的建筑物白模(包含建筑物的外形和高度信息的三维模型)编码赋码率达100%，中心城区建筑物构筑物白模实现全覆盖。

2. 稳步推进数据治理上图

除了基础平台建设，基础数据治理上图是城市数字公共基础设施建设的一项关键任务。数据治理上图主要是“一标三实”数据关联融合，即统一标准地址、实有人口、实有房屋、实有单位数据与城市数字模型数据关联融合上图。

全省“一标三实”数据上图率达70%以上，共有178万建筑地址、1487万实有房屋、2545万实有人口、306万实有单位实现数据治理上图。武汉、襄阳、宜昌、十堰、鄂州、黄石、黄冈、孝感、咸宁9个城市完成数据上图阶段性梳理总结。60个县(市)已全部启动扩面建设，宜昌、黄石基本完成所辖县域中心区域扩面任务，其余50个县(市)正有序推进。

## (三)持续推进应用体系化标准化建设

为实现“数据进得来、服务出得去”的目标，全省按照应用体系化标准化工作导则和数据集成建设指导意见，搭建政府领域应用系统的体系化标准化总体框架，推动应用系统对接融入公共数字底座。

一是开展应用系统全面梳理。各地全面梳理政府各部门已建、在建、拟建应用系统情况，形成应用系统“一本账”。目前全省共计1970个应用系统，其中514个应用系统需对接改造，占比26%。

二是开展应用系统对接改造。各地以基础平台为基准，按照基础平台提供的数据和接口服务标准，开展政府领域应用系统与基础平台对接工作，已经完成部分应用系统的对接改造。

三是开展数据集成。各地按照基础平台的标准和要求，将政府部门管理的城市实体对象数据，汇聚治理、统一编码、集成关联到基础平台上，实现数据分层落图。各地根据编码赋码分类标准(13大类、87中类、332小类)，对5179万个城市实体对象进行赋码，有序推进井盖、燃气管道、视频监控、路灯等城市管理对象数据集成和分层落图，其中首批试点的3个城市走在全省前列，武汉集成274类3792.5万条数据，襄阳集成253类1727万条数据，宜昌集成241类703万条数据。

## (四)标准规范建设更加完善

我省坚持标准先行，创新建立城市数字公共基础设施建设标准体系，打造全国领先的万物标识体系，抢占数字化转型的制高点。

一是标准体系持续优化。1项住建部行业标准《城市数字公共基础设施统一识别代码编码规则》已经发布，2项国家标准《城市数字公共基础设施统一地址标识编码规范》《城市数字公共基础设施统一识别代码编码规则》已被国家部委受理，全省发布5项地方标准、已立项4项地方标准。

二是制度规范不断完善。我省聚焦平台建设、数据治理、应用体系化标准化、数据共享等工作完善优化各项管理规范。我省先后发布《城市数字公共基础设施建设工作指南》第一版和第二版，制定城市信息模型(CIM)平台、编码赋码管理等4项管理办法，推动建设城市数字公共基础设施安全管理体系，制定数据分类分级管理、数据资源共享管理、数据安全管理办法等10项工作规范。

### (五)智能化示范应用多点开花

各地对接城市数字公共基础设施基础平台，在城市风险预警和应急管理、产业创新发展、社会安全管理等领域率先打造一批智能化示范应用。

一是建设城市安全风险监测预警平台。目前多个城市已在城市安全领域先行先试，如武汉市城市安全监测预警平台建设方案包含10个智能化示范应用场景，为消防、网信、公安、水务和城管等部门封装50余个面向部门的专题数据集，率先开展电动自行车全链条安全监管、网络舆情风险监测、人员密集场所风险管控、排涝水安全风险、桥梁隧道运行安全监测等5个应用场景建设。襄阳市重点围绕“两客一危一公交”等10个领域和城市排水防涝等4个城市生命线工程，开展城市安全风险监测预警和应急处置应用场景建设。宜昌市开展化工安全监管应用场景建设，依托建筑物、管线感知等数据，对全市6个化工园区75家化工企业1684个风险点、184个重大风险源实时监测，实现危化品安全风险自动预警、及时处置。大冶市打造智慧农房全过程数字化平台，实现农村建房从申请到建设的全生命周期安全监管。

二是推进地方特色产业创新发展。武汉市依托城市数公基建设智能网联汽车示范应用，提供覆盖9个城区3893公里多维度道路信息(包含道路基本属性、标线标识路牌、感知设施、道路部件等数据)，占全市域城市道路 62.8%，具备厘米级定位精度的多维度道路信息，为智能网联汽车产业提供价值增量。襄阳市运用“一标三实”数据成果，通过比对义务教育招生平台数据，能够对学生户籍、房产、居住证、社保等信息自动判断，变“群众跑腿”为“信息跑路”，促进教育公平，提升招生效率。

三是深化社会安全管理实战应用场景建设。武汉市公安局建设大型活动安保数字孪生系统，提供城市部件、人流车流等专题数据集，实现人流拥堵、个人极端风险、舆情风险等预警和指挥调度等服务，有力支撑马拉松、“樱花节”等重大活动的安保。十堰市公安局聚焦构建环丹江口库区立体化安全防护体系，接入多类多端口数据，实时感知、及时预警风险隐患。宜昌、黄石两地公安部门积极探索“地址门牌+110 扫码报警”，结合视频定位，推进接处警更加精准、高效、便捷。

### (六)软硬件支撑大力建设“云网数算”

以数化湖北行动计划为抓手，适度超前部署数字基础设施建设，为城市数字公共基础设施建设提速增效。

一是网络连接设施加快部署。全省新建 5G 基站 8024 个(其中农村 5500 个)，累计达 13.8 万个，实现中心城区、行政村、热点区域 5G 信号全覆盖。万兆无源光网络(10G-PON 及以上)端口达 102 万个，物联网终端数超 6924.3 万个，互联网省际出口带宽达到 56.8T，基本实现“千兆到户、万兆到楼、T 级出口”。

二是新型算力设施建设不断提速。全省已落地数据中心 11 个，在用数据中心达到 163 个，在用标准机架数超过 17 万架，先进算力达 5549P(智算能力 5495P、超算 54P)，算力规模和质效居中部地区第一。

### (七)运行保障机制更加优化

数字化转型是一次全面系统性的改革，推动体制机制、工作流程、管理法规的创新重塑。湖北省市各级部门通过完善优化体制机制和管理规范，推动城市数字公共基础设施建设持续发展。

一是体制机制更加健全。省委、省政府将城市数字公共基础设施建设纳入重点工作，省委以专题会议方式研究推进工作。为加快推进全省城市数字公共基础设施建设，省级层面成立全省城市数字公共基础设施建设工作领导小组、工作专班和专家咨询委员会，实施"统一平台、统一标准、统一管理、统一运维"。市州积极落实省级部署并创新攻坚突破重点难点问题，坚持"书记统筹、市长主抓、专班推动、部门协同、社会参与"，采用"专班+专家+专业力量"模式，对应成立市级工作专班，推进城市数字公共基础设施建设，并组建国资平台，承担城市数字公共基础设施运维运营工作。如武汉市建立围绕数据服务开展的标准化服务清单，成立武汉数字公共基础设施建设联合创新中心。

二是创新工作举措不断丰富。城市数字公共基础设施建设是中国式现代化湖北实践的一项创举，各地各部门把创新实践摆在重要位置。在工作机制方面，建立"全面梳理、科学分类、标准对接、数据集成、系统整合、重构再造、创新应用、变革管理"的"八步法"工作机制；在流程优化方面，探索建立"自规提名、住建加工、民政确认、公安组装、网格核验"统一标准地址生产管理"流水线"；在数据治理方面，创新建立21位统一识别代码，将城市管理对象划分为13大类、87中类、332小类，赋予各类城市管理对象数字"身份证"，支撑万物标识互联。

三是督查考核制度更加合理。制定下发建设考评方案，明确7大类29项考评指标，采取数据抽检、对标自查、专班考评等方式常态化考评。除了督导考评以外，省级专班加强对市县专班的培训力度和技术指导。

## 四、湖北省城市数字公共基础设施建设存在的主要问题

虽然湖北省城市数字公共基础设施建设已取得良好成效，然而与省委、省政府要求、与人民群众期待相比仍有差距，特别在以信息化赋能

推进四化同步发展方面有待深化。调研发现，当前城市数字公共基础设施建设仍然面临以下困境和难题。

### (一)对数公基的认识仍不充分，部分主体的理解存在空区误区

一是部分政府部门对数公基的认识尚没有实现全面性、系统性、准确性、协调性和前瞻性。在规划和实施过程中，对数公基建设的核心内涵、其在城市数字化转型中的具体作用及长远影响等，认识并未完全清晰、仍有很多“模糊、滞后的地方”。二是部分企事业单位对数公基的认识不充足、不深入。就数公基的概念、作用和价值等了解不够，缺乏参与和支持的积极性和主动性，制约了数公基建设的深入推进和广泛应用。

### (二)数据治理仍存短板，数据的获取与共享应用急需破难

一是数据核采有待提高数据质量。当前，数公基基础数据的核采任务主要由基层网格员与民警承担，基层工作人员面临多样化的数据类目和繁重的任务量，基层负担问题依然存在。另外，虽各地均已着手开发一端采集、多端使用的核采 App 或小程序，但通过前期调研发现，仍有部分基层人员采取集中填报等方式开展核采工作，政务 App 时有“无效使用”现象，导致核采过程中出现漏采、错采、重复采集、采集数据覆盖不完整、属性不齐全、地址不准确等问题。二是数据流转尚未建立畅通机制。数公基建设涉及部门众多，地市不同部门平台之间、省市两级平台之间均面临数据标准不一、保密程度不一、数据权责不清晰等问题，使得整个数公基系统中的数据难以实现高效流转。不同部门平台之间遵循的数据存储标准和规范不完全一致，导致在数据共享时需要进行数据清洗、转换和验证工作，增加了数据共享的复杂性和工作量；部分部门业务系统在省级乃至国垂，涉密性高，其数据储存在专网，在政务外网运行的数公基平台难以与其进行对接；此外，部分部门业务系统属于省直统建平台，本地并未存储数据，如果地市需要使用该数据，需要向市直部门发函申请，再由市直部门向省级部门申请将数据回放本地，

数据回访流程较长。

### (三)应用体系化标准化仍未完成，对外输出的赋能作用不足

一方面，部门业务系统应用尚未实现与基础平台的全面整合、对接、改造。前期调研督导发现，部分地市未按照“提供支撑类、接受服务类”的划属进行应用业务系统分类，也未制定对接的技术标准和数据标准，同时部分系统未能依托基础平台主动性、结合性、深刻性的剖析自身的核心业务流程以重构再造，导致功能重叠、效率低下等问题依然存在。另一方面，数公基应用对湖北数字经济与数字社会发展的赋能作用尚显薄弱。当前，数公基的应用赋能主要集中在赋能数字政府方面，一定程度上提升了政府工作效率。然而，如何进一步释放数公基的系统潜力以引导我省经济和社会的数字化转型，尚缺乏具体策略路径，有关创新实践刚刚起步。

### (四)长效机制有待完善，运维运营与人才管理提出治理需求

一是部分地市当前存在工作专班“一手抓”问题。部分地市缺乏对领导小组的责任分工，多个环节的权责划分未明确落实到具体部门。一旦工作专班在未来履行完职责并撤销，其数公基的运行面临隐患。二是省市两级的人才管理制度前瞻性不够。在数公基的建设过程中，省级与地市层面均出现了专业人员跨部门、跨地市的借调、流动，这一批人才的后续单位归属与合理配置问题没有获得提前重视与规划。同时，对于省市两级在建设过程中自主培养起来的数公基人才，如何用好人才、如何发挥人才培养模式作用等问题也没有获得提前部署。

### (五)验收评估有待优化，人工方式与指标体系存在局限

湖北省当前正对各地的数公基建设成果进行阶段性验收，然而所采取的评价方式主要依赖人工手段。具体为，在确定一套指标体系的基本架构之后，由省督导调研组对各地市的文件制定、数据上图、平台建设等情况进行实地抽样核查，并依据指标体系主观评分。人工现场抽检的

方式虽有其执行基础，但受限于时间、人力等因素，不可避免地存在以偏概全、主观性强、效率有限的问题。同时，当前的评价指标体系也仍存在指标分级分类不够细致、赋分标准不够清晰、缺乏成熟理论模型支撑等问题。

## 五、促进湖北省城市数字公共基础设施建设的对策建议

### （一）持续梳理、加强宣传普及，提高全省对数公基的认识

一是进一步厘清数公基的重要内容，形成多样化的可读性物料。对数公基的内涵概念、功能作用、价值意义等基础、关键、核心性内容加以明确校正、更新补充，形成全省共识性的界定与表述，并面向政府内部、全国推广、社会公众等不同目的、不同主体制作政策解读、视频宣传、工作手册等各类物料。二是加强宣传普及。围绕数公基建设目的，制订更具针对性的全省统一教育培训计划，针对各级党政机关、企事业单位工作人员，设计培训课程和内容，编写并推广具有权威性和可读性的统一宣传材料，并加强实时性、补充性附件资料的编写、更新与发布，使各级相关工作人员有的放矢，使建设工作更具有可衡量性、可达成性和可操作性。

### （二）主攻重要环节、优化全流程体系，完善数据治理

一是坚持基层需求导向，持续优化基础数据核采制度。制定全省统一的基层数据核采流程，明确规范数据核采的各个环节和步骤，避免基层工作标准不统一造成的基础数据漏采、错采、重复采集等问题，杜绝上图过程中未经确认造成的拆分错误等。开发全省统一的数据采集程序软件，并在全省推广使用，确保各地市数据格式、内容、质量的一致性。加强基层核采人员培训机制，提升基层核采人员数据采集能力和主观能动性，同时探索建立激励机制。二是充分利用大数据能力平台，实

现数据高效流转。各地市应进一步厘清数公基平台与大数据能力平台的关系，梳理数据从“进得来”到“出得去”的全流程逻辑，明确数据归属，并通过大数据能力平台进行统一注册、管理、审批、鉴权发布。地市通过市级大数据能力平台直接向省级平台申请回访数据，减少烦琐冗长的流程。有条件的单位可以推动开展系统层面对接，条件不足的协调相关单位专人对接，定期在数据交换平台挂接资源。三是统筹整合运维运营模式，完善数据治理全流程监督考评管理。整合现有各地市数产集团运维模式，确保各地市数产集团在运维工作中能够保持完全统一，减少省级层面数据清洗、转换和验证的工作量。完善细化省级监督考评管理，细化规范各地市定期发布的数据质量检测报告内容。

**（三）深化应用体系化标准化建设，推动赋能高质量发展**

一是完善应用系统分类与数据对接标准，加速推进基础平台与业务系统的全面对接。在现有《应用体系化标准化工作导则》基础上，继续组织相关部门共同对业务系统进行全方位梳理，根据最新的业务发展和数据需求，调整和优化分类标准。基于地市探索经验，从省级层面制定统一的业务系统数据对接标准。二是开展业务流程诊断，明确基础平台赋能业务系统的优化路径。各部门对自身现行的业务流程进行全面诊断，包括流程步骤、涉及人员、所需时间、使用资源等，识别业务流程中存在的问题，并就问题进行分类与优先级排序，从而确定数公基平台与各业务系统的对接整合目标、原则、步骤和时间表。三是总结推广各地市应用探索经验。全面开展不限于培训教材中已有地市的，其他地市对数公基应用探索创新经验的总结，形成典型示范案例向全省宣传推广。四是加强顶层设计与政策引导，推动数公基在更广泛的经济、社会领域发挥赋能作用。省级层面出台数公基应用内容分类清单，明确数公基在经济、社会领域的应用方向和重点。设立数公基创新应用示范项目专项基金，支持各地在经济、社会各领域开展具有创新性和示范性的社会化、行业级数公基应用项目。定期组织数公基建设应用论坛等专题活动，促进不同地区、不同领域间的应用交流与合作。

### (四)回应专项议题、探索荆楚方案，建立长效机制

一是明确权责体系，确保数公基建设后续长效运行。构建清晰的责任体系，明确各级政府、各个部门、相关企事业单位在数公基建设和后续长效运行各环节的具体职责和权力，通过制定详细的权责清单以明确各主体在数公基建设运行中的具体职责和权利；建立相应责任追究机制，确保专班撤销后数公基持续运行稳定；此外，应特别注意明确专班与后续运营运维部门和机构的衔接机制。在专班存续期间，应保持与各部门和企事业单位的紧密联系，根据权责分配确保数公基的稳定运行；顺利完成数公基建设主要任务之后，应将相关的工作成果、经验、文档等移交给各部门及运维管理机构，并对其进行必要的培训指导。二是优化人才管理、保障人才权益。研究形成湖北特色的数公基建设的人才流动管理机制，在人才流动和借调的过程中，明确专业人员的归属关系，确保人员归属清晰、责任明确；健全完善人才选拔培养机制，总结已有经验，形成服务数公基建设与数化湖北建设等重要任务的人才要素保障。

### (五)创新方式、优化指标体系，科学验收评估建设成效

一是探索运用技术手段实施远程监测、自动化监测等新型验收方式。研发并应用远程监测、自动化监测系统，开发针对数公基建设成果的自动化检测软件或平台，实现对数公基建设项目的远程实时监控，以及数据的自动采集、分析和报告生成，提高验收效率。整合人工与自动化验收方式，实现逐步过渡。在新型验收方式初期，保留一定的人工抽检作为补充，确保验收的准确性和可靠性。随着技术手段的成熟和完善，逐步减少人工抽检的比例，最终探索确定以技术手段为主导的验收方式或技术+人工的双向验收方式。二是优化评价指标体系，提升科学性与成熟度。根据数公基建设的实际情况和验收经验，参考国家标准《信息技术服务 数字化转型 成熟度模型与评估》(GB/T 43439—2023)，对现有评价指标体系进行再梳理和分类，适当增减和调整各级评价指

标，避免重复和遗漏，构建新版城市数字公共基础设施建设成熟度模型。

（本文系 2023 年度湖北省重大调研课题基金项目“城市数字公共基础设施建设问题研究”阶段性研究成果）

**项目负责人：** 张　毅　华中科技大学公共管理学院院长、教授、博士生导师

**项目组成员：** 王君泽　华中科技大学公共管理学院副教授、博士

杨芷晴　华中科技大学公共管理学院副教授、博士

鞠京芮　华中科技大学公共管理学院副教授、博士

邓韵琪　华中科技大学公共管理学院博士生

赵　迪　华中科技大学公共管理学院博士生

申　适　华中科技大学公共管理学院博士生

张宗一　华中科技大学公共管理学院硕士生

秦黎明　华中科技大学公共管理学院硕士生

# 湖北省与中部崛起：城市群融通协作科技创新共同体建设研究

王君华　张　娜

在区域经济一体化加速发展、我国发展进入新常态、改革进入攻坚期和深水区的大背景下，推进长江中游城市群融通协作科技创新共同体建设，有利于跨区域整合优化资源要素，引领和带动中部地区加快崛起。2024 年 4 月，中共湖北省第十二届委员会第六次全体会议在武汉举行，会议审议通过《中共湖北省委、湖北省人民政府关于奋力推进中国式现代化湖北实践加快建成中部地区崛起重要战略支点的意见》，明确提出战略支点建设的目标定位，即加快建设国内大循环重要节点和国内国际双循环重要枢纽、国家科技创新与制造业基地、国土安全保障服务基地、国家水安全战略保障区、国家优质农产品生产区，进一步体现了湖北省在促进中部地区崛起中的自觉担当，推进长江中游城市群融通协作科技创新共同体建设是重要着力点之一。本报告全面梳理了长江中游城市群融通协作科技创新共同体建设的基本现状，主要是跨区域的科技协同创新机制体系，深入分析存在的问题与面临的挑战，在此基础上，从健全科技协同创新多主体体系、共建科技协同创新制度框架、促进创新主体高效协同、推动创新资源开放共享和高效配置、以市场为导向建立科技协同创新保障机制、优化人才培养机制、优化产业布局打造高新产业集群七个方面提出相关对策建议。

## 一、长江中游城市群科技协同创新现状

### (一)科技创新投入增长强劲

虽相较于长三角、珠三角、京津冀城市群仍存在较大差距，但在“十三五”期间，长江中游城市群的研发经费和研发人员分别以15.3%和9.51%的年平均增长率居五大城市群(京津冀、长三角、长江中游、珠三角、成渝城市群)首位和第二位。长江中游城市群科技创新投入增长势头强劲，研发经费投入强度持续增加至2.1%，已达到国际中等发达国家水平，创新动力不断增强。

### (二)科技创新产出大幅增加

2022年，长江中游城市群专利申请受理量、授权量分别为40.802万项和32.96万项；技术市场成交额和规模以上企业新产品销售收入分别为6286.77亿元、40225.78亿元。科技创新直接成果与间接经济效益均取得大幅度的增加，但相较于京津冀、长三角、珠三角城市群仍旧较低，2022年长江中游城市群专利申请量和专利授权量仅占长三角的29.13%、27.87%，差距极为显著，长江中游城市群在科技创新成果产出方面还有较大提升空间。

### (三)科技创新能力与协同发展水平稳步提升

长江中游城市群科技创新协同发展水平及三省科技创新发展水平均呈现稳定上升态势，协同创新发展速度逐渐加快。据《中国区域科技创新评价报告2023》，湖北、湖南和江西三省综合科技创新水平指数分别排在第7位、第13位、第16位，相较2012年，排名分别上升2位、3位和9位，城市群整体科技创新能力有所提高。根据宏观统计数据建模测算与调研数据分析，长江中游城市群科技创新协同发展指数已从2015年低度协同发展状态(0.30)提升到2020年良好协同发展状态

(0.76)，且每年增速逐渐加快，科技创新协同发展势头良好。

### (四)城市群科技协同创新体系初步形成

近年来，长江中游城市群充分利用区域内的科技资源与技术优势，协调各方力量，逐步构建和形成了跨区域科技协同创新机制体系。

1. 政府间组织协调机制

政府顶层设计、引导协调及推进机制初步形成。长江中游城市群已出台一系列从国家层面到市直科技部门的跨区域科技协同创新政策文件，如《长江中游城市群发展规划》《长江中游城市群发展“十四五”实施方案》《长江中游城市群省会城市合作行动计划(2017—2020年)》《长江中游鄂湘赣三省区域协同创新合作框架协议》等，为长江中游城市群协同创新共同体建设工作指明了方向。2013年，长江中游城市群省会城市政府组织成立科技合作联席会议办公室，下设科技合作联络组作为区域科技合作的执行部门，负责落实区域科技合作项目的具体执行。2021年，江西、湖北、湖南三省联合印发《长江中游三省协同发展工作机制》，明确每年召开主要领导座谈会和常务副省长联席会。长江中游城市群形成了以主要领导座谈会为决策层，以长江中游城市群科技合作联席会议办公室为协调层，科技合作联络组为执行层的“三级运作”机制。

2. 政产学研协同创新机制

关键共性技术攻关取得一定成效。长江中游城市群积极支持三省高校、科研院所和企业，围绕各市主导产业以及国家重大战略需求，建立关键核心技术攻关协作机制。近年来，长江中游城市群利用各地龙头产业优势，如长沙的机械产业、南昌的航空业、武汉的光纤光缆产业，已经逐步联合工程机械、汽车及零部件、家电等产业领域组建一批产业联盟，推动产业集群发展，推动了节能环保、光电子、生物、新能源汽车产业等战略性新兴产业发展。

城市群内已广泛开展跨区域政产学研协同创新实践。“中三角地区水资源安全保障协同创新中心”和“杂交水稻国家重点实验室”等合作平台的建立，湖北省政府与中国南车的政企合作，湖南大学与萍乡市共建的校市技术合作平台、华中农业大学与江西省共建的“农作物品种研究试验站”，黄冈与九江围绕磷石膏综合利用开展产学研合作，湖北华新水泥与湖南大学联合研发出世界首条水泥窑气吸碳制砖生产线等。

3. 科技资源协同服务与共享机制

科技服务资源共享平台建设初具规模。2021 年 3 月，长江中游城市群省会城市科技服务资源共享平台科技信息共享子平台通过验收并投入使用，入驻企业超 70 余家。2021 年 7 月，由三省的优势高校、院所、服务机构和企业等 18 家单位建设的长江中游城市群综合科技服务平台正式启动上线。该平台集成长江中游城市群优势科技资源，构建了包含 25 万条以上特色科技资源、1 亿条科技文献和专利资源的科技资源池，形成 12 项支撑综合科技服务平台建设的关键技术，预期服务于实体经济重点产业 3 类以上，服务核心企业 10 家以上、中小企业 1000 家以上，通过应用示范效应向长江中游城市群及其他区域(城市群)的综合科技服务推广应用。2017 年 11 月，武汉、长沙、合肥、南昌、黄石、岳阳、九江、安庆等八个城市科技部门领导齐聚武汉，确定建立科技成果转化联盟，以此来促进科技成果的转化，拓展产业合作新空间。为落实《鄂湘赣科技合作框架协议》，抢抓“十四五”重大发展机遇，2021 年 7 月，长江中游城市群科技服务联盟成立大会在长沙召开，并对 30 余家联盟会员单位进行授牌。2023 年 8 月，该联盟已有 2200 余家科技服务机构入驻，累计促成科技服务交易 327 笔。

4. 产业链创新协同机制

长江中游城市群内，拥有武汉东湖、长株潭、鄱阳湖 3 个国家自主创新示范区，光谷、长株潭、赣江两岸 3 个科技创新大走廊，为推进“三区”“三走廊”在装备制造、汽车制造、电子信息、航空航天等产业领域的创新合作对接，形成全国优势产业集群，先后成立了长江中游城市群科技成果转化促进联盟、协同创新联盟、新型研发机构战略联盟，推动形成“研发+转化”产业分工模式，在产业创新协同方面已经形成良好的合作基础。在长江中游地区，除了湖北的“中国光谷”赫赫有名外，正在打造的湖南“创新谷”“动力谷”“智造谷”和江西“电子谷”也声名鹊起。

## 二、长江中游城市群科技协同创新存在的问题

### （一）科技创新资源流通与共享存在障碍

长江中游城市群三省科技资源配置不均，科技创新发展水平存在一定差距。据《中国区域科技创新评价报告 2023》，湖北综合科技创新水平指数为 74.63，排名位于全国创新能力综合排名第 7 位，湖南次之（水平指数 67.62，排名第 13 位），江西综合科技创新水平指数最低（水平指数 60.27，排名第 16 位），各省及省内各市科技创新水平之间的差异是长江中游城市群整体科技协同创新发展水平未达到优质协同的重要原因，现阶段长江中游城市群虽聚集了大量的优质科技资源，但由于三省以及省会城市与其他城市科技创新水平之间存在一定差距，科技资源共享机制还有待完善，重点领域、重点学科资源整合和要素对接有待提升，市场壁垒依然存在，导致城市群创新资源流通和共享存在障碍，创新资源重组效率低下，区域协同创新支撑能力不足。

### （二）协同创新推进机制单一

长江中游城市群当前的科技创新合作主要依靠政府推进，由政府、高校、科研院所、行业、企业之间以市场为纽带互相联动的合作机制尚未形成，科技合作的空间要素流动和受益范围极不均衡，长江中游城市群主要城市（武汉、长沙、南昌）仍处于集聚大于辐射的阶段，对周边城市的虹吸效应较强，武汉市经济总量和专利授权数分别占武汉都市圈总量的 59.24%和 76.61%；长沙市经济总量和专利授权数占长株潭都市圈总量的 69.07%和 78.95%；南昌市经济总量和专利授权数占大南昌都市圈总量的 39.9%和 38.35%，受益范围主要集中在省会城市，其他城市受益非常小，其科技创新发展与进步较省会城市而言相对缓慢。

各地政府相关部门对科技合作推进工作缺乏统一的战略合作规划、整体衔接配套机制，科技协同创新行政化色彩浓厚，区域科技合作的组织形式较为松散，政策规范也缺乏有效的激励、补偿、监督、考核和评估机制。

## (三)利益分享机制缺失

利益分配机制是影响区域间合作的关键因素，理想的利益分配机制应该是成本共担、利益共享，但受现行税收和政绩考核制度的影响，地方政府难以突破各自为政的限制。目前长江中游城市群合作体系达成的协议中，多重视事前合作，事后的利益分配较少涉及。一些科技创新合作项目投入大、耗时长、范围广，若科技创新成果带来收益时没有合理的利益分配机制支撑，后期合作将很难持续。当前，长江中游城市群科技合作一体化建设仍处于“打基础”阶段，科技协同创新利益共同体尚未形成，科技协同创新利益协调机制尚未建立，以至部分省份科技协同创新动力不足，跨区域科技合作利益共同体的形成还存在重重阻力。

## (四)科技成果中介机构服务水平有待提升

缺乏对科技成果转化中介的扶持政策，中介组织的功能作用不能完全发挥。据科技部火炬中心提供的信息，2022 年长江中游城市群拥有国家级技术转移示范机构共 34 家，仅占全国总数的 8.10%，远低于长三角(94 家，22.38%)和京津冀(75 家，17.86%)地区，难以满足当地对于科技成果转移转化的需求，且受经济发展水平和市场化程度差异影响，长江中游各省市的科技中介组织发展水平也存在差异，其中湖北、江西、湖南分别拥有国家级技术转移示范机构 20 家、5 家和 9 家，且大部分本土化的科技中介服务机构存在服务功能单一、服务水平较低的问题，权威的科技成果价值评估、投融资咨询、信用评价等机构仍然比较缺乏。

### (五)市场化机制有待完善

科技成果需求侧导向不强、市场机制不彰。目前对高校科研院所科研人员的激励措施主要是考核制，而考核评价体系普遍存在着“重理论成果、轻成果运用”的问题，2022 年，长江中游城市群高等院校与科研院所专利出售与技术转让合同数 4219 项，占其专利授权总数、区域技术市场技术合同总数的比重分别为 10.64%、3.2%，其中湖北、湖南、江西高等院校专利与技术转让合同数占高等院校专利授权总数的比重分别为 10.47%、8.11%、15.59%，长江中游城市群地区高校科技成果运用与转化率较低。这在一定程度上反映出科研人员将主要精力投入那些容易产生科技成果或易于发表的领域，而较少关注科技成果在实际生产经营中的应用效果，使得科技成果往往与社会需求相脱节；同时，校企之间的对接机制缺乏持续性和规范性，合作深度和层次也影响了科技创新成果转化为产业发展的进程和效率。

## 三、促进长江中游城市群科技协同创新的对策建议

### (一)健全科技协同创新多主体体系，合力推进长江中游城市群创新共同体建设

一是要充分发挥政府的引领先导作用。政府是科技协同创新的第一主体，也是政策创新主体，要充分发挥政策宣传引导、组织沟通协同、融合创新要素、知识产权保护、财政资助、信息服务等多重作用，成为科技协同创新的重要发起者、参与者和主要推动力量。二是要发挥区域协同创新主体协同作用。充分利用长江中游地区丰富的科教资源，打通区域内学科间、院校间、机构间的界限，联合打造以基础性和原创性研究为主的协同创新平台，合力推进长江中游城市群国家大科学装置、国家重点实验室、工程研究中心、产业技术创新中心等重大科技基础设施集群化建设。三是要发挥企业在科技创新中的驱动作用。引导长江中游

城市群龙头企业或领军企业牵头建立开放式创新平台，推动政策合力赋能、社会资源赋能、专业服务赋能，打造长江中游城市群区域内大中小企业融通、政产学研金服用七位一体的创新生态。四是要深刻认识非政府组织在科技合作中的枢纽作用。应当充分发挥专家咨询委员会、行业协会、商会等非政府组织协助开展行业标准和国家标准制定的作用，定期召开区域产学研、中介机构科技协同创新会议，及时向政府部门反映市场主体诉求，引导发起以企业为主体的科技合作基金，促进长江中游城市群科技协同创新的市场化发展。

### （二）共建科技协同创新制度框架，为城市群科技创新协同发展提供强有力支撑

一是加强三省科技创新规划的对接，建立长江中游城市群科技创新规划会商机制，共同对区域性科技创新目标、重点任务、资源布局、国际合作等进行协商和统筹。针对重点领域和重大科技问题，联合编制科技创新专项规划，逐步形成长江中游城市群科技协同创新规划体系。二是系统推进长江中游城市群区域全面创新改革，完善高新技术企业跨区域认定制度，鼓励长江中游城市群高新技术企业跨区域合作和有序流动。鼓励三省共同设立长江中游城市群科技创新券，支持科技创新券通用通兑，实现企业异地购买科技服务，深化区域科技协同与创新。三是优化科技创新发展规划，形成优势互补的发展格局。加快编制《长江中游城市群科技创新共同体建设发展规划》，进一步明确武汉、南昌、长沙等主要各节点城市的科技创新发展定位与特色，分阶段制订科技创新协同框架计划，促进各城市按照创新链进行分工与合作。四是建立政策执行反馈机制，提升合作执行力。建立对各类科技创新合作政策的实施评估机制，掌握区域科技创新合作政策执行现状，检验各项合作政策的产出和效果。

### （三）促进创新主体高效协同，提高城市群科技协同创新活力

一是支持长江中游城市群地区建设世界一流大学和世界一流学科，

推动建设长江中游城市群高校协同创新联盟。依托"双一流"建设高校在集成电路等领域布局，建设一批国家产教融合创新平台，为高校和企业协同开展人才培养、科学研究、学科建设提供支撑，整合高校优势科技资源，在重大基础研究和关键核心技术突破等方面形成联合攻关机制。二是建立长江中游城市群一流高校与科研机构的智库联盟，逐步形成引领型智库网络，培育一批具有多学科背景和较强科研能力的跨学科创新团队。

**(四)推动创新资源开放共享和高效配置，加快城市群科技创新要素融通**

一是整合三省高校、科研机构、各类创新基地和专业化服务机构的科技创新资源，引入国家科技资源共享平台优质资源，形成科技资源数据池。不断完善长江中游城市群科技资源共享服务平台功能，支持成立科技资源开放共享服务机构联盟，推动重大科研基础设施、大型科研仪器、科技文献、科学数据、生物种质与实验材料等科技资源开放共享与合理流动。二是长江中游城市群在科技合作中应当按照科学规划、合理布局的原则，进一步完善科技资源和信息共享平台建设，促进区域资源优势互补和高效利用。另外，要根据资源类型、产权归属以及服务对象的不同，完善国家及地方科技资源共享服务网络平台及创新基地之间的衔接，加强中央与地方、区域之间的资源统筹和分类管理，完善财政支持和创新体制机制。

**(五)以市场为导向建立科技协同创新保障机制，促进城市群责任共担、利益共享**

一是要健全政策法规，促进融通科技创新利益共同体在长江中游城市群逐步形成。在湘鄂赣三省会城市科技合作联席会上签署的合作框架协议等文件基础上，认真研究出台区域内科技合作的利益分享机制、补偿机制、奖励机制规定等规范性文件，打造科技合作多边协调关系和利益共同体。二是要建立科技合作创新的风险责任共担制度。从整合融通创新要素单位、健全的投资机制、围绕融通创新目标的角度来确定合作各方在各个环节的权利和义务，完善风险投资基金和政策支持，促进保障风险投资资金的重组。

**(六)优化人才培养机制，实现科技创新人才在城市群之间的柔性流动**

一是以科学研究和实践创新为主导，通过学科交叉与融合、产学研紧密合作、国际合作研究等途径，推动人才培养机制改革，健全寓教于研的拔尖创新人才培养模式。突出培养创新型科技人才，重视培养领军人才和复合型人才，大力培养经济社会发展重点领域急需的紧缺专门人才。二是加大各省市人才支持政策的协调力度，建立一体化人才保障服务标准，实行人才评价标准互认制度，促进科技人才在各省市之间健康有序流动。允许地方高校按照国家有关规定自主开展人才引进和职称评定，推动三省科技专家库共享共用，完善人才交流、合作和共享机制。三是落实人才引进优惠政策，建立与科技市场需求相适应的人才市场。要充分发挥团队学科多、整体科研实力强的特点，不断更新和完善长江中游城市群区域内政产学研机构中学科带头人、技术带头人等高层次创新人才的数据库，为长江中游城市群区域内科技创新能力提供强大智力支持。

**(七)优化产业布局，打造高新产业集群，实现产业链与创新链深度融合**

一是支持各地充分发挥自身独特的资源禀赋和比较优势，推进产业融合发展，加快主导优势产业进一步聚集，突出区域产业优势，不断构建完善的现代工业体系和服务体系产业链，提升区域产业集中度，打造区域内富有活力的现代产业集群。二是打破城市间行政壁垒，加大强链、延链、补链力度，组织一系列产业链精准招商活动，追求优势互补、利益共享、相互赋能，提高长江中游城市群产业基础能力、产业链水平以及区域经济整体竞争力，推动“产业同链”向前迈进。在集成电路、新一代信息技术、地理信息、智能制造、汽车、新材料、康养、航空航天等重点领域，建立跨区域、多模式的产业技术创新联盟，支持以企业为主体建立一批中游城市群产学研协同创新中心，实现产业链和创新链深度融合。

**报告撰稿人：** 王君华　湖北大学商学院教授、博士
张　娜　湖北大学商学院硕士研究生

# 湖北省创新型城市引领都市圈创新驱动发展研究

盛建新　范欲晓　云昭洁

新时代湖北加快建设全国构建新发展格局先行区、加快发展壮大新质生产力，亟待发挥创新型城市对都市圈的引领带动作用，推动创新型城市向创新型都市圈演化升级。近年来，武汉、襄阳、宜昌、荆门、黄石五大创新型城市建设加快推进，成为区域创新的重要支撑力量。但湖北创新型城市的首位度、协同度、辐射度仍有待提升，从创新型城市迈向创新型都市圈依然任重道远，亟待寻求新的着力点与突破口。

## 一、以创新型城市引领都市圈创新驱动发展的现状

中共湖北省委、湖北省政府立足发展战略全局，加强区域科技创新发展的战略部署，构建了武汉具有全国影响力的科技创新中心，襄阳、宜昌区域科技创新中心，以及黄石、荆门等都市圈创新支点城市三个梯队的创新型城市建设格局，形成了以五大创新型城市为引领的武汉、襄阳、宜荆荆三大都市圈协同创新区域。2023 年，武汉和黄石 GDP 总量达 22121 亿元，高企总量 16003 家，高新技术产业增加值总量达 5873 亿元，分别占武汉都市圈的 66%、83%、79%；襄阳 GDP 达 5843 亿元，高企 1660 家，高新技术产业增加值达 1196 亿元，分别占襄阳都市圈的 61%、64%、68%；宜昌和荆门 GDP 总量达 8029 亿元，高企总量 2267 家，高新技术产业增加值总量达 1636 亿元，分别占宜荆荆都市圈的 63%、60%、73%。创新型城市已成为支撑三大都市圈创新驱动发展的核心力量。

## 二、以创新型城市引领都市圈创新驱动发展存在的问题

与上海、深圳等发展较为成熟的创新型城市不同，湖北省创新型城市仍处于成长期或起步阶段，创新溢出扩散能力较弱，对都市圈内周边城市的带动作用有待加强。

### (一)从培育布局看，创新型城市发展能级有待提升

与其他科技创新中心相比，武汉的创新实力仍显不足。2022 年武汉科创中心的专利授权数、高技术产业营业收入分别占全国的 3.72%、3.18%，远低于北京(4.69%，3.52%)、上海(4.12%，4.08%)、粤港澳(19.42%，24.70%)、成渝(4.67%、8.58%)。襄阳、宜昌、黄石、荆门急需解决创新能力与发展定位不匹配问题。根据《国家创新型城市创新能力评价报告 2023》，武汉在 101 个创新型城市中位列第 6；而襄阳、宜昌仅居第 72、63 位，落后于同为省域副中心和都市圈核心城市的宁波(21 位)、徐州(41 位)；黄石、荆门仅居 81、87 位，与合肥都市圈中创新支点城市马鞍山(45 位)差距较大。

### (二)从协同发力看，创新型城市推动都市圈联合创新不足

湖北省创新型城市与圈内城市的技术创新协同度仍远低于成熟型都市圈。湖北创新型城市高新技术产业圈内配套不足，传统产业向圈内城市梯度转移不足，同时缺少产业链带动力强的创新型领军企业，产业链协同不足导致技术创新协同呈现为有限主体带动的点状关系。从联合申请专利来看，2020—2022 年，武汉与圈内城市联合申请专利 1023 件，仅占广州在广州都市圈内联合申请专利数的 28%；襄阳、宜昌与圈内城市联合申请专利分别仅为 12 件、36 件，仅占宁波在宁波都市圈内联合申请专利数的 6%、18%。武汉在都市圈内产业配套和转移不足，对圈内城市技术输出有限。2022 年，武汉农产品加工和食品制造、金属冶炼加工等传统产业总产值仍分别占到武汉都市圈的 35%、34%。生命

健康产业方面，医疗器械领域的主机制造、零部件加工、软件算法等主要依赖外省，生物医药领域的功能蛋白、高端酶制剂等工业生产配套也尚不完备。2013—2022 年，武汉向其都市圈内其他城市输出技术合同 6238 件，仅占其向湖北省内输出总数(6.87 万件)的 9%。

### (三)从引领带动看，创新型城市对都市圈辐射效应不强

武汉对创新资源的虹吸维持高位，尚未完成从单极虹吸到多极辐射的转化。2023 年武汉市高企数量、发明专利授权量分别占湖北省的 60.2%、78.4%，高企数量虽较 2022 年略有回落，但仍较 2018 年提升 7.6 个百分点；在武汉都市圈内部，2023 年武汉市高企数量更是占到武汉都市圈的 79%，远高于广州(17.3%)、合肥(43.3%)在其都市圈内占比。受武汉虹吸影响，2023 年襄阳、宜昌、黄石、荆门高企数量分别仅占湖北省 6.6%、5.6%、3.0%、2.7%，且分别较 2018 年下降 1.1、1.0、0.3、1.0 个百分点。

创新型城市对都市圈城市和产业“双集中”的带动不足。由图 1—图 3 可知，武汉都市圈内高新技术产业集聚度弱于人口集聚度。2022 年，湖北省每万人口高新技术产业增加值达 5 亿元以上的县(市、区)分别为武汉市青山区(9.03 亿元)、鄂州市华容区(7.15 亿元)、黄石市下陆

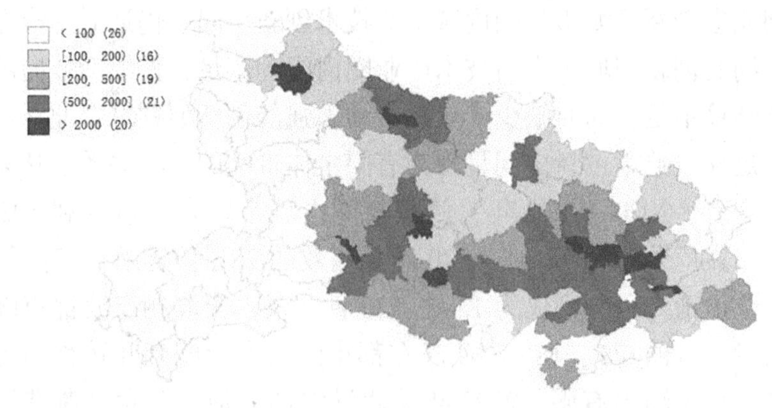


图 1　2022 湖北省每平方公里高新技术产业增加值(万元/km²)

区(6.68 亿元)、昌市猇亭区(18.55 亿元)、枝江市(5.55 亿元)、宜都市(6.72 亿元)、襄阳市樊城区(6.93 亿元),其中青山区、华容区不到猇亭区的1/2。襄阳、宜荆荆都市圈内高新技术产业和人口集聚出现断层现象,部分地区缺少人口和产业集聚高地,人口和产业集聚度较低。

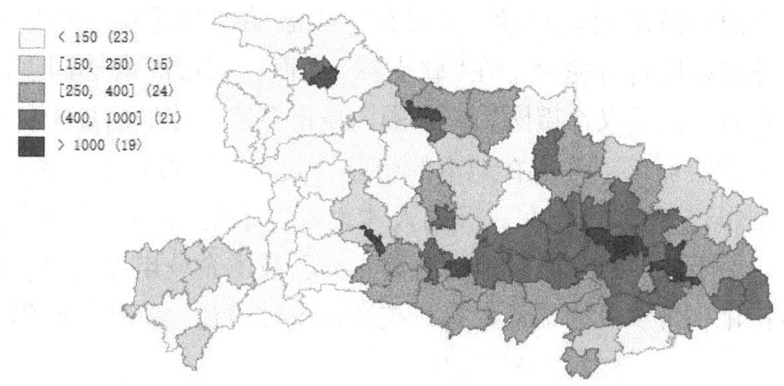


图2　2022 年湖北省每平方公里常住人口分布(人/km²)

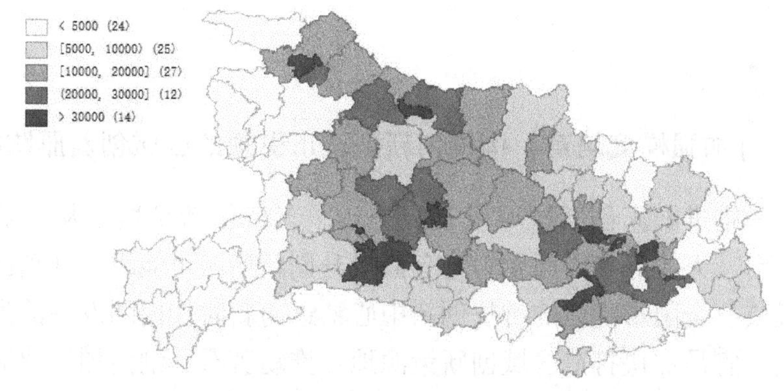


图3　2022 年湖北省每万人口高新技术产业增加值(万元/万人)

## (四)从发展基础看,创新型城市引领都市圈创新驱动发展根基不牢

这主要是两个方面:在"硬链接"方面,缺乏创新资源一体化配置

的有效载体。三大都市圈内协同创新载体平台建设较少，对创新合作模式的探索不足。目前，“京津冀”“粤港澳大湾区”“长三角”综合性国家技术创新中心相继成立，武汉尚无跨区域的重大创新平台布局，仅在科创大走廊、共建园区、离岸科创中心等方面做出了一定探索，襄阳、宜荆荆都市圈尚无有代表性的协同创新载体。创新型城市科创飞地建设起步晚，仍面临诸多运营难题，6家在建中心的功能定位、管理运营机制、服务体系均有待完善。在“软支撑”方面，都市圈内协同创新仍面临制度阻碍。以武汉都市圈为例，圈内城市在武汉建设的离岸科创中心受“飞地”属性影响，注册在地市的企业、人才等均难以享受光谷“同城待遇”的政策扶持，工作在武汉的人才也难以享受地市的福利。指标统计方面，由于注册地与所在地的差异，高新技术企业申报认定、科技成果转移转化、研发机构平台数等科技数据统计口径、统计归属仍未完全明确。

## 三、以创新型城市引领都市圈创新驱动发展的对策及建议

### （一）加强梯度培育，构筑创新型城市引领的区域创新雁阵梯队

一是推进国家创新型城市升级进位。支持创新型城市从产业、企业、平台、人才等多方面发力，全面提升创新型城市能级。推动武汉加快建设具有全国影响力的科技创新中心，迈向新时代内陆发展前列；推动襄阳、宜昌加快打造区域创新策源地；推动黄石、荆门加快建成区域创新增长极。二是优化国家创新型城市在三大都市圈的布局。支持三大都市圈内城市加快创建国家创新型城市，推动形成由“单中心”到“多中心”协同发展的国家创新型城市体系。三是积极开展省级创新型城市和创新型县建设。支持咸宁、随州、恩施州等加快建设省级创新型城市。充分发挥大冶、宜都、仙桃、枝江、赤壁、谷城、潜江7家国家级创新型县（市）和43家省级创新型县（市、区）的支撑引领作用，打造区域创

新雁阵梯队。推动创新型城市中心城区与各创新型县(市、区)建立产业转移、园区共建、平台共享、人才交流等战略合作协议。引导都市圈内创新型县(市、区)立足区位交通和资源禀赋，精准寻找与中心城市对接方向，探索各具特色的协同创新发展路径(见图4)。

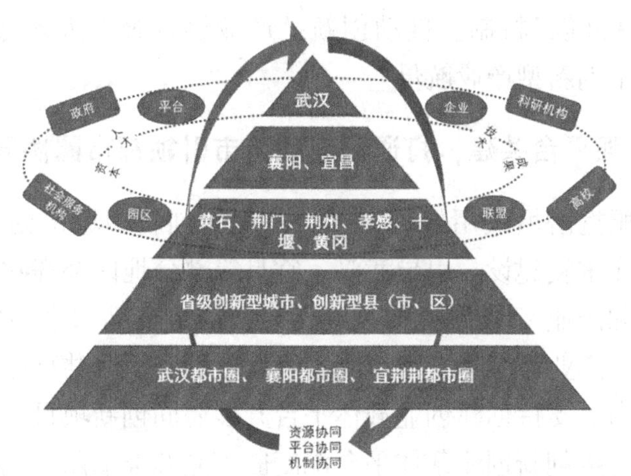

图4　湖北省创新型城市引领都市圈协同创新发展雁阵梯队

## (二)加强跨域融合，推动创新型城市引领都市圈双链协同

一是强化骨干城市联动发展。在武汉都市圈内，推动武鄂黄黄中心城区联动抱团，打造武汉都市圈发展极核。在襄阳都市圈内，加快提升襄阳中心城区创新发展水平。在宜荆荆都市圈内，强化宜荆荆重点中心城区建设，向东对接武汉都市圈创新资源，向西培植绿色新兴产业，探索创新发展新路径。二是加速释放资源集聚效应。以产业地图为指导，推动武汉一般制造业由内向外有序转移，支柱产业链条向前向后有效延伸，新兴产业创新驱动抱团发展，使武汉都市圈形成差异化定位、有序化协作、集群化发展的产业圈层结构。发挥武汉科教智力优势，引导科技人才等创新资源服务湖北，积极打造新发展格局下新路径、新赛道、新空间中的新枢纽，在服务全国乃至全球产业创新链、产业价值链、产

业高端要素大循环的新枢纽功能上先行一步，在更大程度上释放资源集聚红利。三是打造跨区域创新型产业集群。聚焦武汉都市圈光电子信息、大健康，襄阳都市圈新材料、汽车、“双碳”，宜荆荆都市圈绿色化工、清洁能源等特色产业，支持创新型城市以流域综合治理为基础向周边延伸产业链，牵头组建集群治理机构，编制产业链全景图，完善“链长+链主+链创”机制，推动创新链产业链资金链人才链深度融合，协同打造若干创新型产业航母。

### （三）加强平台共建，打通创新型城市引领都市圈协同发展通道

一是着眼挖潜增效用好现有平台。优化创新型城市创新密集区布局，减少无序重复建设，引导武汉、宜昌等部分地区补齐建设短板，激发释放城市和产业“双集中”的创新辐射效应。推动都市圈内创新平台共建共享，分产业领域建立都市圈省级以上创新平台共享库，发布创新资源开放指南。支持创新创业载体平台开展协同创新项目，推动都市圈内国家级、省级创新创业载体平台深度嵌入光芯屏端网、汽车制造和服务、大健康和生物技术等优势产业链。发挥湖北实验室的作用，探索建立科创联盟，完善科技创新“赛马制”，联合开展科研攻关。在省级以上创新创业载体平台的创建、验收、考核评价、项目申报等管理中强化对协同创新的考量，引导其发挥对外链接创新资源的作用。二是着眼激活引擎搭建新兴平台。支持新建都市圈创新廊带，加快建设“襄十随”“宜荆荆”科创走廊、车谷产业创新大走廊，鼓励互设协同创新区域。支持武汉争创长江中游国家技术创新中心，对内联合三大都市圈，对外联合湖南、江西，聚焦重大战略需求开展协同创新。支持武汉都市圈、襄阳都市圈、宜荆荆都市圈建设省级综合类技术创新中心，为提升都市圈协同创新能力提供综合性支撑。探索建设省级离岸科创园，规范离岸科创园建设管理，打造一批典型样板。依托湖北省科技创新服务联盟共建三大都市圈科技创新服务联合体，加强都市圈科技管理部门、科技服务机构合作，有效链接创新资源。

### （四）加强机制创新，扫清创新型城市引领都市圈协同发展制度障碍

一是健全完善区域协同工作机制。从更高层面强化都市圈内制度统筹与政策协同，支持都市圈在园区共建、招商引资、项目合作等方面创新合作机制，推进武汉都市圈八大跨界一体化发展示范区先行先试。二是健全完善创新资源流动机制。重点梳理都市圈龙头企业库、重点项目库、重点招商库、重点人才库、企业信用库，加快归集关键平台清单、核心技术榜单、人才需求清单，建设都市圈共享服务平台，完善科技成果转化和区域共享机制。加强都市圈要素市场一体化建设，打通人才互评、成果互认、项目互享等要素流通堵点。加快完善人才一体化互动融通机制，在人才政策、人才引育、人才互用、人才服务方面进一步突破"行政壁垒"。三是健全完善金融支持机制。充分发挥政府主导的楚天凤鸣科创天使投资基金引导作用，加快建设都市圈创新投资基金，为跨区域协同创新不断注入金融活水。

**课题负责人：**盛建新　湖北省科技信息研究院副院长、研究员
**报告执笔人：**范欲晓　云昭洁

# 湖北省校友经济发展创新研究
## ——以武汉大学校友促进区域经济发展为例

李　好

"校友经济"是我国改革开放创新之年的产物，近年来受到政府及社会各方面的广泛关注。"校友经济"泛指高等院校校友资源对区域经济活动的积极影响及推动作用。校友经济不仅具有促进区域经济发展功能，而且具有促进区域科技创新功能。伴随着区域高质量发展的实践需要，我国日益重视校友经济对区域发展的重要意义，各省市竞相发展校友经济乃至竞争白热化。在这种社会背景下，湖北省应加快校友经济发展创新进程。

## 一、湖北省校友经济发展现状

### （一）湖北省校友经济发展资源丰富

校友经济相关"校友"概念，有广义和狭义之分，也有大口径和小口径之别。广义的"校友"概念，既包括高等院校所有学历教育毕业生校友，也包括短期研修班、进修班、培训班结业生校友；既包括在高等院校学习过、工作过的师生员工，也包括正在高等院校学习、工作的师生员工；既包括高等院校授予名誉学位者以及外聘的各类专家学者，也包括高等院校聘请的校董。

湖北省是我国高等教育大省，正在加快推进高等教育强省建设。截至 2023 年，湖北省有高等院校 133 所，其中包括一批入选国家"双一流”建设高等院校。这些高等院校使湖北省拥有丰富的校友资源，具有校友经济发展的重要基础及有利条件。如武汉大学自 1893 年建校至今已 130 周年，在世界各地有 70 多万校友；又如，武汉大学商科教育创办 130 年来，共培养了近 10 万名青年才俊，经济与管理学院仅 2024 年就有 1 千多位博士生、硕士生、本科生毕业。在武汉大学已评选出的十届杰出校友中，有 17 位出自经济与管理学院。目前，武汉大学校友总会在全世界建立了 117 个区域校友会及行业校友会，定期或者不定期开展校友联谊及校友经济活动，在校庆期间校友会及校友活动更是达到高潮。从 2024 届毕业生规模看，武汉大学 12609 名学生毕业，华中科技大学 13000 多名学生毕业，武汉理工大学 14197 名学生毕业。因校友工作不断开拓创新，湖北省高等院校校友呈不断增长态势。如武汉大学 2024 届校友理事会由 478 名校友组成，其中研究生校友理事会由 215 名校友组成、本科生校友理事会由 263 名校友组成，他们作为武汉大学校友总会的新鲜血液，肩负着作为母校与世界各地校友联系桥梁和纽带的重任，在毕业离校后将继续做好校友联络和服务工作。

湖北省有一大批领衔我国行业领军企业的知名校友。小米科技有限责任公司董事长雷军、泰康保险集团有限公司董事长兼首席执行官陈东升、公牛集团股份有限公司董事长阮立平、伟鹏集团董事长喻鹏、当代科技产业集团董事长艾路明、中诚信集团董事长毛振华、卓尔控股有限公司董事长阎志、柏嘉金融公司主席黄春华、蓝月亮集团控股有限公司执行董事兼首席执行官罗秋平、长飞光纤光缆股份有限公司总裁庄丹、禾元生物科技股份有限公司董事长杨代常等知名企业家，都是武汉大学知名校友。楚天激光集团股份有限公司董事长孙文、华中数控股份有限公司董事长陈吉红、华工科技产业股份有限公司董事长马新强、高德红外股份有限公司董事长黄立、明德生物科技股份有限公司董事长陈莉莉、武汉达梦数据库股份有限公司董事长冯裕才等知名企业家，都是华中科技大学知名校友。华为技术有限公司董事长梁华、轮值董事长胡厚崑和孟晚舟、监事长郭平、常务董事李建国等企业高管，都毕业于武汉理工大学或华中科技大学。

### （二）湖北省校友经济发展时机成熟

近年来，湖北省及其武汉市等城市日益重视校友经济，政府积极谋划并开展形式多样的校友经济活动，通过校友人才聚集、校友投资落地、校友科技成果转化、校友创办领办企业、校友决策咨询等方式，大力推进校友创新创业和校友经济发展。武汉市先后出台的"千企万人计划""城市合伙人计划""武汉英才计划""3551 光谷人才计划""百万大学生资智回汉"等，聚集了众多校友创新创业，促进了湖北省校友经济发展。

湖北省高等院校按照党中央"面向世界科技前沿、面向经济主战场、面向国家重大需求、面向人民身体健康，不断向科学技术广度和深度进军"的要求，持续增强服务国家战略和地方经济发展的积极性、主动性和创造性，更有效地参与地方经济社会发展，更加注重发掘校友资源、发动校友活动、发挥校友作用。

湖北省高等院校越来越多的校友，更加关注母校建设及母校所在地经济发展，积极以直接和间接方式参与地方经济发展活动。不论是百年学府的校友，还是改革开放之年新创建高等院校的校友；不论是在国内的湖北校友，还是分布在世界各地的湖北校友，日益关注母校建设及母校所在地经济社会发展，并付诸于校友经济发展行动。

湖北省高等院校校友会组织建设加速，校友联系交流平台及工作机制不断完善。以武汉大学校友会体系建设为例，截至 2023 年武汉大学校友总会有 117 个区域校友会及行业校友会，包括国内 78 个区域校友会及专业校友会、国外 39 个区域校友会及行业校友会。从武汉大学校友会国内分布看，在江苏省有 11 个，在广东省、安徽省分别有 7 个，在浙江省有 5 个，在湖南省和河北省分别有 4 个，在四川省和湖北省分别有 3 个。从武汉大学校友会海外分布看，在美国有 12 个，在加拿大有 7 个，在日本有 2 个；在英国、法国、德国、瑞士、丹麦、奥地利、澳大利亚、日本、韩国、新加坡、俄罗斯、尼泊尔等国家，都有武汉大学校友会分支机构。[①] 同时，一些发展较好的地方校友会的下设分会逐渐健全，如武汉大学深圳校友会金融分会规模已近 4000 人。

### (三) 湖北省校友经济发展向新而行

湖北省及其地方政府、高等院校、校友和社会各方面互动，积极探索加快校友经济发展的途径及机制，正在形成推进校友经济发展的合力，打造推进校友经济发展的利益共同体。2021 年，在湖北省暨武汉市政府支持下，由全国 96 所高等院校校友会共同发起的武汉校友经济促进会正式成立，这是全国首家校友经济促进会。武汉校友经济促进会以“推动校友经济、传播校友文化、助力校友双创”为使命和宗旨，以常态化、专业化、团队化和生态化推动武汉校友经济发展。

武汉校友经济发展促进会成立以来，对校友经济发展起到积极推进作用。2023 年 9 月，在武汉校友经济论坛期间，武汉首座以“校友经济”为发展主题的大厦——武汉校友经济大厦揭牌。这个项目由武汉理工大学与政府合作，并联合武汉市校友经济促进会，旨在共同打造校友经济新载体。武汉校友经济大厦坐落于武汉理工大学南湖校区，总建筑面积 13.5 万平方米，是环理工大创新街区的核心支撑单元。武汉校友经济大厦以校友企业为主体，以校友促进会为纽带，以创新服务生态为支撑，将集聚一批创新型校友企业和产业创新平台，努力构建校友资源、校友智库、校友政策、基金投资、科技服务等七大赋能体系，全方位助力校友企业及校友经济发展。按照发展规划，武汉校友经济大厦将重点建设校友纽带空间和校友经济资本基地，设立全国校友会湖北总部和校友经济发展研究中心，用 3 年时间引进创新型校友企业 100 家，集聚校友创新创业者 3000 人，建成产学研创新平台 10 个，培育专精特新和上市后备企业 20 家，努力树立校友经济高质量发展的“武汉标杆”。武汉校友经济发展促进会成立以来，不仅密切了校友的联系，而且有效推动了校友经济发展。

---

① 数据来源：武汉大学官方网站-武汉大学校友事务与发展联络处。

## 二、湖北省校友经济发展成效

近年来，湖北省校友经济发展成效明显，受到全国各地广泛关注。湖北省校友经济发展成效主要体现在以下几个方面：

湖北省将校友经济纳入地方政府常态工作，各级政府聚集社会力量积极推进校友经济发展。通过打造高品质创新生态，不断为校友经济发展创造更好的基础条件和社会氛围。湖北省聘请校友参与地方政府经济发展重大决策咨询活动，为地方经济发展建言献策。如湖北省聘请武汉大学杰出校友陈东升、毛振华、雷军、阎志等，作为第六届湖北省人民政府咨询委员会委员，这些校友不负众望，为湖北省科技、经济和社会高质量发展提出许多有价值的咨询建议。湖北省邀请校友受聘担任地方政府招商引资"大使""特使"，尤其重视著名企业家校友为地方经济发展"以商引商"的重要作用。武汉大学陈东升、毛振华、雷军、阎志、蹇宏等校友，分别被聘为湖北省及地市政府的招商引资"大使"，取得明显的招商引资效果。2017 年，武汉市开展"百万校友资智回汉"系列活动，引起海内外湖北省校友的广泛关注和支持，不仅获得大量项目投资，而且引进了一批优秀人才。时至今日，围绕招商引资、创新创业展开的校友经济活动，受到湖北省及地市各级政府的普遍重视。

湖北省引导校友关注高技术产业、战略性新兴产业及未来产业发展，支撑东湖国家自主创新示范区、东湖新技术开发区、沌口经济技术开发区等园区建设，积极参与谋划和推进地方现代化产业体系建设。在武汉东湖新技术开发区管理委员会编《光谷三十年》①中，以自述方式记录了 52 位"光谷客"对"武汉 · 中国光谷"建设的贡献以及未来发展愿景，其中大约 60%是来自武汉大学、华中科技大学的校友，既有中国科学院院士、中国工程院院士和知名专家学者，也有许多知名企业家和管理专家。湖北省支持校友关注地方经济发展和产业链建设，积极在地

① 武汉东湖新技术开发区管理委员会. 光谷三十年[M]. 武汉出版社，2021.

方投资创办企业。如支撑“武汉·中国光谷”发展的中国信科、楚天激光、长飞光纤、当代科技、小米科技、盛隆电气、华中数控、华中科技、高德红外、明德生物、斗鱼等知名企业的掌门人，都是武汉大学、华中科技大学知名校友。

湖北省支持校友关注区域支柱产业发展，为加快构建湖北省现代产业体系作出重要贡献，尤其是近年来在积极推进大健康产业发展方面取得了显著成效。在2004年世界大健康博览会开幕式上，武汉大学校友、泰康保险集团董事长兼首席执行官陈东升在主旨演讲中，再次表明自己的“三个坚定”，即坚定看好湖北、看好武汉，坚定投资湖北、投资武汉，坚定推介湖北、推介武汉。自1998年以来，泰康保险集团26年间先后在湖北投资近1300亿元，纳税超过26亿元，捐赠超过14亿元，创造就业机会近2.5万个。在陈东升校友创意、呼吁、发起、推动下，首届世界大健康博览会2019年在武汉举行，至今已连续成功举办6届，累计有近6000家海内外企业参与，共签订政府企业合作项目167个，投资总金额近4000亿元。目前，泰康保险集团已在湖北省投资兴建泰康之家·楚园养老社区、泰康同济(武汉)医院、泰康金融中心等重点项目；泰康科技与大健康总部已选址“武汉·中国光谷”，集智慧保险、智慧健康、智慧财务、智慧社区、智慧医疗等功能于一体，计划一期总投资150亿元人民币，占地面积485亩。作为世界500强企业，大健康产业是泰康持续深耕细作的重要创新领域。为积极响应和深入参与“健康中国”国家战略，为“健康中国”建设凝聚力量，2017年7月武汉大学校友企业家联谊会健康产业联盟(简称武汉大学健康产业联盟)在上海成立。陈东升、王小凡、刘宝林、孙宏斌当选为武汉大学校友企业家联谊担任健康产业联盟名誉会长，田源当选为会长。该联盟旨在推动资源共享、互助共赢、促进共同发展、回报母校及社会，建设聚焦健康产业、凝聚校友力量、发挥协同优势、整合各界资源与智慧的合作发展平台。陈东升名誉会长在致辞中指出：武汉大学的学术资源、学科资源和校友资源，是武汉大学校友企业家联谊会健康产业联盟成立和发展的基础。武汉大学校友企业家联谊会健康产业联盟，不仅要把武汉大学和武大校友在大健康领域的优势与活力激发出来，还要把中国乃至全球的大健康资源整合起来，推动中国大健康产业的发展。从武汉大学健康产业联盟成立以来的所作所为，可见校友经济无疑促进了湖北省大健康产业的崛起，促进了湖北省产业结构的调整和优化。大健康产业是湖北省“51020”现代产业集群的五大支柱产业之一，也是武汉“965”现代产业体系的九大支柱产业之一，并使武汉成为我国大健康产业发展的重镇和示范城市。

湖北省鼓励校友在地方布局建设重要研发机构，为地方经济可持续发展提供科技支撑；积极推进校友科技创新成果转化，优先在地方转化科技创新成果、领办高新技术企业。众所周知，华为不遗余力构建强大而有效的企业研发体系，先后在全球布局设立众多研发中心和研究所。华为在海外先后设立16个全球研发中心，在国内先后设立北京、上海、南京、西安、成都、杭州、武汉、苏州、长春、广州研究所等。事实表明，这些研究所不仅是华为科技创新的重要支撑，而且术有专攻、各有所长、特色明显、运行有效、贡献突出。华为武汉研究所2006年在“武汉·中国光谷”成立，长期专注于光通信和光电子信息技术研发，在光纤通信技术和光电子产品技术上不断取得突破。小米武汉科技园位于“武汉·中国光谷”，打造以研发、产业园区和智能制造为主的万人超大研发中心，将发挥小米集团在人工智能、大数据、云计算等核心技术优势，助力湖北省数字经济发展。目前，小米武汉总部超过20%员工年龄在25岁，近70%员工年龄在35岁以下，80%员工在武汉本地招聘。按照小米武汉总部发展计划，到2024年底研发人员数量将比2023年增长一倍；2024年研发人员增长数量，将超过过去六年之总和。武汉大学杨代常教授荣休前是生命科学学院教授，现任禾元生物科技股份有限公司(简称禾元生物)董事长兼首席执行官。人血清白蛋白在医学界被称为“黄金救命药”，长期以来因为只能从人体血浆中提取，在市场上供不应求。2008年，杨代常教授在武汉大学实验室里发现，我国一直紧缺的人血清白蛋白有可能从水稻中“种植”和提取。经过多年的努力，杨代常团队取得关键核心技术突破，发明一种利用生物反应器原理在水稻中“种植”人血清白蛋白的技术，通过特殊技术工艺，能够在这种水稻的米粒中提取出纯度高达99%以上的人血清白蛋白，并在他创办的高新技术企业首先实现了产业化，在全球首先生产出植物源重组人血清白蛋白注射液。杨代常教授团队的这项关键核心技术突破，在国内外引起了轰动。目前，禾元生物已在“中国光谷”的武汉国家生物产业基地完成年产10吨/100万支重组人血清白蛋白注射液的智能化生产线建设。这个项目第一期投资5.5亿元，在2024年3月完成Ⅲ期临床试验，新药上市申请正在全面推进，预计2025年获批上市。禾元生物将成为世界上规模最大的植物源重组人血清白蛋白注射液生产企业。

湖北省倡导校友向母校及其所在地进行捐赠，为地方经济发展提供科技、教育、人才等基础支撑。以武汉大学为例，陈东升校友2021年捐赠10亿元，主要用于医学院建设及医学研究。在2023年武汉大学130年校庆期间，雷军校友捐赠现金13亿元，明确其使用主要聚焦三个方向：一是支持数理化文史哲六大学科基础研究；二是支持计算机领域科技创新；三是支持大学生培养。武汉大学校友捐赠的科教文化楼馆已形成群落，成为百年黉门的新景观。如“当代楼”由艾路明校友捐赠3000万元建设，“振华楼”由毛振华校友捐赠5000万元建设，“蓝月亮尖端科技楼”由罗秋平校友捐赠5000万港币建设，“雷军科技楼”由雷军校友捐赠1亿元建设，“于刚·宋晓楼”由于刚、宋晓校友捐赠800万美元建设，“喻鹏楼”由喻鹏校友捐赠3000万元建设，“作涛文化空间”由陈作涛校友捐赠3000万元建设，“爱平音乐厅”由罗爱平校友捐赠3000万元建设，“万林艺术博物馆”由陈东升校友捐赠1.2亿元建设，阎志校友捐赠6000万元参与“卓尔体育馆”建设等。再如武汉大学经济与管理学院1982级黄春华校友，2021年向武汉大学捐赠4000万美元，专门设立武汉大学黄春华基金项目，包括“柏嘉/英诺讲座教授”“柏嘉杰出学术成就奖”“英诺大学生创新成果奖”“英诺卓越奖学金（包括本科生和研究生方向）”“英诺国际交流奖学金”“武汉大学经济与管理学院柏嘉教育基金”“英诺创新创业实践中心”等，其宗旨是为武汉大学引进高层次人才、培养拔尖型学生、提升基础学科和管理学科水平及科研创新能力、改善办学条件提供重要支持，为武汉大学建设中国特色、世界一流大学贡献重要力量。①

## 三、湖北省校友经济发展存在的问题

尽快湖北省校友经济发展取得了显著成效，但仍存在一些发展中亟待解决的问题：

### (一) 湖北省校友经济发展仍不平衡

从校友经济发展的基础看，尽管湖北省 2023 年有高等院校 133 所，但这些高等院校的发展历史有很大差异，包括本科院校 68 所、专科院校 65 所，且绝大部分是近 30 年创建的新校，像武汉大学这样创建历史可追溯到 18 世纪末的著名学府不多。因此，每所高等院校培养的学生数量不一、拥有的校友资源禀赋不同。不仅如此，每所高等院校在培养层级、学科门类、专业特色、职业取向等方面的差异，也影响到校友资源的综合利用和校友经济开发。因此，湖北省校友经济发展仍存在明显的不平衡，尤其表现在不同高等院校对校友经济发展的影响力差异。针对发展不平衡问题，湖北省应努力提升推动校友经济发展的整体水平和系统能力。

### (二) 湖北省校友经济发展水平仍显不够

从校友经济发展的成熟度看，湖北省高度重视校友资源的历史不长，校友经济发展实践探索时间较短，校友资源综合利用明显不足，与新时代湖北省经济社会高质量发展需求不完全适应。从校友经济发展前景分析，湖北省作为高等教育大省，不仅校友资源存量十分丰富，而且校友资源增量非常可观；不仅有校友经济实践探索取得的明显成效，而

① 数据来源：武汉大学官方网址—武汉大学校友事务与联络处、武汉大学经济与管理学院。

且对校友经济发展有明确需求。伴随着高等院校服务国家战略及地方经济发展的自觉性提升，校友资源综合利用和深度开发，校友经济能释放巨大的发展潜能，并无疑有广阔的发展空间。针对发展水平不够问题，湖北省应切实加快校友经济发展进程。

### （三）湖北省校友经济发展环境仍感不优

从校友经济发展的环境看，湖北省重视营商环境改善和优化，打造高品质创新生态，但与先进省市相比仍存在一定差距。一是支持校友经济发展的顶层设计及政策体系不完善，缺乏校友经济发展专项规划及行动计划。二是政府对推进校友经济发展的强度及力度不够，缺乏相关职能部门支持校友经济发展的协同创新。三是高等院校对校友资源及校友经济的重要性认识不足，缺乏自觉推进校友经济发展的积极性和创新性。四是全社会尚未形成推动校友经济发展的合力，缺乏对校友经济发展愿景及推进行动的共识。针对发展环境不优问题，湖北省应为校友经济发展创造更好的环境。

## 四、促进湖北省校友经济发展创新的策略

为进一步推进湖北省校友经济发展创新，加快经济强省、科技强省、创新强省建设进程，特提出以下策略：

### （一）充分认识校友经济发展的重要意义

从我国校友经济的实践探索及发展趋势分析，湖北省校友经济发展有巨大的潜能及拓展空间，应进一步解放思想、更新观念、系统思维，充分认识校友经济的重要价值以及推动校友经济发展的深远意义，坚持以全球视野谋划和推进校友经济发展创新，并且积极付诸实际行动。

### （二）科学制定校友经济发展规划及行动计划

2024 年是我国“第十五个五年规划”规划年，建议深入研究、制定

并实施《湖北省校友经济发展五年规划（2025—2030年）》及行动计划，确定校友经济的发展目标、关键领域、重点任务、主要策略及保障措施，充分发挥校友经济发展规划及行动计划的重要组织功能及引导作用。

### （三）进一步强化高质量校友经济政策供给

实现湖北省校友经济高质量发展，需要高质量政策供给。湖北省应深入研究校友经济高质量发展问题，充分借鉴先进省市校友经济发展经验，着力于更好发挥政府作用和市场作用，制定并实施高质量的校友经济政策，力求出台政策的精准性、科学性、配套性、有效性、普惠性。

### （四）大力开展校友经济场景创新

在新科技革命与产业变革迅猛发展背景下，科技创新已深入人心，校友经济场景创新已成为现实。场景创新是一种以市场导向、多重维度、系统思维、综合应用等为特点的创新方式。以场景创新加快校友经济发展，能够更有效地发掘校友资源，不断拓展校友经济边界及发展空间，有效提升校友经济效率和效益。

### （五）切实加快校友经济与校友科技深度融合

校友经济与校友科技关系密切，既相互联系又有明显差异，前者偏重于经济活动，后者则偏重于科技活动。校友科技是校友经济的底层逻辑，也是校友经济的基础支撑。应进一步发掘湖北省高等院校校友的潜能，加快校友经济与校友科技的深度融合，实现相互支撑、相互促进、相得益彰。

### （六）积极培育校友文化及校友情结

校友文化是大学文化的重要组成部分，具有区别于其他文化的独特内涵。校友情结是有别于乡情的一种特殊感情，具有超越乡情的更深沉的校园文化底蕴。应进一步重视湖北省高等院校校友文化建设及校友情结培育，不断整合和强化校友资源禀赋，为校友经济持续发展奠定坚实基础。

### （七）不断加强校友资源开发及校友经济拓新

积极引导校友经济利益相关者进一步重视校友资源开发，尤其是湖北省高等院校应积极探索校友资源开发及校友经济发展的新途径。通过加强校友联系交流平台建设，精心谋划和组织校友活动，拓展校友创新创业通道，使更多校友密切关注区域经济社会发展，为校友经济发展创造更好的条件，努力实现校友经济的不断开拓创新。

### （八）有序推进校友会及校友经济促进会建设

校友会是聚集校友资源的重要载体，也是校友经济发展壮大的重要支撑。湖北省高等院校应进一步重视校友会建设，加强校友会工作研讨及经验交流，不断提高校友会覆盖率和校友会活力。通过创建湖北省校友经济促进组织，发挥联系校友与政府的桥梁与纽带作用，为校友创新创业创造条件。

**撰稿人：**李　好　武汉大学经济与管理学院党委副书记、博士

# 湖北省储能设施优化布局与高效利用研究

何伟军　等

习近平总书记多次提出要构建清洁低碳、安全高效的能源体系，并在党的二十大报告中强调“加快规划建设新型能源体系”。近年来，我国新能源持续快速发展，2023 年底累计装机容量占我国发电总装机容量的比重超过一半，新增装机容量占全球可再生能源新增装机容量的比重超过一半，[①] 对储能设施需求持续快速增长。

为实现碳中和的远景目标，我国非化石能源消费比重将逐步提高到 80%以上，可再生能源将由补充能源变为主体能源，但光电、风电等新能源存在间歇性、不稳定性特点，无法直接满足电网及用户的需求，成为制约其可持续发展的主要障碍。储能技术利用专门装置与系统将能量储存，在需要时将能量释放，实现能量在时间和(或)空间上的转移，完全可以破解光电、风电等可再生能源大规模接入电网的障碍，助推电力系统从“集中式发电为主”向“集中式和分布式发电结合”转变，推动电力系统主体从“源网荷”发展为“源网荷储”，是提升电网调节能力、综合效率和安全保障能力的重要支撑技术，是支撑用户侧能源管理和电能质量的有效手段。由此可见，储能是新型电力系统与新型能源体系的重要组成部分，具有平衡电力供需、提高电网稳定性、降低用能成本、促进分布式能源发展等作用，被比喻为新能源的“稳定器”、电力系统的“充电宝”、能源供应的“蓄水池”。

① 资料来源：水电水利规划设计总院《中国可再生能源发展报告 2023 年度》。

“新能源+储能”模式已成为解决我国新能源并网与消纳难题的有效途径，国家层面出台了《关于促进储能技术与产业发展的指导意见》《贯彻落实“关于促进储能技术与产业发展的指导意见”2019—2020年行动计划》《关于加快建设全国统一电力市场体系的指导意见》《关于完善能源绿色低碳转型体制机制和政策措施的意见》《完善储能成本补偿机制助力构建以新能源为主体的新型电力系统》《关于进一步推动新型储能参与电力市场和调度运用的通知》等系列政策文件，对我国储能设施建设起到极大的助推作用。“十四五”时期，我国抽水蓄能进入快车道，2023年我国新增投产抽水蓄能515万千瓦，同期增长11.2%，抽水蓄能装机规模达到5094万千瓦，年度核准抽水蓄能电站49座(中电联)。根据国家能源局的规划预测，2023—2025年我国抽水蓄能装机规模年复合增长率将达到10.6%，2025—2030年新投产装机规模的年复合增长率预计提升至14.1%。2021年以来，我国新型储能设施建设进入快车道，截至2023年年底全国已建成投运新型储能项目累计装机规模达3139万千瓦，可以满足2000万户居民的用电需求；2023年全国新型储能新增装机规模是“十三五”末装机规模的近10倍。①

近年来，湖北省全面落实国家能源发展战略，出台了《省人民政府办公厅关于印发湖北省新型储能产业高质量发展行动计划(2023—2025年)的通知》《省人民政府关于印发湖北省能源发展“十四五”规划的通知》等文件，大力推进“新能源+”项目建设、抽水蓄能项目与新型储能试点示范，积极推进源网荷储一体化，逐步规范新型储能的规划、建设、并网、运行与监管，新型能源体系建设加快推进。湖北省储能设施建设快速发展的同时，仍存在整体布局不优、利用效率不高等问题，需要持续优化。

① 中国新型储能开启“黄金赛道” 直接推动超千亿元投资. 央视网[EB/OL]. 2024-05-08, https://energy.cctv.com/2024/05/08/ARTlyFVcOpakENMcCPCZtPFj240508.shtml.

## 一、湖北省建设储能设施的必要性

### (一)储能的种类及优缺点①

1. 储能主要类型

储能即储存能量，是指通过一种介质或者设备，把一种能量形式用同一种或者转换成另一种能量形式存储起来，基于未来应用需要以特定能量形式释放出来的循环过程。按照储能方式，储能可以分为物理储能、化学储能、电磁储能、热能储能、制氢储能、混合储能等。其中，物理储能是指利用物理方法将能量储存起来，例如抽水储能、飞轮储能、压缩空气储能等；化学储能是指利用化学反应将能量储存起来，例如锂离子电池和铅酸电池等；电磁储能是指利用电磁场将能量储存起来，例如超导储能和超级电容器等。

储能又可分为传统储能和新型储能。传统储能的主要代表就是抽水蓄能电站，新型储能就是除了抽水蓄能以外的新型储能技术，包括新型化学储能、电磁储能、热能储能、制氢储能、飞轮储能、压缩空气储能、混合储能等。2024 年，新型储能首次被写入《政府工作报告》。

2. 不同储能技术的优缺点

新型储能具有建设周期短、选址简单灵活、调节能力强、投资要求低等优点。其中，电化学储能是应用最多、最广的新型储能，具有投资要求低、风险低，技术较成熟、限制少，能源密度高、响应快，节能环保、寿命长等优点。但是，新型储能的成本相对较高，储能容量受限，且存在一定安全隐患。抽水蓄能具有综合效率高、响应速度快、储能规模大、调节能力强等优点，但投资规模大，建设成本相对较高，建设限

① 该部分主要参考两篇文献：薛澳宇，等．规模化新能源-储能技术控制策略及商业模式研究[J]．电气应用，2022，41(8)：52-60，9；王晓．新能源发电侧储能技术及其应用[J]．光源与照明，2022(6)：226-228.

制条件多，对生态环境影响大。

不同类型储能的特性存在明显差异，因此各有其合适的应用场景。随着储能技术的发展，尤其储能系统控制管理水平的提升，储能的远期形式依然会是多种类型储能并存，但混合储能很可能克服单一储能系统的缺点和不足，成为综合性能最高、适应性最强的储能方式，从而在市场中的份额不断提高，甚至成为市场主流。

## (二)储能设施的重要作用

储能设施在能源生产、供给与消费领域具有关键作用，在实现能源转型和可持续发展、更好满足居民用能需求等方面作用显著。

1. 平衡电力供需

风能、太阳能等新能源发电量受天气条件影响较大，具有间歇性、不稳定性等特征。储能设施可以在新能源发电量较高(需求相对不足)时存储多余电力，然后在发电量较低(需求相对较高)时释放，从而起到平衡电力供需的作用。

2. 提高电网稳定性

储能设施可以缓解电网负荷波动，提高电网的稳定性和可靠性。当电网负荷增加或发生故障时，储能系统可以迅速提供电力支持，维持电网正常运行。

3. 优化能源结构

储能设施可以促进可再生清洁能源开发利用，提高可再生清洁能源在能源结构中的比重，有助于减少对化石能源的依赖，降低碳排放，不断优化能源结构并实现能源可持续发展。

4. 降低用能成本

储能设施可以在电力需求低谷时段存储廉价电力，然后在高峰时段释放，从而降低能源消费成本，为用户节省电费。

5. 促进分布式能源发展

储能设施可以与分布式能源(如屋顶光伏)结合，实现能源的本地生产和消纳，提高能源利用效率，降低能源传输损失。

### （三）湖北省建设储能设施的重要意义

1. 储能设施是湖北省新能源可持续发展的必要配套

湖北省风光发电将持续快速发展，但其具有随机性、间歇性、波动性、反调峰等特性，需要灵活性调节资源配套来解决调峰和消纳问题。湖北省存量煤电灵活性改造已完成95%，预计2024年将全部完成，后续无法新增调节能力。抽水蓄能是很好的灵活性调节资源，但建设周期很长，已核准的14个抽水蓄能项目绝大部分容量预计2030年左右才能实现投运，主要作为远期的风、光等新能源配套储能设施。新型储能具有能量密度高、响应速度快、建设周期短、限制条件少等优点，是湖北省近中期新能源可持续发展的必要配套。

2. 储能设施是实现湖北省电网安全可靠的关键手段

湖北省建设新型电力系统需要持续提高安全性、可靠性。当前，出力稳定性与可控性较低的光伏装机已占湖北省新能源总装机规模的75%，新能源装机占电源总装机的30%。随着新能源接入比例的不断提高，特高压交直流互联系统复杂程度将前所未有，湖北省电网安全运行面临更大挑战。近两年，随州电网多次因新能源大发出现变压器反向重过载等安全稳定风险。在供电侧搭建储能设施，可以为电网提供相当于储能装机容量2倍的调峰能力，对保障电网可靠供电具有重要作用。

3. 储能设施是扩大湖北省有效益的投资的重要领域

国家政策许可独立或配建新型储能参与电力市场，鼓励独立新型储能配合电网调峰与提供辅助服务，要求建立电网侧储能价格机制。随着储能容量电价逐步落地、分时电价机制与储能价格机制日益完善，储能设施的经济社会效益将不断提升，是湖北省扩大有效益的投资的重要领域。同时，加强抽水蓄能与新型储能设施建设，也是保障与提升湖北省电网、新能源、充电设施等投资效益的重要手段。

4. 储能设施是满足湖北省用电多元需求的重要方式

新型储能设施能够满足工商用户的应急备电、需量管理、动态增容、需求侧响应等需求，随着电力市场化改革，差异化电价催生峰谷套利、降低用电成本等新需求，湖北省的工商业储能已经具备经济性。搭配储能的户用光伏才能充分发挥分布式电源的作用，随着分时电价政策不断优化，户用光伏配套储能需求快速增长。国家鼓励围绕分布式新能源、微电网、大数据中心、5G 基站、充电设施等终端用户探索储能融合发展新场景，湖北省的城市商业区、综合体、居民区的光伏发电、微电网、充电基础设施等建设均需要用户侧储能支持。

## 二、湖北省储能设施建设现状

### (一)抽水蓄能

1. 现有抽水蓄能设施

2021 年以前，湖北省抽水蓄能发展相对滞后，已投产运营的抽水蓄能电站只有黄冈市的白莲河抽水蓄能电站和天堂抽水蓄能电站，均在罗田县境内，建设时间较早，装机容量合计 1270MW。

2. 核准抽水蓄能项目

2022—2023 年，湖北省新核准抽水蓄能项目共 14 个，主要分布在鄂东与鄂西。其中，黄冈 4 个，宜昌 3 个，襄阳、十堰、荆州、孝感、黄石、随州、咸宁各 1 个，总装机容量 16500 MW(见表 1)。截至 2024 年 6 月，全省已有 11 个抽水蓄能项目开工建设。

表 1　**2022—2023 年湖北省核准的抽水蓄能项目**

| 序号 | 项目名称 | 容量(MW) | 投产时间 | 地市 | 进度 |
|---|---|---|---|---|---|
| 1 | 长阳清江 | 1200 | 2030 年 | 宜昌 | 已开工 |
| 2 | 远安宝华寺 | 1200 | 2030 年 | 宜昌 | 已开工 |
| 3 | 五峰太平 | 2400 | 2030 年 | 宜昌 | 可研阶段 |
| 4 | 罗田平坦原 | 1400 | 2030 年 | 黄冈 | 已开工 |
| 5 | 黄梅紫云山 | 1400 | 2030 年 | 黄冈 | 已开工 |

续表

| 序号 | 项目名称 | 容量(MW) | 投产时间 | 地市 | 进度 |
|---|---|---|---|---|---|
| 6 | 团风魏家冲 | 300 | 2025 年 | 黄冈 | 已开工 |
| 7 | 蕲春花园 | 1200 | 2030 年 | 黄冈 | 已开工 |
| 8 | 松滋江西观 | 1200 | 2030 年 | 荆州 | 已开工 |
| 9 | 大悟黑沟 | 300 | 2026 年 | 孝感 | 已开工 |
| 10 | 通山大幕山 | 1400 | 2030 年 | 咸宁 | 已开工 |
| 11 | 随县徐家塆 | 1200 | 2030 年 | 随州 | 可研阶段 |
| 12 | 大冶 | 1200 | 2030 年 | 黄石 | 可研阶段 |
| 13 | 竹山潘口 | 300 | 2026 年 | 十堰 | 已开工 |
| 14 | 南漳张家坪 | 1800 | 2030 年 | 襄阳 | 已开工 |

资料来源：根据官方网站公开资料整理。

3. 规划抽水蓄能项目

根据《抽水蓄能中长期发展规划(2021—2035 年)》，湖北省通山大幕山、罗田平坦原等 38 个抽水蓄能电站项目纳入国家抽水蓄能中长期发展规划，这些项目总装机容量 39GW，总投资 2700 亿元，项目数量在中国处于领先地位。《湖北省能源发展"十四五"规划》提出"十四五"时期建成 5 座，远景目标建成 20 座抽水蓄能项目。截至 2024 年 6 月，还有 10 个纳入湖北省规划的抽水蓄能重点项目尚未核准，前期准备工作正有序开展之中(见表 2)。

表 2　**纳入湖北省规划建设的抽水储能项目(未核准)**

| 地市 | 项目地址 | 装机容量(MW) | 项目投资(亿元) | 水系 |
|---|---|---|---|---|
| 宜昌 | 夷陵区晓峰河 | 1200 | 70 | 长江支流 |
| | 兴山县 | 1200 | 80 | 长江支流 |
| | 秭归县罗家 | 1200 | 77 * | 长江 |
| 襄阳 | 枣阳 | 1500 | 110 | 汉江支流 |

续表

| 地市 | 项目地址 | 装机容量(MW) | 项目投资(亿元) | 水系 |
|---|---|---|---|---|
| 恩施 | 恩施大龙潭 | 300 | 25 | 清江干流 |
| | 巴东县六郎 | 6600 | 550 * | 长江 |
| | 盘溪槽 | | | 长江 |
| | 卢家沟 | | | 长江 |
| 十堰 | 房县 | 1200 | 69 | 汉江支流 |
| | 竹溪县鄂坪 | 1200 | 60 | 汉江支流 |
| 合计 | | 14400 | 1041 | |

注：* 表示估计值。

资料来源：根据《湖北省能源发展"十四五"规划》与官方网站公开资料整理。

4. 抽水蓄能空间布局

抽水蓄能电站选址主要受水资源状况影响。湖北省内水系众多，以长江、汉江、清江三大水系为主，当前核准建设的抽水蓄能电站主要分布在鄂东地区黄冈、黄石境内的长江干流与支流，鄂西地区宜昌、襄阳

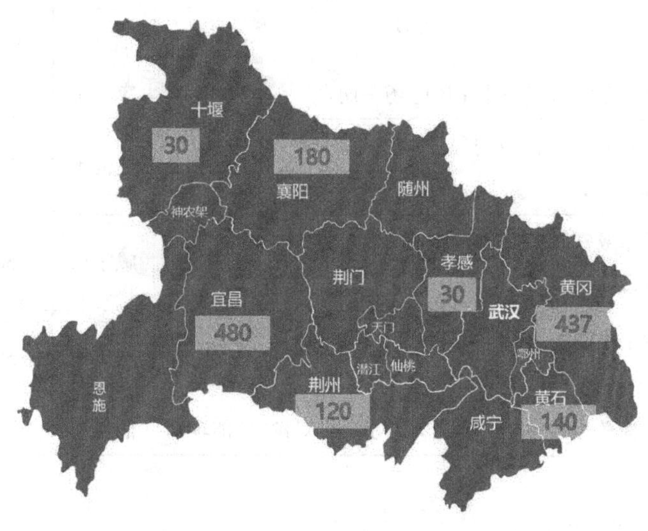


图 1　湖北省抽水蓄能容量空间分布(单位：万千瓦)

境内的清江干流与支流。未来，湖北省境内的长江干流与支流、汉江干流与支流、清江干流与支流均有较大的抽水蓄能发展空间。

## (二)新型储能

近年来，湖北省出台了新能源开发建设、新型储能补贴、新型储能电站试点示范、新型储能产业高质量发展等方面的政策，提出2025年新型储能装机规模达到3000MW、新型储能产业营业收入达到4000亿元以上目标，新型储能设施建设进入快车道。

### 1. 现有新型储能设施

2022—2023年，湖北省大力支持各类新型储能项目建设，新型储能新增容量分别为530MW、850MW，已并网新型储能投运主体从11个(其中国资出资主体6个)增长至28个(其中国资出资主体16个)。截至2023年底，全省共服务新型储能电站并网27座、容量1380MW/2740MWh，新型储能装机容量占全国的4%以上。①

表3　湖北省并网的部分新型储能项目

| 序号 | 项目名称 | 建设地点 | 并网容量 | |
|---|---|---|---|---|
| | | | MW | MWh |
| 1 | 华润应城龙湖风储一体化风电场一期 | 应城市 | 10 | 10 |
| 2 | 湖北龙源仙桃市西流河镇70MW/140MWh集中式(共享式)储能项目 | 仙桃市 | 57.5 | 115 |
| 3 | 华能星泽咸宁黄荆塘50MW100MWh集中式(共享式)储能项目 | 咸宁市 | 50 | 100 |
| 4 | 中节能崇阳沙坪50MW/100MWh集中式(共享式)储能电站 | 咸宁市 | 50 | 100 |
| 5 | 仙桃市耀洋60MW/120MWh集中式(共享式)储能项目 | 仙桃市 | 60 | 120 |

① 资料来源：国网湖北省电力公司经研院。

续表

| 序号 | 项目名称 | 建设地点 | 并网容量 | |
|---|---|---|---|---|
| | | | MW | MWh |
| 6 | 大唐龙感湖 100MW/200MWh 集中(共享)式储能项目 | 黄冈市 | 100 | 200 |
| 7 | 大悟县芳畈镇 50MW/100MWh 集中(共享)式储能电站 | 孝感市 | 50 | 100 |
| 8 | 华润随县文昌 316MW/632MWh 集中式(共享式)化学储能电站 | 随州市 | 70. 8 | 141. 6 |
| 9 | 中广核公安 100MW/200MWh 集中式储能电站 | 荆州市 | 60 | 120 |
| 10 | 信义老河口市张集镇 60MW/120MWh 集中式(共享式)储能项目 | 襄阳市 | 5. 16 | 10. 32 |
| 11 | 湖北涢升新能源有限公司安陆市陈店乡 50MW/100MWh 集中式(共享式)储能项目 | 孝感市 | 7. 74 | 15. 48 |
| 12 | 湖北昌昊新能源科技有限公司监利市黄歇口镇 50MW/100MWh 集中式(共享式)储能电站项目 | 荆州市 | 25 | 50 |
| 13 | 华润仙桃 66MW/132MWh 集中(共享)式储能项目 | 仙桃市 | 50 | 100 |
| 14 | 荆门新港储能电站项目 | 荆门市 | 50 | 100 |
| 合计 | | | 646. 2 | 1282. 4 |

资料来源：根据官方网站公开资料整理。

2. *在建新型储能项目*

截至 2023 年年底，湖北省已批复新型储能建设规模为 3536MW，超过 2025 年规划装机规模(3000MW)目标，但只完成了 1380MW 建设任务，仅占批复装机规模的 39%，部分项目处于建设之中，还有部分项目仍未开工建设。

2022 年，湖北省主要推进电化学储能项目，启动的电化学储能项目共 14 个，其中仙桃 4 个、襄阳、孝感各 2 个、宜昌、随州、咸宁、黄冈等地各 1 个，总规模为 944. 3MW/2188. 6MWh。2022 年 5 月以来，部分项目进入了储能 EPC 或储能设备采购的实质性阶段。

2023 年，湖北省共安排集中式(共享式)化学储能电站项目 24 个，容量合计 1699. 2MW/3398. 4MWh。2023 年 5 月，湖北省能源局下发《关于发布 2023 年新型储能电站试点示范项目名单的通知》，2023 年湖北全省拟安排电化学储能、空气储能、飞轮储能、熔盐储能、二氧化碳储能等新型储能电站试点示范项目 1000MW/2000MW，共 21 个项目，其中荆州 5 个、黄冈 5 个、孝感 4 个、襄阳 3 个、宜昌 2 个、恩施与潜江各 1 个(见表 4)。

表 4　**2023 年湖北省新型储能电站试点示范项目名单**

| 序号 | 项 目 名 称 | 建设规模 | 项 目 单 位 |
|---|---|---|---|
| 1 | 长阳土家族自治县龙舟坪镇 70MW/280MWh 全钒液流化学储能项目 | 50MW | |
| 2 | 中节能洪湖曹市镇 100MW/200MWh(二期扩展为 400MWh)全钒液流储能电站项目 | 50MW | 中节能太阳能公司<br>中节能风力发电公司<br>国网电力科学研究院武汉南瑞有限责任公司 |
| 3 | 枣阳 100MW/200MWh 全钒液流电池新型储能电站 | 50MW | 大力枣阳新能源开发有限公司<br>华润电力新能源 |
| 4 | 湖北中钒枣阳市 100MW/215MWh 全钒液流新型混合钛酸锂储能电站试点示范项目 | 50MW | 湖北中钒储能科技公司<br>北京睿能世纪科技公司<br>北京绿钒新能源科技公司<br>安徽中诚大地能源公司 |
| 5 | 襄州 100MW/200MWh 新型二氧化碳储能示范项目 | 50MW | 远景能源有限公司 |
| 6 | 湖北省恩施州利川压缩空气储能电站试点示范项目 | 50MW | 国电投湖北分公司 |
| 7 | 湖北应城 300MW 级压缩空气储能项目 | 50MW | 湖北楚韵储能科技有限责任公司 |
| 8 | 麻城 300MW 新型压缩空气储能一期 100MW/400MWh　电站示范项目 | 50MW | 湖北能源集团新能源发展有限公司 |
| 9 | 中广核公安县狮子口镇 200MW/800MWh 铁基液流电池储能电站(一期 100MW/400MWh) | 50MW | 中广核新能源湖北分公司 |
| 10 | 湖北新能源应城 100MW/200MWh 铁基液流储能电站项目 | 50MW | 湖北省新能源有限公司 |

续表

| 序号 | 项 目 名 称 | 建设规模 | 项 目 单 位 |
|---|---|---|---|
| 11 | 中电建英山 100MW/400MWh 铁基液流储能电站试点示范项目 | 50MW | 中水顾(英山)新能源有限公司 |
| 12 | 国投潜江 60MW/120MWh 铁基自分层液流电池储能示范项目 | 50MW | 国投十堰新能源公司 |
| 13 | 洪湖市经开区 100MW/200MWh 钠离子储能电站示范项目 | 50MW | 广州发展新能源股份有限公司华中分公司 |
| 14 | 大唐 100MW/200MWh 钠离子新型储能电站试点示范项目 | 50MW | 大唐湖北能源开发有限公司 |
| 15 | 国华湖北白莲河铅碳储能示范项目 | 50MW | 国华(湖北)新能源有限公司 |
| 16 | 国能长源荆州热电 100MW/200MWh 抽汽蓄能(熔盐)项目 | 50MW | 国能长源荆州热电有限公司 |
| 17 | 宜昌市夷陵区 5MW 飞轮/95MW 铁锌液流集中式(共享)新型储能电站 | 40MW | 宜昌市夷陵区中基热电有限公司 |
| 18 | 荆州区 100MW 飞轮储能电站项目 | 40MW | 湖南新华水利电力有限公司 |
| 19 | 孝感市临空区 50MW 飞轮+50MW 锂电混合储能电站 | 40MW | 金风科技天皓新能源有限公司 |
| 20 | 蕲春县飞轮与全钒液流复合型储能电站 | 40MW | 蕲春县运昌新能源有限公司 |
| 21 | 弗迪电池大悟大新镇 100MW/200MWh 智能组串式系统钠离子及飞轮储能电站 | 40MW | 襄阳弗迪电池有限公司 |

资料来源：根据湖北省能源局官方网站资料整理。

3. 新型储能空间布局

新型储能空间布局主要受风电、光伏发电等新能源规模及就地消纳状况影响。因此，湖北省新型储能项目主要布局在新能源装机规模相对较大而就地消纳存在困难的荆州、襄阳、孝感、黄冈、随州等地：共批复2546MW，占全省的72%。仙桃、天门批复规模也较大，均超过200MW，而黄石、荆门、十堰暂时没有建设新型储能设施(见表5)。

表 5　　湖北省各地市累计批复的新型储能规模　　（单位：MW）

| 序号 | 地市州 | 电化学储能 | 其他新型储能 | 合计 |
|---|---|---|---|---|
| 1 | 荆州 | 350 | 290 | 640 |
| 2 | 襄阳 | 470 | 150 | 620 |
| 3 | 孝感 | 300 | 180 | 480 |
| 4 | 黄冈 | 250 | 240 | 490 |
| 5 | 随州 | 316 | | 316 |
| 6 | 仙桃 | 246 | | 246 |
| 7 | 天门 | 244 | | 244 |
| 8 | 咸宁 | 160 | | 160 |
| 9 | 宜昌 | 50 | 90 | 140 |
| 10 | 潜江 | 50 | | 50 |
| 11 | 武汉 | 50 | | 50 |
| 12 | 鄂州 | 50 | | 50 |
| 13 | 恩施 | 0 | 50 | 50 |
| 总计 | | **2536** | **1000** | **3536** |

资料来源：根据湖北省能源局官方网站资料整理。

## 三、湖北省储能设施建设主要问题

湖北省通过系列政策措施激励投资与市场机制优化配置资源，储能设施建设取得突破性进展，但依然存在整体布局不优与利用效率不高等问题。

### （一）储能设施整体布局有待优化

1. 新型储能布局不够均衡

湖北省新能源高渗透率（新能源装机/最大负荷）地区对新型储能需求较大，尽管已明确新型储能的配置比例，但未考虑地区差异化布局。

例如，随州、黄冈新能源装机规模分别为320万千瓦、588万千瓦，新能源渗透率分别高达269%、164%，新型储能批复规模与新能源装机规模之比不足10%；荆州新能源装机633万千瓦，与当地最大负荷基本持平，而新型储能装机占全省48%。抽水蓄能、新型储能规划布局与新能源发展未能充分考虑时空协调，难免会影响未来储能设施利用效率与投资收益，进而影响社会资本参与储能设施投资与建设的积极性。

2. 储能设施建设相对滞后

湖北省新增核准抽水蓄能并网时间在2030年左右，因此中短期新能源发电并网调节措施主要依靠火电灵活性改造和新型储能。截至2023年底，湖北省新能源装机量达到3324万千瓦，预计2025年超过4500万千瓦，按照新增新能源的储能配套比例15%~20%估算，到2025年需新增储能容量177万~236万千瓦。湖北省新型储能已批复规模353.6万千瓦，规划2025年装机达到300万千瓦，但目前只完成138万千瓦建设任务，仅占批复装机的39%。随着风光装机、超级快充设施等快速发展，未来几年湖北省电网的源荷调节压力将明显增大，需要加快新型储能设施建设步伐。

3. 储能设施利用场景太少

湖北省分布式光伏装机持续高速发展，配电网面临承载力不足难题，而湖北省尚未制定分布式光伏配储政策及技术规范。在跨省区输电送受端、负荷密集区、电网薄弱环节、源网荷储一体化园区等典型场景，湖北省也未制定规划技术标准，导致目前新型储能应用场景单一，仅发挥电力调峰作用，未能发挥提高供电可靠性和电力保供能力等方面的作用。

4. 储能建设配置标准单一

新型储能种类繁多、功用不一、技术成熟度且经济性差异大，应当根据储能类型的异质性设置标准。但是湖北省采取“一刀切”式的配置标准，部分地区将配储能作为新能源建设的前置条件。2023年6月，湖北省能源局发布《关于发布2023年新型储能电站试点示范项目的通知》，要求按照储能电站调节容量的5倍配置新能源项目，即新能源项目配储比例为20%。部分已建成的新能源配储电站利用率低下，表明“一刀切”式的配比要求不科学，不同新能源类型配置同等储能缺乏科学性。抽水蓄能本身建设周期长、投入资金大、投资风险高，湖北省市场化获取抽水蓄能资源不足，建设模式单一。

## （二）储能设施利用效率有待提升

### 1. 新型储能市场机制不够完善

湖北省新型储能调用从每天“一充一放”逐步到“两充两放”，对全省2023年新能源消纳率达到98.6%起到了重要作用。湖北省独立储能可以参与现货市场和调峰、调频辅助服务市场，但新能源配建储能仅能参与调频辅助服务市场，新能源配建储能较低的收益被新能源收益所掩盖。国家政策鼓励新能源配建储能转为独立储能，湖北省暂无具体实施办法，不能独立参与市场，导致部分储能设施利用率不高。投资建设积极性受阻，不少批复的储能项目至今未能建成投产。

此外，由于缺乏定价与交易机制，独立储能的众多功能未能发挥，当前仅发挥电力调峰作用。而且，由于湖北省峰谷电价之差不够大，电力调峰的经济效益不太显著，新型储能参与电力调峰的积极性受到一定影响。

### 2. 储能设施难以形成规模效应

随着新能源快速发展，传统电力系统在规划建设、调度运行等方面已不能适应新能源大规模高比例发展要求，在局部地区新能源并网消纳压力比较大，尤其是风电、光伏等新能源并网消纳压力巨大。2022—2023年，新能源发电量占全省用电负荷的40%以上，在储能支持下实现了新能源全额并网消纳。但是，新能源配置储能主要跟随新建项目，采取分散模式且规模一般不大，无法体现规模效应。

此外，湖北省独立储能电站投资主体众多、规模不大且选址比较分散，单个独立储能电站的容量绝大部分不超过50MW。目前，湖北省独立储能电站尚未完全纳入电网统一调度系统，利用效率大打折扣。

## 四、湖北省储能设施优化布局的建议

### （一）合理统筹兼顾，优化抽水蓄能设施时空布局

1. 生态优先，和谐共存

始终坚持生态环境风险底线，把生态环境保护与修复放在首要位置。抽水蓄能项目设计与选址阶段，尽量避免抽水蓄能工程建设与运营对生态环境产生显著负面影响。把抽水蓄能项目规划和建设融入全省流域综合治理，在抽水蓄能工程建设过程中加强生态环境修复。

2. 区域协调，合理布局

主要基于三大流域的自然资源条件，合理规划与布局抽水蓄能项目，达到空间最优布局。湖北省内河流多发源于山地丘陵地带，其中90%以上集中分布于鄂西山区，在山地丘陵与平原交接处往往形成比较大的落差，具有水利与地形优势，利于抽水蓄能电站建设。充分考虑全省各个地区用电、供电、输电、储电未来发展趋势，推动抽水蓄能项目建设所在地与电力需求所在地预先沟通协商、充分合作，共同推进抽水蓄能项目建设。对于涉及不同地区的抽水蓄能项目，坚持共建、共用、共享，避免各地区“争抢”抽水蓄能项目。

3. 成熟先行，超前储备

分批次、分阶段开展抽水蓄能项目建设，论证充分、条件成熟的抽水蓄能项目先行建设。把一些条件良好且通过初步论证的抽水蓄能项目纳入备建项目库，进行适度超前储备，并加强论证，成熟一个建设一个。

4. 因地制宜，创新发展

湖北省布局抽水蓄能还应充分考虑抽水蓄能在未来电力市场中的价值体现、投资回收等，这就意味着要进一步完善抽水蓄能电站的建设体制、运行管理模式和电价政策等。创新思维，根据项目建设所在地实际情况，合理考虑地方旅游发展、生态用水、生产生活用水、防洪抗灾等

需求，尽可能设立多元化建设目标，更多更好地发挥抽水蓄能项目作用。创新融资方式与利益共享模式，拓宽筹资渠道，调动社会资本投入抽水蓄能项目的积极性。

### (二)推动多能互补，优化新型储能设施分类布局

1. 分类布局储能设施

电源侧储能：着力布局新能源发展快、就地消纳难的地区。根据各地市新能源发展规划、就地消纳状况等，科学测算新增配储需求，合理布局新型储能建设项目。支持配套新能源项目的新型储能电站以独立储能形式直接接入公共电网，支持1个企业集团的多个储能电站，或多家企业的储能电站合并集中建设。

电网侧储能：优先布局配电网重要节点。在负荷密集区、新能源富集区等电网关键节点有序布局新型储能项目，根据电网结构和负荷特性，储能电站宜优先安装在以下易出现应急需求的节点：根据配电网配电变压器的容量、负荷的历史数据和预测数值，储能电站应安装在易出现过载的配电变压器低压侧；根据线路的载荷量，储能电站应安装在易出现过载的线路下游；根据配电网的电源、网架和负荷进行计算，储能电站应安装在出现过电压和低电压问题的节点；在无特殊要求时，储能电站应优先安装在电压灵敏度高的节点。

用户侧储能：重点布局用电需求量大、保障要求高的区域。因地制宜，灵活多样，在工业园区、产业园区、城市小区、数据中心、大型公共服务区等地区发展用户侧储能。

2. 积极推动多能互补

通过政策支持、试点示范等方式，积极推动新型储能开展多能互补，加快发展压缩空气储能、飞轮储能、液流电池、超级电容、制氢储能等新型储能设施。发挥荆门亿纬50MW/100MWh储能场景应用示范工程、襄阳高新区100MW/500MWh全钒液流电池储能电站、国华京山100MW/200MWh氢钠合建储能、应城300MW盐穴压缩空气储能等项目的示范带动作用。推动新型储能技术装备示范应用，积极研制成套电

池装备，支持全钒液流电池储能装备产业化发展和应用示范。鼓励探索新型储能与智慧城市、智慧交通、乡村振兴等领域的跨界融合。

3. 科学规划建设选址

新型储能电站建设选址不应选择地震断层和设防烈度高于九度的地震区，有泥石流、滑坡、流沙、溶洞等直接危害的地段，采矿陷落区界线内，爆破危险范围内，坝或堤决溃后可能淹没的地区，饮用水水源保护区，历史文物古迹保护区、居民聚集区、自然保护区、风景名胜区、水土流失重点防治区等环境敏感区域。

4. 实施能储一体化工程

积极实施风光水火储一体化示范工程。充分利用具备较高灵活调节能力的现役火电和已纳入国家规划的火电项目，适度配置储能设施，布局建设一批风光火储新能源百万千瓦基地。以存量大中型水电站、中型抽水蓄能和一定规模储能设施为基础，布局建设一批风光水储新能源百万千瓦基地，实现打捆上网，提高新能源电量比例，更好地发挥储能设施能效。

持续推进源网荷储一体化示范工程。在武汉、襄阳、宜昌等重点区域，结合城市电网改造提升、自备应急电源配置、清洁取暖、清洁能源消纳等开展源网荷储一体化示范工程建设。在城市商业区、综合体、工业园区、居民区，依托光伏发电、微电网和充电基础设施等开展园区级源网荷储一体化示范工程建设。

## 五、湖北省储能设施高效利用的建议

### （一）完善市场机制，提高新型储能设施利用效率

不断完善以价格机制为核心的储能设施服务市场，鼓励新型储能以独立储能参与市场交易，保障储能经济效益，提高社会资本投资建设的积极性。

1. 探索完善新型储能价格政策

不断完善替代性储能准入的技术管理、成本经济管理和运营管理机制，建立适配湖北省电力市场发展现状的成本疏导机制和定价模式。以不推高全省终端电价为基本前提，考虑配建储能调用形式、综合运行效率等特性，研究出台新能源配建储能充放电价格政策。适度拉大峰谷价差，鼓励进一步拉大电力中长期市场、现货市场上下限价格，引导用户侧主动配置新型储能。借鉴浙江、辽宁储能电站运行经验，推广两部制电价在储能电站的应用；借鉴广东省储能辅助服务纳入电价的政策，由全体用户共同分担储能成本。推广应用储能最低运行小时数、最少调用次数等保障性政策。

2. 完善新能源配储市场机制

明确独立储能的技术条件与安全标准，鼓励配建新型储能项目通过技术改造转为独立储能，促进其更好地参与电力市场和调度运用，提高利用效率。鼓励电网公司探索同一储能主体可以按照部分容量独立、部分容量联合两种方式同时参与的市场模式。借鉴山东省储能电站的运营调度政策，独立储能电站向电网送电的，其相应充电电量不承担输配电价和政府性基金及附加。

3. 推广独立储能共享租赁模式

由政府相关部门出台租赁指导价，引导各方通过报价竞争获取建设指标。持续探索共享储能发展模式，理顺电网公司、新能源投资方、储能建设方三个主体之间的关系，通过科学协调控制，将服务于单一个体发展为服务于多个个体，有效提升储能设施利用效率。

4. 充分发挥新型储能多种作用

加大新型储能技术创新投入，降低储能建设与运行成本，同时提高储能系统安全性。鼓励新型储能主体在电力运行中发挥顶峰、调峰、调频、爬坡、黑启动等多种作用，增加调用次数。开展多种储能技术工程、运维以及经济性等方面的实证，促进储能技术多元化应用。

5. 合理规划新型储能建设规模

在做好新能源开发、送出、消纳等前提下，加强新能源供需监测预警，实现“源网荷储”一体化发展。结合本地电网、负荷特性、电源结构等因素，因地制宜规划新型储能配置比例和规模，避免造成储能资源浪费或不足，保证已投储能的盈利水平和利用率。

## (二)发挥多维功能，提升抽水蓄能设施综合效益

2030年以后，湖北省抽水蓄能装机规模有望达到17700MW，显著超过新型储能装机规模，需要提前谋划保证与提高其综合利用效率，以继续推动全省新能源与抽水蓄能持续健康发展。

1. 强化多维功能设计

在设计与论证阶段，充分考虑大中型抽水蓄能的经济、生态、社会等多维功能。除了发挥其本身的电力灵活性调节资源、稳定电力供应等经济、社会功能之外，结合把抽水蓄能工程融入地方的旅游、种植、水产养殖等产业发展，实现资源多元化利用，提高抽水蓄能工程的经济效益，助力周边地区相关产业高质量发展。抽水蓄能工程设计方案尽量减少对选址地区的生态环境的破坏或负面影响，设置生态补水等生态功能。抽水蓄能工程设计方案考虑一定的防洪抗旱功能，服务地方居民的生产生活。

2. 推动储旅融合发展

抽水蓄能电站一般建在风景优美、环境清新、生态独特的山区或者河流险峻地带，具备发展旅游业的潜力，可以根据地方实际推动“工业+文化+观光+休闲”的储旅融合发展模式，让游客能够欣赏周边自然景观的同时了解电站建设历史、发电原理等知识，并提供垂钓、水上乐园、农家乐、采摘等休闲项目，从而拓展电站收入来源，并带动地方乡村旅游，促进乡村振兴与共同富裕。

3. 服务地方种植业发展

地理位置优越、适宜种植业发展的大中型抽水蓄能工程项目，可以为地方农业企业、农民专业合作社、种植大户等提供相关服务。例如，抽水蓄能电站可以布设水质与流量的监测及处理设备，对水质与流量进行实时监测与处理，保证农作物获得稳定的优质水源，提高农产品产量

和质量。

4. 联合发展水产养殖业

大中型抽水蓄能工程具备流水量大、水质好等特点，水电站不仅可以提供水产养殖需要的优质稳定的水源，而且发电产生的余热可以作为加热设备的热源，降低养殖成本，适合与当地养殖企业、养殖大户合作，在水库及周边水域联合发展水产养殖业，实现水资源的多元化利用，增加项目经济收入，并带动地方水产养殖业发展。

5. 服务地方防洪抗旱

抽水蓄能电站是利用水力势能转化为电能的发电站，为了获得充足的水能，电站必须建造在江河落差大、水量充足的河段，并建设一座拦河大坝形成水库，大坝与水库配合具备防洪抗旱功能，并获得相应的经济收益。

**撰稿人：** 何伟军　三峡大学党委书记、二级教授、博士生导师
盛三化　三峡大学经济与管理学院副教授、硕士生导师
王守文　三峡大学社会科学发展研究院院长、教授、博士生导师
袁　亮　三峡大学经济与管理学院副院长、副教授、博士生导师
向菲娅　三峡大学管理科学与工程专业博士研究生

# 湖北省半导体人才发展研究

彭华涛　等

## 一、湖北省半导体人才发展现状与问题

党的二十大以来，湖北省纵深推进半导体人才队伍建设，出台了《湖北省突破性发展光电子信息产业三年行动方案(2022—2024年)》等系列政策文件，从半导体人才培育、引进、留用等各环节齐发力，采取了包括设立专项资金、建设研发中心和实验室、开展技能培训等多项政策措施。同时，湖北省内高校和科研机构亦通过组建校企联盟、共建科研平台等方式促进半导体人才培养与技术创新。目前，湖北省已吸引一批知名半导体企业进驻，如长江存储、东芝储存器、华力微电子等，初步建成半导体产业集群，为湖北省半导体人才提供就业与发展机会。

### (一)湖北省半导体人才发展的现状

为深入了解湖北省半导体人才发展的问题并分析其原因，对湖北省半导体人才的平台载体、学科专业、薪酬水平、支持政策等现状展开调查，归纳出湖北省半导体人才发展现状。

一是半导体人才发展的平台载体不断夯实。近年来，湖北省聚焦国家重大战略需求以及半导体人才发展需要，结合科教资源优势，在半导体人工智能、集成电路、通信等人才急需领域，布局创建了各类产业学院、联盟、实验室等平台载体。目前，已获批有立足湖北省“光芯屏端网”产业发展的战略布局，培养高素质芯片产业人才而设立的湖北工业

大学芯片产业学院；立足高端芯片，培养集成电路产业人才发展需求建立的武汉职业技术学院-杭州加速科技有限公司集成电路产业学院与湖北第二师范学院集成电路产业学院；立足高端半导体产业链需求，培养未来行业卓越工程师和高素质应用型、复合型、创新型人才而设立的东风 HUAT 智能汽车现代产业学院与“汽车智能装备”专精特新产业学院。创立了湖北省武汉半导体产业人才培养校企合作联盟、湖北芯产业职业教育联盟、“51020”现代产业集群人才服务联盟、湖北省“产业+人才”联盟及湖北省芯产业职业教育联盟。组建了湖北光谷实验室、珞珈实验室、江城实验室、九峰山实验室 4 家高标准特色实验室，已初步形成覆盖存储芯片、光电器件、空天科技、化合物半导体等领域人才发展培养体系。总体而言，依托省内高校、科研院所与重点企业创新优势，湖北省以服务国家和区域发展重大战略、服务高水平科技自立自强为着力点，快速协同部署半导体人才培育平台，为半导体产业的人才培养不断输送力量。

表 1　　**各类平台载体基本情况**

<table>
<tr><th>平台载体</th><th>学院名称</th><th>所属学校/机构</th><th>成立时间</th></tr>
<tr><td rowspan="5">湖北产业人才学院</td><td>湖北工业大学芯片产业学院</td><td>湖北工业大学</td><td>2020 年</td></tr>
<tr><td>湖北第二师范学院集成电路产业学院</td><td>湖北第二师范学院</td><td>2021 年</td></tr>
<tr><td>东风 HUAT 智能汽车现代产业学院</td><td rowspan="2">湖北汽车工业学院</td><td>2023 年</td></tr>
<tr><td>“汽车智能装备”专精特新产业学院</td><td>2023 年</td></tr>
<tr><td>武汉职业技术学院-杭州加速科技有限公司集成电路产业学院</td><td>武汉职业技术学院</td><td>2023 年</td></tr>
<tr><td rowspan="4">湖北产业人才联盟体</td><td>武汉半导体产业人才培养校企合作联盟</td><td>华中科技大学</td><td>2023 年</td></tr>
<tr><td>湖北芯产业职业教育联盟</td><td>武汉职业技术学院</td><td>2019 年</td></tr>
<tr><td>“51020”现代产业集群人才服务联盟</td><td>湖北省人才事业发展中心</td><td>2021 年</td></tr>
<tr><td>湖北省“产业+人才”联盟</td><td>湖北省人力资源服务行业协会</td><td>2023 年</td></tr>
</table>

续表

| 平台载体 | 学院名称 | 所属学校/机构 | 成立时间 |
| --- | --- | --- | --- |
| 湖北实验室 | 湖北光谷实验室 | 华中科技大学 | 2021 年 |
| | 珞珈实验室 | 武汉大学 | 2021 年 |
| | 江城实验室 | 长江存储科技有限责任公司 | 2021 年 |
| | 九峰山实验室 | 华中科技大学 | 2021 年 |

二是半导体人才培养的学科专业逐步壮大。湖北省作为教育大省、科教大省，高校林立，资源丰富，拥有强势的半导体人才基础和办学条件。湖北省高校为立足国家所需、湖北所能、半导体产业人才发展所向，积极开设半导体、人工智能等领域开设的本科或研究生专业。1957年，武汉大学便组织建立“半导体专门化”并招收学生。2020 年，武汉大学以解决微电子重大问题、服务国家重大战略和产业发展、建成一流的微电子学科和具备全国影响力的微电子工程技术型人才培养基地为导向，成立了国家示范性微电子学院。2021 年，湖北工业大学开设微电子科学与工程、集成电路设计与集成系统等多个专业，其中微电子科学与工程为国家一流专业建设点，集成电路设计与集成系统为湖北省一流专业建设点。2022 年，华中科技大学集成电路学院独立运行，以产教结合的优势，为华中地区的集成电路工业提供有力的支持与引导。2023年，武汉理工大学开设集成电路设计与集成系统专业。根据最新统计，在 2023 年全国一级学科评估发展中，湖北省电子科学与技术学科发展稳步向前，其中华中科技大学排名第 18 位，武汉大学排名第 29 位，武汉理工大学排名第 53 位。教育部第四轮学科评估显示，武汉理工大学材料科学与工程专业评级为 A+，其二级学科无机非金属材料为全国半导体行业输送了大量优质人才，信息与通信工程学科为湖北省重点学科，其所在的工程学进入全球 ESI 学科排名前 1‰。华中科技大学以自动化、人工智能专业等国家级一流本科专业建设点。其中，人工智能专业还在软科发布的 2023 年中国大学专业排名中获评 A+。

三是半导体人才留鄂的薪酬待遇稳步提升。湖北省半导体行业高层次、高技能人才的薪酬水平相对较高。随着湖北半导体产业的不断发展壮大，湖北省政府及企业为了留住人才和吸引更多优秀人才的加入，普遍加大了政策扶持力度与薪酬待遇。在半导体行业人才薪酬领域，依据全国城市电子半导体/集成电路行业平均月薪数据，2022 年，湖北省武汉以 10614 元/月的成绩位列全国第十，名列全国城市前列。在半导体集成电路等领域具体岗位来看，数字前端与后端工程师岗位平均月薪分别达到 32312 元、31130 元。此外，深度学习、模拟芯片设计岗位的平均月薪亦超过 3 万元，薪酬待遇竞争力足。在半导体企业股权激励方面，半导体行业内的竞争也促使湖北企业提供具竞争力的薪酬和福利和发展机会，以吸引和留住优秀的人才。以武汉中芯国际企业为例，2021 年 7 月，中芯国际董事会以 20 元/股的授予价格向 3944 名激励对象授予 6753.52 万股限制性股票，占激励计划草案公告日公司股本总额的 0.85%。

表 2　**电子半导体/集成电路行业平均月薪情况表①**

| 电子半导体/集成电路行业平均薪酬城市 TOP12 城市 | | | |
|---|---|---|---|
| 排名 | 城市 | 平均薪酬(单位：万元) | 竞争指数 |
| 1 | 上海 | 1.60 | 36.1 |
| 2 | 北京 | 1.57 | 76.9 |
| 3 | 杭州 | 1.34 | 38.5 |
| 4 | 南京 | 1.28 | 47.3 |
| 5 | 深圳 | 1.19 | 54.5 |
| 6 | 西安 | 1.13 | 76.8 |
| 7 | 成都 | 1.08 | 62.5 |
| 8 | 无锡 | 1.08 | 37.1 |

① 数据来源：智联研究院《电子半导体/集成电路人才需求与发展环境报告》。

续表

| 电子半导体/集成电路行业平均薪酬城市 TOP12 城市 | | | |
|---|---|---|---|
| 排名 | 城市 | 平均薪酬(单位：万元) | 竞争指数 |
| 9 | 苏州 | 1.07 | 32.4 |
| 10 | 武汉 | 1.06 | 34.4 |
| 11 | 厦门 | 1.04 | 25.5 |
| 12 | 长沙 | 1.01 | 57.3 |

四是半导体人才发展的支持政策趋于完善。当前，湖北省半导体人才发展支持政策逐渐完善，已初步形成覆盖半导体集成电子、人工智能、制造等上中下游相对完善的产业人才政策体系。在半导体人工智能领域湖北省相继出台了《湖北省新一代人工智能发展总体规划(2020—2030年)》《湖北省人工智能产业"十四五"发展规划》《湖北省推进人工智能产业发展三年行动方案(2023—2025年)》等人才支持政策，提出了开展人工智能政策试验，加快高端人才培养和储备，加大力度培育引进一批人工智能领域的高端紧缺人才和高水平创新团队等建议。在半导体集成电路、光电子等领域湖北省颁布了《湖北省集成电路产业发展行动方案的通知加强实用人才队伍建设》《加快"世界光谷"建设行动计划》《湖北数字经济强省三年行动计划(2022—2024年)》等政策文件，提出了面向新型空天技术、量子科技、光电子信息科技创新专项等领域，探索建立与世界接轨的柔性引才新机制，大力引进顶尖科学家、领军企业家和高层次创新人才。此外，国家税务总局湖北省税务局印发《突破性发展光电子信息产业若干税收支持措施》亦提出了给予光电子信息产业相关技术人员的股权奖励政策。在半导体通信领域湖北省陆续出台了《湖北省制造业高质量发展"十四五"规划》《湖北省科技创新"十四五"规划》《实施"才聚荆楚"工程促进高校毕业生就业创业若干措施》《长江中游城市群发展"十四五"实施方案湖北省主要目标》等人才支持政策，提出了聚焦光通信等关键领域，实施更有吸引力的人才政策，建立人才共认共用机制与协调衔接的劳动力、人才流动政策体系和交流合作机

制，纵深推动大众创业万众创新，激发社会创造力。

表 3　　湖北省半导体各领域人才发展支持政策

| 支持领域 | 政策名称 | 政策要点 | 出台时间 |
|---|---|---|---|
| 半导体集成电路、光电子等领域 | 《湖北省人民政府关于印发湖北省集成电路产业发展行动方案的通知加强实用人才队伍建设》 | 加快培养集成电路领域高层次科技研发人才和实用技术人才。进一步加大引进集成电路领域优秀人才的支持力度，研究出台针对优秀企业家和高素质技术、管理团队的优先引进政策 | 2014. 09. 28 |
| | 《湖北省人民政府办公厅关于印发湖北数字经济强省三年行动计划（2022—2024年）》 | 大力发展第三代半导体，打造特色集成电路产业集群，用好省“青年拔尖人才培养计划”“人才六条”等人才项目政策，加大各领域的人才引进、培养、激励、服务力度 | 2022. 08. 03 |
| | 国家税务总局湖北省税务局关于印发《突破性发展光电子信息产业若干税收支持措施》 | 给予光电子信息产业相关技术人员的股权奖励，个人一次缴纳税款有困难的，可根据实际情况自行制定分期缴税计划，在不超过5个公历年度内（含）分期缴纳 | 2023. 04. 28 |
| | 《湖北省政府加快”世界光谷“建设行动计划》 | 提出面向新型空天技术、量子科技、光电子信息科技创新专项等领域，探索建立与世界接轨的柔性引才新机制，大力引进顶尖科学家、领军企业家和高层次创新人才，打造全球顶尖人才集聚地 | 2023. 09. 22 |
| 半导体人工智能领域 | 《湖北省人民政府关于印发湖北省新一代人工智能发展总体规划（2020—2030年）》 | 开展人工智能人才政策试验，在人才培养引进、数据开放共享、多元化投入、成果转化等方面建立新机制 | 2020. 09. 06 |
| | 《湖北省人工智能产业“十四五”发展规划》 | 集成运用“楚天学者计划”等各类人才计划，加大力度培育引进一批人工智能领域的高端紧缺人才和高水平创新团队 | 2022. 03. 18 |
| | 《湖北省推进人工智能产业发展三年行动方案（2023—2025年）》 | 打造湖北人工智能技术创新、应用示范和产业发展高地，推进人才培养，加强和链创机构合作 | 2023. 11. 14 |

续表

| 支持领域 | 政策名称 | 政策要点 | 出台时间 |
|---|---|---|---|
| 半导体通信领域 | 湖北省人民政府《关于湖北省制造业高质量发展“十四五”规划》 | 打造光通信、集成电路、新型显示、智能终端、新一代网络与通信等千亿级核心产业集群，鼓励企业引进人才 | 2021.10.29 |
| | 湖北省人民政府《湖北省科技创新“十四五”规划》 | 在三维半导体集成制造等领域，加快引进国内外高层次科技人才和创新团队 | 2021.09.24 |
| | 湖北省人民政府办公厅《关于实施“才聚荆楚”工程促进高校毕业生就业创业若干措施》 | 大力引进下一代通信等领域具有全球影响力、掌握产业前沿核心技术的龙头企业在鄂设立总部或第二总部，面向重点龙头企业、国有企业人才需求，开发招聘高校毕业生的优质岗位 | 2021.10.01 |
| | 湖北省人民政府办公厅《关于长江中游城市群发展“十四五”实施方案湖北省主要目标》 | 聚焦光通信等关键领域，实施更有吸引力的人才政策，建立人才共认共用机制与协调衔接的劳动力、人才流动政策体系和交流合作机制，纵深推动大众创业万众创新，激发社会创造力 | 2022.04.23 |

### （二）湖北半导体人才发展的问题

湖北省半导体全产业链已初步形成，在全国半导体产业第二梯队中占据一席之地，但与半导体产业发展相对应的半导体人才发展仍存在如下问题：

1. 本土人才比例有待提高

湖北省半导体产业发展催生了对于人才的大量需求，特别是湖北省作为科教大省，半导体产业的本土人才比例偏低。截至2021年底，半导体产业设计、生产人才在华中地区的分布比例分别为6%、9%，在全国区域内仅略高于东北地区；武汉市半导体行业职位数占比仅为2.4%，落后于一线及成都、杭州、西安、合肥等新一线城市。湖北省半导体领域的行业领军型人才、高端技术型人才和复合型创新人才短缺紧缺，主要从其他省份或国外引进。

半导体设备行业属于典型技术密集型行业，对于技术人员的知识背景、研发能力及行业工作经验积累均有较高要求。虽然近年来国家及湖北省地方政府对半导体设备行业给予鼓励和支持，但仍有部分技术受到美国等发达国家的限制。相较发达国家，湖北省乃至全国总体对半导体的研发起步较晚，尚未形成成熟的行业人才培育环境，行业现有的人才资源及技术水平与行业的快速发展不相匹配，仅依靠企业内部培育，难以建成具有前瞻性的人才梯队，难以满足半导体行业的人才需求。智联研究院统计数据显示，2022 年湖北省半导体岗位增速达到了 39.6%，人才需求潜力突出。2022 年 9 月，湖北省政府印发《湖北数字经济强省三年行动计划(2022—2024 年)》(以下简称《计划》)，指出以国家存储器基地建设为重点，提升三维闪存芯片量产规模，大力发展第三代半导体，打造特色集成电路产业集群。《计划》对半导体高端人才提出了迫切需求，而从现有高校芯片相关人才培养的供给结构来看，芯片人才培养覆盖芯片设计、芯片制造、封装测试和芯片应用等产业链的各个环节。在人才供给数量上，芯片设计和应用环节人才相对较多，而芯片制造人才偏少，因此湖北省只能从外部引进人才以满足产业需求。在湖北省内，依托强有力的光电技术应用基础，各大高校正从物联网技术、5G 通信网络技术等专业突破，建设协同发展、共同发力的复合型人才培育专业群，以期实现光通信技术、芯片制造技术、光电器件制造技术产学研资源的有效整合，同时重构人才培养的流程与专业结构。湖北省内半导体设备行业中具有完备知识储备、具备丰富技术和市场经验、能胜任相应工作岗位的技术人才、管理人才、销售人才均相对稀缺，企业培养相应人才所需时间较长，且需要耗费大量成本。因此从其他地方直接引进成熟人才是企业的首要选择，湖北省本土人才的选用和培育仍是一个较大的问题。

2. 人才流失问题有待解决

第七次人口普查数据显示，湖北省常住人口为 5775.3 万人，外来人口为225万人，流出人口为598.6万人，净流入人口为-373.6万人。人口流失问题严重。然而，省内仅有头部院校与地方科研机构、长江储存等半导体行业企业共建实验室、产学研基地等，其余院校半导体人才难以通过学校渠道获取实践资源，故偏向于去往杭州、合肥、成都等人才引进政策吸引力强的新一线城市求职。中国地质大学于2022年开展的应届毕业生就业调研指出，成都、西安毕业生粘滞率(留在就学地工作的比例)分别为68.64%和54.68%，均高过武汉的54.11%。据猎聘于2023年1月发布的《半导体行业：半导体/芯片人才趋势》研究报告，武汉市半导体产业主动求职者比例位居全国前五，实际职位数和薪酬仅在全国城市中排到第十位左右，其成为导致湖北半导体人才流失的重要因素之一。

官方数据显示，在湖北省范围内，有200多家与集成电路芯片设计、芯片制造、封装材料等有关的企业注册经营，其产业规模超过了300亿元，在过去的5年中，平均增长速度超过了20%。受中美贸易摩擦、“301调查”、美国打压遏制中国半导体行业发展等因素的影响，湖北省国际化人才流失进一步加剧。

3. 人才待遇水平有待改进

宏观层面上，湖北省半导体企业的薪酬水平难以与一线城市相比，对人才的吸引程度总体不高。微观层面上，由于武汉高等院校资源较为丰富，湖北省半导体企业在本地招聘时不倾向于采用高起薪等方式吸引人才。智联研究院于2022年发布的《电子半导体/集成电路人才需求与发展环境报告》显示，电子半导体/集成电路行业平均招聘薪酬为10783元/月，高于全行业平均水平的9865元/月。根据《2022年半导体行业薪酬白皮书》数据，武汉市半导体行业招聘薪酬约为1.08元，而北京、上海的平均薪资均达到1.3万元以上。排在武汉前面的城市包含南京、杭州、成都等同线城市，其平均薪资分别为13255元、12802元、11549元。

除薪资水平外，湖北省针对半导体的人才福利待遇仍有待进一步完善。湖北省虽出台了一系列半导体人才补贴激励政策，例如《湖北省突破性发展光电子信息产业三年行动方案(2022—2024年)》等，但大多数

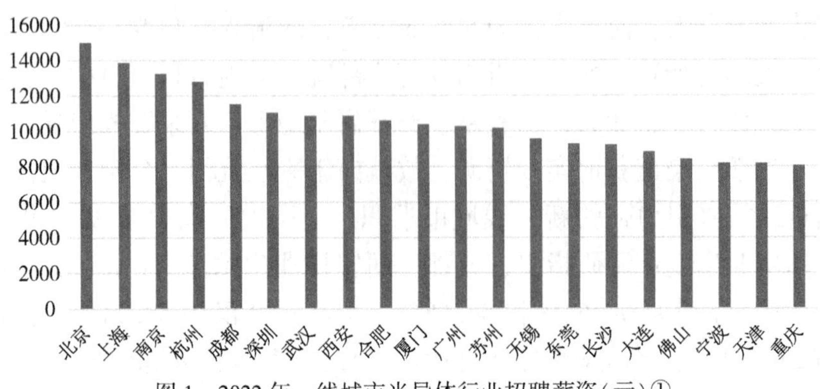


图 1　2022 年一线城市半导体行业招聘薪资(元)①

政策局限于奖励和补贴，未综合考虑半导体人才的综合需求，以及缺乏针对于“银发人才”“候鸟人才”“共享人才”等特殊人才的特殊政策。例如海南省针对“候鸟人才”发布了《关于充分发挥“候鸟型”人才作用的意见》，而湖北省的已出台的人才政策难以满足特殊人才的供需信息交换、安居落地保障等待遇需求。除此之外，相关政策涉及的流程多为部门网站通知，缺乏一站式办事指引。政策文件零星地散落在省人社、科技、发改、经信等部门，缺乏系统集成，半导体人才支持政策的碎片化，决定了人才福利补贴落实困难，难成体系，难以为半导体人才提供良好的服务保障。

4. 人才培育模式有待完善

从求职市场来看，国内半导体行业岗位数量激增。据中国半导体协会预测，到 2024 年行业人才总规模将达到 79 万人左右。然而，与巨大需求相应的是，人才供给的速度跟不上，人才缺口在 23 万人左右，半导体人才培养是一个很大的问题，暂未形成完善的人才培育模式。

湖北省科教优势明显，主要依据“双一流”大学，由国家“自上而下”进行半导体人才培育，虽有所成效但人才类型无明显的差异化。半导体产业结构多样化，缺乏的是技术型、复合型人才，目前所采用的培

① 数据来源：薪智《2022 年半导体行业薪酬白皮书》。

养模式较为单一，无法培养出具有前瞻性的战略型领军人才。湖北省各大高校虽设置相关专业、开设相关课程，培养半导体专业人才，但理论导向依然占据主导地位，人才培养内容与产业发展实际需求脱节。劳动力供给存在显著的人才层次矛盾，高学历却无法满足半导体产业实际应用需要。根据《湖北日报》公开数据，13 年间累计引进的“3551”专家不到 3000 名。相关数据足以说明湖北省半导体人才培养在数量和质量上均存在较大缺口，[①] 完善人才培养模式，迅速培养适应半导体技能人才已成为当务之急。

## 二、典型地区半导体人才发展的经验与启示

依据 2022 年前瞻产业研究院对中国半导体代表企业数量分布的统计数据，选取江苏、浙江、上海、北京、广东作为典型地区，对其半导体人才集聚的发展经验予以梳理。

### （一）以“引”才为抓手，布局“引人引智”路径

吸引人才难在满足人才需求，重在展现地区半导体优势。吸引人才既要能够满足人才进行科研工作的需求，给予人才“大展拳脚”的平台，又要展现地区产业发展建设的优势让人才明确地区发展前景，加强人才“研有所成”的信心。要想吸引优秀半导体人才参与产业发展建设，各地区要切实保障人才需求的满足，不断发展地区优势条件。一方面要“诚心诚意”吸引人才，针对人才的工作及生活需求建设完善基础设施、提供政策支持和服务，同时关注人才潜在的需求，应对特殊性、个性化需求，在规则范围内，予以解决；另一方面要“光明正大”吸引人才，积极宣传本地区半导体产业发展的优势条件和政策环境等，使半导体人才充分认识到在本地区进行半导体研发工作的前景。具体措施如表 4

① 罗党论，张思宇，杨文慧．大基金与“卡脖子”行业发展——来自半导体行业上市公司的证据[J]．南方经济，2024(6)：15-38.

所示。

表4　　先进地区“引人”经验总结

| 地区 | 先进“引人”经验 |
| --- | --- |
| 江苏 | 人才计划；技术奖励；绿色通道；优化人才评审 |
| 浙江 | 专项资金扶持；加强境外人才引进；“直通车”服务 |
| 上海 | 人才专项方案 |
| 广东 | 创新聘任模式，吸引专家来粤；完善服务，为人才入粤提供保障；政策支持及资金投入 |
| 北京 | 政策健全人才保障服务；资金支持人才项目开展；创新型人才薪酬激励模式；良好的人才发展环境 |

综合对上述先进地区引人方案的分析，具体总结如下：一方面建立健全人才保障服务体系。为人才进入本地区开展半导体工作提供完善的配套设施。① 建设良好的工作环境，为人才落地提供保障，为其在本地区的医疗卫生保障、住房以及子女就学等开辟绿色通道，满足半导体人才的工作及生活需求，为其工作和生活提供良好的环境和氛围；另一方面为人才提供资金及政策支持等。设置奖金奖励激励半导体人才的创造性和创新性，完善多种形式的补贴和奖励措施，设置项目资金为半导体人才项目实施和开展提供资金的援助；再者，鼓励企业进行人才引进，为企业人才引进提供奖励和支持。

### (二)以“育”才为支撑，搭建“创新协同”平台

各地区各企业要建设自身发展优势就必须自主培养专业化、高端化并凸显本地区半导体发展特色和优势的半导体人才团队。注重高校与企业的合作，开展产学互动，整合教育资源，培养复合型人才；注重高校

① 余江，李博，张贝贝，等．知识密集型产业全球创新生态“本土化”机制研究——基于生态主导者视角[J]．科学学与科学技术管理，2024，45(8)：109-125，143.

与科研机构的合作，科教结合，协同育人；关注国内高校与海外高校及科研机构的合作，充分汲取海外产业人才优势，[①] 培养本土的国际化半导体人才；发挥半导体职业教育的作用，完善教育体系布局。具体措施如表5所示。

表5　先进地区"育人"经验总结

| 地区 | 先进"育人"经验 |
|---|---|
| 江苏 | 学科建设，资助硕博点；打造教学创新平台，支持高校学院；优化专业设置，加强校企协作， |
| 浙江 | 专业建设；产学研结合，产教融合；订单式培养 |
| 上海 | 建设"双一流"学科；产学研协作培养；产教融合、科教融合 |
| 广东 | 产教研协同培养复合型人才；补充职业教育，完善教育体系；多元主体参与人才培养；海外合作培养尖端人才 |
| 北京 | 产教研协同培养体系；多元主体参与人才教育；特色人才培养模式；职业教育补充人才教育体系 |

基于上述先进地区半导体人才培养经验，总结如下：一方面，开展产学研协同人才培养模式，整合政府、产业、学术研究和应用的资源，立足于半导体企业人才需求，贯通职本硕博，培养专业化和具有针对性，符合企业实际需求的半导体人才。建设特色学科、品牌学科，打造学科优势，发挥企业主体作用，支持以冠名班、订单班、新型学徒制等校企合作形式委托高校定向培养半导体全产业链人才；另一方面，充分发挥培训的作用，搭建培训平台、建设培训体系。工程师项目和培育实训基地优先考虑半导体行业。鼓励政府与高校、龙头企业合作共建培训平台，[②] 与海外高校合作培养国际化半导体人才。同时，完善培训基础

① 管开轩，余江，周建中，等．高水平科技自立自强下我国集成电路人才培养"痛点"与对策[J]．中国科学院院刊，2023，38(2)：324-332.

② 蔡湘杰，潘红玉，贺正楚．半导体产业与科技创新体系的协同互促：国际对比与启示[J]．科学决策，2024(2)：105-121.

服务，建设培训课程体系，选拔优秀培训导师，针对性制定培训计划等。

## (三)以“用”才为关键，构建“才尽其用”格局

善用人才、用好人才，才能最大限度发挥人才效应，实现人才最大价值。引才、育才、留才都是为了更好地用才。为促进半导体人才发展，各企业、地区着力构建“人尽其才，才尽其用”的格局，考虑人才本身的实际情况；同时摸清岗位对人才的实际需求，实现人岗相应、以事择人。各地区充分释放人才活力，为人才施展才华畅通渠道、搭建平台，让人才创新创造活力得到充分迸发。总之，在半导体“用人”方面均进行多方努力，典型地区表现如表6所示。

表6　**先进地区“用人”经验总结**

| 地区 | 先进“用人”经验 |
| --- | --- |
| 江苏 | 加强技术人才培训；构建职业发展渠道；培养后备力量；深化人才储备，提供一体化人才服务方案 |
| 浙江 | 建立产业联盟；构建产业生态；储备人才 |
| 上海 | 构建智库中心；建立人才储备库；搭建职业培训体系 |
| 广东 | 设立人才库，优化人才管理；搭建交流平台，拓宽交流渠道；划分职称等级，设立技能补贴 |
| 北京 | 激励人才创新；打造产业园区；设立研究机构和专家工作站 |

基于以上分析可知，尽管各地区采用不同方案聚集人才，但仍存共通性。一方面，搭建产业发展重大平台，通过平台助力人才应用。积极搭建半导体、芯片行业发展平台、联盟等，以实现行业内人才交流、产业服务，为各地区集成电路企业、人才和团队提供支撑及服务。另一方面，建立完善的人才评定体系。以重点队伍建设为抓手，抓好领军人才、重点领域人才队伍建设，以职业属性和岗位要求为基础，健全人才

分类评价体系，坚持共通性与特殊性、水平业绩与发展潜力、定性与定量评价相结合，分类建立健全涵盖品德、知识、能力、业绩和贡献等要素，科学合理、各有侧重的人才评价标准。再者，通过人才储备池、人才交流促进人职匹配。此外，建立人才储备池、人才供需信息库，加强人才信息共享，为高端人才打造相匹配的岗位，促进人岗匹配，进而实现高效率用人。

### （四）以“留”才为保障，营造“拴心留人”环境

“引进人才难在引心，留住人才重在留心”。只有从感情上贴近人才、从细节上关心人才，才能真正留住人才。各地区积极落实待遇保障，一方面要拿出“真金白银”，亮出“诱人砝码”，给足半导体人才“安全感”；另一方面要落实人才待遇保障，激发半导体人才干事创业动力，加大人才保障力度。总之，各地区在“留人”方面均进行多方努力，其具体措施如表 7 所示。

表 7　　**先进地区“留人”经验总结**

| 地区 | 先进“留人”经验 |
| --- | --- |
| 江苏 | 实施人才保障，加强人才安保；完善人才应急处置制度；加强人才涉外司法协助 |
| 浙江 | 分类认定人才；住房保障；子女教育保障 |
| 上海 | 户籍认定；住房补助 |
| 广东 | 构建产业联盟，形成良好产业生态；政策支持和资金投入 |
| 北京 | 保障人才生活和工作；为人才提供资金和政策支持 |

基于各地留人方案，具体总结如下：一方面，降低落户门槛、提供购房补贴等优惠政策吸引人才。提升教育、医疗优势，为半导体人才在子女就学、医疗保健等社会保障和公共服务方面开辟绿色通道等。另一方面，优化职业晋升通道，健全完善半导体高科技人才职业技能认定等级制度，切实推动职业技能等级认定与人才待遇相结合，建立与之相匹

配的岗位绩效工资制度。另外，加强物质激励。通过技术奖励，实行半导体人才多类型奖补政策，通过合理规划半导体人才薪酬激励制度、股权激励力度，对招聘和在职半导体人才给予有竞争力的待遇。

## 三、湖北省半导体人才发展对策建议

围绕湖北省半导体人才的选、用、育、留，打造产业链、创新链、人才链协同发展的半导体人才发展生态，设计湖北半导体人才发展体系，具体包括：

### (一)戴上“望远镜”放宽视野引人才

#### 1. 建立半导体人才储备池

建立以科学创新与科技创业为支撑的半导体人才竞争优势，打造湖北省半导体中高端战略人才数据库，通过“人才飞地”“银发人才”“候鸟人才”“共享人才”“人才悬赏”等多种途径和方式，建立门类齐全、链条完整、供求平衡的湖北省半导体人才储备池。联合省教育厅、省经信厅、省科技厅、省人社厅等部门，建立半导体设计、制造、封测以及应用的分类人才数据库以及产学研半导体人才信息共享机制，面向湖北省半导体产业发展编制高端人才地图、招才引智索引方案及定向招募计划。依托半导体人才库，定期发布半导体科学研究及产业化人才供求情况、高端人才流入及流出情况、人才培养及储备情况等数据。

绘制半导体中高端战略人才地图，赋能半导体产业倍增发展。充分挖掘湖北省中高端战略人才，建立湖北省半导体中高端战略人才识别入库模型，在数据挖掘方面实现自动化分类和信息管理。打破数据壁垒，建立全域贯通的湖北省半导体中高端战略人才数据池。对湖北半导体产业中高端战略人才的分布进行精确标注，根据人才集聚密度生成多样化标记。打造湖北省半导体产业人才数字底座，实现精确管理和高效服务，搭建政策投送、奖励申报和服务享受的云平台。通过动态展示中高端战略人才队伍的现状和趋势，实时监测和预警半导体中高端战略人才流动情况，为湖北省半导体产业项目提供人才储备参考。培养湖北省半导体中高端战略人才，以知识和数据驱动的智能认知服务平台为基础，构建中高端战略人才链的蓝图，为湖北省半导体领域的人才引进工作提供智能化的数据支持。采用大数据技术构建超大规模的半导体领域知识图谱，基于湖北省半导体的人才指标，对中高端战略人才质量、规模、结构、效益等进行多维度分析和预测并可视化展示，促进湖北省半导体行业的精确引才。

推动半导体人才跨区域流动，打通半导体引才引智的新路径。实施人才飞地计划，在人才引进过程中，突破地域、户籍、身份等限制，打造离岸科创飞地、成果转化飞地、任职就业飞地等，实现灵活的半导体柔性引才。首先，推动候鸟人才计划。建设半导体候鸟人才工作联合体，着力将候鸟人才工作站打造成集候鸟人才服务、活动交流、成果展示为一体的半导体人才综合服务平台建立针对半导体候鸟人才的成果转化定向服务机制以及半导体候鸟人才与在鄂企业的互动对接机制，推动半导体候鸟人才更好地服务湖北半导体产业发展。针对对接程度高、转化潜力大的半导体候鸟人才，建立健全人才档案管理制度以及精准对接方案。其次，开展银发人才计划。根据银发人才在半导体领域的专长和技能及其紧缺程度，组建半导体银发人才队伍。采用延聘、返聘以及支持银发人才创业等形式，为半导体银发人才以智库专家、大国工匠、技术专家等身份开展工作创造条件。再次，落实共享人才计划。建立政、产、学、研跨组织、跨部门的半导体产业中高端人才流动机制，推动常态化的产学研半导体高端人才交叉兼职、任职与挂职。高校引进的半导体人才面向企业开放，以揭榜挂帅、定向邀约等方式开展工作；企业引进的半导体人才必须参与高校学科专业建设以及人才培养。

打造人才“强磁场”，筑好多层次人才“蓄水池”。加快培养使用战略科学家。依托湖北省“十大实验室”及创新高地建设，鼓励有战略科学家潜质的人才到湖北省半导体产业研发中心担任科研带头人。此外，湖北省人才管理中心应从“大项目、大平台、大团队、大企业”四个层面培养战略科学家。为战略科技人才提供“大项目”，在大项目中历练，基于其为战略科技人才提供施展才华的舞台，在“大平台”中持续激发创新创造活力。在“大企业”中有意识地发现和培养更多具有战略科学家潜质的高层次复合型人才，组成战略科技人才“大团队”，形成战略科学家成长梯队。首先，打造大批一流科技领军人才和创新团队。充分依托湖北省高校及江城实验室等新型研发机构优势来完善战略科技力量的人才储备条件，加快建立面向科技领军人才和创新团队的高质量服务体系，为其量身定制“一人一策”服务方案，确保有限的资源支持更多的科技领军人才和创新团队，切实推进科教融汇，切实培养具有前瞻性判断力、跨学科理解能力、大兵团作战组织领导能力的一流科技领军人才和创新团队。其次，造就规模宏大的青年科技人才队伍。建立芯片“卡脖子”关键核心技术攻关人才特殊调配机制，制订实施专项行动计划，跨部门、跨地区、跨行业、跨体制调集领军人才，组建攻坚团队。积极发挥江城实验室、东湖实验室等湖北实验室的作用，组织湖北省半导体产学研协同攻关，打造一流科技领军人才和创新团队。根据不同岗位、不同层次人才特点和职责，分类建立科学合理、各有侧重的青年科技人才分类评价体系。同时，为青年科研人员提供切实可行的支持，并给予青年科技人才足够的创新空间和容错空间。最后，培养大批卓越工程师和高技能人才。立足湖北省半导体产业集群发展人才情况，充分发挥武汉大学、华中科技大学、武汉理工大学等高等院校在半导体领域人才培养方面的学科和平台基础，加快构建现代教育体系，打通卓越工程师和高技能人才纵向成长通道。联合湖北半导体行业龙头企业，探索校企协同与深度融合的体制机制，① 打造集人才培养、课程建设、技术研发、科技创新、产业服务、资源共享、产品中试、成果转化于一体的创新平台，为湖北卓越工程师和高技能人才提供全方位服务支撑。

2. 发布半导体人才白皮书

编制湖北省半导体行业、企业、研发机构、学科专业等目录，定期

---

① 马万里．关键核心技术领域高层次人才培养的困境与进路——基于校企共生视角[J]．中国高教研究，2023(7)：53-60.

征集数据，围绕半导体人才的数量与质量、培养与引进、流入与流出等发布半导体人才白皮书。

制定湖北省半导体人才发展战略。[①] 产业发展，人才为先。贯彻落实国家深化产教融合的相关部署，围绕产业链构建人才链、赋能创新链，明确湖北省在半导体人才发展方面的长期目标和愿景，包括培养战略型、复合型、创新型半导体人才队伍。评估湖北省半导体人才发展现状，包括人才数量、结构、素质以及半导体产业发展的需求和趋势分析，了解现有人才培养体系、企业需求以及人才流动情况等，为制定战略提供依据。基于培养目标及现状分析，针对半导体青年科技人才、战略型领军人才、高级技工人才等，制定具有湖北省特色的半导体人才发展战略，以促进产学研合作、推动技术创新和创业。[②]

科学编制湖北省半导体人才发展白皮书。联合湖北省教育厅、省半导体行业协会、省半导体专业联盟等机构，聚焦半导体细分领域，建立人才大数据库，分领域分类别绘制半导体人才地图，定期发布湖北省半导体人才发展白皮书，报告人才发展的规模、质量、结构与效益。围绕半导体相关行业人才当前与潜在的供求及匹配情况，发布人才供给紧缺指数；跟踪半导体领域尖端人才的流入流出以及二次流失等情况，发布人才流失预警指数；测度半导体相关领域人才的生活、就业、创业环境指标，发布人才黏性竞争力指数；调研围绕半导体产业链布局创新链、人才链的情况，发布科技、人才、产业耦合指数；依据半导体人才在区域、行业、学科、机构等的分布情况，发布人才分布指数。

定期征集湖北省半导体人才发展数据。制订详细的数据征集计划，包括确定征集的内容、范围和频率。考虑到湖北省半导体产业人才的特点和需求，确定需要收集的关键指标和数据类型；联合半导体产业协调机构，负责组织和协调数据征集工作。与湖北省内的半导体企业、研发

① 梁荣华．韩国半导体人才培养的战略布局及其启示［J］．中国高等教育，2024（Z1）：76-80.

② 白光裕，王建，黄紫春．美国集成电路产业政策动向及我国应对策略［J］．国际贸易，2023(11)：67-76.

机构和高校建立紧密的合作关系，通过问卷调查、面谈、文件收集等方式向其定期征集人才发展数据。鼓励半导体领域企业、研究所及高校数据共享，建立数据交流平台，促进诸多单位之间的数据共享和合作；对征集到的数据进行分析和整理，形成定期的报告。定期评估数据征集工作的效果和质量，根据评估结果及时进行改进和优化。不断完善数据征集机制和流程，以提高数据收集的效率和准确性。

3. 提升半导体人才中介服务

围绕半导体行业的专项资金申请、知识产权保护、高端人才服务中介、科技成果转移转化、金融服务等，提升半导体人才中介服务的质量和水平。

建立资金支持绿色通道。加强组织工作，全面畅通半导体人才科研工作及成果转化的专项资金申请绿色通道。各单位及相关部门强化部门领导间的配合，简化申请手续，提高办事效率，通过半导体人才申请、相关部门审批、整合多个办事环节等一系列做法，压缩专项资金申请使用办理时间和资金支出。扩大资金申请覆盖范围，加强认定，确保实现有资金需要的人员应申尽申。对于科研人员、科研项目设定完善的审核标准，进一步提高资金申请工作精准度，加强监督管理，避免出现资助对象认定不精准、资金发放不及时、资助管理程序不规范等问题。创新信贷金融服务方式，为半导体科研人员提供绿色贷、科技成果转化保险、经营保险等一系列金融保障服务，降低人才科研、经营风险，提升金融服务水平。

完善知识产权保护机制。联合湖北省知识产权局建立半导体产业知识产权保护分部，坚持“深入实施知识产权强国战略，有效支撑创新驱动发展”理念，针对半导体相关技术成果实行专业认定与保护工作，提供专利申请协助与咨询等服务，构筑立体化保护体系，激励半导体科技人才创新研发。持续完善知识产权制度体系，助力形成支持全面创新的基础制度。顺应湖北省知识产权发展需要，加快完善知识产权法律体系、管理体制和政策体系。不断提升知识产权转化运用效益，助力构建现代化产业体系。大力实施专利转化运用专项行动，梳理盘活高校、科研机构存量专利，打通专利转化运用的关键堵点，推动一批高价值专利实现产业化。切实强化知识产权全链条保护，助力营造市场化、法治化、国际化一流营商环境。推动成立半导体知识产权保护站、知识产权调解委员会等组织，拓展半导体人才维权渠道，快速解决知识产权纠纷。

建立人才全域共享机制。汇聚教育、人社、科技、经信、发改等部门以及高校、科研院所、龙头企业的力量，[①] 成立半导体人才发展工作委员会以及专家咨询委员会。瞄准湖北省半导体产业集群开展常态化的关键技术预见，编制面向湖北省半导体中长期产业发展规划的人才发展规划，推进全域、全时、全链的人才共享。推动半导体人才在高校、科研院所以及企事业单位之间的相互任职、兼职、挂职，最大效率地配置和利用半导体人才资源，实现人才全域共享。建立多元化、专业化、全领域的人力资源数据库，协助企业在管理、技能、劳务人员、劳务协作等各个领域进行人才的共享，实现人才资源的准确、有效匹配，给企业减负。搭建为企业提供深度 HR 服务的平台，精简公司人员，优化成本，帮助公司降低成本，帮助公司进行“瘦身、强体”，提高市场竞争力，促进经济增长。为省内企业建立“以大带小”的资源整合平台与通道，重点提高企业的组织效率，提高人才的雇佣体验，使人才综合能力得到全方位的提高。

### (二)当好“探照灯”多方协同育人才

1. 畅通半导体产教融通渠道

依据教育部发布的行业产教融合共同体建设指南，聚焦半导体全产业链培育与全人才链培养，强化教育管理部门的规划引领与资源配置。支持“双一流”高校联合科研机构、职业技术学院、行业组织、上下游企业等组建国家级半导体产业融合共同体。探索半导体行业与高校的人

① 刘建丽，李先军．基于非对称竞争的“卡脖子”产品技术突围与国产替代——以集成电路产业为例[J]．中国人民大学学报，2023，37(3)：42-55.

才交互任职长聘机制与薪酬改革制度，建立产教融通的人才共享池及自由流通机制。推动半导体龙头企业的“企业大学”教学点建在校园以及高校半导体相关专业的第二实验室建在企业，切实推动产教资源融通与共享。

2. 贯通半导体科教融汇路径

支持在半导体涉及的数学、物理、化学、材料、机械、信息和计算机等相关领域具备学科专业优势和科技成果基础的高校，推行举校体制，积极开设半导体实验班，强化科研反哺教学。支持行业类高校结合行业发展趋势及半导体应用场景，面向设计、制造、封测及应用全产业链半导体人才培养，打造全周期、全链条、全场景的理论与实践教学。推动半导体科研项目进教材、科技人员进课堂、科技竞赛进校园，切实推动科学创新与教育教学相得益彰。

3. 打通半导体专创融合节点

推动湖北省高校面向半导体相关的本硕博专业遴选具有创新能力与创业潜质的优秀学生，开设科创微专业并引入风投资本参与成果转化和项目孵化，推动半导体本硕博连创，打通科学创新与科技创业的“断点”。鼓励在半导体相关领域拥有较高技术成熟度与市场推广性成果的高校科研人员指导学生参与“揭榜挂帅”并开展“师生同创”。支持高校联合风险投资公司、行业龙头企业等在校设立半导体众创空间、梦工场、孵化器、加速器等全链创业载体，夯实专创融合平台。

### (三)用好“放大镜”捕捉优势用人才

1. 实施产业人才开源行动

紧盯产业发展需求，创新科技项目实施方式，实施产业链人才开源行动。一是建设领军人才负责制新型研发机构。建设半导体国际人才港、离岸创新创业基地等，面向全球引进院士及后备人才等战略科学家，推动楚天学者工作室、院士专家工作站等新型研发机构建设，力争获得一批领跑、并跑的半导体原始创新成果。二是广泛推行揭榜挂帅项目实施方式。以重大需求为导向，用市场竞争来激发创新活力，科技项目实施常态化采用“揭榜挂帅”机制，定期发布关键核心技术项目攻关清单，吸引科技领军人才和创新团队合作参与。三是鼓励发展产业专项人才定向培养。推行半导体领军人才校企联合订单培养模式，成立校企联合工作专班，设置半导体工程师特岗，共同制订人才培养方案，实行双导师制，特岗人才完成学业并达到录用条件后，可直接到合作单位就业。

2. 深化职称评审制度改革

聚焦专业实践技能，深化职称评审制度改革，破立并举，不拘一格评人才。一是开辟职称评审绿色通道。对不具备规定学历(学位)、资历，实践证明能胜任岗位要求、在半导体专业领域中作出突出贡献和成绩的专业技术人员，设置“破格”评审绿色通道。湖北省十大实验室、省级技术创新中心、科技领军企业等可推荐本单位技术负责人直接评定相应层级职称。二是推动职称评审权下放企业。充分发挥用人单位在职称评审中的主体作用，大力推广华工科技、长飞光纤、高德红外三家企业承接相关专业正高级职称评审权的工作经验，鼓励领军半导体企业申报职称评审权，做到“谁用人、谁评价”。三是丰富职称评价方式。建立以同行专家评审为基础的业内评价机制，针对特殊人才采用特殊方式评价，进一步打破产业、地域、身份、档案、人事关系等限制，畅通非经济组织、社会组织人才职称申报渠道，确保非公经济与国有经济享受同等待遇。

3. 夯实人才发展平台载体

聚焦半导体设计、制造、封测及应用领域，多维部署半导体用人平台，充分发挥人才创新潜力。

加强半导体专业孵化器建设。推进孵化器运营模式升级需要布局半导体专业型孵化器。依托发展第三代半导体、打造特色集成电路产业集群的契机，鼓励建设一批专业孵化器，开展专业化“双创”服务。围绕湖北发展第三代半导体技术和产业发展方向，采取“政+产+学+研+用+投”平台和“研发创新服务+专业技术服务+专业市场推广+金融服务+行业服务”的运作和孵化服务模式，精准匹配资本需求，以需求链激发创新链、对接资本链，打造专业化科技服务创新载体，实现产业全链条布局和一体化实施。

加快打造中试基地。针对半导体产业发展的半导体集成电路、光电子器件、分离器件和传感器等重点产业链和关键技术领域，以及与半导体发展相关的电池材料、有机硅等具有重大发展前景的相关科技成果进行中试研发，支持组建具有国资背景、市场化运作的鼓励中试基地，系统提供中试熟化、新品研发、产品试验、场景应用、技术改进等中试服务，最大程度地打通科学创新成果与市场化之间的“断点”。

促进三链深度融合。依托华星光电、华工激光等湖北省半导体龙头企业，武汉大学、华中科技大学、武汉理工大学等高等院校，以及中国科学院系统在武汉成立的新型研发机构“武汉先进院”等科研院所，系统整合创新资源，组织各机构人才之间交流合作，加强各创新联合体、企业联合体、高校与科研院所之间的半导体成果转化机构的协同合作。每年支持建设5~10家半导体中试基地，力求实现半导体相关重点产业和技术领域全覆盖，促进半导体创新成果转化，形成各具特色、行业共享、可持续发展的半导体科技成果转化中试服务体系。充分发挥中试基地的纽带作用，为促进半导体创新链、产业链、人才链“三链”融合提供有力支撑。

### （四）打开“显微镜”贴心服务留人才

1. 优化半导体人才激励政策

针对半导体行业顶尖企业和团队的技术投资、薪资标准、职业发展、荣誉奖励、子女入学等，制定引进海外人才的湖北省半导体人才发展的续航政策。

人才引进激励。建议对于半导体行业的优秀技术人才及团队，制定人才分类标准，按不同标准对引进人才发放金额不同的生活津贴、工作用车等经费补助。对于新引进人才并与用人单位签订3年及以上服务合同(协议)的，按照人才分类标准可享受不同金额的人才购房补贴。对于未在湖北省内购房的引进人才，按照优先配租的原则提供人才公寓免费入住或租房补贴等激励政策，做好人才住房的长期规划。对于高等院校和经批准设立或认证的半导体研究机构中的科研人员，给予科研经费奖励，要求相关单位按照年薪制、项目工资等分配方式合理制定科研人员薪酬标准。鼓励企业、高校和科研院所引进半导体行业高水平人才，并对人才引进单位实行奖励补贴。

人才培育激励。鼓励湖北省半导体人才自主提升、自我开发，对于获取正高级专业技术资格或首席技师等级证书、副高级专业技术资格或特级技师等级证书、中级专业技术资格或一级技师等级证书的半导体人才，按照不同标准给予现金奖励。鼓励半导体龙头企业推行“揭榜挂帅”制以及内部创业，吸引具有内部创业潜质的科技人员联合产学研相关领域人才积极开展内部创业并推动企业裂变式发展，由湖北省人力资源和社会保障厅、湖北省科学技术厅等相关部门共同给予支持。支持企业、高校及科研院所派遣新兴领域人才到国内外高校、研究机构进行进修、考察与学术交流学习活动，并给予生活补贴、学费补贴等经费支持。对于取得半导体省级、国家级成果的人才给予科研成果奖励，并对人才所在单位给予研究经费支持。对半导体人才集聚程度较高、资本投入较强的示范高校或单位，给予人才培育奖励，推动企业与高等院校建设大学生半导体实习基地，为人才培育提供后续保障力量。

人才留用激励。建立人才职称评审绿色通道，在半导体人才引进的聘期内，可直接按照单位相关标准申报职称，不占用相关单位原本评审名额，且对于取得重大成果的人才给予优先评审权。妥善安排引进的半导体人才的配偶工作，根据其配偶原单位与工作性质，由组织部、引才单位主管部门协调就近安排，支持为引进人才配偶安排高质量就业服务。为引进半导体人才子女提供入学保障，根据其户籍所在地或常住地点，以及本人意愿优先安排子女入学，建立引进人才子女入学协调机制。完善社会相关服务，对于引进人才及其家属，优先办理医疗保险、社会保险相关手续，提供绿色通道。按照人才引进分类标准，高质量人才在出行时可享受绿色通道、旅游景区免票等优惠政策，做好生活保障服务。

2. 改善半导体人才工作环境

围绕半导体人才发展的数据资源归集、科技创新平台、学术交流渠道、产学研对接活动、高端会议会展等，构筑湖北省与国际接轨的半导体人才工作环境。

促进半导体双创人才资源归集。着眼数字赋能半导体人才服务工作，统筹省市各级政府部门及平台机构，集成半导体相关领域创新创业的财税、金融、科技等政策，为来鄂半导体人才量身定制数字身份证明。归集服务半导体科学创新人才与科技创业人才的资源，实现半导体高层次人才“一人一码”、人才政策“一键兑现”、人才办事“一站入口”、人才双创“一帮到底”、人才服务“一码供给”。探索半导体人才试验区试点工作，强化数字技术的应用，推行人才“秒批”引进，提升半导体人才全方位服务的质量、流程与效果。

打造半导体高端人才发展特区。针对在半导体“卡脖子”相关技术领域取得重大突破的高校教师及科研院所科研人员，开设职称评聘“绿色通道”，其可不受工作年限、科研项目、论文发表的硬性条件约束。面向在国企工作的半导体行业技术及管理人才设置“薪酬特区”，其可不受限薪的相关要求。结合湖北省半导体学科、技术及产业基础，“定向招才”“精准施策”，为引进的人才提供量身定制的大科学装置、科创中心、综合实验室等平台。对于湖北省地市州以及武汉市各区引进的半导体高端人才，其在人力社保、医疗健康、教育就学、户籍居留、项目申报、双创待遇等方面互认共享。

搭建多功能科技创新平台。为半导体人才建立公共资源交易信息平台、高新技术推广平台、数据要素交易平台和金融征信服务平台等多功能性科技创新平台，切实解决半导体人才信息获取不及时、资源交换困难、市场需求难以把握，各项业务“多次跑”等一系列问题。以多功能平台促进半导体人才各类事项“一次办”，便于精准掌握市场技术需求，通过平台与同行业、跨行业人才建立联系，提升半导体人才工作效率。强调平台服务规范化，构建“服务评价—情况反馈—落实整改”的平台服务制度，推动工作人员提高服务质量，大力提高半导体人才工作满意度和幸福感。

拓宽国际学术交流渠道。拓宽与国外高校、研究机构建立合作与交流的途径，鼓励各高校、科研院所以及其他相关单位通过互派学者访学讲学、学生互换交流、科研合作团队和合办国际研讨会等形式，引导半导体人才“走出去”，拓宽半导体人才学术交流渠道，为培养具有开阔的国际视野、较强的国际交往能力的复合型半导体拔尖创新人才提供重要支持①。加强各单位和专业学科的对口交流工作，鼓励寻找国际对口合作伙伴，促进半导体产业国际交流与合作纵深发展。面向半导体领域的海外归国人才以及国际创业企业的尖端人才，设立实体型国际创业学院、半导体国际人才俱乐部，构建具有国际竞争力的半导体人才体系。

3. 制定半导体人才跟踪机制

遵循“一事一议”“一人一档”“一人一策”，围绕半导体人才全周期成长及职业发展，建立半导体人才工作联席会议制度及专人定向联系制度，推动湖北半导体人才跟踪服务并做到动态监控。

建立人才问题信息库。做好半导体人才工作的后续跟踪保障问题。各单位对于半导体人才相关信息进行上报，酌情考虑成立半导体人才工作办公室，对各单位人才信息进行记录和整合。设立半导体人才服务电话，及时接听并记录人才反映的问题和诉求。每年通过走访基层、服务企业、深入高校等活动，或不定期召开半导体引进人才代表座谈会，面对面交流、听取人才工作生活困难或意见建议。人才工作办公室将收集的需求或问题信息分门别类进行梳理，按紧急程度和职能职责进行分类，汇总后提交办公会议集中研究处理。针对个人特殊性困难，遵循“一事一议”“一人一策”等原则，由专人申请特殊解决方案，力求清空半导体人才工作后续难题，保障工作顺利开展。

设定目标跟踪考核方式。对半导体人才加强监督，实行动态管理。不断健全半导体人才学术考核、技术考核、平时考核、年度考核和日常

① 尹西明，张贝贝，陈泰伦，等．我国集成电路现代化产业体系构建的战略与路径思考[J]．中国科学院院刊，2024，39(7)：1191-1204.

管理等相结合的跟踪考核机制，定期和不定期开展调研，实行动态管理、定期更新，不以一次选拔结果决定终身工作职位，以“有进有出”为原则，实现人才良性循环。深入实施对干部、高级人才的考察，每年通过根据考核效果不断改进、规范考察方式方法，目标在于实现对半导体人才全方位的考核，督促并激励人才不断进步。

设计人才多元化评价方案。评价主体多元化，对于设立半导体产业相关专业的高校以及学院，利用学校招聘会契机对用人单位进行调研，通过高校了解毕业生的工作情况；定期向企业发出人才工作情况调查问卷，对人才的发展情况及企业的满意度情况进行调研。评价指标多元化，半导体人才跟踪考核需从多方面全面考虑，设计包括专业认知、科研能力、绩效指标、沟通能力、工作态度等多元化的评价方案，按照不同重要程度设定权重，最终构成半导体人才评价体系。除常规的网上评价、问卷调研等评价方式外，可根据人才工作岗位的特点，采用线下实践、成果展示等众多灵活的评价方式进行反馈。

（本研究报告为2023年湖北省社科基金重点课题暨“湖北半导体产业”专项课题阶段性成果）

**撰稿人：** 彭华涛　武汉理工大学创业学院副院长、教授、博士生导师

祁　伟　武汉理工大学管理学院博士研究生

胡　亮　武汉理工大学管理学院博士研究生

陈海俊　武汉理工大学管理学院博士研究生

皇甫元青　武汉理工大学管理学院博士研究生

刘　萌　长江国际控股集团有限公司总经理

龙　彧　武汉理工大学管理学院博士研究生

# 湖北省科技创新体系赋能五大产业发展研究

武汉光谷创新发展研究院课题组

科技创新体系是指在一定区域范围内各类创新主体、创新平台、创新资源、创新环境之间相互作用和相互影响的有机整体。完善的科技创新体系是创新驱动高质量发展的重要保障，是产业高端化发展与迭代升级的有力支撑。2023 年中央经济工作会议将“以科技创新引领现代化产业体系建设”列为 2024 年工作任务之首。湖北省大力发展光电子信息、新能源与智能网联汽车、生命健康、高端装备、北斗五大优势产业，亟需进一步发挥科技创新对产业发展的引领支撑作用。

## 一、产业发展需要科技创新引领

科技创新引领产业发展是顺应全球科技产业一体化发展趋势的必然选择。当前，科技创新正进入大科学时代，呈现出多技术簇群多点突破、链式变革、融合爆发等现象，量子信息、人工智能、生命科学等前沿领域加速突破，科技创新的渗透性、扩散性、颠覆性特征更加显著。全球技术变轨加速，前沿技术交叉融合与快速迭代正重塑产业体系并催生“引爆点”，创造出更丰富的应用场景和创新价值。数字经济强势崛起，生产方式、生活方式、消费贸易、治理方式加速数字化变革。科学研究范式发生深刻变革，科技与产业加速融合，科研、生产、市场转化过程一体化现象明显，科技创新对产业发展的前瞻引领作用更加突出。

科技创新引领产业发展是我国实现高水平科技自立自强、保障产业链供应链安全的战略安排。我国开启全面建成社会主义现代化强国新征程，将高质量发展作为首要任务，深入推进和拓展中国式现代化建设。实现高水平科技自立自强是中国式现代化建设的关键，现代化产业体系是现代化国家的物质技术基础。当前，我国产业“大而不强、宽而不深”的问题突出，核心零部件、核心软件、关键材料、关键设备等大量依赖进口，关键核心技术存在“卡脖子”风险，产业链供应链安全性受到挑战。大力提升科技创新能力，以科技创新推动产业创新，是建设具有完整性、先进性、安全性的现代化产业体系的基石和保障。

科技创新引领产业发展是湖北省提升产业竞争力、培育新质生产力的迫切需要。湖北省靠工业起家，从19世纪末的汉阳铁厂，到中华人民共和国成立后国家布局武钢、武重、武船、二汽等重大工程，到目前湖北省已形成“51020”产业体系，存储器、航天产业、网络安全、新能源与智能网联汽车等国家级产业基地加速建设，湖北省一直是国家的重要产业集聚区。但是，湖北省产业发展仍然面临“势强力弱”“大而不强”“全而不精”问题，战略性新兴产业基础不够牢固，关键领域存在“卡脖子”风险，产业链供应链安全水平有待提升。新时期，湖北省大力推进科技创新高地和制造强国高地建设，急需以产业科技化引领带动支柱产业和新兴产业高端化、特色化发展，以科技产业化策源未来产业新赛道，加快培育发展新动能。

## 二、国内典型地区科技创新体系赋能产业发展经验

### （一）深圳科技创新体系赋能产业发展实践

深圳围绕新一代信息技术、高端装备制造、生物医药与健康等战略性新兴产业发展，构建“基础研究+技术攻关+成果产业化+科技金融+人才支撑”全过程创新生态链。一是高质量建设重大战略平台。稳步推进河套深港科技创新合作区、光明科学城、西丽湖国际科教城建设，鹏城实验室获批国家实验室，获批建设肿瘤化学基因组学国家重点实验室、国家高性能医疗器械创新中心、国家应用数学中心和国家感染性疾病

(结核病)临床医学研究中心，国家级创新平台达100多个。二是支持企业提升创新能力。突出企业创新主体地位，支持领军企业牵头组织实施科技重大专项，支持头部企业和战略科研平台组建创新联合体，推动大中小企业融通创新，在5G、8K、人工智能、基因测序、3D显示、新能源汽车、无人机等领域涌现出一批世界领先创新成果。三是加强人才金融要素支撑。深入实施“孔雀计划”，建立人才分级评价机制，率先开展人才引进“秒批”改革，重点面向战略性新兴产业引进高层次创新人才。设立深圳市政府引导基金，吸引81个创投机构与深圳市政府引导基金合作设立基金，引导社会资本支持战略性新兴产业发展。四是持续拓展开放创新。推进广深港澳科技创新走廊建设，支持港澳创新主体申请深圳市科技项目，实现科研资金跨境使用、科研仪器开放共享。实施国际科技合作项目，重点支持战略性新兴产业和未来产业领域技术攻关，最高资助100万元。

### (二)杭州科技创新体系赋能产业发展实践

杭州围绕数字经济、生命健康、智能制造等产业，加大创新平台布局，持续推进人才、技术、资本等创新要素集聚，构建“产学研用金、才政介美云”十联动创业创新生态系统。一是大力建设高端创新平台。深入推进杭州城西科创大走廊建设，西湖大学、之江实验室、阿里达摩院、北京航空航天大学杭州创新研究院、浙江省北大信息技术高等研究院等高水平创新平台初成规模，国家超重力离心模拟与实验装置、中电海康集成电路平台(青山湖)等重大科学装置(平台)加快建设，国科大杭州高等研究院、浙江大学国际科创中心、中法航空大学等高端科教平台相继布局。二是加强“高精尖缺”人才引进培育。深入实施“鲲鹏行动”“西湖明珠工程”等重点人才计划，围绕生命健康、智能制造等产业引进了俞书宏院士团队、杨焕明院士团队、蔡鹤皋院士团队等高层次创新创业人才团队。三是深化政产学研协同创新机制。支持企业加强与浙江大学、浙江工业大学、杭州电子科技大学等高校院所合作，围绕数字经济、生命健康、智能制造等产业，协同开展产业创新人才培养、科技项目攻关与成果转化。四是持续强化科技企业培育。构建"创客企业—雏鹰企业—市级高新技术企业—省科技型企业—国家高新技术企业—领军型企业"六级企业梯度培育体系，组建1000亿元创新创投基金，落实科技企业认定补助、金融支持和发展奖励政策，在数字经济、生命健康、智能制造等产业诞生了一大批新技术新业态企业。

### （三）苏州科技创新体系赋能产业发展实践

苏州围绕生物医药、新一代信息技术、纳米科技、人工智能等领域，高标准建设产业集聚区，开放式引进创新资源，坚持投入，持续发力，树立起特色产业地标。一是深化与大院大所创新合作。加强链接国际国内高端创新资源，引进冷泉港亚洲、中科院苏州纳米所、中国中医科学院大学、东南大学苏州研究院、浙江大学苏州工研院、上海交大苏州人工智能研究院等一批高能级创新平台，获批建设国家生物药技术创新中心、国家第三代半导体技术创新中心、国家超级计算昆山中心，姑苏实验室获批江苏省实验室。二是大力开展产业关键技术攻关。实施产业核心技术攻关计划、基础研究能力跃升计划，出台苏州重点产业技术创新项目之前瞻性应用基础研究指南，围绕纳米技术、新一代信息技术、人工智能等产业领域，支持高校院所、大企业等开展关键技术攻关。三是加强高水平、多层次创新人才引进。出台顶尖人才（团队）"一人一策"实施办法、姑苏人才计划（创新创业领军人才、重点产业紧缺人才、高技能人才）、"海鸥计划"等系列人才支持措施，面向生物医药、新一代信息技术等产业引进高水平创新创业人才。四是加强创新型企业培育。出台《苏州市独角兽企业培育计划》，面向纳米技术应用、生物医药等产业领域，构建从科技型中小企业、高新技术企业、瞪羚企业到独角兽企业的成长培育体系，涌现出信达生物、基石药业、旭创科技等一批高成长性创新领军企业。

### （四）东莞科技创新体系赋能产业发展实践

东莞以科技创新赋能制造业高端化发展，高标准打造松山湖科学城，建设新型研发机构，打造了“科技创新+先进制造”的东莞样板。一是加快建设松山湖科学城，为产业技术创新提供重大平台支撑。建成散裂中子源大科学装置、松山湖材料实验室等重大创新平台，开展产业前沿技术预见研究，散裂中子源大科学装置已在新能源材料、航空材料等领域累计获发明专利80余项，松山湖材料实验室“基于材料基因工程研制出高温块体金属玻璃”项目研究成果入选国家“2019年度中国科学十大进展”；建成省级工程技术研究中心439家，搭建了材料计算与数据库平台、材料制备与表征平台、微加工与器件平台等多个公共技术平台，有力支撑先进制造技术开发与成果转化。二是加快建设新型研发机构。深化与清华大学、北京大学、华中科技大学、电子科技大学等国内知名高校合作，围绕光电、智能机器人、新材料等领域累计建成新型研发机构33家，涌现出国际首台单模块5kW工业级光纤激光器、芯片三维封装技术、无人艇集群相变调控技术等领先成果，有力支撑制造业高端化发展和先进制造新赛道培育。三是加快优化产业创新环境。推进市级科技计划体系改革，形成涵盖源头创新、平台载体、科技人才、技术创新、企业培育、成果转化的六大专项和21类科技计划项目，支持高校院所、企业等围绕支柱产业和战略性新兴产业开展重大共性技术、核心技术和“卡脖子”技术攻关。

## 三、湖北省五大产业发展基础

光电子信息产业具有全国竞争优势，但关键领域面临“卡脖子”风险，新兴领域布局不足。有关报告显示，湖北省光电子信息产业产值占全国40%。但是，产业主导力和创新策源力还需加强，缺乏千亿级科技领军企业，部分关键材料和核心零部件严重依赖进口，其中高端光电器件进口占80%、高端激光器和光电制造装备进口超90%，在超高清视频、人工智能、区块链等新兴领域布局不足。

生命健康产业规模位居全国前列，但在药械高附加值领域缺乏核心竞争力。2023年，湖北省生命健康产业规模达8800亿元。但是，产业发展全而不优，缺少具有全国竞争力的特色优势产业集群，在创新药、高端医疗器械、生物制造等新兴领域缺乏领军企业和知名品牌，产业整体发展水平与江苏、上海、广东等地存在较大差距。

湖北省汽车产业基础雄厚，但新能源与智能网联汽车发展迟缓导致湖北在全国汽车产业版图的战略地位持续下降。2023 年，湖北省汽车产量 178.99 万辆，全国排名第六，较 2021 年下降 2 位；新能源汽车产量 38.8 万辆，全国排名第八，较 2021 年下降 2 位。合资品牌新能源转型不利，自主品牌新能源与智能网联汽车竞争力不强，汽车零部件低端化、同质化竞争加剧。

高端装备制造细分领域具备发展优势，但缺少代表国家硬实力的“国之重器”。湖北省高端装备制造业在船海装备、商业航天及高档数控机床、工业机器人、增材制造等领域研发制造具有一定优势。但是，重大技术装备自主设计和系统集成能力亟待提升，缺少如湖南工程机械、河南盾构机、上海大邮轮等标志性产品。

北斗产业技术优势突出，但产业整体规模较小、缺乏科技领军企业。湖北省初步形成北斗产业上、中、下游相对完整的产业链条，具备提供实时米级、分米级、厘米级和事后处理毫米级高精度定位服务能力，但产业整体规模不大，带动效应尚未形成，企业规模普遍较小，缺乏诸如高德地图的科技领军企业，北斗应用服务层次较浅、应用场景有待挖掘、商业模式有待创新。

## 四、湖北省科技创新引领五大产业发展的基础条件

### (一) 现有基础

近年来，湖北省大力实施“科技强省”战略，已形成较为完善的科技创新体系，为五大产业发展起到较强支撑引领作用。

一是科教资源富集。湖北省拥有 81 位院士、132 所高校、近 200 万名在校大学生。2023 年，湖北省高校的 A+、A 类专业分别为 90 个、

332个，主要分布于光电、机械、生物、地球空间、材料等学科，与省内主导产业结合紧密。

二是战略科技力量矩阵基本形成。湖北省已建和在建8个大科学装置；形成以国家实验室、湖北实验室为引领的实验室体系，建有国家实验室1家、全国重点实验室18家、湖北实验室10家，建成人工智能、量子科技、类脑科学等一批前沿创新平台，在鄂国家级创新平台数量居全国前列、中西部地区之首。

三是企业创新主体加快培育。截至2023年底，湖北省高新技术企业达2.5万家，居全国第6位、中部第1；科创“新物种”企业达2099家，其中独角兽企业8家；拥有中信科、长飞光纤、长江存储等一批科技领军企业。

四是创新要素加速集聚。2023年，湖北省共有研发人员39.03万人，居全国第6位，国家杰出青年基金获得者、长江学者等高层次人才总量居全国第一方阵；千亿基金集群加速布局，省级政府引导基金总规模达200亿元，撬动社会资本达千亿元。

### (二)存在的不足

经过多年培育，湖北省已形成较为完整的科技创新体系，为五大产业发展起到较强支撑作用，并在某些领域起到了引领作用。但是，与世界级产业集群建设要求，与开辟新产业新赛道需求，与先进地区建设经验相比，还存在一定差距。

引领性不够，战略科技力量建设需进一步加强。一是目前湖北省围绕五大产业布局了光谷、珞珈等湖北实验室，但离国家实验室建设要求还存在一定差距。二是重大科技基础设施数量不多且与五大产业结合不够紧密。对比上海，已建成同步辐射光源、超强超短波激光、国家蛋白质科学中心等一批与产业发展密切结合的重大科技基础设施。三是五大产业缺乏有世界级影响力、掌握前沿技术的千亿级头部企业，百亿级龙头企业数量较少，对产业的引领作用有限。对比深圳，涌现出华为、中兴、腾讯、比亚迪、大疆等一批具有国际竞争力的龙头骨干企业。四是缺少诺奖获得者、战略科学家等顶尖创新人才，高层次创新人才及跨学科跨领域人才不足对产业创新发展的制约愈发明显。

融合性不够，创新链与产业链结合需更加紧密。一是五大产业创新平台布局不均衡，部分产业链尚未布局创新链。二是创新链分布不均衡，部分产业创新链链条不完整，如北斗产业在应用基础研究与技术开发环节创新链布局较为完善，但在成果转化与产业化环节布局比较薄弱。三是创新平台区域分布不够均衡，五大产业国家级技术研发平台均在武汉。

协同性不够，各类创新主体间协作需更加深入。一是企业创新主体地位有待加强，五大产业国家级技术研发平台中依托高校建设的占比超八成，国家科技项目中高校牵头的占比达五成。二是高校院所围绕五大产业的科研成果转化率不高，产学研协同机制有待深化。三是大中小企业协同发展不够，大企业对中小企业的带动作用不够，产业创新联合体数量与质量均有待提升。四是新兴产业组织模式探索不够，前沿交叉平台、新型研发机构、产业促进组织建设有待加强，运行模式探索有待进一步深化，在推进“科创+产业”融合发展方面的作用不够突出。五是跨区域创新链协同联动不够，武汉与襄阳、宜昌等地的创新协同、平台共建、资源共享等协同发展有待进一步深化。

前瞻性不够，新技术、新赛道、新场景谋划有待加强。一是针对产业链关键环节或前沿领域关键技术攻关项目比例有待进一步提升，部分关键核心技术亟待突破，产业主导力、技术控制力和创新策源力还需加强。二是面向新领域、新赛道的创新创业平台建设有待加强，对新产业、新赛道的创业项目和创业企业的挖掘和培育力度有待进一步增强。三是场景应用创新开展不够，在一定程度上制约了新技术、新产品的商业化、产业化进程。

## 五、科技创新体系赋能五大产业发展的对策建议

深刻把握科技产业一体化发展趋势，立足湖北省科技创新引领五大

产业发展需求，推动有效市场和有为政府更好结合，构建以企业为主体、用为导向的科技创新体系，集中布局高水平重大产业创新平台，吸引集聚国际顶尖人才，大力开展产业“卡脖子”关键技术和前沿技术攻关，持续强化科技创新体系对五大产业的引领支撑作用，不断增强产业链自主可控能力。

## （一）建设世界一流产业创新平台体系

加快创建光电子信息领域国家实验室，开展从基础研究、技术研发、工程化研究、产业孵化到技术推广的全链式研究。支持九峰山实验室、江城实验室、武汉量子技术研究院等平台聚焦化合物半导体、新型存储器、量子精密测量等领域打造世界一流科研实验基地，争创国家实验室在鄂重要基地。持续支持脉冲强磁场国家重大科技基础设施功能提升，加快建成精密重力测量国家重大科技基础设施、高端生物医学成像设施，加快推进脉冲强磁场优化提升等重大科技基础设施预研预制。支持光通信、集成电路、生物医药、新能源汽车、北斗等领域企业争创国家重点实验室、国家技术创新中心等国家级创新平台。支持政府、企业、高校、科研单位和行业组织等多元主体联合建设公共技术服务平台，组建专业化运营团队进行市场化运行，面向中小微企业加大开放力度。引导创新平台面向产业链开放科研基础设施和大型科研仪器设备。

## （二）布局世界一流产业关键技术

围绕五大产业重点技术方向实施“尖刀”技术攻关工程，大力开展原创性、颠覆性技术攻关。建立“企业出题、政府立题、全球创新资源协同破题”的技术研发模式，围绕6G通信、智能物联网、脑科学与类脑科学、核心种源系统选育等前沿领域，设立重大专项和重点研发计划项目，组织高校联合科研机构、企业开展重大基础研究、应用研究、关键共性技术攻关等。设立湖北省五大产业“卡脖子”技术和产业关键核心技术专项，常态化挖掘有效技术攻关需求，推进底层技术、关键材料、核心部件、系统设备等领域技术创新。支持高校院所、企业联合建设成果转化概念验证中心和小试中试平台，重点开展"原理验证""原型制备与技术可行性验证""产品与场景体系验证""小试中试"等验证服务，推进前沿创新项目转化和预孵化。

### (三)培育世界一流创新企业群体

支持龙头企业通过兼并重组等方式增强全球资源配置和整合能力，打造掌握国际话语权的科技领军企业。支持"专精特新""单项冠军"企业强化行业技术引领，增强产业关键环节控制力，发展成为全球细分行业领军企业。支持科技领军企业牵头组建大基地和大平台，加强产业共性基础技术研发。深入实施湖北科创"新物种"培育计划，围绕企业在平台建设、技术创新、产品开发、资金等方面的需求，鼓励地方提供相关政策支持。举办全球创新创业大赛，面向全球挖掘和培育光通信、集成电路、生物医药、新能源汽车等领域前沿科技创新项目。支持湖北省龙头企业牵头建设高水平产业创新联合体，面向中小企业开放研发平台、中试平台、双创服务平台等创新创业资源，推动大中小企业融通创新。

### (四)集聚世界一流产业创新人才

编制湖北省五大产业人才引进清单，重点引进诺奖获得者、院士和具有国际一流水平的战略科学家。组织实施科技创新人才"扬帆行动"，在重大科研任务中集聚、培养科技领军人才和创新团队。健全青年科技人才发现、培养和稳定支持机制，深入实施"青年科学家 100+"计划，设立青年科学家项目，支持青年科技人才围绕产业领域开展关键核心技术攻关与科技成果转化。实施"双创战略团队""产业领军人才及团队培养计划"，培养创新型企业家。支持高校院所建设高水平特色学院、未来技术学院、现代产业学院，推进国家集成电路产教融合创新平台建设，采取校企合作、产教交替模式，加紧培养产业紧缺人才，推进跨学科、跨专业的复合创新人才培养。

### (五)构建世界一流产业创新生态

推进建设湖北省产业科创大脑，绘制五大产业创新链图谱，明确产业缺链、短板环节，常态化跟踪企业创新需求，整理全球产业细分领域重点平台、人才、技术、企业等布局情况，为精准引进、布局、对接产业创新资源提供支撑。构建以科技创新供应链平台为核心的科技服务体系，搭建科创供应链线上服务平台和线下服务体系，持续开展企业创新需求挖掘和供需匹配服务。深化与国内产业高地合作，聚焦集成电路、新型显示、高端数控装备等领域，支持开展异地孵化、飞地经济、伙伴园区、共建离岸科创中心等多种合作模式，加快人才、资金、信息、技术跨区域融通，推进跨区域产业联动、协同创新、协作孵化。实施五大产业场景计划，引入行业专家、科学家、投资人、企业家等共同参与场景设计，制订一批场景解决方案，并有序推进场景清单发布、供需对接落地及场景大赛、场景峰会等活动。

**课题负责人：**赵荣凯　武汉光谷创新发展研究院院长、高级经济师
**报告执笔人：**董　元　尚斌斌　陆　洋　郑　卫　谭吉均　谭明镜

# 加快湖北省人工智能产业发展的对策研究

联合课题组

人工智能引领新一轮科技革命和产业变革趋势明显，如何抢抓发展风口成为各地赢得发展未来的重大课题。为贯彻落实湖北省第十二次党代会部署和湖北省人工智能产业“十四五”发展规划，抢占人工智能产业发展新赛道，湖北省人民政府研究室联合湖北省经济和信息化厅组成调研组，通过实地考察、座谈讨论、企业问卷等形式，深入了解湖北省人工智能企业、研发机构和园区、产业等的发展情况，并先后赴四川省、浙江省及安徽省考察，学习外省经验做法。在分析发展面临新形势的基础上，我们梳理出当前存在的突出问题，并提出对策建议供决策参考。

## 一、湖北省人工智能产业发展面临的形势

### (一)全球人工智能产业发展方兴未艾，深刻影响经济格局

近年来，伴随着科技在算法、算力、数据“三驾马车”中不断取得突破性创新，特别是以ChatGPT为代表的生成式人工智能技术的出现，标志着通用人工智能的产业“奇点”已现。其独有的“涌现能力”为实体经济深度赋能，日益呈现群体性突破态势。在人工智能等新技术赋能下，第四次工业革命正加快颠覆和重塑千行百业，即将催生出能够胜任人类基础性工作的家用机器人、具有逻辑判断能力的内容输出型机器人、具备脑机接口的AR/VR头盔或眼镜、自动驾驶的清洁能源汽车、

突破材料限制的3D打印等市场规模达万亿美元级的“五大新赛道”。其从本质上深化了人和AI的协同交互，给应用的边界、场景的价值带来了数量级上的提升。2023年1月末，仅上线2个月的ChatGPT的月活用户便突破1亿人，成为史上增长最快的消费者应用。仅仅是乍现端倪的产业前景所带来的算力短缺，就让AI芯片头部供应商英伟达“身价”迅速飙升至万亿美元。人工智能已广泛应用于自然语言处理、智能制造、智慧城市、编程、医疗、金融、教育等各种领域。正在茁壮成长的独角兽和潜力企业不计其数，截至2022年全球AI代表企业达2.7万家。据预测，2030年全球人工智能市场规模将达到16万亿美元。其推动科技、产业和社会变革的潜力巨大，成为各国战略竞争与博弈的焦点。美国、欧盟、英国、日本等将人工智能提升到“未来产业”和“未来技术”高度，不断推动战略升级，提升自身在人工智能领域的全球竞争力。美国综合实力稳居全球第一，企业数量在全球占比达到41%，分别比排名第二的中国、第三的英国高19个、30个百分点。目前，全球人工智能发展呈现中美两国引领、主要国家激烈竞争、全球普遍关注重视的总体态势。

### (二)我国人工智能产业发展竞争激烈，极化趋势逐步显现

经过多年持续较快发展，我国已形成涵盖计算芯片、开源平台、基础应用、行业应用及产品等环节较完善的人工智能产业链。2022年全国人工智能核心产业规模超5000亿元，同比增长18%。2023年4月中央政治局会议和5月中央财经委会议分别提出“重视通用人工智能发展”“把握人工智能等新科技革命浪潮”，发出了加快人工智能产业发展“动员令”，各地开始加速布局发展。区域产业格局加速形成，发展分化态势初见端倪。我国人工智能产业在京津冀、珠三角、长三角三大城市群呈现爆发式增长。《中国新一代人工智能科技产业区域竞争力评价指数2023》显示，从省域产业竞争力看，北京市、广东省引领地位凸显，上海市、浙江省、江苏省、山东省优势明显，四川省、安徽省、辽宁省、湖南省分列七至十位、跻身第一梯队，湖北省居十二位；从城市产业竞争力看，深圳市、

杭州市、广州市显著强于其他城市，西部的成都和西安、中部的武汉市和合肥市分别居第六和第九、第七和第十。各省竞相发挥比较优势，抢占人工智能产业发展先机。北京市依靠强大科研实力和一流发展环境，聚集了近半数国内人工智能企业，形成了以领军企业、独角兽为代表的高成长企业发展生态。上海市发挥金融引力优势，汇集芯片、软件等资本密集型产业，加速人工智能在金融、制造、教育、健康等领域落地。广东省利用创业创新肥沃土壤，构建了以腾讯、华为等龙头企业为引领、众多中小微企业蓬勃发展、大批初创企业快速成长的发展格局。安徽省依托科大讯飞等龙头企业，着重打造“中国声谷”“中国视谷”“中国传感谷”。各地扶持政策密集出台，产业发展竞争日趋激烈。全国已经有 20 多个省份出台了人工智能产业政策，2023 年以来各地政策措施进一步聚焦、进一步加力、进一步细化。北京市接连出台《北京市加快建设具有全球影响力的人工智能创新策源地实施方案(2023—2025 年)》《北京市促进通用人工智能创新发展的若干措施》等重磅文件，着力突破国产化 AI 芯片等高附加值产业领域；深圳市发布《深圳市加快推动人工智能高质量发展高水平应用行动方案(2023—2024 年)》，提出打造 1000 亿人工智能基金群；安徽印发《加快场景创新构建全省应用场景一体化大市场行动方案(2023—2025 年)》，加速 AI 新技术新产品推广迭代，推动创新链产业链资金链人才链深度融合。

### (三)湖北省人工智能产业发展态势良好，加快突破正当其时

湖北省人工智能产业厚积薄发，发展势头强劲，目前正处在创新驱动发展阶段，急需集聚技术、知识、资本、人才等创新资源助力突破发展瓶颈，形成经济增长新引擎。主要体现在三个方面：一是产业发展较快，但总体规模不大。湖北省集聚了 520 余家相关企业，培育了黑芝麻智能、精测电子等一批具有自主核心技术的企业，引进了小米科技武汉总部、科大讯飞华中总部等一批重点项目落地，形成了较为完整的产业链条，但距离全国第一梯队甚至是中西部先行省份还有一定距离。2022 年湖北省人工智能产业规模约为 516 亿元，同比增长 32. 6%，增速快于

规上工业25.6个百分点，增速傲人，但体量相较北京市(2270亿元)、广东省(1500亿元)等地仍有数量级差距，与四川省(成都为616亿元)、安徽省(合肥为609亿元)也有差距。湖北省人工智能产业处于爆发式发展的前夜，但如果政策支持不能及时跟进，仍有在赢者通吃的规则下被第一梯队迅速甩开身位的风险。二是科研资源富集，但高能级人工智能领域创新平台不多。湖北省拥有华中科技大学、武汉大学等一流高校院所和国家信息光电子创新中心、国家数字化设计与制造创新中心等重大创新平台，落户建设了武汉人工智能研究院、北京大学武汉人工智能研究院、武汉市数字经济发展研究院等一批新型研发机构，在智能芯片、机器视觉、模式识别、无人驾驶、智能制造等领域形成了一批具有自主知识产权、国内领先的核心技术和特色产品。与北京市、广东省、浙江省等发达地区相比，湖北省多数人工智能创新平台建设时间不长，尚处于快速成长期，对人工智能产业发展的支撑作用发挥不够，综合实力有待进一步提升。三是场景开发众多，但鲜有全国独树一帜的品牌。湖北省工业基础底子厚，医疗、教育等公共事业发达，武汉是国家新一代人工智能创新发展试验区、国家人工智能创新应用先导区，场景开发潜力巨大。近年来，湖北省在智能制造、智能建造、智慧医疗、智慧教育、智慧交通、智能养老、智能化公共服务等领域积极开展人工智能推广应用，探索形成许多可复制、可推广的典型经验，但是在全国具有绝对优势和较大影响力的品牌较少，智能网联汽车、智慧医疗等优势领域也面临政策创新突破、数据开放共享等瓶颈，必须尽快实现跃升，把优势和潜力转化成行业品牌。

## 二、湖北省人工智能产业发展存在的突出问题

### (一)基础支撑方面

(1)高端人才制约。目前，我国人工智能人才主要聚集在北京、广东、上海、浙江、江苏等地区，据统计五省市聚集的人才占比超过80%，

湖北人工智能人才占比不足3%。湖北省企业、高校、机构、行业组织等普遍反映人才难招、难留，特别是缺少具有很强号召力的行业领军人才，缺乏"人工智能+应用"的复合型高端人才，高校人才培养体系不适应新一代人工智能发展需要。在科技研发和成果转化方面，过于依赖本地高校资源，吸收和引进国内外先进科技成果在湖北省转化应用不够。

(2)数据壁垒阻碍。人工智能算法需要大量高质量数据进行训练和学习，然而政府公共数据开放共享进程缓慢，相关行业数据多数以企业私有数据库为主，存在数据质量不高、数据分散在不同系统、数据隐私安全等问题。华工科技反映，正在打造的视觉算法、数字孪生机理模型等需要万亿级的训练参数，迫切希望尽快开放公共数据，建立企业数据交易市场。联影智能反映，人工智能医疗产品主要依赖医疗数据实现技术突破和创新，但获取基础数据难度大，医院方无权向企业开放数据。

(3)算力资源限制。行业算力需求飞速增长，湖北省高性能算力难以满足需求。一是算力资源获取较难。浙江省算力总规模已达8.86E(8860P)，成都市智算中心首期算力即达300P，合肥市仅科大讯飞总部的自建数据中心算力就达400P。目前，武汉智算、超算中心算力为250P，计划再次扩容至600P，仍面临较大算力供需缺口。二是算力使用成本较高。算力成本尚不能有效满足普惠发展需求，缺乏普惠算力供给补贴措施。三是算网配套融合受限。通用适配性能较好的高端GPU英伟达A100、H100对中国禁售，国产算力设备和开源生态存在不兼容问题，产业整体配套成熟度较低。

### (二)产业发展方面

(1)集聚效应尚未显现。除智能网联汽车、生物医药等个别领域外，湖北省人工智能产业普遍集群度不高，在全国产业格局中影响力、吸引力有限。人工智能产业发达的地区，已初步形成特色人工智能产业集群，对经济发展要素和资源形成极强的吸引能力，且普遍具备人工智能企业密集、学术生态佳、资本环境优越、国际开放度高、链接能力和政府响应能力强等特征。如广东推进"聚势成峰"行动，打造11个省级人工智能产业园；浙江省启动省级未来先导区建设，聚焦人工智能开展杭州城西科创大走廊人工智能、德清北斗地信、海宁第三代半导体等8个先导区培育创建，推动人工智能产业集聚集约化发展。

(2)头部企业比较薄弱。《中国新一代人工智能科技产业发展报告(2022)》显示，北京市、广东省、上海市、浙江省人工智能企业分布密集，全国占比分别为28.32%、26.45%、13.09%、9.00%，而湖北省占比仅为1.82%。湖北省人工智能企业数量较少、体量较小，缺乏如百度、华为、字节跳动、阿里巴巴、商汤科技、海康威视、寒武纪、科大讯飞等具有引领带动作用的龙头企业以及具有行业号召力的协会、联盟等行业组织。

(3)应用市场发展偏慢。当前，国内外众多龙头企业和创新型企业在技术研发方面不断突破，商业模式逐渐成形，培育了规模巨大的用户群，占据明显的市场优势。与之相比，虽然湖北省人工智能领域应用场景丰富，但应用创新和市场培育较为滞后，面向个人(ToC端)消费级场景的应用企业不多，应用范围和领域急需扩大。专注于高发肿瘤筛查诊断的武汉兰丁智能医学公司，具备成为全国乃至全球行业龙头的潜力，受医疗行业特性影响，市场开拓与市场潜能很不匹配。

### (三)政府扶持方面

(1)政策力度相对不足。近年来，湖北省持续加大对人工智能产业创新发展的支持力度，但与外省相比，奖励补贴、招商引资、税收减免等方面仍有较大差距。浙江省支持主攻智能科技的之江实验室建设，2018—2023年共投入94亿元，支持省级人工智能实验室每个每年1亿元，省财政科技专项5年共84亿元。四川省每年安排60亿元专项资金，支持人工智能、卫星网络、新能源与智能网联汽车、无人机等战略性新兴产业发展。安徽省、合肥市按1∶3每年安排政策资金8亿元支持“中国声谷”建设，省财政安排3.5亿元补助技术含量高、市场潜力大的研发项目，安排4700多万元支持企业研发产品和人工智能场景应用方案推广。

（2）政产研学金服用缺乏联动。产业链创新链融合不深，研究成果转化和产业化存在一定难度，人才互补、成果共享、产业融通“最后一公里”尚未打通，科研机构和企业尚未形成具有重要影响力的生态圈和产业链。华中科技大学、武汉大学、武汉理工大学等高校目前已经设立人工智能学院（学科），但在专业设置、课程体系、应用实践等方面不能很好满足产业发展需要。湖北省金融服务与人工智能产业发展需求还有较大差距，特别是支持初创企业和拟上市种子企业的制度不够活。安徽省对政府投资参股的各类种子、天使、风投、创投基金，优化风险容忍、交易定价方式、投资损失评估、业绩考核等制度设计，明确提出省级种子投资基金投资失败容忍度按照50%执行，省级风险投资基金投资失败容忍度按照30%执行。

（3）工作机制有待完善。从产业链分布看，湖北省算力与大数据、人工智能、软件和信息服务等同属重点产业链，分别由3名副省长任链长，由省发改委、省科技厅、省公安厅3个部门牵头，而人工智能产业发展离不开算力与大数据、软件和信息的支撑，工作统筹协调任务重。从工作推进看，现有链长制侧重于加强工作的横向统筹，省市县纵向贯通不够，不利于产业布局落实和企业诉求的快速响应。从企业培育看，对发展潜力大的重点企业支持力度不够大，需要更加主动地靠前服务，为企业排忧解难。近日赴港冲刺“国内智能汽车计算芯片第一股”的黑芝麻智能，是湖北省唯一同时入围《2023年胡润全球独角兽榜》《中国独角兽报告（2023）》和《2023中国大数据独角兽企业榜单》的企业，成立7年来投后估值涨了122倍。服务好这家汽车行业“超级独角兽”可新增一个百亿级龙头企业，促进湖北省汽车产业智能化转型。

## 三、加快湖北省人工智能产业发展的对策建议

### （一）明确发展总体思路

一是提升人工智能产业战略定位。人工智能是驱动新一轮科技革命

和产业变革的重要力量，既关系长远发展未来，也关系当下传统产业转型升级，还关系民生福祉改善，而且在经济下行压力下能够保持高速发展势头，在湖北省高质量发展大局中具有重要地位，必须把人工智能产业发展摆在更加重要的位置，作为省级重大战略推进。二是锚定发展目标不动摇。确保到 2025 年，湖北省人工智能核心产业规模突破 1 千亿，人工智能总体发展水平进入全国第一方阵，为湖北高质量发展和先行区建设提供有力支撑。三是实行"聚焦发力、重点突破"方针。有别于传统产业，人工智能产业发展具有技术研发难、涉及领域广、产业链条长、人财物投入大和后发赶超难、先发优势大等鲜明特点。必须坚持以培育人工智能产业集群为主攻方向，以融合应用为先导，集中资源、集中力量、集中精力突破产业链关键环节，厚植湖北省人工智能产业发展比较优势，不断巩固和提升未来发展核心竞争力。

### （二）完善工作推进机制

一是完善顶层设计，提高政策综合效能。顺应人工智能发展新形势，在现有总体规划、"十四五"发展规划、与实体经济融合等政策规划基础上，制定出台指导意见和若干措施，构建起新一代人工智能发展的"四梁八柱"。二是坚持顶格推进、尽锐出战，加大跨产业链统筹和跨厅局协调力度。借鉴安徽省顶格出战、专班管理经验，建立包含人工智能产业链、大数据与算力产业链等在内的跨产业链协同推进工作机制，及时解决产业发展中出现的涉及跨链跨厅局的堵点问题，确保"问题能顶天、举措快落地"。成立省级人工智能协会，网罗产学研各界精英，共同开展智力成果输出、标准制定、行业峰会举办等工作。三是发挥有为政府作用，打通科技研发"技术供给端"和产业应用"技术需求端"之间的"风险窄廊"。加快打造以政府引导基金为引领，多类型资本共同参与的人工智能产业基金矩阵，并根据企业发展阶段梯次设置相应投资容错比例，填补科技成果转化全流程中不确定性最高、风险最大、梗阻效应最强、收益最多的真空区。

## （三）强化算力服务支撑

一是提升算力供给。打造国家枢纽节点，“以建促批”争取国家在宜昌布局全国一体化算力网络国家枢纽节点，重点支持武汉超算中心、武汉人工智能计算中心扩容和运营，做强超算、智算等高性能算力供给。二是优化算力服务。统筹布局新型数据中心，以武汉、襄阳和宜昌为核心区，建立“规模化、算力化、协同化、绿色化”大数据中心集群，推动数据中心互联互通。学习安徽等地经验，开展省级人工智能、大数据园区和企业培育认定，为产业发展构建良好生态。三是支持算力发展。加快推动省级支持算力产业发展政策出台，鼓励市州出台配套支持措施。借鉴四川省经验，对纳入国家、省布局的数据中心项目，在节能审查时可不开展能耗等量减量替代，对先进数据中心给予资金补贴。建立算力资源清单和需求清单，借鉴成都“算力券”模式，以“算力券”等形式支持企业、科研机构、高校等购买算力服务。

## （四）聚焦冲刺五大赛道

一是新能源与智能网联汽车。做大做强武汉国家智能网联汽车基地，大力推动全省现有龙头企业、链主企业向基地集中，加快传统燃油车企智能化升级，招商引资重大项目在基地布局，加强基地智能化配套建设，打造国际一流的智能网联汽车产业园区。二是智慧医疗。梳理发展智慧医疗产业条件好、潜力大的企业，进行重点扶持，培育一批头部企业、链主企业，进一步提高产业层级、壮大产业规模。三是智慧城市。建强“城市大脑”大数据中枢，集中构建数据治理、普惠AI等组件化、平台化服务能力，加快推动人工智能在城管、养老等领域应用，答好武汉超大城市现代化治理现代化“必答题”。四是智慧教育。积极推进武汉国家“智慧教育示范区”建设，依托国家教育大数据应用技术工程实验室平台，探索推广“智能+”条件下的人才培育、教育服务、教育治理新模式，提高湖北省智慧教育影响力，促进对外输出。五是网络安全。加大国家网络安全人才与创新基地建设力度，选聘一批高端专业人才，建设国家级网络安全攻防实验室，集聚网络安全企业，推动产业集群发展。

### (五)培育壮大市场主体

一是打造人工智能政策特区。借鉴杭州市在余杭区创建人工智能小镇，安徽省在合肥市依托科大讯飞建设“中国声谷(AI+声音识别)”、在芜湖市依托全国首个国家级机器人产业发展集聚区建设“中国视谷(AI+视觉)”的做法，在武汉、襄阳、宜昌选择有基础、有空间的区域设立人工智能产业特区，对特区内企业探索实施要素优先保障，特别是对算力和数据开放等探索给予一定政策突破，促进人工智能产业集聚发展。二是集中资源扶持龙头企业。“一企一策”支持中国信科集团、长江存储、武汉新芯、讯飞华中(武汉)、小米科技(武汉)等优势企业加快发展，提升影响力、辐射力，带动产业链上下游企业发展。三是培育细分领域领军企业。探索省域、市域间产业链分工合作和错位发展，支持企业围绕重点应用场景深耕细作，走“专精特新”发展道路，避免同质化竞争和重复低效研发。四是招引国内外头部企业和创新型企业布局湖北。探索创新场景招商，以最大诚意开放优质场景和数据，吸引国际国内一流企业落户湖北。变逆全球化之危为招商引资之机，密切跟踪、详细梳理美欧人工智能高端创业团队归国意向，靠前对接并给予政策倾斜，促进其来鄂创业投资。

### (六)加快推进场景应用

一是开放一批政府治理场景。在智慧政务、交通治理、城市安全、城市应急、市场监管、生态治理等领域，推动公共数据共享，开放一批政府应用场景，提供高效便捷的数字社会服务。二是挖掘一批社会民生场景。围绕社会治理，在智能网联汽车、智慧教育、智慧医疗、智慧城市等领域挖掘一批典型场景，促进数字社会建设。三是打造一批产业升级场景。围绕光电子信息、生物医药、高端装备制造等支柱产业智能化升级需求，重点在光芯片、汽车、高端数控机床等领域，打造一批基于自主可控的产业升级湖北场景。四是策划一批科技创新场景。围绕量子通信、6G、人形机器人等未来产业，培育打造一批可示范、可体验、可推广的科技首用场景样板。支持研究机构加快重大基础理论、前沿技术攻关，加快突破"紫东太初"多模态大模型系列核心技术，推出更多先进行业大模型。五是建设一批场景服务平台。在智能芯片、智能终端、新一代网络与通信等优势特色领域，布局更多高能级技术创新平台。加强深度学习训练与知识大数据库、开源软硬件基础平台、云计算服务平台、检验检测服务平台、知识产权服务等公共服务平台建设，打造人工智能领域服务链。

### （七）率先破除数据壁垒

一是高位推进公共数据开放共享。借鉴浙江省、四川省等地经验，把打通数据障碍作为党委、政府"一把手"工程，作为湖北省改革重要事项推进，逐一研究解决工作推进中的难题。二是做实湖北公共数据授权运营平台。依托湖北数据集团、武汉数据集团，全面汇集政务、公共服务等方面数据，通过隐私计算对数据资产进行安全处理，面向政府、社会、产业及个人提供服务，为实现数据资产价值变现夯实基础。三是培育壮大数据要素市场。深化数据要素市场改革，尽快建立湖北省数据要素流通交易平台，完善数据产权保护、数据隐私保护等制度，从合规保障、流通支撑、供需衔接、生态发展等方面，提升数据交易全链条服务能力，为开发者打造更良好的生态环境。

### （八）厚植科教人才优势

一是大力引进领军人才和团队。强化抢人才的理念和措施，对突出拔尖人才和团队实行"一事一议"引进，破解高层次人才短缺困局。可参考借鉴安徽省芜湖市"紫云英人才计划"（对落户的院士领衔团队项目最高给予1亿元资金扶持，将政府扶持科技成果转化应用的资金奖励比例由70%提升至100%）、四川省"蓉贝"软件人才计划（对行业领军人才奖励高新区200平方米以上住房一套，全额免个人所得税，并赠送价值

30万元的车辆一台)，鼓励地方、园区加大人才政策激励力度。二是加快补齐湖北省人工智能领域人才培养短板。完善学科体系，推动该领域一级学科建设，灵活设置二级学科，形成“人工智能+X”复合专业培养新模式，稳步有序扩大人才培养规模，把湖北省打造成人工智能人才高地。三是搭建人才合作交流平台。举办人工智能高峰论坛、人工智能创新应用大赛等活动，加大宣传，提高影响力，吸引更多人才关注湖北、选择湖北，促进更多科研成果在湖北省转化应用、开花结果。

**执笔人**：王成祥　赵　晗　秦　俊　刘　婕　刘　勇
丁宏鹏　李　恒

# 湖北省大健康产业数字化发展现状及对策研究

程时雄　肖紫璇

在当今社会，随着科技的飞速发展，数字化转型已成为各行各业不可逆转的趋势，大健康产业亦不例外。湖北省，作为中国中部地区的重要省份，其大健康产业凭借丰富的自然资源、坚实的产业基础以及强大的科研实力，近年来取得了显著的发展成就。然而，面对日益增长的健康需求和行业竞争压力，如何通过数字化转型推动湖北省大健康产业高质量发展，成为亟待解决的关键问题。

湖北省大健康产业，涵盖生物医药、生物医学工程、智慧医疗、健康服务等多个领域，产业链条长、辐射范围广，对人民群众健康福祉及区域经济社会发展具有重大意义。近年来，湖北省政府高度重视大健康产业的发展，通过政策引导、项目扶持、技术创新等措施，有效促进了产业的快速增长。特别是在数字化转型方面，湖北省大健康产业积极探索将人工智能、大数据、云计算等先进技术与传统医疗服务深度融合，不断提升医疗服务效率和质量，为患者带来更加便捷、精准的诊疗体验。

然而，在数字化转型的进程中，湖北省大健康产业也面临着诸多问题，如数据孤岛现象严重、信息安全风险增加等。因此，深入研究湖北省大健康产业数字化发展现状，分析存在的问题与不足，并提出有针对性的对策建议，对于推动湖北省大健康产业高质量发展具有重要意义。

本文旨在通过系统梳理湖北省大健康产业数字化发展的现状，分析其在数字化基础设施建设、数字技术应用、数据资源共享等方面的主要成效及存在问题，并结合省外先进经验，提出促进湖北省大健康产业数字化发展的对策建议。希望通过本研究，能够为湖北省大健康产业的数字化发展提供有益的参考和借鉴。

## 一、湖北省大健康产业数字化发展现状特征

### (一)数字基础设施加速建设

首先，湖北省凭借光电子信息产业领域的优势，以及中国信科、长飞光纤、华工科技等行业领军企业的强劲实力，不仅巩固了湖北省光通信产业在全国的领跑地位，更为大数据的飞速传输铺设了高速、稳定的网络通道。这一坚实基础，为大数据在大健康产业的深度应用提供了强有力的技术保障。

此外，随着5G技术的全面商用，湖北省积极推动这一前沿技术与物联网深度融合，深入渗透至大健康产业的各个角落。5G网络以其高速度、低延迟特性，为远程医疗、移动诊疗等创新医疗服务模式提供坚实支撑，极大地拓宽了医疗服务的边界与可及性。同时，物联网技术的广泛应用，使得各类医疗设备、健康监测终端实现了无缝互联，为精准医疗、个性化健康管理等先进理念的实施提供了坚实的技术支撑与数据基础。目前，湖北省有4990家基层医疗机构都安装了远程医疗诊断系统，每年远程诊疗130万人次。

最后，湖北省还加速推进省级健康医疗大数据中心的建设，致力于医疗资源的全面数字化、整合化、共享化。该中心已初步构建起医疗资源的全景式可视化展示平台，实现了疫情防控的全方位网络监控与指挥调度的即时响应机制。在这一进程中，长江计算等优秀企业凭借其在鲲鹏、昇腾等高端硬件平台上的深厚积累，为医院日益增长的计算需求提供了高效、可靠的解决方案。它们携手产业链上下游伙伴，共同构建了基于信息技术应用创新底座的自主安全健康医疗大数据平台，有效解决了医疗信息系统兼容性与数据安全防护的难题，为湖北省大健康产业的数字化发展提供坚实支撑。

## (二)数字技术创新与应用持续深化

### 1. 人工智能技术提升大健康产业服务质量与效率

人工智能技术正在深刻重塑医疗服务格局，显著提升大健康产业服务质量与效率，并引领医疗行业的创新浪潮。在湖北省大健康产业的蓬勃发展中，人工智能技术的应用尤为突出，其影响力已深入医疗诊断、患者导诊、门诊管理、健康管理以及医疗器械等多个关键领域。

(1)智能诊断与辅助决策。人工智能技术凭借其在医学影像识别、脑机接口等领域的深度应用，极大地提高了医疗诊断的精准度和速度。例如，武汉楚精灵医疗科技有限公司研发的“内镜精灵”，帮助医生精准快捷判断病症。武汉市第一医院自主研发的基于BERT预训练语言模型的AI导诊系统，以人机对话的便捷方式，为超过两万名患者提供了高效、准确的导诊服务，显著优化了患者的就医流程与体验。

(2)AI智慧门诊。武汉协和医院与百度健康携手打造的AI智慧门诊，成为医疗智能化转型的典范。该系统不仅有效缓解了患者等待时间长的难题，还通过AI小助手的智能加号服务，使患者能够更快速地预约到专家号。同时，智慧门诊还提供了包括在线咨询、健康宣教在内的多元化智能候诊服务，全方位提升了患者的就医满意度与舒适度。

(3)个性化健康管理。武汉市武昌医院推出AI健康管理平台，融合用户数据，提供个性化饮食、运动方案。平台配备AI魔镜，利用3D视觉分析健康指标，给出即时建议。更有AI数字小伙伴，提供心理健康服务，助力青少年健康成长。

(4)智能医疗器械。在医疗器械领域，人工智能技术的融入同样带来了革命性的变化。武汉市第四医院(湖北省运动医学中心)研发的骨科关节手术机器人等智能医疗器械，不仅减轻了医生的手术负担，更在智能化系统的辅助下实现了手术的精准规划与执行，为患者带来了更加安全、高效的手术治疗体验。这些智能医疗器械的广泛应用为湖北省大健康行业的未来发展注入了强劲动力。

2. 大数据与云计算技术优化大健康产业资源配置

在湖北省大健康产业中，大数据技术展现出强大的驱动力。它通过对海量健康数据的深度挖掘与精准分析，为医疗机构和健康管理企业提供了市场与患者需求的深刻洞察，进而引导资源优化配置，显著提升服务效率。多家机构携手构建了健康管理大数据平台，这些平台成为政府决策、医疗资源调配及疾病预防控制的坚实数据基石。以“健康武汉”平台为例，作为城市健康医疗服务的综合枢纽，该平台巧妙融合大数据与云计算技术，实现了电子健康卡、智能导诊、预约挂号等服务的无缝对接，极大地增强了医疗服务的个性化与高效性。在疾病防控领域，大数据技术更是凭借对历史病例、人群健康状态及环境因素的全面分析，精准预测疾病趋势，为疫情防控策略的制定提供了科学依据，同时也促进了医疗资源的均衡分配，提升了服务的公平性与可及性。此外，大数据与云计算技术还为科研机构及企业提供了强大的数据支撑与分析工具，激发了健康医疗领域的科研创新活力，推动了行业的蓬勃发展。九州通等行业龙头更是利用这些技术，全面提升了医药流通产业的数字化水平，加速了行业的数字化转型进程。

云计算技术在湖北省大健康产业的渗透同样广泛。众多医疗机构纷纷将医疗信息系统迁移至云端，实现了数据的无缝共享与高效流转，不仅极大地增强了系统的稳定性与可靠性，还有效降低了运维成本。云计算平台凭借其强大的计算能力与数据存储能力，为智能诊断与辅助决策系统的部署提供了坚实的技术支撑，通过先进的算法对医疗数据进行深度剖析，显著提高了诊断的精确性与效率。同时，云计算技术还极大地推动了远程医疗服务的普及与发展，患者能够轻松跨越地域限制，享受与专家面对面的远程会诊与咨询服务，有效缓解了医疗资源分布不均的难题，拓宽了医疗服务的覆盖范围，提升了就医的便捷性与灵活性。湖北省内众多医疗机构已积极拥抱云计算技术，为患者提供了更加丰富多样的就医体验与选择。

3. 物联网技术驱动大健康产业智慧升级

物联网技术在湖北省大健康产业中的应用日益广泛，与大数据、云计算、人工智能等技术的深度融合，为医疗健康领域带来了前所未有的变革。这些技术的结合，使得医疗数据的采集、传输、处理和分析更加高效、精准，为医疗服务提供了强有力的支持。物联网技术在湖北省大健康产业中的应用场景不断拓展，涵盖了医疗设备管理、远程医疗、智能健康管理、医疗保险等多个领域。通过物联网技术，医疗机构能够实现对医疗设备的远程监控和智能化管理，提高设备使用效率和安全性；同时，患者也可以通过智能设备实时监测自身健康状况，享受更加便捷、个性化的健康管理服务。

以武汉市中心医院为例，其智慧病房系统集成了物联网、数字孪生及人工智能技术，实现了医疗数据实时监控、病房环境管理、智能物流及医疗设备与能源的智能化管理。该系统不仅提升了医护人员的护理效率和准确性，还通过患者定位及医疗设备追踪等功能，为医院管理提供了全面数据支持。这一项目在武汉市中心医院杨春湖院区已实际落地，并取得了显著成效。物联网技术的应用还推动了远程医疗服务的普及和发展。此外，物联网技术还促进了远程医疗服务的普及。十堰市太和医院引进的“无线输液监控系统”便是典型代表，该系统通过大屏幕实时监控病区输液情况，自动提醒护士拔针，并对患者擅自调整滴速发出告警，既减轻了护士工作负担，又保障了患者安全，受到医患双方的高度好评，有效推动了智慧病房的建设与发展。

4. 区块链技术推动大健康产业信息透明化

区块链技术在湖北省大健康产业中仍处于探索与初步应用阶段，但已显示出其在提升数据安全性、透明度及信任度方面的巨大潜力。随着技术的不断成熟，其应用范围和深度有望进一步扩大。湖北省内多家医疗机构、科技企业及研究机构正在积极开展区块链技术的研发与应用合作，共同推动大健康产业区块链生态的建设。通过产学研用深度融合，促进技术创新与产业升级。具体实例包括湖北省卫生健康信息中心推动的“区块链电子影像上链”项目，该项目成功整合电子影像到业务中台，实现影像数据的分布式安全存储与便捷共享，有效打破数据孤岛，提升医疗服务效率与质量。此外，十堰市在食品安全领域率先应用区块链技术，推出“食品放心消费承诺码”，消费者只需扫码即可获取详尽的产品信息及溯源数据，覆盖蜂产品、大米、茶叶等高风险特色食品，为企业诚信经营与消费者食品健康提供了坚实保障。

### (三)政策引领与战略规划明确

湖北省政府积极推动大健康产业数字化、智能化发展。通过制定《湖北省大健康产业发展“十四五”规划》等一系列政策文件，明确提出了发展大健康产业的新模式、新业态，特别是智慧医疗、智慧健康养老和智慧产品智能制造等关键领域，为整个产业的数字化、智能化转型指明了方向，并提供了坚实的政策后盾。

为了将这些规划变为现实，湖北省政府启动了一系列重点任务和工程项目。比如，加速建设国家区域健康医疗大数据中心，打造“湖北健康云”平台，以及构建湖北省居民健康信息的“一张网”，这些举措都有力地推动了产业的数字化转型和高质量发展。在智慧医疗方面，政府投资建设了多个项目，包括健康大数据运营服务平台、生物医药/医学大数据中心、“互联网+全民健康信息化”系统、医疗影像云平台、公共卫生服务的智慧化改造、物联网健康服务站以及医院健康智能大数据平台等，这些项目都极大地提升了医疗服务的智能化水平。同时，政府还关注智慧健康服务的发展，投资建设了智慧养老信息网络、智慧养老院等项目，并开发了家庭服务机器人、康复辅助器具等智慧养老终端产品，为老年人提供了更加便捷、智能的养老服务。

湖北省政府非常重视交流平台的搭建，通过世界大健康博览会、大健康产业数字化运营论坛等活动，成功地将政府、学术界和产业界的精英聚集在一起。在这些平台上，传统的展示方式与现代数字化元素相结合，形成了独特的展示效果。如 2023 年健博会上的大健康产业数字化峰会，聚焦产业数字化趋势与企业挑战，为行业转型提供了宝贵的交流与学习机会；而 2024 年的健康医疗大数据论坛，则进一步探讨了大数据技术在健康医疗领域的创新应用，共同推动构建更加高效、智能的健康管理体系。大健康产业数字化运营论坛更是就智联网健康管理系统、产业生态重构及数字化健康管理技术等前沿议题展开了深入研讨，携手探索产业数字化转型的广阔未来。

## 二、湖北省大健康产业数字化发展存在的问题

### （一）新型数字基础设施建设不完善

第一，健康数据中心建设不足。目前湖北省只完成了16个地市城市级数据中心建设，其中国家区域健康医疗大数据中心建设还在推进中，其他有关健康数据中心数量相对较少，且规模较小，无法满足大健康产业对大数据处理能力的需求。一些医疗机构在数据处理和存储方面存在困难，无法充分利用医疗大数据开展精准医疗和健康管理服务。第二，云计算基础设施不完善。与广东、北京和上海相比，湖北省云计算基础设施覆盖面积较窄，云服务提供商数量相对较少，导致企业在数据处理和分析方面受限。一些大型医疗机构在云计算资源不足的情况下，难以实现医疗数据的快速共享和分析，会影响医疗服务的效率和质量。第三，大健康产业数字化基础设施建设缺乏统一、系统的规划。湖北省内各市州在推进大健康产业数字化时，往往基于各自的经济实力、技术基础及政策导向独立进行，这种“碎片化”的发展模式会导致资源重复投入、建设标准不一、数据孤岛等问题，从而制约了大健康产业数字化发展的整体效能。

### （二）数据共享低效和不安全并存

第一，数据孤岛现象严重。目前湖北省内拥有众多医疗机构和科技企业，但这些主体之间存在数据流通壁垒，形成了显著的数据孤岛。具体而言，不同医院之间的电子病历系统、健康管理系统等往往采用不兼容的标准和格式，导致患者健康数据难以跨机构共享。同时，企业与医疗机构间的数据交换也面临诸多障碍，如数据接口不统一、数据访问权限受限等。这种数据管理方式，使得医疗数据资源被锁定在各自的机

构，无法形成合力支持大健康产业的数字化转型。据湖北省卫生健康委员会发布的数据，湖北省已汇聚医疗服务和公共卫生数据约425亿条，但真正能够实现跨机构、跨领域共享利用的数据比例却相对较低。这种数据孤岛现象不仅限制了大数据分析和挖掘技术的应用，使得数据资源的价值无法充分发挥，还导致了重复检查、重复治疗等医疗资源浪费现象，降低了整体医疗效率和服务质量。同时，它也阻碍了精准医疗、远程医疗等创新应用的推广，限制了数字化应用在大健康产业中的深入发展。

第二，数据安全与隐私保护问题。随着大数据、云计算等技术的广泛应用，大健康产业中的数据量呈爆炸式增长，其中包含了大量敏感的个人健康信息。然而，目前湖北省在数据安全与隐私保护方面仍存在诸多不足。一方面，部分医疗机构和企业在数据处理和存储过程中缺乏严格的安全措施，存在数据泄露的风险；另一方面，数据共享和利用过程中的隐私保护机制尚不完善，难以保障个人健康信息的合法合规使用。

### (三)产业内数字化发展不平衡

受经济状况、技术发展等因素的影响，湖北省大健康产业数字化发展水平在各市州之间以及不同等级的医疗机构之间存在较大差异。

第一，区域发展不平衡。首先，区域发展呈现出显著的不平衡状态。在湖北省内，数字医疗服务资源主要集中于武汉、襄阳、宜昌等大型城市。以武汉市为例，该市汇聚了众多大健康产业数字化发展的优秀示范企业、医疗机构及基地，展现出了蓬勃的发展态势。尽管其他市州也在积极探索大健康产业的数字化发展路径，但与全国性标准相比，仍存在一定的差距。2023年，武汉市软件业务收入高达3023.8亿元，占湖北省软件业务收入的比重高达99.1%，而其他市州的软件业务收入合计占比不足1%，这一数据凸显了武汉市在互联网技术方面的领先地位，同时也反映了其他市州在技术发展上的相对滞后。从人才资源分布来看，湖北省共有132所院校，其中超过一半的高校集中在武汉，尤其是“985工程”“211工程”知名高校全部汇聚于此。这种人才资源的不均衡分布，进一步加剧了各市州在发展动力上的不平衡现象。在互联网医院的建设方面，湖北省目前已成立的三十多家互联网医院中，超过一半的医院选择在武汉设立，其余则零散分布在宜昌、襄阳、十堰等市州。武汉市拥有 72 家三甲医院，占全省三甲医院总数的 33.3%，这些医疗机构普遍具备较高的信息化水平和先进的医疗设备，能够迅速引入并应用最新的数字化技术，如 AI 辅助诊断、远程医疗等。然而，部分偏远市州由于经济条件、人才资源等限制，医疗机构的技术水平相对落后，数字化转型的步伐也明显放缓。据统计，武汉市大型医院在信息化建设上的年均投入是偏远市州医院的 3~5 倍，这种投入差距直接体现在技术应用的效果和效率上。

第二，医疗机构发展不平衡。湖北省数字医疗卫生资源绝大多数集中在综合性医院，而基层医疗机构缺乏优质资源。一方面，湖北省内综合性医院与基层医疗机构(如乡镇卫生院、社区卫生服务站)在技术水平和发展程度上存在显著差异。综合性医院凭借其雄厚的资金实力、丰富的人才资源和完善的科研体系，能够率先开展技术创新和应用实践，如建设智慧医院、开展精准医疗项目等。而基层医疗机构则面临资金短缺、人才匮乏等困境，难以跟上数字化发展的步伐。另一方面，不同医疗机构在数字化技术的应用深度和广度上也存在差异。一些领先的医疗机构不仅实现了基本的数据采集、存储和共享功能，还积极探索大数据分析、人工智能等技术在临床决策、患者管理等方面的应用。而部分医疗机构则仍停留在信息化建设的初级阶段，数字化技术的应用范围有限，难以充分发挥其潜力。

### (四)政策环境监管体系不完善

在湖北省大健康产业数字化进程中，政策环境的不完善与监管机制的不健全不仅制约了技术创新与应用的步伐，还在深层次上影响了大健康产业的健康、可持续发展。

第一，政策环境不完善。随着大数据、人工智能等技术在医疗健康领域的广泛应用，新的法律挑战层出不穷。例如，智能穿戴设备收集的个人健康数据如何界定其所有权、使用权及隐私权边界。现有法律法规往往难以迅速适应这种技术变革，导致在实际操作中缺乏明确指引。在湖北省，尽管政府已出台了一系列鼓励医疗信息化发展的政策，但在个人隐私保护、数据安全传输与存储、跨境数据流动等方面的法律条款仍显滞后，难以全面覆盖数字化转型中的法律空白。此外，由于大健康产业涉及多个部门，如卫生健康、市场监管、工信等部门的协同管理，政策执行过程中容易出现不协调的局面。不同部门间政策目标、标准制定及执行力度的不一致，给企业和医疗机构带来了困惑和成本负担。

第二，监管机制不健全。首先，医疗大数据监管存在空白。医疗大数据作为大健康产业的核心资源，其监管机制的完善与否直接关系到数据的安全性与有效利用。然而，目前湖北省在医疗大数据监管方面仍存在诸多空白。一方面，数据的采集、存储、处理、共享等环节缺乏统一的监管标准和流程，导致数据质量参差不齐，安全风险隐患增多；另一方面，对于数据泄露、非法交易等违法行为的查处力度不足，难以形成有效的震慑作用。其次，权利救济渠道不畅。在数字化转型过程中，数据使用者的合法权益保护显得尤为重要。然而，当数据使用者遭遇数据侵权、误用或滥用时，往往面临维权难、救济渠道不畅等问题。在湖北省，尚未建立起完善的数据使用者权利救济机制，导致部分受害者在遭受损失后难以获得及时有效的法律支持，进一步加剧了数据使用的风险与不确定性。

## 三、省外大健康产业数字化发展典型案例分析

本文将选取浙江作为典型地区。浙江作为城市数字化转型的先锋，在政策支持、数字基础设施建设、技术创新应用等方面均表现出色，具有显著的示范效应和推广价值。经过几年的发展，浙江在大健康产业数字化发展方面已经走在了前列。

## (一)政府政策

自浙江省启动数字化转型以来，其出台了一系列政策推动大健康产业数字化发展。《浙江省健康产业发展“十四五”规划》提出，要聚焦全球健康前沿，深度融合信息技术，以“数字+智能”推动医疗、生物、器械等领域革新，打造高效智慧健康产业链。一要加速健康领域数字化进程。围绕“数字浙江”战略，深化卫生健康与体育的数字化改革，构建“1+5+N”框架，推进智慧养老、互联网+医疗健康等平台建设，丰富健康服务场景与产品，支持互联网医院、远程医疗等服务发展，强化数字医共体与远程医疗服务网络，创新智慧养老服务模式。二要有序发展医疗人工智能与大数据。推动AI在医疗服务的深度应用，如医用机器人、辅助诊断、临床决策支持等，培育智能医疗新服务。加强医学人工智能示范中心与大数据中心建设，推动数据标准化，培育信息化龙头企业，构建医疗健康大数据产业链，涵盖数据分析、隐私保护等服务。三要大力发展智能健康设备。聚焦中高端体外诊断、医学影像、智能医疗器械等领域，推动智能手术机器人、脑机接口等研发与产业化，促进智能健身设备发展。出台的《浙江省省级医疗资源配置“十四五”规划》则旨在优化医疗资源配置和布局，为患者提供更加便捷、高效、精准的医疗服务。明确提出通过充分挖掘利用大数据资源，推进智慧医疗平台建设、智慧服务功能延展和智慧场景开发。浙江省卫生健康委员会同相关部门印发的《关于全面推进医疗机构间医学影像检查资料和医学检验结果互认共享工作的实施意见》提出了浙江省医疗机构间医学影像检查资料和医学检验结果互认共享的基本规则、互认机构以及风险机制等，实现卫生健康领域数字化改革，减轻群众看病就医负担，持续改善医疗服务。此外，浙江省高度重视并积极推进标准化战略，其标准体系持续优化，成效显著，领跑全国。浙江省最新发布的《关于加强卫生健康标准化工作的实施意见》中，提出构建全面协调的卫生健康标准体系，涵盖强制性安全标准、推荐性基础标准、地方特色标准及团体引领标准。在国家和行业标准层面，浙江省积极鼓励医疗单位与专家参与制修订工作，强化国家卫生健康标准体系。在地方标准上，聚焦于“九大行动”，如优质医疗、婴幼儿照护、老年康养、数字健康及未来医院等，联合多部门制定并实施具有地方特色的标准，力求上升为更高层级的国家标准乃至国际标准。同时，在团体标准领域，浙江省激励卫生健康领域的学(协)会等社会组织，以市场需求和创新为导向，参与标准研制与实施，聚焦新兴技术、业态与模式，以高标准促进卫生健康服务质量的飞跃式提升。

### (二)大健康产业数字化发展状况

1. 数字基础设施

浙江省全力推进“浙江健康数据高铁”建设，实现省、市、县、乡、村五级数据贯通，汇聚了海量健康数据。同时，按照“1+11”总体布局建设“浙江健康云”，为数字健康应用提供了坚实的基础设施。浙江省建设了多个数字健康服务平台，如慢病管理平台、肿瘤多学科协同诊治平台等，这些平台通过技术创新与数字赋能实现了医疗数据的汇集、融合和共享，提高了医疗服务的智能化和便捷化水平，为慢性病一体化门诊、肿瘤等疑难病症提供全流程、全周期的数字化服务。

2. 数字技术创新与应用

浙江省在大健康产业数字化领域积极探索新技术应用，如5G通信技术、人工智能、大数据等。这些技术的应用不仅提高了医疗服务的智能化水平，还推动了健康管理、疾病预防和公共卫生等领域的创新发展。浙江省推出了“浙医互认”“浙里急救”“浙里护理”“浙里健康e生”等重大应用，服务超6000万人次。这些应用有效解决了群众看病就医的痛点难点问题，提高了医疗服务效率和质量。其中“浙医互认”实现了检查检验项目的互认共享，累计节省医疗费用超12亿元。“浙里急救”缩短了急救时间，挽救了无数生命。“浙里护理”提供了便捷的上门护理服务，满足了特殊护理需求。“浙里健康e生”则为居民创建了覆盖全生命周期的电子健康档案。此外，浙江省还积极举办数字健康创新大赛等活动，遴选并推广了一批先进技术和产品。同时，还发布了首个未来医院建设白皮书 V1.0 和全国首个数字健康人 Angel，为居民提供健康咨询、导医导诊等贴心服务。

3. 数据共享与互联互通

浙江省依托省一体化智能化公共数据平台，建设浙江“健康大脑”，实现省、市、县、乡、村五级健康数据的互联互通。目前，省域健康数据高铁已汇聚约 8.24 亿条健康数据，为开展医疗健康大数据应用打下了坚实基础。同时，浙江省积极打破数据壁垒，在确保数据安全的前提下，统筹解决数据的标准化、通道、权责及更新等问题，最大程度地开放数据资产，促进数据关联应用。这有助于提升医疗资源的利用效率和服务水平。

4. 区域发展与合作

浙江省以高质量发展建设共同富裕示范区为主线，开启了全省域、全方位、全领域推进卫生健康数字化改革的新进程。这一举措不仅促进了数字健康技术在全省范围内的广泛应用，还推动了各地区在数字化建设上的协同合作，形成了区域协调发展的良好态势。同时，浙江省各地市结合自身实际，探索出了各具特色的数字健康发展模式。例如，宁波市结合本地实际，探索出了“政府主导、区域化布局、线上线下、市场化运行”的数字健康发展模式。这种因地制宜的发展模式不仅促进了当地大健康产业的数字化转型，还为其他地区提供了可借鉴的经验。

### (三) 经验总结

一是在制度制定方面，湖北省应紧随国家标准化改革脚步，积极出台政策推进大健康产业各环节的标准体系建设。通过构建全面协调的标准体系，涵盖强制性安全标准、推荐性基础标准、地方特色标准及团体引领标准，以高标准引领大健康产业和事业高质量协同发展。同时，鼓励医疗单位与专家参与国家和行业标准的制修订工作，强化标准体系的应用与实施。

二是数字技术创新与应用方面，积极探索 5G 通信技术、人工智能、大数据等新技术在大健康产业中的应用。推广重大数字健康应用，如医疗互认、急救、护理、电子健康档案等，解决群众看病就医的痛点难点问题。并通过举办数字健康创新大赛等活动，遴选并推广先进技术和产品。

三是在推动产业数字化协调发展方面，湖北省应着重促进大健康产业内的地区协作与共同发展，以武汉的创新发展为核心驱动力，着力在长江流域和汉江流域打造大健康产业的重要生态廊道。同时，充分利用大别山、武陵山、秦巴山等地区的特色资源优势，构建差异化的空间布局，实现产业集聚、协同错位和绿色发展的目标。

## 四、对策建议

### （一）推进全民健康医疗信息平台体系建设

在推动湖北省大健康产业数字化发展进程中，我们应将城市作为核心，精心布局并渐进式构建面向未来的数字化基础设施架构，特别是强化物联网人工智能等前沿技术的应用，构建省域级别的健康数据汇聚与调控中心体系，逐步将各类医疗卫生机构及健康数据资源接入平台实现互联互通。第一，加速推进大健康数据平台的建设进程。根据实际需求和数据特点，在湖北省多个地点分别建立数据处理和存储节点，形成分布式布局；同时，制定统一的协议标准，确保各节点之间能够顺畅地交换和共享信息；最后，通过协同化的管理机制，确保各个节点之间能够高效协作，共同完成任务，实现数据的无缝对接与高效流通。构建起一个既分散又统一的湖北省大健康数据中枢网络。第二，优化并加速构建大健康数据平台所需的支撑体系。包括构建大健康行业数据综合运营中心，旨在通过精细化管理策略，推动数据资源的精准配置与高效利用；深化大健康数据开发利用平台的优化升级，以增强数据处理的智能化与自动化能力，促进数据价值的最大化释放。第三，加速建设高性能协同计算生态体系。通过超大型数据中心、大中型数据中心与边缘数据中心的有机结合，形成灵活高效、覆盖广泛的数据处理能力，为大健康产业数字化转型提供强大的算力支撑与保障。

## （二）促进大健康数据高效安全共享

针对湖北省大健康产业数据共享和利用中存在的数据孤岛和数据共享和隐私保护现象，提出以下建议。第一，制定统一的数据标准和接口规范。在湖北省内推广使用国家或行业认可的数据标准和接口规范，如HL7、FHIR等，确保不同系统间的数据能够顺畅交换。对采用统一数据标准体系的医疗机构和科技企业进行认证，并给予一定的政策支持和激励。第二，提升技术防范能力。鼓励并扶持数据安全技术的研发与创新应用，特别是区块链、差分隐私等前沿技术，以显著提升数据隐私保护的效率与可靠性。同时，引入并强化数据加密、访问控制、审计追踪等成熟安全技术，构建全方位、多层次的数据安全防护网，确保数据在存储、传输、处理全生命周期内的安全性。此外，实施严格的数据脱敏与匿名化处理策略，最大限度减少敏感信息的直接暴露，从源头上降低数据泄露的风险。第三，强化监管和执法力度。加大对医疗机构和科技企业的监管力度，定期检查数据安全和隐私保护措施的落实情况。严厉打击数据泄露、非法获取和滥用个人健康信息等违法行为，提高违法成本。

## （三）推进区域及医疗机构协同发展

积极推动湖北省大健康产业内的地区、医疗机构协作和合作发展。首先，缩小区域间数字医疗鸿沟。第一，加大政策扶持与资金投入。湖北省政府应加大对偏远市州医疗机构的财政支持力度，设立专项基金用于提升其信息化基础设施建设和数字化技术应用能力。根据地区经济发展水平和技术应用现状，给予不同程度的资金扶持，实施差异化补贴政策。第二，推动区域医疗协作与资源共享。建立跨区域医疗信息化平台，促进武汉市等先进地区与偏远市州之间的医疗资源共享和技术交流。实施远程医疗合作项目，利用互联网和通信技术，让偏远地区患者也能享受到高质量的医疗服务。第三，强化人才培养与引进。加大对偏远地区医疗信息化人才的培养力度，通过培训、进修等方式提升其专业技能。鼓励和支持医疗信息化人才向偏远地区流动，提供优厚的待遇和职业发展机会。

其次，促进医疗机构间数字化均衡发展。第一，加强基层医疗机构信息化建设。加大对基层医疗机构信息化建设的投入，提升其信息化基础设施水平。推广使用标准化的医疗信息系统，实现数据的互联互通和共享利用。第二，推动数字化技术深度应用。鼓励医疗机构积极探索和采用大数据、人工智能等前沿技术，以科技赋能医疗决策，提升诊疗的精准度和效率。支持医疗机构开展相关科研项目，加速科技成果的转化与应用，同时建立科学的评估与激励机制，表彰和奖励在数字化技术应用上取得显著成效的机构，激发行业创新活力。第三，加强行业交流与合作。积极组织医疗信息化领域的交流会议、研讨会等活动，为医疗机构搭建沟通与合作的桥梁，促进经验分享与技术创新。推动成立医疗信息化产业联盟或协会，整合资源，共同制定行业标准，推动整个行业的健康、快速发展。

### （四）加快完善政策环境与监管机制

湖北省应加快完善政策环境与监管机制，为大健康产业的数字化发展提供坚实保障。

第一，加强顶层设计，统筹规划布局。制定湖北大健康产业数字化发展战略规划，明确目标任务、重点领域、主要项目、保障措施等，形成湖北省上下的工作共识和行动指南。结合《湖北省国民经济和社会发展第十四个五年规划和二〇三五年远景目标纲要》及《湖北省大健康产业发展“十四五”规划》，优化湖北大健康产业数字化发展的空间布局。加强与国家相关部委和其他省市的政策对接和协调，争取更多的政策支持和资源倾斜，打造湖北大健康产业与数字经济的区域合作平台。紧跟技术发展趋势，深入研究数字化转型中的法律法规问题，及时修订和完善相关政策法规，确保政策的前瞻性、科学性和可操作性。

第二，推动跨部门协同治理。建立一套科学、高效的跨部门协作机制。明确各部门在医疗信息化、数据安全、隐私保护等关键领域的具体职责分工，确保每个部门都能清晰认识到自己在协同治理中的角色和任务。同时，机制还应详细规定各部门之间的合作方式，包括信息共享、联合执法、应急响应等多个方面，以确保在面临复杂问题时，各部门能够迅速、有效地协同行动。在医疗信息化方面，跨部门协作机制应促进卫生健康部门与信息技术部门的紧密合作，共同推动医疗信息系统的建设和升级，提高医疗服务效率和质量。在数据安全领域，则需要网络安全部门、数据管理部门与相关业务部门共同制定和执行严格的数据安全标准，防范数据泄露和滥用风险。而在隐私保护方面，法律部门应与各业务部门紧密配合，确保在数据采集、使用、共享等各个环节都充分尊重和保护个人隐私权益。

第三，完善医疗大数据监管体系。制定统一的医疗大数据监管标准和流程，加强对数据采集、存储、处理、共享等环节的监管力度；建立健全数据泄露、非法交易等违法行为的查处机制，加大处罚力度；同时，为数据使用者提供便捷、高效的权利救济渠道，保障其合法权益不受侵害。

**报告撰稿人：** 程时雄　湖北大学商学院院长、教授、博士研究生导师

肖紫璇　湖北大学商学院硕士研究生

# 湖北省银发医药产业发展策略研究

武汉大学课题组

银发指"人们进入老年期或者到达退休年龄阶段"，银发经济是老龄化社会中最具活力的经济形态之一，[①] 蕴藏着大量新业态、新模式、新动能，逐渐成为我国国民经济发展战略的重要驱动力量。根据中共中央国务院《关于加强新时代老龄工作的意见》《国家积极应对人口老龄化中长期规划》《"健康中国2030"规划纲要》指示，着力构建老年友好型社会、积极培育银发经济是有效应对我国人口老龄化的必然要求，事关国家新人口形势下的发展全局、亿万百姓福祉、社会和谐稳定。银发医药产业是银发经济的重要组成部分，综合(国办发〔2024〕1号)国务院办公厅《关于发展银发经济增进老年人福祉的意见》等文件阐述，广义上包括向老年人提供医药产品或服务的产业，具体指与老年人医疗、健康、护理相关的医药研发、生产、流通、经营、零售、服务产业全链，以及伴随着老龄化加剧衍生的各类药品、器械耗材和药事服务。相较于银发健康产业的宽广内涵，银发医药产业更聚焦老年人的生理特点和疾病谱，产品与服务更具有医药技术的专业性，疾病管理的刚需性，更凸显高经济附加值、高技术密集型的产业特征。

作为老龄化进程加速的人口大省，湖北省在探索银发医药产业"新蓝海"方面具备独特的优势和潜力。银发医药产业的发展不仅关乎老年群体的健康福祉，也是推动湖北省经济转型、实现社会与经济高质量发展的重要途径，其发展策略、创新模式将为华中地区提供宝贵的银发经济增长经验、积极老龄化社会治理引领示范。本文从湖北省银发医药产

① 高颖．银发经济的发展机遇及其布局[J]．人民论坛，2024(10)：84-87.

业背景出发，结合前期课题组相关研究，梳理现状与问题，提出优化策略。

## 一、湖北省银发医药产业发展背景

### （一）老龄化挑战孕育区域发展“窗口期”重要机遇

根据湖北省老龄办《关于湖北省人口老龄化现状及发展趋势预测的研究》，预计到2033年，湖北省60岁及以上老年人口将达到1958.42万人，占比32.57%，进入社会重度老龄化阶段。这一严峻形势不仅体现在全省域老龄化的整体趋势，还表现在区域间老龄化进程不平衡也在加剧。第七次全国人口普查数据显示，湖北省17个地市州中，12个已进入重度老龄化阶段。但省会武汉市作为国家中心城市、长江经济带核心区域，人口老龄化程度则相对较低，占比17.23%。人口结构差异的加大，更将深刻影响城市间的社会经济差距。然而，这种老龄化趋势也为湖北省银发医药产业的特色发展，提供了巨大的市场需求与内生动力，为湖北省化人口结构短板为新兴产业优势，带来了历史性的窗口机遇，为激活城市间资源流动、平衡区域间发展，更提供了新思路、新路径。

### （二）国家与地方健康产业利好政策频繁释放

国家和地方层面近年均出台了密集的政策措施支持银发医药产业发展。中共中央国务院《关于加强新时代老龄工作的意见》《国家积极应对人口老龄化中长期规划》《“健康中国2030”规划纲要》等文件明确提出要健全养老服务体系、构建老年友好型社会、积极培育银发经济。《“十四五”医药工业发展规划》为银发医药产业研发、生产、流通及服务领域的发展指明确了方向。

湖北省积极响应国家号召，出台了体系化的地方性政策措施。一是形成支持医药产业全链发展的规划与原则，发布《湖北省医药产业“十四五”发展规划》《湖北省加快未来产业发展实施方案(2024—2026年)》《关于支持生物医药产业创新发展服务“先行区”建设的若干措施》等，将生命健康产业确定为突破性发展的五大优势产业之一；二是相关部门鼓励产业创新，引导产品与服务规范，如发布《湖北省支持首台(套)高端医疗装备示范应用实施细则》《湖北省医疗器械经营监督管理实施细则》；三是助力地区医药人才均衡发展，湖北省政府《关于深化改革促进乡村医疗卫生体系健康发展的实施方案》指示加快县城“双集中”发展，就地城镇化提供卫生健康服务支撑，弥合湖北省城乡医疗发展地域人才储备差距。

### (三)医疗保障事业助力银发消费需求释放

湖北省对医疗保障制度改革因地制宜的探索，为进一步释放银发消费需求带来重要助力。作为社会医疗保险参保大省，湖北省持续支持医疗保障事业发展，基本医疗保险覆盖面不断扩大，城镇职工与居民医疗保险参保人数持续增加。在待遇提升上，2023年医保政策提高年度最高支付限额和退休人员普通门诊待遇；在支付衔接上，新增5065家医保定点药店作为试点纳入医保门诊统筹结算范围，释放医药零售行业的重大利好，老年患者医保支付医药产品更加顺畅；在服务优化上，省医保局推出23项医保服务便民措施，实现优流程、减跑动、便就医、创新服务模式。不仅提高了老年人的医疗保障水平，更极大地释放了老年群体在银发医药产业的消费动力与潜力。

## 二、湖北省银发医药产业的现状与问题

### (一)形成了体系化、联动化、特色化的整体布局

进入“十四五”时期以来，湖北省医药产业规模总量稳步增长、特色领域优势凸显、技术进步和创新能力不断增强。在全省医药产业研发生产上游，形成了化学药、生物药、现代中药、医疗器械及医用防护物

资等较为完整的产业体系，涌现出“百亿生物医药企业”宜昌人福药业等龙头产业集团，一类新药研发已进入国家第一方阵；在中游产品流通与经营上，湖北省九州通等现代医药物流与经营企业发展迅速，已成长为集研发、生产、销售、物流于一体的综合型健康产业集团，作为行业内首家获评 5A 级物流企业，及唯一获评国家“十大智能化仓储物流”示范基地的企业，在全国医药物流行业已具备独特优势；在下游面对终端消费市场的医药服务与信息产业，依托医疗保障改革的政策助力、生产与流通企业供应链前端蓄力，湖北省九州通好药师大药房等企业，广泛开展了直营业务、专业药房、线上线下购药直联(O2O)等业务，丰富了基层老年人医药产品与服务获取端口；在区域产业布局上，湖北省逐步形成了以武汉国家生物产业基地为龙头的“1+1+N”联动发展格局，即武汉为核心区，宜昌为先行示范区，荆门等地市为支撑的以生物医药、医疗器械为代表的高端引领、集聚发展、功能互补的特色产业集群。全省医药基础业态体系化、重点集群联动化、核心龙头特色化的总布局初步形成(见图 1)。

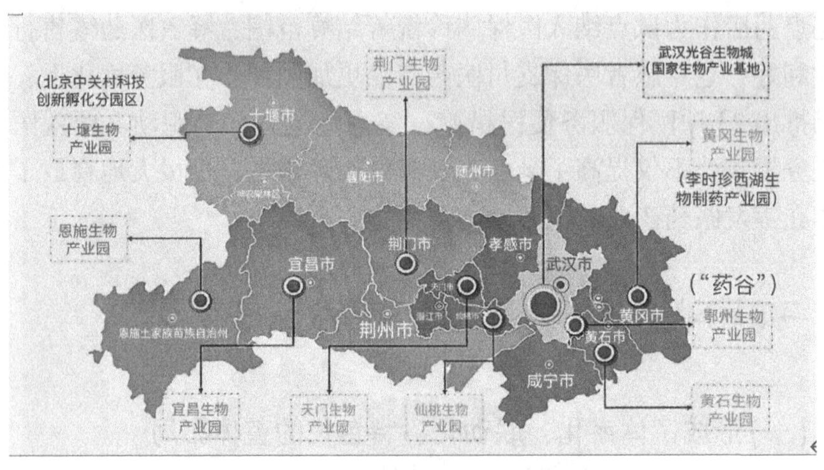


图 1　2024 年湖北省医药产业园布局

### (二)区域资源长期不平衡，产业全链进入发展“深水期”

湖北省医药产业整体发展与布局虽迅速，但区域间差距较大，依靠武汉、宜昌等少数核心城市辐射全省医药经济效益较困难，龙头企业全省带动力和影响力明显不足。同时产业链上、下、游在取得成果同时，已进入持续创新难、突破难、行业协同不足，技术瓶颈凸显等发展深水期。这是全球新兴产业发展都会面临的爬坡、攻坚阶段。现阶段具体发展成效及显露问题主要包括：

1. 上游产业基础升级迅速，银发医疗“靶点式”创新难突破

上游生产研发以及原料药供给上，基础能力具有优势，根据国新办“推动高质量发展”系列主题新闻发布会湖北专场信息，一是对全国医药产业规模贡献明显，湖北省生命健康产业规模 2023 年达到 8810 亿元，在同期全国健康产业规模中占比 6.78%，其中中药配方颗粒备案企业和品种数量分别位居全国第一位和第三位，原料药出口交货值居全国前 5 位，麻醉药、维生素、酵母、生物塑料等产品市场占有率排名全国前列；二是产学研转换具备一定竞争力，湖北省临床试验机构所有备案数量全国占比 3.82%，排名第十；三是创新能力稳步提升，近 3 年湖北省获得 6 个一类新药注册批件，取得历史性突破，武汉市前沿热点领域专利在全国已处于第二梯队，医药研发份额占比为 3.66%，在全国城市排行第八。

然而，与长三角、珠三角和北京地区相比，湖北省以上方面仍存在较大差距。尤其在老年医药研发生产的重要市场满足上，瓶颈难题亟待突破。一是对老年人普遍的、常态化的医药产品需求对接不足，常见慢病药品同质性强，缺乏治疗功能的突破性优势，鲜有特色优势品牌，与部分原研药品相比，老年患者市场认可度待提升；二是规格、剂型等产品技术参数缺乏老年市场针对性，产品未考虑到老年人视力下降、吞咽困难、基础疾病复杂等特殊群体的产品使用特异性障碍；三是湖北省中医药道地药材、特有品种的资源优势未得到发挥，适合老年人食用的中药饮片创新研发较少；四是针对老年重大疾病医药攻坚上，前沿技术创

新突破不足，尤其在细胞与基因治疗(CGT)等热点前沿的探索，与北京、上海、广州仍存在明显差距。

2. 中游产业集聚初具规模，医药供应保障协同需增强

湖北省流通、经营中游产业在全国行业优势较突出，形成龙头优势，如九州通集团搭建了行业稀缺的“千亿级”医药供应链服务平台，完成了全品类采购、全渠道覆盖和全场景服务的业务布局。但产业链环节间缺乏有效的反馈、协同机制，导致市场需求预测不准确、银发市场对接动力不强烈、中游产业对辐射老年医药产业全链的经济优势、普惠老年用药的社会价值未发挥。本研究团队依托国家社科基金项目、国家卫健委委托课题进一步发现，中游流通与经营存在具体问题对老年患者药品获取存在一定影响：一是近年季节性传染病呈流行、多发的趋势，叠加市场因素影响，部分老年常用药品出现特殊时点的供应不足、不及时、不稳定等问题。尤其是老、少、边、贫脆弱地区在特殊时点更为明显，影响百姓享受医药改革红利的获得感。二是企业之间技术优势竞争不足、围绕医保集中采购的“价格战”过度集中。未形成健康的行业创新氛围，未构建老年医药产品在临床需求、消费偏好上的市场反馈机制。三是产业“信息链”价值显效不足，中游对生产研发上游缺乏信息反馈和引导，对下游的服务业态联通不够。在近年老年、儿童传染性疾病等特殊时点，产生医药供应产生缺口时，流通与经营医药企业信息联动、托底应急需求的潜能未发挥。

3. 下游市场端口初步拓展，银发消费需求刺激不足

下游老年医药服务机构数量在疫情防控锤炼下、医改深入推进下得到迅速增长，基层医药服务模式逐渐丰富。2023 年末湖北省共有医疗卫生机构 38489 家，其中基层医疗卫生机构 36735 家，专业公共卫生机构 471 家。依据国家医保局官方公开数据，以及中国药房网统计，截至 2023 年 9 月 2 日，湖北省定点零售药店已达 21562 家，仅 2019 年至 2022 年，湖北净增药店数量 6779 家，三年增幅近 13%，远高于全国平均增幅(5.89%)。益丰大药房、老百姓大药房、天济大药房等连锁药店在湖北省门店数量众多，且分布广泛，提供中医药保健、组织义诊、

血压监测等社区药事服务。除此外，截至2023年四季度，全省共有养老机构2013个，除照料护理外，还提供药品代购，医疗器械辅助使用等医药服务。

目前，从湖北省医药产业下游看，服务内容较为基础，人力资源较缺乏，医药智能穿戴设备、医药定制化信息等个体终端市场中，竞争同质化较高，缺乏对老年群体这一重要客户市场的需求定位与服务设计。医药金融、保险等具高经济附加值的医药服务产业，缺乏上游、下游高质量、跨专业的信息流反馈支持。整体上与老年消费群体特殊化、多元化、个性化的需求存在差距，对银发消费动力刺激不足。

### (三)医药产业复合型人才缺口大，经济社会价值难发挥

银发医药产业作为高度知识密集型行业，对人才的需求尤为迫切。该领域亟需精通流行病学、医学、药学、卫生经济与信息学，熟悉工程技术、材料科学等多学科知识的复合型创新人才。然而，当前湖北省在医药领域的高端人才储备面临严峻挑战。湖北省主要集中人才的武汉市医药研发人才比例占全国同类人才2%，与北京(12%)、上海(6%)相比存在差距。具体到银发医药产业，既具备深厚医学背景，又熟悉老年医学特点的医药人才缺口更为明显。

从药事人才培养上，湖北省高校和科研机构在临床医疗、公共卫生、健康管理学科的培养体系较为割裂，单一的学科培养与产业复合化的需求存在差距。从药事人才流动上，湖北省医药企业的人才引进和培养机制，普遍缺乏长期激励机制和职业发展路径，医药人力资源外流趋势明显，制约了产业的创新发展。从药事服务提供上，本课题组《湖北省基层药事人员能力反馈调查》显示，在公立、私立的基层医疗机构药学人员主要以本科及以下学历为主、职称结构偏低，零售药店实际执业人员多为销售人员，执业资历欠缺或较低，整体药学工作内容以从事药品调配为主，能承担临床药学工作的人员不到17%。基层医疗机构、药店，35%人员对规范审核、开具药物处方，正确完成药嘱的执行能力

有待提高，55%人员识别药物联用与配伍禁忌能力均较弱，直接面向老年群体的临床药学服务的发展较为滞后。

### （四）银发医药产业协同不足，三医协同合力亟待释放

药物作为特殊商品具有健康公益性、技术专业性与市场价值性多重属性，也意味着其管理部门职能专业要求较高。不联动、不一致、不整合的医药相关政策，不仅制约其快速发展，更易加剧老年医药高质量获取与保障的风险，现阶段管理政策的协同缺位，主要表现在以下三个方面：一是老年健康与流行病需求的全面评估，缺少政府部门共识下的指导推进，老年医药产业与需求普遍存在市场对接问题。二是部门间的顶层设计与决策制定存在政策缝隙，行业标准和监测体系不一致。医药服务的执业过程存在困惑，衍生利用政策空间，同质重复、“假性创新”的不良导向、零售市场差异定价的投机行为等，影响老年用药需求满足、医药政策利好的获得感。三是不同部门职能、专业优势未形成治理合力，不同产业发展缺乏整体规划，市场试错的成本较高。银发医药产业对于区域人口、经济发展的重要战略位置缺乏统一定位，导致产品服务被动追赶热点，经济价值难以持续增长。医保、医药、医疗的“三医协同”政策效应亟待充分释放。

### （五）银发群体医药使用素养弱，健康权益有风险

老年人医药服务风险感知能力较弱，健康权益的实现难以得到充分保障。本研究团队开展的《湖北省老年人用药风险感知调查》1020份样本量调查显示，75%以上的老年人普遍缺乏科学用药素养，漏服、错服慢病用药，滥用抗生素较为普遍。同时，在医药服务消费的过程中更容易出现信息闭塞、辨别能力弱、维权意识不足等特点，陷入“坑老”营销陷阱。此外，还存在部分夸大功能、误导需求的保健产品营销活动、康养旅团，滋生的老年健康和医药消费的合法权益问题亟待重视。

## 三、促进湖北省银发医药产业高质量发展策略

### (一)完善针对性的顶层设计，均衡区域发展

推动区域间医药产业资源共享和协同发展，创造性地化老龄人口严峻形势为历史机遇，探索银发医药产业顶层规划，开启多维布局、确定先行领域、广铺基层市场端口、突出传承优势、缔造独特品牌。一是借鉴山东省、广东省医养健康产业发展规划，构建老年医药技术“极”、高质药事服务“圈”、特色医药文化“域”的多维度布局；二是以正“井喷式增长”的银发医药需求为先行导向，优先做强生物医药、医疗器械、中医药、健康养老等已具备基础优势的产业，完善产业能级提档、人才梯队建设等配套工程；三是依托湖北省医保局“国家中成药集采”牵头优势，完善中医药产品与服务评审机制，突出传承创新发展项目，以“中医药+养老”为湖北省特色的试点工程，推动中医药养老服务发展政策向欠发达地区倾斜；四是大力铺陈医药服务端口，在基层社区、乡镇村落合理设置各类医药服务机构，鼓励区域开展集医疗护理、康复保健、生活照料、“一老一小”休闲娱乐为一体的“医养结合”模式探索；五是发挥黄冈蕲春、恩施自治州等湖北省中医药“华中药库”优势，提升李时珍等中医文化品牌效应，开展跨国医药健康企业走进湖北的国际论坛等活动，提升湖北省中医药品牌美誉度。

### (二)银发医药产业全链创新优化转型

以国务院常务会议2024年7月审议通过的《全链条支持创新药发展实施方案》为指导原则，将发展创新医药与人民健康福祉深刻关联。以“三医协同”为政策保障，统筹价格管理、医保支付、商业保险、药品配备使用、投融资等政策，合力助推湖北省银发医药产业突破发展，具体为：

(1)上游围绕人民健康需求为中心，科学循证促创新为导向，开展

前沿医药技术和新型药物研究。源头精益对接市场，承接银发健康历史机遇；参考广东省、山东省等数字经济工作、健康医疗大数据中心建设规划，推进全省二级及以上公立医疗机构对接平台；支撑医联体、医共体的基层医疗机构开展结果互认共享，实现健康医疗数据跨区域汇聚和科学利用，为研发循证支撑扫清数据壁垒；依托湖北省高校资源优势，开展流行病学、卫生事业管理学等跨学科研究，鼓励与智能算法工具深度结合，实现源头精益对接市场医疗健康需求，为具有老年医学相关的重大创新、临床需求、明确临床和健康价值的医药器械审制提供“绿色通道”；提供老年医学、医药创新创业孵化的“一键联通”平台，对具有全球共性攻坚难点的老年疾病技术创新突破、应用前景广阔的生物医药项目，引导社会风险资本投向，为降低湖北省企业的融资难度和成本提供政策支撑。

(2)突出中游交通枢纽地位和产品优势集散功能，以广袤基层医药流通效能升级，撬动深层次的医药物流资源整合。引导大型流通企业以县、乡镇为农村物流节点，建立多元化的配送与经营体系，扩大农村连锁零售药店覆盖面；鼓励九州通等流通龙头企业依托强大的供应链服务体系、丰富的上下游客户资源，构建覆盖“临床医疗技术参数需求”、“患者消费偏好需要”的市场反馈机制，探索行业内信息联通共享、重塑医药零售市场生态圈。

(3)支持下游创新服务业态，提供前端产业信息，鼓励激活现有服务市场及数据资源。着重激励开发紧贴老年人普遍需求的共病治疗管理、健康风险预警等产品；创新高质量医药信息服务，拓展医疗保险和医药金融等领域新业态，丰富老年医药消费者服务选择，推动湖北省银发消费市场的持续增长。

### (三)构建老龄化下医药人才培养机制，夯实高层次人才储备

完善湖北省医药人才培养体系，源头强调宽厚人文情怀、宽实学科功底、宽广国际视野的职业伦理，鼓励创新型、复合型、实战型医药人才培养模式探索。注重理论和实践相结合，医药基础与应用的学科联

通，夯实老年医药产业环节全链的人才储备，强调综合培养基础，明确专业侧重，确保产业链上游具备基础学科知识扎实、现代化制药工艺掌握、国际前沿科研参与的研发创新型人才，中游具备化学原料质量控制与检测、采购与管理经验的实战型人才，下游具备精通医药信息分析、健康教育与营销策略，医药政策评估及跨领域协作的复合型人才，对执业资质与行为规范进行进一步完善。

### （四）统筹医保、医药、医疗三医协同，强化综合治理为产业护航

更加突出以人民健康为中心、更加突出治理创新和能力建设、更加突出提升老年群体政策获得感。以促进湖北省“三医”价值协同、利益协同、行动协同，构建跨部门、多主体参与的治理机制，统筹与完善关键部门间协同，探索对集采、支付、供应等牵涉医药经济、产业、民生的重大主题形成“医药关键工作联席会议制度”；加强医药产品与服务管理标准一致性、监管的联动性、信息的共享性，整合分散在各医药卫生部门的关键数据，形成全省统一的药品供应保障数据平台，为医药研发、临床决策、服务开发、以及特殊时点医药保障提供数据支持；健全多层次医疗保障体系，探索老年人长期护理保险与分级制度，发展商业健康保险；推动形成科学的、高质量的、治疗结果导向的药品和医用耗材集中采购机制，促进医疗保障助力释放银发健康消费空间；支持医疗机构开展老年健康服务、家庭医生签约等全周期的医药服务，支持医联体、医共体建设，促进优质医疗资源下沉，联动基层政策宣传与健康教育，为银发医药产业持续发展提供源自基层的、普遍的、不竭的银发市场与资源动力。

**课题负责人：**张欲晓　武汉大学公共卫生学院副教授、硕士生导师、博士

**报告执笔人：**谢浩杰　吕　游

# 推进湖北省农业全产业链发展的思路

湖北省社会科学院课题组

“加快建设国家优质农产品生产区”是省委、省政府明确提出支点建设的“五个功能定位”之一，是中国式现代化湖北实践的重要内容。湖北是农业产量大省，粮油、生猪、蔬菜、淡水产品、茶叶等特色农产品有产量、有规模，农业产业大而不强、多而不优、质量不高，是多年来一直困扰湖北农业高质量发展的“痼疾”。产业链各环节衔接不够紧密、精深加工水平偏低、“头雁”型龙头企业缺乏、品牌体系不够清晰、标准体系建设和落实不足等是制约全产业链发展的主要痛点、难点和堵点。湖北加快建设国家优质农产品生产区的破局之关键在于推进农业全产业链发展，打造能“产”、品“优”、会“卖”的重点农业产业链。基于此，课题组深入相关职能部门、重点龙头企业以及主要地市州开展调研，全面摸清湖北省重点农业产业发展现状，并深入剖析湖北省农业全产业链发展存在的突出问题，据此提出了深化湖北省农业全产业链建设的思路。

## 一、湖北省特色农业产业发展现状①

结合调研情况，将湖北省优势农产品划分为“稳产保供类农产品”和“特色增收类农产品”，从纵向分析和横向比较两个角度全面剖析湖北省优质稻米、生猪等稳产保供农产品及茶叶、禽蛋、淡水产品等特色

① 鉴于已公开的统计年鉴数据截至 2022 年，为保证数据统一性和权威性，本部分采用 2022 年的相关数据进行分析和比较。

增收农产品的优势和潜力。

## (一)稳产保供农产品

(1)优质稻米。2022年，湖北省水稻种植面积3395.9万亩、产量373.16亿斤，稻谷产量常年位居全国第四，播种面积常年位居全国第五，大米常年调出100亿斤。2023年，湖北省布局建设750个粮食产后服务中心，烘干总能力达到19.6万吨/批次；153家省级以上农业产业化龙头企业加工稻谷982.1万吨，大米加工产值达到370亿元，优质稻米全产业链总产值超过1000亿元。湖北优质大米公用品牌——“江汉大米”加快培育，构建起“江汉大米+地理标志+企业(产品)品牌”的协同发展模式。

(2)生猪。湖北省生猪年出栏量常年稳定在4200万~4400万头，猪肉产量约330万吨，常年稳居全国前六。猪肉自给率达到140.1%，在满足湖北省居民猪肉消费的同时，向全国提供约100万吨猪肉产品。2022年净调出活猪201.1万头，同比下降26.4%；净调出猪肉9.0万吨，同比增长1.72倍，“调猪”向“调肉”转变格局加快形成。生猪育种优势日益增强，湖北省种猪场达183家，其中国家级生猪核心育种场8家、种公猪站1家，全国占比分别为7.5%和25.0%，平均每年向省外输出优质种猪10万头。2022年，生猪全产业链综合产值1896亿元。

## (二)特色增收农产品

(1)茶叶。2022年，湖北省茶叶种植面积564.1万亩、产量42万吨，茶园面积和茶叶产量均居全国第三，茶叶全产业链综合产值达到801亿元，居中部六省第一位。湖北省茶叶加工企业超5000家，产业规模位居全国前列。其中，国家级农业产业化龙头企业11家、省级149家，19家企业入选中国茶叶流通协会2023年度重点茶企。确立“楚天好”为省域茶产业公用品牌，湖北茶品牌体系价值持续提升。2023年，赤壁青砖茶、恩施玉露、武当山茶、英山云雾茶、宜红工夫茶等重点品牌价值达到176亿元。茶旅游蓬勃发展，已形成恩施大峡谷茶旅游区、武当山武当道茶旅游区、神农架林区茶生态旅游区、宜昌国际旅游茶城、五峰云上五峰生态五峰柴埠溪景区、“中国好空气 英山森呼吸”大别山英山生态游、赤壁羊楼洞青砖茶旅游区等茶旅融合景区。

(2)禽蛋。2022年，湖北省家禽出栏量6.16亿只，位列全国第十一；禽蛋产量207.96万吨，位列全国第五。出口规模持续扩大，蛋品出口额首次突破1亿美元大关、达到1.1亿美元，出口数量突破6.3万吨、连续13年夺得禽蛋出口数量冠军，出口数量和出口额双双位居全国第一。成功获批创建禽蛋国家级优势特色产业集群。[①] 家禽企业快速发展，农业产业化国家重点龙头企业已超过10家，省级龙头企业近50家，湖北省家禽行业细分领域隐性冠军企业超10家。

(3)淡水产品。2022年，湖北省淡水养殖面积790万亩，淡水产品产量510.4万吨，连续27年位居全国第一，约占全国淡水产品总量的14%，淡水渔业产值1584.3亿元、居全国第一。其中，小龙虾产量连续16年位居全国第一；2022年达到113.84万吨，占全国小龙虾总产量的近40%；小龙虾产业形成集选育繁育、生态种养、加工出口、餐饮美食、精深加工、电子商务等于一体的全产业链，“潜江龙虾”纳入农业农村部首批品牌精品培育计划，品牌评估价值达350.8亿元，连续5年荣登行业榜首。黄鳝养殖面积34万亩，产量15.4万吨、占全国总量的44%，居全国第一；“仙桃黄鳝”区域公用品牌价值达到172.25亿元。2022年，湖北省水产加工企业269家，其中规模以上企业117家，国家级龙头企业9家、省级龙头企业87家，水产加工品总量135.8万吨，水产品加工产值达450亿元。

① 以京山为中心的“荆荆宜”禽蛋产业集群、以咸安-通山温氏集团为中心的肉鸡养殖产业带、以随州湖北正大为中心的肉鸡产业集群、以浠水华中蛋品交易大市场为中心的蛋鸡产业集群。

## 二、湖北农业全产业链发展存在的突出问题

### （一）产业链各环节衔接不够紧密，新业态新模式有待突破

一是产业链供应链衔接不畅。由于缺乏整体统筹规划，农业科研、种业、农资等链条前端产业以及农产品加工、仓储、运输、销售等后端产业仍然主要分布在城镇，产业链主要环节中的销售流通、上下游衔接、信息共享等方面仍存在“脱节”现象。二是新型流通业态有待突破。目前湖北省电商、仓储、物流等设施建设水平还不足以支撑建立起从田头到餐桌的超短农产品流通链接，中间环节多、成本高，各大产业链中“无冷无链”“有冷无链”“冷链不冷”等现象或多或少存在，农副产品在流通环节腐损率仍然偏高。三是新主体新产业发展亟待规范。湖北省休闲农业、乡村旅游发展还处于自发、无序、小打小闹的状态，属于典型的点状经济，三次产业联动不足，土地使用规范化、设施和服务水平标准化不足。

### （二）精深加工水平整体偏低，“头雁”型龙头企业缺乏

一是龙头企业规模不大、实力不强、带动作用不明显。国家级龙头企业在数量和规模上与山东、河南、江苏等兄弟省份存在较大差距。①“农字号”企业上市步伐滞后，仅有周黑鸭、良品铺子、康欣新材料、科前生物、回盛生物、神山兴农、康龙种业等农业上市企业，与山东（18 家）、湖南（16 家）、新疆（11 家）、河南（9 家）等省份存在差距。二是加工与科技融合不深。农产品加工技术创新供给端与需求端在精准对接的力度、强度和精度上还不够，成果转化率有待提高。例如小麦条

① 数量上，国家级龙头企业拥有总数（62 家）与山东（106 家）、江苏（77 家）、河南（76 家）等兄弟省份存在差距；规模上，入选“2019 农业产业化龙头企业 500 强”的企业总数（9 家）也远低于江苏（131 家）、山东（98 家）以及中部的河南（29 家）、江西（28 家）、安徽（16 家），湖北省排名最靠前的企业营收 131 亿元，仅为榜首企业营收 2032 亿元的 6%。

锈病、水稻稻飞虱等病虫害直接影响优质粮食生产；因机采机收农机不过关，油菜、茶叶、柑橘等原料供给效率受到制约。三是加工与服务融合不深。质量检测、安全认证等标准化体系建设滞后于发展需要，精深加工环节的清洁生产以及对副产物的回收利用设施、检疫设施等相对滞后。行业协会、科研机构等公共服务平台对农产品加工业发展提供的信息集散、技术咨询与推广等服务的贡献度不高，专业化的社会公共服务机构在投融资服务、技术孵化、专业化检测检验、专业人才引进培养、政策咨询等方面还存在诸多短板。

### （三）品牌体系不够清晰，品牌实力和影响力不强

一是品牌体系“多、杂、散”。湖北省农产品品牌“多点开花”现象突出，品牌集群效应不明显，影响力、辐射力不够，缺少一个统一的、明确的省级整体品牌形象，诸如山东的“齐鲁灵秀地、品牌农产品”、河南的“豫农优品”、江西的“赣鄱正品”、甘肃的“甘味”等省级农产品整体品牌形象。二是品牌评价体系不健全。目前，湖北主要通过注册商标及“三品一标”认证数量等方式来评价农产品品牌优劣，或者根据项目申报需要，临时组织品牌评选，尚未建立起科学、系统、权威、动态的品牌评价体系。三是品牌营销推广手段单一。当前，湖北省品牌传播推广仍以展会、节会以及电视报刊等传统渠道为主，虽然也逐步借助淘宝、京东、拼多多、苏宁易购等电商平台，以及微博、抖音、快手等社交、短视频平台开展营销，但总体来看缺乏统筹规划，缺乏对品牌文化底蕴的深度挖掘，碎片化广告宣传居多，没有将传统媒体及各类新媒体协同运用，品牌宣传效果有限。

### （四）全产业链标准体系不完善，标准落实“参差不齐”

一是全产业链标准体系覆盖不均衡。湖北省现有标准中80%集中在生产环节，加工、产品质量、包装、仓储、运输等环节的标准缺乏。尤其在农产品电商火爆的背景下，缺乏农产品电商标准体系。现有标准的时效性较差，很多标准还存在“超龄”现象。2017年对湖北省地方标

准进行集中复审时，需修订的农业标准240余项，但目前仅有30%的标准完成了修订。二是标准落实“到位率”不高。标准实施的监督手段和评估机制较为缺乏，而可以有效发挥上联政府职能、下接企业需求的行业协会又正是湖北省农业产业化发展的短板，导致农业产业的行业自律性约束机制不健全。同时，标准制定与实施、推广脱节，部分标准从制定之初就被“束之高阁”，“重制定轻实施”的现象也时有发生。

## 三、湖北推进农业全产业链建设的总体思路

### (一)集中攻坚重点领域

领域一：补齐产业链价值链供应链短板，健全完善农业产业体系。

要着力强链延链补链，按照一产往后延、二产两头连、三产走高端的思路，以“头雁”型龙头企业为带动延伸产业链，以新业态新模式为引领提升价值链，以电商物流为平台做强供应链，一链一策，迅速补齐产业链短板，锻造产业链长板，实现农产品“吃干榨尽”。重点解决目前湖北农产品精深加工能力不足，高价值功能开发不充分，副产物综合利用程度不高，产业链横向纵向延伸不够，链主企业规模不大、能级不强等现实问题。

领域二：培育农产品品牌，开展品牌化市场营销。

着力创新品牌营销推介，讲好品牌故事，提升溢价能力，建立明确清晰的农产品品牌体系，严格标准制定，打造湖北农产品整体品牌形象。推进“互联网+”农产品出村进城，发展直播带货、直供直销等新业态，提高湖北农产品品牌的知名度、信任度和忠诚度。重点解决湖北农业品牌数量多、质量杂、内涵不清、体系搭建不完全、运营机制不完善、营销新模式应用不足等问题。

### (二)拉长补强短板弱项

补短板：加快科技成果产业化，提高农业现实生产力。

抓好农业科技创新这个“关键变量”，加快布局农业全产业链，提升农业全产业链现代化水平，将科技产业化融入农业全产业链建设的各个环节，赋能产业链薄弱环节和关键领域，重点补齐湖北省农业科技成果转化率不高、科技成果产业化不畅、高质量应用于实际生产不足、创新链与产业链“脱节”等突出短板，实现农业科技全产业链全覆盖。

强弱项：完善标准体系建设，促进农业全链条升级。

健全覆盖重点农业产业领域(包括产前、产中、产后)的技术标准体系，重点解决湖北省标准体系建设滞后、行业协会作用不突出、企业参与标准制修订工作动力不强、部分标准技术内容陈旧、推广实施的可操作性差、宣传贯彻和推广实施力度不够等问题，确保农产品生产、贮藏、加工、营销等各个环节均有标可依、依标生产。加强标准化技术服务，构建社会化服务体系，通过健全服务标准、强化合同监管、规范服务行为、建立行业自律组织等措施推进全产业链标准落地。

## 四、推进湖北省农业全产业链建设的几点建议

### (一)加快推进强链延链补链

一是加快科技产业化步伐。(1)做强产业链。依托湖北省农业良种培育优势，做强特异性针对种粮大县和种养模式的优质稻品种选育，为打好“种业翻身仗”贡献湖北力量。发挥湖北省生产科技、农产品加工技术、农产品质量安全控制技术等领域的优势，做强肉制品精深加工和副产品综合利用、水产品加工及衍生物提炼、珍稀食用菌繁育和莲深加工、鸡鸭及蛋制品冷链加工、茶叶全程标准化、传统强项种业和特色种业发展、油菜全生育期利用、水果贮藏保鲜和多元加工产品开发、道地药材筛选繁育和中药新药产品开发。(2)打造创新链。围绕十大重点农业产业链的发展需要，在优质绿色高效粮食作物栽培、油菜和茶叶全程机械化、淡水养殖尾水治理、畜禽粪污资源化利用等领域，加强技术模式的应用研究和中试熟化；在生物育种、动物疫苗、饲料添加剂、环境

微生物、果菜茶全程机械化、农产品精深加工与贮运、农产品质量安全、数字农业、设施农业、智慧农机和高端装备、重大动植物疫病防控等领域，开展协同创新与联合攻关。

二是提升链主企业产业带动能力。(1)打造链主企业。以农产品精深加工、农业废弃物综合利用、农产品质量安全等为重点，打造一批全国同行业农产品加工领军企业，培育百亿元标杆企业。全面推行“链长制”招商模式，招引一批资金雄厚、科技创新能力强、理念新的产业链头部企业入驻，推动项目尽快落地达产达效。(2)培育农业专精特新“小巨人”企业。参考工信部专精特新企业评定标准，集中省、市、县资源，对于原料有保障、产品有潜力、市场有空间的中小型高成长性企业，支持其瞄准“缝隙市场”，在技术工艺、产品质量上深耕细作，在细分市场领域建立竞争优势，助力产业链供应链“填空白”。(3)壮大农业产业化联合体。以链主型龙头企业为核心，发挥龙头企业在品牌、渠道、融资、技术、管理等方面的优势，带动全产业链发展；通过发展“质量订单农业”、做实土地股份合作社、股权量化到户等形式，完善多种利益联结机制，提升农民专业合作社和家庭农场等各类新型农业经营主体作用和积极性，带动小农户按标生产。

三是做强现代农产品加工业。(1)完善农产品产地初加工。以农民合作社、家庭农场和中小微企业为重点发展对象，支持建设冷藏保鲜、净化、干燥、分级、包装等初加工设施，延长供应时间，有效降低损耗，促进提升品质，实现“粮去壳”“菜去帮”“果去皮”“猪变肉”。加快推进农产品初加工机械化工作，制定发布十大重点农业产业链农产品初加工机械化技术装备需求目录，延伸初加工机械化服务链。(2)推进农产品精深加工。促进口粮品种适度加工，提高出粉和出米率。引导龙头企业、“小巨人”企业运用国内国际领先的农产品精深加工新装备、新技术、新工艺、新材料、新产品，开发营养均衡、养生保健、食药同源的加工食品，大力推进“肉变肠”“菜变肴”“果变汁”；聚焦提质增效，拓展加工空间、增值空间，开发质优价廉、物美实用的非食用加工产品。大力推进“麦麸变多糖”“米糠变油脂”“果渣变纤维”“骨血变多肽”，聚焦营养健康、节能减排等，促进品质调控、营养均衡、功能强化、变废为宝，实现资源循环利用、高值利用、梯次利用。

四是发展壮大“农业+”新业态新模式。(1)大力发展新业态。将休闲农业和乡村旅游产业嵌入“链长制”，深度挖掘生态休闲、旅游观光、文化传承、科普教育等多种功能，大力培育赏花采摘、休闲度假、健康养生、科普研学、农事体验等乡村旅游业态，实现“一村一品、一村一景、一村一韵”，打造具有荆楚特色的现代版“富春山居图”。(2)激发消费新模式。积极探索“中央厨房+冷链配送+物流终端”“健康数据+营养配餐+私人定制”等新型模式，发展中央厨房、加工体验等业态，推动生产车间成为旅游景点及消费者体验中心。加快构建线下体验与线上引流相结合的农村电商体系，线下着力完善电商末端服务网店，注重渠道维护，建设优质特色农产品直营店、体验区，线上开展直播卖货、助农直播间、移动菜篮子等新型消费模式，实现全渠道分销和零售，拓展农产品上行渠道。

### (二)完善全产业链标准体系

一是构建全产业链标准体系。借鉴山东从土壤到餐桌的全过程质量控制标准指标体系以及省内潜江龙虾产业标准体系构建经验，加快制定茶叶、中药材、柑橘等一批优势特色农产品管理条例或者管理办法，从产地环境、投入品管控、品种选育、农药化肥施用、技术革新、产品加工、包装、品牌打造、销售等全流程制定省级标准，指导行业标准、企业标准的制定，构建从标准化养殖园区延伸到产品加工、餐饮服务、冷链物流、电子商务等全产业链标准体系。鼓励龙头企业和行业协会根据市场导向，分别制定企业标准和行业标准，增强湖北优质农产品市场话语权。

二是建设全产业链标准化生产基地。实施农业全产业链“四个一”贯标行动，[①] 鼓励将标准综合体转化为简便易懂的生产模式图、操作明

---

① 编制一套简明适用的标准宣贯材料，组建一支根植基层的标准专家服务队伍，组织一批有影响力的观摩培训活动，培育一批绿色优质农产品精品。

白纸和风险管控手册，组织开展全产业链标准体系及相关标准综合体的实施应用跟踪评价，建设一批基础好、技术水平高、产业带动力强的现代农业全产业链标准集成应用基地。聚焦小龙虾、柑橘、茶叶等优势产区，严格落实农业绿色发展、全程质量控制等相关标准，打造以质量提升为导向的全产业链标准化基地。

### （三）加强荆楚特色品牌建设

一是优化品牌运营体系。(1)塑造农产品整体品牌形象。整合湖北现有农产品品牌形象，明确“水润荆楚”一个全品类、全区域的省级整体品牌形象作为区域公用品牌，实施“水润荆楚”农产品整体品牌形象塑造工程，统一策划、统一口径、统一宣传，快速扩大湖北农产品的品牌影响力。(2)构建规范、清晰的农产品区域公用品牌体系。按照“区域公用品牌+企业产品品牌”母子品牌模式，构建“6+10+N”区域公用品牌体系，每个主导产业打造1~2个有影响力的区域公用品牌、培育3~5家标杆企业品牌。

二是创建农业品牌目录。建立系统科学的农产品品牌评价体系和“可进可退的”省级农业品牌目录制度，将最具影响力、最具价值的农产品品牌纳入湖北农业品牌目录。严格实行目录品牌准入退出机制，编制发布《湖北省农产品品牌研究报告》，维护品牌目录的权威性，将不符合准入要求的农业品牌及时剔除出目录清单。

三是完善品牌组织体系。(1)突出政府的引导和服务作用。严格遵循“政府引导、市场主导”品牌培育规律，借鉴广东、浙江等省份利用互联网金融及大数据实现政府搭台，行业协会与龙头企业联合农户唱戏的经验，搭建集产销对接、质量安全监管、金融服务、人才智库等于一体的农产品品牌培育生态平台，专注于品牌建设“一头（品牌建设的前端引导和生产服务）一尾（农产品品牌市场开拓）”的引导和服务，不“缺位”也不“越位”。(2)强化协会组织在品牌培育中的重要作用。参考山东、广东等省份农产品品牌培育、整合以及区域公用品牌运行的成功案例，引导规范协会发展，发挥行业协会对于企业较强的约束力以及在政府与企业之间的桥梁作用，向政府传达企业的共同需求，协调企业落实政府制定的战略和相关标准。鼓励行业协会制定品牌标准、行业标准和监管品牌标准。

四是创新营销推广方式。(1)继续发挥传统渠道作用。调动媒体矩阵，在央视、人民日报等国家级主流媒体，湖北电视台、《湖北日报》《楚天都市报》等省级媒体以及各类汽(电)车、火车、地铁、飞机、船舶和电梯等移动媒体开展区域公用品牌宣传，对内稳固省内品牌在省内区域的绝对优势地位，对外不断扩大提升“中国荆楚味，湖北农产品”“中国小龙虾之乡”“中国艾都”等金字招牌的影响力。办好湖北农博会、汉江流域农博会、恩施硒博会、潜江龙虾节、随州香菇节、中国农民丰收节等展会，积极参与国家级和省级展会。针对目标市场开展专场品牌推介活动，在境内外重点销区城市开设品牌农产品专营店、设立品牌销售专区。(2)深度挖掘新渠道。借鉴广东农产品“12221”市场体系，利用抖音、快手、微博等新媒体以及拼多多、淘宝、盒马、京东等平台推动农产品上天、上车、上屏、上直播，以“云对接、云营销、云展会”等新手段营销推介湖北农产品品牌，在线上整合建设统一的品牌展示交易平台。整合“荆楚优选”“垄上优选”“长江严选”等一批省内分散小平台，构建集品牌宣传、展示、交易等于一体的湖北品牌农产品交易平台。

### (四)增强农产品供应链韧性

一是加快补齐产地冷藏保鲜设施短板。聚焦鲜活农产品主产区、特色农产品优势区，优化设施节点布局，整县推进农产品冷链物流设施建设，支持开展符合实际的冷藏保鲜设施数字化、智能化建设，提升产地冷链物流信息化水平。在县域重要流通节点，稳步发展农产品产地冷链集配中心，提升分级分拣、加工包装、仓储保鲜、电商直播、市场集散等综合服务能力。以农业产业强镇为重点，支持新型农业经营主体合理建设通风贮藏库、机械冷库、气调贮藏库、预冷及配套设施设备等产地冷藏保鲜设施和商品化处理设施设备，不断提升设施综合利用效率，满足田头贮藏保鲜和产后处理需要。

二是优化冷链物流设施骨干网络。着力打造武汉、宜昌、鄂州国家骨干冷链物流基地。依托湖北供销系统推进湖北省公共型农产品冷链物流基础设施骨干网建设。结合不同类型县的主导农产品，推进特色农产品优势区冷链物流体系建设，围绕沿湖、沿库、江汉平原等优质水产品产业带、以江汉平原为中心的优质三元猪产业带，鄂西高山蔬菜、三峡库区及丹江口库区优质甜橙、罗田板栗、随州香菇、武汉及周边蔬菜，以及沪蓉高速公路沿线特色蔬菜、水果基地等高价值的果蔬，加快冷链物流体系建设。

三是加快农村电子商务发展。深入实施“数商兴农”和“互联网+”农产品出村进城工程，鼓励发展农产品电商直采、定制生产等模式，建设农副产品直播电商基地。鼓励小农户和新型农业经营主体与电商平台对接，推动特色和品牌农产品产地建仓、区域上行、全网销售，加快建立适应农产品网络销售的供应链体系、运营服务体系和支撑保障体系。整合交通运输、商贸流通、农业、供销、邮政等部门资源，推动以县域物流配送中心、乡(镇)配送节点、村级公共服务点为支撑的农村配送网络建设，完善县乡村物流配送服务体系。

四是创新优化农产品供应模式。在优势产区和大中城市郊区布局主食、休闲食品、方便食品、鲜切食品、预制调理食品、快餐食品等加工与配送。在休闲农业和产业基础好的黄石、宜昌、恩施、黄冈等地区，开发旅游伴手礼和地方土特产。在武汉等中心城市培育加工新业态，发展“中央厨房+冷链配送+物流终端”“中央厨房+快餐门店”“健康数据+营养配餐+私人定制”等新型加工业态。

**报告撰稿人：** 王薇薇　湖北省社会科学院农村经济研究所副研究员
彭婵娟　湖北省社会科学院农村经济研究所助理研究员

# 湖北省生猪产业发展研究

曾　光　张　拓　宋安然

中国是全球最大的猪肉生产国。2014 年至 2023 年，中国的猪肉产量在大多数年份都接近全球猪肉产量的一半，其中有两年甚至超过了 50%。2023 年，全球猪肉产量为 1.25 亿吨,① 中国猪肉产量为 5794 万吨,② 在世界占比约为 47.23%。

2023 年，中国的十大生猪主产省份分别为四川、湖南、河南、山东、河北、广东、湖北、广西、江苏及安徽，这些省份的生猪出栏总数占全国出栏总数的一半以上。其中，湖北省作为十大主产省份之一，大部分年份的猪肉产量全国占比在 6%左右，同时也是生猪调出大省，全省有超过 40 个全国生猪调出大县，年出栏生猪 3500 万头以上。表明湖北省不仅基本满足本省内的猪肉消费需求，还能够大量调出生猪到全国其他地区，对保障全国猪肉供应稳定起到了重要作用。

近年来，湖北省通过提升生猪产业的附加值和打造完整的产业链，显著提高了其综合产值。预计到 2025 年，全省计划实现生猪出栏稳定在 4200 万头，全产业链综合产值超过 3000 亿元，其中加工产值约 1000 亿元,③ 不仅实现农民收入增加，还将促进地方经济的全面发展。同时，作为主要的生猪养殖大省，生猪产业发展有助于保障全省乃至全国的食品供应和餐桌安全。特别是在非洲猪瘟等疫情下，湖北省能够有效防控

① 数据来源：联合国粮食及农业组织(FAO)(www.fao.org)。

② 数据来源：中国国家统计局(www.stats.gov.cn)。

③ 湖北日报：《打造 3000 亿元生猪全产业链》(https://jxt.hubei.gov.cn/bmdt/cyfz/202104/t20210408_3457803.shtml)

并保持生猪存栏降幅不到10%，[①] 显示了在疫情防控方面的强大能力。

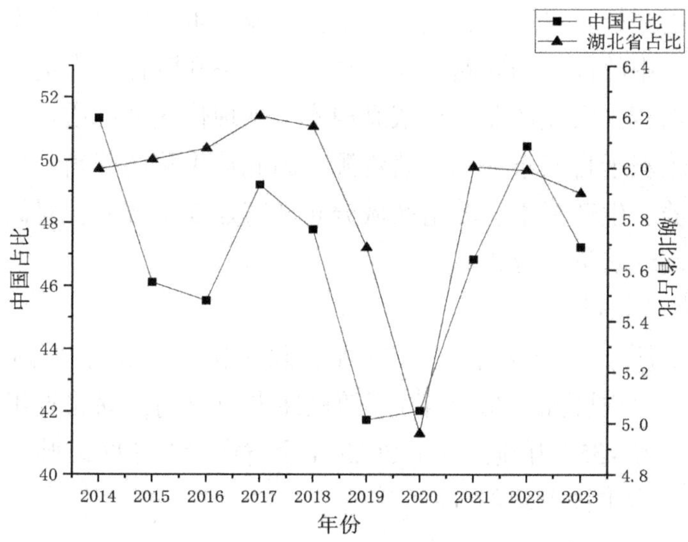


图1　2014—2023年中国猪肉产量占世界比重及湖北省猪肉产量占中国比重[②]

## 一、湖北省生猪产业发展现状

生猪产业的生产端、消费端、产业链三个方面相互关联，共同构成了产业的完整框架，从这三个方面进行梳理分析，有助于准确评估湖北省生猪产业的发展现状，发现存在的问题和机遇，为制定科学的产业发展政策提供有力支持。

### （一）生产端

生猪产业的生产端主要涉及生猪的养殖和繁育环节，包括养殖技

① 农民日报：《生猪行业如何"过冬"？》(https：//nyncw. cq. gov. cn/zwxx_161/ywxx/202401/t20240110_12805699_wap. html)。

② 根据FAO和中国国家统计局相关数据整理计算。

术、养殖规模、成本控制、疫病防控、品种改良等多个方面。这些因素直接影响到生猪的产量和质量，进而决定整个产业链的稳定性和效率。通过生产端分析，可以了解湖北省生猪产业的生产能力和技术水平，识别生产过程中的优势和问题，为提高生产效率和降低成本提供依据。

通常而言，农业产业往往依靠规模实现现代化和高质量发展，而农业又深刻依赖于自然条件和自然资源。因此从生猪的养殖总量、规模化养殖、散养、生产成本、养殖区域分布和特点5个方面，对湖北省生猪产业生产端现状进行分析。

(1)养殖总量

如图2所示，2014年至2023年，除个别年份由于受到非洲猪瘟(2019年)和新冠疫情(2020年)等随机冲击的影响，湖北省年猪肉产量稳定在300万~350万吨，其中2023年全省产量为347万吨，较上年增加4.51%，占中国产量约5.92%。

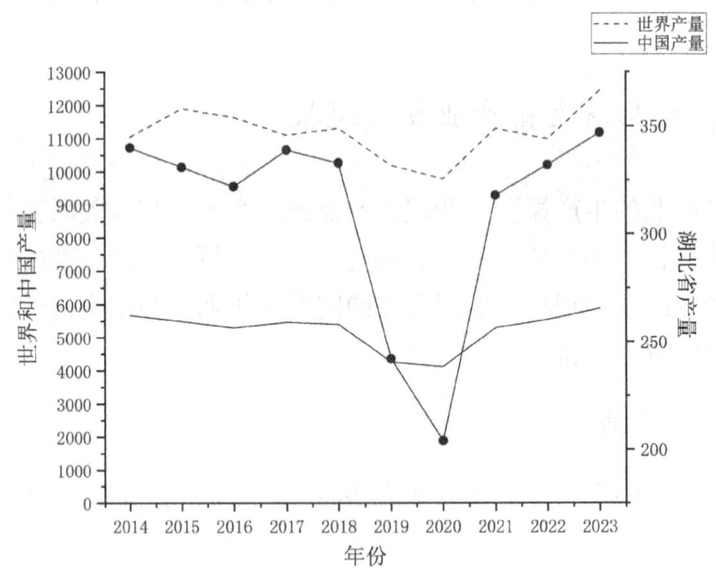


图2　2014—2023年世界、中国(左轴)和湖北省(右轴)的猪肉产量①

① 根据FAO和中国国家统计局数据整理计算而得。

进一步地，同样是2014年至2023年，除2019年和2020年外，全省生猪出栏量和存栏量尽管有所波动，但整体保持稳定趋势，出栏量基本保持在4000万头以上，存栏量基本保持在2400万头以上。2023年全省出栏量为4438.53万头，比上年增长3.62%，占中国出栏量约6.11%。存栏量为2551万头，与上年基本持平，占中国存栏量约5.87%。

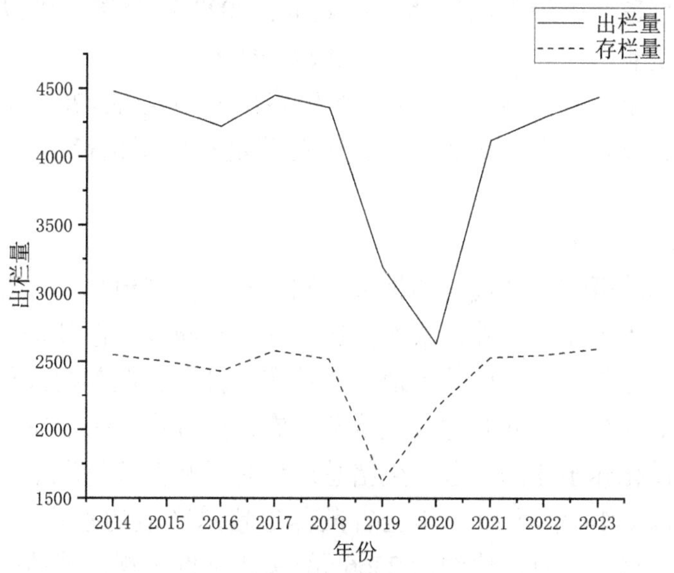


图3　2014—2023年湖北省生猪出栏量、存栏量①

综合起来看，湖北省生猪产业发展平稳，多年以来猪肉产量、生猪出栏和存栏量在全国范围内的占比均稳定在约6%的水平，3项数据在中国所有省份的排名均为第6名，不仅彰显了湖北省在中国生猪产业中的重要地位，也为其生猪产业的高质量发展奠定了坚实的基础。

(2)规模化养殖

规模生猪总产值是反映规模化养殖情况最为直接的指标，限于

① 数据来源：《中国畜牧业年鉴》。

2022 年和 2023 年全省生猪总产值数据的缺失，因此以 2014 年到 2021 年生猪总产值的平均值进行考察。数据表明，在考察期间，全省规模生猪平均总产值约为 2400 元/头，该数据在中国所有省份中同样排名第 6。①

规模化养殖比例方面，2023 年全省的生猪养殖规模化水平达 65%，万头以上养殖场达 429 家，全年设计年出栏规模 5 万头以上的养殖场存栏生猪 176.4 万头，占规模养猪场存栏的 25%。② 产业链发展方面，全省致力于打造华中最大的生猪全产业链，2023 年全省省级以上农业产业化龙头企业达到 87 家，其中国家级 6 家。③

同时，全省计划到 2025 年，将生猪出栏稳定在 4200 万头左右。④ 全省积极建设联合育种科研基地，可覆盖全省规模化猪场 3000 万头的产能。⑤

(3)散养

尽管随着畜牧业现代化的推进，湖北省生猪规模化、标准化养殖近年来逐渐成为主流，散养模式所占比重在逐年减少，但其仍将在相当长的时期内，尤其是在一些偏远地区或特定条件下，散养模式仍可能作为一种补充形式存在，并对地方经济和小农户生计产生一定影响。

与规模化养殖相同，散养生猪总产值是反映散养情况最为直接的指标，还是以 2014 年至 2021 年全省散养生猪总产值的平均值作为参考，全省散养生猪平均总产值约为 2366 元/头，略低于规模养殖生猪的平均

---

① 根据《中国农产品成本收益年鉴》整理计算而得，后文与成本收益利润有关数据均来源于此。

② 湖北日报：《精深加工迈向高质量发展，猪市复苏有望优化供应链》(https://www.sohu.com/a/792558400_121372103)。

③ 湖北日报：《湖北全链条发力壮大生猪产业》(https://nyt.hubei.gov.cn/bmdt/yw/mtksn/202311/t20231130_4979697.shtml)。

④ 农民日报：《瞄准全产业链发展 湖北生猪综合产值将超 3000 亿元》(https://nyncj.wuhan.gov.cn/xwzx_25/xxlb/202104/t20210419_1670485.html)。

⑤ 湖北之声：《一头猪的创新发展之路》(https://hbnysy.hubei.gov.cn/bmdt/mtbd/202110/t20211026_3828726.shtml)。

总产值，但该平均产值在中国所有省份中排名第5。①

(4)生产成本

如表1所示，对于规模化养殖生猪而言，2014—2021年湖北省生产总成本除少数年份外，呈现出逐年增加的趋势，且增幅明显，尤其是物质与服务费用的增速近年来十分显著，土地成本虽然稳中有增，但是占比太小，而人工成本保持在一个较为稳定的水平，且占比也比较小。从全国范围考察，2021年湖北省总成本高于全国的平均水平，排名第12位，土地成本、物质与服务费用均高于全国平均水平，只有人工成本弱低于全国平均水平。

表1　**2014—2021年湖北省规模生猪生产成本(元/头)**

| 年份 | 总成本 | 土地成本 | 人工成本 | 物质与服务费用 |
| --- | --- | --- | --- | --- |
| 2014 | 1668.77 | 2.79 | 129.32 | 1536.66 |
| 2015 | 1635.84 | 2.95 | 137.10 | 1495.79 |
| 2016 | 1742.18 | 3.46 | 80.50 | 1658.22 |
| 2017 | 1694.00 | 2.65 | 90.37 | 1600.98 |
| 2018 | 1578.26 | 2.76 | 123.08 | 1452.42 |
| 2019 | 1803.95 | 2.83 | 115.47 | 1685.65 |
| 2020 | 2810.59 | 4.15 | 95.15 | 2711.29 |
| 2021 | 2633.42 | 3.83 | 106.62 | 2522.97 |

从散养生猪成本看，考察期间全省生产总成本同样有较大幅度的增加，主要来源仍然是物质与服务费用，而土地成本在缓慢下降，人工成本较规模生猪较高，但仍然占比较小，稳中有进。从全国范围看，2021年湖北省散养总成本同样高于全国平均水平，排名第7位，其中土地成本、物质与服务费用均显著高于全国平均水平，只有人工成本低于全国平均水平，但优势不明显。

① 根据《中国畜牧业年鉴》整理计算。

表 2　　2014—2021 年湖北省散养生猪生产成本(元/头)

| 年份 | 总成本 | 土地成本 | 人工成本 | 物质与服务费用 |
| --- | --- | --- | --- | --- |
| 2014 | 1898.41 | 1.13 | 379.14 | 1518.14 |
| 2015 | 1922.24 | 0.85 | 436.18 | 1485.21 |
| 2016 | 2074.33 | 0.88 | 403.42 | 1670.03 |
| 2017 | 1929.67 | 0.68 | 371.87 | 1557.12 |
| 2018 | 1873.76 | 0.55 | 428.95 | 1444.26 |
| 2019 | 2029.2 | 0.98 | 353.21 | 1675.01 |
| 2020 | 3025.71 | 0.56 | 443.64 | 2581.51 |
| 2021 | 2820.68 | | 438.32 | 2382.36 |

(5)养殖区域分布及特点

湖北省气候条件优越、地理位置与交通便捷、自然资源丰富、生态环境良好，在发展生猪养殖产业方面拥有较大的自然地理优势，这些优势为生猪产业的蓬勃发展提供了有力支撑。

湖北省位于亚热带湿润区，气候温暖湿润，四季分明，雨量充沛，光照充足，这种气候条件非常适宜生猪的生长和繁殖。具体来说：首先，湖北省的年平均气温在 15~17℃，这种温度条件有利于生猪的生长和发育，减少了因极端温度而导致的生长缓慢或疾病问题；其次，湖北省年降水量在 800~1600 毫米，为生猪养殖提供了充足的水源，有利于饲料作物的生长和养殖场的日常用水需求；最后，充足的光照不仅有利于生猪的健康成长，还能促进饲料作物的光合作用，提高饲料的产量和质量。

湖北省位于中国中部，素有“九省通衢”之称，地理位置得天独厚。这使得湖北省能够方便地与其他省份进行生猪及其产品的流通和交易。同时，湖北省拥有完善的交通网络，包括铁路、公路、水运和航空等多种交通方式，发达的交通网络为生猪养殖业的原料采购、产品销售和物流配送提供了极大的便利。

湖北省水资源丰富，拥有众多河流、湖泊和水库，为生猪养殖提供了充足的水源保障，同时，丰富的水资源还有利于饲料作物的灌溉和养殖场的日常用水需求。全省地形多样，平原、丘陵和山地并存，为生猪养殖提供了多样化的土地资源，特别是江汉平原和鄂东地区，地势平坦、土壤肥沃，非常适合发展规模化生猪养殖。此外，湖北省是农业大省，粮食、油料和饲料作物产量丰富，这些丰富的饲料资源为生猪养殖提供了充足的原料保障，降低了养殖成本。

这些优势不仅为生猪的健康成长和繁殖提供了有力保障，还使得生猪产业的空间地理布局呈现出区域化、规模化、标准化的特点，主要围绕长江流域、江汉平原、汉江流域等区域进行布局，具体区域和发展特点如表 3 所示。

表 3　　湖北省生猪主要产业带与区域

| 产业带 | 区域范围 | 发展特点 |
| --- | --- | --- |
| 长江流域生猪产业带 | 长江流域 | 依托丰富的水资源和适宜的气候条件，发展生猪养殖业。通过建设标准化的养殖基地，提高生猪的出栏量和品质 |
| 江汉平原家禽与生猪产业区 | 江汉平原地区 | 利用平原地区的土地资源和农业基础，发展规模化、标准化的生猪养殖业。同时，家禽与生猪的协同发展也促进了产业链的延伸和资源的共享 |
| 汉江流域肉牛与生猪产业带 | 汉江流域 | 在发展肉牛产业的同时，也注重生猪产业的发展。通过建设标准化的养殖基地和屠宰加工企业，提高生猪的附加值和市场竞争力 |

### (二) 消费端

消费端主要关注市场需求、消费者偏好、价格波动、食品安全等层面，这些因素决定了生猪产品的市场接受度和销售情况，对生猪产业的盈利能力和发展方向具有重要影响。通过消费端分析，可以把握市场需求动态和消费者需求变化，为产品定位和市场策略调整提供数据支持。

具体来说，湖北省生猪产业消费端状况，主要从消费、出口以及价格和利润 3 个角度进行分析。

(1)消费

湖北省作为全国生猪养殖大省，生猪消费量也相当可观，主要分为居民日常消费和食品加工需求。即随着人口增长和居民生活水平的提高，全省居民对猪肉的消费需求旺盛，猪肉是居民餐桌上的重要肉类来源。农业农村部监测数据表明，2020 年中国城镇人均年猪肉消费量为 19.04 公斤，而湖北省人均年消费猪肉为 21.86 公斤，在全国排名第 7。同时，猪肉也是食品加工行业的重要原料，如火腿、香肠、腊肉等产品的生产都离不开猪肉。

(2)出口

统计数据表明，2023 年上半年湖北省出口生猪 32744 头，出口额 8575 万元，同比增长 73.2%，居全国第 5 位。① 尽管数据显示湖北省生猪出口量在全国排名较为靠前，但相对于庞大的生猪养殖规模来说，出口量占比较小。

(3)价格和利润

2023 年，湖北省生猪(外三元)价格波动范围在 13.4~17.4 元/公斤，与当前全国整体价格波动范围，即 13.8~17.6 元/公斤相比，② 基本持平，表明全省生猪价格较为稳定。表 4 结果进一步显示，湖北省月平均价格为 15 元/公斤，略低于全国平均水平的 15.4 元/公斤，说明在保持价格稳定的基础上，湖北省的生猪还具有一定的价格竞争力。

表 4　**2023 年湖北省生猪(外三元)每月 1 日价格**　(元/公斤)

| 月份 | 1 | 2 | 3 | 4 | 5 | 6 | 7 | 8 | 9 | 10 | 11 | 12 | 月平均 |
|---|---|---|---|---|---|---|---|---|---|---|---|---|---|
| 湖北省 | 16.4 | 13.8 | 13.8 | 14.5 | 14.5 | 14.2 | 13.6 | 17.1 | 17.1 | 16.1 | 14.6 | 14.1 | 15.0 |
| 省平均 | 16.5 | 14.1 | 16.0 | 14.7 | 14.7 | 14.4 | 13.8 | 17.0 | 17.2 | 16.1 | 15.1 | 15.0 | 15.4 |

① 湖北日报：《上半年湖北生猪出栏量达 2467.9 万头，居全国前六位》(https://www.hubei.gov.cn/hbfb/bmdt/202308/t20230809_4788686.shtml)。

② 数据来源：此处和表 4 数据均来源于行情宝(https://hqb.nxin.com/hqb/index.shtml)。

与此同时，表 5 有关生猪成本利润结果表明，考察期间的大部分年份中，湖北省规模生猪的净利润为正，相较于散养生猪，具有较大的优势。

表 5　　2014—2021 年湖北省规模和散养生猪成本利润情况

| 年份 | 规模 | | 散养 | |
|---|---|---|---|---|
| | 净利润 | 成本利润比 | 净利润 | 成本利润比 |
| 2014 | -35. 23 | -2. 11% | -248. 72 | -13. 10% |
| 2015 | 253. 67 | 15. 51% | 69. 49 | 3. 62% |
| 2016 | 534. 16 | 30. 66% | 220. 3 | 10. 62% |
| 2017 | 219. 99 | 12. 99% | -35. 15 | -1. 82% |
| 2018 | 52. 42 | 3. 32% | -239. 44 | -12. 78% |
| 2019 | 718. 55 | 39. 83% | 432. 41 | 21. 31% |
| 2020 | 1681. 58 | 59. 83% | 1246. 95 | 41. 21% |
| 2021 | 206. 44 | 7. 84% | -92. 2 | -3. 27% |

## (三)产业链

生猪产业链分析主要从宏观角度考察生猪产业生产加工和消费的整体流程，包括饲料供应、养殖、屠宰加工、物流配送、市场营销等环节，其中，产业链的完善程度和协同性直接关系到整个产业的效率和竞争力。通过产业链分析，可以全面评估产业链各环节的协同性和效率，发现产业链中的短板和潜在增长点，为优化产业结构和提升产业链价值提供策略建议。

具体来说，湖北省生猪产业的产业链结从饲料供应、种猪繁育、养殖管理、屠宰加工到市场销售等多个环节紧密相连，形成了较为完整的产业链。

饲料供应方面，饲料是生猪养殖的基础，全省的饲料生产企业为生猪养殖提供了充足的原料支持。随着生猪养殖规模的扩大，对饲料的需求也在不断增加。饲料企业与养殖企业之间建立了稳定的合作关系，确保饲料供应的及时性和质量。同时，饲料企业也根据市场需求和养殖企业的反馈，不断优化饲料配方，提高饲料转化率和生猪生长性能。

种猪繁育方面，优质的种猪是保障生猪品质和生产性能的基础。湖北省在种猪繁育方面具有一定的优势，拥有多家国家级和省级种猪场。2023 年上半年，湖北省能繁殖母猪存栏 246.71 万头，增长了 0.2%。[①] 种猪繁育企业与养殖企业之间建立了紧密的合作关系，通过提供优质的种猪和繁育技术，提高生猪的生产性能和品质。

养殖管理方面，湖北省的生猪养殖企业注重科学管理和技术创新，不断提高养殖效率和生产效益。全省生猪规模化养殖率达 65%，万头以上养殖场达 429 家。[②] 养殖企业之间以及养殖企业与科研机构、金融机构等之间建立了广泛的合作关系，共同推动生猪养殖业的健康发展。

屠宰加工方面，湖北省的屠宰加工企业数量众多，规模不一，但整体上呈现出规模化、标准化、品牌化的发展趋势。2023 年，全省经农业农村部公布备案的 295 家生猪定点屠宰企业共屠宰生猪 1463.8 万头，[③] 同比增长 13.6%，创历史新高。屠宰加工企业与养殖企业之间建立了稳定的购销关系，确保生猪的及时屠宰和猪肉产品的稳定供应。同时，屠宰加工企业也注重品牌建设和市场拓展，提高产品的附加值和市场竞争力。

市场销售方面，湖北省的猪肉产品销往全国各地，部分还出口到国际市场。销售企业与屠宰加工企业、养殖企业之间建立了紧密的合作关系，共同推动猪肉产品的市场拓展和品牌建设。同时，政府也加强了市场监管和质量控制，确保猪肉产品的质量和安全。

综上所述，湖北省生猪产业的产业链结构完整且各环节之间协作紧

---

① 数据来源：饲料行业信息网（https://www.feedtrade.com.cn/index/index）。

② 湖北日报：《生猪存栏大幅增加，生产后劲增强》（https://www.gov.cn/xinwen/2020-08/15/content_5534955.htm）。

③ 湖北日报：《1463.8 万头！湖北省去年生猪屠宰量创新高》（https://www.moa.gov.cn/xw/qg/202403/t20240318_6451659.htm）。

密。通过不断优化产业链结构、提高各环节的生产效率和产品质量、加强市场拓展和品牌建设等措施，湖北省生猪产业将继续保持健康稳定的发展态势。

## 二、湖北省生猪产业高质量发展面临的挑战

### (一)资金和环保压力

尽管湖北省生猪产业已具备一定规模，为实现高质量发展，仍需进一步推进规模化和集约化，以提升生产效率。然而，扩大养殖规模不仅需要应对资金筹集的难题，还要面临环保压力的增加。

其中，企业资金问题尤为突出，表现为融资难度大和经营风险高两个方面。规模化养殖所需的初始投资和持续运营资金庞大，而湖北生猪企业普遍遭遇融资困境。尽管存在相当数量的省级农业产业化龙头企业，但缺乏足够的本土龙头企业，使得资金筹集更为困难。此外，由于“猪周期”的影响，生猪价格波动较大，使得规模化养殖场面临较高的市场风险。虽然政府近年来推出了“猪八条”“猪九条”“猪十条”等支持措施，[①] 旨在从财政、金融、用地、环保等方面提供支持，但这些政策的实际效果仍需时间来验证。

同样地，生猪养殖带来的环保问题也不容忽视。随着规模化养殖的发展，环境污染问题日益严重。在环保政策不断收紧的背景下，如何在保障环境保护的同时，继续推动生猪产业的发展，成为一大挑战。具体而言，养殖过程中产生的粪便、废水、恶臭等污染物对周边环境造成了严重影响。这些污染物若处理不当，不仅会污染土壤和水源，还可能对空气质量造成负面影响。因此，如何有效处理和利用这些废弃物，减少对环境的污染，是湖北省生猪产业亟待解决的问题。

① 湖北省人民政府：《省人民政府关于印发湖北省推进农业农村现代化“十四五”规划的通知》(https：//www.hubei.gov.cn/zfwj/ezf/202111/t20211104_3845099.shtml)。

### （二）日益上升的成本

无论是规模化养殖，还是散养，生猪养殖在生产资料价格主导下，生产成本受到饲料和能源费用、科技创新需求等多方面因素的剧烈影响。其中，饲料成本在生猪养殖中占据重要份额，而近年来玉米、大豆等关键原料的价格持续上升，直接增加了养殖的成本负担。尽管湖北省具备一定的饲料生产能力，但对外依赖度仍然较高，使得价格波动对本地企业产生了显著影响①。

能源成本上涨进一步压缩了养殖企业的利润空间。取暖、通风、降温等养殖过程所需的能源消耗成本随之上升，环保和疾病防控方面的投入也显著增加。国家对环境保护的重视意味着生猪养殖带来的环境污染问题成为关注焦点。规模化养殖场须采用先进的粪污处理和资源化利用技术，这无疑增加了养殖成本。

为实现可持续发展，养殖企业不得不投资更多资金用于建设环保设施和进行技术创新，如污水处理系统和有机肥料生产线，这进一步抬高了生产成本。动物疫病暴发对生猪生产构成严重威胁，因此，企业需在疫苗采购、生物安全设施建设和日常监测上投入巨资以确保防控，提升生产效率和疫病防控水平需要养殖企业引进高科技设备和管理系统，如自动化饲喂系统和智能监控平台，这又涉及一笔不小的初期投资。

### （三）产业链条分散薄弱

湖北省的生猪产业链，尽管在种猪、饲料、屠宰和精深加工等环节具备一定基础，但整体水平急需提升。当前，全省的生猪产业主要聚焦于生产环节，而在加工环节的实力尚显薄弱。这导致大部分生猪产品以初级形态出售，未能充分实现产品转化和增值增效，使得湖北省生猪在高附加值的龙头企业方面与江西、湖南、山东等省份存在较大差距。

---

① 农村新报：《推动湖北生猪产业由大变强》（https：//nyncj. wuhan. gov. cn/xwzx_25/xxlb/202108/t20210827_1767264. html）。

在饲料生产和屠宰加工等关键环节，湖北省的资源利用效率亦显低下。大量饲料企业规模小且分散，难以形成规模效应，而这种情况在全省近 300 家屠宰企业中尤为明显。[①] 尽管这些企业数量众多，但年屠宰量在 50 万头以上的企业均属省外，显示出省内企业在规模和效率上的不足。

湖北省缺乏能够有效整合产业链各环节，提升整体竞争力的领军企业。这一局面部分源于湖北省历史上曾错失关键的改制和资本市场机遇，导致本土企业难以做大做强。[②] 全省生猪产业曾经历过多次发展机遇，尤其是在 20 世纪的农业产业化浪潮中，本有机会通过引入现代企业制度和资本运作，实现产业的跨越式发展。然而，由于种种原因，包括政策导向、市场环境以及企业自身的战略选择，湖北省并未能抓住这些机遇，导致企业在规模扩张和品牌建设上相对滞后。

### （四）国内外市场的双重风险

从进出口国际市场的角度来看，湖北省生猪产业在追求高质量发展的过程中面临着一系列挑战。这些挑战既包括全球贸易环境的变化，也包括国内市场竞争的加剧和消费者需求的多样化。

随着全球贸易保护主义的抬头，一些国家和地区设置了更为严格的贸易壁垒和进口标准。例如，欧盟和日本等市场对食品安全的要求极高，这要求湖北生猪企业在养殖过程中严格控制药物残留和疫病防控。国际标准如 ISO 质量管理体系、HACCP 食品安全管理体系等的不断变化也给湖北生猪产业带来了挑战。

国际市场上的货币汇率波动可能会给湖北生猪产业的出口带来不利影响，汇率的波动会直接影响出口收入的稳定性和企业的盈利能力。因此，企业需要通过汇率锁定、期货合约等金融工具来管理外汇风险。国

① 湖北日报：《推动转型升级，湖北压减生猪屠宰企业过半》（https：//www.hubei.gov.cn/hbfb/bmdt/202311/t20231127_4970652.shtml）。

② 湖北日报：《4000 万头生猪为何托不起产业链——直面湖北生猪产业短板弱项》（https：//nyt.hubei.gov.cn/bmdt/yw/mtksn/202012/t20201209_3075487.shtml）。

际结算的复杂性也是一个挑战。不同国家的支付习惯和金融监管体系的差异可能导致结算过程中出现延迟或问题。

### (五)品牌建设滞后

品牌建设是提升产品附加值和市场竞争力的关键策略，对于实现湖北省生猪产业的可持续发展至关重要。然而，在追求高质量发展的道路上，生猪产业面临多重挑战。

首先，湖北省生猪品牌认知度低。尽管湖北省拥有优质的生猪产品，但由于品牌宣传不足，这些产品在全国范围内及国际市场上的知名度远不如预期。与国内外知名品牌相比，湖北省生猪产业在品牌宣传和市场推广方面的投入明显不足，缺乏持续的品牌传播策略，限制了品牌影响力的进一步提升。在竞争激烈的国际市场上，例如面临来自丹麦、荷兰等国家高声誉猪肉的竞争，湖北省生猪品牌的低认知度使其难以脱颖而出。

其次，湖北省生猪品牌定位模糊。湖北省的生猪产品多为传统养殖，产品间同质化现象严重，缺乏独特的卖点和差异化优势。这导致品牌定位缺乏明确性，难以形成鲜明的品牌形象。同时，品牌建设过程中忽视了地域文化和养殖历史的融入，使得品牌缺乏文化深度和情感共鸣。

再次，湖北省生猪品质保障体系不完善。生猪养殖涉及多个环节，如饲料选择、疫病防控、屠宰加工等，质量控制难度大，任何环节的失误都可能影响最终产品的品质。此外，食品安全问题时有发生，影响了消费者对湖北省生猪产品的信任。

最后，湖北省生猪品牌保护和知识产权缺失。湖北省生猪产业在品牌保护方面存在薄弱环节，如地理标志使用不当、假冒伪劣产品泛滥，损害了品牌声誉和利益。同时，产业内知识产权意识薄弱，关键技术和养殖方法缺乏专利保护，导致核心技术流失，影响了产业的长期竞争力。

## 三、促进湖北省生猪产业高质量发展的对策建议

### (一)缓解资金和环保压力

首先，通过资金支持和金融创新疏解资金压力。政府可以通过提供补贴、贷款优惠等措施，降低养殖企业的初始投资成本和运营成本，如设立专项资金用于支持生猪养殖业的转型升级和环保设施改造。同时，要鼓励金融机构开发适合生猪养殖业的金融产品，如供应链金融、绿色信贷等，为养殖企业提供多元化的融资渠道。此外，还可以建立生猪养殖业保险体系，通过政策性保险和商业保险相结合的方式，降低养殖企业面临的市场波动风险。

其次，升级环保技术和配套设施，缓解环保压力。推广先进环保技术，鼓励养殖企业采用低排放、高效率的养殖技术和设备，如生态循环养殖系统、粪便资源化利用技术等，减少对环境的污染。完善环保设施，要求新建养殖场必须配备完善的环保设施，如污水处理系统、废气处理装置等，并鼓励现有养殖场进行环保设施改造。同时，可以加大环保部门的监管力度，确保养殖企业严格遵守环保法规，对于违反规定的企业，依法进行处罚。

### (二)多途径控制生产成本

通过支持和鼓励企业及农户建设饲料作物(如玉米、大豆等)的生产基地，提高饲料的自给率，降低对外购饲料的依赖，在一定程度上控制饲料成本。同时，科研机构和企业可以联合研发低成本、高效能的饲料配方，尤其是利用本地丰富的农业副产品(如秸秆、糠麸等)作为饲料原料，研发出饲料替代品，进一步降低成本。

继续加大对科技创新的投入，特别是在自动化养殖、智能管理等方面，通过技术创新降低人力和管理成本。将科研成果转化为实际生产力，如通过推广智能化养殖设备和技术，提高养殖效率和管理水平，从

而减少生产成本。推行节能减排和循环经济，通过推广循环农业和生态养殖模式，如将猪粪作为有机肥利用，减少环境污染处理费用，创造额外的经济价值。同时，鼓励养殖户使用太阳能、生物质能等新能源技术，减少传统能源的使用，降低能源成本。

提供财政补贴和减税政策，政府可以在饲料和能源价格上涨期间给予养殖户一定的财政补贴或减税政策，帮助他们渡过难关。同时，建立风险管理体系，引入期货、保险等金融工具，帮助养殖户和企业锁定饲料和能源价格，降低市场波动带来的风险。此外，通过培训和引导科学管理，对养殖户进行现代养殖技术的培训，提高他们的管理和技术水平，从而降低生产成本，通过推广精细化、标准化的管理方式，提高生产效率，减少资源浪费。

### (三)多主体共同完善产业链

首先，建立和完善生猪供应链平台。湖北省已经启动了湖北生猪供应链平台的建设，该平台将联合育种、饲料、动保、养殖、屠宰加工等上下游企业，通过“七共”模式(资金共筹、品种共育、物资共采、产品共销、品牌共创、服务共享、数据共联)实现协同合作。这种整合不仅提升了产业的组织化和规模化水平，还解决了资金瓶颈、成本压降等问题。平台将涵盖线上商城、线上竞价、在线学院、金融产品等多个模块，并与省农业农村厅实现数据对接，未来还将稳步扩大线上交易量，打通各环节产业壁垒。这些功能的拓展将进一步促进产业链的高效运作。

其次，注重培育和壮大龙头企业。支持重点企业，湖北省自然资源厅等部门联合印发《湖北省促进生猪产业发展资金管理办法》和奖补资金申报指南，遴选出 20 家重点培育企业进行支持，[①] 通过龙头企业如正大食品公司的示范作用，带动一批中小企业和养殖户“梯次”发展，

① 湖北日报：《一升一降折射生猪产业链蝶变》(https://nyncj.wuhan.gov.cn/xwzx_25/xxlb/202309/t20230908_2260578.html)。

从而整体提升产业链的竞争力和稳定性。

再次，优化产业布局和整合。从挑选种猪、改善养殖方式、防控疫病、自动化屠宰到精深加工等全产业链环节入手，大力发展生猪产业。同时，围绕生猪、家禽及禽蛋等10个主导农业产业，建立农业产业化工作联席会议制度，实行农业产业链“链长制”。

最后，发展深加工业务。鼓励企业开发猪肉深加工产品，如熟食、半成品等，提高产品的附加值，从而缓解原材料成本压力。

### （四）多渠道降低市场风险

首先，可以提升产品标准和质量控制。在面对国际市场的高标准和严格要求时，湖北省生猪企业需要着力提高产品的标准和质量。这包括通过国际认证的质量管理体系，如ISO和HACCP，以满足进口国的食品安全要求。同时，加强疫病防控和药物残留管理，确保养殖过程的科学和安全，以降低药物残留并符合国际市场的食品安全标准。

其次，可以加强市场多元化。一方面，开拓新的国际市场，减少对单一市场的依赖；另一方面，增强国内市场的竞争力，通过提升产品质量、品牌建设和营销策略来增加市场份额。同时，使用金融工具如期货合约进行汇率锁定，减少汇率波动的影响，以及考虑采用多币种结算，简化国际结算流程。

最后，建立健全的风险管理体系对于湖北省生猪产业的稳定发展至关重要。企业需要建立风险评估机制，定期分析市场和政策变动，制定应急预案以快速响应可能的市场波动或疫情等危机。此外，加大科技投入，提高产业链的技术水平和产品附加值，利用数字化转型优化生产管理和市场分析。政府应提供政策支持，包括出口税收优惠和国际市场开拓资金，同时组织培训提升企业和养殖户的国际市场运营能力。

### （五）加强品牌建设

一方面，提升品牌认知度和明确品牌定位。湖北省应加大宣传投入，采用多渠道营销策略，如网络广告、社交媒体和行业展会等，以提高品牌的知名度。同时，制订持续的品牌传播计划，强调产品的质量优势和地域特色，增强品牌情感共鸣。此外，通过产品创新和特色服务，如发展有机养殖、推出高端冷鲜肉品等，打破同质化，形成独特的卖点。融地域文化于品牌建设中，打造有文化深度和情感共鸣的品牌形象，以增强消费者的品牌忠诚度。

另一方面，完善品质保障体系和加强品牌及知识产权保护。建立健全的品质保障体系是提升湖北省生猪产品质量和消费者信任的关键。全程质量控制应从饲料选择到疫病防控、屠宰加工等环节严格实施。加强品牌保护和知识产权保护也至关重要，规范地理标志使用，确保只有符合条件的产品才能使用相关标志，维护品牌声誉。提升产业内知识产权意识，鼓励关键技术和养殖方法的专利申请，保护核心技术和知识产权，以提升产业的长期竞争力和可持续发展。

**撰稿人：** 曾　光　华中农业大学经济管理学院副教授、博士
张　拓　华中农业大学经济管理学院硕士研究生
宋安然　华中农业大学经济管理学院硕士研究生

# 湖北省柑橘产业发展的主要障碍与对策建议

邓尚昆　盛三化　王宇文

湖北省西部地区是农业农村部在长江流域重点规划的柑橘种植优势产业带，柑橘已成为当地农村的重要支柱产业，也是农民的主要经济作物与重要收入来源，其稳定发展对提升乡村产业发展水平、促进农民就业增收、推进乡村全面振兴具有重大意义。近年来，湖北省柑橘产量保持增长态势，年平均复合增长率近6%，2023年湖北省柑橘面积达365万亩，产量约570万吨。当前，湖北省绝大部分柑橘仍以现货形式进行交易，存在一系列障碍问题，极大地制约了湖北省柑橘产业现代化转型与高质量发展。相比于现货交易，远期交易是一种交易双方在签订合同时约定了未来特定时间交易价格的交易方式，不仅能够规避市场风险，且交易形式相对灵活，目前在全球范围内已广泛应用于农产品、能源、金属等领域。在此背景下，探索创新柑橘交易模式、建立柑橘远期交易中心将是破除多重障碍、推动湖北省柑橘产业高质量发展的重要举措。

## 一、湖北省柑橘产业发展的主要障碍

湖北省柑橘种植区域主要集中在宜昌市，通过对该市柑橘主要产区夷陵区、宜都市、枝江市、当阳市、秭归县、兴山县的柑橘果农、经销商、柑橘专业合作社调研，发现柑橘产业发展主要存在以下障碍。

(1)柑橘现货市场价格波动较大，果贱伤农现象普遍存在。柑橘的需求相对稳定，其价格波动主要源自生产与供给，而柑橘产量受气候等不确定因素影响较大，短期内难以人为调整产量，因而柑橘价格天然具有易波动性。现货交易模式下，柑橘价格随行就市，缺乏稳定机制，易形成无序竞争，进一步扩大价格波动。对于柑橘种植户而言，价格频繁大幅波动不利于生产决策与稳定获利，丰收与歉收年份都可能严重亏损。2023 年 12 月，兴山县柑橘丰收，交易市场供过于求，采摘价格跌到 3 元/千克，出现柑橘大量积压滞销的情况，给当地柑橘果农造成不小的经济损失，严重挫伤了果农种植柑橘的积极性。

(2)柑橘销售渠道有限，果农长期处于劣势地位。由于产地分散、专业合作组织稀少、营销体系不健全、市场信息不对称，湖北省柑橘产品的销售渠道有限，价格信息不透明、传递不及时。柑橘的销售难以形成统一的市场力量，柑橘的生产与销售过程中缺乏有效的行业指导和协同合作。湖北省柑橘核心产区如宜昌等地，尚未建立起现代化的供销体系，这使得柑橘果农在对接终端市场方面缺乏有效的途径，只能依靠零散现销的方式进行销售，而线上销售份额占比不足 20%，这显示出传统落后的销售方式仍在柑橘销售中占据主导地位。这种销售方式使得柑橘果农在产品销售与定价方面长期处于弱势地位，难以掌握销售的主动权。由于市场信息的不对称和传递不及时，柑橘果农往往无法准确获取市场的需求信息和价格变动，这使得他们在销售过程中往往只能依赖市场行情，难以根据自身情况制定合理的销售策略。

(3)缺乏集约化产销对接模式，违约跑路、订单坑农等问题时常发生。柑橘的季节性较强且保鲜期较短，而市场行情变化频繁，常常出现供不应求或供过于求的现象，违约现象时有发生。在柑橘的现货交易市场中，果农与采购商通常会选择采用“一对一”“一对多”“多对一”等方式洽谈交易。这种交易模式灵活多变，能够较好地适应市场的即时变化和双方的具体要求，但在交易过程中缺乏一套固定且统一的交易规则和程序，使得交易双方在洽谈合同时面临诸多不确定因素，增加了交易的风险信用保障的问题。交易方违约“跑路”、相互拖欠货款、订单无法履行“坑农”以及三角债务等不良商业行为时有发生。

(4)柑橘贮藏设施少，保供稳价能力弱。通风库贮藏和冷库贮藏是企业与合作社柑橘存储的主要方式，而柑橘果农一般采用产损较高、易降低品质的简易贮藏方式。调查发现，湖北省大多数柑橘产区的柑橘储藏能力不足柑橘总产量的25%，采后损失率约20%~30%，大量柑橘下树后贮藏在农家住房、临时简易棚甚至室外。此外，湖北省很多地方政府以及相关企业对于柑橘的保鲜技术掌握不足，这在很大程度上导致了柑橘的保鲜贮藏、病虫害防治、极端天气预警等方面的能力严重不足。因此，湖北省在柑橘保供稳价方面普遍较弱，柑橘的产品种植、收储加工、市场调控、质量安全等各项工作难以实现统筹管理。

## 二、湖北省建立柑橘远期交易中心的原由

(1)柑橘不适合采用期货交易。期货创新交易模式已成为农产品现货交易方式改革的重要方向，陕西省建成了国家级苹果产业大数据中心，通过消除市场信息差、强化产销对接服务效率等实现了苹果供需的精准对接。苹果期货于2017年正式挂牌上市，为相关果农、经销商等市场主体规避价格风险提供了一种有效工具。然而，期货交易在适用范围上被商品的可存储性、分级标准化、运输条件等方面的要求所限制，使得期货交易不适用于像柑橘这类耐存储性差、季节性特征明显、容易腐烂的农产品。此外，湖北省柑橘农户在储存技术上相对落后，农民合作社等农业合作组织的发展也还不够成熟。因此，积极探索和发展柑橘的远期交易模式，快速推进柑橘远期交易中心的建设，成为促进柑橘产业高质量发展的一个紧迫需求。

(2)远期合约更适用于柑橘市场。相较于现货与期货交易，远期合约交易模式具有独特优势。一是柑橘远期交易比现货交易更为科学有效。现货交易模式常常面临效率低下、交易成本高昂、交易风险较大、信息不透明等问题，这些问题可能会导致柑橘滞销和价格过低，从而给柑橘种植户带来巨大的经济损失。然而，远期交易可以有效提高柑橘交易的效率，降低交易的成本，减少交易的风险，并提升交易价格的透明度，这对于帮助柑橘种植户稳定收入具有重要意义。二是柑橘远期合约更为灵活适用。与期货交易相比，远期合约是非标准化的合约，具有更

强的灵活性，因此更适用于柑橘等储存期限较短的农产品。远期合约不仅保留了期货交易的风险规避功能，还能有效地解决湖北省柑橘产品销售过程中遇到的售价波动大、产品易滞销、买卖常违约等一系列痛点问题。通过远期合约，可以帮助柑橘生产商和经销商在产品成熟时提前锁定销售价格，从而减少价格波动带来的风险。同时，远期合约还可以促进双方在合约期内完成交易，避免了因市场变化导致的违约风险。

(3)开展远期交易可行并有助于建设柑橘统一大市场。柑橘远期交易方法已有相关的专利成果，并且存在着一个相对成熟的现货远期交易市场规则与机制供人们参考和借鉴。在湖北省建立柑橘远期交易中心，预期将能够有效地辐射到四川、重庆、江西、湖南等长江经济带柑橘主要种植地区，更好地发挥价格机制在优化资源配置方面的作用，促进要素与产品在更广泛的范围内进行合理流动。此外，还将有助于推动全国柑橘统一大市场的建设，为其他类似农产品市场的创新和发展提供示范和参考，进一步助力乡村产业振兴，促进我国农业的健康发展。

(4)开展柑橘远期交易有助于提升宜昌市区域中心服务功能。在湖北省宜昌市建立柑橘远期交易中心，推行柑橘远期交易机制，为柑橘产业链上下游企业提供更为稳定和可预测的市场环境，有效规避价格波动带来的风险。推进相关基础设施与功能性项目建设，建成覆盖鄂西、重庆等地区的柑橘产业综合服务中心，提供柑橘产业发展的金融、物流、仓储、商贸、信息等服务，有助于增强宜昌在鄂西地区的集聚力、辐射力和带动力，助力宜昌高质量建设区域中心城市。

## 三、湖北省建设柑橘远期交易中心的建议

(1)在宜昌建设柑橘远期交易中心。宜昌柑橘种植面积约占湖北省全省60%、产量约占湖北省全省76%，位居中国十大柑橘之乡榜首，水陆空交通设施完备，具备建设柑橘远期交易中心(含大数据中心)的优势条件。柑橘远期交易中心可带动鄂川渝湘柑橘主产区，辐射长江中上游地区，促进区域柑橘市场协同发展，减弱市场价格波动，稳定柑橘

农户收益。柑橘远期交易中心通过交易网站等信息媒介向交易参与者、柑橘农户等市场主体实时传送交易价格、交易数量等信息，让柑橘农户能够及时了解柑橘市场行情，增强议价底气，提高议价地位，解决柑橘现货交易市场存在的关键问题。

(2)创建柑橘特色金融服务体系。支持中国农业银行、中国农业发展银行等各大银行金融机构之间的紧密合作，以柑橘远期交易中心为基础，充分发挥大数据和金融科技在其中的核心作用，携手共建一个专门针对柑橘新型交易的特色金融服务体系。该体系的建立，旨在为柑橘远期交易的各种参与主体，提供全方位、多角度的金融支持。不断提高金融服务的广度、深度以及便捷性，让更多的柑橘远期交易参与者能够享受到更全面、更高效的金融服务。此外，积极支持各大银行和其他金融机构，为果农、合作社、企业等参与主体提供快速、便捷、高效的金融产品和服务，以推动普惠金融与柑橘产业的深度融合发展。同时，计划开展柑橘合作社内部的信用合作试点示范，加强柑橘产业信用体系的建设，从而改善柑橘交易市场的信用状况。

(3)引入柑橘特色保险保障机制。柑橘远期交易中心联合保险公司，创建柑橘“远期+保险”交易合约，为市场参与各方提供全面交易保险服务，从而降低交易过程中的风险，提高市场交易的效率和安全性。交易中心建立了一套完善的柑橘远期合约保证金制度，以及保证金审查与复核机制。这套机制的建立，旨在保护交易双方的合法权益，防止因违约等行为而导致的损失。同时，交易中心还设置了交易信用评分及惩罚机制，对交易双方的信用状况进行评估，对违约行为进行判定，并根据实际情况执行问责与处罚，确保交易的公平性和公正性。鉴于湖北省柑橘主产区的柑橘生产者对农业保险的接受程度较低，地方政府与保险机构需要积极推动柑橘农业保险制度与品种创新，创设互为补充的柑橘生产、运输、贮藏等环节的政策性保险和商业性保险，不断提高保险保障水平与覆盖面，时机成熟时快速推广柑橘“远期+保险”模式。

(4)严格防控交易风险。市场监管部门通过运用联通交易中心所提供的大数据可视化功能，在“显示屏”上实时监控柑橘远期交易的全部流程。通过这种先进的监控手段，监管部门能够更加直观、清晰地把握柑橘远期交易的实时动态，从而更加有效地实施场外交易监管，杜绝与柑橘远期合约或价格相关的任何场外金融衍生产品的产生和流通，以保护市场的稳定和投资者的利益。柑橘远期交易中心对柑橘远期合约交易风险进行实时监测与分析。一旦发现任何异常情况，交易中心会立即发出预警，并采取相应的处置措施，以防止柑橘远期交易市场出现过度炒作、投机行为、虚假交易以及违规交易等不良现象。通过这样的方式，交易中心确保了交易前需要进行严格的审核，交易过程中受到严格的监督，交易完成后得到充分的保障。

(5)加强远期交易推广应用。柑橘远期交易中心在正式投入运营之后，地方政府可通过各种媒介，强化对柑橘远期合约交易模式以及大数据中心的宣传和引导，举办一系列的柑橘远期交易培训班，为柑橘果农、各类合作社、企业、经销商以及大宗需求者等市场中的主要参与者提供指导。同时，建议政府加强基础设施的建设，有效地整合柑橘产业中的多方资源。为了提高柑橘的储存时间，建议政府帮助和支持柑橘农户、柑橘合作社以及柑橘企业建立保鲜贮藏设施，使得柑橘的保鲜时间从原来的60至80天，延长到180天左右，此举将极大地提高柑橘的储存效率。湖北省还可重点支持企业提供柑橘冷藏、保鲜、交易、加工、配送等冷链物流服务，这将不仅加快湖北省柑橘供销体系的建设，还可促进柑橘产业远期合约交易的全产业链标准体系的完善。

**报告撰稿人：** 邓尚昆　三峡大学经济与管理学院副教授、博士生导师

盛三化　三峡大学经济与管理学院副教授、硕士生导师

王守文　三峡大学社会科学发展研究院院长、教授、博士生导师

# 湖北省绿色建材产业创新发展现状与对策研究

刘介明　等

《“十四五”生态环境领域科技创新专项规划》中指出：“十八大以来，党中央以前所未有的力度抓生态文明建设，全国推动绿色发展的自觉性和主动性显著增强，美丽中国建设迈出重大步伐，我国生态环境保护发生历史性、转折性、全局性变化。”①大力发展并推广应用绿色建材，是缓解我国生态环境结构性、根源性、趋势性压力，满足美丽中国建设目标要求及人民群众对优美生态环境的需求的有效举措，发展绿色建材是建材工业转型升级的主要方向和供给侧结构性改革的必然选择，是城乡建设绿色发展和美丽乡村建设的重要支撑。在此基础上，工业和信息化部等十部门在2023年底联合印发了《绿色建材产业高质量发展实施方案》，湖北省也在2024年4月发布了《湖北省绿色建材产业高质量发展实施方案》(下文简称《方案》)，《方案》中强调，要“着力解决湖北省绿色建材面临的转型压力大、供给质量不优、产业集中度不高等问题，加快绿色建材高端化、智能化、绿色化发展”，并明确提出要“强化绿色建材基础支撑”“提升科技创新能力”。②

本研究聚焦湖北省绿色建材产业发展目标，运用专利大数据分析工具，从专利信息视角对省内绿色建材产业技术创新情况进行刻画、分析并提出能够指导湖北省绿色建材产业发展的具体建议，具体而言：首先

① 中华人民共和国住房和城乡建设部、生态环境部、科技部等：《“十四五”生态环境领域科技创新专项规划》(2022年9月)。

② 湖北省住房和城乡建设厅等十二部门：《湖北省绿色建材产业高质量发展实施方案》(2024年4月)。

对湖北省绿色建材产业的发展总体情况进行总结；在对重点产业技术进行充分剖析的基础上构建“湖北省绿色建材产业专利专题数据库”，利用专利数据信息对湖北省绿色建材产业的创新主体情况、技术聚类情况、专利成果维持情况及转移转化情况等信息进行分析；以上述分析为依据，对湖北省绿色建材产业创新发展态势进行研判并指出存在的关键问题；最后对省内绿色建材产业创新发展提出完善建议，以期优化湖北省绿色建材产业领域的创新生态体系。

## 一、湖北省绿色建材产业总体情况概述

绿色建材产业是指研发、生产、销售、应用在全生命周期内，资源能源消耗少，生态环境影响小，具有“节能、减排、低碳、安全、便利和可循环”特征的高品质建材产品的主体的集合。① 从产业链的构成上看，绿色建材上游包括铝合金、聚乙烯、聚苯乙烯树脂、丁基橡胶、玻璃、苯乙烯等基础材料研发及供应；中游包括新型墙体材料、保温隔热材料、节能门窗、光伏屋顶、防水密封材料、空气净化材料、抗菌材料等绿色建材直接对应产品；下游则主要涵盖房地产、工业厂房建设、基础设施建设等绿色建材产品的终端应用。

湖北省长期重视绿色建材产业发展，省内已经建立起上中下游体系完备的完整绿色建材产业链，尤其以上游基础材料创新研发及生产，以及中游绿色建材直接产品生产为重点关注对象，当前已形成了以黄石、黄冈、鄂州、武汉、襄阳、荆门、宜昌等市为主的水泥产业集群，以及以武汉、荆州、宜昌、咸宁、荆门等市为主的玻璃深加工(功能性玻璃)产业集群两大核心产业集群，具体情况如图1-1所示。

---

① 工业和信息化部等十部门：《绿色建材产业高质量发展实施方案》(2023 年 12 月)。

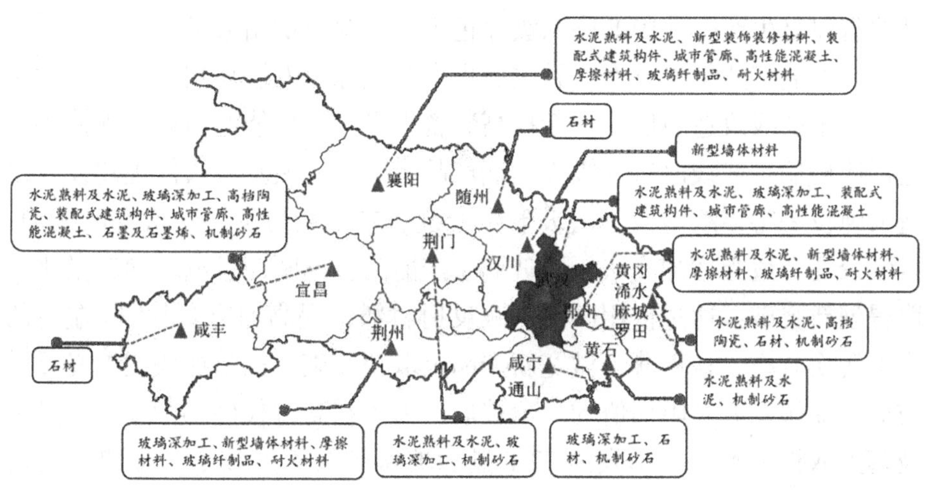

图 1-1　湖北省绿色建材产业布局

在水泥产业集群方面，省政府提出四点绿色发展意见：一是坚持集约化发展，严格产能置换，保持水泥熟料产能在合理区间；继续推进落实错峰生产，建立错峰生产长效机制，提高集约化水平、增加高端产品供给，提升企业品牌价值，适应消费多元化需求，鼓励企业加大港口、核电、道路等工程专用水泥、特种水泥等产品的研发及产业化；提高结构水泥、家装水泥等差异化产品的供给能力。二是延伸产业链，强化需求牵引与创新驱动的协同效应：推进水泥产业链上下游融合发展，加快向产品深加工、产品服务和生产服务领域延伸，鼓励建材生产企业进入商品混凝土、装配式建筑、预拌砂浆、砌块墙材、砂石骨料、资源综合利用等产业，逐步完善新型绿色建材产业链，提升企业综合竞争力。三是加快技术升级步伐，引导水泥企业不断加快生产工艺、环境保护、安全管理等方面的提升：推进水泥迭代技术成果运用，鼓励企业提高高端装备的使用比例，依托行业重点企业、科研院所、装备制造商和行业协会等各方力量，努力构建以企业为主体、市场为导向、具有湖北特色的“产学研用”公共技术平台、研发平台及测试平台等。四是推进行业绿色发展，积极推进水泥窑协同处置城市垃圾、工业固废等工作，提高水泥熟料生产线协同处置比例；加大技术创新与应用推广力度，努力增加湖北省建材生产企业中的国家级绿色工厂、绿色矿山数量。

在玻璃产业集群方面，省政府提出三点绿色发展规划：一是加大浮法玻璃生产线改造力度，不断提高装备水平、降低能源消耗；支持将普通浮法玻璃生产线改造升级为高端产品生产线，鼓励依法依规建设或改造大吨位一窑多线薄板浮法玻璃生产线。二是大力发展光伏发电玻璃，科学论证、适当增加光伏压延玻璃生产能力，不断在发电玻璃轻量化上取得创新突破；通过使用高透、减反射材料，提高原有基片5%左右的光电转换效率，在做薄、做宽新产品上取得突破。三是加快发展光显示玻璃，加快发展高附加值的显示玻璃；力争在高世代(8.5代以上)显示玻璃上取得突破，鼓励发展TFT显示玻璃基板生产技术，加快发展玻璃深加工产业。

此外，省政府还针对陶瓷产业提出，要推进企业结构优化，遵循“扶持一批、转型一批、淘汰一批”的原则；针对石材产业，提出打造绿色石材产业链，充分发挥湖北石材资源产业优势，平衡生产发展与环境保护的关系，积极推进石材矿权整合；机制砂石产业方面，提出要完善砂石行业管理体系，贯彻实施国家有关工程建设标准，鼓励研究制定机制砂石绿色矿山建设标准、清洁生产评价标准；新型建材和无机非金属材料方面，提出要大力开发新型建材，支持企业开展科研及产业化，加快发展装配化墙材，适应装配式建筑发展趋势，引导产业向定制化方向发展。综上可见，湖北省内绿色建材产业发展环境良好，省政府从战略高度充分体现出对绿色建材产业整体发展的重视。①

## 二、湖北省绿色建材产业专利大数据分析

在对绿色建材的技术概念、技术构成及产业发展现状等相关文献进行系统收集、筛选及梳理后，本研究构建起针对绿色建材技术相关专利

① 湖北省建材联合会：《湖北省绿色建材工业高质量发展“十四五”规划》(2021年11月)。

的检索策略，并使用国家知识产权局专利查询网站、黑马(HimmPat)等专利信息检索平台对湖北省绿色建材领域的专利进行检索及数据处理，形成了“湖北省绿色建材产业专题专利数据库”。截止日期为 2024 年 6 月 1 日，数据库共收录有湖北省绿色建材技术相关专利 35963 件，其中绿色玻璃方向相关申请 12725 件，绿色水泥方向相关申请 10810 件，绿色陶瓷方向 7760 件，绿色石材方向 2197 件，绿色砂石方向 2246 件，新型建材及无机非金属方向 1720 件(鉴于少量专利存在重复统计，各技术方向加总应大于合并统计总量)。通过以下描述性统计可以反映出湖北省内绿色建材产业技术创新的整体态势情况。

## (一)湖北省绿色建材产业创新主体排名分析

在湖北省绿色建材专利申请总量前十的创新主体中，超半数主体为高校，其中，武汉理工大学、武汉科技大学、华中科技大学、湖北工业大学及武汉大学位列榜单前五，反映出当前对省内绿色建材产业领域技术创新的引领，是以高校院所的理论探索、基础性技术研发为主导，进而带动企业在实践应用层面的技术迭代，这也与湖北省优质高等教育资源富集，高精尖研究型人才储备深厚的现实情况相匹配。

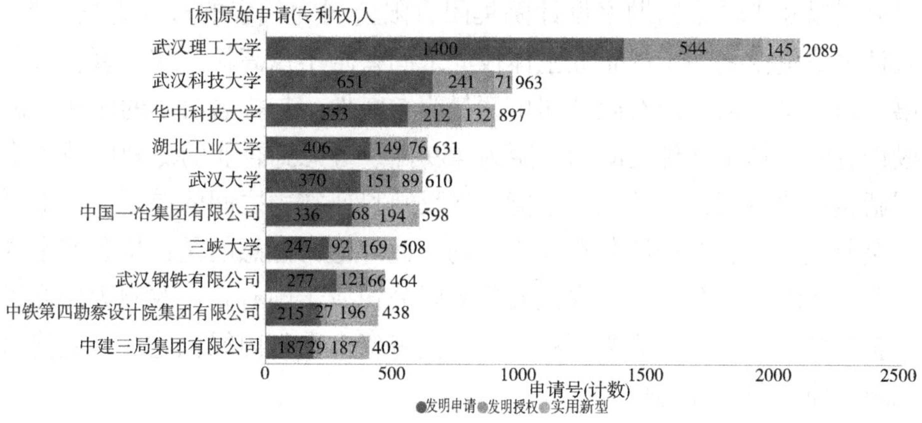


图 2-1 湖北省绿色建材产业专利申请量 TOP10

高校主体中，武汉理工大学依托其在材料领域的特色学科背景，以及硅酸盐建筑材料国家重点实验室等科研平台优势，在相关领域专利申请积累量呈断崖式领先，处于第一梯队，共计2089件，位列第二梯队的武汉科技大学、华中科技大学申请总量在900件左右，可见武汉理工大学具有最为扎实的技术储备，科研实力最为雄厚。

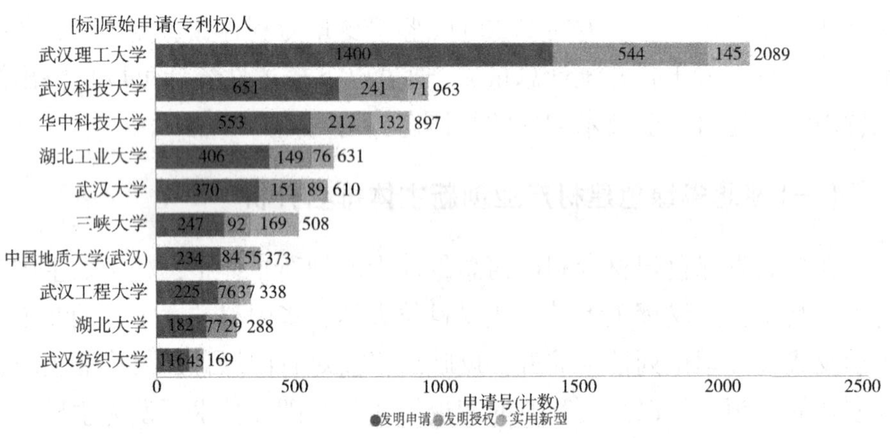


图2-2 湖北省绿色建材产业高校主体专利申请量TOP10

从企业创新主体视角来看，以中国一冶集团有限公司、武汉钢铁有限公司以及中铁第四勘察设计院集团有限公司为代表的科创力量领衔，累计申请量排名前十的企业主体彼此之间差距不像高校主体显著，排名第一的中国一冶集团有限公司申请量为598件，与排名第十的华新水泥股份有限公司139件之间的差距为459件。考虑到企业的专利申请中实用新型占比更高，该差距并不能直接反映科研实力之间的差距，综上可见企业主体间创新资源分布较为平均。此外值得注意的是，排名前十的企业主体除第十名的华新水泥股份有限公司属于国有企业改制为外商投资企业外，其余九位均为国有企业，国有资本在省内绿色建材产业技术创新方面居于主导地位。

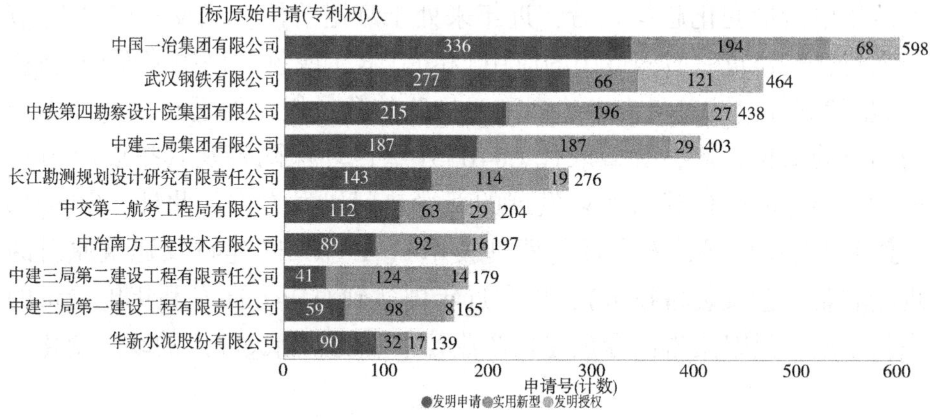


图 2-3 湖北省绿色建材产业企业主体专利申请量 TOP10

## (二)湖北省绿色建材产业技术创新聚类分析

技术聚类分析是针对专利的技术分类进行统计分析，主要使用的是专利文本对应的 IPC 主分类号，考虑到分类号选择过于上位会导致技术主题过于模糊，以及分类号选择过于下位会导致技术点过于分散，本研究选择 IPC 主分类号中的“大组”级别进行统计分析。经统计，湖北省绿色建材产业专利现有专利申请的技术聚类第一梯队为：C04B28(绿色环保型混凝土、水泥及其拓展应用)、C04B35(绿色环保陶瓷及其拓展应用)两个方向，上述两个技术方向的累计专利布局量超过 1000 件；第二梯队则主要包括 E04B1(节能型建材在建筑一般构造中的应用)、E04B2(绿色环保型墙面/幕墙技术)以及 E04F13(节能环保型顶棚或墙面装饰设计)。上述五个技术方向的专利申请量相较于其他技术类别处于显著领先水平，可以认定为湖北省绿色建材产业核心优势技术方向。

从专利技术申请态势上看，C04B28(绿色环保型混凝土、水泥及其拓展应用)作为传统优势技术方向近年来依旧保持稳定的创新活力，尤其是从 2018 年起，相关专利申请量连续 6 年维持在高位水平，预计未来数年内依然会是湖北省内绿色建材产业重点关注的技术研发方向。C04B35(绿色环保陶瓷及其拓展应用)虽然累计申请量处于领先水平，但从年申请量变化趋势来看，近年来处于衰退阶段。相反，E04B1(节能型建材在建筑一般构造中的应用)和E04B2(绿色环保型墙面/幕墙技术)虽然累计申请总量尚未达到第一梯队的数量级，但近年来表现出较为明显的增长态势，有望取代C04B35(绿色环保陶瓷及其拓展应用)，成为引导省内绿色建材产业发展的新晋热门研发方向。此外，G06Q10(建材回收及环保、安全评价管理技术)、E04G21(建材及建筑原料的现场制备工艺及装备技术)，均在近年内达到对应方向专利年申请量的高位水平，反映出省内绿色建材产业技术研发创新关注点的动态变化。

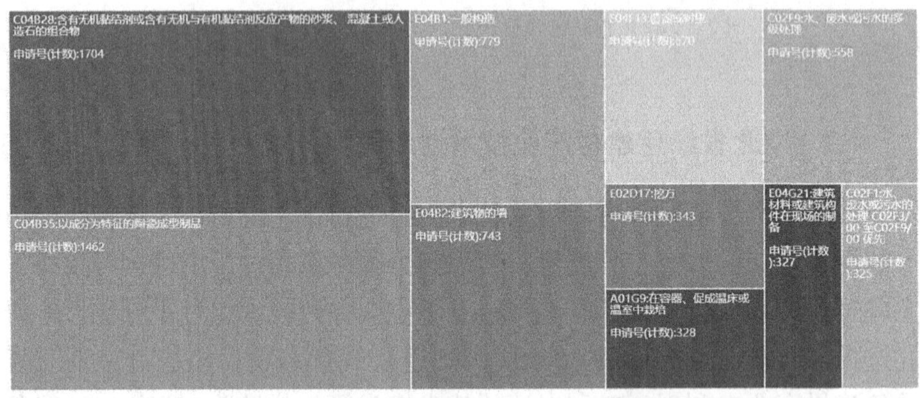


图 2-4　湖北省绿色建材产业专利技术聚类

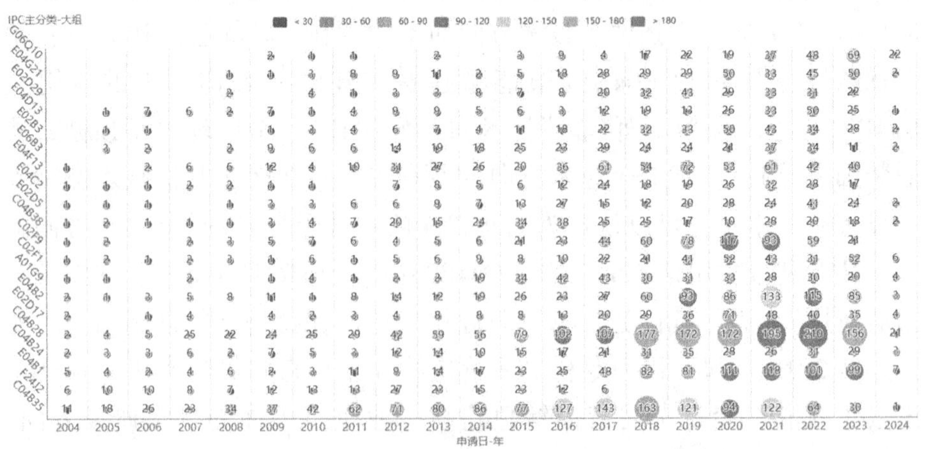


图 2-5　湖北省绿色建材产业专利技术申请趋势

### (三)湖北省绿色建材产业专利成果转化应用分析

专利技术转化应用是将技术创新成果从技术储备转变为直接经济、技术效益的直接方式。狭义上的专利成果转化应用方式主要指：专利许可、转让、质押融资三种方式，广义上看，专利成果的商品化、产业化，以及作为专利组合中的防御性布局，为核心专利提供保护作用的外围专利等，也应当认为是发挥专利成果价值，实现技术成果转化的有效途径。

法律有效性统计是表征专利成果转化情况的首要指标，专利维持有效是技术成果转移转化的前提。从统计结果上看，湖北省绿色建材产业专利的总体法律状态情况是：有效专利共计 16070 件，占比 42.46%，失效专利共计 17824 件，占比 46.99%，有效专利中实用新型 9973 件占比最高，失效专利中发明专利 10018 件占比最高。现有研究成果表明，以技术成果产品化、产业化为目的的企业主体，更加青睐审核周期更短，保护效力更直接的实用新型专利，而以科研创新为目的的高校主体更青睐于成果创新价值更高，审查机制更为严格的发明专利。可见省内绿色建材产业专利成果转化运用方面依然是企业主体领先于高校主体，高校大量专利成果“沉睡”、大量创新资源浪费的问题在省内绿色建材产业领域依然严峻。

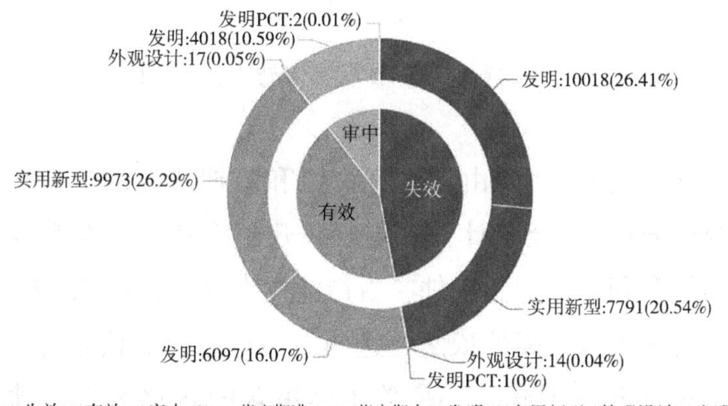


图 2-6 湖北省绿色建材产业专利法律状态

进一步聚焦专利转让、许可及质押融资三种专利成果转化途径。

专利转让方面：经统计，存在专利权转让记录的专利共计 2533 件，在产业内专利总量中占比 6.67%，其中发明专利共计 1592 件，实用新型专利共计 940 件。从存在转让记录的专利申请主体构成上看，除个别企业外，高校主体虽然缺乏成果市场化运用转化的直接动力，但却是专利技术成果转让的主要践行者，这预示着在绿色建材产业领域，省内高校在专利成果转化方面的潜力巨大。

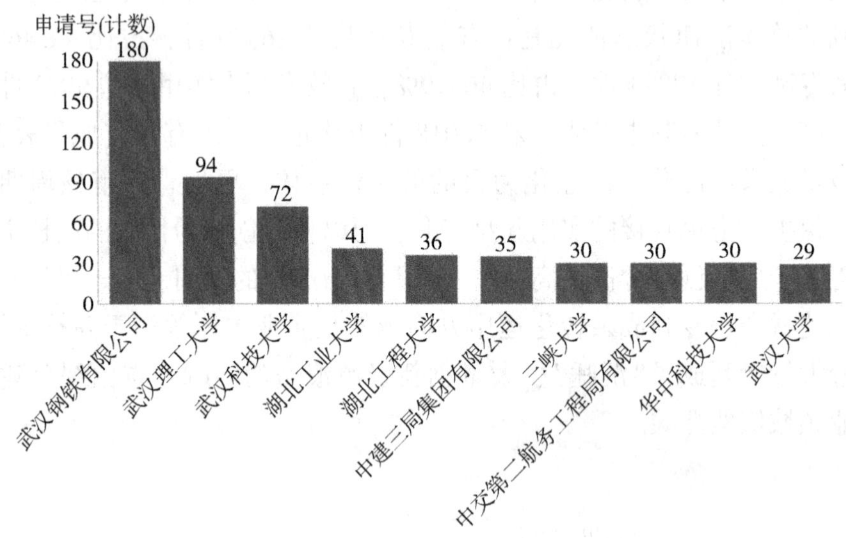


图 2-7　湖北省绿色建材产业专利转让情况统计

专利许可及质押方面（由于专利许可和质押的统计数量过少，故采取合并统计分析）：经统计，省内绿色建材产业领域存在专利转让或专利质押的专利总量为 861 件，占产业内专利总量的 2.27%。从权利人的构成情况上看，高校依然是这两类转化途径的核心力量，尤其是专利许可这种转化形式上，高校主体蕴含的转化潜力远胜于企业主体。

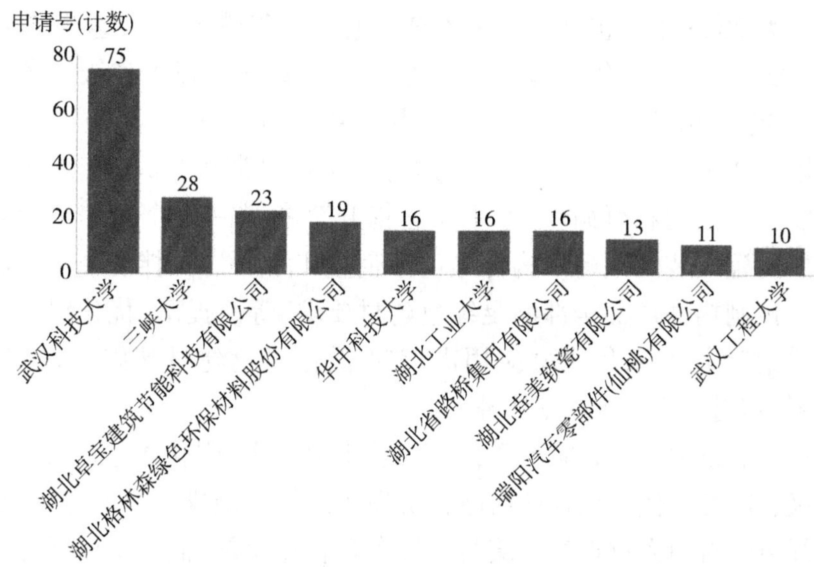


图 2-8　湖北省绿色建材产业专利许可及质押情况统计

## 三、湖北省绿色建材产业创新态势研判及困境分析

在结合湖北省内绿色建材产业政策解读以及专利大数据统计分析的基础上，本研究形成了对省内绿色建材产业技术创新总体态势的研判，并在此基础上提出了当前制约省内绿色建材产业技术创新发展的问题，具体内容如下：

### （一）湖北省绿色建材产业创新态势研判

1. 产业创新技术紧随宏观政策指引，服务湖北省“碳达峰”目标按期实现

从前文可知，结合近年来国家层面对生态环境保护、“碳中和”目标达成、环保型建材技术及产业发展的高度重视，作为响应，湖北省住房和城乡建设厅等十余个部门在 2024 年 4 月联合印发了《方案》，为湖北省绿色建材产业发展设定了短期与长期目标，其中短期目标考

核期限为2026年，包括："湖北省绿色建材年营业收入达到500亿元""2024—2026年年均增长13%左右""培育6个以上省级特色产业集群""建设10项以上省级绿色建材应用示范工程"等；长期目标考核期限为2030年，包括："绿色建材全生命周期内'节能、减排、低碳、安全、便利和可循环'水平显著提升""打造一批全国知名度高的玻璃、陶瓷及装配式建筑构件等生产企业和品牌""预拌混凝土、砌体材料、预制构件产品全部满足绿色建材要求"等。提出"优化绿色建材产品供给""扩大绿色建材应用需求""强化绿色建材基础支撑"以及"加强智能建造"四项重点任务。①

从产业技术创新方向上看，《方案》中提出要"强化绿色建材产业工艺升级、能源替代等综合性措施，实现污染物和碳排放双下降"；针对省内绿色建材两大重点产业集群：绿色环保型水泥/混凝土以及绿色环保型玻璃，方案中也分别给出了技术创新规划。针对绿色水泥产业方向，着重强调要"推动水泥生产线节能降碳改造升级，广泛开展冷却机升级换代、预热器分离效率提升，推广应用辊压机生料终粉磨、替代燃料大比例利用、碳捕集碳封存等新技术新装备"；针对绿色玻璃产业方向，《方案》中指出要"推进平板玻璃节能改造升级，优化熔窑、锡槽、退火窑的工艺控制、推进电气自动化改进、新能源替代技术运用、智能工程化改造等"。可见在此政策背景的指引下，可以预见省内高校院所及企业在绿色水泥及绿色玻璃技术方向上的研发创新，会重点向上述技术目标倾斜。此外，在绿色建材产业技术创新的整体发展方向上，《方案》中提出了两点规划部署建议：一是以市场需求为导向，依托省内优质平台资源，着力开发"碳捕集利用与封存(CCUS)技术""绿色建材行业废气超低排放技术""工业园区近零碳排放技术"等前沿领域方向；二是推进绿色建材与智能建造协同发展，深入推进建筑模块、标准构件与部品部件等绿色建材产品数字化工作，建立健全数字化标准构建库，为

① 湖北省住房和城乡建设厅等十二部门：《湖北省绿色建材产业高质量发展实施方案》(2024年4月)。

推广“BIM 平台上的装配式+机器人”模式提供支撑。[①] 可见前沿产业技术方向专利布局以及绿色建材技术主题与数字化等人工智能技术概念相结合的专利申请有望成为湖北省内新的热点。

2. 产业内优质创新主体集聚，产学研融合提升发展潜能巨大

从湖北省内绿色建材产业专利申请主体统计信息可见，当前省内绿色建材领域技术研发创新形成的是“以高校院所理论创新为引领，国有企业实践跟进”的科创模式。就高校主体而言，湖北省依托其特有的高校资源平台优势，形成了省内绿色建材产业高质量高校集聚的创新氛围。将专利申请总量作为的技术储备情况的表征指标，省内排名前五的均为高校，其中包含“985 工程”、“211 工程”高校三所，其余院校也均为国内建筑建材产业中的科研中坚力量。此外，优质高校主体带来的是优质研发平台资源，武汉理工大学的硅酸盐建筑材料国家重点实验室、材料复合新技术国家重点实验室，华中科技大学的新金属材料研究中心等，均为高校主体产出高水平理论创新成果提供了有力保障。企业主体方面，以中建三局、中国一冶集团有限公司、武汉钢铁有限公司等为代表的国有企业代表是企业主体中的支柱研发力量，特别是在创新成果转化运用环节，国有企业依托其更高的企业信誉度以及行业影响力，为推动绿色建材相关前沿技术在市场层面试点推广作出了重要贡献。

在同时拥有高水平理论创新平台以及高质量成果推广平台的条件下，湖北省内绿色建材产业产学研融合提升发展的潜能巨大。双方主体应当充分发挥其对应优势，取长补短，利用高校平台掌握的最新技术前沿资讯引导企业建立研发创新思路，并依托高校科研实验条件，在新产品投产前开展低成本、小批量初试，同时借助企业的市场资源以及资本优势，为高校科研团队提供研发经费支持，帮助高校科研团队判断技术成果产出后的市场应用前景，积极推动技术创新成果的产品化、市场化，实现其经济价值最大化。

---

① 湖北省住房和城乡建设厅等十二部门：《湖北省绿色建材产业高质量发展实施方案》(2024 年 4 月)。

从专利转移转化的统计数据上看，当前湖北省内绿色建材产业尚未形成高效、流畅的专利成果转移转化机制。部分高校及企业已表现出较高的成果转化意愿，也在专利转让、许可、质押融资等传统转化形式上有所尝试，表明无论从需求侧还是供给侧，省内已经具备了良好的条件及基础。但省内转化专利占专利总量的比重，以及参与专利成果转化的主体数量依然与省内总体的创新资源储备不匹配，省内绿色建材产业产学研融合创新、转化应用的巨大潜能有待进一步发掘。

*3. 产业优势集中鲜明，传统优势技术与新晋热点技术同频并进*

受益于湖北省对建工建材行业的长期重视，省内在相关行业领域现已累积有丰硕的创新资源储备。绿色建材产业本身属于传统建材行业与绿色环保节能新技术相交织的产业类型，其发展必然伴随着传统产业转型的巨大阻力以及新技术融入的风险和调整。

从专利成果的技术聚类统计情况来看，省内传统优势技术方向是较为明确的，以环保型混凝土/水泥技术以及环保型陶瓷技术为两大支柱，环保型墙体材料、环保型墙面/顶棚材料以及环保型建筑结构设计为三个次重点技术方向。除了环保型陶瓷技术表现出明显的专利申请量衰退趋势以外，其余四个传统优势技术方向均在近年内保持了较为稳定的专利申请水平，尤其是环保型混凝土/水泥技术，近五年迎来了相关专利年申请量的快速增长，长期保持年申请量高位水平，表现出充足的创新活力。此外，近年来省内在建材回收技术、建材环保、安全评价管理技术等技术点上也表现出了明显的增长趋势，特别是考虑到这种显著的快速增长是出现在近三年内，而在此之前相关技术领域的专利年申请量水平一直处于低位水平，因此可以认定上述技术是省内绿色建材产业新晋热点技术研发方向。

结合对比省内传统优势技术方向和新晋研发热点方向，可以看出省内绿色建材产业在对传统产业技术保持关注和持续创新的同时，也在努力寻找新的值得探索的技术方向，并将部分投入在传统产业上的创新资源转移至新探索技术方向，形成新晋热点技术取代传统优势技术的大体趋势。此外，上述技术创新态势很可能会进一步受到省内政策指引的影响，可以预见传统优势技术，尤其是环保型混凝土/水泥技术方向会将更多创新资源集中到对水泥生产设备的研发创新当中，特别是对低碳型水泥生产、搅拌设备及生产线相关技术，有望成为绿色水泥产业集群方向的研发关注点，而环保型墙体材料、环保型墙面装饰材料等技术点大概率会以实现低碳技术功效为目标转型发展；环保型建材与人工智能技术的结合也有望以新晋热点的形式呈现在产业技术研发的视域之中。

### （二）制约湖北省绿色建材产业创新问题分析

1. 政策导向与省内传统优势产业的匹配精准性有待提高

目前省内对绿色建材产业具有针对性指导意见的政策文本仅见《方案》。该文本作为湖北省响应中央《绿色建材产业高质量发展实施方案》的具体措施，其本身必将成为日后省内绿色建材产业相关政策出台的核心依据。当前产业政策环境反映出两点问题：第一，绿色建材产业虽然是湖北省内长期关注的重点产业方向，但针对性产业政策并未能及时制定颁行，尤其是对绿色建材产业技术创新方面，更是长期缺少与之对应的政策资源倾斜。从目前省内绿色建材产业技术成果的积累情况来看，创新主体各自为阵的特征凸显，应尽快构建以服务传统优势产业为目标的政策导向型的创新合作机制。第二，现行产业政策与省内优势产业方向匹配精准度应进一步加强，《方案》中对绿色建材产业的发展指导意见并未体现出对环保型水泥/混凝土以及环保型玻璃两大省内支柱产业集群的重点强调。应当关注到，目前省内绿色建材产业的发展模式是建立在以上述两大产业集群为中心，辐射并带动其他关联产业方向的总体架构上的，因而从政策角度提高对传统优势产业方向的重视程度，精准匹配传统优势产业的创新需求及市场需求，是推动省内绿色建材产业稳步发展的可选之策。

2. 创新资源过度集中在公立主体，与私立主体间的流通机制仍需构建

从技术储备量的排名情况可见，以专利成果为表征的绿色建材产业创新资源分布呈现出以下两大特点：(1)高校主体领衔技术创新第一梯

队；(2)企业主体中国有企业主体占据绝对优势地位。从上述主体的所有权性质上不难发现，省内绿色建材产业的创新资源主要集中在公立主体，而私立主体(主要指私有制企业)的创新活力尚未被充分激发。排除建工建材行业本身的基建属性以及公立主体在相关产业领域内的天然优势外，私立主体本身的市场活力和创新意愿应该说从总体上是更为突出的，从互联网、新能源汽车、智能收集等产业领域快速崛起的经验无不印证出上述观点。特别是激发私立主体的创新活力能够为转型于传统建工建材产业领域的绿色建材产业方向供应产业快速发展迭代所必须的竞争环境，同时也是解决高校主体专利成果堆积，成果转移转化途径闭塞的可选路径之一。从目前的资源分布情况来看，寻求公有主体与私有主体间的优质科创资源沟通共享是成本最低的改善方法之一，该路径一方面有助于解决公有主体内部人才囤积过剩，创新活力不足的困境，另一方面也能为私有企业快速供给所需的技术人才资源，省去企业培养、发掘所需的高昂时间成本。

3. 专利成果总体维持水平欠佳，成果转化积极性急需提升

当前省内绿色建材产业的专利成果维持有效的总体占比相对较低，特别是综合考虑在审专利数量后，失效专利的总体水平是相对过高的，这从侧面反映出产业内创新成果产出的整体质量是较为堪忧的。低质量的创新成果产出意味着通过专利形式对其进行保护所获得的经济收益远不及缴纳年费等维护成本，也就促成了选择让专利失效以减少损失的行为发生，但从专利本身来说，历经创新点构思、技术披露、专利审查等一系列流程后获得最终授权，其本身已经投入了大量创新资源、审查资源等宝贵社会公共资源，高失效比重代表着上述社会财富的浪费与流失。此外，省内绿色建材产业的有效专利中，有迹可循的实施专利转化的成果总量占比也非常有限，尽管考虑到部分专利成果是以产品化、产业化等形式直接应用，未能进行有效统计，但高校专利的总量、发明专利总量无不从侧面反映出仍有大量专利成果“沉睡”，以及创新主体转化积极性低落等现实问题存在。此外，省内对绿色建材产业内创新成果应用转化的统计路径也应当进一步规范化，除了专利转让、许可、质押

融资外，诸如投产、标准化等实际应用行为也应当考虑采取必要的登记措施，从而更加精确地反应出产业内科技成果转化的真实情况。

## 四、湖北省绿色建材产业创新高质量发展对策建议

结合省内绿色建材产业指导政策以及专利大数据分析，本研究已经对产业创新发展态势以及制约产业创新发展的问题做出了具体分析，以解决产业发展现实困境，助力绿色建材产业从传统产业向新型产业转型为目标，服务湖北省“努力建设全国构建新发展格局先行区”的发展目标高质量实现，本研究提出如下几点产业创新高质量发展对策建议：

### (一)深化知识产权强省战略实施，增强知识产权在绿色建材产业创新发展中的引导作用

1. 制定聚焦优势产业集群的产业创新发展政策

以优势支柱产业为中心，辐射带动相关产业的创新发展是推动湖北省绿色建材产业高质量创新发展的可选路径。湖北省目前已经形成了以绿色环保水泥/混凝土以及绿色环保玻璃为代表的两大产业集群，在《方案》的顶层框架下，聚焦上述两大传统优势产业集群制定与之相匹配的产业创新发展政策，是实现上述“中心带动式”高质量发展的必然要求。特别是针对《方案》中提及的“低碳零碳负碳”效果目标，应综合考量省内高水平科研创新平台现有技术以及市场优势地位企业的产品定位，分别就上述两大重点产业方向制定针对性创新发展政策，细化发展目标，明确创新主题，量化考核标准，并以此为试点向衍生产业方向或关联产业方向推广。

2. 拓展专利大数据工具在政策规划中的应用

鉴于绿色建材产业本身兼具传统建材产业及新兴环保产业的双重身份特点，在制定相关产业政策时加大对专利大数据等现代化工具手段的应用具有突出的现实意义。专利大数据工具能够帮助政策制定者从技术发展、创新态势、创新资源分布等视角充分认识产业发展现状，尤其是

在对技术发展布局以及创新路径选择进行规划时，专利大数据能够反映出不同于传统商业及行政统计数据所展示出的重要产业技术资讯。此外，随着商业平台以及政府平台的逐步完善，专利大数据本身时效性强的优势也在逐步彰显，政府机关可以对绿色建材产业专利数据进行定期监测，并作为政策调整及效果评价的考虑因素。

3. 将知识产权指标纳入产业发展考核标准

绿色建材产业整体的创新发展并不是单纯的技术迭代或市场开拓，而是二者相辅相成，有机结合的结果。当前政策文件中对省内绿色建材产业创新发展仅做出了方向性引导，并未提出具体的发展考核指标。建议在进一步的针对性产业政策中能够将知识产权信息纳入产业创新发展考核标准，例如：环保型水泥的新增有效专利量、绿色玻璃的 PCT 申请增量、绿色建材技术标注必要专利登记数量、绿色建材品牌商标注册量等。专利数据通常能够表征技术创新水平，商标则能够反映产业整体活力、产品市场认可度以及企业市场竞争力水平。应当充分考虑产业内参与主体的自身优势及发展定位，让研发优势主体从专利申请角度发挥优势，让营销优势主体从商标推广角度作出贡献，共同促进绿色建材产业高质量创新发展目标实现。

### (二)激发产业主体创新活力，构建绿色建材“产学研金服用”六链融合创新发展体系

1. 优化市场环境，激发私企创新活力

政府监管部门应当深入绿色建材产业，厘清产业内技术创新资源分布不均的症结所在，尤其是要深入了解私人企业在绿色建材产业内创新活力受阻的原因。在充分理解私有企业需求的前提下，适当调整现有产业政策，通过项目资助、设立专项补助等方式，鼓励私企主体将技术创新成果提交专利申请。同时加强对建工建材产业的市场监管，为私企主体营造更为公平、透明的竞争环境，鼓励真正具有创新条件以及市场开拓能力的私企与高校达成商业合作，提高产品技术创新水平，增强私企主体的产品市场竞争力。充分发挥产业间的协同发展效应，引导环保产

业领域的优质私企主体进入建工建材产业方向，为省内绿色建材产业创新发展注入新的活力。

2. 搭建绿色建材产业创新信息共享平台

构建绿色建材“产学研金服用”六链融合创新发展体系的关键，是要解决产业内创新信息不匹配的问题，搭建绿色建材产业创新信息共享平台是提高产业信息覆盖效率的有效举措。当前省内已经构建有“湖北省绿色建材供应链平台”，但平台的推广信息仅局限在供应链以及市场销售等商业场景，未能囊括技术创新前沿资讯以及产业内主体之间的技术供需信息。可以借鉴现有平台的建设经验，在原平台的基础上对技术创新供需信息发布功能进行补充，帮助企业、高校、政府以及金融服务机构之间搭建沟通桥梁，实现产业政策、金融信息、技术资讯以及市场情报的流通共享，实现湖北省绿色建材产业资源的高效利用。

3. 依托人工智能技术构建专利价值评估系统

从实践经验的视角来看，制约绿色建材产业“六链”融合创新发展的原因除了产业资讯传播受阻外，缺乏由官方背书的专利成果价值认定标准也是核心因素之一。由于缺乏对专利价值的评估能力，企业主体之间难以在专利转让、许可等转化方式上达成合意；高校主体则会承担国有资产流失的风险；金融机构也无法为专利技术产品提供合理的质押融资报价。然而随着人工智能技术的崛起，通过机器学习、大模型等技术手段已经能够从一定程度上解决上述问题，充分发挥湖北省高校平台优势，以专利价值评估为对象，构造一套专利价值评估系统，对于突破绿色建材产业“六链”融合创新发展困境具有重要价值。

### （三）提高产业技术创新整体水平，促进高质量创新成果向新质生产力转移转化

1. 探索绿色建材领域高价值专利培育实践

实施高价值专利培育工程是提高湖北省绿色建材产业创新成果质量的可行途径之一。湖北省已于 2019 年起开始实施知识产权“三大工程”，其中“高价值专利培育工程”是其中重要组成部分之一，经过 5 年

左右的项目开展，现已形成了丰硕的理论及实践经验。通过在绿色建材产业开展高价值专利培育工作，能够帮助产业内的高校、企业等参与主体加强知识产权保护意识，形成规范化的"技术创新融合知识产权"保护模式，并充分培养运用专利检索、专利导航、专利布局以及专利风险排查等能力。此外，项目实施过程中通常会产出有规划、有策略的技术成果专利组合包，由此产生的专利申请能够有效提高湖北省绿色建材产业专利申请的总体质量，进而促进产业内先进技术成果向新质生产力转化。

2. 推动构建绿色建材产业领域知识产权联盟

知识产权联盟是一种基于知识产权资源整合与战略运用的新型产业协同发展组织。联盟旨在维护产业整体利益和为产业创新创业提供专业化知识产权服务。这种联盟的形成，是基于共同的战略利益，通过共同构建专利组合或建立专利池，尤其是标准专利池，以便利内部相互许可、对外许可，从而推动产业发展，保护联盟成员的知识产权利益，并实现知识产权的价值。以构建湖北省绿色建材产业知识产权联盟的方式，促进产业内专利成果标准化，增强产业内专利成果的流通性，能够有效缓解当下产业内专利总体维持水平欠佳的问题，将更多创新资源有效转化为国家社会发展所需的经济价值、技术价值及战略价值。

3. 拓宽产品目标市场，实施国际专利布局战略

除了聚焦国内市场之外，湖北省绿色建材产业的创新发展还应当放眼海外市场，为了满足海外市场尤其是发达国家的绿色建材市场需求，省内创新主体应当积极开展面向目标市场国的专利申请布局战略，以期获得先发优势。当前全国房地产行业正处于发展低谷时期，绿色建材作为衍生产业方向，国内市场压力凸显，在此市场背景下，通过探索海外市场，拓宽产品销售范围，是促进省内绿色建材产业创新发展的有效举措。同时，以欧美为代表的发达国家知识产权保护体系更为成熟，开拓相应市场必然要求产业内创新主体在提高自身技术创新水平、增强专利申请质量，有利于破除当前产业内"低质量申请"堆积的顽疾。

**课题负责人：**

刘介明　武汉理工大学法学与人文社会学院院长、教授、博士生导师，湖北知识产权研究中心主任

**课题组成员：**

姚云龙　武汉理工大学经济学院博士研究生

罗佳欣　武汉理工大学法学与人文社会学院硕士研究生

郑海驰　武汉理工大学法学与人文社会学院硕士研究生

# 关于湖北省加快推进区域科技创新共同体建设的建议

谢科范 陈 云

## 一、科技创新共同体已成为区域科技创新合作的重要模式

当前，科技创新共同体、产业创新联合体分别成为区域创新合作和产业创新合作的重要和有效的组织形式。特别是区域科技创新共同体，在双循环新发展格局中，已成为依靠创新驱动实现国内、国际循环深度融合的重要模式。

区域科技创新共同体①，是多个空间邻近的区域，基于相同的价值观、共同的愿景和共同的利益，遵循共商的治理机制，自愿结成创新基础设施共建共用、创新要素充分流动循环、创新活动自主协同参与、创新成果共创共享、创新风险共担联治的，和谐共生的区域科技创新网络。区域科技创新共同体一般按照地理临近性而自愿、自发形成，具有共同愿景、共同利益和共同规则，有共建设施和共享机构作为支撑，能实现创新要素自由流程和创新成果共享共用。

在参与科技创新国际共同体建设方面，科技部、发改委、中科院正在大力推进“一带一路”科技创新共同体建设。2015 年，甘肃牵头组建

① 谢科范．加快建设科技创新共同体——基于复杂科学管理视角[J]．信息与管理研究，2021，6(6)：30-39.

"一带一路"高校联盟。2016 年，上海成立了"一带一路"科技创新联盟。特别是中国-东盟科技创新共同体已具有雏形，在企业技术创新国际合作、科技创新平台跨国构建、国际科技人文交流以及海洋科技产业链国际合作方面取得成效。未来，中国-东盟科技创新共同体呈现以下发展趋势：一是依托中国-东盟技术转移中心的创新合作平台开展研发创新深度合作；二是建设多国共同参与的中国-东盟联合实验室，将合作上延至创新链前端；三是建设中国-东盟科技人才驿站，进一步强化人才引育留用的全过程合作；四是以中国-东盟海洋合作中心为基础，构建海洋产业创新跨国联合体。

目前，国内已经形成了三个跨省域的科技创新共同体雏形。一是京津冀科技创新共同体。京津冀科技创新共同体由北京于 2015 年发起，京津冀三地参与，运行十年成绩显著；据中国科学技术发展战略研究院刘冬梅分析，① 北京输出天津技术合同成交额从 2014 年的 38. 8 亿元上升到 2023 年的 82. 1 亿元；北京输出河北的技术合同成交额则由 32. 4 亿元增长到 274. 8 亿元。二是长三角科技创新共同体。其以上海松江区，江苏苏州市，浙江杭州市、湖州市、嘉兴市、金华市，安徽合肥市、芜湖市、宣城市 9 个市(区)的 G60 科创走廊为基础，目前已经接近实现科技成果转化、产业创新联合体建设、科技人才驿站、科技基础条件使用、科技创新券政策、科技金融创新等的一体化。例如，在长三角，上海市发挥资本引领作用，② 上海的投资机构 2023 年向苏浙皖共 3857 家企业进行了投资，占长三角区域内异地投资企业数的 52. 36%。三是珠三角科技创新共同体。在珠三角地区，依托广深港澳科创走廊，已形成广州-深圳、广州-佛山、深圳-东莞、香港-深圳、澳门-珠海等创新协同子群的网状科技创新共同体，其在科技基础建设、新兴产业和未来产业孵化、科技金融等方面实现了一体化运行，并有效地化解了区域

---

① 生伟坤. 京津冀协同创新十年结硕果，北京原始创新能力显著提升[N]. 北京商报，2024-04-28.

② 上海市科学学研究所、江苏省科技情报研究所、浙江省科技信息研究院、安徽省科技情报研究所共同发布《长三角区域协同创新指数 2023》。

间的虹吸效应。

另外，一些省份建立了各具特色的省内科技创新共同体。例如，湖南省的长株潭科技创新共同体、陕西省的创新驱动共同体联盟、山东省的创新创业共同体以及四川省的成都都市圈区域创新共同体，这些创新共同体的建设正在如火如荼进行中。广东省省内的财政科技资金一体化改革力度很大，深圳、广州的财政科技项目已经允许全省范围内的区域申报。浙江省则实行大城市与中小城市协同的产业链双链长制，以及大城市对边远县市的科技成果先用后转支持制度。

## 二、湖北省区域科技创新合作存在的问题

过去，湖北省的科技创新一直存在研发投入不足、科技成果转化难、人才流失三个老大难问题；目前，这些问题都有不同程度的改善和变化。(1)过去湖北省的 R&D 经费投入强度偏低，曾经一度低于湖南省；而这些年湖北省的 R&D 经费投入强度提高很快，位于中部省份第一，2020 年在全国排第八位，2023 年提升到第七位。(2)科技成果转化难一直是湖北省难以破解的顽疾，且表现为科技经济“两张皮”、科技成果转化通道不畅、科技成果墙内开花墙外香等问题；目前这些问题都在得到逐步缓解，通过湖北省技术交易所、科惠网以及遍布全省的技术转移网络的运行，湖北省的科技成果转化有了明显起色；目前湖北省科技创新面临的一个新问题是科技成果有效供给不足，亦即，科技成果转化难的症结由原来的需求侧为主转变为供给侧为主。(3)“孔雀东南飞”过去用来形容湖北省人才向东南沿海一带流失的现象；目前，湖北省的人才流失问题有了新的变化，即人才流失演化为精力外流与知识外溢；如何打造“引育留用”的全过程人才服务链成为湖北省人才工作新的课题。

从区域科技创新合作和区域创新共同体建设来看，当前湖北省的科技创新面临以下问题：

1. 科技人才精力外流

湖北省过去存在的科技成果外流、人才外流问题，现在已经变化为人才精力外流。所谓人才精力外流，是指科技人才任职在湖北省，精力投向省外。

一是湖北省高校、科研院所广泛参与外省牵头的产业技术创新战略联盟。我们在2010年曾运用网络爬虫方法进行统计分析发现，广东省主导的40多家重要的产业技术创新战略联盟中，绝大部分都有湖北省的高校参加。

二是湖北省高校在省外地级市建有大量研究院。据我们在2017年做的一项不完全统计分析，湖北省高校在省外建立的研究院的数量是在省内的5倍多。比较多的是湖北省高校和科研机构在广东省、山东省、江苏省等地建立的各种研究院、研究中心、产业基地等；在广东省，几乎每个地级市都有湖北省高校建的研究院，特别是在深圳的南山区基本上形成了湖北省高校研究院集群；湖北省高校还在山东省淄博、烟台、龙口、滨州等地建有各种类型的科教基地。

三是湖北省内的院士专家在省外建有不少院士工作站。虽然中国科协近年对院士工作站进行过清理，但湖北省的院士专家在省外建立的科研基地还是有增无已。

四是湖北省高校的科研团队大量进入省外的企业博士后工作站。湖北省的博导及研究生团队成了省外一些企业博士后工作站的主力，有的科技人员甚至直接进入省外企业的研发中心或任职首席工程师、研发总监等。

2. 科教资源一城独大

武汉市一城独大这种笼统的说法虽然存在争议，但具体到科教资源一城独大则是不争的事实。科教资源在武汉高度集聚虽然可以发挥创新要素的集群效应和向周边区域的辐射涓滴效应，但也会产生对地市州科教资源的虹吸效应而加剧创新资源在地域配置上的不均衡。目前，武汉市外的大型企业、高校、科研单位的总部或重要分支机构，向武汉迁移的逆向流动趋势还比较明显，需要通过健全区域科技创新治理体系来进行化解。

3. 跨省科技创新协作未能做实

我国科技创新最活跃的区域板块是三角板块，也最容易上升为国家战略，获得国家更多的政策资源投入。例如，长三角、珠三角以及作为“北三角”的京津冀莫不如此。湖北省传统意义上的区域合作板块是中部六省合作概念，但是中部省份太多、太散，捏合在一起很难，难以形成实质性合作。中部地区在区域科技创新合作上存在一定的漂移效应，即部分中部省份更多地寻求与中部区域外的其他省市合作。例如，从长三角G60科创走廊发展格局来看，安徽省事实上已融入长三角一体化与华东区域协同创新中；湖南省、江西省参与泛珠三角区域合作已有多年；山西省积极推进并融入晋陕豫黄河金三角地区一体化合作，同时，寻求与京津冀进行产业和科教等方面的对接。

目前，我国区域创新战略有一些是按三角板块来布局的。以科创走廊为例，目前为止最有影响力的是长三角G60科创走廊，其以长三角节点城市为基础；广深科创走廊或未来的粤港澳大湾区科创走廊是面向珠三角；京雄科创走廊以及未来的京津冀科创走廊是面向“北三角”。先期获批的国家综合性科学中心都布局在上述的三角区域；我国的东数西算工程，其三大枢纽即京津冀枢纽、长三角枢纽、粤港澳枢纽都是按三角地域布局的。因此，湖北省科技创新要找到一个合适的三角板块概念，而这就是鄂湘赣中三角。

4.“一带一路”科技创新合作尚需突破

湖北省参与“一带一路”科技创新合作有一定优势，例如九省通衢、中欧班列、江海直达等。其实，湖北省的劣势也很明显，可以概括为“三不”：不沿海，不靠边，领馆不多。湖北省应发挥科技创新的现有优势，例如中法汽车制造和科技文化领域的合作、中比科技园的合作、中非农业科技和离岸技术转移中心的建设基础以及中俄科技园领域的合作，找到科技创新融入“一带一路”的切入点或突破口，积极参与科技创新国际循环。

## 三、湖北加快建设区域科技创新共同体的对策建议

在双循环新发展格局下，湖北科技创新的区域合作和对外开放合作将会更为重要，一是要把鄂湘赣科技创新合作作为中部区域创新合作的重点，要力推、彰显、落实中三角概念；二是要加强省内区域创新合作，建设汉襄宜科技创新内三角(鄂三角)；三是加强未来产业和新兴产业的科技创新合作，建立区域产业创新共同体；四是要加快“一带一路”科技创新体系建设，重点抓好中法、中非、中俄科技创新外三角合作。具体而言，在双循环新发展格局下，湖北要着力建设国内、省内、产业、国际四个方面的科技创新共同体。

1. 积极建设鄂湘赣中三角科技创新共同体

湖北省、湖南省、江西省的科技创新合作已有一定基础。例如，武汉、长沙、南昌相继签署了《武汉共识》《长沙宣言》《南昌行动》；2021年，三省签署了《长江中游鄂湘赣三省区域协同创新合作框架协议》。建议三省在此基础上进一步深化科技创新合作，建设鄂湘赣科技创新共同体，近期可以重点开展以下工作：一是将光谷科技创新大走廊朝湖南省、江西省方向延展并升级至2.0版，然后与湘江西岸科创走廊、赣江两岸科创走廊联通，建设中三角科创长廊。二是将建设中的武汉国家综合性科学中心的愿景置于区域大视角，要面向长江中游城市群的建设，服务于中三角科创长廊的发展。三是强化三省的高等教育合作，开展跨校联合培养、共建研究基地、互入大学科技园等合作。四是推进省级边界创新合作；目前，湖北省与湖南省和江西省的省际边界合作已有良好基础。例如，湖北省荆州与湖南省常德等开展洞庭湖生态经济区深度合作；江西省九江经济技术开发区与湖北省黄梅县合作共建小池江北工业园；湖北省丹江口市、湖南省浏阳市、江西省井冈山市开展“丹浏井”全国乡村振兴示范县创建活动；湖北省来凤县、湖南省龙山县将共建宜居宜业的“龙凤城”；湖北省石首市、监利市与湖南省安乡县、华容县、南县共同打造鄂南湘北跨省合作区，等等。未来，应积极支持集镇科技

开发、科技园区发展、环境保护等领域的省际边界科技创新合作共建。

2. 加快建设汉襄宜鄂三角科教创新共同体

湖北省在汉襄宜区域创新合作方面已经有了一定的基础。例如，科技成果转化方面，汉襄宜国家科技成果转移转化示范区已经获批建设；在科技人才培养方面，武汉理工大学建有襄阳研究生院，在襄阳开展成建制的专业硕士培养试点。未来，湖北应做好"一主引领，两翼驱动，全域协同"在科技创新领域的战略落地，建立汉襄宜鄂三角科教创新共同体，打造武汉、襄阳、宜昌三个创新极，形成区域创新的多极联动，并实现三地区域创新一体化。提出以下建议：

其一，集成汉襄宜国家科技成果转移转化示范区、国际技术转移中部中心(宜昌、襄阳分中心)、湖北自贸区各片区的资源，建设鄂三角国际技术转移网络，与各国的技术转移驿站网络对接。

其二，深化高等教育与科技创新的对口支持，例如，继续推进武汉理工大学襄阳人才培养示范区和科教产业园区的建设，支持武汉理工大学对口支援湖北文理学院，支持武汉大学在宜昌培养水利水电、资源低碳利用、医药卫生等方面的高层次人才并对口支援三峡大学。

其三，大力支持人才飞地、离岸创新园区、以及高新区的园中园、园外园建设，建议湖北省推出"创新飞地建设指导意见"。

3. 推进建设区域产业创新共同体

加强未来产业领域的中部区域合作以及武汉都市圈协同创新，特别是依托光谷科技创新大走廊打造未来产业创新共同体。不断完善未来产业的创新联合体建设，把双链长制、揭榜挂帅、大中小企业融通创新、科技保险等机制引入到未来产业创新联合体运行之中，将未来产业创新联合体升级为创新共同体。

建设湖北省应急产业走廊，并在此基础上培育湖北省应急产业科技创新共同体。包括十堰、襄阳、随州等地，可重点发展安全应急车辆以及航空应急救援产业；以随州国家应急产业示范基地为龙头，加快安全应急车辆的全链创新和链群发展；支持襄阳打造中部地区航空产业聚集区，加快发展应急机器人及轻量化航空应急救援产品；支持十堰建设

"高端应急装备产业园"，占领应急产业新赛道。

4. 探索建设"一带一路"科技创新共同体

湖北省应抓住时机，发挥自身优势加快"一带一路"科技创新共同体建设。建议目前抓好以下三个重点：

一是加强中非科技创新合作。湖北省科技援非历史悠久，成绩显著，在电信、农业、医疗方面基础厚实。湖北省已在中非国家建有5家国际科技合作(国际技术转移)离岸中心，未来可以拓展和强化；建议集聚全省国际科技合作力量，打造湖北特色的中非离岸创新基地组网。

二是加强中法科技创新合作。欧洲国家中，法国对中国相对友好，在当前复杂多变的国际环境中科技创新国际合作分群化暗流涌动，但中法合作韧性相对要好。同时，武汉市是国内重要的法语教育基地，加上有法国驻武汉总领事馆、中法生态城、神龙汽车公司等基础条件，湖北省可以把法国作为中欧科技创新合作的重点。建议支持武汉理工大学艾克斯-马赛学院升级为中外合作大学，深化武汉大学与洛林大学在医学方面的合作并成立实体合作机构。法国工程师教育在世界上独树一帜，建议湖北省大力推进中法工程师教育合作，牵头组建中法(中欧)工程师教育联盟。

三是稳健推进中俄科技创新合作。湖北省在激光领域与俄罗斯有广泛深入的合作，与俄罗斯在两国境内分别建有中俄激光产业园。建议建立中俄激光产业创新共同体，并以此切入中蒙俄经济走廊建设。发挥湖北省的俄罗斯科学院、俄罗斯工程院外籍院士优势，加强与俄罗斯两院的合作，例如在武汉建立俄罗斯科学院、俄罗斯工程院派出机构等。

(本报告为湖北省人文社科重点研究基地武汉城市圈制造业发展研究中心项目(WZ2022Z01)研究成果)

**报告撰写人：** 谢科范　武汉理工大学管理学院二级教授、博士生导师

陈　云　武汉理工大学管理学院副教授、博士

# 湖北省出口导向型企业应对外部形势变化的困境及对策

余 振 崔 洁

“两头在外，大进大出”的出口导向型企业不仅是湖北省对外经济活动的微观主体，也是湖北省打通内外循环堵点、促进内外贸一体化发展的重要载体，对于湖北省建设现代化产业体系、打造国内国际双循环的要素链接、产能链接、市场链接具有重要意义。当前世界经济形势复杂多变，湖北省出口导向型企业面临升级的压力和转型的机遇，宜按照供应链、产业链、价值链三链协同发力的整体思路，深度融入共建“一带一路”，完善现代化国际物流供应链体系，培育内外贸一体化示范企业，建设内外贸一体化发展平台，提升企业技术创新能力，推动企业品牌全球化发展，推动省内出口导向型企业高质量发展，为湖北省建设全国构建新发展格局先行区提供重要支撑。

## 一、湖北省企业出口的发展现状

据海关统计，2023 年湖北省进出口总值 6449.7 亿元人民币，同比增长 5.8%，其中出口 4333.3 亿元，同比增长 4.7%，进口 2116.4 亿元，同比增长 7.9%。[①] 同时，进出口总值在全国省区市中排名第 15 位，比 2022 年提升 2 位，进出口总体增速、出口增速、进口增速均高

① 2023 年湖北省外贸进出口情况[EB/OL]. http://wuhan.customs.gov.cn/wuhan_customs/506390/fdzdgknr64/bgtj30/3541119/5647959/index.html.

于全国平均水平。湖北省企业出口的发展现状正呈现出民营企业已成为湖北省出口增长的主力军、高新技术和汽车领域的企业出口表现突出以及"一带一路"地区成为热门的出口目的地等三个特点，具体情况如下。

### (一)民营企业已成为湖北省出口增长的主力军

随着湖北省营商环境持续优化，外贸经营主体显著增多。2023 年，湖北省出口企业突破 8000 家，较 2022 年净增 895 家，其中民营企业进出口规模为 4428.7 亿元，增长 15.3%，占湖北省进出口总值的 68.7%，比重较 2022 年上升了 5.7 个百分点，拉动进出口总体增长 9.6 个百分点，已成为湖北省出口增长的主力军。①

第一，民营企业转型升级步伐加快。"十四五"以来，湖北省加快布局民营企业对外贸易，依托国家外贸转型升级基地建设，已形成以光电子信息为主，汽车及零部件、船舶制造、装备制造为辅的外向型产业集群。

第二，统筹传统产业和新兴产业发展。湖北省民营企业出口业务主要分布在新一代信息技术、新材料、高档数控机床和机器人、节能与新能源汽车、轨道交通装备等重点领域，但也仍包括具有湖北省地方特色的传统产业，如纺织服装、生物医药、食品加工等。

第三，RCEP 的全面生效带来新机遇。民营企业迎来了新的发展机遇，尤其是近期从国家到地方都出台了新的促进外贸稳规模优结构政策措施，这为出口导向型企业的后续发展打开了新空间。

### (二)高新技术和汽车领域的企业出口表现突出

湖北省出口动能丰富活跃，产品结构不断优化，高新技术和汽车领域的企业出口表现突出。2023 年，机电产品出口总额高达 2215.9 亿

① 2023 年湖北省外贸进出口情况[EB/OL]. http://wuhan.customs.gov.cn/wuhan_customs/506390/fdzdgknr64/bgtj30/3541119/5647959/index.html.

元，同比增长13.5%，占湖北省出口总值的51.1%。[①] 其中，电动载人汽车、锂离子蓄电池和太阳能电池等“新三样”产品，合计出口160.8亿元，增长91%。

第一，电动载人汽车是出口主力产品。2023年10月30日，武汉市经济和信息化局公布《关于加快新能源与智能网联汽车产业发展的意见(征求意见稿)》，其中提到支持开发国际汽车市场，具体措施包括：打造汽车领域国际贸易供应链平台、加大对整车出口的航线与国际班列资源倾斜力度、根据出口额对整车及零部件企业年度出口增量部分给予奖励等。[②] 2023年，电动载人汽车是出口主力产品，全年出口9.4万辆，增加47.8%，占湖北省汽车出口总量的65.3%，出口价值为127.6亿元，增长117%，居全国第5位。[③]

第二，零部件产业的国产替代进程加快。在汽车出口热潮的带动下，2023年湖北省汽车零配件出口首次突破100亿元，增长21%，而进口规模则下滑，2023年进口19.7亿元，下降16.7%，汽车产业链的自主化、国产化程度进一步提高。[④] 作为湖北省的传统优势产业，汽车产业具有产业链长、技术性高、带动性强的特点。随着湖北省汽车出口产业的快速壮大，相关经营主体的发展也呈现积极态势。2023年，湖北省出口汽车、汽配的企业达到1460家，较2022年增加24.3%，产业发展基础更加牢固。

第三，锂电池产业在海外市场迅速发展。目前，湖北省全面构建新能源与智能网联汽车产业链，吸引大量锂电池行业龙头企业前来落户。

---

① 2023年湖北省外贸进出口情况[EB/OL]. http://wuhan.customs.gov.cn/wuhan_customs/506390/fdzdgknr64/bgtj30/3541119/5647959/index.html.

② 市经信局关于《关于加快新能源与智能网联汽车产业发展的意见(征求意见稿)》公开征求意见的通知[EB/OL]. https://jxj.wuhan.gov.cn/xxgk_9/fdzdgknr/ygzdgk/jcygk/202311/t20231115_2301209.html.

③ 湖北省新能源车出口量居全国第五[EB/OL]. https://www.cnr.cn/hubei/yw/20240123/t20240123_526568020.shtml.

④ 湖北省新能源车出口量居全国第五[EB/OL]. https://www.cnr.cn/hubei/yw/20240123/t20240123_526568020.shtml.

同时，在规模效益和技术优势的加持下，湖北省锂电池成本正不断降低，这让相关产品在国际市场上具有高性价比的优势。以电动汽车电池组为例，中国的电池组海外平均价格为126美元/千瓦时，而美国和欧洲的电池组价格则要分别高出11%和20%。①

### (三)"一带一路"地区成为热门的出口目的地

2023年，湖北省与"一带一路"地区的进出口规模达3090.2亿元，增长12.3%，占湖北省进出口总值的47.9%，比重较2022年提升2.8个百分点，②"一带一路"地区已成为湖北省企业出口的热门目的地。

第一，铁水联运的持续性发展。位于长江黄金水道的核心位置，湖北省通过得天独厚的地理优势大力推动铁水联运的发展，万吨级船舶可直达武汉，与中欧班列实现无缝对接，往来货物航运向东入海、班列向西入欧。

第二，航空物流的突破性发展。作为亚洲首个、全球第四个专业货运枢纽，鄂州花湖机场正式投入运营，使得湖北省在航空物流领域迎来了历史性的突破，武汉天河机场和鄂州花湖机场共同构建起湖北省客货双枢纽，进一步推动湖北企业出口"一带一路"地区。

第三，与"一带一路"地区具有互补性。以中东地区为例，该地区有巨大的消费市场，也是重要的国际贸易中转地，湖北省在纺织服装、消费电子产品和能源产品等领域不断扩大与其的贸易规模，而中东地区也借助湖北省的建造优势来加强基础设施建设合作。

## 二、湖北省出口导向型企业的外部形势

随着外部形势和我国发展所具有的要素禀赋的变化，湖北省出口导

---

① 全年同比增长91%"新三样"产品领跑湖北省出口[EB/OL]. https://xiangyang.cjyun.org/p/493255.html.

② 2023年湖北省外贸进出口情况[EB/OL]. http://wuhan.customs.gov.cn/wuhan_customs/506390/fdzdgknr64/bgtj30/3541119/5647959/index.html.

向型企业不仅面临跨境电商快速发展、外资持续注入、新能源新材料产业发展等全球性机遇，也受到全球电子产业链转移、芯片关键材料与技术供应受阻等严峻挑战。

### (一)全球跨境电商快速发展，有助于提升企业的市场辐射力

2023年，湖北省跨境电商市场规模再创新高，全年零售额达到4347.7亿元，比2022年增长9.0%，其中实物商品的零售额为3657.3亿元，同比增长6.7%，占社会消费品零售总额的15.2%。[①] 跨境电商发展推动形成的新贸易方式为湖北省出口导向型企业发展提供以下机遇。

第一，提供贸易地理突破的新机会。目前湖北省跨境电商行业快速发展，并成立华中最大的跨境电商联盟组织。该协会囊括湖北省本土三大最具实力的国贸集团。2022年，协会旗下成员年营业额接近1000亿元，年进出口总额超过600亿元，突破湖北省地处中部的外贸地理限制。[②]

第二，提供贸易沟通的新渠道。武汉3000多家出口型企业中，已有三分之一加入这一跨境电商B2B平台中，为湖北省出口导向型企业提供便捷、高效的线上渠道，突破传统大单出口模式，获取大量的中小订单，提高贸易往来沟通效率，降低贸易信息沟通成本。

第三，提供品牌宣传新途径。湖北省外贸商家与阿里巴巴国际站紧密合作对20万家中小外贸企业展开持续5个月的扶持，通过沉淀20多年的大数据为湖北省外贸商家匹配更多更精准的商机，推广湖北省外贸品牌，增强湖北省外贸品牌的市场辐射力。

---

① 湖北省助推在鄂百万企业上线，探索产业带电商高质量发展[EB/OL]. https://www.21jingji.com/article/20240523/herald/dff22205f5a84773de2629b191ddd49c.html.

② 武汉市商务局：我市跨境电商支持资金总规模拟翻番[EB/OL]. https://sw.wuhan.gov.cn/xwdt/gzdt/202304/t20230427_2192548.shtml.

### (二)全球外资持续注入湖北省，有助于稳固企业的外部连接

在全球对外直接投资呈现下降的背景下，2023 年新设立外商投资项目 648 个，实际使用外资(FDI)27.28 亿美元，比上年增长 3.1%。[①]外资持续注入有助于湖北省出口导向型企业稳固与外部的市场连接、技术连接以及资金连接。

第一，稳固与外部的贸易连接。湖北省作为中部地区高水平对外开放的前沿，许多跨国公司选择在湖北省投资兴业，陆续成立子公司，并将其定位为新兴市场总部，逐步形成日益紧密的产业链供应链融合体系，为湖北省连接国际市场提供了重要支撑。

第二，稳固与外部的技术连接。“德国负碳材料”在赤壁开工，此次项目总投资约 15 亿欧元，此次开工的负碳材料生产项目技术先进，产品优良，过程负碳，建成后将是世界上最大的负碳材料工厂。[②]同时，这也是咸宁第一次大规模使用外资、引进先进制造技术、利用本地可再生资源、面向全球市场、造福全人类的外商独资项目，也是湖北省第二大外商投资项目和第一大外商独资项目，还将稳固湖北省与国际先进制造技术的连接。

第三，稳固与外部的资金连接。武汉经开区是湖北省外资企业最密集的区域之一，实际利用外资多年蝉联湖北省国家级经开区第一名。其中，大型跨国公司对湖北省制造业实际利用外资贡献巨大，持续加强与国际资金的连接，引导外资资金进入湖北省实体行业。

### (三)全球新能源新材料产业发展，为企业提供弯道超车机遇

得益于全球新能源新材料市场需求的持续走高，2023 年湖北省电

---

① 湖北省 2023 年国民经济和社会发展统计公报[EB/OL]. https://media.hubei.gov.cn/zyxmt/push/weixin/202403/t20240327_5135870.shtml.

② 咸宁市人民政府：德国 carbonauten 公司负碳材料中国生产制造和总部基地在赤壁开工[EB/OL]. http://www.xianning.gov.cn/xwzx/xnyw/202311/t20231108_3346832.shtml.

动载人汽车、锂电池、太阳能电池产品出口额合计 160.8 亿元，同比增长 91%,[①] 新能源新材料产业的加速发展，为湖北省出口导向型企业发展提供新赛道。

第一，为汽车产业发展提供新赛道。湖北省汽车产业基础良好，武汉经开区聚集了 9 家汽车企业、13 家整车工厂以及 500 多家汽车零部件企业，英美法德日等 10 多个国家和地区的 120 多家外资汽车零部件企业在此落户。全球对新能源汽车需求旺盛，为湖北省借助传统汽车产业规模优势和品牌优势，推动汽车工业转换赛道提供机遇。

第二，为新材料产业发展提供弯道超车机会。湖北省是硅基新材料产业大省，工业基础良好，不仅拥有许多传统硅基材料(玻璃)企业，也拥有一大批硅基新材料企业。全球新材料产品需求持续上升，为湖北省依托传统材料企业以及新材料企业，推动新材料产业发展提供条件。

第三，为电池材料提供发展机遇。随着许多新能源电池头部企业纷纷入驻湖北省，相应的电池核心材料企业也大举投资湖北省，以“电池材料生产—电池电芯制造—废旧电池梯级利用”的链式集群正加速形成。全球新型电池材料需求稳增不减，为湖北省依托现有电池材料产业链，推动电池材料产业发展提供机会。

### (四)全球电子产业链转移，对相关出口导向型企业构成挑战

全球电子产业链区域布局发生变化，世界各地产业链布局从以成本、效率、科技为侧重转向以安全、稳定和政治为侧重。从全球电子产业链移动趋势来看，国内相关企业向墨西哥、印度、东南亚地区转移。2023 年，湖北省手机、集成电路出口均呈回暖态势，四季度分别增长 25.8%、4.9%，其中武汉进出口在消费电子产业复苏、汽车产业逐渐壮大的结构性调整中承压上行，进出口 3606.2 亿元，增长 2.9%。[②] 随

① 2023 年湖北省外贸进出口情况[EB/OL]. http://wuhan.customs.gov.cn/wuhan_customs/506390/fdzdgknr64/bgtj30/3541119/5647959/index.html.

② 2023 年湖北省外贸进出口情况[EB/OL]. http://wuhan.customs.gov.cn/wuhan_customs/506390/fdzdgknr64/bgtj30/3541119/5647959/index.html.

着消费电子产业的迁移，湖北省消费电子产业虽有增长趋势，但增速却较为迟缓。

第一，订单需求萎缩。湖北省的一些消费电子企业表示在华业务将有部分迁往印度，电子产业链外移使湖北省丧失部分全球消费电子类产品订单，手机、电脑等产品出口下降。

第二，产品库存增加。湖北省的部分消费电子企业表示出口额较往年相比有所下降，由于未能及时调整生产计划，导致相关消费电子产品发生库存积压。

第三，关键零部件获取难度加大。湖北省的部分大型消费电子企业受国际消费电子周期性低迷影响，获取关键零部件成本上升，给相关企业的出口带来较大风险。

### (五)芯片关键材料与技术供应受阻，限制了企业的对外贸易

美国政府及其盟友限制对中国半导体和微电子、量子信息技术和人工智能三大高科技领域投资，并逐步对尖端半导体制造设备出口实施管制，这给湖北省光芯屏产业带来投资限制、出口管制、技术风险等一系列挑战。

第一，关键材料和设备进口不畅。目前湖北省光芯屏端网产业所需的硅片、引线框、化学品、气体等原材料和先进制造设备的自给率仍然较低。2022 年，美国通过了《芯片与科学法案》，旨在限制接受美方补贴和优惠政策的公司在中国进行投资，从而导致美国对华的关键材料和设备进口不畅，这直接威胁到湖北省光芯屏产业的发展。

第二，关键矿产进口不畅。2023 年，我国金属矿产消费量占全球消费总量 40%以上，其中由于我国自然禀赋差、现阶段及未来用量大、对外依存度极高且来源单一，以铬、钴等为代表的稀缺金属面临短供、断供的“卡脖子”风险。① 同时，湖北省“三稀矿产”、晶质石墨等矿产

① 金属对外依存度梳理：提升关键矿产供应链安全水平，紧握优势金属资源[EB/OL]. https://dzj.hubei.gov.cn/hwzx/hwdzxxpt/gjkydt/202312/t20231214_5004817.shtml.

原料依赖美国进口，而美国对华出口的管制将会在一定程度上对湖北省光芯屏产业的正常生产运作产生不利影响，甚至迫使其停工停产。

第三，关键技术封锁。湖北省在先进制程芯片领域的高水平深度替代仍未完成，美国针对性封锁关键核心技术，将我国多家科技企业列入“实体清单”。湖北省部分企业受到关键技术供应中断的影响，迫使我国芯片科技企业与世界技术发展“脱钩”，外贸值均有所下降。

## 三、湖北省出口导向型企业发展存在的主要问题

经过长期发展，湖北省出口导向型企业还存在支撑企业发展的供应链物流体系建设滞后、企业未形成矩阵式发展、龙头企业的辐射带动作用不足、传统优势逐步丧失等问题。

### （一）支撑出口导向型企业发展的供应链物流体系建设滞后

“九省通衢”的湖北省正探索以供应链物流体系重构为抓手，全面提升湖北省要素资源整合创新和配置能力，打造新时代“九州通衢”。但湖北省供应链物流体系建设滞后，对于出口导向型企业的发展支撑不足，具体表现为以下三点：一是枢纽港块头偏小，2023 年湖北省港口集装箱吞吐量 329.8 万标准箱①，仅为苏州港(958.2 万标箱)②的 34%；二是国际班列发班不足，湖北省汉欧班列从阳逻港始发刚刚起步，但果园港发送中欧班列(成渝)已突破 700 班；三是多式联运发展不足，武汉阳逻港铁水联运占港口吞吐量的 2.63%，远低于湖南岳阳港的 14.1%、江西九江港的 7.7%。③

① 湖北省 2023 年国民经济和社会发展统计公报[EB/OL]. https://news.hubeidaily.net/mobile/c_2416158.html.

② 全年 958.2 万标箱！苏州港集装箱吞吐量再攀新高[EB/OL]. https://jtyst.jiangsu.gov.cn/art/2024/1/30/art_88282_11140860.html.

③ 打通“最后一公里” 重现“货到汉口活” 区位优势加速转为物流优势[EB/OL]. https://news.hubeidaily.net/mobile/c_1606272.html.

### (二)出口导向型企业未形成矩阵式发展

湖北省提出建设全国构建新发展格局先行区，努力从沿海开放的“后队”转变为新时代内陆发展的“前队”。但较沿海地区而言，湖北省出口导向型企业发展相对滞后，主导产业和龙头企业也缺乏国际话语权，主要存在下述三点不足：一是产品国际市场份额有待提升，2023年湖北省光纤光缆的国内市场占有率超过50%，但全球市场占有率仅为25%，光电器件的全球市场占有率也仅为12%；① 二是技术创新优势不足，受中美科技竞争、美国对华技术封锁的影响，湖北省许多光芯屏企业发展受限，急需加强研发，解决“卡脖子”问题；三是产品竞争力的不足，导致湖北省汽车产业持续稳定增长的根基不牢，乘用车产能利用率不断下滑，2023年湖北省汽车产量占全国总产量的5.9%，汽车产量增速-5.2%，低于全国总体水平16.8个百分点。②

### (三)出口导向型龙头企业的辐射带动作用不足

2021年6月，湖北省作为制造业大省，提出构建“51020”现代产业体系。然而，湖北省出口导向型龙头企业与光芯屏、消费电子、新能源汽车等主导产业的融合度不够，辐射带动作用不足，具体表现为以下三点：一是湖北省主要光芯屏企业的设备、零部件大多依赖进口，还未寻找到合适的国产替代；二是湖北省消费电子产业的部分代表性企业，产业链向后延伸不足；三是湖北省汽车产业的龙头企业未能及时抓住新能源汽车产业的发展风口，相应的产业规划滞后。

### (四)出口导向型企业的传统优势逐步丧失

2023年，湖北省出口劳动密集型产品777亿元，同比增长37%，

---

① 湖北省光纤光缆产业规模居世界第一[EB/OL]. https://kjj.wuhan.gov.cn/xwzx_8/kjspxw/202401/t20240109_2338709.html.

② 数据源于国家统计局，详见 https://data.stats.gov.cn/easyquery.htm?cn=E0103.

占湖北省出口总值的17.9%。[①] 湖北省出口导向型企业尤其是劳动密集型企业，一直保持着“两头在外，大进大出”的生产模式，但受欧美对华贸易脱钩、产业外迁东南亚的影响，其传统优势逐步丧失，主要表现为以下三点：一是关键技术的封锁，导致相关企业的生产受限，外贸值下降；二是关键零部件较难获取，导致部分企业选择使用国产替代进口，进口值发生下降；三是国际市场需求萎缩，导致一些企业外贸订单减少，外贸值下降。

## 四、湖北省推动出口导向型企业发展的对策建议

在当前复杂外部形势下，内贸外销“两条腿”走路，才能实现高水平自立自强和更好服务“双循环”新发展格局。湖北省宜把握产业链供应链重构机遇，充分发挥出口导向型企业在链接外部资源中的先发优势，在帮助企业主体脱困和发展的同时，积极推动湖北省建设全国构建新发展格局先行区。具体而言，湖北省可基于保障供应链、整合产业链、提升价值链的整体思路，通过深度融入共建“一带一路”、完善现代化国际物流供应链体系巩固出口导向型企业传统优势，通过培育内外贸一体化示范企业、建设内外贸一体化发展平台发挥出口导向型企业新型优势，通过提升企业技术创新能力、推动企业品牌全球化发展提高出口导向型企业整体竞争力。

### （一）支持出口导向型企业深度融入共建“一带一路”

第一，支持企业参与区域产业链供应链重塑。湖北省宜依托“一带一路”倡议，支持出口导向型企业对沿线重点国家由“产品输出”转向“工业能力输出”，在稳定出口的同时提升跨境资源整合能力，推动产业链供应链向区域化、多元化的方向调整。

---

① 2023年湖北省外贸进出口情况［EB/OL］. http://wuhan.customs.gov.cn/wuhan_customs/506390/fdzdgknr64/bgtj30/3541119/5647959/index.html.

第二，构建“一带一路”信息交流网络。针对出口导向型企业建立“一带一路”合作服务平台，加大信息收集、整理、分析和发布的有效性，为企业提供“一带一路”地区经贸活动、项目供求等重要信息。牵头举办企业洽谈、项目对接等活动，包机组织企业境外参展，对包机费用进行补贴，提供出入境便利化服务。

第三，加强“一带一路”产能合作的融资支持。鼓励省内政策性银行分行、商业银行等金融机构为企业“一带一路”重点合作项目提供跨境“互联网+金融”服务。同时，完善相关企业资信体系，建立健全跨境信贷征信对话和评估机制，引导多元金融投资主体共同满足“一带一路”产能合作投融资需求。

### （二）加快完善现代化国际物流供应链体系

第一，加快推进中欧班列跨境铁路建设。湖北省作为中欧班列体系的中部地区主要参与者，宜发挥中国地理几何中心点和“九省通衢”的区位优势，大力支持中欧班列发展。可采取为每个集装箱提供财政补贴、招募物流企业合作伙伴等方式，充分发挥政府和市场力量的互补性。

第二，加强国际物流体系的智能化建设。加快推进互联网、物联网、云计算、大数据、移动智能终端、区块链为代表的新一代信息技术在湖北省国际物流领域的商业化和市场化应用，打造高效的多式联运体系，为湖北省国际物流体系发展和产业链升级注入新动能。

第三，健全完善湖北省重点交通枢纽的配套设施。大力支持加快鄂州花湖机场周边高速公路、铁路、港口建设，并将其纳入国家重点项目库，建立以花湖机场为核心，铁水公空多式联运高效集成的集疏运体系。

### （三）积极探索培育内外贸一体化示范企业

第一，积极争取内外贸一体化试点。湖北省是中部地区在经济地理区位和水陆交通枢纽方面最具优势的省份，宜积极争取国家内外贸一体化试点，推进开放型经济和内贸流通建设，并借此为契机加快布局新能源汽车、生命健康等新赛道，培育和发展一批新兴产业集群，服务国家产业链供应链安全。

第二，围绕湖北省优势产业培育龙头企业。结合湖北省产业优势及转型方向，设计和出台企业遴选政策，构建针对性评价指标体系，通过自主申报、实地考察等流程分类评选出一批内外贸一体化龙头企业，并着力保障龙头企业产业链供应链畅通。支持龙头企业、供应链核心企业利用资源和信息优势，向产业链供应链前端和后端渗透，在为更多中小企业赋能的同时增强自身竞争力和控制力。

第三，提供技术攻关资金补贴。湖北省宜加强“同线同标同质”产品的宣传推广，为企业生产“三同”产品提供资金补助，鼓励企业通过自主研发攻关国内外技术标准、质量标准等方面的差异，做到同一产品可以在国际国内两个市场同时销售。

### (四)加快建设内外贸一体化发展平台

第一，推动平台企业做优做强。加强对湖北省国控供应链集团有限公司、湖北省格创东智科技有限公司等平台型企业的支持力度，引导相关平台型企业通过金融赋能、技术赋能、服务赋能等路径带动一批平台入驻企业提升内外贸一体化水平。

第二，引进国内国际展会平台。立足自贸试验区、跨境电商综试区等开放平台，积极引进中国国际消费品博览会、中国-东盟博览会等展会资源，开展集中展销活动，支持适销对路的出口产品开拓国内市场。

第三，建设新型内外贸易数字化平台。在宣传推广国际贸易“单一窗口”，深化建设湖北省国际贸易数字化平台的基础上，努力将国际国内两个市场的需求与湖北省产业发展所需结合起来，扩大贸易数字化平台的国内外辐射范围和影响力，让中小企业也能够借此平台更好融入和服务“双循环”。

### （五）着力提升出口导向型企业技术创新能力

第一，推进产业基础高级化。针对湖北省产业短板与关键核心环节，加大基础研究投入，精准引进相关市场主体，推进科技创新和产业合作，对共性技术和关键产品组织攻关突破，提升产业自主可控能力。

第二，加强先进技术引进支持。鼓励出口导向型企业结合自身发展方向，通过设立海外研发中心、技术并购等对外直接投资获取外部先进技术，并以此为基础提升企业自身的再创新能力。

第三，留住用好国际化人才。湖北省宜专门成立人才政策研究和规划部门，瞄准支柱产业、优势产业集群布局，研究和出台配套政策激活人才引擎。

### （六）持续推动出口导向型企业品牌全球化发展

第一，强化龙头企业引领。加大对湖北省支柱产业、优势产业的龙头企业品牌建设支持力度，针对相关企业开展质量品牌培育标准体系培训，支持企业围绕重点产品布局培育高价值专利。

第二，培育产业和区域品牌。鼓励竞争力相对较弱的企业与产业链上下游企业“抱团出海”，加快湖北省产业集群与世界连通速度，打造“湖北省制造”高地，积极推动特色优势领域的标准和资质认证“走出去”。

第三，积极开拓蓝海市场。支持湖北省出口导向型企业秉持抢占市场先机、错位产品竞争的品牌发展理念，深入挖掘东南亚、中东等新兴市场在新能源汽车、智能制造等方面的消费潜力，为相关企业开拓海外市场提供出口服务和信保支持。

**撰稿人：**余　振　武汉大学弘毅学堂院长、教授、博士生导师，武汉大学美国加拿大经济研究所所长

崔　洁　武汉大学美国加拿大经济研究所研究助理

# 湖北省构建大科普格局的现状、问题与对策研究

黄 涛 余 瑞

作为创新发展的重要一翼，科学普及(以下简称“科普”)的重要性在当代社会日益凸显。中共中央办公厅、国务院办公厅印发《关于新时代进一步加强科学技术普及工作的意见》(以下简称《意见》)，对新时代加强科普工作作出系统部署，提出坚持统筹协同，树立大科普理念，加强协同联动和资源共享，构建政府、社会、市场协同推进的社会化科普发展格局。全国各地积极推动大科普格局的构建，涌现出一批颇具区域特色的科普发展模式，例如天津推动全域科普模式构建、宁夏探索“三长”全覆盖模式，但从科普事业整体发展布局来看，仍存在对科普重要性认识不到位、科普投入需加大、科普传播方式待创新、科普协作程度不足等问题。本报告在分析湖北构建大科普发展格局现状、问题的基础上，提出湖北省加快构建大科普发展格局的对策：以树立共振、共建、共治、共融、共享的“五共”理念为认识前提，以构建全媒普及、全域普覆、全民普化、全态普惠的“五全”模式为具体抓手。

## 一、湖北省构建大科普发展格局的现状

### (一)加强协同联动，开展全领域行动

湖北省坚持以省政府为主导，联合各级科技行政管理部门，不断强化科普主体责任，发挥多方合力作用。近年来，湖北省政府高度重视科学普及工作，坚持政府推动、政策引导、资金投入、协同参与，全面统

筹全域科普工作，面向新时代，制定科普事业发展的方针、政策，将公民科学素质建设纳入“十四五”发展规划和全民科学素质行动计划纲要，在顶层设计层面提出科普事业发展的指导思想、目标和重点任务。在协同机制建设方面，湖北省组建全民科学素质领导小组，成立由省委宣传部、省科技厅、省科协等38家单位为成员单位的科普工作联席会议，发挥两者统筹协调功能，形成省级学会158个，市、州学会290个，省级科协1个，市、州科协13个，县区科协102个(见表1)，各级科协学会组织、大众传媒、企业、高校及科研院所等在支持经济社会发展、科技创新等方面做了大量工作，为湖北科普传播内容建设作出重要贡献。

表1　　科普机构数量统计

| 年份 | 省级学会 | 市、州学会 | 省科协 | 市、州科协 | 县区科协 |
| --- | --- | --- | --- | --- | --- |
| 2018 | 146 | 338 | 1 | 13 | 102 |
| 2019 | 152 | 347 | 1 | 13 | 102 |
| 2020 | 157 | 302 | 1 | 13 | 102 |
| 2021 | 158 | 290 | 1 | 13 | 102 |
| 2022 | 161 | 342 | 1 | 13 | 102 |

资料来源：根据2018—2022年《湖北统计年鉴》整理。

### (二)创新科普模式，推动全媒体普及

将媒体纳入“大科普”科普传播建设范畴，发挥新媒体平台科普辐射力及媒体、科技工作者力量，湖北省主办微信、微博、网站和App“四位一体”的科普信息传播平台，向公众普及科普知识，发布防震减灾、气象、节能环保、健康等方面的信息，特别是在疫情期间，利用科普传播平台和渠道优势，及时启动应急科普，建立了高效的反馈响应机制，进一步提升了全社会对科普的认知。同时打造“三科一家”等信息平台，设“荆楚科普大讲堂”“湖北省科协普法专栏”等热点专题，充分调动了广大科普工作者的积极性。2021年电台科普节目播出时间最长，

为 17566 小时，居全国首位。2022 年，通过媒体宣传科技工作者 5217 次，表彰奖励科技工作者 2296 次，持续播放科技广播、影视节目 79624 分钟，充分发挥了新媒体全链条传播的辐射作用。

### (三)基层科普服务能力不断增强，实现全地域覆盖

湖北省全域科普传播逐渐融入基层党建中心建设工作和新时代文明实践中心，围绕特色主题活动，带动科普志愿者、科技专家等科普队伍深入基层，实施全域科普“七进”工程，有效整合科技馆、学校、社会机构等科普资源，将科技志愿服务下沉基层，省市县科协三级联动精心组织开展“文化科技卫生”三下乡等重点科普活动，“三长”(中小学校长、乡镇医院院长、基层农机站站长)发挥基层科普组织队伍建设的优势作用，成为基层科普工作的重要力量。此外，湖北省积极探索新模式，依托企业、科研院所、高校等机构打造科普教育基地集群 300 多家，覆盖全省 17 市州，现代科技馆体系初步建成。实体馆建设方面，截至 2022 年，湖北省科普场馆数量达 89 个，展厅总面积超过 18 万平方米，平均 65 万人有一座实体科技馆，全年参观人数达 231. 2 万人次以上，科普活动站数量达 2152 个。推进高端科技资源科普化，湖北省 32 家高校与科研院所、47 家科普场馆均面向公众开放，流动科技馆、科普大篷车等科普资源持续向贫困地区倾斜，让公众共享科普成果。

### (四)科普活动提质增量，促进全民科学素质提升

以“湖北科技活动周”“全国科普日”等科普活动为抓手，围绕健康、科技、教育、环保等主题集中开展多项科普示范活动，2012—2022 年湖北省全省累计组织科普活动 10 万余场。聚焦五类重点人群，开展高水平的科学素质提升行动，注重青少年创新意识培育，2021 年围绕青少年学生群体，组织科技竞赛 172 次、科技教育培训 848 次(见表 2)，惠及人群达 110 万人次以上；在农村地区，近年来，针对农民开展科技下乡、科技助农活动等各种形式的科技培训，组建农业科技志愿者服务团队 1186 个，动员科技专家 5311 人，建设农科协 406 个，与专家团队

互补，通过科普富农助力乡村振兴，湖北省农村居民具备科学素养的比例达 7.36%。大力实施科普惠民社区(村)建设项目，借助活动站、宣传栏、宣传员科普示范工程，开展“四进社区”，积极推动社区科普大学建设，极大地提升了社区居民素养。

表 2 **科普活动开展情况**

| 项目 | 2018 | 2019 | 2020 | 2021 | 2022 |
| --- | --- | --- | --- | --- | --- |
| 科普宣讲活动(次) | 5055 | 4996 | 10708 | 13327 | 13537 |
| 青少年科技竞赛(项) | 118 | 148 | 107 | 172 | 168 |
| 青少年科技教育培训(次) | 382 | 769 | 643 | 848 | 1610 |

资料来源：根据 2018—2022 年《湖北统计年鉴》整理。

### (五)注重创新精神培育，实现科技成果共享

湖北省推动科普工作中不仅重视科学知识传播，还将创新精神培育、科学文化传播作为重点科普内容，将科普传播融入湖北经济社会发展各领域。发挥科普人员“主力军”作用，带动民众积极参与，建设科学传播专家库，知名科学家身体力行做科普，汇聚湖北两院院士、杰出人才等科普专家，充分发挥“用才”科普示范效应，在全域广泛弘扬科学精神及科学家精神，形成良好创新文化氛围。坚持科技与文化深度融合，厚植科技创新土壤，发挥地域和科教资源优势，结合文化、产业特点和发展规划，努力创建科普工作示范亮点和科普工作品牌，推动科技成果惠及民生。

## 二、湖北省构建大科普格局中存在的问题及原因

### (一)湖北省构建大科普格局中存在的问题

1. 协同联动不够

“大科普”是各行各业、各个部门的共同职责，但湖北省在推动五

全科普传播过程中，仍处于以政府推动为主的阶段。目前，湖北省科普经费筹集单纯依赖财政投入，2021 年湖北省科普经费筹集达 3. 3 亿元，其中政府财政拨款 2. 9 亿元，占比 99. 39%，在历年科普经费筹集额中，事业收入占比不足 1%，其他收入占比不足 5%，社会化大科普生态体系尚未建立(见表 3)。2021 年湖北科技研发投入经费支出为 1005. 3 亿元，科普投入经费 3. 38 亿元，仅占科技研发经费投入总额的 0. 33%。2021 年湖北省人均科普专项经费为 3. 48 元，与北京(37. 51 元)、上海(18. 00 元)形成较大差距。相较于发达省份及地区，全省科普经费投入强度较低，仅为 1. 89%，处于全国中等水平。

表 3　**全省科普经费投入情况统计**

| 单位/万元 | 2017 年 | 2018 年 | 2019 年 | 2020 年 | 2021 年 |
|---|---|---|---|---|---|
| 科普经费筹集 | 15719. 58 | 15556. 79 | 35382. 57 | 16463. 87 | 33814. 4 |
| 政府拨款 | 15240. 24 | 15068. 74 | 35125. 69 | 16195. 86 | 29722. 06 |
| 占比 | 96. 95% | 96. 86% | 99. 27% | 98. 37% | 99. 39% |
| 事业收入 | 29. 47 | 0. 56 | — | — | — |
| 占比 | 0. 18% | 0. 0036% | — | — | — |
| 其他 | 449. 87 | 487. 49 | 256. 88 | 268. 01 | 204. 76 |
| 占比 | 2. 86% | 3. 13% | 0. 73% | 1. 63% | 0. 61% |

2. 科普传播方式待加强

科普传播方式与手段关系到科普教育的效果，从湖北省目前科普内容生产来看，主要以科普书籍、科普期刊和科普网站为主体，原创作品和优质科普内容相对来说比较缺乏，特色电视科普节目和传媒资源丰富度不足；由于新媒体技术快速迭代发展、影响范围广等原因，大量良莠不齐的科普信息出现在网络上，伪科普的出现在一定程度上阻碍了权威、正确科普信息的传播，同时也影响了公众科学素质的提升。科普信息的传播也未能够做到与时俱进，部分地区没有充分重视科普内容宣传，缺乏有效管理，科普平台内容未能得到及时更新，不能及时向公众普及科普知识；科普形式与信息化技术尚未深度融合，目前，湖北科普活动开展主要是线下活动形式，如开展科普讲座、科普展览等，且在实际科普宣传中，普及科学知识多，传播科学方法和科学精神少。

3. 科普阵地建设力度不足

近年来，湖北省科普基础设施建设不断优化，科普场馆、科普基地进一步稳固，各类高校、科研院所、实验室等科普空间面向公众开放，但在科普阵地建设方面还存在很大提升空间。一方面科普基础设施建设总量不足，相对于湖北省庞大的人口总数而言，科普场馆覆盖不到位，科普基础设施建设未能满足公众科学文化需求，在科普园区和科普基地建设上往往形式大于内容，急需从内容和形式方面建设具有特色的科普场馆、基地。另一方面，各地科普基础建设也存在不均衡现象，突出表现在区域发展不平衡和自身发展不平衡两个方面，科普基础设施建设和发展普遍存在经济发展较好地区优于经济欠佳地区，城市好于乡村等现象，如 2022 年湖北新增的 34 家科普教育基地中，仅武汉就占据了八成左右，设施自身发展不平衡指现有各类科普设施协调发展不平衡，主要表现在理学类博物馆较多，其他种类的博物馆较少。

3. 科普人才队伍建设不强

科普人才队伍建设是“大科普”格局构建的人才支撑。从科普人才规模来看，湖北省科普人才总量位居中部第一，人才优势显著，但从全国范围来看，与全国科普人才储备较为雄厚的地区相比依旧相对薄弱，落后于北京、天津、上海等地。以 2021 年为例，湖北省每万人拥有科普人员数为 16. 75 人，而北京、天津、上海等地每万人科普人员数量均超过 20 人( 见表 4) 。2021 年湖北省科普人员总量近 10 万人，中级职称或大学本科以上学历科普人员比例均超过 50%，但科普从业者以兼职人员为主，占比高达 87. 12%，蕴藏在科技人才大军中的科普潜能尚未充分发挥出来，“科研主体”急需向“科普主体”转化。

表 4 **2021 年部分省市科普人员情况**

| 类型/地区 | 湖北 | 北京 | 天津 | 上海 | 浙江 |
| --- | --- | --- | --- | --- | --- |
| 万人科普人员数/人 | 16.75 | 24.41 | 27.30 | 21.59 | 18.69 |
| 科普兼职人员比例/% | 87.12% | 83.54% | 88.73% | 86.11% | 90.84% |

资料来源：根据 2022 年科学技术部发布的全国科普统计数据整理而成。

4. 科普活动影响力有限

科普活动作为公众理解科学的载体，是湖北科协及科普相关单位当前开展科普工作的重要策略之一，尽管在活动开展、促进公民科学素质提升方面取得一定成效，但仍存在一些不足。在科普活动组织实施过程中不重视科普成效，从活动资源整合角度来看，大多数科普活动是基于主办方已有的科普资源；科普活动受众的年龄群体主要是青少年群体，针对老年等群体的活动项目较少；活动宣传不到位，特别是活动前期的宣传告知和后续持续影响营造方面存在较大缺失，这也导致公众参与科普活动的意识不强，公众的主动性与积极性未被真正激活。

5. 科技资源科普化程度不足

湖北省以科技创新驱动高质量发展，扎实推动科技强省建设，成就斐然，但在构建“大科普”格局过程中各类高校和科研院所科技成果转化率较低，高校、科研机构中的科研设施开放力度不足。在科技创新要素、前沿技术、产品研发等科技创新主题等方面科普传播能力不足，围绕湖北省优势产业和学科，尤其是在信息技术、生物医药等前沿科技，新能源、新产业、新材料等科技热点方面科研与科普融合度不足，导致大量科研设施、科研成果等科技资源处于分散、搁置甚至流失状态。

## （二）湖北省构建大科普发展格局存在问题的原因

1. 科创与科普协同发展机制不健全

尽管一直强调科学普及工作的重要性，但各级地方、部门未能形成科技创新与科学普及同等重要的战略共识。在理念层面，各级党委政府、科普相关部门、科技创新主体对科普工作的重要性认识不到位，对于如何推动科普内涵式增长缺乏认识；在制度层面上，湖北省各地方的科技创新规划、管理办法、行动计划中，科普角色缺失，科普内容开发缺乏顶层设计和制度安排，创新主体在“大科普”中的地位没有明确区分、责任规定模糊不清，在科学普及对象的界定上未将科学共同体内部人员纳入科普传播主体范畴，导致科研主体参与科普工作的积极性和责任感不强；鼓励和支持社会力量投入、参与科普工作的政策、激励机制不完善，种种因素极大制约了社会力量参与科普的积极性，没有形成科普工作的长效机制。

2. 科普需求与供给不匹配

高端科普供给与公众日益增长的需求存在矛盾，一方面受众科普需求不断扩大，但科普创作领域却存在同质化现象，在传播过程中，平衡科学严谨性和传播碎片化之间的矛盾，成为阻碍优质科普创作与传播的重要原因，科普创作与传播本身需要整合聚集多方资源、成本高，投入与产出不成正比的困境让科普创作者的热情难以为继，很难创作出优质科普内容。另一方面，科普队伍的职业化、专业化不够，科普专业人才缺乏，是目前制约科普创作、科普事业取得最大成效的直接原因，由于科普人才培养机制不完善，专业科普人才与创作团队比较缺乏，难以形成高质量稳定的科普创作队伍，此外，出版社整合科普创作和出版资源的能力不强，主动性不够，产业链的整合能力不足。

3. 科普基础设施功能发挥不足

科普基础设施建设很少被纳入各地国民经济和社会事业发展的基础设施建设规划之中，科普事业与科普产业未形成良性发展机制，政策法规的缺位挫伤了社会资本投资兴建基础设施的积极性，由于科普资源相对比较分散，加剧了不同地域之间科普设施的发展差距；各地区、行业、部门未形成互利共赢机制，有效整合资源力度的不足，也导致优质科普资源的闲置；科普基础设施与高校、科研机构科普资源联系不紧密，导致对潜在的展教资源利用不够，未能充分挖掘实验室和企业生产工艺设施等潜在科普资源的能力、发挥其科学技术传播作用。社会力量对科普展教资源的开发积极性不高，科普产业尚未成形，科普基础设施建设及其科普活动的市场化程度极低，没有形成引导和鼓励全社会共同参与科普基础设施共建共享的局面。

4. 社会主体参与意识不强

从科普活动实施主体来看，科普活动多由政府相关部门主导，在具体活动策划设计和组织实施方面不到位，针对社会热点事件的响应机制不完善，围绕社会发展和公众需求的活动设计较少，现有与科普相关的学会交流和会议，实际工作经验层面的交流多、理论研究层面的交流少，“以人为本”理念体现不足，科普展品和活动未能将人与科技、自然、社会的关系深度融合。在主题选取方面，偏向以知识传播为主，侧重作品和产品宣传，对科学精神、科学与社会的关系关注不够，科普活动设计也未能将公众体验考虑在内，公众参与感不足，活动创新性也存在很大提升空间，与新媒体、信息化与科普活动的融合度不足。从公众层面来看，公众依赖感较强，普遍认为科普工作是政府的事情，“国家投入”被公众视为影响科普事业发展的最关键因素

5. 服务创新驱动的层次不够

地域、产业、学科特色也尚未融入湖北省全域科普创新治理之中，蕴藏在科技资源中的科普潜能尚未充分挖掘出来。科技资源向科普转化的支持力度不到位，由于在管理机制方面，缺乏对科普基地建设、科技项目评价体系相对应的政策规划与要求，导致高校、科研机构等创新主体作为科普活动重要依托阵地的辐射作用没有充分发挥。另外，科普教育体系中紧跟科技强国、科技强省建设的内容略显体系化不足，在科技、教育、应急、卫生、环保等领域传播内容与科普不能充分融合，导致有效衔接不足。

## 三、加快构建湖北省大科普发展格局的对策

### （一）以树立“五共”理念为认识前提

“五共”理念是在科学认识科普理念、机制、方式、对象、目标变

化基础上，对“大科普”进行深入探讨而提出的一种科普理念，展现了科普的内在逻辑与要素构成，是对科普认识拓展和治理理念的进一步升华。

一是共振理念。共振旨在将科学普及与科技创新放在“同等重要”的位置，科学普及与科技创新作为创新发展的两翼，通过“两翼”协同释放创新潜能，以科技创新引领科普发展，以科普厚植科技创新文化土壤，夯实人才高地、创新高地，托起科技创新的高峰，“两翼”协同发力、真正达到两者“同等重要”“同频共振”，共促发展。

二是共建理念。共建的核心是共同建设，是科普治理的基础，各类科普主体通过“上下联动，左右互动”的方式开展科普工作，科协发挥主导作用，组织企业、市场及社会共同参与科普事业。“上下联动”主要指科协及下属机关、各地学会和地方科协通力合作共促科普事业建设；“左右互动”是指科协部门通过横向联合的方式动员科普相关单位及其他社会力量共谋科普事业发展。

三是共融理念。共融即实施“科普+”行动，以培育“互联网+科普”为重点，促进科普与游戏、教育、文化、旅游等产业融合发展，打造多种“科普+”新形态，培育具有科普功能的新业态，形成“科普+产业”“产业+科普”的内生动力系统。

四是共治理念。共治强调科普是全社会的责任，是科普治理的关键，坚持协同推进，构建多元主体参与、协同治理的新局面，发挥教育工作者、科技工作者、媒介传播者力量，带动公众参与，形成高效的科普工作治理方式，促进科普工作效率提升。

五是共享理念。共享的本质是利益共享，最终目标在于实现科普资源、科普服务均等化，即体现在高效建设和利用科普资源，推动科普主体资源集成和优势互补，以建立共享机制为核心，实现全民、全面、渐进、共建共享。

### (二)以构建“五全”模式为具体抓手

大科普蕴含“五全”实现模式，包括全业普责、全媒普及、全域普覆、全民普化和全态普惠，这五个方面共同构成一个完整的“大科普”体系。其实质是坚持党对科普工作的全面领导，通过政府统筹协调，加强科普主体协同联动和资源共享，实现领域、地域、产业全覆盖，促进公民科学素质提升和科普生态系统良性循环和可持续发展。

1. 推动多元主体协同发力，实现全业普责

全业普责旨在强调多元主体科普责任，是构建有为政府、有序社会、有效市场等协同推进的“大科普”格局的原动力，在“大科普”实践中细化各方科普职责，调动其参与科普的主动性，形成“政府引导、部门协作、社会参与、市场运作”的“大科普”格局。

(1)推动科普理念创新，明确科普主体责任。把“两翼理论”作为全省科普事业发展的理论指导，并将“大科普”理念贯穿于湖北省科普工作的全过程，构成新时期科普工作治理的新格局。在制度机制层面，将科普和科学素质建设纳入社会经济整体发展规划、考核体系之中，健全相关制度，厘清各主体科普职责所在，使科普主体责任具体化、清单化，使之可评估、可考核，确保科普主体责任落到实处。

(2)积极推动科普主体多元化，创新激励机制。仅靠政府的力量参与科普工作是远远不够的，需要发动和引导高校、企业、社会团体及公众等都参与到科普事业的建设中。在实践中，一方面可以鼓励更多高校、科研院所、企业等科技创新主体发挥科教资源丰富、科研基础设施完善的优势，切实发挥科普源头作用，推动科技资源科普化。另一方面，带动和激励更多科技工作者、教育工作者、媒体工作者等投身科普传播阵营，积极探索对各类科普主体的激励、支持和规范机制，加快推进“大科普”格局建设。

2. 筑牢科普传播舆论阵地，实现全媒普及

全媒普及体现在科普传播渠道及方式的多元化，以“泛在科普”推动“大科普”格局的构建。主要是发挥网络媒体传播优势，拓展科普传播质量和影响力，创新科普传播内容和渠道建设，为科普传播提供智慧化支撑。

(1)实施科普信息化工程，发挥平台辐射作用。一方面在发挥传统

科普内容建设资源优势的同时，顺应信息化发展趋势，强化“互联网+科普”理念，培育“互联网+科普品牌”，将创新成果渗透湖北省科普事业发展各领域。另一方面，依托科普中国平台及全省信息化媒介，充分释放科普供给侧活力，促进科普与媒体、艺术融合的力度，拓展科普传播领域与覆盖面，建强“科普湖北”平台，打造省、市、县三级贯通衔接，资源、服务共享的科普信息化体系，实现科普信息互联互通和资源共享。

(2)创新科普传播方式，加强科普内容和传播渠道建设。开辟线上科普阵地，以公众体验为核心，适应差异化传播趋势，有效策划、创作、发布和传播科普内容，推介湖北省科普品牌，拓展科普传播覆盖面和影响力，提高科普创作水平、丰富科普传播内容、创新科普传播手段，提高公众辨别伪科普的能力，促进优质科普资源转化落地、实现科普效用最大化，打造互动、多元、立体的科普融媒体矩阵。

3. 拓展科普资源和服务应用范围，实现全域普覆

全域普覆旨在实现科普资源和服务的全领域、全地域、全产业覆盖，包括城市和农村、发达地区和欠发达地区。同时要健全科普基地管理和运行机制，促进科普与教育、旅游、文化等产业深度融合，增强科普设施服务功能，促进基层科普服务能力提升。

(1)提升基层科普服务能力，优化科普组织保障机制。解决科普资源下沉不畅、协同联动不强等问题，需要构建省级统筹、市为中心、县为基础、社区为重点的四级联动科普工作体制机制，进一步打通科普服务的“最后一公里”，积极探索“三长”带“三会”的工作模式，发动更多的科技志愿者服务团队，围绕公众需求、社会热点主题，将科普主动融入社区、学校、企事业机关单位、农村等，实现科普惠民、科普益民。

(2)加大科普投入力度，完善科普阵地建设。首先，加大对科普阵地管理与运行机制的投入，确保科普经费在科研经费投入中的比例，明确各类科普阵地建设经费额度。其次，进一步完善“大科普”产业建设，促进其与教育、旅游、文化等产业结合，提升整体科普服务能力，注重资源均衡，挖掘科普场馆特色，培育科普场馆特色品牌，促进其与基层

科普活动结合，推动优质科普资源在基层落地，进一步开放湖北省科普场馆、高校科研院所实验室等科普设施和资源，加大优质科普资源供给，促进科普基地资源共建共享共用。

4. 提振全民科学素质，实现全民普化

全民普化强调普惠公平、科普服务均等化，体现在“以人为本”的互动，注重开展负责的科普，确保科普覆盖全民，贯穿于不同年龄、教育程度的普通民众，全面融入个人成长的不同发展阶段，形成科普教育的终身体系。

(1)持续聚焦重点人群，实现精准科普。精准把握公众科普需求和接受方式，科普供给必然要从“大水漫灌”式转向专业、及时、精准的高质量科普，聚焦公众关注热点和民生需求等科普内容开展科普教育和培训，以更好地满足公众对科普产品服务多元化、多层次需求。聚焦五类重点人群科学素质提升，针对不同群体因势利导，采取差异化科普策略，例如针对青少年群体，持续完善科技教育“课程—活动—评价”体系，在中小学设立科学讲堂、鼓励科技工作者进校园开展科普讲座、科学体验等活动。

(2)注重专业科普人才培养，畅通人才培养渠道。畅通科普人才培养渠道，健全培训、激励机制，推动设立科普专业，借鉴北京、广州开展科学传播专业职称评价的做法，支撑科普培育创新人才，公民同样可以“反哺”社会，参与科普公共事业发展。

5. 聚焦科普落地赋能，实现全态普惠

全态普惠旨在营造良好的科普生态，构建开放合作的“大科普”格局。从功能辐射来看，实现科普传播从本地化、区域化、国际化的有机转变，厚植创新文化，服务于创新发展，实现科普资源开放共享，让科技成果和科普活动真正惠及广大社会公众。

(1)优化科普生态体系，服务科技强省建设。优化湖北省全域科普生态体系建设，以服务科技强省建设为导向，持续发挥湖北省院士等战略科学家的示范效应，打通科学家到科技传播者的通道，将科学精神与科学家精神宣传融入省域人文建设、经济文化建设，同时结合湖北省优势学科与产业向公众投送科技热点相关的科普内容，让科学成为绝大部分公众理性思维和行动的底层逻辑和自觉习惯，促进公民科学素质提升，为湖北科技强省建设提供文化环境支撑。

(2)推动省域治理现代化，聚焦科普落地赋能。夯实科技创新与科学普及协同发展的省域发展布局，推动科普传播模式由“管理”到“治理”转型，形成现代化科普治理新格局，充分发挥科普在创新链条运行中的最大溢出效应，将科普工作全面融入湖北省区域创新体系建设，依托湖北省重点实验室的建设和新型研发机构，与技术创新链条的关键科普环节相结合，将科技成果转化与科普工作贯通衔接，加大科普赋能科技创新的力度，推动形成科普传播高质量发展的倍增效应。

(本文系湖北省教育科学规划重点项目(2023GA029)；湖北省教育厅人文社科重点项目(22D024)；湖北省高校哲学社会科学研究重大项目(23ZD153)研究成果)

**撰稿人：** 黄　涛　武汉科技大学法学与经济学院二级教授、博士研究生导师

余　瑞　武汉科技大学法学与经济学院硕士研究生

# 湖北省艺术职业教育人工智能应用场景创新研究

乔亚兰

在科技日新月异的今天，人工智能技术的崛起正深刻地改变着社会的各个行业和领域。习近平总书记强调："教育数字化是我国开辟教育发展新赛道和塑造教育发展新优势的重要突破口。"[①]在艺术职业教育领域，人工智能技术的应用同样具有巨大的潜力和前景。通过数据分析与算法优化，为每位艺术专业学生量身定制学习路径，提升教学针对性和有效性，发掘并培养学生的独特艺术潜能，让每个人都能在自己擅长的领域发挥优势。通过引入更多元化的教学资源，如虚拟现实（VR）、增强现实（AR）、混合现实（MR）等，能使艺术专业师生在沉浸式环境中教和学，加深对艺术的理解和感悟，拓宽学生的艺术视野。通过自动化评估、智能反馈等机制，艺术专业教师及时了解学生学习进度和问题，进行有针对性的指导和帮助。这些高效的教学互动模式，有助于提高艺术专业学生的学习动力和自信心，推动艺术教育效率和质量的全面提升。艺术职业教育中的人工智能应用场景创新研究，对于推动艺术职业教育现代化、培养高素质艺术职业人才、促进艺术与科技的深度融合等方面都具有重要意义。本文旨在深入剖析艺术职业教育中人工智能应用场景创新，探讨其对于提升教育质量、优化教学流程、促进个性化发展等方面的积极作用，以期为湖北省艺术职业教育创新发展提供有益参考和启示。

① 习近平主持中央政治局第五次集体学习并发表重要讲话[EB/OL]. [2023-05-29]. https://www.gov.cn/yaowen/liebiao/202305/content_6883632.htm.

## 一、人工智能对艺术职业教育的影响

人工智能在当今艺术职业教育中的影响是深远而多维度的，随着人工智能的广泛应用和技术进步，艺术职业教育面貌正在发生深刻变化。它不仅改变了艺术创作形式和表现方式，还重塑了艺术教育的传授方法和艺术学习体验。

人工智能技术为艺术职业教育带来了创新的可能性，丰富了艺术创作的工具。这些技术不仅帮助艺术师生拓展观念和想象，还深化了作品的内容和形式，使他们更深入地理解艺术创作的过程和美学原理。例如，人工智能能够分析大量的艺术作品，促进对不同风格和技术演变的理解，从而激发创作灵感、拓展创作思路，并加深对艺术发展历史的认识。

人工智能在艺术职业教育中的应用促进了个性化学习和自主研究的发展，拓展了艺术教学内容和教学形式。不论是人机融合教学模式，还是临境式教学环境，为艺术专业学生提供更丰富、更真实的学习体验，为艺术职业教育注入新的活力。自动化生成艺术、算法艺术等新兴艺术形式，也成为艺术教学内容的一部分。智能化学习系统根据学生的兴趣、能力和学习进度，提供定制化艺术教学内容和建议。个性化学习方式有助于每位学生更有效地掌握艺术技能和理论知识，从而培养出更具创造力和独特视角的艺术从业人员或艺术工作者。

人工智能技术在艺术创作和艺术表现方面发挥了重要作用，数据驱动的创作和分析，有助于更好地理解观众需求，提升艺术作品的质量和影响力。通过虚拟现实和增强现实技术，艺术家能够创造出沉浸式的艺术体验，观众与作品进行互动并探索其背后的故事和意义。这种交互式的展示方式，不仅丰富了艺术作品的表现形式，也拓展了观众的感知和参与感，大大增强了艺术表现力。

人工智能技术促进了艺术教育与科技、工程等领域的跨学科融合及合作，带来了艺术职业教育就业市场的新变化。引入人工智能相关课程，帮助学生探索人工智能在艺术领域的应用，拓展视野与思路。学生需要掌握艺术领域相应的人工智能技术，不断适应艺术职业教育岗位发展新业态。与此同时，也需要在探索和应用人工智能的过程中保持敏感，尽可能平衡新技术发展和艺术创新之间的关系，以推动艺术职业教育的持续进步和创新发展。

## 二、湖北省艺术职业教育面临的挑战

目前，湖北省已经形成了比较完整的艺术职业教育体系，不仅在艺术职业教育发展方面进行了积极探索，而且具有艺术职业教育发展的比较优势和潜能。积极进取、开放融合、兼容并包成为湖北省艺术职业教育的一大特色。① 人工智能技术的迅猛发展及其广泛应用，正深刻影响艺术职业教育的各个层面，从内容、模式到方法的全面改变，促使艺术实践与创作在艺术职业教育中经历重大转型。湖北省艺术职业教育因此迎来了诸多机遇与优势，但也面临诸如教育资源分配不均、提升教学质量、教师角色转型、学生能力培养以及社会认知与政策支持等多方面的挑战。然而，从大的教育背景和专业化程度来看，艺术教育毕竟是小众教育，艺术职业教育更是少数人的教育类型。湖北省艺术职业教育多为专业小班化教学，与普通高校通识性教育普及在数量上有很大差异。因此，面对人工智能技术的快速发展趋势，艺术职业教育界需要及时调整教学内容及教学方法，以确保学生能够掌握未来艺术行业所需的关键技能与知识。尽管智能化工具和系统有助于提升艺术创作的效率和准确性，但它们对艺术家个人表达能力与创作独特性的潜在影响，也需深入思考与评估。

### 1. 人工智能对教育资源整合的挑战

湖北省作为教育大省，在职业教育领域取得了显著成就，但教育资

---

① 乔亚兰．湖北省艺术职业教育面临的竞争态势及对策[M]//武汉大学湖北发展问题研究中心，武汉大学发展研究院．湖北发展研究报告 2022．武汉大学出版社，2022：360-361.

源分配不均的问题依然突出。先进的人工智能教学设备和软件往往价格昂贵，对于经济条件相对较差的艺术职业院校和地区来说，难以承担高昂的购置费用，无法进行教学运用及场景应用实验，导致教育资源的进一步分化。另一方面，人工智能技术的深入应用需要专业技术支持和维护，而艺术职业教育专业特性决定其存在"先天科技性不足，后天缺乏科技营养"现象。湖北省艺术职业院校在这方面的人才储备严重不足，难以充分利用相关教育资源。如何在人工智能背景下实现教育资源的均衡分配，成为湖北省艺术职业教育面临的挑战。

2. 人工智能对教学质量提升的挑战

人工智能技术的引入为艺术职业教育提供了新的教学方法和手段，同时也对教学质量提出了更高的要求。首先，湖北省艺术职业院校办学层次、学科结构普遍较单一，缺乏艺术专业与人工智能等技术学科相结合的专业；注重艺术为单一维度的专业群建设，忽略了利用人工智能技术优化的跨学科建设与合作。其次，具备掌握人工智能技术的基本知识和技能，能够熟练地将其应用于教学的教师占比不高，技术师资的缺乏将会制约和影响艺术职业教育教学质量的提升。最后，人工智能辅助教学需要丰富的艺术教学资源和高质量的数字化教材，这些资源的开发和制作需投入大量的人力、物力和财力。如何在有限的资源条件下，开发出适合艺术职业教育特点的高质量教学资源是提升教学质量的关键。此外，人工智能教学需要注重学生的个性化需求和学习特点，而传统的艺术教学模式往往难以做到这一点。如何在人工智能背景下实现教学的个性化、精准化，是湖北省艺术职业教育提升教学质量面临的挑战。

3. 人工智能对教师角色转变的挑战

人工智能技术的引入使艺术职业教师角色发生了深刻的变化。在传统的教学模式中，教师是知识的传授者和课堂的主导者；在人工智能背景下，教师更多地扮演着引导者和辅助者的角色。这种角色转变需要教师不仅要具备扎实的专业知识和教学能力，还要掌握人工智能技术相关知识和技能，以便熟练运用人工智能技术进行教学。然而，对于许多艺术职业教师来说，这种角色转变并不容易，需要不断学习和更新自己的知识和技能，以适应新的教学环境和要求。同时，需要调整艺术教学理念和教学方法，以更好地发挥人工智能技术的优势。因此，如何在人工智能背景下实现教师角色的顺利转变，成为湖北省艺术职业教育面临的挑战。

4. 人工智能对学生能力培养的挑战

艺术职业教育旨在培养学生的专业技能和职业创新能力。在人工智能背景下，这一培养目标变得更加复杂和多元。一方面，学生需要掌握人工智能技术基本知识和技能，以便能将其应用于未来的工作和学习中。目前，湖北省艺术职业教育领域的学生在人工智能方面的知识储备相对不足，技术能力相对薄弱，这直接影响到未来的职业发展和竞争力。另一方面，人工智能技术的引入使得艺术创作的手段和方式发生了深刻的变化。学生需要具备创新思维和跨界融合的能力，以便能够在新的技术环境下，创作出具有独特风格和表现力的艺术作品。然而，这种能力的培养需要长期的积累和实践，对于艺术职业院校的许多学生来说并不容易。因此，如何在人工智能背景下提升学生的专业技能和创新能力，成为湖北省艺术职业教育面临的挑战。

5. 人工智能对社会认知与政策支持的挑战

湖北省艺术职业教育在探索人工智能场景应用创新时，必须克服社会认知和政策支持的双重挑战，通过多方协作和深入沟通，推动技术与教育的有机融合，为学生提供更为丰富和创新的学习体验。首先，在社会认知方面，大多数人对人工智能在艺术教育中的实际应用还缺乏深入了解。需要通过教育和公众宣传，增加社会对人工智能技术潜力的认知，强调其在提升教育质量和学习体验方面的积极作用。通过强化艺术教育的社会价值，提升公众对艺术教育的理解和支持度。其次，在政策支持方面，政府可以通过出台相关政策，支持艺术教育与科技创新的结合，鼓励湖北省艺术职业院校和企业在人才培养及科技应用上的合作。湖北省艺术职业教育的人工智能应用，需要有明确的政策框架和法律保障，以确保技术的合理使用和数据的安全保护。特别是涉及个人隐私和教育公平性的问题，需要制定有针对性的政策，为教育机构和学生提供清晰的指导和保护。湖北省艺术职业教育需要与政府部门、技术企业及社会各界密切合作，共同制定推动人工智能技术在艺术职业教育中应用的发展战略，促进艺术职业教育资源的有效配置和公平分配，尽可能让每位学生都能够从先进技术的应用中受益。

尽管湖北省艺术职业教育面临来自人工智能的挑战，但也拥有应对人工智能挑战的基础及条件。例如，华中科技大学蔡新元教授团队联合武汉人工智能计算中心等研究机构，推出我国首个面向高等艺术教育的人工智能超级计算平台 ARTI Designer XL，旨在为艺术专业学生、教师以及自由创作者提供更加高效、更加智能、更加便利的艺术设计工具。目前，ARTI Designer XL 用户已覆盖我国近 400 所高等院校和企业。2023 年 9 月 1 日，中国光谷人工智能 AI 艺术展览在武汉开幕，旨在探索人工智能技术辅助艺术创作的新形式、新方法，启发公众思考科技发展、尤其是人工智能技术发展对人类社会生活的深刻影响。在展览期间，共有 2 万多名观众线下参观，线上更有超过 2000 万次点击关注。2023 年 12 月，蔡新元教授牵头发起成立的全国高校人工智能艺术教育联盟，至今已有 380 所高等院校参与。湖北省高度重视人工智能技术及人工智能产业发展，不仅拥有华中科技大学人工智能与自动化学院、武汉大学人工智能研究院、武汉人工智能研究院、北京大学武汉人工智能研究院、武汉人工智能计算中心等研究机构，而且还有一大批人工智能企业，明确将人工智能作为重点培育的新兴产业和未来产业。这些人工智能科研及产业发展布局，为湖北省艺术职业教育应对人工智能带来的挑战奠定了基础、创造了条件。

## 三、湖北省艺术职业教育人工智能应用场景分析

湖北艺术职业教育正处于快速发展和调整的阶段，人工智能在艺术职业教育中的应用场景创新，不仅能够提升教学质量和学习效果，还能推动艺术创新和跨学科合作，为艺术教育带来更广阔的发展空间和可能性。通过多样化课程设置、技术创新整合和国际化拓展，艺术职业教育

为学生提供了更广阔的发展空间和更丰富的职业选择。从未来发展趋势看，随着社会需求和技术进步的不断变化，艺术职业教育将继续适应和引领时代的发展潮流。

1. 智能化艺术教学资源库建设

通过人工智能技术，建立智能化的教学资源库，实现艺术教学资源的智能搜索、推荐和共享。各种艺术作品、教学视频、音频资料等教学资源库，为艺术专业学生提供丰富多样的学习材料。通过智能推荐算法，根据艺术专业学生的学习情况和兴趣偏好，为其推荐合适的学习资源，提高学习效果。

2. 智能化个性艺术学习路径规划

根据学生学习数据和行为模式，以人工智能技术进行个性化艺术学习路径规划。通过对艺术专业学生学习能力、兴趣爱好等方面的分析，为其制定个性化学习计划和学习任务，满足其差异化学习需求。同时，利用智能教学平台实时监测学生学习进度和效果，及时进行调整和优化。

3. 智能化艺术创作辅助系统

在艺术创作领域，利用人工智能技术为学生提供智能化创作辅助。例如，通过深度学习技术，分析大量的艺术作品和风格特点，为艺术专业学生提供创作灵感和参考。利用人工智能技术进行自动作曲、编曲等音乐创作工作，提高艺术创作效率和艺术作品质量。

4. 智能化艺术教学评价与反馈

传统的艺术教学评价方式往往存在主观性强、效率低下等问题。人工智能技术可以通过对艺术专业学生的学习数据进行分析和挖掘，实现客观、全面的教学评价。同时，为艺术专业学生提供及时反馈和建议，帮助其改进学习方法和提高学习效果。

## 四、智能化艺术研究范式拓新

从人类科学研究范式发展历史看，先后经历了实验科学范式、理论科学范式、计算科学范式、数据密集科学范式、人工智能科学范式等发展过程。伴随着人工智能技术从低级阶段向高级阶段、超级阶段发展，尤其是专用人工智能与通用人工智能(AGI)日趋成熟，势必带来科学研究范式变革，将对智能化艺术研究范式产生深刻影响。

## 五、湖北省艺术职业教育人工智能应用场景创新策略

在湖北省的艺术职业教育领域，人工智能的应用不仅提升了教育水平和教学质量，还丰富了教学内容和教学手段，拓宽了艺术创作和艺术教育创新的边界。为进一步推动人工智能在艺术职业教育中的深入应用与创新发展，推动艺术职业教育人工智能应用场景的创新实践，需要制定一系列实施策略和保障措施。加大政策支持力度，为人工智能在艺术职业教育领域应用提供资金支持和政策保障；加强技术研发和创新团队建设，推动人工智能技术在艺术职业教育中的深入应用和创新；加强师资队伍建设，提升艺术职业教师的信息素养和人工智能技术应用能力；加强数据安全和隐私保护，确保人工智能技术在艺术职业教育应用中的合法性和合规性。以下从八个方面探讨湖北省艺术职业教育人工智能应用场景创新的策略：

### 1. 加大政策支持力度

迫切需要政府及职能部门尽快制定相关政策，明确支持人工智能在湖北省艺术职业教育中的应用与发展，以推动艺术职业教育质量和教育创新的提升。进一步明确发展战略目标，将人工智能与艺术职业教育融合作为重要发展方向，通过精准施策支持人工智能技术在艺术职业教育中的应用和研究，鼓励学校和教育机构开展创新实验和跨学科合作项目。支持艺术职业院校教师的培训和发展，确保其具备整合应用人工智能技术到艺术职业教学中的能力。

### 2. 切实增加全社会投入

增加全社会投入是推动人工智能与艺术职业教育结合的关键。提供资金和资源支持，建设先进的艺术与人工智能实验室，配备高性能的计

算机设备和艺术创作工具。加强艺术数据集的获取和管理，开发定制化的人工智能工具，为艺术专业师生建设专用实验和创新的平台。注重艺术教育课程的更新和优化，确保包含最新的人工智能技术应用案例和实践。

3. 深度定制个性化教学方案

积极应对人工智能对艺术职业教育的深刻影响，尽可能创造条件开设零基础入门级人工智能核心通识课。针对艺术职业教育的特点，通过人工智能大数据分析学生学习习惯、兴趣偏好及能力水平，实现个性化教学方案的深度定制。开发艺术智能教学系统，根据艺术专业学生的实时学习反馈，动态调整教学内容和难度，尽可能保证每位学生都能获得最适合自己的学习资源。同时，结合虚拟现实、增强现实和混合现实等新兴技术，为学生提供沉浸式的艺术学习体验，使其在虚拟环境中进行绘画、音乐、舞蹈等艺术实践，从而提高学习效率和实践能力。

4. 持续优化智能创作辅助工具

在艺术创作领域，人工智能作为艺术家们的得力助手，能够提供智能创作辅助工具。例如，通过深度学习技术，人工智能可以模仿不同艺术大师的风格，创作出具有独特艺术魅力的作品。此外，人工智能还能在创作过程中提供灵感启发，帮助艺术家突破创作瓶颈。为了持续优化这些艺术智能创作辅助工具，湖北省艺术职业教育院校应加强与企业、科研机构等合作，共同研发更加先进、易用的人工智能创作软件，并定期举办培训班，提高艺术专业师生的人工智能应用能力。

5. 智能化升级艺术资源管理

艺术职业教育涉及大量的教学资源、学生作品及艺术展览等内容的管理。传统的艺术资源管理方式不仅效率低下，还容易出现信息丢失、资源浪费等问题。因此，借助人工智能技术实现艺术资源管理的智能化升级显得尤为重要。构建智能化艺术资源管理平台，进行艺术职业教育智能知识图谱系统建设，实现对艺术作品、教学资料、学生作品等资源的集中存储、分类管理和快速检索，努力提高艺术资源的利用效率。利用区块链技术确保资源的版权安全和可追溯性，为艺术作品的保护和交易提供有力支持，为艺术创作提供大量虚拟与现实混合素材。

6. 创建城市艺术智能场景

在人工智能技术的支持下，可以构建城市艺术教育智能场景，实现艺术展览与作品展示的多元化创新。将人工智能技术应用于湖北省艺术职业教育中，构建个性化全民数字艺术教育培养平台，建立城市艺术教育互动空间。例如，通过虚拟现实技术创建线上艺术展览空间，让观众在任何地方都能身临其境地观赏艺术作品，并参与到艺术创作中；利用增强现实技术为实体展览增添互动元素，提高观众的参与度和体验感。此外，还可以结合人工智能技术实现展览内容的智能参与和个性化定制，为观众提供更加贴心、更加便捷的服务。

7. 加强人工智能伦理与法规建设

推动人工智能在艺术职业教育创新中的应用，必须高度重视伦理与法规建设。一方面，要制定和完善相关法律法规，明确人工智能在艺术职业教育领域的应用范围、权限和责任等问题；另一方面，要深入贯彻落实《中华人民共和国科学技术进步法》《关于加强科技伦理治理的意见》等法律法规和相关规定，切实加强艺术职业院校师生的伦理教育，引导他们树立正确的科学观、价值观和道德观，确保人工智能技术的健康发展和人工智能技术应用安全。

8. 促进产教深度融合及协同创新

为推动人工智能在艺术职业教育中的创新应用与发展，必须促进产教深度融合与产学研多方面协同创新。应努力优化学科及专业设置，尽快开设人工智能通识课程及专业基础课程；效仿本科艺术院校，增设人工智能+艺术院系；注重跨学科专业群建设，深化人才培养机制改革和推进人才评估体系；建立人工智能校企合作机制，鼓励企业与艺术职业院校共同研发智能教学系统、艺术创作辅助工具等产品；加强与国际先进教育机构的交流合作，引进先进的教育理念和技术手段；举办相关学术会议、研讨会等活动，促进学术交流和思想碰撞，为人工智能在湖北艺术职业教育中的创新应用提供智力支持。

综上所述，湖北省艺术职业教育在人工智能应用场景创新策略上应聚焦于个性化教学方案的深度定制、智能创作辅助工具的持续优化、艺术资源管理的智能化升级、艺术展览与展示的多元化创新、加强人工智能伦理与法规建设、促进产教深度融合及协同创新等方面。这些策略的实施与推进，将有力推动人工智能在艺术职业教育中的深入应用与创新发展。尽管人工智能在艺术职业教育中的应用前景广阔，但也面临着一些挑战和新的问题。例如，数据安全和隐私保护问题、技术应用的可行性和普及程度等。面向未来，需要进一步加强对人工智能技术的研发和创新，提高其在教育领域的适用性和有效性，通过加强政策引导和支持，推动人工智能技术在湖北省艺术职业教育中的广泛应用和普及。

人工智能对科学技术范式的发展产生深远影响，推动了数据驱动的研究方法和算法优化，改变了传统学科的研究模式和技术实践。其应用促进了跨学科的交叉合作与协同创新，加速了人类社会的科技进步，提升了人类解决复杂问题的能力。人工智能在艺术职业教育中的应用不仅拓展了传统艺术教学的边界，还推动了跨学科合作与协同创新。这种跨界融合不仅在技术层面上创造了新的艺术形式和媒介，也在思维方式和教学模式上带来了革新。就全国范围来看，艺术职业教育人工智能应用的发展尚处于初级阶段，未来发展的模式及深度将无法估量。艺术职业教育研究将会受到人工智能带来的科学研究范式变革，技术范式更替无时无刻不在提醒着时间的紧迫感。从虚拟现实、增强现实、混合现实到超虚拟现实(XR)和通用人工智能的理想目标的实现，仅是技术的更迭与时间迈进的关系。随着人工智能技术的进一步发展和教育改革的持续推进，艺术职业教育将在人工智能推动下迎来更加丰富多样的发展前景，人工智能技术在艺术职业教育中的应用也将更加广泛和深入，为学生提供更广阔的艺术创作空间和职业机会，为培养更多优秀的艺术职业人才作出更大的贡献。

**撰稿人：**乔亚兰　湖北艺术职业学院人文与社科学院院长、教授、博士

# 新发展格局下武汉战略机遇重塑研究

武汉市社会科学院课题组

党的二十大报告指出："当前，世界百年未有之大变局加速演进，新一轮科技革命和产业变革深入发展，国际力量对比深刻调整，我国发展面临新的战略机遇。"这一重大论断，深刻洞察世界之变、时代之变、历史之变，为我们正确认识和把握新征程上新的战略机遇，采取科学有效的应对举措，提供了科学指引。当前，武汉经济承压回升、恢复向好，但外部环境更趋严峻复杂，新旧动能转换不确定性增加。虽然经济长期向好的基本面没有改变，多年积累的综合优势没有改变，在国家和区域发展中的重要地位也没有改变，但我们要增强机遇意识、风险意识，准确识变、科学应变、主动求变，在新发展格局下把握、用好、重塑新的战略机遇，为推进中国式现代化湖北实践贡献武汉力量。

## 一、战略机遇重塑的底层逻辑

近年来，随着新一轮科技革命和产业变革加速，全球创新版图加快重构，世界经济格局深刻重塑，全国各地主要中心城市都面临着改革动力下降、开放步伐减缓、创新动能减弱、失速风险增大、竞争压力加大等问题。无论是全球还是中国，经济运行的底层逻辑正在发生重大改变，很多原有认知和规律都需要与时俱进。唯有以新思维、新视野展望未来，才能看清时代趋势，把握未来发展的战略机遇。

### （一）战略机遇重塑的理论逻辑

从理论逻辑来看，进入新发展阶段后，我国城市高质量发展的逻辑正在发生根本性变化，而这些改变又源自于我国整体发展的大逻辑前提发生了重大变化。

一是工业化和城市化发展的逻辑发生根本性变化。从 2014 年、2015 年中央经济工作会议提出“经济新常态”“供给侧结构性改革”等一系列新判断、新举措起，城市发展开始从更多依靠投资驱动转向更多依靠创新驱动，从更多依靠土地、资本等要素的规模扩张，转向更多依靠高素质人才、知识、技术、数据等要素的投入；工业化、城市化从更多走规模外延扩张道路转变为，更多依靠质量和效率提升，走内涵式高质量发展道路。信息时代，知识、技术及数据等要素正在加快成为新的主导性生产要素，新的产业生态体系正在加快形成，经济治理体系也在加速构建，这些都必然从根本上动摇工业时代的城市化根基、架构和体系。

二是中国融入全球化的逻辑发生根本性变化。从改革开放到 2008 年全球金融危机这段时期，我国经济发展战略以出口导向为主，发展模式以融入全球产业价值链为主，发展路径体现为“两头在外”和“两头在内”。其中“两头在外”即产业、技术体系来自国外，产品销售在国外；“两头在内”是指，“一头”从中西部内陆地区吸引劳动力、原材料等生产要素，“另一头”将成熟产品销售到中西部内陆地区。“两头在外”与“两头在内”结合起来，就是以外循环带动内循环发展的格局。现阶段，中国经济发展开始更多依赖于以国内需求为主的国内大循环，在国际大循环方面则以提升中国在全球产业价值链中的主导地位和话语权为主要目标。

三是经济全球化和中美竞争的逻辑发生根本性变化。过去二三十年我国沿海地区、中西部经开区、高新区等能够高速发展，主要得益于融入经济全球化，获得加入 WTO 的红利。然而，近几年来，中美竞争持续加剧，“逆全球化”“去中国化”“脱钩”“去风险”等愈演愈烈，贸易战、科技战、金融战等不断加码，我国的科技创新能力和未来发展空间饱受打压遏制。这些根本性变化严重干扰了全球产业链供应链，给中国科技企业发展带来巨大挑战，对我国区域发展和对外开放格局造成极大影响。因此，在国际环境和发展逻辑发生根本性变化的情况下，要从过去更多依赖融入全球化塑造产业、资本、人才、学术、投资、创业等优势进而高速发展的模式，转向更多依赖在促进科技发展、维护科技安全中争取主动、占得先机来获得竞争优势；从传统的投资、消费和出口“三架马车”，转向构建完善以基础创新研发、产业转型升级和科创金融赋能为底座支撑的新“三驾马车”；从传统松散的科技成果转化、企业孵化创新，转向争取全国一盘棋和新型举国体制，对那些具有现实性和急迫性的“卡脖子”难题集体攻关、自力更生，为保障国家科技安全、经济安全、国防安全和其他安全作出贡献。

### (二)战略机遇重塑的历史逻辑

从历史逻辑来看，改革开放以来，我国从计划经济到市场经济，从落后的工业国家迈向成熟先进的工业国家和城市体系，大部分时间都处于跟跑阶段，都是在复制西方的工业化、城市化、成熟的产业体系、先进的创新体系、创新园区和科技园区等。2010 年之后，尤其是近些年来，我国越来越多的领域开始从原来的模仿复制逐渐进入与全球同步的并跑甚至领跑状态，面临的发展任务、发展思路、发展理念、发展路径、发展模式等都应与之前的发展阶段显著不同。不只是某项科研成果、某个科研领域、某门科技产业方面，更体现在科技园、创新区、创新体制、创新生态等系统建设方面，开始进入“无人区”，原创性、整体性的变革与需求与日俱增。已有的成功经验，原来尚适用的体制机制，在新阶段和应对新需求方面越来越捉襟见肘。

进入大数据时代、信息时代、智能时代，大数据、人工智能、大模型、大装置等新兴技术推动科研范式和科研组织深刻变革，由经验范式、理论范式、计算范式演进到“第四范式”——数据密集型科学研究范式。科技创新方式从原来注重单项突破的线性模式转向更为注重多学科交叉融合的非线性模式，创新组织从以往相对独立的组织形态转向多机构协同的创新体系，以及跨层级、跨领域、跨区域的开放式创新网络。这使得我国集中力量办大事的制度优势凸显，但对建立更加适应科研范式变革、更加适应科技自立自强、更加适应关键核心技术攻坚的新型科技管理体制提出了更高要求。新一轮科技产业革命必然颠覆原有产业格局，需要一些先锋城市能够在产业变革中争当领头羊，瞄准无人区，向着未来的全球的新兴产业领域，培育聚集创业先锋、领军企业、龙头链主、产业集群。

### （三）战略机遇重塑的实践逻辑

从实践逻辑来看，战略机遇重塑需要把握好未来科技产业变革的核心，结合自身传统优势的变化，努力塑造新枢纽功能体系。

一是未来科技产业变革的核心。第一，能源革命，新的能源体系和结构，包括分布式能源、可再生能源、绿色能源、新能源汽车、储能等。第二，制造工具革命，包括智能化装备、智能制造、机器人等。第三，信息革命，包括互联网、物联网、云计算等，促进人的智力能力无限拓展。第四，产业组织方式革命，由大规模标准化生产到分布式生产、分布式制造、个性化制造、柔性制造、工业互联网等。第五，产城关系和城市范式变革，包括未来城市形态、新的城市文明、新型城市基础设施体系、算力城市、智慧城市、全光城市等。尤其是虚拟空间和现实空间逐渐融合后，城市由三维现实空间转向基于元宇宙的未来四维时空，如何构建新的公共产品和公共服务体系，如何治理好虚拟空间，如何确保虚拟空间安全有序，需要一些先锋城市或先锋区域率先试验率先探索，找到线上线下共治新路子，探索架构新社会治理体系。第六，文化和价值观革命。如果要主动承担推动科学革命、产业革命、城市范式革命等前进的历史责任和区域责任，那么该区域就应有一种使命感，并且通过文化和价值观变革使之落地落实。

二是未来关键拐点时期的战略抉择。当前经济社会发展全面恢复、质效提升、短期向好背后存有长期发展隐忧。越来越多的迹象表明，“十四五”时期是决定未来发展走向的一个关键拐点时期，也是武汉能否实现经济转型升级保持长期繁荣的重要关口。一些已经持续多年发挥主导作用的土地、资本和低层次劳动等“变量”，正逐步退出历史舞台中央；而一些将要持续多年发挥主导作用的人才、知识、技术、数据等“变量”开始登场发力。未来将是这些“变量”共同演绎交织、交锋直至交接历史画卷的重要时期。是争当主导未来发展的“自变量”，还是甘当“因变量”，需要做出正确选择和艰苦奋斗，需要加快实现科教人才、交通区位、生态资源等“三个优势转化”，需要努力当好先锋区、火车头、动力源，源源不断地创造新的理念、新的思维、新的技术、新的产品、新的产业体系、新的文化。

三是支撑未来发展的新枢纽功能体系。今后几年的重大发展拐点和新老路径转换，必然会带来一个区域、国家甚至全球经济社会格局的重大变化。原有的枢纽或节点城市可能会丧失其原有功能地位而被边缘化、并逐步萧条，同时一些城市则开始快速崛起，成为新路径中的新枢纽或节点。因此，对于武汉这个老枢纽来说，如何在不丧失原有优势区位的前提下，不断提升传统枢纽功能，力争成为新路径的新枢纽，成为需要长期关注和倾力投入的重大问题。综合来看，加快打造引领先行区发展的新枢纽功能体系，有五大着力点。一是增强带动区域发展的枢纽功能，充分发挥在中部崛起中的战略支点作用，承担引领长江中游一体化和长江中游城市群高质量发展的重任。二是增强畅通经济循环的枢纽功能，强化交通、物流等传统枢纽功能，塑造人才集聚、知识创造、技术创新、信息数据等新枢纽功能。三是增强商品和要素市场枢纽功能，在推动形成全国统一大市场、高效流通体系、对外开放新高地上发挥重要节点作用。四是承担起加快建立现代高端产业和自主可控产业链的重要使命，建设全国重要的战略性新兴产业育成地、未来产业策源地、数字经济新高地。五是承担探索超大城市治理新路子的重要使命，在推进共同缔造、加强基层治理、实施城市更新、以“新城建”对接“新基建”、培育建设国际消费中心城市等方面走在前列。

## 二、构建新发展格局的要求任务

构建新发展格局是事关全局的系统性、深层次变革，要求我们要将国家所需、武汉所能、群众所盼、未来所向有机结合起来，找准定位、乘势而上、顺势而为、抢占先机。

## （一）准确把握构建新发展格局的有利条件

构建新发展格局是发展方式的重大变革，是发展战略路径的深刻调整，是系统性、重塑性的战略机遇。从经济结构看，武汉经济对外依存度较低，以内需为主导，产业链、供应链和产品销售市场主要在国内，具有“船小好掉头”、转型成本低等优势。从资源要素看，武汉科教资源丰富，产学研用链条较为完备，综合科技创新水平处于全国前列；既是工业重镇，又是中部商贸物流中心，综合要素成本相对较低。从地理区位看，武汉是长江黄金水道和南北交通大通道的中心枢纽，是连接全国“铁水公空”交通大动脉的中心节点；东联长三角、西接成渝、南向粤港澳、北望京津冀，位于我国主要经济区的几何中心；立足中部腹地和战略纵深，能够形成辐射全国近三分之一人口的市场规模。依托这些有利条件，打造新时代英雄城市，努力在湖北建设全国构建新发展格局先行区中当先锋、打头阵，担当主力军，加快培育和发展新质生产力，奋力推进中国式现代化武汉实践，是“十四五”时期乃至未来更长时期内，武汉把握重塑新的战略机遇，谋划新的战略空间、发展方向、发展路径的根本依托。

## （二）准确把握构建新发展格局的目标任务

从战略空间和发展方向的角度来看，未来武汉的发展需要重点完成三个方面的目标任务，从而服务“国家所需”。

一是在新发展格局中展现更大作为。武汉是建设中的国家中心城市、长江经济带核心城市、长江中游城市群龙头城市，在国内外具有突出枢纽地位和强大聚集能力，具有辐射中部、联通东西、承接南北、通江入海的重要作用，有基础、有条件、有优势、有责任展现更大作为，用好“两个市场”“两种资源”，紧扣“综合枢纽”和“要素集聚”强基筑底，聚焦“扩大内需”和“对外开放”扩量提质，推动更深层次改革，实行更高水平开放，引领带动长江中游地区在更高层次、更宽领域参与全球竞争，引领带动长江中游地区乃至更大区域率先走上高质量发展道路。

二是在国家战略全局中承担更大使命。近年来，推动长江经济带发展、促进中部地区崛起、国家自主创新示范区、全面创新改革试验区、建设全国有影响力的科技创新中心等多重国家战略叠加，为武汉加快高质量发展，在国家战略全局中承担更大使命，提供了战略机遇。我们要把创新摆在事关全局的核心位置，始终坚持“四个面向”，把创新驱动作为城市发展主导战略，推进全市域、全链条、全社会创新，努力把科技创新“关键变量”转化为高质量发展“最大增量”，加快建设具有全国影响力的科技创新中心。我们要把发展经济的着力点放在实体经济上，着力推动产业转型升级和新旧动能转换，大力发展数字经济，做大做强做优市场主体，加快育成更多具有全球竞争力的高新技术产业和企业集群，加快打造现代产业高地。

三是在高技术产业突破上作出更大贡献。科技自立自强是国家强盛之基、安全之要。2013 年以来，习近平总书记在武汉考察时多次强调，具有自主知识产权的核心技术是企业的“命门”所在，要加强技术研发攻关，不断延伸创新链、完善产业链，为推动我国光电子信息产业加快发展作出更大贡献。深刻领会习近平总书记的战略意图，就是要把推动产业基础高级化、产业链现代化，解决更多“卡脖子”问题，实现高端制造业突破发展，放在更重要位置谋划推进；就是要把大力弘扬企业家精神、工匠精神，育成更多具有全球竞争力的高新技术产业和企业集群，努力抢占世界新兴产业和未来产业发展的制高点，放在更重要的位置谋划推进。

## 三、武汉战略机遇重塑的重点领域

2023 年武汉成功迈入两万亿俱乐部，展望 GDP 两万亿至三万亿新阶段，我们需要厘清时代趋势和底层逻辑的变化，顺应新的发展形势和内在要求，抓紧谋划针对新阶段的顶层方略。综合国内外发展态势、区域竞争格局和自身资源禀赋来看，未来应把握好在新型工业化、科技创新中心、开放新高地、全国统一大市场、长江国家文化公园五大重点领域方面的战略机遇，以更高视野、更大魄力、更实举措打造重塑新枢纽功能体系，不断开辟发展新领域新赛道，不断塑造发展新动能新优势。

### (一)坚持走中国特色新型工业化道路，加快建设制造强市

习近平总书记高度重视新型工业化，明确指出“新时代新征程，以中国式现代化全面推进强国建设、民族复兴伟业，实现新型工业化是关键任务”。实现新型工业化这个关键任务，为中国式现代化构筑强大物质技术基础，关系到我们在未来发展和国际竞争中赢得战略主动，关系到以中国式现代化全面推进中华民族伟大复兴的千秋伟业。要把到2035年前基本实现新型工业化作为推动工业升级、结构优化、后发追赶的战略机遇，加快建设制造强市和国家先进制造中心。

一是发挥武汉产业优势和引领示范作用，坚持走中国特色新型工业化道路。不同于传统工业化道路，新型工业化道路是一条坚持以信息化带动工业化，以工业化促进信息化，科技含量高、经济效益好、资源消耗低、环境污染少、人力资源优势得到充分发挥的发展道路。推进新型工业化，需要结合产业发展优势，提升制造业创新能力，着力打造自主可控、安全可靠的产业链供应链，加快发展先进制造业和战略性新兴产业。

二是全面贯彻落实省委、省政府决策部署，加快发展五大优势产业，带动先进制造业突破提升。把做大做优做强电子信息、汽车、生命健康、高端装备、北斗五大优势产业作为推动产业转型升级、塑造发展新动能新优势的主要抓手，找准切入点，加强关键核心技术攻关，着力培育领军企业和专精特新“小巨人”企业，打造具有国际竞争力的产业集群。坚持传统、新兴、未来产业并举，智能化、绿色化、融合化共进，提升知识技术密集型产业、高技术和高附加值制造业所占比重，实现向全球产业价值链中高端升级。

三是建设未来产业先导区，抢占世界新兴产业和未来产业发展的制高点。武汉产业实力雄厚，科教资源富集，创新能力突出，这些优势决定了我们要把推动产业基础高级化、产业链现代化，实现高端制造业突破发展，放在更重要位置谋划推进；要统筹建设未来产业先导区和未来产业应用场景实验室，把育成更多具有全球竞争力的高新技术产业和企业，抢占世界新兴产业和未来产业发展的制高点，放在更重要的位置谋划推进；要主动承担起加快建立现代高端产业和自主可控产业链的重要使命，当好推动高新技术产业升级突破的主力军，打造信息技术、生命健康、智能制造等世界级先进制造业集群。此外，要抢抓新一轮科技和产业革命带领的新周期起点机遇，在人工智能、大模型、大数据、算力平台等规模化场景应用，新能源汽车、动力电池、储能、氢能、智能驾驶等新赛道，碳足迹、碳交易、碳资产、碳金融、碳捕集、碳利用与碳封存以及能源的数字化、智能化革命等前沿领域，造就一批走在时代前沿的企业和个人。

四是全面推进经济社会数字化改革，加快发展数字经济。统筹资源要素、创新体制机制，制定实施数字化改革总方案，推动生产方式、生活方式、治理方式全面“数智”变革，探索具有武汉特色的数字经济发展有效路径。在需求侧创造新的消费场景，在供给侧提供数字驱动的商品与服务，通过5G、物联网、区块链、元宇宙等新技术对传统产业、基础设施、政府服务和居民生活进行数字化升级，构建完整产业链条。规划、布局、建设、运营一批超算中心、智算中心和数据中心，构建统一的公共算力平台和算力网络，提升算力综合供给能力，夯实支撑数字经济发展的算力底座。

### （二）坚持增强科创策源能力，建设具有全国影响力的科技创新中心

2022年4月，武汉获批建设具有全国影响力的科技创新中心，成为继北京、上海、粤港澳大湾区、成渝国家科技创新中心后，全国布局建设的第五个科技创新中心。这既是中部崛起的需要，也是发挥武汉科

技创新的优势，为我国构建科技创新的“钻石型”空间地理布局创造条件。要抓住国家支持建设科创中心的战略机遇，积极融入国家战略科技力量布局，全力以赴创造有利于科技创新的体制机制和工作生活环境，奋力打造创新活力迸发、创新热潮涌动的新时代英雄城市，在解决关键技术、核心技术、颠覆性技术等“卡脖子”难题上发挥重要作用。

一是增强科创策源能力。探索东湖科学城建设攻坚推进机制，建立以湖北实验室、大科学装置、国家创新中心、新型研发机构为基石的战略科技力量矩阵。建设重大科技基础设施集群，以国家实验室建设为牵引，构建“大科学装置群-高水平大学院所-国家实验室”科研金字塔，组织对“卡链处”“断链点”开展关键核心技术攻关，力争在前瞻性基础研究、引领性原创成果方面取得重大突破。建立一批面向未来的新型研究型大学及新型科研机构，并与重大科技基础设施建设结合起来，打造吸纳、引进、驻留国际一流科技人才的战略基地。

二是聚力打造创新街区(园区、楼宇)。推动教育、科技、人才一体化协同发展，充分挖掘中心城区创新动能、激发创新活力，聚力建设创新街区(园区、楼宇)，形成全域创新的生动局面。引导资源向创新街区(园区、楼宇)集聚，完善配套支持政策，为企业创新活动营造更加柔性、包容的创新生态。支持创新产品推广示范，鼓励优先应用创新产品和服务，加大宣传推广力度，打造创新街区(园区、楼宇)的精品名牌。

三是完善以“用”为导向的科创供应体系。坚持以“用”为导向，聚焦区域创新网络，升级科创组织方式，完善线上线下并行的科技创新供应链平台，实体运营线下离岸、在岸创新中心，推动一批应用场景供需对接，加速创新资源高效流动，实现产业链和创新链深度融合，促进更多科创成果转化落地，成为具有引领性、示范性的全国性样板。建立“政府服务、市场主导”的需求挖掘和对接服务机制，制定科创供应链平台市场化运行支持政策，建立完善“政府引导、平台(供应链平台)链接、共同答题”的供需匹配模式，推动精准对接，赋能供需双方。

四是构建创新联合体主导的全产业链创新模式。构建政产学研等协同合作创新的工作机制、平台、载体，打造高质量创新联合体，支持创新联合体集聚创新资源，开展协同攻关，推进全产业链创新与集成改革。制定创新链产业链“全链”支持政策，遴选培养链主企业，强化引领带动作用和头雁效应。建立依托链主企业的产业链创新模式，发挥链主企业供需匹配关键作用，带动解决全产业链在科技创新方面的痛点堵点，做强产业链上下游左右岸，形成上中下游企业、大中小企业融通协作的产业创新生态。

### （三）坚持把改革开放作为强大动力，打造新时代内陆开放新高地

《中共中央 国务院关于新时代推动中部地区高质量发展的意见》提出，“坚持开放发展，形成内陆高水平开放新体制”。湖北省《关于加快建设全国构建新发展格局先行区的实施意见》要求，着力打造内陆开放新高地，不断优化营商环境，大力实施新一轮改革开放行动，助力湖北加速迈向新时代内陆发展“前队”。开放型经济是武汉高质量发展的突出短板，也是潜力所在、空间所在。要切实增强紧迫感和责任感，在服务和融入国内国际双循环中加快打造新时代内陆开放新高地，以高水平开放促进深层次改革、高质量发展。

一是进一步拓展开放通道，构建更高水平开放型经济新体制。充分利用国家“一带一路”倡议已经形成互联互通的国际化大流通格局，在推动长江经济带发展和优化重塑中部南北大通道进程中，打造全新战略链接体系和“铁水公空”综合运输枢纽，通过中欧班列、花湖机场货运枢纽、西部陆海新通道、京广（京九）南北主轴等，谋划连接东西南北的新通道、新主轴、新枢纽，促进与四大国家区域发展战略之间协调互动。加快建设长江中游航运中心，构建复合型物流大通道，水港、空港、铁路港、无水港、信息港“五港”协同发展，提升国内外联通水平和辐射能级。

二是进一步搭建开放平台，构建高水平的对外开放和高能级的商贸物流功能区。建设航空港经济综合实验区和以阳逻港为核心的国家多式

联运枢纽及空港型物流枢纽，构筑“天河—花湖”贸易大走廊，放大机场功能区与自贸区功能叠加效应，形成“武鄂黄黄”商贸大走廊和高能级商贸物流功能区，建设完善对内对外双向开放的“大通道—大枢纽—大网络—大平台”体系。着力建设国际国内主要商品进出口集散中心、国际化展贸一体化中心、空港型国际贸易服务中心、自贸区国别商品集中展示中心、数字贸易国际枢纽港等五大国际贸易促进平台，高质量打造双枢纽机场国际消费功能区和国际免税旅游消费中心。

三是深入推进“双自联动”，创新发展外贸新业态。坚持自由贸易试验区和自主创新示范区联动发展，利用自贸试验区的开放优势和国际化平台，发挥科技创新资源和产业集群优势，打造创新和开放融为一体的新兴产业和高技术产业集聚区。建立省市携手推动对外开放机制，努力建设好具有较强国际市场影响力和竞争力的自由贸易区、综保区、跨境电商试验区和进口贸易创新示范区等特殊经济功能区。加快发展跨境电商、市场采购贸易、外贸综合服务等新业态新模式，拓展外贸发展新空间。深化服务贸易创新发展试点，争取服务业扩大开放综合试点示范。聚焦大数据、云服务、区块链、人工智能、数字内容、数字服务等重点领域，发展数字贸易。

### （四）坚持推进商品要素资源在更大范围内畅通流动，建设区域共同市场

建设全国统一大市场是构建新发展格局的基础支撑和内在要求。《中共中央 国务院关于加快建设全国统一大市场的意见》明确提出，鼓励京津冀、长三角、粤港澳大湾区以及成渝地区双城经济圈、长江中游城市群等区域，在维护全国统一大市场前提下，优先开展区域市场一体化建设工作。武汉是国内市场建设和国内大循环的重要枢纽，推进长江中游城市群乃至中部地区市场一体化，探索建设区域共同市场，对于克服地方保护，打破区域割据，消除市场壁垒，促进商品要素资源在更大范围内畅通流动，意义重大。抢抓全国统一大市场建设机遇，能够为形成供需互促、产销并进、畅通高效的国内大循环，更好发挥我国超大规

模的市场优势，探索好经验好做法。

一是推进商品和服务市场高标准统一，提高经济运行效率。健全商品质量体系，加强全供应链、全产业链、产品全生命周期管理。深化质量认证制度改革，推进计量区域中心、产品质量检验检测中心建设，推动认证结果跨行业跨区域互通互认和国际合作互认，推进内外贸产品同线同标同质。完善重点领域标准体系，提高标准制定修订的透明度和开放度，积极推动数字经济、智慧城市、自动驾驶、人工智能、低空经济、区块链等新经济新领域的标准创制及应用领域立法。全面提升消费服务质量，改善消费环境，围绕住房、教育培训、医疗卫生、养老托育等重点领域，强化消费者权益保护。培育数字消费新场景新生态，扩大绿色智能消费，激发国际消费能力。打造大宗商品交易平台，建设区域性大宗商品资源配置枢纽。

二是实施要素市场化配置综合改革，进一步畅通经济循环。建设区域性技术交易市场和交易服务平台，完善科技成果市场化定价机制和交易信息共享机制。推进大设施平台运行管理，完善科技资源共享服务体系。建设区域性数据交易场所，推进数据资源持有权、加工使用权、产品经营权的结构性分置制度试点，创新公共数据有条件有偿使用模式，培育数据交易撮合、评估评价、托管运营、合规审计、争议仲裁、法律服务等数据服务市场。加强区域性金融中心建设，深化科技金融改革试验和资本市场全要素全链条改革。健全城乡统一的土地和劳动力市场，培育发展全国统一的能源和生态环境市场，深化公共资源交易平台整合共享。依托“中碳登”武汉碳清算所、湖北碳排放权交易中心等打造全国统一碳排放权交易市场，成为全国碳市场的登记中心、定价中心和金融服务中心。

三是推进长江中游城市群市场高水平协作，争当区域市场一体化建设排头兵。推进武汉都市圈和长江中游城市群政务服务合作，推动政务服务事项“同事同标”，推动更多具有区域特色的“跨市跨省通办”事项。在交通、金融、医疗等重点领域推进跨区域信用监管联动，优化区域信用环境。持续推进武汉都市圈和长江中游城市群跨境贸易协同发展，深化通关便利化改革和国际贸易“单一窗口”。扩大科技交流合作，扩大创新资源共享，加强软硬件设施共建，开展创新治理研究。促进数据、专利、知识产权、国际人才、资金等关键要素双向开放流动。利用和对标国际经贸规则和国内最新实践，形成与国际接轨的投资贸易体系。支持汉口北对标世界级商贸物流枢纽平台，积极探索贸易业态、模式创新路径，实现“买全球、卖全球”。支持“汉交会”深度对标进博会、消博会、广交会，培育建设集商品展示交易、线上线下、文化创意、消费体验、会展服务为一体的全国性国际化展示交易服务平台。

**（五）坚持推进长江国家文化公园先行示范区建设，助力成为国际消费中心城市**

建设国家文化公园是以习近平同志为核心的党中央作出的重大决策部署。2021年年底，长江国家文化公园建设正式启动，成为继长城、大运河、长征、黄河国家文化公园之后又一重大文化工程。武汉地区在长江文明孕育发展变迁中，以全国经济、交通、文化等重镇地位，成为传承弘扬发展长江文化精神要义之典范区域，始终居于长江文明发展演进前沿。目前，武汉是长江中游航运中心、长江文化资源富集地、长江治理和保护中心、长江文化传承枢纽，长江文化名城的形象和地位得到广泛认同。要贯彻落实好习近平总书记关于共抓大保护、不搞大开发，生态优先、绿色发展等重要论述精神，把握好长江国家文化公园建设总体要求，守护好长江这一中华民族的重要象征，建设好长江国家文化公园先行示范区，努力建设文化强市，保护传承弘扬好长江文化和历史文脉，奏响新时代“长江之歌”，为建设中华民族现代文明和助推中华文化国际传播作出贡献。

一是科学规划长江国家文化公园武汉先行示范区。以长江国家文化公园建设为契机，深入推动武汉先行示范区建设，在两江四岸围绕“江汉朝宗”“万里长江第一桥”规划设计一批旗舰项目。推动武汉城市建设与长江国家文化公园合而为一，促进文化公园与城市发展建设融合，引领武汉城市乃至区域高质量发展。充分发挥武汉作为长江文明枢纽城市地位，优化武汉长江主轴，传承弘扬长江文明，凝练武汉长江文化特质和精神内核，树立“长江文明之心”文化品牌符号，推动全球大河文明对话，打造世界大河文化名城，树立长江国家文化公园建设的典范。围绕南岸嘴集中打造长江文化形象标杆，形成百里沿江生态文化长廊、历史文化街区和武汉戏曲“大码头”新地标。挖掘长江文化内涵，开发以长江文化为主题的影视、动漫、戏剧、诗歌等文艺作品，打造长江文化 IP。

二是把打造长江文化保护传承弘扬枢纽城市作为新时代武汉的新文化使命任务。以建设长江国家文化公园核心区、长江国家博物馆等工程项目为引领，以打造长江文化保护传承弘扬枢纽城市、世界级大河文化名城为新时代武汉的新文化使命任务，努力探索构建中国式现代化大河流域发展新路径、信息时代大河流域文明新形态、世界文明交流互鉴新平台。围绕南北走向长江主轴、东西走向山水人文绿轴和两者交汇处的南岸咀为核心，科学规划武汉长江国家文化公园核心区空间布局，形成凝聚文化共识、坚定文化自信、传播文化价值、弘扬文化精神的时空载体。探索打造国家级文化线路、文化廊道，连接城市历史、现实和未来，串联城市自然生态、历史人文、经济社会等发展演进脉络，打造跨时空文化线路网络，来引领城市永续有机更新。在长江主轴历史码头集中区规划打造长江航运文博中心和航运文化展示带，丰富长江文化内涵。以汉正街地区为中心，联络汉口、武昌、汉阳地区重要商业历史遗存积聚地带，打造长江商业文明传承创新核心区。做好相应的战略空间留白与美化设计，包括城市核心战略空间、天际线空间、蓝绿线空间等的留白与美化设计。

三是借助长江国家文化公园武汉先行示范区建设，加快培育创建国际消费中心城市。长江国家文化公园是传承中华文明的历史文化长廊、凝聚中国力量的共同精神家园、提升人民群众生活品质的休憩体验空间、展示中国形象的靓丽名片。武汉是领略中国长江生态和长江文化的胜地。要以国家文化公园建设为契机优化旅游路线，丰富旅游体验，促进长江文化传播，形成世界级的长江文化旅游目的地，促进国际消费中心城市建设。将长江文化游与武汉城市游联动，打造 24 小时城市社交目的地和世界级休闲旅游目的地，更好展示武汉国际形象。开发长江主题灯光秀等各类新场景，抢占文化与科技融合前沿制高点，推进沉浸式体验文化旅游发展。拓展复合型的国际消费场景集群，建设中外人文复合交流融汇中心、全球商品贸易港和世界级商圈商街，荟萃全球优质商品、服务，促进商品贸易、人员往来、文化交融，让国内外游客在欣赏“长江之美”、奏响“长江之歌”的同时，进一步深入认识和消费武汉。

**撰稿人：**樊志宏　武汉市社科院党组书记、院长
董实忠　武汉市社科院党组成员、副院长
周　阳　武汉市社科院社会学所副所长
夏毓婷　武汉市社科院经济所副研究员
肖　尧　武汉市社科院助理研究员

# 打造武汉新城世界级科技创新策源高地路径研究

范　斐　邵小彧　翁宗源

2023年2月7,《武汉新城规划》(鄂都市圈办〔2023〕5号)正式对外发布，明确提出努力打造“两高地、两中心、一样板”，即世界级科技创新策源高地、国家战略性新兴产业高地、全国科创金融中心、国际交往中心、中国式现代化宜居湿地城市样板，并提出到2025年世界级科技创新策源高地建设取得新进展的战略目标。进入21世纪以来，世界正经历百年未有之大变局，全球科技创新进入空前密集活跃的时期。新一轮科技革命和产业变革正在重构全球创新版图、重塑全球经济结构，全球科技创新活动高度集聚于少数城市或区域，不同类型的科学中心、创新高地不断浮现，业已成为全球科技竞争和合作的主阵地。新时期、新形势、新任务，要求我们在综合性国家科学中心建设方面有新理念、新设计、新战略。为此，坚持全面布局与重点突破相结合，布局建设综合性国家科学中心和区域性创新高地，是国家应对科技全球化复杂变局，大力实施创新驱动发展战略，完善国家创新体系，加快建设世界科技强国实现科技自立自强的关键一步。打造武汉新城世界级科技创新策源高地对中部崛起、长江经济带发展、中部城市群建设、武汉国家中心城市建设等国家重大战略布局具有重要支撑作用，对加强中部地区基础研究、提升原始创新、优化学科布局和研发布局，推进学科交叉融合，完善共性基础技术供给体系具有重要战略性意义。

国内外先进城市纷纷努力抢占全球科技创新制高点，无形中为武汉施加了不进则退的战略压力，武汉有基础、有条件、有潜力建设世界级科技创新策源高地。纽约发布新十年发展规划，提出继续坚持“全球创新中心”的战略目标，曼哈顿“硅巷”已成为全球主要的创新制高点。伦敦积极打造世界领先的国际技术中心和知识经济创新高地。他们的目标都很明确，就是力求引领这一轮科技产业变革，继续保持全球领导地位。目前，我国研发经费投入、论文和专利产出大幅增长。但总体来看，自主创新能力仍然薄弱，很多关键核心技术和装备受制于人，面临严重的“卡脖子”问题。武汉是国家中心城市、国家创新型城市、中部唯一的副省级城市和长江中游城市群核心城市，承担着“立足中游、引领中部、服务全国、链接全球”的区域功能，支持武汉打造世界级科技创新策源高地具有重要战略意义和实践价值，将为湖北省乃至整个中部地区提升产业基础能力和产业链现代化水平提供强有力科技支撑。当前，武汉具备建设世界级科技创新策源高地的基础条件。武汉在城市能级、枢纽地位、科教资源、产业发展等方面拥有坚实基础和独特优势。2022 年，武汉获批建设具有全国影响力的科技创新中心。在高新技术产业快速发展带领下，2022 年武汉地区生产总值达 1.9 万亿元左右，位列全国第八，以 4%的增速领跑 GDP 十强城市。2022 年底，在国际刊物《自然》杂志发布的最新全球科研城市排行中，武汉位列全国第 5、全球第 11，相较 2021 年全球排名前进 4 位。因此，打造武汉新城世界级科技创新策源高地，是国家实现“跻身创新型国家前列”和“建成世界科技创新强国”的中长期目标的重要决策。武汉应充分发挥在湖北省科技创新中“一主引领”的创新策源作用，成为长江中游三省建设全球有影响力的科技创新中心主引擎，同时成为促进中部地区崛起、长江经济带发展的科技创新策源地，赋能全域高质量发展。打造高质量的创新之源，着力破解提升知识创新策源能力过程中的薄弱环节，涵养武汉知识创新策源能力，这既是武汉在未来国际合作与竞争中掌握先机、赢得主动的基础所在，也是现实路径选择。

打造武汉新城世界级科技创新策源高地，急需理论创新和精准施策研究。尽管武汉科教实力居全国前列，拥有多所全国重点大学和多家科研机构、国家(重点)实验室、国家工程(技术)研究中心以及多个国家重大科技基础设施，在产业基础、交通区位条件、自然环境和生态资源等方面具备良好的基础和优势。但在提供高质量科技供给引领区域高质量发展能力方面，离国家要求和人民期盼仍有一定差距。打造武汉新城世界级科技创新策源高地应具备更为广阔的视野和更加多元化的内容，要从国家层面去审视武汉机遇，考虑城市的战略定位、创新优势、使命和布局，思考武汉将在国家创新战略中扮演怎样的角色，特别是要结合武汉创新发展的基础状况，考虑政府、高校、企业等不同创新主体的关系，厘清武汉建成世界级科技创新策源高地的空间布局、核心载体、功能定位、发展方向和建设重点，同时推进武汉与长江经济带沿线城市协同创新，助推中部地区成为创新发展的新高地。

## 一、国内三大科技创新策源地建设经验

目前，国内拥有三大科技创新策源地，即上海、大湾区、安徽科技创新策源地。

上海的建设经验可以总结为：①区域资源的高效集聚。通过实施“聚焦张江”战略将原来分散的园区资源进行整合，形成以张江高科技园区为核心区的“1 区 18 园”格局。②超前布局重大科技问题的研究。从近年来紧抓重大科技基础设施建设可以看出，上海围绕世界前沿重大科技问题进行了超前探索和布局。③地方政府的强有力推动。基础设施建设以上海市地方财政投入为主，建立相关行政审批绿色通道，在设施用地、市政配套等方面给予充分保障。④院市紧密合作。由上海市和中科院共同成立管理委员会，共建张江实验室。上海光源等国家重大科技基础设施划转至中科院上海高等研究院统一管理。⑤实施大张江战略。通过打造一批特色小镇和产业示范基地形成创新网络，促进成果就近转化。除了嘉定承载区，还有华泾北杨人工智能小镇、临港智能制造综合示范区等产业集聚地。

大湾区的建设经验可以总结为：①在构建产学研深度融合创新的科技研发新体系方面：面向产业需求构建综合科研体系，以产业需求为导向，系统布局建设重大科技基础设施、前沿交叉研究平台、研究型大

学、科研机构、产业咨询高端智库，强化服务产业、成果转化导向，提升重大科技基础设施科研效率和共享水平，促进产学研深度融合创新。②在催生实现重大科学突破和引领产业发展的新成果方面：紧扣大湾区产业转型升级和高质量发展要求，培育支持高质量发展的新兴产业，依托高水平综合科研体系，开展关键核心技术攻关，建设以科研经济为主导的新型产业园等。③在打造全球高端创新人才和团队汇聚交流的新平台方面：建立健全高水平人才引进管理机制，推行精准引才创新举措，加大柔性引才力度，集聚全球优秀人才和创新团队，打造具有全球竞争力的创新人才高地。④在建立充分激发创新要素活力的科技管理新机制方面：深化科技体制机制创新，围绕重大科技基础设施建设运行模式，科研项目经费改革，知识产权创造、保护和运用，人才评价制度改革等方面先行先试、探索新路、形成示范。⑤在开创产业发展和城市建设深度融合的新局面方面：从资金和空间保障、交通基础设施建设、公共服务配套供给等方面提出系列创新举措，全面提升光明科学城的城市功能和品质，实现产城融合发展。

安徽的建设经验可以总结为：①超前部署重大科技基础设施。早在20世纪90年代，当地政府联合中科院在国内率先建成超导托卡马克装置“合肥超环(HT-7)”、同步辐射光源装置，之后在又在周边新建了全超导核聚变托卡马克装置(EAST)、稳态强磁场大科学装置。近几年，地方还积极争取下一代聚变工程实验堆(CFETR)等重大科技基础设施落户，重大科技基础设施的规划数量位居全国前列。②边建设边运行。一方面对标国际上先进大科学装置持续优化装置性能，另一方面装置运行期间对全球用户开放，在满足各类用户需求的过程中探索产出一批原创性科研成果。③加大科研投入。近几年合肥举全市之力持续加大科研投入，2016年全社会研发投入占GDP比重居全国城市第2位，主要创新指标也跃升为全国省会城市前10位。④中科院“双引擎”支撑。合肥始终坚持以中国科学技术大学和中科院合肥物质研究院为综合性国家科学中心建设主体。量子通信、铁基超导等原创性成果获得国家自然科学一等奖，超导技术、智能语音等技术水平位居世界前列。⑤加快产业化进程。扎根合肥国家高新区建设一批产业创新平台。通过建设大基因中心、中科大先进技术研究院等创新平台强化技术创新对产业发展的支撑作用。⑥创新引智机制。通过成立人才服务联盟，聘请“招才大使”，组织海外人才亲属团赴当地考察等形式精心招揽全球精英。

## 二、武汉科技创新策源高地建设的现状

### (一)建设基本情况分析

武汉目前拥有高等院校 92 所，在校大学生人数近 130 万，集聚中央在汉科研机构 38 家，拥有两院院士 80 余人，专利申请授权数量不断攀升，2021 年全市发明专利 1.86 万件，比 2012 年增长 4.74 倍。十年来，武汉科技实力显著增强，全社会研发投入增幅达 157.42%，占 GDP 比重从 2012 年的 2.66%上升到 2020 年的 3.51%。武汉科技创新能力名列全国前茅，在《2021 年国家创新型城市创新能力评价报告》中，武汉排名第 6；在《自然》杂志 2021 年全球城市科研指数排名中，武汉位列中国第 5、全球第 15 名。这十年，武汉战略科技力量体系加速构建：5 个重大科技基础设施获批建设，拥有了 29 个国家重点实验室、各类国家级科技创新平台 148 家，总量位居全国前列，组建 8 家湖北实验室并进入实体运行。

2022 年 4 月 14 日，经国务院审核同意，科技部与国家发改委正式批复《武汉具有全国影响力的国家科技创新中心建设总体规划(2022—2035 年)》，部署将武汉打造成为全球前沿科技的重要策源地、制造业创新发展的中国脊梁、创新型城市群第一方阵、绿色高质量发展的中国样板，形成“支撑中部、辐射全国、融入世界”的创新增长极，构筑科技强国建设的战略引擎。

这十年，国之重器凝聚武汉贡献，硬核科技竞相涌现：中国首款第四代三维闪存芯片、中国首条 5G 智能制造生产线、中国首台高精度量子重力仪、中国首款完全自主研发的 L4 级 5G 自动驾驶汽车、全球首

款新冠灭活疫苗等重大自主创新成果在汉问世，一批"国之重器"凝聚武汉科技力量。

数据显示，武汉产生国家级科技奖励250多项，2019年中国第一代核潜艇总设计师黄旭华院士获得国家最高科学技术奖。中国信科集团在光纤传输系统容量、距离、速率等技术指标上五年内六次打破世界纪录，5G标准必要专利数进入全球前十。这十年，科技创新支撑产业蓬勃发展：高新技术企业增长10.2倍，数量从2012年的816家增加到2021年的9151家，名列副省级城市第4、全国第8。高新技术产业增加值增长2.5倍，达到2021年的4786.1亿元；高新技术产业增加值占GDP比重达到27.01%，比2012年增长10.1个百分点。集成电路、下一代信息网络等4个产业入选国家首批战略性新兴产业集群，光电子信息产业集群加快迈向万亿级，成为新的支柱产业。国家存储器基地、国家商业航天产业基地、国家网络安全人才与创新基地、国家新能源和智能网联汽车基地、大健康产业基地五大国家级产业基地快速发展。

2021年，武汉挂牌成立产业创新发展研究院，全市已建成工业技术研究院23家，全市技术转移示范机构达到134家，其中国家级16家，全市技术合同成交额增长5.6倍，从2012年的169.69亿元提高到2021年的1127.75亿元，居副省级城市前列。

作为中国首批国家级高新区、第二个国家自主创新示范区，东湖高新区领舞武汉创新发展，目前已成为全球最大的光纤预制棒和光纤光缆研发生产基地、全国最大的光器件和激光研发生产基地、全国最大的存储芯片研发生产基地之一。锐科激光成为全球顶尖光纤激光器及核心器件研发企业，华工科技研制的国内首条汽车白车身激光智能焊接生产线获国家科技进步一等奖。

《武汉新城规划》提出努力打造"两高地、两中心、一样板"，即世界级科技创新策源高地、国家战略性新兴产业高地、全国科创金融中心、国际交往中心、中国式现代化宜居湿地城市样板。到2035年，武汉都市圈高质量发展主引擎功能更加完善，各项经济社会发展指标达到国际领先水平，治理体系和治理能力实现现代化，高水平的中国式现代化宜居湿地城市全面建成，成为引领武汉都市圈高质量发展、支撑长江中游世界级城市群建设的重要极核。

### (二)科技创新策源高地建设的优势和挑战

1. 基础和优势

一是创新发展的基础较好。2017—2021 年，湖北省科技创新多项指标实现大幅提升。其中，全社会研发投入首次突破千亿元，由 700.63 亿元增至 1005.3 亿元，增长 43.5%；高新技术产业增加值首次突破万亿元，由 5937.89 亿元增至 10196.5 亿元，增长 71.7%；高新技术企业数量由 5369 家增至 14560 家，增长 171.2%；技术合同成交额由 1066 亿元增至 2111.63 亿元，增长 98.1%。湖北区域科技创新能力由全国第 10 位提高到第 8 位，排名中部第 1 位，进入全国科技创新水平的“第一方阵”。

作为综合性国家科学中心建设的核心地区——武汉。武汉有着悠久的历史和深厚的文化积淀。自古就是我国的水陆交通枢纽，也是我国经济地理的“心脏”，在国家经济发展中有着举足轻重的地位。近五年以来，武汉发表论文中被《科学引文索引》(SCI)收录的论文数量居全国第五，为推动我国基础研究创新发展作出了重要贡献。《2021 年国家创新型城市创新能力评价报告》上，武汉排名第 6；在《自然》杂志 2021 年全球城市科研指数排名中，武汉位列中国第 5、全球第 15 名。

二是科技自立自强能力不断提升。立足国家重大战略需求，聚焦光电科学、空天科技、生物安全、生物育种等优势领域，组建 10 家湖北实验室，积极推进优势力量争创国家实验室和国家实验室基地，产出三维直连量子点红外探测、线粒体酶复合体组装分子机制等一批原创成果。作物表型组学研究(神农设施)、深部岩土工程扰动模拟、脉冲强磁场 3 个大设施纳入国家“十四五”规划，占全国 1/7 强。湖北省国家重点实验室总数达到 30 个，排名全国第 4 位。获批建设国家智能设计与数控技术创新中心和国家数字建造技术创新中心，占全国总数的1/8。高新技术企业“十百千万”行动和科技领军企业培育计划深入实施，引领湖北省科技型中小企业、高新技术企业、科技领军企业加快发展壮大。战略科技人才加快集聚，在鄂“两院”院士达81人，引进海外高层次人才、杰出青年人才、入选国家创新人才推进计划人才等均居全国前列、中部第1位。在武汉，培育或引进“产业教授”的企业越来越多。以东湖新技术开发区为例，截至2020年底，仅通过光谷持续十余年的人才计划，高新区已集聚诺贝尔奖得主4名、中外院士68名、“3551光谷人才计划”专家2271名，成为光谷10万家企业的创新生力军。

最新发布的光谷创新发展报告显示，截至2023年底，光谷拥有创业载体超200家。其中，国家级科技企业孵化器28家；依托高校院所，建设国家实验室1家、国家研究中心1家、国家创新中心3家、湖北实验室4家(共5家)、大学科技园5家，区内289家高新技术企业与103家高校院所合作申请取得920件有效专利；聚集红杉中国、国投创合等超1500家金融机构。据不完全统计，2023年全区88家科技企业获得近60亿元股权融资。

三是相关单位的重视和支持。湖北省始终把科技创新工作作为重中之重，坚持把创新摆在事关发展全局的核心位置，大力推进东湖综合性国家科学中心建设工作。一是多年持续谋划。早在2016年，《国家发改委关于支持武汉建设国家中心城市的指导意见》中提出武汉市加快建成高水平科技创新中心等四大功能为支撑的国家中心城市。2018年，湖北省向国家发改委了报送积极争取武汉综合性国家产业创新中心的请示。在2020年湖北省委十一届八次通过的《关于制定湖北省国民经济和社会发展第十四个五年规划和二〇三五年远景目标的建议》中明确提出高标准建设光谷科技创新大走廊，争创武汉东湖综合性国家科学中心，打造具有全球影响力的科技创新策源地。2020年12月4日时任省委书记应勇召开专题会，专门听取创建综合性科学中心有关工作。按照他的指示，12月14日，省政府召开创建武汉东湖综合性国家科学中心工作协调会，将有关任务分工到部门、明确时间节点和工作要求。此外，精心编制方案。组织多方力量，从总体目标定位、重大科技基础设施集群建设和培育、国际一流的前沿交叉研究平台建设、“双一流”高校和学科建设、一流科研院所建设、高水平基础研究和应用基础研究活动、战略性产品的建设与布局、营造产业技术加速创新的良好生态、核心承载区的规划与建设等方面，紧扣错位发展，对接服务长江经济带、中部崛起、建设武汉国家中心城市等国家重大区域发展战略，抓紧时间开展方案编制，加快推进创建武汉综合性国家科学中心工作。2021 年初，湖北省人民政府印发《促进湖北高新技术产业开发区高质量发展若干措施》，其中和东湖高新区相关亮点突出：聚焦区域、集聚要素，支持东湖高新区围绕创建武汉东湖综合性国家科学中心，高起点规划建设东湖科学城，集中布局建设重大科技基础设施和重大科技创新平台。

四是技术转移转化效率提高。2017 年武汉成立了全国首个科技成果转化局。2021 年，在全国率先探索实施科技成果转化联络员制度，选派 220 名联络员入驻重点高校院所、创新园区、科技企业，当好校地对接"联络员"、成果收集"侦察兵"、院士专家的"服务员"、成果转化"经纪人"。"政产学研金服用"一体化新型研发机构——武汉产业创新发展研究院，也于去年挂牌成立。目前，全市已建成工业技术研究院 23 家。全市技术转移示范机构达到 134 家，其中国家级 16 家。全市技术合同成交额增长 5.6 倍，从 2012 年的 169.69 亿元提高到 2021 年的 1127.75 亿元，居副省级城市前列。

五是重大专项集体攻关。不断改革重大科技项目立项和组织管理方式。习近平总书记强调："创新不问出身，英雄不论出处。要改革重大科技项目立项和组织管理方式，实行'揭榜挂帅''赛马'等制度。"湖北省科技厅于 2019 年 7 月启动科技项目"揭榜挂帅"制，武汉联影生命科学仪器有限公司同中国科学院精密测量科学与技术创新研究院，历经两年联合攻关，9.4T 超高场动物磁共振成像系统成功下线，形成自主商业化产品。联影还与中科院精密测量创新研究院等单位共同组建了武汉中科医疗科技工业技术研究院，创新体制机制，各取所长、强强联合。在'揭榜挂帅'过程中，企业和科研单位如互有需求，政府就支持他们组成新型研发机构，推动科研成果高效转化。目前医工院配备研发人员 100 余名；在武汉，医工院这类新型研发机构已达 20 余家。企业发榜，能者揭榜。变科技项目“委派制”为“揭榜制”，转变的不仅是企业的科技创新理念，还是科技项目的组织遴选方式。2021 年 5 月，联影再度参与“揭榜挂帅”攻关项目。不同的是，联影由提出需求的发榜方，变为牵头攻关的揭榜方——联影智融与华中科技大学同济医学院附属同济医院等单位组成“产学研医”创新联合体，共同揭榜武汉市科技重大专项技术攻关榜单上的“三维影像导航手术机器人整机系统研发”项目。据统计，近 3 年湖北省“揭榜挂帅”科技项目中，落地武汉的项目数量占 43.1%。截至 2022 年 7 月底，武汉市科技重大专项技术攻关“揭榜挂帅”共成功揭榜 8 个项目，涵盖“光芯屏端网”新一代信息技术和大健康等万亿元产业集群领域。

2. 面临的挑战

(1)知识创新体系“源头匮乏、效能不足”

湖北省创建国家科技创新中心的最大短板是“源头创新”严重不足，集聚全球创新资源的“磁场”吸力明显不够，知识创新体系整体“策动”效能没有充分发挥，特别是武汉引领性重大原创性成果匮乏。一是高水平大学和研究机构质量不具优势。武汉高等院校“多而不强”，虽然武汉有 84 所高等院校，但是“双一流”高校及中科院科研院所规模，分别落后北京和上海 84%和 58%。2019 年，武汉在《科学》《自然》《细胞》顶尖学术期刊发表论文 32 篇，远低于北京(184 篇)和上海(87 篇)，与深圳(36 篇)和合肥(28 篇)相当。二是整体研发投入相对较少。2019 年，武汉市研发经费(R&D)投入 520 亿元，总量不到北京的 1/4、上海的 1/3、深圳的 40%；研发强度仅为 3.20%，只占北京的 1/2、上海的4/5 和深圳的 2/3。三是优势学科匹配度不高。武汉一流大学的优势学科分散，没有形成集群发展优势，尤其是优势学科与城市产业匹配度不高。在汉高校 29 个“双一流”学科，与武汉主导产业密切相关的仅占 44.82%；13 个 A+学科，密切相关的仅占 46.15%，均大大落后于广州、西安等同类型城市。

(2)重大科技基础设施“能级较低，特色不显”

2020 年，武汉拥有国家重点实验室 27 个，国家工程实验室 3 个，国家级工程技术研究中心19个，湖北实验室7个，涵盖了光电科学、在空天科技、生物安全、生物育种等国家重大战略需求和湖北省产业经济发展需求领域。然而，武汉重大科技基础设施建设仍面临“能级不足，特色不显”问题，表现在以下三个方面：一是重大科技基础设施数量偏少。目前，武汉已建成精密重力测量、脉冲强磁场两个大科学装置，均在华中科技大学，与国内已经批复的四家综合性国家科学中心相比，国家重大科技基础设施供给不足，难以支撑颠覆性科学发现，是造成科学创新有“高原”无“高峰”的重要原因。二是重大科技基础设施尚未形成设施集群效应。2020年，湖北省、武汉市联合向国家发改委申报国家“十四五”重大科技基础设施项目中，脉冲强磁场实验装置优化提升、磁约束氘氚聚变中子源预研装置、作物表型组学研究(神农)设施、深部岩土工程扰动模拟设施4个项目入围国家发改委复评。综合性国家科学中心一般需要拥有100平方公里左右核心区域面积，依托东湖科学城，武汉重大科技基础设施地域集聚度较低，国家重点实验室与重大科技基础设施的学科方向与武汉综合性国家科学中心聚焦的战略研究领域匹配度不高。三是拟布局重大科技基础设施特色不突出。国家建成和在建的设施数量已有50个左右，2021年《武汉科技创新“十大行动”工作方案》谋划布局8个重大科技基础设施，国家已在北京怀柔综合性国家科学中心布局建设多模态跨尺度生物医学成像设施、第四代同步辐射光源，作物表型组学研究也在南京启动建设。武汉拟布局设施与国家重大科技基础设施的缺乏统筹衔接，与已有的国家重大科技基础设施相比，在科学目标、工程目标、建设内容等方面特色不突出。

(3)人力人才资源支撑“供需错配，流失严重”

一是人口数量与经济发展水平不匹配。2019年，武汉市创造了湖北省37.7%的地区生产总值，但只承载了18.7%的常住人口。成都市同样创造了四川省37.7%的地区生产总值，但人口是武汉市的1.5倍。二是高层次人才供给与市场需求不匹配。总量仍显不足，企业创新人才、管理人才缺乏，尤其是优秀领军人才、企业家和高层次创新人才十分紧缺。区域分布不均衡，湖北省引进的高层次人才90%以上留在了武汉，且集中分布在东湖高新区。三是科教大省地位与留鄂就业现状不匹配。长期以来，湖北省的创新资源没有转化为创新优势，智力资源流失严重。2020年，武汉市新增留汉大学生30.20万人中，本科生16.54万人，占54.77%，然而，研究生仅为2.39万人，占7.91%，对国家科学创新中心建设更为重要的研究生留汉率明显较低，高端人才留汉人数严重不足。以武汉大学和华中科技大学为例，2019年，两校毕业生留在本省的比例分别为29.78%和27.02%，和中山大学、华南理工大学相差了50个百分点左右，只高于合肥、天津、沈阳和厦门，武汉对本地重点大学毕业生的吸引力在全国属中等偏下。

(4)创新发展水平“欠缺平衡、有失协调”

一是创新资源分布严重不平衡。从总量看，城市梯队不合理。2019年，武汉市科技支出占湖北省的比例为57.21%，“一主两副”的比例为76.11%，而其余14个市州占湖北省科技支出的比例仅为23.89%。大部分市州高新技术产业发展不足，创新能力不强，2019年，除“一主两副”外的14个市州高新技术产业增加值占湖北省比重仅为32.7%，其中，12个市州增速低于湖北省平均水平，黄石市设立研发机构的企业占规上企业比例不足20%，咸宁市企业科研投入占总收入比重不足5%。创新资源分布的“马太效应”显现，差距有进一步拉大趋势。二是高新产业发展不平衡。一方面，“两副”肩负重任但支撑乏力。襄阳、宜昌肩负带动襄十随神、宜荆荆恩城市群发展的重任，但产业结构层级较低，农业经营模式粗放，制造业总体处于中低端，特别是服务业发展严重滞后，占GDP比重低于全国平均水平19.3个百分点。经济外向度仅为4.5%，低于全国平均水平近36个百分点。另一方面，城市群起步较早但进展不快。武汉“1+8”城市圈2007年12月获国家批准，谋划早、起步早、基础好。经过12年推动取得了一定成效，但是问题依然不少。产业一体化虚多实少。各市之间缺少深度合作与对接，关联配套不够，联接耦合度不高，产业同质化问题比较突出，竞争大于合作。比如鄂东都将电子信息、生物医药作为主导产业，相互竞争承接珠三角、长三角产业转移。

## 三、促进武汉打造科技创新策源高地的对策

### (一)武汉打造科技创新策源高地的战略路径

科技创新策源地还是一个新生事物，其建设路径应当循着已有的基础开拓。所以，一方面要吸收借鉴科技创新中心的建设经验，另一方面要发挥创新策源本身的特点，通过正确的引导和多方面的支持建设出中国特色的科技创新策源地。

1. 以科技创新中心为策源基础

尽管科技创新策源地不一定要建立在科技创新中心的基础上，但是二者基本一致的目的和产业化特征决定了科技创新策源地仍然要更多地以科创中心为基础。事实上，目前宣布建设科技创新策源地的城市基本都以已有的科创中心为依托。国外有学者分析了世界主要科技创新高地形成过程中的主要动力和关键因素，认为在创新高地的建设过程中信任的确立和行政管理问题对于创新和设计非常重要。信任的确立对应了科技创新人才的共识，而在大科学环境下，行政管理的支持是科技创新中心发展的根本。科技创新策源地要以科技创新中心为基础，凝聚中心人才共识，共享科技创新中心的行政管理资源，依靠科技创新中心的创新能力带动创新策源能力，在科技创新中心原有研究的基础上，重点研发策源依托点，形成中心之中心，发挥策源效应。

2. 以大学和科研院所为策源动力

基础研究决定一个国家科技创新的深度和广度，“卡脖子”问题根子在基础研究薄弱。无论如何，基础研究都是体现创新策源能力的关键，在我国现有科技体制下，基础研究的主力军依然是大学和科研院所。正因如此，大学和科研院所在科技创新策源地的建设中担当着科技智库的角色，“提升国际科技创新中心策源力成为应对复杂多变形势的重要手段，这需要科技智库的高智力支撑”。现代大学在技术实践和技术商业化方面发挥着重要作用，大学与产业界的联系日益紧密，创新和

创业成为研究型大学的新使命。科技创新策源地的建设要依靠大学和科研院所的基础研究能力，需要发挥二者的智库动力作用，同时也要积极提高二者的成果转化能力，一体化发展创新和创业，使二者的策源动力能够顺畅而及时地输入策源地。

3. 以科创板企业为策源辐射通道

企业是最重要的市场主体，科创板企业则是科技创新市场中最重要的主体，创新策源地要发挥“流”的作用需要以科创板企业作为辐射通道。科技创新策源地的建设要依靠一批与策源依托点相对应的科创板企业，这些企业为策源科技提供进一步研发和推广的服务，从而更好地发挥科技创新策源地的引领辐射作用。辐射通道的建设应当把握两点：①有助于形成辐射效应；②有助于反哺策源。就第一点而言，除了科创板企业要对应策源依托点外，还要形成研发、生产、销售一条龙的企业链。对于第二点，则可以借助“旋转门”机制实现。一方面，支持大学和科研院所的创新人才到科创板企业实践，了解产业需求和原创科技的应用前景，另一方面，鼓励科创板企业人才到大学学习，提高企业创新能力和应用策源科技的能力。归根到底，科技创新策源地的建设要依靠人才的创新策源能力，所以大学、科研院所和科创板企业都要以培育人才、吸引人才和提高人才创新策源能力为根本，科创板企业的策源辐射通道，其实也是人才创新策源能力发展的通道之一。

4. 以创新环境为策源孵化箱

创新人才只有在良好的创新环境下才能发挥出创新能力和创新策源能力，所以，无论是科技创新中心还是科技创新策源地都要营造良好的创新氛围。对于创新策源地来说，一个张弛有度、要素配置合理的创新环境就是策源的孵化箱。建设创新环境必须依靠行政力量和市场调节，主要应在统一目标、保护产权、宽容失败等方面下功夫。统一目标是指统一创新策源的目标，既要突破核心技术，占领科技创新高地，同时还要预先确立创新策源依托点，在科学论证的基础上，深入钻研某一个或某几个可行的策源点。保护产权是指保护科技创新人才的知识产权，既要依靠法律保障知识产权收益，又要建立成果转化的有效机制。宽容失败对于创新策源尤为重要，原始创新比一般创新更难，也更容易出现不可预料的失败，只有宽容失败才能不断磨砺创新人才的创新策源意志，坚定他们的创新策源信心。

### （二）武汉打造科技创新策源高地的保障措施

1. 增强策源能力，在特色化差异化发展定位上抓机遇

在增强创新策源能力上下工夫，实现“从无到有”，武汉需有“敢啃最难啃的骨头”的精神，形成一批基础研究和应用基础研究的原创性成果，突破一批卡脖子的关键核心技术。加速集聚全球高端创新要素，提高全球创新资源配置能力。

一是围绕国家重大战略需求以及武汉国家科技创新中心的建设目标，加大基础研究投入，增强高校和科研院所原始创新能力。建立基础研究投入的长效机制，逐步提高基础研究经费占R&D经费的比例，政府财政科研经费中基础研究经费支出比例应不低于20%。加强重大科创基础设施规划和建设，优先支持高校和科研院所联合承担国家科技创新中心建设的重大基础研究和前沿技术探索项目。依托高校和科研院所建设面向行业的研发创新功能性平台、重点实验室、工程技术（研究）中心等重大创新平台。

二是摒弃学科平衡发展思路。遵循世界科学中心发展规律和学科集聚、空间集群的建设要求，聚焦光电子信息、智能制造和生命健康三大领域，更偏重光通信、激光、生物医药、医疗器械、生物农业、智能制造、智能网联汽车、数字建造领域前瞻技术研究，与北京怀柔、上海张江、安徽合肥、大湾区形成错位发展、竞争合作。武汉可以联合北京、上海、合肥、深圳，共同打造学科领域优势互补、创新链上下端互补的钻石型国家科学创新中心体系，共同构成全球最具影响力的原始创新策源地。推动武汉实施最具特色学科、优势学科攀登计划，加强人才培养、专项资金、重大专项等投入，打造学科集群的创新高地。

2. 补齐硬件短板，在建设重大科技基础设施上出实效

武汉创建国家科技创新中心涉及全局和长远，要加快补齐重大科技

基础设施上的短板，发挥高水平建设规划方案的引领作用，不定期发布未来大科学装置发展战略报告和发展路线图，认准方向、持续投入、久久为功。

一是建设大科学装置集群。继续建设精密重力测量、脉冲强磁场设施，谋划和推动磁约束氘氚聚变中子源预研装置、作物表型组学研究(神农)设施、深部岩土工程扰动模拟设施等重大基础设施落地建设和高水平运行，形成大科学装置集群效应。加大重大科技基础设施预研和自主建设，验证和明晰技术路线，攻克核心关键技术和装备，加快推进7个湖北实验室争创国家实验室。

二是建设前沿交叉研究中心和关键共性技术平台。根据武汉创建综合性国家科学中心的目标定位和科教资源比较优势，按照成熟一个组建一个的原则，对标国家研究中心和技术创新中心，建设“光芯屏端网”、生物医药、新能源和智能汽车、航空航天、装备制造、先进材料、现代农业等若干前沿交叉研究中心和关键共性技术平台。

三是实施贯通式的重大科技专项。建议在未来网络、生命健康、生物育种、前沿材料、量子信息、空天科技、海洋科技等领域，遴选设立省级重大专项，实现重大突破和引领性示范应用。

3. 注重多方合力，在集聚国家战略科技力量上谋发展

围绕构建“国家科技创新中心—东湖综合性国家科学中心—以东湖科学城为核心的光谷科创大走廊—湖北实验室—重大科技基础设施”科创平台体系，将东湖科学城打造成空间集聚、学科集群核心区。

一是推进中国科学院、湖北省、武汉市三方共建东湖科学城。积极对接中国科学院战略部署，加快建设东湖科学城和中国科学院大学武汉学院，主动引入中国科学院科技创新项目及新型研发机构，争取国家实验室和大科学装置等重大科技基础设施在武汉布局建设，加快形成以东湖科学城为核心的“中科院系”创新资源集聚区。推动东湖科学城与光谷科创大走廊协同创新，共同构建具有全球影响力的紫东科技创新带。

二是推动武汉与国内外一流高校院所建立深度合作关系。整合科教资源，建设新型研发机构和科技公共平台，成为独具特色、国内知名的

高层次人才培养基地、科技创新基地和人才聚集高地。

三是汇聚国际顶尖创新人才和团队。聚焦重点学科领域和战略研究任务，依托重大科技基础设施和创新平台，加快推进全球领军人才团队来汉设立全球领先的科学实验室、研究工作室等高端研究平台，与武汉共建研究院与产业化基地，进一步提升武汉科技创新国际化水平；鼓励国际、国内跨国公司在汉设立和培育具有全球影响力的研发中心，形成国际化、高水平、跨领域的顶尖科学家、一流研究团队和高端人才的集聚态势。

4. 优化空间布局，在构建区域创新共同体上促协调

全力构建创新协作新格局，发挥武汉“一主引领”作用，积极打造“武汉城市圈协同创新共同体”，推进“襄十随神”“宜荆荆恩”城市群与武汉城市圈的规划衔接、优势互补和布局优化，推进湖北省科技创新协同发展。

一是发挥武汉引领作用。进一步巩固提升武汉科教资源、产业基础、科创生态等综合优势，扎实推进东湖科学城建设，高标准编制东湖科学城规划并全面启动起步区建设，促进武汉东湖综合性国家科学中心获批。积极争创国家实验室，建设高水平实验室，促进创新资源开放共享，提升湖北在国家战略科技力量布局中的地位。建设环大学创新经济带、各级各类高新区开发区等创新生态圈。

二是打造“武汉城市圈协同创新共同体”。以东湖科学城为创新极核，串联“武鄂黄黄咸”重点园区和重要创新平台，完善梯次联动的区域创新与产业布局，以点带面提升区域间互联互通与协同创新水平，打造光谷科技创新大走廊，形成集创新转化轴、产业协作轴、设施联通轴为一体的武汉城市圈科技创新带，将“中国光谷”打造成为“世界光谷”，成为具有全球影响力的科技创新策源地。

三是支持襄阳、宜昌等突出比较优势打造区域性创新高地。充分发挥襄阳、宜昌的产业基础优势和对“两翼”的辐射引领作用，强化产业分工协作和产业链互补，“襄十随神”城市群重点加快汽车与先进制造、信息通信、人工智能深度融合，大力推进产品换代升级；“宜荆荆恩”

城市群重点推进化工产业绿色化、集约化和精细化发展，打造全国高端化工产业基地。

**报告执笔人：**

范　斐　武汉大学经济与管理学院教授、博士生导师

邵小彧　武汉大学经济与管理学院博士研究生

翁宗源　武汉大学经济与管理学院硕士研究生

# 湖北省黄冈市大健康产业发展战略与路径研究

黄冈师范学院课题组

湖北省明确提出构建“51020”现代产业体系、打造万亿级大健康产业集群的重大目标，并制定了湖北省大健康产业发展“十四五”规划。近年来，黄冈市积极响应省委、省政府的号召，高度重视、高位推进大健康产业高质量发展，取得重大成绩：连续两年大健康产业产值超过千亿元。但是，黄冈市大健康产业发展过程中还存在一些问题，尤其是后疫情时代很多大健康企业生存较为困难。为此，课题组通过深入武汉、襄阳、宜昌、亳州、六安等地开展调研，对标对表大健康产业细分行业好的做法和总结先进经验，探索黄冈市大健康产业发展路径，为黄冈市大健康产业高质量发展提供决策参考。

## 一、大健康产业细分领域研究

大健康产业范围广、产业链长、领域多。《湖北省大健康产业发展“十四五”规划》明确了大健康产业的十个重点发展领域：生物医药、医疗器械、现代中医药、医疗服务、健康养生、健康养老、康体服务、健康食品、健康新业态、未来产业。

目前黄冈市发展较为有特色和良好产业基础的是生物医药、现代中医药、健康食品三个领域。首先通过对国内生物医药、现代中医药、健康食品等三个细分领域做得好的方面进行分析、对标对表，总结好的经验和做法，为黄冈市的重点细分领域做法提供参考。

## (一)生物医药制造产业分析

1. 对标地区连云港、泰州、常州情况分析

连云港、泰州、常州等生物制药是我国医药制造最先进的区域，其行业发展基本情况分析见表1。

表1　连云港、泰州、常州生物制药行业情况分析

| | 连　云　港 | 泰　　州 | 常　　州 |
|---|---|---|---|
| 行业特色 | 依托经济开发区，形成了以抗肿瘤药、抗肝炎药、麻醉手术药、新型中成药、新型药用包装材料和医用消毒灭菌设备等六大行业为特色的医药健康产业发展集聚区 | 依托获得全国唯一的新型疫苗及特异性诊断试剂产业集聚发展试点等多个“国字号”招牌，形成了抗体、疫苗、诊断试剂及高端医疗器械、化学药新型制剂、特医配方食品等一批特色产业集群 | 依托常州生物医药产业园，重点发展生物技术药物、小分子制剂、医疗器械、设备及医用材料、现代中药以及生物技术食品、添加剂等行业 |
| 行业规模 | 2021年化学原料和化学制品制造业实现利润超过10亿元。2020年，全市规模以上工业生产化学药品原药产量1.7万吨，行业投资超百亿 | 至2021年底，园区已集聚1200多家国内外知名医药企业，在全国189个布局生物医药产业的园区中综合排名列第11位 | 常州生物医药产业园有生物医药及相关企业93家，产值上亿元企业12家，其中国家重点高新技术企业5家，省级高新技术企业24家 |
| 龙头企业 | 拥有恒瑞医药、豪森医药、康缘药业等药企连续多年位列全国医药工业企业40强、创新能力20强。德源药业、暨明医药、佑源医疗设备、苏云医疗器材、中金玛泰等第二梯队企业正在迅速壮大 | 包括阿斯利康、雀巢、武田制药、勃林格殷格翰、阿拉宾度等14家知名跨国企业；拥有2100多项“国际一流、国内领先”的医药创新成果落地申报；4200多名海内外高层次人才落户创新创业 | 常州制药厂是国际前十家最大仿制药生产企业的首选原料药供应商。千红生化制药生产的胰激肽原酶制剂在国内市场占有率超70%，肝素钠原料药在欧盟市场占有率超25%，门冬酰胺酶原料占全球市场50%，肝素钠注射液在国内市场占有率排名前二 |

2. 对标地区主要做法和经验

一是推动产业集聚化发展，打造具有强大竞争力和高附加值的产业链。连云港建成了一批行业领军企业，恒瑞、豪森、康缘、正大天晴四

大药企连续多年位列全国医药工业企业40强、创新能力20强，成为全国最大的抗肿瘤药物、抗肝炎药物生产基地和全国重要的特色原料药和专利原料药生产基地，培育了一批成长潜力企业，德源药业、臣功制药、诺泰药业、杰瑞药业、长慧医药、暨明医药、佑源医药设备、苏云医疗器材等第二梯队企业迅速壮大，产业集聚化程度高。泰州中国医药城紧抓“健康中国”“长江经济带大健康产业集聚试点”等战略机遇，走集群发展之路，精准开展医药产业项目策划和招商，围绕产业链图谱补链、强链、延链，不断催生产业集聚的“葡萄串效应”。将生物医药产业与高新区内数据产业园合作，重点打造国家级健康医疗大数据产业示范园区，运用大数据推动医药行业的快速发展。

二是搭建高水平产业发展平台，构建完善的产业服务配套体系。连云港经开区持续完善道路交通、污水管网、水电气等基础配套，打造由11家医药研发产业链骨干企业、高等院校、科研院所、临床医院共同组建江苏省原创化学药创新中心，构建贯穿医药产业链上下游的一站式服务体系。通过搭建拥有国家“火炬计划”新医药产业基地、国家高新技术研究发展计划成果产业化基地、国家靶向药物工程技术研究中心、国家级中药制药新技术重点实验室、全国抗肿瘤药物技术创新战略联盟、“重大新药创制”孵化器等各类基地，打造集研发、检测、孵化、展示、交易、人才培养等功能于一体的生命健康产业公共服务平台。

三是营造良好的产业发展环境，培育和壮大市场主体。连云港经开区设立了50亿元的产业发展基金、10亿元的生命健康产业招商母基金等基金，与交通银行等合作设立科技贷款，通过提供全方位、全生命周期的金融服务，促进优质人才、产业项目向连云港经开区集聚。通过持续深化行政审批制度改革，全面推行“正面清单+负面清单”管理制度，完善项目承诺制、代办制等服务品牌，实现从项目审批、建设、运营等环节的“保姆式”服务，为企业成长和培育打造“效率最高、成本最低、服务最优”的环境。依托江苏省原创化学药制造业创新中心，能够为入驻企业提供药物研发、分析测试、产品中试、一期临床、检验检测等全发展周期的完备服务，引进了一批产业配套企业，中金玛泰医药包装、万泰医药材料能为区内制药企业提供药用包装、药用辅料等产业链核心配套，实现了我国从原料药、仿制药出口，向生物创新药技术输出的新突破。

四是加大人才队伍培育力度。泰州中国医药城作为我国首家国家级医药高新区，始终坚持创新驱动和专业化发展战略，探索集聚高端人才、引进高端成果、落户高端企业、发展高端产业的特色园区发展新路。以更加开放灵活的机制集聚人才资源，打造人才高地，坚持人才引进计划，积极构建"人才金三角"模式，精心创设"离岸孵化器"，引进海外优质创业团队和创业项目。连云港经开区积极支持药企在全球范围布局人才链和创新链，通过设立海外分公司、研发中心，与跨国公司、科研院所构建战略技术联盟，组建国家级新医药技术创新知识产权联盟等智库平台，加速集聚培育具有国际视野、掌握医药业前沿技术、精通医药业国际规则的高层次人才队伍。

### (二)现代中药产业分析

1. 对标地区亳州中医药产业发展对标分析

亳州是华佗故里，文明全国的"中国药都"，是全球最大的中药材集散中心和价格形成中心，是全球最大的中药材交易中心和全国最大的中药饮片、中药提取物、中药保健饮品生产基地。2022 年亳州市现代中医药产业产值达 1450 亿元。黄冈市是湖北省中医药产业发展较好的区域，二者相比具有较强的参考价值(见表 2)。

表 2　亳州与黄冈中医药产业发展比较分析

| | 亳　州 | 黄　冈 |
|---|---|---|
| 药材种植 | 2022 年中药材种植面积达 86 万亩。安徽亳州是种植基地、种子种苗组培繁育基地、"十大皖药"道地药材种植基地和中药材初加工基地等"四大基地" | 2020 年全市中药材种植面积 127.14 万亩。中药材面积和产量位居全省第一，现有中药材种子种苗繁育基地 43 个，总面积 1.48 万亩，年产总株数 9.8 亿株，基本满足自给自足需求 |

续表

| | 亳州 | 黄冈 |
|---|---|---|
| 产学研合作 | 稳步推进产学研合作，促进成果转化。亳州市共拥有药业国家级农业行业化龙头企业2家、省级27家，国家级中药类工程研究中心2个、省级企业技术中心和省级工程技术研究中心49个、CNAS认证检测中心2家，涉药类高新技术企业47家、院士工作站6家、博士后工作站5家，与上海中医药大学、天津药物研究所等科研院所共建4家离岸孵化中心 | 产学研合作方面尚待进一步加强。黄冈市成立了黄冈师范学院李时珍大健康研究院，全市有国家级中医重点专科2个、省级中医重点专科18个、市级中医重点专科34个，有制剂室医院8家获批准的院内制剂品种173个，实际生产品种106个 |
| 人才引进培养 | 注重人才引进培养。亳州市近3年来引进涉药类高层次人才180余人、开展项目合作近90项；全市卫生健康系统引进博士1人、硕士121人、急需专业的副高级以上人才22人 | 人才引进方面的投入需进一步加大。成立了黄冈师范学院李时珍大健康研究院，致力于建成省内一流、国内知名的大健康协同创新研究平台，提升学校服务地方区域经济发展的贡献度 |
| 中医院服务体系建设 | 已构建完整的中医院服务业体系。亳州市拥有中医医院9家、中西医结合医院7家，其中“三甲”中医医院1家、三级中医医院2家，省级中医重点专科(专病)16个，国医大师、全国名中医工作室4个，市级名中医工作室8个，全国综合医院中医药工作示范单位3个，是全省唯一获得国家级基层中医药工作先进单位的市 | 中医院服务体系尚待完善。黄冈市全市二级以上具有中医医疗服务的医院22家，其中中医医院11家(三级4家、二级7家)，每千常住人口中医医生数0.25人。全市有国家级中医重点专科2个、省级中医重点专科18个、市级中医重点专科34个 |

### 2. 对标地区主要做法和经验

一是集聚产业优势，放大规模效应。亳州市依托道地药材主产区、饮片加工核心区和药材交易集散地的比较优势，建设规范化种植基地，带动粮农向药农转变。加快基地建设，推动中药加工集聚发展。汇聚市场资源，构建现代流通体系。

二是加强重点攻关，释放核心动能。亳州市密集出台中药产业系列扶持优惠政策，持续做大中成药，做精中药饮片，做优植物提取，做专延伸产品，释放中药产业高质量发展核心动能。积极培育大品种，填补产业发展空白。

三是完善服务体系，构筑竞争优势。针对中药产业高质量发展重大需求，亳州市唱好企业“主角戏”，壮大公共“孵化地”，培育人才“辐射源”，搭建政府“大平台”，加快形成协同、高效、开放的多层次支撑服务体系。壮大公共服务平台，增强产业驱动力。稳步推进产学研合作，促进成果转化。认真落实《亳州市招才引智实施办法》，积极培养本地人才，柔性引进高端人才。

四是拓宽产业链条，完善结构体系。亳州市持续深入挖掘中医药作为我国独特的卫生资源、潜力巨大的经济资源、具有原创优势的科技资源、优秀的文化资源和重要的生态资源的巨大衍生潜力，激发释放更多活力空间。做好跨界文章，推动产业融合发展。坚持医药并重，做强健康服务业。充分对接资本市场，积极发展金融新业态。

### （三）健康食品产业分析

1. 与杭州市健康食品产业发展对标分析

黄冈市健康食品产业与杭州市进行对标。2020 年，杭州市食品饮料产业主营业务收入在 1000 万元以上的企业约 359 家，其中规上企业 267 家；食品饮料产业工业总产值 486. 12 亿元，利税 71. 53 亿元，利润总额 52. 11 亿元，与过去 4 年基本持平。从产品结构看，软饮料占据主导地位，产能规模达 560 万吨以上，其次为方便食品、婴童食品、食用油、巧克力，以及具有区域特色的豆制品、休闲食品等，基本涵盖了食品饮料产业的主要行业门类，产业体系日益完善。表 3 展现了黄冈市健康食品产业与杭州市的对比情况。

表 3　　黄冈市与杭州市健康食品产业发展比较

| | 黄　冈　市 | 杭　州　市 |
|---|---|---|
| 行业特色 | 食品饮料是黄冈市的支柱产业之一，产值贡献占农产品价格产业的比例超四成 | 杭州市食品饮料产业保持平稳发展、产业集聚效应逐步形成、品牌价值影响力和产品质量不断提升，已成为推动全市民生工程建设的重要支柱产业之一 |

续表

| | 黄 冈 市 | 杭 州 市 |
|---|---|---|
| 行业规模 | 2022年1—6月黄冈市食品饮料规上产业实现产值48.89亿元 | 2022年，杭州市食品饮料产业工业总产值486.12亿元，利税71.53亿元 |
| 龙头企业 | 拥有食品饮料规上企业72家，其中红安的娃哈哈饮料和上海佳食品、团风的馥雅食品、黄州的伊利乳业等企业产值排在全市行业前列 | 食品饮料产业主营业务收入在1000万元以上的企业约359家，其中规上企业267家。娃哈哈(总部)、康师傅、味全食品、农夫山泉、太古可口可乐等行业领军企业 |

2. 对标地区主要经验与做法

一是持续优化集聚效应。杭州市食品饮料产业已初步形成集群化发展格局。其中，钱塘区聚集了娃哈哈、康师傅、味全食品、太古可口可乐等多家知名企业，产值规模占全市食品饮料行业总产值的三分之一以上；其次是余杭、临安、萧山，三个区域的规上企业总数占全市的46.28%，工业总产值占全市的30.28%。产业集群化组织形式的逐渐形成，优化了产业资源的配置、加强了企业间的分工协作、降低了企业创新创业成本，促进了区域经济社会发展。

二是注重品牌培育与价值利用。近年来，杭州市不断推进具有区域带动作用的龙头企业规模化建设，提高企业知名度和品牌影响力。以农夫山泉、娃哈哈为代表的饮料产业和以益海嘉里为代表的粮油产业已在全国范围内形成独特的产业发展优势，尤其饮料产业的品牌价值近年来呈现快速提升趋势。2020年，胡润品牌价值200强排行榜中，杭州市入列企业13个，其中农夫山泉以710亿元的品牌价值位列第30位，娃哈哈以145亿元的品牌价值位列第119位。“十三五”期间，农夫山泉和祖名豆制品的成功上市进一步提升了企业品牌形象和价值，带动了杭州市食品饮料产业竞争力的全面提升。

三是不断完善食品安全机制。杭州市一直严格按照食品安全“四个最严”要求推进食品安全放心工程建设，开展“双安双创”活动，已建立了较完善的食品饮料产业标准体系。全产业链布局的逐步打通，为食品质量安全可追溯体系的健全提供了必要保障。“十三五”期间，基本实现了重大食品安全事故零发生率和食品安全保障水平的稳步提升。同时，针对产业永续性消费的发展需求，绿色制造水平、加工废弃物的综合利用率、资源节约和循环利用水平得到进一步提高。

## 二、黄冈市大健康产业发展现状

近年来，黄冈市积极响应省委、省政府的号召，高度重视、高位推进大健康产业高质量发展，市政府成立了大健康产业发展领导小组，先后出台了《黄冈市大健康产业发展规划(2018—2025年)》《关于全面推进黄冈中医药发展的实施意见》《黄冈市支持大健康产业发展若干政策》等文件，建立了“1114+2”大健康产业发展模式，吸引了招商局集团、华润集团、伊利乳业、稳健医疗、健帆生物、红日药业等一大批知名企业投资大健康产业。2022年全市大健康产业规模突破千亿，实现产值1027.22亿元，同比增长14.11%。2023年，全市大健康产业实现产值1065.81亿元，同比增长3.6%。大健康产业已成为黄冈经济发展的支柱产业和富民强市的重点产业。2023年，全市上下认真贯彻落实市委、市政府关于推进大健康产业发展的工作部署，紧紧围绕《2023年黄冈市大健康产业发展实施方案》发展目标和重点任务，抢抓机遇，克难奋进，积极应对内外部挑战，全力推进大健康产业高质量发展。

《湖北省大健康产业发展“十四五”规划》明确了大健康产业的十个重点发展领域：生物医药、医疗器械、现代中医药、医疗服务、健康养生、健康养老、康体服务、健康食品、健康新业态、未来产业。黄冈在生物医药(含生物制药、化学制药、原料药)、现代中医药、健康食品三个领域具有较好的基础和特色，因此本文重点围绕这三个方面展开研究。

### (一)黄冈市生物医药健康产业现状

(1)产业发展有基础。2023年生物医药企业73家，实现产值近200

亿元，产值过亿元企业26家，过20亿元企业1家，为祥云集团(66.5亿元)、宏源药业(20.4亿元)。新增国家级“专精特新‘小巨人’”1家(湖北美天生物)，省级专精特新企业28家；新增省级智能制造试点示范企业7家，新增省级服务型示范企业1家。

(2)细分领域重点突出。从企业数量来看，化学原料和化学制造品61家，集中分布在黄州和武穴；化学制药及生物制药25家，集中分布在武穴和罗田；医用材料12家，集中分布在黄州。从产值规模来看，化学原料和化学制造品占44%，化学制药及生物制药占20%，医用材料占13%。由此可见，化学原料和化学制造品及生物制药这三个细分领域，规上企业数量和总产值两方面占比均超过行业总数的85%。

(3)龙头企业引领作用大。全市17家产值过10亿元的龙头企业，有5家为医药化工产业企业。祥云集团、稳健医疗、宏源药业、广济药业分别实现产值66.5亿元、22.4亿元、11.1亿元、10.9亿元。仅这五家龙头企业就实现了产值150.2亿元，占医药化工产业总产值的58.79%。其余规上企业，2020年共实现产值105.3亿元，仅为5家龙头企业产值之和的70.1%。龙头企业税收贡献大。龙头企业对于税收贡献也比较突出，2021年稳健医疗缴税数额最高，达1.62亿元，宏源药业贡献税收7800多万元，祥云集团贡献税收4000多万元，广济药业贡献税收超过2000多万元，迅达药业、华阳药业、亿诺瑞等8家企业贡献税收均超1000万元。

(4)龙头企业科研投入较大。湖北祥云(集团)化工股份有限公司研发投入最大，超2亿元，其次为湖北龙翔药业科技股份有限公司，其研发投入约1.4亿元。在研发投入方面，超过3000万元的企业还有宏源药业、广济药业、稳健医疗。其他医药化工企业研发投入超过1500万有3家。

(5)企业产品竞争力较强。多个产品国内销售领先。宏源药业甲硝唑国内市场份额约63%，排名第一；祥云股份是最大的农用磷酸一铵生产基地(市场占有率达14%)；黄冈鲁班药业股份有限公司奥美沙坦中间体细分领域全国第一；美丰化工是省内首家实现奥克立林产品年产量过千吨，国内市场占有率排名第一；李时珍医药夏枯草膏占全国50%以上的市场份额，天麻丸占全国10%以上的市场份额，均可达到全国第一。多款产品全球销售领先。宏源药业多款产品全球领先，乙二醛(市场占有率40.7%)、乙醛酸(市场占有率37.26%)、2-甲基-5-硝基咪唑(市场占有率63.69%)、鸟嘌呤(市场占有率40%)均在全球市场排名第一；广济药业维生素B2市场占有率全球第一(约占全球总产能的40%)；湖北迅达药业股份有限公司酮洛芬、磷霉素系列消炎镇痛类原料药亚洲第一；高德急救车载急救包全球排名第一，急救包行业亚洲第一。

### (二)黄冈市中医药产业现状

(1)中药材市场主体较多。全市现有中药材经营主体1238家，其中省级以上中药材龙头企业13家，国家级中药材合作社示范社4家、省级中药材专业合作社10家；全市中药材种植专业户13800个、药材专业村313个，千亩以上中药材种植经营主体有52家。与中国古代四大名医的华佗故里亳州相比，虽然我们中药材市场主体在省内相对较多，但产业规模不大，中药材资源深度开发利用不够，呈现“小、散、杂”局面。以亳州为例，亳州被誉为“中国药都”，是全球最大的中药材集散中心、价格形成中心、中药材交易中心和全国最大的中药饮片、中药提取物、中药保健饮品生产基地。

(2)中药材种植规模较大。2023年，全市中药材种植面积126.05万亩、产量达30.51万吨、综合产值316.32亿元，分别较上年增长8.4%、25.68%、43.13%。其中蕲春蕲艾面积23.5万亩、产量6.5万吨、综合产值达163亿元，分别较上年增长4.6%、14%、59.8%；麻城福白菊面积11.8万亩、产量1.2万吨、综合产值达50亿元，分别较上年增长21%、30%、25%。全市建设千亩以上集中连片的中药材生产示范基地65个，全市中药材新型经营主体达到1249家，其中省级和市级以上中药材龙头企业各17家，国家级中药材合作社示范社4家，省级中药材专业合作社10家，省级中药材农业产业化联合体4家。

(3)中药材加工有较好基础。全市现有产值过千万元的中药材加工企业109家，其中初级加工企业78家，拥有生产许可证的中成药企业7家、中药饮片企业9家(其中中药配方颗粒企业2家)、保健品企业5家、化妆品企业8家、中药兽药企业2家。2021年全市规上中药材加工企业29家，共实现产值73.3亿元。我市中药材加工虽然有一定基础，但企业研发能力弱，产品深加工能力不强，产品附加值不高，缺少有影响力、有带动力的龙头企业。全市产值过亿元的企业只有9家，最大的李时珍医药集团年产值不到50亿元，而华佗故里安徽亳州过亿元的中医药加工企业达111家，张仲景故里南阳市仅皖西制药一家企业产值就过百亿元，比我市全部规上企业产值的总和还要多。

表4　　**“四大名医”故里中医药市场主体情况比较(2022年)**

| | 黄冈市(李时珍故里) | 南阳市(张仲景故里) | 亳州市(华佗故里) | 铜川市(孙思邈故里) |
|---|---|---|---|---|
| 亿元以上中医药企业(家) | 9 | 55 | 111 | 10 |
| 10亿元以上中医药企业(家) | 1 | 3 | 3 | 1 |
| 全国知名及医药百强企业(家) | 4 | 53 | 69 | 3 |
| 中医药产业产值(亿元) | 215 | 260(300) | 1446 | 60 |
| 规模最大中医药企业及产值 | 李时珍医药集团47.3亿元 | 仲景宛西制药>100亿元 | 济人药业11亿元 | 兴盛德药业6.7亿元 |
| 拥有药品生产许可证企业(家) | 16 | 23 | 203 | — |

(4)中药产品品种较多。《本草纲目》记载中药材1892种，黄冈分布1186种，其中道地药材30多种，蕲春蕲艾、罗田茯苓、英山苍术、麻城菊花等是湖北省首批道地药材“1+10”优势品种。全市共生产中药饮片680多种，其中涉及药典品种500多种、湖北省中药炮制规范品种

140多种。蕲春蕲艾已开发艾灸养生、熏蒸消毒、清洁洗浴、艾疗器械等28个系列1000多个品种。麻城菊花开发食品、护肤品、含片、调味品、餐具茶具等十大系列共计900余款产品。我市虽然道地中药材多，中药产品也不少，但缺乏类似云南白药、六味地黄丸、片仔癀等叫得响的知名企业和产品品牌。近年来虽然蕲艾的品牌影响力不断扩大，但蕲艾企业多而小，产品同质化、低端化严重，缺乏有影响力的企业品牌，不少本地企业成为广东、浙江等沿海企业的代工厂。因品牌影响力不够，部分麻城福白菊被作为原料销往杭州贴牌杭白菊出售。

(5)中药商贸流通稳步发展。全市有中药材交易市场4个，年交易量8000吨，交易额达20余亿元。全市限上中药材销售企业只有17家，2021年销售额3亿元，其中英山县吉利中药材公司和宏图中药材公司年出口苍术、茯苓、桔梗、天麻等道地中药材1300吨，年创汇近100万美元。李时珍中药材交易中心(线上交易平台)是湖北省人民政府批准设立的省内唯一中药材现货交易场所，2021年中药材交易额达到19.2亿元。李时珍中药材专业市场(李时珍国际医药港)和安徽亳州中药材交易同是全国17家中药材专业市场之一，但经济效益、市场占有率、社会知名度等方面还有很大的差距。目前在李时珍中药材专业市场经营商户只有238家，年交易额15亿元左右，而亳州中药材交易市场拥有商户20000多家，日均人流量6万人次，年交易额430亿元。

(6)中医医疗服务能力不断增强。全市现有医养结合机构18家，两证齐全医养结合机构15家，人员1542人，床位4121张。全市养老福利院，均与属地医院签订医疗服务协议，提供嵌入式医养结合服务。全市二级以上医院均设立了老年医学科，各镇(街道)卫生院均设置了中医康复科，医疗机构开通老年人就医绿色通道100%；建成“中医阁”194个，在建660个，能够提供中医药服务的村卫生室达到76%、乡镇卫生院达到100%。全市现有9家中医适宜技术推广中心均已验收合格，共培训医护人员5152人；实施“我艾健康”行动，全市医疗机构新建艾灸馆20家、共培训艾灸师4900余人。全市已创建3个国家级、18个省级、34个市级中医重点专科(学科)，创建湖北省中医药“三堂一室”共156家。

### （三）黄冈市健康食品产业现状

黄冈市健康食品重点产业主要分布在黄州、红安、麻城、团风、英山、罗田等县(市、区)。食品加工企业192家，实现产值286.95亿元，产值过亿元企业56家，过20亿元企业2家，分别为伊利乳业(25.76亿元)，中粮粮油(23.14亿元)。其中，黄州区拥有黄冈伊利、裕邦食品、永通食品、骏源豆制品、月果老农产品等食品饮料龙头企业，骏源豆制品公司年产值5000万元，安置就业人员200多人，已跨入全国豆制品产业50强，辐射带动了很多贫困户。红安县拥有娃哈哈、上好佳等食品饮料国内龙头企业，创造产值和利税在全市排名前列。麻城市主要发展以菊花产品为核心的食品饮料产业，麻城菊花是中国“地理标志农产品”“地理标志保护产品”，已获中欧地理标志互认出口贸易通行证，现有菊花生产加工企业30余家，其中湖北省级龙头企业4家，黄冈市级龙头企业8家，开发了茶用、药用、食用、饮用、酿用等系列产品900余款。团风县是“省级农产品质量安全县”，现有国家级农业产业化优质企业1家、省级农业产业化企业3家，规模以上食品加工企业12家。全县规上食品加工产业总产值21.6亿元，目前全县已形成以馥雅食品为龙头，以永信食品为重点的产业梯队。馥雅食品2022年实现产值11.4亿元，实现税收2231.4万元。永信食品是目前国内最大的袋装花生品牌之一，市场占有率排名前列。英山县的食品饮料产业主要是以茶叶为主，全县现有茶叶加工省级龙头企业7家，市级龙头企业13家，年产值20亿元。拥有志顺茶业、绿屏茶业、皋陶茶业等多家集茶叶种植、加工、销售及茶文化研究发展为一体化的重点茶(饮料)龙头企业。罗田县金银花产业通过“公司+基地+农户+物联网”的产业发展模式，已经建成金银花产业集群。

## 三、黄冈市推进大健康产业发展的主要经验与做法

### （一）坚持高位推进，创新发展动力

市委、市政府高度重视大健康产业发展，先后出台《关于全面推进

黄冈中医药发展的实施意见》《黄冈市大健康产业发展规划(2018—2025年)》《黄冈市支持大健康产业发展若干支持政策》等政策文件，建立推进大健康产业发展“111425”工作机制(1个领导小组、1个发展规划、1个年度实施方案、任务+项目+政策+考核等4个清单、1个行业协会和1个大健康研究院两个支撑平台、5个工作专班)，高位推进“药、医、养、游、健”五位一体融合发展，以中医药为主导的大健康产业已成为全市重点支柱产业和新的经济增长点。

及时印发了《2023年黄冈市大健康产业发展实施方案》和任务清单、项目清单，进一步明确工作任务，压实工作责任。建立“一月一调度、一季一督办、半年一通报”的调度工作机制，每月对207个大健康产业重点项目进行调度分析，及时协调解决项目建设中的困难和问题，确保项目建设有序推进。市农业农村局编制了《黄冈市道地中药材优势特色产业集群发展规划(2023—2025年)》，着力打造“一核引领、四城联动、全域协同”的中药材产业集群发展总体布局。

## (二)坚持项目引领，夯实发展基础

一是抓项目谋划。坚持项目为王，积极推进大健康产业重点项目建设。全市重点调度的207个大健康产业项目计划完成投资169.86亿元，实际完成投资107.31亿元，投资计划完成率63.2%；新开工5000万元以上大健康产业项187个，总投资203.27亿元，计划完成投资116.58亿元，投资计划完成率为100%；新投产5000万元以上大健康产业项目201个，总投资219.17亿元，累计完成投资216.83亿元。麻城市龟峰山景区5A提升项目、邢绣娘生态旅游产业园综合体、麻城市文体中心、鄂东重大疫情救治基地、大别山地标优品智慧物流产业园等一批过亿元项目建成投入使用；总投资15亿元的人福医药国际高端新型特色原料药产业化项目有4个车间正在试生产；总投资12亿元的伊利数字化智能制造食品加工示范项目、总投资10亿元的福尔嘉年产10000吨抗乙肝(艾滋病毒)原材药及中间体项目等一批项目正在加紧建设中。

### (三)坚持品牌创建，拓展发展空间

实施全域大文旅战略，持续举办东坡庙会，打造“大美黄冈，此心安处”文旅品牌。建成“冈好购”电子商城、“冈好游”服务平台。成功举办第30届李时珍中药材交易会暨第7届蕲艾文化节、首届王叔和中医药文化节暨第十一届麻城菊花文化旅游节、首届庞安时中医药文化交流会等节会活动，不断提升黄冈大健康品牌。英山县被授予国家生态文明建设示范区、“中国康养旅游名县”和“荆楚文旅名县”等称号；蕲艾荣登全国区域品牌第30位，品牌价值110.05亿元，英山云雾茶、麻城福白菊入选中国地理标志农产品品牌声誉百强。全年新增中药材“二品一标”认证3个。蕲春成功申报“蕲春艾灸”集体商标，实现了蕲春县集体商标注册零突破。湖北一世缘蕲艾生物科技、湖北蕲艾堂科技产业荣登国家工信部《2022年老年用品产品推广目录》。组织65家大健康企业参加2023年世界大健康博览会，黄冈参展团被组委会授予“特别贡献奖”，搭建的“黄冈．李时珍大健康馆”登上央视晚间新闻(4月7日)和新闻联播(4月8日)，有效提升了黄冈大健康品牌知名度和影响力。

### (四)强化政策支持，助力企业纾困

市大健康办牵头起草并以市政府文件出台《关于支持中医药大健康产业高质量发展若干措施》“12条”，涵盖中药材良种繁育、标准化种植、精深加工、供应链平台、平台建设、科技研发、品牌建设等一、二、三全产业链。2023年争取市政府列支黄冈市农业科技赋能技术转让与推广应用奖补资金1260万元(市级列支400万元、县级配套860万元)，支持中药材产业发展中的种质资源退化、品种杂乱不一、栽培技术低效等共性核心问题；还争取省级中药材产业链项目资金2200万元、特色产业发展项目资金140万元支持全市中药材产业高质量发展。组织凤凰白云山药业等10家中药材省级龙头企业申报2023年省级重点龙头企业贷款贴息项目，补贴利息1016.4万元。结合“下基层察民情解民忧暖民心”实践活动，组织李时珍大健康研究专家深入卫尔康、辰美中药

等企业进行实地调研，为企业发展把脉问诊、指点迷津。

### （五）强化科技支撑，赋能产业发展

大力推广中药材测土配方施肥、有机肥替代化肥和病虫害绿色综合防控及蕲艾“五改两促”、林下种植、仿生栽培、间套轮作等新技术新模式，切实提高中药材质量安全水平。围绕中药材种子、农机具研发等成立了中药材（蕲艾、苍术、菊花）种业研发应用组和农机研发应用组；依托市农科院成立中药材研究所，组建中药材专业研究团队，联合华中农业大学、湖北中医大学、湖北省农科院等省内外专家，开展技术攻关，着力解决制约我市中药材产业发展中的种质资源退化、种植栽培技术单一、采收成本高等共性关键问题。2023 年，在全市示范推广蕲艾、菊花、茯苓新品种及技术成果 3 个，推广面积分别为 0.2 万亩、0.3 万亩、0.13 万亩，在罗田县、英山县推广天麻保鲜新技术 1 项。

## 四、黄冈市大健康产业发展存在的主要问题

近年来，黄冈市大健康产业发展虽然取得重大成绩，但还存在一些问题，尤其是新形势下，很多大健康企业生存较为困难。

### （一）顶层设计不清晰，体制机制有待完善

一是战略目标有待进一步明晰。黄冈市市委五届十三次全会提出：要深入学习领会习近平总书记关于中医药工作的重要论述，主动对标市委全会工作要求，坚持目标导向，发挥规划引领作用，坚持全产业链发展，注重传承创新，强化人才支撑，把大健康产业作为特色产业优势产业，高位推进中国中医药健康城建设，但到底在哪里建、如何建没、有没有标志性区域。亳州市自 2011 年获批国家级现代中药外贸转型升级基地以来，以国家级现代中药产业基地为载体，打造具有全球中药影响力的中药材交易市场，2022 年中医药流通贸易额达 1265 亿元。2023 年，黄冈市作为全省唯一获批创建国家中医药传承创新发展试验区试点

城市，如何抓住此次契机，将中医药产业和事业上升新台阶，有待于进一步思考。二是战略布局有待进一步优化。以安徽省为例，从战略层面布局安徽中医药产业。在亳州打造世界医药之都、全国中医药产业高地、国际中药材市场“桥头堡”建设，年产值超过500亿元。在六安市布局安徽省大别山中医药研究院，专门从事良种繁育、种植、加工等方面的研究，为亳州交易市场源源不断提供原材料。皖南医学院成立新安医学研究中心，促进了新安医学学术流派的发展，加快推进新安医学传承创新转化。更为重要的是但由于中医药人才短缺等原因，直接制约现代中医药产业转型升级和当地中医医疗水平提升。为破解这一难题，2020年7月，亳州市人民政府确定在亳州学院中药学院基础上成立亳州学院中医药学院，整合亳州市现有中医药资源，开设中药学、药学、中医学、护理学、针灸推拿学等12个专业，培养大量人才。对标对表，黄冈市无论是从平台建设布局、人才培养布局以及产业布局等方面都存在非常大的差距。三是缺乏专门管理人员。近年来，市委、市政府高度重视中医药产业发展，先后出台《关于全面推进黄冈中医药发展的实施意见》《黄冈市支持大健康产业发展若干支持政策》，市医疗保障局印发《关于加强医疗保障支持中医药发展的若干措施》等政策文件，以中医药为主导的大健康产业已成为全市重点支柱产业和新的经济增长点。中医药产业涉及中药农业、工业、商贸、仓储、医疗、养老、金融、文化、旅游、教育等各个方面，涉及职能部门多、职责分散。尽管成立了黄冈市中医药管理局，但中医药管理局挂在是卫健委，没有专门工作人员，中医药产业发展推进难度较大，很多好的政策、措施没有得到落实。

### （二）龙头企业支持度不强，产业能级有待提升

全市市场主体总体产业规模相对偏小、处于中低端水平、市场竞争力不强。全市中药材加工企业普遍规模较小，最大的中医药企业李时珍医药集团年产值未超过60亿元，与云南白药、步长药业、皖西制药等年销售过百亿企业相比，影响力和带动力明显不足。大部分药材企业停

留在“拣、洗、晒、切”等初加工和销售原材料上，处在“种药材、卖药材”阶段，80%中药材没有经过本地企业加工转化，天麻、茯苓、苍术等主导中药材绝大部分作为原材料销往外地，优品不优价，附加值极低。全市中药材加工企业普遍规模较小，规上加工企业只有29家，其中产值过亿元的企业仅7家，而华佗故里——安徽亳州过亿元的中医药加工企业达111家。我市线上中药材销售企业只有17家，2021年实现销售额仅有2.8亿元。李时珍国际医药港年交易额14.4亿元，而同为全国17家中药材专业市场之一的安徽亳州中药材交易市场拥有商户20000多家，日人流量6万人次，年交易额430亿元。生物医药产业规模以上企业，仅李时珍、稳健医疗、宏源药业、广济药业4家产值过10亿元，无1家过40亿元，其他大多数在1亿元以下。

以发展较好的蕲春县为例，大健康产业在全县遥遥领先，年年考核第一名。本地有湖北艾艾贴集团、李时珍医药集团等7家行业领军企业为龙头，其中蕲仁堂公司已成为湖北省农业产业化省级重点龙头企业，形成了以一世缘、大明古艾等22家成长型企业为骨干的蕲艾产业集群，有力带动涉艾工业上下游协同发展。科经、发改、商务等多部门联合发力，优化政策支持，鼓励涉艾企业技改赋能、进规入限、上市上柜。截至目前，全县登记注册涉艾市场主体已超过3000家，蕲艾加工企业达565家，其中过亿元企业7家，过10亿元2家；规上企业23家，高新技术企业25家。充分借助湖北省蕲艾产业技术研究院科研平台，鼓励蕲艾企业加大科研攻关力度，加强蕲艾产品精细化分类，在细分领域占据主导地位，目前已有15家涉艾企业分别获得湖北省第四批专精特新“小巨人”企业、湖北省科创“瞪羚”企业等荣誉，企业核心竞争力得到全面提升，有效推动蕲艾产业链供应链不断延伸拓展。截至目前，全县蕲艾企业旗下产品已达到28个系列1000多个品种，拥有准、械、消、妆字号122个，蕲艾系列注册商标3918件。产品差异化发展势头良好。不断完善并拓宽电商物流平台建设，开展线上线下销售和代理实体店1500多家，在天猫、淘宝等电商平台上开设网店10000多家，涌现出了唯艾科技、大明古艾、蕲艾堂等年网销额千万级企业10多家，连续五年荣获中国电商示范百佳县，蕲艾成为全国“20个千万级快递服务现代农业金牌项目”。但也只有18家企业入规，绝大多数企业存在研发能力差，产品研发深度不够，机械化加工水平低、产品同质化严重、市场占有率不高，没有在全国形成叫得响的蕲艾龙头企业。而以发展相对较弱的红安县为例，各方面发展相对滞后。主要问题表现在大健康产业规模小，2022年度大健康产业实现产值仅81.63亿元，新增进规入限大健康企业仅3个，大健康规上(限上)企业税收净收入仅0.62亿元。由于各种原因，重点项目开工不足，投资完成率不高。

以大健康产业发展一般的红安县为例，年初红安县大健康重点项目23个，总投资26.72元，完成投资17.98万元，投资完成率只有67.3%，并且还有6个项目未开工。红安县现有项目中大项目不多，且相对分散，缺乏过得硬、叫得响的名牌，“红安苕”“红安花生”“老君眉”茶等国家地标产品，名而不优、转化不足、渠道短小、品牌不强、品牌不响，转化能力不强，没有转化成旅游商品，没有形成名优品牌。有4A景区3家、3A景区6家，但还没有1家5A景区，没有龙头企业引领，抱团发展不够，大健康、大旅游、大农业融合发展不够，大健康产品供给不丰富，产业链条不长不强，产业之间融合发展不够，没有产生1+1>2的经济效益。

### (三)科创贡献度不大，产业创新有待突破

湖北省是“科、教、文、卫”大省、强省，黄冈作为武鄂黄黄都市圈重要组成成员，未能充分利用“科、教、文、卫”方面的便利优势。2023年，黄冈市全社会研发投入中，医药化工行业研发投入占比超过40%。医药化工各类创新平台35家，与黄冈市其他产业相比有一定的研发支撑基础，但是与全省平均水平相比，医药化工研发创新不活跃。2023年黄冈市研发投入强度仅为0.81%，比例远低于全国的2.4%，湖北省的2.1%。发明专利存量低，黄冈市每万人口发明专利拥有量为1.35件，仅为全国平均水平15.8件的8.5%，为湖北平均水平10.04件(2019年数据)的13.4%。医药化工行业研发相对有一定基础，但与

全省平均水平相比差距较大。全市 29 家规上中药材加工企业只有 425 名研发人员，研发经费仅为 0.56 亿元，只有 6 家规上企业拥有准字号批文，研发人员和经费投入严重不足。当前，全市医药化工专业人才存在培养不足，专业匹配度不高等问题。目前，全市仅黄冈师范学院和黄冈职业技术学院设有生物工程与制药工程等与医药有关专业，每年毕业生不超过 80 人，留在黄冈工作不到 20 人。

表 5　**黄冈市医大健康企业专利和研发投入统计表(2021 年)**

| 分类 | 企业数量 | 专利(累计) | | | 研发投入(万元) | 创新平台(家) |
|---|---|---|---|---|---|---|
| | | 实用新型 | 发明 | 外观设计 | | |
| 现代中医药 | 10 | 73 | 55 | 16 | 4220 | 5 |
| 化学制药及生物制药 | 13 | 104 | 203 | 0 | 27950 | 13 |
| 医用材料 | 9 | 110 | 62 | 0 | 9470 | 3 |
| 化学原料和化学制品 | 17 | 199 | 131 | 0 | 29450 | 14 |
| 合计 | 49 | 486 | 451 | 16 | 71090 | 35 |

相比较而言，江苏恒瑞医药股份有限公司位于地址位于连云港经济技术开发区，先后承担了国家重大专项课题 57 项，推进 50 余种创新药临床开发，240 多个临床项目在国内外开展，年年都有多项 I 类新药获得临床批件，一个公司研发投入远高于全市科研投入。

**(四)品牌知名度不高，产业特色有待提升**

黄冈市虽然道地中药材多，但缺乏叫得响的区域品牌和企业品牌。一是品牌意识淡薄。2023 年 3 月 28 日由中国中药协会主办了第三届中国中药品牌建设大会，评选出“2022 道地药材品牌”中，蕲艾是湖北鹤艾堂科技有限公司入选，湖北鹤艾堂科技有限公司是否能代表蕲艾产业，值得商榷；评选“中药饮片品牌产品”20 个，湖北只有九信中药集团(武汉)的天麻饮片入选；评选“中药饮片品牌企业”29 个，湖北也只有九信中药集团(武汉)上榜。在“中成药企业”100 强中黄冈无企业上榜；评选“2022 生态中药材品牌”12 个，黄冈无企业上榜。罗田九资河茯苓、天麻、英山天麻和苍术均入选农业农村部农产品地理标志产品，是优质道地药材，具有强势的竞争力，但并没有建立起足够的品牌知名度为行业所知。由此可见，黄冈中医药企业整体没有重视“品牌”的建设。二是品牌传播力不强。市场主体绝大部分有意识的加强与外部合作，多数局限于联合科研院所、大学进行产品专业相关的科技攻关或研发工作，没有整合外部资源对品牌的系统性设计与外部合作进行研究。既缺乏专业化的品牌宣传，又没有和相关专业机构进行合作品牌建设和传播，特别缺乏在国家级平台进行品牌传播。三是品牌识别度不高。蕲艾荣登全国区域品牌(地理标志)第 30 位，是全国中药材地理标志价值最高品牌，也是湖北省唯一入围前 30 强的地理标志品牌。但蕲艾与其他艾草区别没有一个显性量化指标，导致整体辨识度不高。英山茯苓荣获第四届全省地标大会金奖，但九资河茯苓也是全国闻名。黄冈中医药企业引以为傲“李时珍”品牌在湖北本土受到较好的保护，但别的省份也有以李时珍为名称的公司，由于宣传力度更大，甚至超过了黄冈本地的“李时珍”品牌。

### (五)标志性工程缺乏，社会影响力弱

一是缺乏明确的标致性区域。从健康谷、医药城、示范区建设来看，一致没有明确标致性区域。蕲春提出突出蕲艾大健康产业集群、发挥蕲春建设中国中医药健康城核心区主导作用，但蕲春只是一个县，无法承担全市的健康谷、医药城、示范区建设重担。二是缺乏一个标志性产业示范园区。以中医药大健康为例，道地药材供应链平台建设可以大幅提升道地药材的产值、附加值，整体提高黄冈市道地药材的知名度和市场竞争力，围绕道地药材供应链建设一个示范性产业园区具有重要意义。三是缺乏标志性产品。蕲艾、茯苓、天麻、苍术等绝大多数道地药材品种的加工处在“拣、洗、晒、切”的初级阶段，部分品种有一些终端产品，但同质化严重、科技含量、附加值不高。新产品开发是提高道地药材附加值的有效途径。黄冈缺乏六味地黄丸、片仔癀、云南白药这

样标志性产品。四是缺乏一批标志性人才，提供大健康产业人才支撑。黄冈市基础教育的成功得益于黄冈师范学院培养大量的中小学教师；南阳中医药产业和事业的高度发展得益于南阳医专中医系、药学系、针灸骨伤系、医学技术系、康复医学系每年培养大量的中医药方面的人才。黄冈市是全省唯一一个没有医学高等教育的地级市，无法为中医学、医疗服务、临床医学提供源源不断的人才支撑。

## 五、高质量发展黄冈市大健康产业的战略与路径

### （一）强顶层设计，明晰产业定位

加强顶层设计，以满足人民健康需求和中医药服务需求为根本出发点，按照全要素集聚、全产业链服务、全方位立体化格局，打造大品牌，建设大园区，形成大产业。

一是优先发展现代中医药产业。按照“建基地、提品质、育品牌、强龙头、深加工、促融合、广应用”的发展思路，以蕲艾产业链为基础，打造菊花、茯苓、金银花、虎杖、葛根等国家地理标志保护产品多种产业链条，在建设优质中药材生产基地的基础上，重点发展中医药精深加工业，加强科技创新提升中医药产业的附加值，构建“优质中药材生产基地—中医药产业集群—现代中医药流通市场”一体化的中医药产业发展格局。在《黄冈市支持大健康产业发展若干政策（试行）》基础上，更大力度出台《黄冈市支持中医药产业发展的若干措施》，高标准建设创建国家中医药传承创新发展试验区力争“十四五”末中医药全产业链产业产值达到500亿元。二是重点发展化学制药及生物制药产业。着眼于化学制药及生物制药产业链的短板弱项，加大龙头企业培育力度，在进一步巩固医药中间体和维生素、甲硝唑、乙二醛等大宗原料药生产规模的基础上，重点发展肝素类等特色原料药和化学制剂药，加大引进抗肿瘤药等专利原料药企业布局建厂和新产品生产线的力度，提升产品的附加值和市场竞争力。同时，加快发展生物制药及延伸产品的步伐，通

过引链、补链建设，促进化学原料药链条向具有高附加值化学制剂药和保健品、化妆品等方向延伸。三是稳步发展化学原料及化学制造品行业。围绕化学原料及化学制造品行业全价值链发掘、全产业链开发，以湖北中蓝宏源新能源材料有限公司的六氟磷酸锂、湖北祥云(集团)化工股份有限公司的磷化工和美丰化工科技有限公司的紫外线吸收剂为核心，加强产业链配套企业的招商，重点打造新能源材料、磷化肥和紫外线吸收剂等细分行业产业链，通过加快发展精细化学品、专用化学品等精细化工，促进化学原料及化学制造品产业链条向具有高附加值的精细化工方向延伸，全面提升黄冈市化学原料及化学制造品产业综合效益和竞争力，力争“十四五”末生物医药全产业链产业产值达到500亿元。四是逐步推进医用材料行业发展。以鱼跃医疗、三诺生物、乐心医疗和九安医疗等先进医用材料企业为目标，以稳健医疗(黄冈)、高德急救防护用品、洛曼劳仕(湖北)医疗用品等企业为基础，进一步加大科技创新和研发的扶持力度，在稳步发展卫生材料、急救防护用品等医用材料产业的基础上，重点发展高价值医用耗材、医疗设备和IVD(体外诊断)等方面的医用材料企业，扶持洛曼劳仕(湖北)医疗用品布局市场潜力大、行业特色鲜明、技术含量较高的医用材料产品，促进医用材料行业全面创新升级发展，逐步推进产业由普通的医疗材料生产向高端医疗器械、医疗设备生产等方向发展，力争“十四五”末医用材料产业链产业产值达到100亿元。

**(二)强龙头企业，壮大产业规模**

一是做大市场主体。围绕人才、土地、金融、税收等资源要素，在“研发—生产—流通—保障”产业链环节上“按需”给予支持，培育壮大一批高新技术、“专精特新”“科技小巨人”企业，提升企业全国市场竞争力。对省级“专精特新”小巨人的企业、省级“制造业单项冠军”示范企业、省级“制造业单项冠军产品”的企业、省级绿色工厂企业、被认定为省级服务型制造示范企业、省级智能制造试点示范企业给予重奖。例如大力支持辰美药业、李时珍医药集团在黄冈、湖北省乃至全国中医院推广应用配方颗粒和中成药，做大黄冈市市场主体配方颗粒和中成药的市场份额。二是做强行业龙头。聚合市优势资源，通过整合、重组、兼并等方式，在生物医药、医疗器械、现代中医药、健康食品等细分行业，培育一批全国一流的“链主”企业和“旗舰”企业。建议湖北省国有大型企业收购李时珍中医药集团，充分发挥“李时珍”品牌优势，将其打造成中医药领域的“航空母舰”。三是做优产业结构。充分利用武鄂黄黄都市圈、黄花湖凌空经济港区位优势，抓住国内大型龙头企业转型机会，实行“一企一策”优惠政策，通过专业招商、靶向招商，招引一批国内外知名公司在黄冈建分公司，引领带动全市大健康产业发展。如抓住 IT 移动端企业布局医疗器械行业的风口，引进一批优质 IT 企业入驻开发区；促进以互联网、大数据、人工智能、区块链等为主业的数字新技术企业在全市布局大健康产业，成为推动黄冈市大健康产业发展的新引擎。利用好武汉-黄冈同城化发展，从做好武汉重点企业产业配套切入，承接武汉光谷的产业外溢，布局医用高分子、医用金属等医用材料产业，引进国内外大型药用包装材料企业和国内外知名药用辅料企业，促成企业技术联合与产品孵化，建设高端药用玻璃包材生产基地。

**(三)强创新引领，激发产业动能**

一是充分利用湖北省科创平台。充分利用武鄂黄黄都市圈的优势，加强与全省大健康产业领域共建国家重点实验室、国家工程(技术)研究中心、国家企业技术中心、国家临床医学研究中心等国家级科创平台，成立黄冈李时珍中医药科技创新中心，对接湖北境内科创平台，为全市大健康产业提供高能级科创支撑。二是引导科技创新。引导科创平台围绕重点新药创制、高端医疗器械、现代中药等领域进行科技创新，对前沿科技和相关技术进行攻关，力争产出“颠覆性”的科研成果、攻克一批卡脖子技术，培育产业发展新动能。对进入(含首次开展和进行中的)Ⅰ、Ⅱ、Ⅲ期临床试验阶段的中药的企业或单位，分别按照 50 万元、100 万元、200 万元的标准给予一次性资金补助。凡取得药品生产资质并转化为生产力的，或从外地进行技术转让引进的中药品种，每个品种奖励50万元，最高不超过300万元。三是激发创新活力。调动科研人员的积极性，鼓励科研人员成果资本化，组建跨行业的创新利益共同体，推动“医、企、研”协同创新发展；支持企业建设高水平创新载体，支持“校企联盟”“校企联合实验室”等多种合作平台建设，采用“后补助”方式对企业研发费用给予补贴。例如对获批省级认定的工程中心、重点实验室的企业、事业单位，给予50万元奖励；引进省级以上科研团队(学科带头人获得省级以上人才称号)，并成功获批省部级以上项目，按照项目金额50%配套奖励。四是推进重点项目。组织科技专家、企业家、销售专家对新药创制、高端医疗器械、现代中药等重点项目进行集中梳理、评估分类，确定前期项目、潜力项目、攻关项目、即将产业化项目，针对不同类型项目进行分类推进、跟踪管理。五是加大资金扶持。充分利用湖北省长江经济带产业基金、湖北高质量发展产业投资基金、湖北省大健康产业发展专项等扶持资金，“点对点”对黄冈市重点推进项目给予集中扶持，同时做好资金使用的绩效评价，确保资金用到需要的项目上。

### (四)加强品牌塑造，提升产业质效

一是重点支持市场主体进行品牌建设。围绕道地中药材种植、饮片加工、颗粒配方生产和中成药生产销售四个层面，指导市场主体积极参与湖北省荆楚品牌培育工程项目，力争每个层面均有多个项目入选。对于中药材产品新被认定为地理标志商标的、中药材产品商标新被认定为中国驰名商标、湖北省著名商标的企业给予不低于20万元重奖。二是加强区域品牌意识培养。以区域公用品牌为主导，分类制定发展规划，以产品认证加强品牌属性，如将“菊花”“苍术”“茯苓”基地建设取得GAP认证、“三品一标”等认证融入相应产品的品牌建设。三是增强企业子品牌建设，提升品牌效应。以区域品牌为基础，支持市场主体从原料药、饮片加工、配方颗粒和中成药生产等不同层面积极推进产品的子品牌的建设。四是提升区域公共品牌知名度和号召力。通过举办高标准、高规格、高水平的国际性、行业性、专业性博览会、论坛，持续提

升“十大楚药”品牌在国内、国际市场知名度。黄冈市周边和湖北省关键的高速公路出入口、国省干道公园、广场、康复机构设置固定和动态的广告宣传，让更多的受众了解黄冈中药品牌。五是积极与中医药行业相关协会合作，定期发布品牌。鼓励中医药企业积极参与中药材相关的产品推介活动，在行业中主动阐明品牌的核心价值和产品理念，提升知名度，增加话语权。六是充分利用数字化平台，以网络为媒介促进品牌传播。创作高质量的特色的中医药产品视频、音频，持续增加已有消费人群的产品黏性，提升产品口碑。

### (五)实施标志性工程，建设国家中医药传承创新发展试验区

一是建设一座标志性场馆，创新中医药产业发展模式。抓住《本草纲目》作为世界物质文化遗产入选《世界记忆名录》的契机，在黄冈主城区建设“《本草纲目》世界记忆公园”，建成集健康游乐体验、健康养生体验与产品销售、疑难杂症诊疗于一体的“中医药文化迪士尼乐园”。运用数字化技术再现《本草纲目》中1892种药物与11096个药方，按照道地药材生长环境物化、活化为植物馆、动物馆、矿物馆、化学馆、李时珍采药馆、品牌药企展示馆，从而打造大型中医药游乐博物馆，供全市、全省、全国游客特别是青少年体验《本草纲目》和李时珍中医药文化的巨大魅力。充分利用黄冈拥有的国家地理标志保护产品、湖北省特色优质农产品，通过食疗养生模式，为游客提供食疗服务；充分发挥蕲艾艾灸疗为特色的中医药康复理疗、养生保健优势，为游客提供健康艾灸养生服务，打造高质量中医药健康养生中心，带动健康产品销售。组织国医大师、湖北名师、名老中医通过5G、远程医疗等信息化手段，采用线上线下相结合的方式，开展中医药治疗癌症、心脑血管、糖尿病、失忆、失眠等疑难杂症，将“《本草纲目》世界记忆公园”打造成全国疑难杂症中医药诊疗中心。二是建设一个标志性产业示范园区，做大中医药产业规模。通过引进、培育的方式吸引一批链主企业入驻。聚合全市乃至全省优势资源，在现代中医药、药食同源健康食品等细分领域，通过整合、重组、兼并等方式，做大企业“块头”，在人才、土地、

金融、税收、法律等要素配置上“按需”支持，“点对点”对其链主企业重点项目重点支持，力争培育一批年销售额过100亿、国内一流的“链主”企业。大力支持“链主”企业牵头，以核心技术、创新能力、自主知名品牌、标准制定、营销网络为依托，建设供应链平台以增强对供应链上下游资源的整合能力。构建以“供应链金融”为核心的资金流服务模式进行对园区链主企业进行金融政策重点支持。使其在供应链上游的农资农户、中游的仓库、物流、精深加工、下游的销售三个重点环节实施供应链金融服务，盘活全供应链上的各类资金流，实现资金的安全、信用、高效和增值。由链主企业牵头打造六大智慧生态场景——“智慧种植、智能加工生产、智能物流、智慧销售、智慧金融、智慧文旅”，将药农、药商、加工作坊、加工企业、零售商店、医药公司等商业主体串联在一起，形成一个巨大的利益联合体，相互融合、相互补充，共同抵御市场风险，共同创造获得更大经济效益，最终做大做强园区。三是建设一批标志性服务平台，提升中医药产业能级。建立大别山道地药材良种繁育中心，提供统一良种种源、种植技术，提高中药材产量、确保中药材质量，实现优质优价，提高种植类商业主体种植积极性。通过建设大别山道地药材溯源体系，覆盖主要中药材从种植(养殖)、加工、收购、储存、运输、销售到使用全过程追溯体系，实现来源可查、去向可追、责任可究。通过建设趁鲜加工中心，为种植户提供趁鲜加工、常温仓、阴凉仓、冷库多种仓储养护服务，一方面解决种植户担心药材腐烂等后顾之忧，另一方面实现道地药材资源的汇聚。四是开发一批标志性产品，延伸中医药产业价值链。对市、县中医院的院内制剂进行新产品开发的立项支持、食品药品监督管理局加强引导服务，精准进行招商，开发出六味地黄丸、丹参地黄丸、速效救心丸、片仔癀等科技含量、附加值双高的明星品种。充分发挥中医药治未病的优势，开发降血糖、降血压、补气、美容等“蓝帽子”保健品。利用药食同源中药材对经典名方非药食同源中药材进行替换，进行二次开发，针对市场对滋补养生、美容养颜、改善睡眠、提高记忆力等市场热点品种的需求，推出系列产品。五是培养一批标志性人才，提供中医药产业人才支撑。将黄冈市中心医院、中医医院建设成黄冈师范学院的直属附属医院，联合进行人才培养。支持黄冈师范学院李时珍中医药学院在中药学专业基础上，申报中医学、针灸、推拿、康复学等专业，为黄冈市培养中医、中药、中医康复治疗方面的中医药应用人才，为中医药产业和事业的发展作出贡献。鼓励支持黄冈师范学院、黄冈市中心医院、中医医院引进一批中医药健康产业和事业发展急需的科技创新领军人才、国医大师和传承创业人才。

**撰稿人：** 陈向军　黄冈师范学院党委书记、二级教授、博士
何　峰　李时珍中医药文化与产业研究中心教授
秦尊文　湖北省社会科学院研究员
向　福　李时珍中医药文化与产业研究中心教授
刘汉成　黄冈师范学院商学院教授
王书珍　李时珍中医药文化与产业研究中心教授
张　磊　李时珍中医药文化与产业研究中心博士

# 湖北省郧西县七夕文化创新转化调查研究

吴海涛　柳长毅

习近平总书记指出：中华优秀传统文化具有深厚的历史底蕴和独特的文化内涵。它不仅是中华民族的精神命脉，也是涵养社会主义核心价值观的重要源泉，也是我们在世界文化激荡中站稳脚跟的坚实根基。习近平文化思想提出要“着力赓续中华文脉、推动中华优秀传统文化创造性转化和创新性发展”，其目的是使传统文化与现实文化相融相通，文化发展与经济建设互促互进，服务于中国式现代化建设和人民美好生活的需要。

在中华民族优秀传统文化中，七夕文化源远流长、广为流传，是民间影响力最大的传统文化之一。湖北省郧西县作为古人类的发源地之一，郧西七夕文化既根植于七夕文化传统的深厚土壤，又别具特色、独成一脉、自成体系。郧西县委、县政府高度重视七夕文化发掘和对该县文旅产业的拉动，从2009年开始打造七夕文化及其相关文旅产业，取得明显成就。郧西县先后被省级、国家级有关行业协会命名为“湖北省天河七夕文化之乡”“中国喜鹊之乡”“中国天河七夕文化之乡”，2011年郧西七夕被列入国家级非物质文化遗产名录，“天上七夕·人间郧西”这一文化旅游品牌更加响亮，“中国郧西天河七夕文化旅游节”已成为鄂西北地区最具影响力的群众性文化盛会，成为了“中国最具魅力文化旅游名县”。郧西七夕文化创造性转化，带来了郧西经济的快速发展，2020年至2022年，郧西县GDP从95.15亿元增长到121.46亿元，增长27.65%；城镇居民人均可支配收入从28346元增长到32963元，增长16.29%；农村居民人均可支配收入从11421元增加到13880元，增长 21.53%。尽管郧西七夕文化的创造性转化取得了明显成效，但是仍然存在一些外在挑战和内部短板，急需通过深入调查研究和系统分析，提升郧西七夕文化创新转化质量，促进郧西县域经济高质量发展。

## 一、郧西县七夕文化资源禀赋

郧西七夕习俗渊源由来已久，最早记录见于南北朝梁宗懔《荆楚岁时记》，记述了楚地“人家妇女结彩楼穿七孔外，或以金银愉石为针”“陈瓜果于庭中以乞巧，有喜子网于瓜上则以为符应”等习俗。郧西天河是世界上唯一与“牛郎织女”传说中的天河重名的河流，定名于汉代，是汉江的第三大支流。郧西双生天河之渊源，与天象有着极为密切的关系，天文历法《夏小正》记有天空明亮的织女、南门以及最显眼的天河。郧西地处中西部接合的湖北西北山区，背靠秦岭，脚踏汉水，境内有汉水和天河交汇，与文献书中对“银河”的解释相吻合。郧西七夕习俗历史悠久，古即有之。天河汉水之交，是古代政治、经济、文化高度发达的地区，为牛郎织女传说及七夕习俗的形成提供了土壤和客观条件。

牛郎织女神话故事中的关键人物与事物在郧西可以找到对应的实物。如天河中下游石门湾儿两侧的山崖上栩栩如生地矗立着一对天然石像。远处望去，仿佛是穿着古装的男女，当地人称之为“石公公”和“石婆婆”，其中“石公公”是牛郎石，“石婆婆”是织女石。位于王家坪村天河段金钗石，远看形似女人头上插的金钗一般，直指苍天。传说当年王母娘娘为阻止牛郎追妻，情急之下，便取下头上的金钗，在牛郎与织女之间一划，形成了现在的天河，尔后气愤地扔下了金钗回到天宫，金钗就落在天河化作了现在的金钗石。郧西盛产绿松石，相传绿松石是王母娘娘头上金钗的绿宝石，因王母娘娘用力过猛而抖落人间，化入大地成了绿松石。郧西八景之首玄鼓观，因崖上的“悬鼓石”而得名，相传此石是女娲炼石补天的余石，也有传说是织女下凡洗浴放置衣服的仙石。地处郧西中西部的六郎乡，原名牛郎乡，是牛郎织女文化发源地之一，历史悠久，文化底蕴丰厚，因其处于漫川关与夹河关的中心地段，故史称“中关”。

郧西“七夕文化”的核心是牛郎织女的爱情传说故事，无论是七夕节日里的节俗活动，还是平日里传唱的歌谣小调，牛郎和织女的身影或明明朗朗，或影影绰绰地存在其中。目前，郧西有葡萄架下听夜话、放河灯、穿针乞巧、投针验巧、做巧食、请七姐等七夕民俗。

## 二、郧西县七夕文化创造性转化成效

郧西县充分认识到郧西县丰富的七夕文化资源对郧西经济社会发展的重要意义，从2009年开始打造七夕文化，并对七夕文化进行创造性转化，带动县域经济发展和人民生活水平提升。从品牌打造来看，“郧西七夕”分别在2010年3月、2010年11月、2011年6月和2014年12月被郧西县人民政府、十堰市人民政府、湖北省人民政府和国务院公布为县级、市级、省级和国家级非物质文化遗产代表性项目；郧西也分别在2012年、2013年和2014年被省级、国家级有关行业协会命名为“湖北省天河七夕文化之乡”“中国喜鹊之乡”和“中国天河七夕文化之乡”。

在品牌打造的基础上，郧西先着力推动七夕与旅游融合的文旅产业的发展。2015年，郧西县借助七夕文化“火种”，举办七夕文化旅游节活动，持续放大旅游效应，郧西文化旅游行业蓬勃发展，接待游客448万人次，实现旅游综合收入23亿元。2016年8月七夕商品展销会期间，各参展企业现场交易67万余元，线上交易150万余元，签约购销订单2100万元。2017年，郧西深入推进七夕文化开发，充分发挥文化的认知、整合、导向功能，在保护和传承中，推进郧西七夕文化开发，使传统文化在新的历史语境中。2018年，郧西全年累计接待游客754.89万人次，实现旅游收入50.07亿元。2019年10月国庆假期间，共接待游客35.8万人次，实现旅游综合收入1.62亿元，同比分别增长20.09%和22.7%。焕发出新的光彩。2017年8月七夕文化旅游节期间，旅游节的推介会上，郧西4家4A级景区与省内外百余家旅行社签约；经贸洽谈会上，17个项目集中签约，总金额11.9亿元；地方特色产品展销会上，全县农特产品线上线下销售 1000 余万元。2020 年 8 月，“七夕印象 · 郧西田园生活节”期间，郧西累计接待游客 51 万人次，实现旅游综合收入 2.7 亿元，经贸洽谈会签约项目 11 个，35 个项目达成意向，协议资金 57 亿元。

2021 年，郧西七夕文旅发展进入创新腾飞的新发展阶段，人民对美好生活的向往更加多样化，居民消费结构不断升级，七夕文旅在内的精神文化消费需求更加旺盛。2021 年，郧西县七夕文化传承中心文化旅游体育与传媒加大文化发展投入力度，全年共开展送戏下乡演出 163 场，丰富了广大人民群众的文化生活，促进郧西县经济社会高质量发展。2022 年，郧西县七夕文化传承中心文化旅游体育与传媒支出 202.25 万元，开展送戏进乡村、戏曲进校园活动 167 场。2022 年郧西天河七夕文化旅游节期间，累计接待游客 120.44 万人次，实现旅游综合收入 5.2 亿元，七夕经贸洽谈暨文旅推介会签订高端装备制造、新材料、新能源、文旅等项目 26 个，总投资 223 亿元，协议资金规模为历史之最。2023 郧西七夕期间接待游客 244.67 万人次，各类酒店、旅馆入住率 100%、实现营业额 2100 余万元，餐馆实现营业额 5200 余万元，实现旅游综合收入 10.05 亿元。2023 年，“七夕链”上相关文化产业企业超过 110 家。

## 三、郧西县七夕文化创新转化存在的问题

自 2009 年以来，郧西县挖掘七夕文化，促进七夕文化创造性转化，带来了显著成效，但是通过实地调查并与山西和顺县、山东沂源县进行对比分析发现郧西以七夕文化为主题的文旅产业发展还存在一些问题。

其一，郧西七夕文化遗存较少，文化形象表现形式不足。以和顺县为例，该县南天池村就分布了许多与牛郎织女故事相关的古地名与景物名称达 15 处之多。从郧西现有关于七夕文化相关遗存统计情况来看，有关七夕文化的物质载体不够丰富，特别是与牛郎织女故事相关的建筑遗址、古地名、碑林石刻等文物遗址明显较少。同时，七夕文化的表现

形式主要为传统民俗活动和现代节庆活动，缺乏多样化的艺术展现形式；七夕文化的呈现缺乏对先进技术手段的运用，呈现手段不够科技；七夕文化的传播主要依靠传统的媒体渠道，传播渠道不够立体。这些都直接导致郧西县七夕文化旅游体验的氛围感不够强，在营造城镇文化氛围、培育社会民俗氛围、宽松行政管理氛围等“三大氛围”方面存在明显不足。

其二，七夕文化系统谋划不够，旅游产品创意相对缺乏。经过十几年打造，目前郧西积累了一定的七夕文化资源且有一定区域特色，但郧西七夕文化在传承利用上缺乏系统全面规划，缺少引爆郧西七夕文化旅游发展的“金点子”“大创意”，严重制约了郧西文旅产业发展空间。除了每年一度的七夕文化节庆活动之外，郧西在七夕文化传承发展、居民七夕文化素养、七夕公共文化空间、七夕文创产业发展、七夕文化传播等方面的专项具体计划较少，导致郧西七夕文化旅游开发缺乏具体思路和举措，不利于调动郧西各部门共建共推七夕文化项目，也不能充分释放出郧西七夕文化的经济、社会、环境效益。七夕文创商品设计缺乏足够创意，在形式上较为同质化、不够新奇，在内涵上过于表层化、不够新意，在功能上比较单一、不够新颖。导致文创消费增长有限，也不利于充分挖掘七夕文化附加值。

其三，七夕文化故事有待完善，郧西版特色不够鲜明。郧西版七夕文化故事源远流长，但相关遗存遗迹保留有限，再加之历经不同时期的沉淀、发展和传播，难免存在故事逻辑漏洞和情节矛盾等问题，特别是存在一些与当前主流价值观不相协调的精神成分。此外，由于郧西在发展旅游过程中对七夕文化的挖掘深度和广度不够，导致全县紧扣七夕文化主题的旅游景区不多，融入七夕文化元素的旅游酒店较少，开发七夕文化旅游线路的旅行社偏少。

其四，七夕文化宣传广度欠缺，旅游客源市场引流不够。作为中国传统习俗，七夕节具有广泛的群众基础，但受限于其时效性，七夕文化旅游活动过于集中在农历七夕节前后一段时期，而在其他月份的热度明显不高。郧西旅游发展虽然起步较早，七夕文化节也已举办多年，有一定区域知名度。但在文旅融合新时代背景下，郧西旅游宣传缺乏主动性、针对性，特别是对于新媒体、新技术的运用还不够。特别是郧西版七夕文化故事的全社会普及度还不够高，群众文化素养和旅游服务意识有待提升，七夕文化认同不强，将导致郧西七夕文化旅游发展缺乏上下同心、双向奔赴的群众基础，不利于七夕文化做大做强。

## 四、郧西县七夕文化创新转化对策建议

经过深入调查研究，郧西县七夕文化创新转化应当遵循“坚持合理扬弃，传承优秀文化；坚持改革创新，增强内在动力；坚持融合发展，提升产业档次；坚持生态优先，推动绿色发展；坚持科技引领，实现可持续发展”基本指导方针。深入贯彻落实习近平总书记在文化传承发展座谈会上的讲话精神，按照“两区两圈三带”旅游发展布局和“一江两河”战略布局，聚焦建设“绿色低碳先行区、全域旅游示范县”目标，积极抢抓产业结构升级、“武西”高铁开通等重大机遇，充分利用郧西山清水秀、历史悠久、文化遗存丰富等先天优势，以推动高质量发展为主题，以发展具有郧西特色的文旅产业为主线，以解放思想、改革开放为动力，以加快全县经济社会发展、提升人民生活品质为目的，以郧西版七夕文化为内核，以“景区建设、节庆活动、文创产品”为载体，着力在七夕文化普及、节庆表现形式、文艺作品创作、社会氛围营造、决策与落实机制创新等方面下大气力，持续打响“天上七夕，人间郧西”和“天子渡口，古塞上津”等文旅品牌，持续打造秦巴地区名扬中外的“浪漫之都、爱情之城、美女之乡”。具体对策如下：

其一，创新七夕文化表现形式。加强现有七夕文化遗存遗迹保护与利用，结合七夕文化，特别是郧西版牛郎织女故事情节，创作一批再现郧西七夕文化故事的景观小品、景点景区和场所场景。设立七夕文化传承基地，培养专业从业人才，加强郧西七夕文化相关文艺作品创作。以现有郧西城关镇规划区为主体，全面融入七夕文化元素，围绕“浪漫之都、爱情之城、美女之乡”主题，重新规划、建设、改造城市街区风

貌、沿河景观、特色景区、民俗文化等，提升郧西七夕文化旅游吸引力。改变传统的节庆方式，避免同质化、雷同，增强民众广泛参与、普及面广、可持续、受认可度高。

其二，多方联动扬弃七夕文化。进一步完善郧西七夕文化故事，找出其中存在的逻辑漏洞以及与现代社会价值观念不符的内容，对情节不合逻辑、人物行为矛盾的内容予以修改完善，不断扬弃七夕传统文化，契合当代社会主流价值观。持续开展郧西版七夕文化进校园、进企业、进社区、进旅馆、进公共场所“六进”工程，做好“学”“做”结合文章。不断扩大郧西版七夕文化故事全国知晓度，推动郧西七夕文化旅游产业快速发展，可采用“多屏联动(手机、电脑、电影、电视等)”的宣传方式，借助多屏协同合作的辐射面广、影响力大的优势，同时结合移动终端手机屏、电视屏幕、电影大屏幕等不同平台特点，投放通俗易懂、生动活泼的郧西七夕文化故事主题海报和宣传视频，形成多屏联动共同宣传郧西七夕文化的强大声势和浓厚氛围，扩大郧西文旅品牌影响力。

其三，持续扩大七夕文化影响力。广泛征集郧西七夕文化旅游文化形象设计，遴选郧西文化七夕文化形象大使，扩大郧西七夕文化节庆活动规模，大力打造郧西七夕文化旅游品牌。与高校攻坚七夕文化研究院和产学研基地，挖掘七夕文化当代价值内涵；组织组织学术研讨会、研究交流活动，邀请专家学者分享七夕文化研究成果；举办七夕民俗文化体验活动、牛郎织女故里寻根之旅、天河七夕浪漫之旅、七夕文化创意大赛等特色七夕文旅活动。

其四，加强七夕文化游客引流力。进一步完善旅行社招徕游客奖励政策，并常态化实施旅行社奖励补助、组织入郧过夜团队游和精品旅游线路游奖励。成立郧西县文旅企业联盟机构，加强文旅企业之间的交流与合作。同时，积极参与国际、国内文旅行业的交流与合作，提升郧西文旅产业的知名度和影响力。抢抓西武高铁的历史机遇，提前在西安和武汉两大省会城市宣传造势，针对性开展营销活动，强化游客引流。针对十堰市场的开发策略上，充分发挥与十堰城区的近邻地缘优势，强化十堰市“后花园”的市场定位，积极宣传推介郧西周末家庭亲子游、七夕文化研学游、乡村休闲生态游、七夕狂欢体验游等文旅产品。

其五，系统推进项目扎实有序推进。为进一步强化七夕文化的全面引领作用，提升郧西七夕文化旅游的知名度、辨识度和美誉度，郧西应充分发挥专业机构、专家智库的“外脑”“智囊”作用，集思广益，群策群力，从全局、全域、全面上总体谋划郧西七夕文化旅游发展。在总体谋划的基础上，做细相关创意和重点项目的深度规划。例如扣紧“浪漫之都、爱情之城、美女之乡”，建设“七夕文化城”；聚焦七夕主题，规划秦巴山区婚俗大观园，提前做好具体项目建设推进和重大活动的工作计划和落实方案。

**撰稿人：** 吴海涛　中南财经政法大学工商管理学院院长、教授、博士生导师

柳长毅　中南财经政法大学兼职教授，中国科学院地理信息研究所特聘研究员

# 2023年湖北省国民经济和社会发展主要指标

| | 单位 | 2022年 | | 2023年 | |
|---|---|---|---|---|---|
| | | 实际数 | 增幅(%) | 实际数 | 增幅(%) |
| 生产总值(当年价) | 亿元 | 53734.92 | 4.3 | 55803.63 | 6.0 |
| 其中：第一产业增加值 | 亿元 | 4986.72 | 3.8 | 5073.38 | 4.1 |
| 第二产业增加值 | 亿元 | 21240.61 | 6.6 | 20215.50 | 4.9 |
| 规模以上工业增加值 | 亿元 | — | 7.0 | — | 7.0 |
| 第三产业增加值 | 亿元 | 27507.59 | 2.7 | 30514.74 | 7.0 |
| 人均地区生产总值 | 元 | 92059 | 3.4 | 95538 | 5.9 |
| 全社会固定资产投资(不含农户) | 亿元 | — | 15.0 | — | 5.0 |
| 社会消费品零售总额 | 亿元 | 22164.80 | 2.8 | 24041.89 | 8.5 |
| 出口总额 | 亿元 | 4209.3 | 20.0 | 4333.3 | 4.7 |
| 实际使用外资 | 亿美元 | 26.45 | 5.7 | 27.28 | 3.1 |
| 地方一般公共预算收入 | 亿元 | 3280.73 | 8.5 | 3692.26 | 12.5 |
| 城镇居民人均可支配收入 | 元 | 42626 | 5.8 | 44990 | 5.5 |
| 农村居民人均可支配收入 | 元 | 19709 | 7.9 | 21293 | 8.0 |
| 居民消费价格指数 | 上年=100 | 102.1 | — | 100.1 | — |
| 城镇化率 | % | 64.67 | — | 65.47 | — |
| 年末全省城镇登记(调查)失业率 | % | 5.5 | — | 5.4 | — |
| 人口自然增长率 | ‰ | — | -2.01 | — | -3.15 |

数据来源：2022年、2023年湖北省国民经济和社会发展统计公报。根据2023年公报，2022年数据为统计公报数；2022年全省生产总值最终核实数为52741.68亿元。生产总值、各产业增加值绝对数按现价计算，增长速度按不变价格计算。2023年地方一般公共预算收入增幅，为剔除增值税留抵退税因素后的可比增长数。

刘远翔　摘编

**摘编撰稿人：** 刘远翔　武汉大学经济与管理学院副研究员、博士

# 后　记

《湖北发展研究报告》由武汉大学和湖北省教育厅在2002年共同策划，2003年正式开始组编出版。《湖北发展研究报告》的宗旨是：关注湖北省科技、经济和社会发展中的重大问题，分析湖北省经济社会的运行状况，探索湖北省可持续发展战略及其重要举措，提出促进湖北省高质量发展的对策建议。《湖北发展研究报告》力求具有科学性、探索性、创新性、时效性和实用性。

从2003年开始，《湖北发展研究报告2003》《湖北发展研究报告2004》《湖北发展研究报告2005》《湖北发展研究报告2006》《湖北发展研究报告2007》《湖北发展研究报告2008》《湖北发展研究报告2009》《湖北发展研究报告2010》《湖北发展研究报告2011》《湖北发展研究报告2012》《湖北发展研究报告2013》《湖北发展研究报告2014》《湖北发展研究报告2015》《湖北发展研究报告2016》《湖北发展研究报告2017》《湖北发展研究报告2018》《湖北发展研究报告2019》《湖北发展研究报告2020》《湖北发展研究报告2021》《湖北发展研究报告2022》《湖北发展研究报告2023》，已先后由武汉大学出版社出版。《湖北发展研究报告2024》由武汉大学经济与管理学院组编。

在深入贯彻落实中国共产党第二十次全国代表大会及其全会精神、进一步全面深化改革、加快推进中国式现代化建设实践中，湖北省肩负“建成支点、走在前列、谱写新篇”国家战略使命。《湖北发展研究报告2024》积极服务湖北省加快建成全国构建新发展格局先行区、中部地区崛起重要战略支点的奋斗目标。

《湖北发展研究报告2024》以问题为导向，重点研究湖北省科技、经济和社会高质量发展的相关问题。《湖北发展研究报告 2024》包括 34 篇研究报告，这些报告分别由武汉大学、华中科技大学、武汉理工大学、华中农业大学、中南财经政法大学、湖北大学、武汉科技大学、三峡大学、江汉大学、湖北省社会科学院、黄冈师范学院、湖北艺术职业学院、湖北省科技信息研究院、武汉市社会科学院、武汉光谷创新发展研究院、长江产业投资集团等单位的专家学者完成。《湖北发展研究报告 2024》的特点是：在深入贯彻落实中国共产党第二十次全国代表大会及其全会精神、中国共产党湖北省第十二次代表大会及其全会精神背景下，深入研究湖北省实施创新驱动发展战略和实现高质量发展的相关问题，力求观察问题的全面性、分析问题的透彻性、研究问题的系统性、解决问题的建设性。

《湖北发展研究报告 2024》是在武汉大学经济与管理学院资助下完成的。《湖北发展研究报告 2024》中所陈述的只是课题组及撰稿人的看法，并不代表任何部门以及他们所属机构的观点，观点是否得当、数据正确与否均由他们自己负责。由于《湖北发展研究报告 2024》是以跨学科、跨部门方式集体完成的，文字风格等不尽一致，虽几易其稿，最终又由《湖北发展研究报告 2024》统筹人、武汉大学经济与管理学院李光教授统稿，但仍有许多不尽如人意之处，敬请读者不吝指教。

从《湖北发展研究报告》开始策划起，就得到中共湖北省委、省政府及其教育厅等职能部门以及武汉大学领导的关心和大力支持。在《湖北发展研究报告 2024》的研究、组编及出版过程中，武汉大学有关领导更是为之倾注了心血，提出具有指导性和建设性的意见；特别是得到武汉大学经济与管理学院的大力支持。《湖北发展研究报告 2024》的面世，蕴含着多方面的关心和支持，也凝结着众多人的辛勤劳动，特别感谢长期合作的武汉大学出版社及其编辑，在此一并致以衷心感谢和诚挚敬意。

2024 年是《湖北发展研究报告》连续组编出版 22 年。从 2003 年到

2024年的22年间，我们一直在努力和坚持，因为我们坚信连续组编出版《湖北发展研究报告》的价值和意义。期待《湖北发展研究报告2024》的读者提出建设性意见，以便进一步完善我们的工作，并使《湖北发展研究报告》更好地成为展示湖北省发展研究成果的公共平台。

编　者

2024年7月

**图书在版编目(CIP)数据**

湖北发展研究报告．2024 / 武汉大学经济与管理学院组编．武汉 ：武汉大学出版社，2024. 12. -- ISBN 978-7-307-24673-7
Ⅰ. F127.63
中国国家版本馆 CIP 数据核字第 2024SU3433 号

责任编辑:唐　伟　　责任校对:鄢春梅　　版式设计:韩闻锦

出版发行:**武汉大学出版社**　（430072　武昌　珞珈山）
（电子邮箱：cbs22@ whu.edu.cn　网址：www.wdp. com.cn）
印刷:武汉邮科印务有限公司
开本:720×1000　1/16　印张:37　字数:529 千字　插页:4
版次:2024 年 12 月第 1 版　2024 年 12 月第 1 次印刷
ISBN 978-7-307-24673-7　定价:148. 00 元